Nomos Universitätsschriften

Recht

Band 738

Konstantin Krukowski

Supremo Tribunal Federal und Verfassungsprozessrecht in Brasilien

Eine rechtsvergleichende Betrachtung unter besonderer Berücksichtigung der Maßnahmen zur Reduzierung der Verfahrensbelastung

Nomos

Die Deutsche Nationalbibliothek verzeichnet diese Publikation in der Deutschen Nationalbibliografie; detaillierte bibliografische Daten sind im Internet über http://dnb.d-nb.de abrufbar.

Zugl.: FU Berlin, Univ., Diss., 2011

ISBN 978-3-8329-6763-5

1. Auflage 2011

Vorwort

Die vorliegende Arbeit wurde im Wintersemester 2010/2011 vom Fachbereich Rechtswissenschaft der Freien Universität Berlin als Dissertation angenommen. Gesetzgebung, Rechtsprechung und Literatur konnten bis zum Stand September 2010 berücksichtigt werden.

Mein erster Dank für Rat, Gesprächsbereitschaft und wissenschaftliche Freiräume gilt meinem hoch geschätzten akademischen Lehrer und Doktorvater, Herrn Professor Dr. Philip Kunig, an dessen Lehrstuhl ich mehrere Jahre tätig war und der mir immer ein Vorbild bleibt. Ebenfalls gilt mein Dank Herrn Professor Dr. Christian Pestalozza für die Übernahme und die zügige Erstellung des Zweitgutachtens.

Mit der Finanzierung eines fünfmonatigen Forschungsaufenthaltes in Brasilien wurde diese Arbeit vom Deutschen Akademischen Austauschdienst gefördert. Auch hierfür schulde ich großen Dank.

Ferner habe ich für die Freundlichkeit und Hilfsbereitschaft zu danken, die mir in den Bibliotheken des *Instituto Brasileiro de Direito Público* und des *Supremo Tribunal Federal* in Brasília sowie des Ibero-Amerikanischen Instituts und des Fachbereichs Rechtswissenschaft der Freien Universität in Berlin, dort insbesondere von Herrn Ulf Marzik, entgegengebracht wurden.

Bei der Rechtsanwältin Frau Patrícia Gouveia Franco möchte ich mich besonders herzlich für ihre Hilfsbereitschaft bei der Erörterung mancher sich nicht mit bloßer Hilfe eines Wörterbuchs erschließender Gesetzesartikel und Rechtsbegriffe und bei der nicht immer einfachen Beschaffung von Materialien bedanken. Meine Eltern Karen und Ullrich Krukowski standen mir während der Ausbildung bis hin zum mühevollen Korrekturlesen der Dissertation immer unterstützend und wohlwollend zur Seite. Ihnen und allen Freunden, die mit Interesse zur Diskussion über das brasilianische Verfassungsprozessrecht bereit waren, bin ich sehr verbunden.

Für Kommentare und Kritik zur Dissertation bin ich dankbar; sie erreichen mich per E-Mail unter k.krukowski@fu-berlin.de.

Berlin, im Dezember 2010 *Konstantin Krukowski*

Inhaltsverzeichnis

Abkürzungsverzeichnis

a.A.	anderer Auffassung
a.a.O.	am angegebenen Ort
ACO	*Ação Cível Originária* (originäre Zivilklage)
AC	*Ação Cautelar* (Klage auf einstweilige Rechtsschutzmaßnahme); Acre (Bundesstaat)
ADC	*Ação Declaratória de Constitucionalidade* (Klage zur Feststellung der Verfassungsmäßigkeit einer Rechtsnorm)
ADCT	*Ato das Disposições Constitucionais Transitórias* (Verfassungsrechtliche Übergangsbestimmungen)
ADI	*Ação Direta de Inconstitucionalidade* (abstraktes Normenkontrollverfahren), auch in der Variante der Verfassungswidrigkeit wegen Unterlassens verwendet
ADPF	*Argüição de Descumprimento de Preceito Fundamental* (Rügeverfahren wegen Nichtbefolgung einer grundlegenden [Verfassungs-]Vorschrift)
a.E.	am Ende
AgR	*Agravo Regimental* (Beschwerde nach Geschäftsordnung gegen Einzelrichter-Entscheidungen)
AGU	*Advogado-Geral da União*
AI	*Agravo de Instrumento* (Nichtzulassungsbeschwerde)
AJUFE	*Associação dos Juízes Federais do Brasil* (Vereinigung der Bundesrichter Brasiliens)
AJURIS	*Revista da Associação dos Juizes de Rio Grande do Sul*
AL	Alagoas (Bundesstaat)
AM	Amazonas (Bundesstaat)
AMB	*Associação dos Magistrados Brasileiros* (brasilianischer Richterbund)
Anm.	Anmerkung
AO(E)	*Ação Originária (Especial)*
AP	*Ação Penal* (Strafklage)
AR	*Ação Rescisória* (Wiederaufnahmeklage)
Art.	Artikel
Aufl.	Auflage
BA	Bahia (Bundesstaat)
BE	Berichterstatter(in)
BGH	Bundesgerichtshof
BRIC	„Politischer Club“ der Wachstumsmächte Brasilien, Russland, Indien und China

BVerfG	Bundesverfassungsgericht
BVerfGE	Entscheidungen des Bundesverfassungsgerichts (amtliche Sammlung)
BVerfGG	Bundesverfassungsgerichtsgesetz
BVerwG	Bundesverwaltungsgericht
bzgl.	bezüglich
bzw.	beziehungsweise
CDCCP	*Cadernos de Direito Constitucional e Ciência Política* (Zeitschrift)
CC	*Conflito de Competência* (Kompetenzkonflikt)
CE	Ceará (Bundesstaat)
CF	*Constituição Federal* (bei Verwendung ohne Jahresangabe ist die geltende brasilianische Bundesverfassung von 1988 gemeint)
CLT	*Consolidação das Leis do Trabalho* (Konsolidierte Arbeitsgesetze)
CNJ	*Conselho Nacional da Justiça* (Nationaler Rat der Justiz)
CNMP	*Conselho Nacional do Ministério Público* (Nationaler Rat des *Ministério Público*)
CPC	*Código de Processo Civil*, Gesetz Nr. 5.869/1973 (Zivilprozessordnung)
CP	*Código Penal* (Strafgesetzbuch)
CPP	*Código de Processo Penal* (Strafprozessordnung)
CPPM	*Código de Processo Penal Militar* (Militär-Strafprozessordnung)
ders.	derselbe
DF	*Distrito Federal* (Bundesdistrikt)
d.h.	das heißt
DJ(e)	*Diário da Justiça* (*eletrónico*) (Verkündungsorgane der Judikative), ab 1997 vollständig abrufbar auf den Internetseiten des STF unter http://www.stf.jus.br/portal/diarioJustica/pesquisarDiarioJustica.asp*
DOU	*Diário Oficial da União* (Bundesgesetzblatt)
DP	*Direito Público* (Zeitschrift)
dt.	deutsch(-e, -en, -es)
ebd.	ebenda
ED	*Embargo de declaração* (Berichtigungsantrag)
EDv	*Embargo de divergência* (Antrag wegen Divergenz von Teilorganen des Gerichts)
EI	*Embargo infringente* (Antrag bei Nichteinstimmigkeit)
Einl.	Einleitung
EL	Ergänzungslieferung
EMERJ	*Escola da Magistratura do Estado de Rio de Janeiro*
ES	Espírito Santo (Bundesstaat)
Extr.	*Extradição* (Auslieferung)
Fn.	Fußnote

G 1.079	Gesetz Nr. 1.079/1950 (über Pflichtverletzungen der Inhaber höchster Staatsämter)
G 6.815	Gesetz Nr. 6.815/1980 (Ausländergesetz)
G 8.038	Gesetz Nr. 8.038/1990 (Verfahrensvorschriften für STF und STJ)
G 9.784	Gesetz Nr. 9.784/1999 (Verwaltungsverfahrensgesetz des Bundes)
G 9.882	Gesetz Nr. 9.882/1999 (zur Regelung der ADPF)
G 9.868	Gesetz Nr. 9.868/1999 (zur Regelung der ADI und der ADC)
G 11.417	Gesetz Nr. 11.417/2006 (zu Erlass, Überarbeitung und Aufhebung bindender Leitsatzformeln)
G 12.016	Gesetz Nr. 12.016/2009 (zur Regelung der Sicherungsverfügung)
GG	Grundgesetz für die Bundesrepublik Deutschland von 1949
GGK	Grundgesetzkommentar
GO	Goiás (Bundesstaat)
ggf.	gegebenenfalls
grds.	grundsätzlich(-e, -en, -es)
GVG	Gerichtsverfassungsgesetz
HC	*Habeas Corpus* (Verfahren zum Schutz der Fortbewegungsfreiheit, Freilassungsverfügung)
HD	*Habeas Data* (Datenschutzverfahren, Datenschutzverfügung)
h.M.	herrschende(r) Meinung
Hrsg.	Herausgeber
Hs.	Halbsatz
IAMG	*Instituto dos Advogados de Minas Gerais*
IASP	*Instituto dos Advogados de São Paulo*
i.d.F.	in der Fassung
i.d.R.	in der Regel
i.E.	im Einzelnen
IF	*Intervenção Federal* (Bundesintervention, -zwang)
IGH	Internationaler Gerichtshof
INCRA	*Instituto Nacional de Colonização e Reforma Agrária* (Nationales Institut für Besiedlung und Agrarreform)
Inf.	*Informativo* (seit 1995 herausgegebenes Informationsrundschreiben des *Supremo Tribunal Federal*), abrufbar einschließlich Suchfunktion auf den Internetseiten des STF unter http://www.stf.jus.br/portal/informativo/pesquisarInformativo.asp*
Inq.	*Inquérito* (Ermittlungsverfahren)
insb.	insbesondere
IRG	Gesetz über die internationale Rechtshilfe in Strafsachen
i.S.	im Sinne
i.Ü.	im Übrigen
i.V.m.	in Verbindung mit
Jg.	Jahrgang

JöR	Jahrbuch des öffentlichen Rechts der Gegenwart (Zeitschrift)
Jr.	Júnior
JuS	Juristische Schulung (Zeitschrift)
JusNav	Jus Navigandi (Online-Zeitschrift mit täglichen Beiträgen, verfügbar unter http://jus.uol.com.br/)*
JZ	Juristenzeitung
krit.	kritisch
lat.	lateinisch
lit.	littera (lat.: Buchstabe)
LOMAN	*Lei Orgânica da Magistratura Nacional* (Ergänzungsgesetz mit Vorschriften über die Richterschaft und die Gerichtsverfassung)
Ls.	Leitsatz i.S. einer st.Rspr., *súmula* (wenn nicht näher bezeichnet, ist eine einfache Leitsatzformel des STF gemeint)
MA	Maranhão (Bundesstaat)
MC	*Medida Cautelar* (einstweilige Anordnung)
MI	*Mandado de Injunção* (Verfahren der Injunktion)
Mio.	Millionen
MG	Minas Gerais (Bundesstaat)
MP(RJ)	*Ministério Público (do Rio de Janeiro)*
MS	*Mandado de Segurança* (allgemeines Rechtsschutzverfahren der „Sicherungsverfügung"); Mato Grosso do Sul (Bundesstaat)
MST	*Movimento dos Sem Terra* (Bewegung der Landlosen)
MT	Mato Grosso (Bundesstaat)
NJW	Neue Juristische Wochenschrift
NVwZ	Neue Zeitschrift für Verwaltungsrecht
m.(w.)N.	mit (weiteren) Nachweisen
Nr.	Nummer
o.	oben
OAB	*Ordem dos Advogados do Brasil* (Brasilianische Rechtsanwaltskammer)
OJC	*Observatório de Jurisdição Constitucional* (Online-Zeitschrift, verfügbar unter http://ojs.idp.edu.br/index.php/observatorio)*
o.g.	oben genannte(-n)
OLG	Oberlandesgericht
PA	Pará (Bundesstaat)
PB	Paraiba (Bundesstaat)
PE	Pernambuco (Bundesstaat)
PEC	*Projeto de Emenda Constitucional* (Entwurf zur Änderung der Verfassung)
Pet.	*Petição* ([sonstiger] Antrag)
PI	Piauí (Bundesstaat)
PR	Paraná (Bundesstaat)

PSV	*Projeto de Súmula Vinculante* (Entwurf eines bindenden Leitsätzes)
QC	*Queixa-Crime* (private Strafklage)
QO	*Questão da Ordem* (Geschäftsordnungsfrage, Vorlagefrage an das Plenum)
RabelsZ	Rabels Zeitschrift für ausländisches und internationales Privatrecht
RC	*Recurso (Ordinário) Criminal* (Ordentliches Rechtsmittel in Strafsachen)
RCJ	*Revista Consultor Jurídico* (Online-Zeitschrift, verfügbar unter http://www.conjur.com.br)*
RF	*Revista Forense* (Zeitschrift)
Rcl.	*Reclamação* (Beschwerde)
RBDC	*Revista Brasileira de Direito Constitucional* (Zeitschrift)
RBDP	*Revista Brasileira de Direito Público* (Zeitschrift)
RBDPro	*Revista Brasileira de Direito Processual* (Zeitschrift)
RBEC	*Revista Brasileira de Estudos Constitucionais* (Zeitschrift)
RDA	*Revista de Direito Administrativo* (Zeitschrift)
RDCI	*Revista de Direito Constitucional e Internacional* (Zeitschrift)
RDCPC	*Revista Síntese de Direito Civil e Processual Civil* (Zeitschrift)
RDDP	*Revista Dialética de Direito Processual* (Zeitschrift)
RDE	*Revista de Direito do Estado* (Zeitschrift)
RDGV	*Revista da Escola de Direito de São Paulo da Fundação Getulio Vargas*
RDJ	*Revista Diálogo Jurídico* (Online-Zeitschrift verfügbar unter http://www.direitopublico.com.br)*
RDP	*Revista de Direito Público* (Zeitschrift)
RE	*Recurso Extraordinário* (Außerordentliches Rechtsmittel)
REDE	*Revista Eletrónica de Direito de Estado* (Online-Zeitschrift, verfügbar unter http://www.direitodoestado.com.br/rede.asp)*
REsp.	*Recurso Especial* (Besonderes Rechtsmittel)
RevCEJ	*Revista do Centro de Estudos Judiciários* (Zeitschrift)
RevJur	*Revista Jurídica* (Online-Zeitschrift, Hrsg.: Präsidentschaft der Föderativen Republik Brasilien, verfügbar unter http://www.planalto.gov.br/ccivil_03/revista/revistajuridica)*
RHC	*Recurso em Habeas Corpus* (Ordentliches Rechtsmittel im Verfahren des HC)
RHD	*Recurso em Habeas Data* (Ordentliches Rechtsmittel im Verfahren des HD)
RIL	*Revista de Informação Legislativa* (Zeitschrift)
RICD	*Regimento Interno da Câmara dos Deputados* (Geschäftsordnung der Abgeordnetenkammer)
RISF	*Regimento Interno do Senado Federal* (Geschäftsordnung des Bundessenats)

RISTJ	*Regimento Interno do Superior Tribunal de Justiça* (Geschäftsordnung des STJ)
RISTF	*Regimento Interno do Supremo Tribunal Federal* (Geschäftsordnung des STF)
RITST	*Regimento Interno do Tribunal Superior do Trabalho* (Geschäftsordnung des TST)
RJ	Rio de Janeiro (Stadt und Bundesstaat)
RMI	*Recurso em Mandado de Injunção* (Ordentliches Rechtsmittel im Verfahren des MI)
RMS	*Recurso em Mandado de Segurança* (Ordentliches Rechtsmittel im Verfahren des MS)
RN	Rio Grande do Norte (Bundesstaat)
Rn.	Randnummer
RO	*Recurso Ordinário* (Ordentliches Rechtsmittel), Rondônia (Bundesstaat)
RP	*Revista de Processo* (Zeitschrift)
RS	Rio Grande do Sul (Bundesstaat)
R$	*Reais* (brasilianische Währung)
Rspr.	Rechtsprechung
RT	*Revista dos Tribunais* (Zeitschrift)
RTJ	*Revista Trimestral de Jurisprudência* (Zeitschrift, Verkündungsorgan für das STF)
RVC	*Revisão Criminal* (Revision in Strafsachen)
S.; s.	Seite(n); siehe
SC	Santa Catarina (Bundesstaat)
SE	Sergipe (Bundesstaat)
SL	*Suspensão de Liminar*
sog.	sogenannte(-n, -r, -s)
SP	São Paulo (Stadt und Bundesstaat)
SS	*Suspensão de Segurança*
STA	*Suspensão de Tutela Antecipada*
STF	*Supremo Tribunal Federal* (Oberstes Bundesgericht)
StGB	Strafgesetzbuch
STJ	*Superior Tribunal de Justiça* (Oberer Gerichtshof)
STM	*Superior Tribunal Militar*
StPO	(dt.) Strafprozessordnung
st.Rspr.	ständige Rechtsprechung
SV	*Súmula vinculante* (bindender Leitsatz)
TJ	*Tribunal/Tribunais de Justiça* (Oberste Gerichte der 26 Bundesstaaten und des DF; zur Bezeichnung eines bestimmten TJ wird das entsprechende Staatenkürzel angefügt)
TO	Tocantins (Bundesstaat)

TRE	*Tribunal Regional Eleitoral, Tribunais Regionais Eleitorais*
TRF	*Tribunal Regional Federal, Tribunais Regionais Federais*
TRT	*Tribunal Regional do Trabalho, Tribunais Regionais do Trabalho*
TSE	*Tribunal Superior Eleitoral*
TST	*Tribunal Superior do Trabalho*
u.	unten
u.a.	unter anderem; und andere
UFRJ	*Universidade Federal do Rio de Janeiro*
u.U.	unter Umständen
U.S.(A.)	*Unites States (of America)*
v.	vom, von
vgl.	vergleiche
VRÜ	Verfassung und Recht in Übersee (Zeitschrift)
VVDStRL	Veröffentlichungen der Vereinigung der Deutschen Staatsrechtslehrer
VwGO	Verwaltungsgerichtsordnung
z. B.	zum Beispiel
ZPO	(dt.) Zivilprozessordnung
z.T.	zum Teil
z. Zt.	zur Zeit

* Die unter dieser Domain zitierten Inhalte und Artikel waren am 1.8.2010 im Internet abrufbar.

Einleitung: Über das Supremo Tribunal Federal und diese Dissertation

Auf dem südamerikanischen Subkontinent wird Verfassungsgerichtsbarkeit – in welcher Weise und in welchem Umfang dies auch immer geschieht – nur in rund der Hälfte der Staaten durch reine Verfassungsgerichte ausgeübt.[1] In den anderen Staaten nehmen diese Aufgabe die Obersten Gerichtshöfe wahr, die entweder gesonderte Kammern für Verfassungsfragen vorsehen[2] oder die als Ganzes neben ihrer Revisionszuständigkeit auch mit bestimmten verfassungsgerichtlichen Kompetenzen ausgestattet sind. Zur Gruppe der letztgenannten, wenngleich mit einigen landesspezifischen Eigenheiten, gehört u.a. die Föderative Republik Brasilien.[3] Diese Dissertation beschäftigt sich mit dem *Supremo Tribunal Federal*, dem Obersten Bundesgericht, welches zugleich Hüter der Verfassung und höchstes Rechtsmittelgericht ist, als einer der herausragenden Institutionen des brasilianischen Verfassungsrechts. Ein Schwerpunkt der Arbeit wird auf den Umstand der Verfahrensbelastung des Gerichts und auf die dort in jüngerer Zeit gefundenen verfassungsrechtlichen Maßnahmen zur Reduzierung der Belastung gelegt.

Zur Gründung des *Supremo Tribunal Federal* (kurz: STF)[4] kam es in der Folge des Umbruchs von der Monarchie zur Republik im Jahre 1889.[5] Es wurde als solches nach dem Vorbild des *Supreme Court* der Vereinigten Staaten von Amerika eingerichtet,[6] mit dem es trotz einer unverkennbaren Auseinanderentwicklung dieser Obersten Bundesgerichte und einer zwischenzeitlichen Annäherung an das

1 Dies sind die *Tribunales Constitucionales* in Bolivien, Chile und Peru und die *Cortes Constitucionales* in Ecuador und Kolumbien als Verfassungsgerichte im kontinental-europäischen Sinn; in Suriname postuliert die Verfassung zwar einen *Constitutioneel Hof*, dieser ist aber tatsächlich nie eingerichtet worden.

2 „*Salas Constitucionales*" in Paraguay (bei der *Corte Suprema de Justicia*) und in Venezuela (beim *Tribunal Supremo de Justicia*).

3 Ebenso Argentinien (*Corte Suprema de Justicia de la Nación*), Guyana (*Supreme Court of Judicature*) und Uruguay (*Suprema Corte de Justicia*).

4 Nicht amtlich auch *Pretório Excelso*, *Suprema Corte* oder *Corte Maior*, im Volksmund oft „*Supremo*".

5 Die Bezeichnung *Supremo Tribunal Federal* wurde erstmals in den Dekreten Nr. 510 v. 22.6.1890 (sog. „Provisorische Verfassung") und Nr. 848 v. 11.10.1890 der Übergangsregierung des späteren ersten Staatspräsidenten Marschall Deodoro da Fonseca verwendet, die der ersten republikanischen und insgesamt U.S.-amerikanisch beeinflussten Verfassung der „Vereinigten Staaten von Brasilien" v. 24.2.1891 vorausgingen. Seine Arbeit nahm das Gericht am 28.2.1891 auf der Grundlage der Verfassungsbestimmungen in Art. 55–59 auf.

6 Bereits der letzte Kaiser Dom Pedro II. hatte in der Überzeugung, dass „in den Funktionen des *Supreme Court* das Geheimnis des guten Funktionierens der nordamerikanischen Verfassung" liege, im Juli 1889 die künftige Orientierung an dieses Gericht angeregt (nach L. Boechat Rodrigues, História do STF: Defesa das Liberdades civis, 1).

Kelsensche Modell der Verfassungsgerichtsbarkeit noch immer manches gemeinsam hat. Das brasilianische Gericht löste mit seiner Gründung unmittelbar das imperiale *Supremo Tribunal de Justiça* ab, das unter der ersten Verfassung des von Portugal unabhängigen Brasilien von 1824 kreiert worden war,[7] und das seinerseits die Nachfolgeinstitution der *Casa da Suplicação do Brasil*[8] aus der Kolonialzeit gewesen war.

Das *Supremo Tribunal Federal* wurde zu einem Zwecke geschaffen, dem es, grob gesprochen, noch heute dient: den Vorrang der Verfassung sicherzustellen und mithin kontrollierend und ausgestattet mit der Befugnis des „letzten Wortes" über die Verfassungsmäßigkeit von Akten der öffentlichen Gewalt zu richten.[9] Dies entspricht auch dem aktuellen Selbstverständnis des Gerichts, das seine Aufgabe darin sieht, „die Erfüllung der Bundesverfassung sicherzustellen und ihre Interpretation festzulegen" und „eine Kultur aufzubauen, die ihre Effektivität verbürgt".[10]

Das Gericht hat eine wechselvolle Geschichte, die sich über den Geltungszeitraum mehrerer aufeinanderfolgender brasilianischer Bundesverfassungen (der Verfassungen von 1891, 1934, 1937, 1946, 1967/69[11] und 1988) erstreckt. Es erfuhr in der Geschichte immer wieder einschneidende strukturelle und kompetenzielle Veränderungen, die mit den unterschiedlichen Verfassungsordnungen und der Abwechselung von Phasen der Demokratie und der Diktatur zusammenhingen, ist aber allen Umständen zum Trotz auch durch seine institutionelle Stabilität gekennzeichnet.[12] Das Gericht hat seinen Sitz gemäß Art. 92 § 1 der Bundesverfassung in der Hauptstadt, die seit 1960 Brasília ist;[13] die erste Sitzung nach dem Umzug aus Rio de Janeiro im neuen, von Oscar Niemeyer entworfenen Hauptgebäude am Platz der Drei Gewalten fand am 21. April 1960 statt.

Eine gesteigerte Bedeutung für die brasilianische Gesellschaft ist dem Gericht in heutiger Zeit mit seinen Lösungen zu drängenden politisch-sozialen Problemstellungen zugekommen, in denen es Aussagen der Verfassung konkretisiert und

7 S. dort Art. 163 und 164. Die tatsächliche Einrichtung erfolgte erst am 9.1.1829. Eingehend zum *Supremo Tribunal de Justiça* und seiner Tätigkeit mit verschiedenen Beiträgen nun J.R. de Lima Lopes (Hrsg.), O Judiciário e o Império do Brasil; E. Kugelmas (Hrsg.), José Antonio Pimenta Buena, Marquês de São Vicente, 420 ff., mit Abdruck aller dieses Gericht betreffenden Rechtstexte (S. 630 ff.).

8 Nach der Invasion Napoleons in Portugal vom Prinzregenten 1808 gegründetes, erstes Revisionsgericht zur Vereinheitlichung der Rechtsprechung der lokalen Gerichte.

9 Vgl. U. Lammêgo Bulos, Constituição Federal Anotada, 977; W. Brugger/I.W. Sarlet, JöR 56 (2008), 613 (618).

10 *Supremo Tribunal Federal* (Hrsg.), Planejamento Estratégico 2009–2013, 6.

11 Die 1969 von der Militärregierung vorgenommene erste Änderung der Verfassung von 1967 war so umfassend, dass viele von einer materiell neuen Verfassung sprechen; rein formell handelte es sich um dieselbe Verfassung.

12 J.B. Barbosa Gomes, La Cour Suprême dans le Système Politique Brésilien, 6 f., 211.

13 Art. 18 § 1 der Bundesverfassung.

Rechtsgeschichte geschrieben hat: Zu nennen sind hier beispielsweise die ab dem Jahr 2007 ergangenen Entscheidungen zur Frage der Stammzellforschung, zur Frage des Landbesitzes der indigenen Bevölkerung, zu Abtreibung und Lebensrecht, zur Verwendung von Asbest, zum Streikrecht im öffentlichen Dienst, zum regelmäßigen Mandatsverlust von Abgeordneten bei Parteiwechsel, zum Presserecht, zur Versorgung der Bevölkerung mit Medikamenten oder zum Postmonopol. Wegen der weitreichenden Bedeutung und hohen Frequenz seiner Entscheidungen, aber auch wegen der Publizität und Transparenz der Entscheidungen und der dazugehörigen Verhandlungen ist das Gericht (und übrigens in starkem Maße die Persönlichkeiten der Verfassungsrichter) in den Medien so präsent wie nie zuvor und zum Objekt des öffentlichen Interesses geworden. Das Gericht treibt seine Einbindung in das gesellschaftliche Leben und seine Sichtbarkeit durch eigene Impulse voran: Erwähnt seien an dieser Stelle nur die vom Tribunal selbst betriebenen Medien,[14] die Einrichtung eines Informationsbüros,[15] und dass neuerdings in den gesellschaftlich bedeutenden Verfahren auch „öffentliche Anhörungen“[16] zur verbesserten demokratischen Legitimität und Akzeptanz und einer umfassenderen Fundierung der Entscheidungen durchgeführt werden. Die Verbesserung des „Kommunikationsprozesses mit der Gesellschaft“ gehört ausdrücklich zur vorerst bis 2013 reichenden strategischen Agenda des Gerichts[17] und nimmt einen nicht unerheblichen Teil seiner Haushaltsmittel in Anspruch.[18] All dies dürften Anzeichen für eine Kehrtwendung gegenüber der noch von Mont'Alverne Barreto Lima

14 Dies sind insb. die landesweit ausgestrahlten Fernseh- und der Radiosender *TV Justiça* (seit 2002) und *Rádio Justiça* (seit 2004) mit Live-Berichten über die Ereignisse beim *Supremo Tribunal Federal* und Reportagen über die Rechtspflege in leicht verständlicher Sprache. I.Ü. ist auch der eigene, weit über eine Entscheidungsdatenbank hinausgehende Internetauftritt (unter http://www.stf.jus.br) bemerkenswert umfangreich. Seit 2009 stellt das Gericht darüber hinaus Filme zur Information und Ausbildung über die eigene Tätigkeit und über Themen von Bedeutung für die Rechtspflege Brasiliens im Allgemeinen auf dem eigens einrichteten Kanal http://www.youtube.com/stf ins Internet und verbreitet Kurznachrichten zum Tagesprogramm der Verfassungsrichter über http://twitter.com/stf_oficial. Auf dem Feld der Informationspolitik hat das Gericht nun mit Gewissheit eine Vorreiterrolle eingenommen.

15 Eingeführt durch Resolution Nr. 290 des Präsidenten des *Supremo Tribunal Federal* v. 5.5.2004, Art. 2 I: Die Stelle ist zuständig für die Entgegennahme von Kritik, Kommentaren, Lob, Informationsersuchen und Verbesserungsvorschlägen für die Tätigkeit des Gerichts. Das Büro wurde durch Resolution Nr. 361 v. 21.5.2008 (DJe v. 27.5.2008) zur „Bürgerzentrale“ (*Central do Cidadão*) ausgebaut, die auch Vorschläge für die Umsetzung der Eingaben auf internen Arbeitsläufe machen kann und Informationsveranstaltungen durchführt. Sämtliche internen Rechtsakte des Gerichts sind i.Ü. über die Suchfunktion auf http://www.stf.jus.br/portal/atoNormativo zu finden.

16 Art. 154 f. i.V.m. 13 XVII, 21 XVII der Geschäftsordnung des Gerichts, eingefügt mit der Änderung Nr. 29 v. 18.2.2009. S. dazu u. 1. Teil, C.II.5.

17 *Supremo Tribunal Federal* (Hrsg.), Planejamento Estratégico 2009–2013, 16 f.

18 Krit. insoweit D. de Abreu Dallari, Observatório da Imprensa v. 2.2.2010.

im Jahre 1999 festgestellten „Indifferenz des Gerichts gegenüber öffentlicher Kritik“[19] sein.

Nachdem es in vergangenen Jahrzehnten richterliche Zurückhaltung geübt und im Verfassungsleben eine untergeordnete Rolle gespielt hatte,[20] zeigt das *Supremo Tribunal Federal* heutzutage eine zuvor nie dagewesene Rechtsprechungsaktivität angesichts von Unvollkommenheiten der Gesetzgebung und als Gegengewicht zur traditionell mächtigen Exekutive im präsidentiellen Regierungssystem. Wegen der im Vergleich zu den vorherigen Verfassungen (i.Ü. auch zum deutschen Grundgesetz und wohl den meisten Verfassungen der Welt) besonders hohen Regelungsdichte der ambitionierten Verfassung von 1988 ist sein Tätigkeitsfeld als deren Hüter *per se* weit.[21] Es nutzt die ihm hierfür durch das Recht immer mehr eröffneten Spielräume aus und behauptet sich als politischer Faktor[22] im Gewaltengefüge.

19 Staat und Justiz in Brasilien, 190.

20 Auf den Punkt gebracht seinerzeit schon durch den Verfassungsrichter A. Baleeiro, O Supremo Tribunal Federal, êsse outro desconhecido, 10 f., mit folgenden Beobachtungen: „Außerhalb des abgegrenzten gerichtlichen und politischen Umfelds hat der Mann von der Straße, selbst wenn relativ gebildet, kein genaues Verständnis von der Rolle, die es unter unseren Institutionen ausfüllt…“; „spärliche Literatur im Kontrast zur reichhaltigen amerikanischen Bibliographie zum Supreme Court der Vereinigten Staaten…“; die eigene Publikation beschränke sich auf einen Bruchteil der gefällten Urteile; Kommentare könne man an einer Hand abzählen, auch von den Universitäten kämen sehr selten Monographien, die die Rechtsprechung und ihre Entwicklung kritisch kommentierten; „Im Allgemeinen wird die Arbeit des Supremo Tribunal ignoriert, selbst in Kreisen von hoher juristischer Kultur“; ebd., 16: „Von den 80 Mio. Brasilianern…sind es nicht mehr als einige Zehntausend, wenn überhaupt, die die Wirklichkeit seiner Mechanismen und Funktionen verstehen“. Nicht zuletzt das Richterauswahlprozedere hat überhaupt zu einem tendenziell zumeist staatsloyalen, machtabsichernden und vorsichtigen Entscheidungsverhalten geführt (vgl. M. Mont'Alverne Barreto Lima, a.a.O., 188: „etatistische Grundeinstellung“, 192 unter Bezugnahme auf die geschichtliche Entwicklung: „…insbesondere die Verfassungsgerichtsbarkeit, fungiert nach wie vor legitimatorisch als Hüterin des starken Staates“; ähnlich auch F.G. Marques de Lima, O Supremo Tribunal Federal na crise institucional brasileira, 177). L.C. Martins Alves Jr., O Supremo Tribunal Federal nas Constituições Brasileiras, 433, sieht die simple Nicht-Entscheidung vieler ihm gestellter Fragen, insb. bei politisch-ökonomisch relevanten Sachverhalten (z. B. im Fall der Währungsumstellung „Plano Collor I“, Verfahren ADI 534), als Hauptfehler und kritisiert, dass das Gericht „fast immer nur die Geldschränke der Regierung“ im Blick gehabt habe. Für die Zeit nach 1988 hebt L.R. Barroso, Revista Trimestral de Direito Público 20 (1997), 29 (39 f.), hervor, dass es erst die Leistung des ersten nachkonstitutionell ins Amt gekommenen Gerichtspräsidenten Sepúlveda Pertence (1995–97) gewesen sei, für mehr Sichtbarkeit des Gerichts und eine Debatte über seine institutionelle Rolle zu sorgen, während sich die noch unter der Militärdiktatur ernannten Richter gegenüber neuen Verfassung eher restriktiv und reaktionär verhalten haben.

21 Die Brasilianische Verfassung entspricht mit ihrem „dirigierenden“ Charakter dem Konzept des sog. „Konstitutionalismus der peripheren Moderne“. Vgl. W. Brugger/I.W. Sarlet, JöR 56 (2008), 613 (614, 628).

22 O. Dias Corrêa, O Supremo Tribunal Federal, corte constitucional do Brasil, 56, 101: Das Gericht sei „ein politisches Organ, politische Gewalt…dies bestreitet niemand“; ähnlich F.G. Marques de Lima, a.a.O., 29 ff.; U. Lammêgo Bulos, a.a.O., 978; J.B. Barbosa Gomes, a.a.O., 7, 60 ff.; allgemein für Normenkontrolle ausübende Gerichte L. Favoreu, Rapport Général

Auch innerhalb der Judikative ist der Einfluss des *Supremo Tribunal Federal* in den letzten Jahren durch Tendenzen zur Uniformisierung der Rechtsprechung der Instanzgerichte in seinem Sinne, auf die in dieser Arbeit noch eingegangen wird, gewachsen, ein Vorgang, der in Brasilien z.T. als „Vertikalisierung" der Justiz[23] treffend bezeichnet wird.

Mit dem Zuwachs an Rechtsmacht und Entscheidungsfreude geht notwendig eine stärkere Polarisierung einher: Auf der einen Seite wird dem *Supremo Tribunal Federal* für seine Entscheidungen und im Allgemeinen für seine gesteigerte Aktivität viel Anerkennung zuteil – als Organ, das zum einen vor dem Hintergrund legislativer Untätigkeit Verantwortung im Gemeinwesen übernimmt, Defizite ausgleicht und Vakuen ausfüllt, und das zum anderen die Exekutive in die Schranken weist und die Sphären des Bürgers und der Legislative vor ihren Übergriffen schützen kann.[24] Kritiker sehen hingegen eine Justizialisierung der Politik, befürchten bereits eine zu große Dominanz des Gerichts im Staatsgefüge, sprechen von einem unangemessenen *judicial activism*,[25] von sog. „Postpositivismus"[26] oder „Supre-

Introductif, Cours Constitutionnelles Européennes et Droits Fundamentaux, 29. Zu sehen ist auch, dass viele politische Fragen zugleich Rechtsfragen sind, derer sich das Gericht vorbehaltlos annimmt.

23 E. Cabral de Souza Lima, JusNav Nr. 2.048 (2009); C.J. Göttems/R.L. de M. Borges, Súmula Vinculante, 91 (91 ff.).

24 Vgl. etwa die Magazinbeilage „Época – debate", 15.12.2008, mit verschiedenen Beiträgen.

25 S. etwa C.M. Clève/L.L. Streck/A. Ramos Tavares/I.W. Sarlet, RCJ v. 18.5.2009; R. Pires Ferreira Lago, JusNav Nr. 2.319 (2009); B. de Sousa Santos, A contrarrevolução jurídica, Folha de São Paulo v. 4.12.2009. S. auch die Studie von V.R. Lírio do Valle u.a. (Hrsg.), Ativismo Jurisdicional e o Supremo Tribunal Federal, die die These verteidigt, das Gericht habe „mit aktivistischer Haltung die Grenzen seiner Kompetenz umdefiniert" und sein Gewicht im Gewaltenverhältnis gestärkt (S. 40), und dieses Phänomen insb. an den Rechtsbehelfen der Injunktion und der Beschwerde (zu diesen auch in dieser Arbeit u. 2. Teil, A.V. 1.d und A.VI.2) festmacht (S. 41 ff.). Nach W. Brugger/I.W. Sarlet, JöR 56 (2008), 613 (635), sei die brasilianische Gerichtsbarkeit generell „eine der aktivsten der Welt".

26 Verstanden als Rechtssystem, in dem auch unbestimmte Werte und Prinzipien, wie sie typischerweise und zahlreich in der Verfassung auftauchen oder in diese hineininterpretiert werden (z. B. im sozialstaatlichen Bereich), nicht nur als programmatische Axiome oder äußere Eckpfeiler betrachtet werden, sondern als unmittelbar anwendbar und für das Gericht geeignet, mit durchgreifenden, pragmatischen Entscheidungen auch abgewogene Regelungskomplexe anderer Staatsgewalten auf allen Rechtsgebieten zum Einsturz zu bringen. Den Begriff verwenden etwa L.R. Barroso, Revista Eletrônica sobre a Reforma do Estado 9 (2007), 4 f., 10 f., der „Neokonstitutionalismus" als Synonym gebraucht; R. Pires Ferreira Lago, a.a.O., der Parallelen zur sog. „Lochner-Ära" des U.S. *Supreme Court* zu Beginn des 20. Jahrhunderts zieht, in der dieser sich über parlamentarische Willensbildung hinwegsetzte und wiederholt Gesetze zur Wirtschaftsregulierung unter Berufung auf herausgelesene Verfassungsprinzipien für ungültig erklärte. Das in Brasilien oft auf das *Supremo Tribunal* gemünzte Schlagwort des „*garantismo*" gehört in diesen Zusammenhang, ist jedoch allein auf die Durchsetzung von Freiheitsverbürgungen bezogen (dazu mit zwei Beispielentscheidungen

mokratie“[27] oder bezeichnen das *Supremo Tribunal* als mittlerweile „permanenten Verfassungsgeber“.[28] Wegen der vielfachen Aufhebung legislativer wie exekutiver Akte kommt die Annahme einer Verschiebung im Gleichgewicht der Staatsgewalten in den zurückliegenden Jahren jedenfalls in der Tat nicht von ungefähr.

Allerdings finden sich auch Beispiele für richterliche Zurückhaltung. So bewies das Gericht z. B. 2009 in einer ebenso Aufsehen erregenden wie knappen Entscheidung einen gewissen *self-restraint*, indem es seine Rolle bei Auslieferungsverfahren auf eine Negativprüfung beschränkte, anstatt gegenüber der Regierung das Letztentscheidungsrecht für sich zu reklamieren.[29] Es ist damit nicht zu einer Schließung einer der klassischen Domänen der Exekutive durch das Oberste Bundesgericht gekommen, das damit womöglich eine schwere Krise im Gewaltenverhältnis vermieden hat. Im Jahr 2010 nahm es sich, obwohl eine „*political questions doctrine*“ in Brasilien nicht kategorisch gilt,[30] in einem ebenfalls viel beachteten Urteil zurück, als es um die Reichweite des Gesetzes über Amnestie für Straftaten während der Militärdiktatur ging, da die dort getroffenen Grundentscheidungen Ausdruck eines politischen Konsenses im Umbruchsprozess gewesen seien und jede Änderung daran Sache der Legislative sei.[31]

A. Garrido da Silva u.a., Custos Legis 1 (2009), 1). Das Gericht ist verstärkt dazu übergegangen, Urteile auf bloße Programmvorschriften zu stützen und der Politik auf diesem Wege Handlungsvorgaben zu machen. Beispiele sind die mittlerweile zahlreichen Verurteilungen des Staates zur kostenlosen Medikamenteversorgung für Mittellose (s. etwa die Leitentscheidung RE [AgR] 271.286/RS, BE Celso de Mello, DJ v. 24.11.2000 – „HIV-Medikamente“); krit. zum „Postpositivismus“ aber auch der Verfassungsrichter Eros Grau etwa in seinem Votum zu ADPF 144, BE Celso de Mello, DJe v. 26.2.2010. Auch W. Brugger/I.W. Sarlet, JöR 56 (2008), 613 (633), plädieren diesbzgl. dafür, jenseits eines Minimalkerns gerichtlicher Tätigkeit „im wesentlichen den politischen Prozeß entscheiden“ zu lassen.

27 O. Vilhena Vieira, Supremocracia, RDGV 4/2 (2008), 441 ff. In Deutschland wird eine vergleichbare Gefahrenlage oft mit dem Begriff „Richterstaat“ (B. Rüthers, NJW 2005, 2759; H. Bethge, in: Maunz/Schmidt-Bleibtreu/Klein/Bethge [Hrsg.], BVerfGG, Vorbemerkung Rn. 10), in Frankreich etwa mit „gouvernement des juges“ (nach E. Lambert, Le gouvernement des juges et la lutte contre la législation sociale aux États-Unis, Paris, 1921) umschrieben.

28 M.M. Lacombe Camargo, O STF e a Interpretação da Constituição de 1988, in: J. Ribas Vieira (Hrsg.), 20 anos da Constituição cidadã, 1 (14).

29 Auslieferungsfall „Cesare Battisti“, Extr. 1.085/Itália, BE Cezar Peluso, 18.11.2009, Inf. 568, mit einer 5:4-Entscheidung zwar gegen einen justizfreien Beurteilungsspielraum des Bundesjustizminister für die Zuerkennung des Flüchtlingsstatus (wie aber Art. 31 des Gesetzes Nr. 9.474/1997 vermuten lässt), aber für ein grds. Auslieferungsermessen des Staatspräsidenten bei nicht-politischen Straftaten. S. zum Auslieferungsverfahren u. 2. Teil, A.IV.2.

30 Das *Supremo Tribunal Federal*, MS 1.423, BE Luiz Gallotti, DJ 14.6.1951, bezeichnete die U.S.-amerikanische Lehre als überwunden und ermöglichte die Überwachung der verfassungsrechtlichen und gesetzlichen Grenzen von im politischen Ermessen liegenden Akten der Legislative und der Regierung. Dies hat jedoch Zurückhaltung insb. im Kernbereich anderer Gewalten im Einzelfall nie ausgeschlossen, wenn diese dem Gericht opportun erschien.

31 Entscheidung ADPF 153/DF, BE Eros Grau, 29.4.2010, Inf. 584, zum Gesetz Nr. 6.683/1979.

Die Aktivismusdebatte ist bei weitem nicht der einzige kontroverse Aspekt um das *Supremo Tribunal Federal* als Institution. Nur angedeutet sein sollen hier noch zwei der weiteren Kontroversen: Die eine betrifft das Ringen innerhalb und außerhalb des Gerichts darum, inwieweit dieses bei seinen Entscheidungen mehr Rücksicht auf deren rechtstatsächliche Auswirkungen, Befindlichkeiten und die öffentliche Meinung nehmen sollte;[32] eine andere betrifft den mitunter (aber oft auch polemisch) in den Raum gestellten Vorwurf, das Gericht sorge sich vor allem um die Belange der oberen Bevölkerungsschichten und vernachlässige die ärmeren („Klassenjustiz").[33]

Neben dem Bedeutungsgewinn im Inland hat das Gericht in letzter Zeit schließlich auch seine Bemühungen um eine internationale Vernetzung zwischen Verfassungsgerichten, institutionelle Begegnungen, Konferenzen und den Gedankenaustausch verstärkt.[34]

Die vorliegende Untersuchung widmet sich dem *Supremo Tribunal Federal* in seiner Prägung durch die geltende brasilianische Bundesverfassung vom 5. Oktober 1988, die sog. „Bürgerverfassung" (*Constituição Cidadã*), welche die Überwindung der rund 20-jährigen Militärdiktatur kennzeichnet. Es geht dabei weniger um Inhalte der verästelten, schwer überschaubaren und sich auf sämtliche Rechtsgebiete ausdehnenden Rechtsprechungspraxis des Gerichts als vielmehr um das Organ selbst und den Apparat der rechtlichen Regeln, die es unmittelbar betreffen.

32 Dazu eingehend die Studien L. Borges de Carvalho, Jurisdição Constitucional e democracia – integridade e pragmatismo nas decisões do Supremo Tribunal Federal, 2007; D. Werneck Arguelhes, Deuses Pragmáticos, Mortais Formalistas: A justificação conseqüencialista de decisões judiciais, 2006. S. etwa auch das Interview mit dem damaligen Präsidenten des Gerichts Gilmar Ferreira Mendes in der Zeitschrift „Isto É – independente" Nr. 2.066 v. 17.6.2009; zur harten und persönlichen Auseinandersetzung im Gericht den Leitartikel der Tageszeitung „O Estado de São Paulo" v. 24.4.2009. Ein rechtlicher Anknüpfungspunkt ist das nun weitgehende und politisch nicht unerhebliche gerichtliche Ermessen zum Maß der Rückbewirkung der Folgen erkannter Verfassungswidrigkeit von Gesetzen in verschiedenen Verfahrensarten (dazu s. u. 2. Teil, A.I.3.d.).

33 In jüngerer Zeit war der Vorwurf besonders laut nach der Freilassungsverfügung zugunsten des Bankiers Daniel Dantas aus Untersuchungshaft (STF, HC [MC] 95.009/SP, BE Eros Grau, DJe v. 5.8.2008) zu vernehmen. Die Schlechterstellung der Mittellosen betrifft wohl weniger das *Supremo Tribunal Federal* als die Justiz insgesamt und hat verschiedene Gründe, u.a. die noch zu wenig entwickelten Strukturen für behördlich gestellten Rechtsbeistand, die Ungewissheit hinsichtlich Aufwand und Kosten, den meist mit der Armut verbundenen geringeren Bildungsstand. Gewiss ist, dass eine lange Verfahrensdauer Wohlhabenden weniger schadet, für Arme aber existenziell sein kann. Z.T. wird der Vorwurf der Klassenjustiz durch den Hinweis auf eine Serie erfolgreicher *Habeas-Corpus*-Verfahren Mittelloser beim *Supremo Tribunal*, unter Anwendung eines Bagatellprinzips, zu entkräften versucht. Vgl. auch F.G. Marques de Lima, a.a.O., 70: „soziale Kurzsichtigkeit", mit Fallstudien (S. 186 ff.).

34 STF, Tätigkeitsbericht 2009, 41 ff.; Beispiel sind auch gemeinsame Rechtsprechungsdatenbanken im Mercosul und mit den Ländern mit portugiesischer Amtssprache, eine Kooperation im Kreis der BRIC-Staaten, die Beteiligung am *Global Legal International Network* beim Kongress der U.S.A. und seit 2009 an der Venedig-Kommission (Europäische Kommission für Demokratie durch Recht). Die Website des Gerichts gibt auch über den Stand dieser Aktivitäten Auskunft.

Neben dem Verfassungsrecht werden auch die einfach-gesetzlichen Regelungen und, soweit erforderlich, jene praktisch bedeutsamen des Geschäftsordnungsrechts in den Blick genommen. Zu diesen rechtlichen Vorschriften wird der Rechtsprechung des *Supremo Tribunal* bei der Darstellung dann ein genereller Vorrang gegenüber einer Wiedergabe des Spektrums unterschiedlicher Lehrmeinungen eingeräumt.[35] Die Arbeit soll das Gericht vorstellen oder bekannter machen und insgesamt einen Überblick über die aktuelle verfassungsprozessuale Rechtsprechung des Gerichts ermöglichen.

In vielerlei Hinsicht bestehen Unterschiede zum Recht des deutschen Bundesverfassungsgerichts, das in dieser Bearbeitung nicht im Einzelnen darzustellen ist. Das brasilianische System wird hier jedoch stets aus dem Blickwinkel des deutschen betrachtet, und erzielte Erkenntnisse werden zur Verfassungsgerichtsbarkeit der Bundesrepublik Deutschland in Beziehung gesetzt.[36] Ziel der Arbeit ist es dabei, dortige Gegebenheiten, Entwicklungen und Problemlösungsmechanismen auf dem Gebiet des Verfassungsprozessrechts in Praxis und Lehre zu beschreiben, zu analysieren und mit einer Zusammenstellung von Materialien für die deutschsprachige Rechtswissenschaft weiter zu erschließen sowie, über einen Landesbericht hinausgehend, auch rechtsvergleichende Schlüsse zu ziehen.[37] Keinesfalls beabsichtigt ist es, von außen Verbesserungsvorschläge für die Rechtsordnung eines anderen Staates zu entwerfen.[38] Im Ergebnis soll hier lediglich ein Teil zu dem notwendigen transkontinentalen Austausch von Ideen über das Phänomen Verfassungsgerichtsbarkeit beigetragen werden. Neben der Information über eine geographisch weit entfernte Rechtskultur soll zudem mit den in der Arbeit zusam-

35 Nach P. Häberle, Europäische Grundrechte-Zeitschrift 2005, 685, muss sich ein Rechtsvergleich auf die Trias von Text, Theorie und Praxis beziehen. Dies zugrunde gelegt, werden hier Text und Praxis in den Vordergrund gestellt und die oft kontroverse(n) Theorie(n) nur hilfsweise eingebracht: Je weniger eindeutig oder je umstrittener die Rechtslage ist und je weniger konsistente Rechtsprechung vorhanden ist, desto mehr wird bei der Darstellung auf Fundstellen in der Rechtslehre zurückgegriffen. Insb. zu den neueren Rechtsinstituten wird die Literatur somit verstärkt ausgewertet.

36 Methodologisch sehen K. Zweigert/H. Kötz, Einführung in die Rechtsvergleichung, 42 f., eine klassische Zweistufigkeit von wertneutralen Länderberichten und einer Beurteilung außerhalb des nur-nationalen Zusammenhangs in der Rechtsvergleichung grds. als geboten an. Anders A. Tschentscher, JZ 2007, 807 (812), der Länderberichte insb. im öffentlichen Recht für „methodisch unnötig, darstellerisch aufwendig und inhaltlich ertragsarm" hält und feststellt: „Wer…das fremde Recht vor dem Erfahrungshintergrund des eigenen schildert, der unterliegt in seinem Verstehen automatisch einer vergleichenden Perspektive". Dieser Vorgehensweise folgt diese Arbeit im ersten Teil. Im zweiten Teil werden die Ausführungen zum brasilianischen Recht weitgehend von ausdrücklich vergleichenden Elementen frei gehalten und jeweils erst im Anschluss an einen Abschnitt oder dort, wo es angebracht erscheint, zur deutschen Rechtsordnung in verhältnismäßig knapper Form in Beziehung gesetzt.

37 Bzgl. des Nutzens von Rechtsvergleichung gerade im öffentlichen Recht s. nur C. Schönberger, VRÜ 2010, 6 (insb. 23 ff.).

38 Darauf zielte etwa F. Müller, Revista do Instituto de Hermenêutica Jurídica 3 (2005), 27.

mengeführten Quellen und Materialien auch ein Ausgangspunkt für weitere Forschung und rechtsvergleichende Tätigkeit geschaffen werden.

Während es in der deutschsprachigen Literatur länderspezifisch schon oft durch verschiedene Autoren gewinnbringend unternommen wurde, die Besonderheiten anderer Rechtsordnungen auf diesem Gebiet zu durchleuchten,[39] ist die Literatur gerade in Bezug auf das brasilianische Verfassungsrecht bisher aus verschiedenen Gründen eher spärlich geblieben. Dies schlägt sich in der Quellenlage für diese Arbeit nieder – und rechtfertigt diese Arbeit zugleich. Unverkennbar ist, dass Brasilien als aufstrebende Wirtschaftsmacht[40] im Weltkontext und mit nicht unerheblichen Verbindungen zu Deutschland und zur Europäischen Union an Bedeutung zunimmt.

Zum Aufbau dieser Studie im Einzelnen: Der erste Teil gilt den allgemeinen, organisationsrechtlichen Grundlagen des *Supremo Tribunal Federal*. Zunächst werden mithin die einschlägigen Rechtsquellen, die innere Organisation des Gerichts, seine Stellung innerhalb des Systems der Judikative und der Verfassungsordnung Brasiliens behandelt und seine Kompetenzen systematisch zusammengefasst.

Prägender Faktor für die Wirklichkeit des Gerichts – und Grund anhaltender Reformdiskussion – ist seit Längerem seine immense Verfahrensbelastung.[41] Eine potenzielle Überlastung der Verfassungsgerichtsbarkeit, wie auch von Gerichtsbarkeit im Allgemeinen, ist sicher weltweit ein grundsätzliches Problem, dem durch verschiedene Mechanismen, seien es z. B. Zugangsbeschränkungen, seien es Verfahrensvereinfachungen für die Richter, seien es strukturelle Maßnahmen, Rechnung getragen werden kann. Das Problem ist aber für das *Supremo Tribunal*

39 Um nur einige zu nennen: O. Luchterhandt/C. Starck/A. Weber (Hrsg.), Verfassungsgerichtsbarkeit in in Mittel- und Osteuropa, Teilband I: Berichte, Baden-Baden, 2007; C. Starck/A. Weber (Hrsg.), Verfassungsgerichtsbarkeit in Westeuropa, Teilband I: Berichte, Baden-Baden, 2. Aufl. 2007; M. Kau, United States Supreme Court und BVerfG; P. Mels, BVerfG und Conseil Constitutionnel: Ein Vergleich der Verfassungsgerichtsbarkeit in Deutschland und Frankreich im Spannungsfeld zwischen der Euphorie für die Krönung des Rechtsstaates und der Furcht vor einem „gouvernement des juges", München, 2003; W.-M. Mors, Verfassungsgerichtsbarkeit in Dänemark, Baden-Baden, 2002; M. Nanova, Verfassungsgerichtsbarkeit in Bulgarien, Baden-Baden, 2002; G. Brunner/M. Hofmann/P. Holländer, Verfassungsgerichtsbarkeit in der Tschechischen Republik, Baden-Baden, 2001; G. Brunner/L.L. Garlicki, Verfassungsgerichtsbarkeit in Polen, Baden-Baden, 1999; L. Holle, Das Verfassungsgericht der Republik Südafrika, Baden-Baden, 1997; U.-H. Lee, Das Verfassungsgericht der Republik Korea, Dissertation Bayreuth, 1991; T. Ribera Neumann, Das chilenische Verfassungsgericht und das deutsche BVerfG, Frankfurt am Main, 1985.

40 Brasilien ist z. Zt. die zehntgrößte Volkswirtschaft der Welt (Quelle: http://www.auswaertiges-amt.de/diplo/de/Laenderinformationen/Brasilien/Wirtschaft.html [aufgerufen am 5.3.2010]). S. auch die trotz aller Schwierigkeiten des Landes sehr optimistische Prognose in The Economist, Brazil takes off – Now the risk for Latin America's big success story is hubris, 12.11.2009, 15, mit der Beilage „A Special Report on business and finance in Brazil".

41 S. etwa A. Gonçalves de Castro Mendes, Zeitschrift für Zivilprozess International 2005, 431 ff.

Federal Brasiliens in besonderem Maße virulent gewesen[42] und trotz einer Abmilderung des Zustands in den letzten Jahren noch immer aktuell. Die dortige Verfahrensbelastung wird hier daher im Anschluss mit Bezug auf Zahlen und Ursachen sowie unter Hinweis auf rechtliche Abhilfemaßnahmen in der Vergangenheit erörtert.

Vor dem Hintergrund dieses Befundes wendet sich die Arbeit in ihrem zweiten Teil einer eingehenderen Analyse der Rechtsprechungszuständigkeiten näher zu. Es sollen Antworten auf die Frage gefunden werden, wie die Zuständigkeiten durch die Aufstellung von Zulässigkeitsvoraussetzungen und deren Auslegung in der gerichtlichen Praxis in Brasilien definiert werden. Dazu sind sowohl die Rechtsvorschriften heranzuziehen als auch die dazu ergangenen Gerichtsentscheidungen zu betrachten.[43] Das Augenmerk wird dabei stets auch darauf gerichtet, inwieweit durch die Einzelheiten der Zuweisung und die Art und Weise der Handhabung von Kompetenzen der Verfahrensbelastung entgegengesteuert oder sie noch begünstigt wird. Wo dies möglich ist, d.h. wo gleichartige oder ähnliche Verfahren vor dem Bundesverfassungsgericht eröffnet sind, wird für die Einordnung der Ergebnisse ein Rechtsvergleich mit dem deutschen Verfassungsprozessrecht angestellt.

Bei der Betrachtung der Kompetenzen stehen in puncto Reduzierung der Verfahrenslast insbesondere zwei neuere, auf dieser Ebene angesiedelte Rechtsinstitute im Mittelpunkt, zu deren Bewertung hier ein Beitrag geleistet werden soll. Sie sind mit der großen, hauptsächlich auf eine Beschleunigung des zu trägen Justizapparats abzielenden Verfassungsreform Nr. 45 vom 30. Dezember 2004 eingeführt worden, um die oft sog. „Krise des *Supremo Tribunal Federal*"[44] zu bewältigen, und dienen mithin dazu, das Gericht zu einer sachgerechten Wahrnehmung seiner Aufgaben zu befähigen, die ansonsten gefährdet wäre. Bei diesen Entlastungsmaßnahmen handelt es sich zum einen um die Schaffung einer zusätzlichen rechtlichen Voraussetzung für eine höchstrichterliche Entscheidung über die zahlenmäßig besonders häufig auftretenden sog. Außerordentlichen Rechtsmittel: Diese Fälle müssen nunmehr verfassungsrechtliche Fragen mit „allgemeinen Auswirkungen" (*repercussão geral*) aufwerfen. Die neuen Vorschriften lassen an das

42 Angesichts z.T. sechsstelliger Prozesseingangszahlen in den vergangenen Jahren (s. u. die Statistischen Angaben im Anhang I) konnte W. Paul, Tópicos 3/2002, 16, mit Recht von einem „monströse[n] Geschäftsvolumen" sprechen.

43 Dafür, dass nicht nur Rechtsetzer, sondern auch Gerichte selbst in starkem Maße für ihre Entlastung sorgen können, gibt es auch in Deutschland und Europa zahlreiche Beispiele, s. nur P. Kunig, Selbstentlastung durch Rechtsprechungsänderung, in: H.-J. Birk/P. Kunig/W. Sailer (Hrsg.), Zwischen Abgabenrecht und Verfassungsrecht, 528 ff.

44 Statt vieler: H. Alves de Assumpção, Revista do MPRJ 26 (2007), 127 (127 ff.); J. Maurmann Ximenes, RDCI 47 (2004), 269 ff. In den Motiven für die Justizreform, DOU Teil I v. 16.12.2004, S. 8, heißt es eingangs (frei übersetzt): „Die Langwierigkeit der Gerichtsverfahren und die geringe Effektivität ihrer Entscheidungen verzögern die nationale Entwicklung, entmutigen Investoren, begünstigen Vertragsbrüche, verursachen Straflosigkeit und untergraben den Glauben der Bürger an die demokratische Regierungsform."

Annahmeverfahren gemäß §§ 93 a ff. BVerfGG denken, zu dem gewisse Parallelen bestehen. Zum anderen handelt es sich um das Rechtsinstitut der „allgemein verbindlichen Leitsatzformeln“ (*súmulas vinculantes*) des *Supremo Tribunal Federal*. Diese Leitsätze sind nicht lediglich an eine bestimmte Verfahrensart geknüpft; ihre Aufstellung, Änderung und Aufhebung stellt vielmehr eine eigene, neue Verfahrensart dar. Mit dem Rechtsinstitut, das im Grundsätzlichen wie auch in einigen Einzelheiten unter anderem wegen einer erheblichen Steigerung der Machtfülle des Gerichts sehr umstritten ist, sollen zahlreiche zukünftige Streitigkeiten frühzeitig und im Idealfall ohne eine Anrufung dieses Obersten Gerichts befriedet werden. Insoweit hat auch dieses Verfahren unmittelbar mit dem Anliegen der Entlastung zu tun. Ein rechtsvergleichender Blick zeigt, inwiefern es vom Wesen des deutschen § 31 BVerfGG und der Wirkung von Entscheidungen des Bundesverfassungsgerichts zu unterscheiden ist.

Beide Neuerungen sind seit ihrer Einführung von der rechtswissenschaftlichen Literatur mit regem Interesse und kritisch begleitet worden, und sie zeigen, nachdem sie durch das einfache Recht umgesetzt wurden, aus heutiger Perspektive bereits messbare Erfolge, die sie für andere Rechtsordnungen umso interessanter machen. Durch einen signifikanten Rückgang der Belastung mit Rechtsmittelverfahren wird die in Brasilien von vielen verfassungspolitisch gewünschte Fokussierung des Gerichts auf eine echte Verfassungsrechtsprechung zu wesentlichen gesellschaftlichen Fragen, und zwar dies auch in akzeptabler Zeitnähe zum Antrag des Rechtsuchenden, befördert. Nicht nur hinsichtlich der Handhabung der beiden Rechtsinstitute, sondern im brasilianischen Verfassungsprozessrecht im Allgemeinen, ist derzeit, das darf man wohl sagen, einiges in Bewegung.

Begrifflichkeiten des brasilianischen Rechts werden in dieser Arbeit grundsätzlich auf deutsch übersetzt verwendet, soweit die deutsche Sprache inhaltlich dasselbe ohne Missverständlichkeit ausdrücken kann. Ansonsten, hinsichtlich brasilianischer Eigenheiten, werden die originalen portugiesischen Topoi nach Erläuterung verwendet, ebenso für die Bezeichnung von Institutionen, die keine genaue Entsprechung im deutschen Rechtskreis finden. In Anhang III befinden sich schließlich Übersetzungen der Bundesverfassung – in für das Thema relevanten Auszügen – und weiterer Rechtsquellen, die als Basis für eine Rechtsvergleichung unentbehrlich sind und für ein besseres Verständnis der brasilianischen Justiz und des brasilianischen Verfassungsprozessrechts hilfreich sein mögen. In diesem Zusammenhang musste notwendigerweise eine beschränkende Auswahl getroffen werden. Brasilianische Gerichtsentscheidungen werden wie folgt zitiert: [*Gericht*], [*offizielle Abkürzung der einschlägigen Prozessklasse*], [*in Klammern ggf. Art des Rechtsbehelfs im Rahmen dieses Prozesses*], [*laufende Nummer innerhalb der Prozessklasse*], [*ggf. Abkürzung des Ursprungsstaates*], [*Name des Berichterstat-*

ters],[45] [*Veröffentlichungsort*[46] *und -datum*], Beispiel: STF, AI (AgR) 221.462/SP, BE Cezar Peluso, DJ v. 24.8.2007.

45 Dies ist in Brasilien zur Identifizierung der Prozesse Tradition. Werden hier zwei Verfassungsrichter zitiert, so bedeutet dies i.d.R., dass der erste als ursprünglicher Berichterstatter mit der Minderheit votiert und der Zweitgenannte als Autor des ersten obsiegenden Votums das Urteil abgefasst hat; es kann auch bedeuten, dass es sich um eine Zwischenentscheidung handelt, die nicht der Berichterstatter, sondern ein anderer Richter (z. B. der Präsident im einstweiligen Rechtsschutz während der Gerichtsferien) getroffen hat oder dass der Berichterstatter das Gericht vor Abschluss der Entscheidungsfindung verlassen hat. Die Richter verwenden bei amtlichen Handlungen für das Tribunal nicht ihre vollen, sondern stets nur bei Amtseinführung festgelegte zwei Namensbestandteile.

46 Für das *Supremo Tribunal Federal* wird als Veröffentlichungsort in dieser Arbeit i.d.R. das „DJ" (*Diário da Justiça [da União]* – Verkündungsorgan der Rechtsprechung auf Bundesebene/„Justizanzeiger"), das „DJe" (*Diário da Justiça eletrônico* – seit April 2007 existierender Online-Anzeiger ausschließlich für die Entscheidungen des *Supremo Tribunal Federal*) oder der „Inf." (*Informativo* – Informationsrundschreiben des Gerichts) angegeben. In diesen Quellen sind die zitierten Urteile des *Supremo Tribunal Federal* am einfachsten online über die Suchfunktionen auf der o.g. Homepage des Gerichts wiederzufinden mittels laufender Prozessnummer, -klasse und Datum, ohne die Notwendigkeit und Möglichkeit der Angabe einer Seitenzahl. Sämtliche Ausgaben des DJ ab dem 1.1.1990 sind i.Ü. bei der staatlichen *Imprensa Nacional* eingescannt und abrufbar unter http://portal.in.gov.br. Im DJ/DJe sind die tragenden und auf den Tenor hinauslaufenden Entscheidungsgründe i.S. der Richtermehrheit abgedruckt, nicht aber die einzelnen, ggf. abweichenden, richterlichen Voten (i.d.R. können diese und weitere Prozessdokumente jedoch bei wichtigen Entscheidungen ebenfalls auf der Homepage des Gerichts aufgerufen werden). Im Inf. sind die prozessualen Geschehnisse der vergangenen Sitzungswoche zusammengefasst, wozu insb. auch Argumentationen aus den verschiedenen vorgetragenen Voten gehören. Die andernorts ebenfalls üblichen Zeitschriftenfundstellen werden hier der Einheitlichkeit und der insb. für deutsche Leser leichteren Auffindbarkeit halber vermieden, obwohl anzumerken ist, dass die nach Art. 99 der Geschäftsordnung des *Supremo* als offizielles Publikationsorgan zugelassene RTJ – *Revista Trimestral de Jurisprudência* – mit ihren jüngeren Jahrgängen (ab 2003) ebenfalls elektronisch über die Homepage zugänglich ist.

1. Teil:
Das Supremo Tribunal Federal – Allgemeines zum Obersten Bundesgericht Brasiliens

A. Die rechtlichen Grundlagen

Das *Supremo Tribunal Federal*[47] wird in Art. 92 I der geltenden Bundesverfassung der Föderativen Republik Brasilien von 1988[48] als Organ innerhalb der Rechtsprechenden Gewalt eingeordnet. Bestimmungen zum STF finden sich dann im Wesentlichen im Abschnitt II des Kapitels III („Die judikative Gewalt") des Titels IV („Die Organisation der Staatsgewalten"). Dieser Abschnitt II besteht aus den Art. 101 bis 103-B CF, in denen organisatorische Grundentscheidungen getroffen werden: Art. 101 befasst sich mit der Zusammensetzung des Gerichts, der Richterwahl und -ernennung. Art. 102 legt die Zuständigkeiten fest und trifft Aussagen zu den Entscheidungswirkungen; ihm ist – durch die große Verfassungsreform Nr. 45 im Jahr 2004 – ein § 3 angefügt worden, der für das Verfahren des Außerordentlichen Rechtsmittels die Zulassungsvoraussetzung der „Allgemeinen Auswirkungen der verfassungsrechtlichen Frage" aufstellt. Art. 103 trifft nähere Regelungen zu den Verfahren der Normenkontrolle. Ebenfalls aus 2004 datieren die eingefügten Art. 103-A und 103-B. Ersterer befasst sich eingehend mit dem Rechtsinstitut der „bindenden Leitsatzformeln" des STF. Letzterer enthält die Organisationsbestimmungen zu einem anderen Organ in der Rechtspflege,[49] dem neu geschaffenen Nationalen Rat der Justiz, und gehört thematisch sicherlich nicht zwingend in den Abschnitt zum STF, obwohl der Rat durchaus Verbindungen zum STF aufweist. Außerhalb dieses nach ihm benannten Abschnitts der Art. 101 ff. CF ist das STF in 18 weiteren der 250 Verfassungsartikel erwähnt;[50] auf diese Vorschriften wird im Rahmen der folgenden Darstellung einzugehen sein.

Die Gesetzgebungskompetenz für das Prozessrecht liegt beim Bund (Art. 22 I CF). Ein gesondertes, auf das Gericht und seine Funktionsweise bezogenes, dem

47 Die direkte Übersetzung lautet „Oberstes Bundesgericht". Im Folgenden wird die übliche Abkürzung „STF" verwendet.

48 *Constituição da República Federativa do Brasil* oder *Constituição Federal* – im Folgenden „CF". Der Originaltext der Verfassung mit sichtbar gemachten Verfassungsänderungen befindet sich, ebenso wie die Vorgängerverfassungen und Gesetzgebungsakte und Gesetzentwürfe des Bundes, in Gänze im Internet abrufbar über die Regierungsseite: http://www.presidencia.gov.br/legislacao/.

49 Vgl. Art. 92 I-A CF.

50 Art. 12, 36, 37, 48, 52, 53, 61, 64, 80, 84, 86, 92, 93, 96, 99, 104, 119, 130-A CF.

deutschen BVerfGG entsprechendes, einfaches „STF-Gesetz“ existiert in Brasilien jedoch nicht. Vielmehr existieren Normenkomplexe zu einzelnen der Verfahrensarten vor dem höchsten Gericht, etwa betreffend die Normenkontrolle, die Auslieferung oder die Instrumente zum Schutz verschiedener Rechtspositionen. Zu anderen Verfahrensarten existiert keine Ausgestaltung, etwa zur Bundesintervention und zur Injunktion. Das Gesetz Nr. 8.038 von 1990 mit Verfahrensvorschriften für die beiden höchsten Gerichte (das STF und das *Superior Tribunal de Justiça* – STJ) trifft nur ansatzweise Regelungen und ließ manche in der neuen Verfassung angelegte Verfahrensarten außer Betracht. Je nach Verfahrensart ist zudem auf die stets subsidiär geltenden Regeln der Zivil- und der Strafprozessordnung (*Código de Processo Civil* – CPC und *Código de Processo Penal* – CPP) zuzugreifen,[51] wobei das Schwergewicht vor dem STF bei zivilprozessual geprägten Verfahren liegt; einzig die Strafsachen, inklusive die entsprechende Revision, Wiederaufnahmeklagen und ordentliche Rechtsmittel, und die Sachen der Freilassungsverfügung (*Habeas Corpus*) sind durch strafprozessuale Regeln geprägt. Sowohl der CPC von 1973 als auch der dekretierte CPP von 1941 aus der Epoche des *Estado Novo* befinden sich derzeit in Generalüberholung.[52]

Insgesamt ist es legitim, die einfach-gesetzliche Rechtslage im Verfassungsprozessrecht für zerfasert und äußerst reformbedürftig zu halten. Mitursächlich für die Unübersichtlichkeit ist, dass das STF lange Zeit nur Rechtsmittelinstanz war und die verfassungsgerichtlichen Funktionen erst nach und nach dazugekommen sind. Das „Verfassungsprozessrecht“ wird „bis auf seltene Ausnahmen“ auch von den Lehrplänen der Fakultäten so noch nicht als eigenständige Disziplin wahrgenommen.[53] Die Schaffung eines *Código de Processo Constitucional*, systematisch und aus einem Guss mit einem allgemeinen und einem alle Verfahrensarten berücksichtigenden besonderen Teil, wird zwar als wünschenswert angesehen.[54] Eine Kodifikation steht aber nicht konkret auf der politischen Agenda. Stattdessen wird

51 Dieser Zweiteilung lassen sich sämtliche Prozesse vor dem STF, für die es originär zuständig ist oder die auf dem Rechtsmittelwege zu ihm gelangen, zuordnen. Eine gesonderte Verwaltungsgerichtsbarkeit, z. B. für Streitigkeiten mit Hoheitsträgern, mit einem der VwGO entsprechenden Gesetz besteht nicht; ein Subordinationsverhältnis der Streitparteien steht einer Zivilklage nicht entgegen. Weitere spezielle, jedoch vor dem STF nahezu unerhebliche prozessuale Vorschriften existieren für die Fachgerichtsbarkeiten (und sind etwa im Titel X der Konsolidierten Arbeitsgesetze, im Wahlgesetzbuch oder in der Militärstrafprozessordnung enthalten).

52 Ein Entwurf einer Juristenkommission unter Leitung von Luis Fux (STJ) für einen neuen CPC ist im Mai 2010 in den Nationalkongress eingebracht worden; am CPP arbeitet seit 2008 eine Reformkommission im Bundessenat (Näheres unter http://www.senado.gov.br/novocpp, 9.8.2010).

53 A. Ramos Tavares/D. García Belaunde, Mais um código?, Folha de São Paulo v. 20.2.2010.

54 P. Bonavides/P. Lopo Saraiva, Proposta: Código de Processo Constitucional, Folha de São Paulo v. 10.1.2010, etwa fordern dringend die Einsetzung einer diesbzgl. Regierungskommission.

in letzter Zeit darauf gesetzt, die bestehenden fragmentarischen Vorschriften zu ergänzen oder einzeln zu novellieren.

Schließlich ist die zum größten Teil vorkonstitutionelle Geschäftsordnung des Gerichts (im Folgenden: RISTF)[55] als eine nicht unbedeutende Rechtsquelle zu nennen, der früher Gesetzesrang verliehen war und die jetzt nur untergesetzliches Recht darstellt. Die Grundlage für ihr Fortbestehen ist nun die für alle Kollegialgerichte geltende verfassungsrechtliche Ermächtigung in Art. 96 I a) CF. Die Geschäftsordnung sieht in 369 Artikeln Vorschriften über die innere Organisation des Gerichts, die Zuständigkeiten der Unterorgane und den Ablauf der Prozesse vor. Bei ihrer Anwendung ist allerdings darauf zu achten, dass einzelne Teile durch die jüngere Verfassung und durch jüngere Prozessgesetze überholt und unanwendbar sind, ein Zustand, der trotz jährlich mehrmaliger Änderungen der Geschäftsordnung fortdauert. So enthält die Geschäftsordnung noch Regelungen zu bereits lange abgeschafften STF-Kompetenzen. Manche Verfahrensart neueren Datums gestaltet sie noch nicht aus. Davon abgesehen hat das STF in einem Urteil jedoch frühzeitig die grundsätzliche Rezeption der Geschäftsordnungsbestimmungen unter der neuen Verfassung bestätigt („soweit sie mit ihr vereinbar sind").[56] Andere Abschnitte werden nunmehr auch ausdrücklich durch Verweisungen im Gesetzesrecht in Bezug genommen oder veranlasst. Insgesamt konkretisiert und ergänzt das RISTF das höherrangige Recht nur und ist nicht geeignet, weitere Zulässigkeitsanforderungen aufzustellen, von gesetzlichen zu befreien oder zusätzliche Kompetenzen zu begründen.[57]

55 Das *Regimento Interno do Supremo Tribunal Federal* v. 15.10.1980 – kurz: RISTF, zuletzt geändert am 5.8.2010. Von einer Übersetzung wurde im Rahmen dieser Bearbeitung abgesehen. An zahlreichen Stellen werden jedoch wesentliche Geschäftsordnungsvorschriften Erwähnung finden (um der besseren Lesbarkeit des Textes willen befinden sich die jeweiligen Artikelfundstellen aber fast ausschließlich im Fußnotenapparat); sagen sie dasselbe wie gesetzliche Vorschriften aus, wird von einer Zitierung ganz abgesehen. Der Originaltext steht unter der Rubrik „*Legislação*" auf http://www.stf.jus.br zur Verfügung.

56 AO (AgR) 32-7/DF, BE Marco Aurélio, DJ v. 28.9.1990.

57 N. Nery Jr./R.M. de Andrade Nery, CF comentada e legislação constitucional, Art. 102, Anm. 2, 4.

B. *Die innere Organisation des Gerichts*

I. Die Verfassungsrichter

Die CF bestimmt in Art. 101, dass beim STF elf Verfassungsrichter, die als *Ministros* bezeichnet werden,[58] einzusetzen sind.[59]

1. Richterauswahl

Die Modalitäten der Auswahl der Verfassungsrichter haben sich seit der Gründung des Gerichts kaum verändert. Bei der Betrachtung der Modalitäten stellt sich immer die Frage, inwieweit sie im Einzelnen hinsichtlich der persönlichen Voraussetzungen und des Auswahlverfahrens noch dem Geltungszuwachs des STF im Staatsgefüge gerecht werden, da die Ausübung von gesteigerter Macht nur mit hinreichender Legitimierung Akzeptanz finden kann.

a. Persönliche Voraussetzungen

Nach Art. 12 § 3 und 101 CF muss es sich bei den *Ministros* des STF um gebürtige brasilianische Staatsangehörige und Bürger handeln, die zum Ernennungszeitpunkt im Alter zwischen 35 und 65 Lebensjahren sind und bemerkenswertes juristisches Wissen und eine makellose Reputation haben. Die letztere, in der Verfassungsgeschichte schon traditionell und auch für andere Funktionen auftauchende Wendung ist sehr unbestimmt. Ob das juristische Wissen durch bestimmte Bildungsabschlüsse und/oder eine vorhergehende Richtertätigkeit nachgewiesen werden muss, ist

58 Die direkte Anrede der Verfassungsrichter ist lebenslang „*Excelência*" (Art. 16 RISTF). In dieser Arbeit werden – nur aus Gründen der besseren Lesbarkeit – grammatikalisch stets die männlichen Formen verwendet, obwohl auch Frauen das Amt ausüben. Die erste Verfassungsrichterin (Ellen Gracie) wurde im Jahr 2000 ernannt, die zweite (Cármen Lúcia) im Jahr 2006.

59 Für die Änderung der Richteranzahl bedarf es also anders als in Deutschland, wo das GG keine Angaben zur Richteranzahl macht, einer Verfassungsänderung. Das Initiativrecht für verfassungsändernde Gesetze lag in vorherigen Verfassungen in einem solchen Fall beim STF selbst, mittlerweile nicht mehr. A. de Moraes, Constituição do Brasil Interpretada, Art. 101, S. 1463, kommentiert Art. 101 dennoch als „Unabhängigkeitsklausel der Rechtsprechung", deren versuchte Änderung u.U. ein Amtsvergehen (Art. 85 III CF) oder einen Bruch der Ewigkeitsklausel (Art. 60 § 4 III CF) des jeweiligen Akteurs darstellen könne. Gegen die Erhöhung R. de Camargo Mancuso, Recurso extraordinário e recurso especial, 68–72. In seiner Geschichte bestand das Gericht zeitweise auch schon aus 15 (1891–1931) und 16 (1965–69) Richtern. Bei der Richteranzahl haben sich STF und *Supreme Court* – dort amtieren gemäß dem Judiciary Act v. 1869 neun *Justices* – stets unterschieden.

streitig.[60] Auch i.Ü. werden die Voraussetzungen ständig diskutiert: Derzeit befindet sich ein Entwurf der AMB für eine Verfassungsänderung im Kongress, der die Kriterien für die Ernennung zum Verfassungsrichter verschärft und 20 Jahre juristische Berufstätigkeit, ein Mindestalter von 45 und eine Karenzzeit von drei Jahren nach der Ausübung eines Regierungsamtes oder einer Parteimitgliedschaft verlangt.[61] Die Verfassung nennt derzeit keine Anforderungen an die berufliche Provenienz der Verfassungsrichter. Tatsächlich kommen die meisten aus anderen hohen staatlichen Ämtern.[62]

Die Kandidaten müssen im Besitz ihrer vollen staatsbürgerlichen Rechte sein.[63] Ein Ausschlusskriterium für eine Auswahl ergibt sich aus der Geschäftsordnung, die die gleichzeitige richterliche Tätigkeit von bis zu einem gewissen Grad miteinander verwandten Personen im Gericht verbietet;[64] was gleichermaßen für Ehegatten gilt.[65]

b. Wahlverfahren

Die Verfassungsrichter kommen über ein vierstufiges Verfahren in das Amt. In der Staatspraxis ist es der Präsident der Republik, in Brasilien Staats- und Regierungschef, der den Kandidaten, die genannten persönlichen Voraussetzungen beachtend, nach politischem Ermessen vorschlägt; nur ihm kommt die Initiative zur Richterwahl zu. Nachgeschaltet ist, zweitens, das Erfordernis der Billigung durch den

60 Befürwortend M. Temer, Elementos de direito constitucional, 176 (zumindest ein juristischer „Bachelor", dies dürfte der herrschenden Meinung entsprechen); ablehnend A. de Moraes, Direito Constitucional, 545 f., der diesbzgl. aber eine Verfassungsänderung als notwendig erachtet, mit der die Kriterien verschärft werden (entweder mindestens zehnjährige juristische Berufserfahrung als Rechtsanwalt, Mitglied des *Ministério Público* [vgl. zu dieser Institution u. Fn. 175] oder Richter oder ein juristischer Doktortitel).

61 PEC Nr. 434/2009 (abrufbar auf der Website der Abgeordnetenkammer). Anlass war die Wahl des nur 41 Jahre alten *Ministros* Dias Toffoli Ende 2009, der unmittelbar aus dem Amt des institutionsbedingt regierungstreuen *Advogado-Geral da União* kam, Tageszeitung „O Globo" v. 30.10.2009. Solche Überlegungen wurden im Kongress auch schon vor der Verfassungsreform der Rechtsprechenden Gewalt von 2004 laut, R.M. Groba Bandeira, Reforma do Judiciário: Aspectos Relevantes em Discussão no Congresso Nacional, 7.

62 Aus der aktuellen Besetzung des Gerichts können sieben Richter auf eine Karriere beim *Ministério Público* zurückblicken, zwei kamen direkt von der Position des *Advogado-Geral da União* (zu diesem Amt s. u. Fn. 178) zum STF, zwei entstammen direkt der richterlichen Laufbahn (keiner von beiden war allerdings Bundesrichter), mehrere waren haupt- oder nebenberuflich Rechtslehrer, zumindest drei waren u.a. auch längere Zeit in der Rechtsanwaltschaft tätig und ein von Präsident Lula da Silva ernannter Richter war u.a. für die Arbeiterpartei politisch aktiv.

63 U. Lammêgo Bulos, a.a.O., 981.

64 Verwandte und Verschwägerte in gerader Linie und bis zum dritten Grad in Seitenlinie (Art. 18 RISTF).

65 M. Elesbão, Regimento Interno do STF Comentado: Abordagem Constitucional e Regimental da Suprema Corte, 93.

Bundessenat, ein föderalistisch geprägtes Verfassungsorgan der legislativen Gewalt,[66] mit der Mehrheit seiner Mitglieder in geheimer Abstimmung (Art. 52 III lit. a CF).[67] Diesem hat der Kandidat vorher öffentlich Rede und Antwort zu stehen.[68] In Art. 101 § 1 i.V.m. Art. 84 XIV CF wird festlegt, dass der Kandidat drittens auch durch den Präsidenten der Republik ernannt wird. Nach der Billigung des Bundessenats und der Ernennung erfolgt als vierter Schritt schließlich die formelle, feierliche Amtseinführungszeremonie vor dem Präsidenten des STF mit dem Gelübde des Richters, seine Amtspflichten „gut und im Einklang mit der Verfassung und den Gesetzen der Republik zu erfüllen".[69] Dieses Programm hebt sich insgesamt deutlich von der Art und Weise der Rekrutierung der Richter der anderen Gerichte Brasiliens ab.[70]

Der Einfluss der Präsidenten der Republik auf die Auswahl der Verfassungsrichter mit seiner alleinigen Befugnis zum Kandidatenvorschlag in freiem, subjektiven Ermessen und den weiten persönlichen Voraussetzungen ist bei dem vorliegenden System beträchtlich. Kritisiert wird dies insbesondere, weil die Ernennung einer Mehrheit der elf Richter im STF während nur einer Präsidentschaft, die von Verfassungs wegen bis zu acht Jahre andauert, nicht außergewöhnlich ist.[71] Zudem hat faktisch der Bundessenat nie ein ernst zu nehmendes Gegengewicht zur präsidialen Machtposition dargestellt. Nach fünf Ablehnungen in den Anfangsjahren

66 Der Bundessenat besteht aus 81 für acht Jahre direkt vom Volk in den Bundesstaaten und dem Bundesdistrikt im Mehrheitswahlsystem gewählten Senatoren, wobei jede der föderalen Untergliederungen gleich viele (drei) von ihnen entsendet. Mit seiner Beteiligung soll einem Unitarismus bei der Richterauswahl vorgebeugt werden.

67 Art. 101 § 1 i.V.m. 52 III lit. a CF, auch Art. 288 III d) RISF.

68 In der sog. „*Sabatina*", die gemäß Art. 101 II i) RISF vor dem Verfassungsausschuss stattfindet.

69 Art. 15 RISTF.

70 Das Verfahren für die *Ministros* des STJ ist ebenfalls politisch beeinflusst, jedoch in deutlich abgeschwächter Form, da dort vorgegeben ist, dass die Richter aus der höheren Richterschaft des Bundes und der Bundesstaaten, aus der Rechtsanwaltschaft und der Staatsanwaltschaft nach eigenen Vorschlägen aus diesen Kreisen kommen müssen (vgl. Art. 104 § 1 CF). Beim TST, den TRE, den TRF und den TJ gilt für die Auswahl das sog. „verfassungsrechtliche Fünftel" von Rechts- und Staatsanwälten, i.Ü. eine Rekrutierungspflicht aus der Richterschaft (*quinto constitucional*, vgl. Art. 94, 107, 111-A, 115 CF). Für die teils militärische, teils zivile Besetzung des STM vgl. die Herkunftsvorgaben des Art. 123 CF. Den geringsten Einfluss hat der Staatspräsident auf die Wahljustiz: Das TSE setzt sich aus sieben Richtern zusammen, von denen fünf von STF und STJ entsandt werden und nur zwei vom Präsidenten ernannt werden, die auch vom STF zur Auswahl gestellt werden (vgl. i.E. Art. 119 CF). Für den Eintritt in die Richterschaft (erste Instanz) werden ansonsten öffentliche Auswahlverfahren durch Prüfungen mit verschiedenen Phasen (*concursos públicos*) angewandt, die den Erfolg des fachlich Besten garantieren.

71 So hat unter der jetzigen Verfassung der Präsident Lula da Silva sogar neun der *Ministros* ernannt, Fernando Henrique Cardoso drei, Itamar Franco einen, Fernando Collor de Mello vier und José Sarney fünf. Krit. zum personalen Element der Richterauswahl etwa A. Ramos Tavares, Curso de Direito Constitucional; J.A. Garcia, RDCI 61 (2007), 123 (126 f.).

der Republik ist es seit dem Jahr 1894 zu keiner Ablehnung eines Kandidaten durch den Bundessenat mehr gekommen.[72]

Außerdem wird das Entstehen eines „Pakts der Dankbarkeit“[73] zwischen Ernennendem und den Ernannten befürchtet, was insbesondere deshalb problematisch ist, weil das STF in vielerlei Hinsicht besonderer Gerichtsstand u.a. für den Staatspräsidenten ist. Analysen zeigen jedoch, dass das System nicht zu einem „politiktreuen“ Entscheidungsverhalten der Verfassungsrichter führen muss.[74]

In diesem System haben Juristen mit einer besonderen Nähe zum politischen Umfeld des Staatspräsidenten tendenziell größere Chancen, berücksichtigt zu werden.[75] Desweiteren können nicht leistungsbezogene Motive für eine Auswahl wie die Berücksichtigung von Geschlecht, Ethnie oder regionaler Herkunft so eine Rolle spielen (im Guten wie im Schlechten), ebenso die Absicht einer Gefälligkeit, ein Kompromiss mit dem politischen Gegner zur Erreichung von Vorteilen auf anderem Gebiet oder sonstige Opportunität. Die Regelung ermöglicht ferner subjektive und kaum nachvollziehbare, vielleicht verdeckte Motivationslagen für eine Auswahl, bei denen auch unerwünschte Gesichtspunkte wie eine persönliche Verbundenheit des Präsidenten mit dem Kandidaten oder dessen vermeintliche spätere Beeinflussbarkeit ausschlaggebend sein können.[76]

Die zahlreichen Reformideen aus der Lehre und der juristischen Praxis, etwa solche, die eine direkte Wahl der *Ministros* durch das Volk[77] oder wenigstens ein

72 Auch bzgl. der nicht wenigen anderen Ämter, deren Vergabe unter dem Vorbehalt der Billigung durch den Senat stehen, habe sich dieser eher durch ein „Durchwinken“ denn durch eine Blockade der Kandidaten ausgezeichnet (R. Costa, Valor Econômico v. 29.9.2009, mit Hinweis auf eine Studie von U. Rapassi, nach der es in den vergangenen zehn Jahren insgesamt zu einer Ablehnung nur in 1 % der Fälle gekommen sei). L.R. Barroso, Revista Trimestral de Direito Público 20 (1997), 29 (40): Der Senat beschränke sich auf ein kritikloses Absegnen, die Verfassungsrichterwahl sei *de facto* zur Ermessensentscheidung nur einer einzigen Person konvertiert; ähnlich J.A. Garcia, a.a.O., 128 f., zur Substanzlosigkeit der Befragung; krit. auch J.L. Quadros de Magalhães, JusNav Nr. 58 (2002). J.B. Barbosa Gomes, La Cour Suprême dans le Système Politique Brésilien, 26, weist auf die große Zahl von Juristen hohen Ansehens in der Rechtswissenschaft beim STF hin, aber auch darauf, dass der Senat das Einrücken „grauer Eminenzen der Diktaturen“ in das Gericht nicht verhindert hatte.

73 So in seiner Kritik an der fehlenden Legitimität F.G. Marques de Lima, O STF na crise institucional brasileira, 48 ff., 70, 356.

74 F. Martins de Andrade, JusNav Nr. 2.375 (2009) m.w.N. unter Verweis auf Äußerungen der Verfassungsrichter und ihr Entscheidungsverhalten begrenzt auf das Steuerrecht unter Zugrundelegung der jährlichen Rechtsprechungsrückblicke in Consultor Jurídico (Hrsg.), Anuário da Justiça 2007 ff., São Paulo, 2007 ff.

75 Vgl. F.G. Marques de Lima, a.a.O., 24. Rückblickend auf klientelistische Momente in der Geschichte der Ernennungen J.B. Barbosa Gomes, a.a.O., 34 f.

76 Kritisch zur Gefahr der Ämterpatronage auch L.R. Barroso, Revista Trimestral de Direito Público 20 (1997), 40.

77 Gegen diese Alternative sprechen wohl die gewichtigsten Gründe: Eine Direktwahl bringt einen Wahlkampf mit sich, der dem Amt schadet und finanziert werden muss; zudem setzt sie ein Wahlvolk voraus, dass die Richterqualitäten beurteilen kann, vgl. R.A. Malheiros Fiuza, EMERJ 18 (2002), 245.

Vorschlagsrecht der Gesamtheit der (Staats-)Anwälte und sonstigen Richter[78] oder die Einführung einer nach objektiven Kriterien vom STF selbst erstellten Kandidatenliste[79] für eine anschließende Auswahl durch den Staatspräsidenten oder die Anhebung der Mehrheit im Bundessenat auf drei Fünftel[80] zum Gegenstand hatten, sind allerdings noch fruchtlos geblieben, ebenso wie die Änderungsvorschläge, frei werdende Stellen wechselweise an Anwälte, Staatsanwälte und Richter zu vergeben,[81] die Richter ausschließlich von den Oberen Bundesgerichten zu rekrutieren[82] oder den drei Staatsgewalten zu gleichen Teilen Entsendungsrechte einzuräumen.[83] Der starke politische Einfluss der Exekutivspitze bei der Richterauswahl blieb somit bestehen. In Anbetracht der Vielzahl vorgeschlagener Ansätze, die z. T. auch von den berufsständischen Vereinigungen der juristischen Berufe propagiert werden, und der verglichen damit wenigen Stimmen für einen Erhalt des Status Quo bleibt abzuwarten, wie lange das System noch beibehalten wird. Eiliger Handlungsbedarf wird wohl wegen des gelebten Berufsethos jedenfalls der zuletzt amtierenden Richter nicht gesehen, die nach Amtseinführung die gebotene Neutralität einnehmen und regelmäßig die Fähigkeit zu durchgreifenden Entscheidungen beweisen. Das verfassungsrichterliche Selbstverständnis wird insoweit auch von den sogleich zu erläuternden Statusgarantien flankiert, die eine persönliche und sachliche Unabhängigkeit ermöglichen.

Dass der unmittelbar demokratisch legitimierte Bundessenat konstitutiv beteiligt wird, ist rein rechtlich gesehen ein Pluspunkt.[84] Dieser kann sich solange sperren, bis der Staatspräsident mit einem die erforderliche Mehrheit verdienenden

78 D. de Abreu Dallari, O Poder dos Juízes, 115. Auch A. de Moraes, Constituição do Brasil Interpretada, Art. 101, S. 1465 f., empfiehlt die „Beteiligung aller Staatsgewalten"; F. Müller, Revista do Instituto de Hermenêutica Jurídica 3 (2005), 27 (31), empfiehlt ähnlich dem deutschen Modell eine Richterwahl allein durch beide parlamentarische Kammern, also ohne Beteiligung des Präsidenten, wofür allerdings das Parteisystem erst besser entwickelt sein müsse.

79 So der Vorschlag von Mozart Valadares Pires, Richterbund AMB, jetzt PEC Nr. 434/2009; ähnlich C.M. da Silva Velloso, RDA 231 (2003), 297 (311 f.), der eine Liste mit Vorschlägen aus den Rechtsfakultäten und von den berufsständischen Vertretungen der juristischen Berufe favorisiert, die an das STF zu leiten und von diesem auf sechs Namen einzugrenzen wäre, unter denen dann der Staatspräsident seine Auswahl zu treffen hätte.

80 So ebenfalls PEC Nr. 434/2009.

81 So PEC Nr. 68/2005, aktuell erneuert durch einen Vorschlag von J.C. Cosenzo vom Bund der Mitglieder des *Ministério Público*. Eine ähnliche Regelung besteht i.Ü. bereits jetzt für das STJ nach Art. 104 § 1 I und II CF. Auch R. Stanziola Vieira, RDE 8 (2007), 111 (123), will diese Berufsgruppen gleichmäßig einbeziehen, die Auswahlentscheidung unter diesen jedoch dem Nationalen Justizrat zuweisen.

82 So das PEC Nr. 92/1995 der Abgeordnetenkammer mit ablehnender Anm. v. J.L. Mello do Amaral Jr., Repertório de Jurisprudência 2004, 448. Für eine festgeschriebene Rekrutierungsquote aus der Richterschaft ohne Einfluss des Präsidenten L.A. Losekann, AJURIS 90 (2003), 199 ff.

83 So PEC 358/2005.

84 J.B. Barbosa Gomes, a.a.O., 24: „beträchtliches Gegengewicht gegen die immense Auswahlmacht, über die der Chef der Exekutive im präsidentiellen Regierungssystem verfügt".

Kandidaten aufwartet. Die Verfassungsrichter erhalten mit der Billigung zumindest eine mittelbar demokratische Legitimation. Der Bundessenat muss i.Ü. durchaus nicht von dem politischen Lager des Staatspräsidenten dominiert sein, und seine Beteiligung lässt zudem ein föderales Moment in die Richterbestimmung einfließen. So ermöglicht das geltende Verfassungsrecht die notwendigen *checks and balances (freios e contrapesos)* und ggf. eine Herausfilterung nicht hinnehmbarer Auswahlentscheidungen des Präsidenten. Voraussetzung ist immer, dass der Senat und sein Verfassungsausschuss die Kandidaten kritisch, eingehend, nach sachlichen Kriterien und völlig unbeeinflusst durchleuchten.

Juristisch gleicht das Modell noch immer dem Vorbild in den U.S.A. Dort jedoch sind die Kandidaten für eine der neun Richterstellen eindeutiger entweder dem liberalen oder dem konservativen Lager zuzuordnen (was für Brasilien wegen der aufgefächerteren Parteienlandschaft so nicht gilt), weshalb die gesellschaftliche Teilnahme und die Einwirkung auf den Präsidenten, dem Schwächen seiner Kandidaten unmittelbar eigenen politischen Schaden zufügen,[85] bei anstehenden Stellenbesetzungen größer ist. Im Gegensatz zu Brasilien hat die gesellschaftliche Kontrolle schon mehrmals zur Rücknahme von Vorschlägen geführt, schon bevor eine Abstimmung im U.S. Senat stattfinden konnte. Ansonsten wird auch innerhalb des Senats vor einer Ernennung regelmäßig monatelang und heftig debattiert, womit dieser dort seine verfassungsrechtliche Mission erfüllt.

2. Richteramt

Während der Militärdiktatur waren die Statusrechte der Richter in Brasilien eingeschränkt.[86] Auch in Zusammenschau mit der Rekrutierungspraxis waren an einer wirklichen Unabhängigkeit der Verfassungsgerichtsbarkeit Zweifel angebracht.[87] Mehrere missliebige Verfassungsrichter mussten das STF zu dieser Zeit gezwungenermaßen verlassen.[88]

85 M. Kau, United States Supreme Court und BVerfG, 186 f.: Stellenbesetzung für den *Supreme Court* als zentrales Thema bei den Präsidentschaftswahlkämpfen; „parteipolitische Besetzung"; „Instrument der Machtausübung und Machtsicherung".

86 Durch den Institutionellen Akt Nr. 2 v. 27.10.1965 (s. dort Art. 14) sowie den Institutionellen Akt Nr. 5 v. 13.12.1968 (dort Art. 6).

87 W. Paul, Das Fortschrittsprofil der neuen Verfassung, in: ders. (Hrsg.), Die brasilianische Verfassung von 1988, 113 (116).

88 Auf der Grundlage des Institutionellen Akts Nr. 6 v. 1.2.1969. Auch in der Folge der Revolution von 1930, mit der Getúlio Vargas an die Macht kam, wurden mehrere Richter des STF einschließlich des Gerichtspräsidenten entlassen.

Die Verfassungsrichter werden auf Lebenszeit ernannt; ausüben dürfen sie ihr Amt bis zur Altersgrenze, dem 70. Lebensjahr (Art. 93 VI i.V.m. Art. 40 § 1 II CF).[89] Eine Aussicht auf eine Verlängerung oder Wiederwahl, die ihre Unparteilichkeit gefährden würde, einerseits und vorherige Entlassungen andererseits kommen damit nicht in Betracht.

Ansonsten ist – der Tradition aller republikanischen Verfassungen folgend – auch ein parlamentarisches Impeachment möglich,[90] das aber jedenfalls in den zurückliegenden Jahrzehnten lediglich Drohmittel geworden und eine theoretische Option geblieben ist. Auf das Amt der Richter am STF zugeschnittene Pflichtverletzungstatbestände und das Verfahren zu deren Sanktionierung vor dem Bundessenat als zuständigem Organ gemäß Art. 52 II CF – dann unter Vorsitz des Präsidenten des STF – sind in den Art. 39 ff. des Gesetzes Nr. 1.079/1950 enthalten. Abberufungsgründe sind nicht wie in anderen Rechtsordnungen bereits in der Verfassung enthalten.[91] Amtspflichtverletzungen der *Ministros* des STF, über die jeder Bürger unter Angabe von Beweisen Anzeige zu erstatten berechtigt ist,[92] sind nach dem einfachen Gesetz die folgenden: (1) außer auf einen Rechtsbehelf hin in irgendeiner Weise in der Sitzung des Tribunals getroffene Entscheidungen oder gelieferte Voten umzuändern (solange die Phase der Votierung jedoch insgesamt noch andauert, ist eine Modifikation aber gestattet, da solange ohnehin kein Vertrauensschutz nötig ist), (2) ein Urteil trotz eines gesetzlichen Befangenheitsgrundes zu fällen, (3) bei der Erfüllung der Pflichten des Amtes in offenkundiger Weise nachlässig zu sein, und (4) sich in einer Weise zu verhalten, die mit der Ehre und

89 Bis zur Verfassung von 1934 war, wie in den U.S.A. noch heute, eine Altersgrenze nicht vorgesehen, um möglichst lange von der Lebenserfahrung der Verfassungsrichter profitieren zu können und um Rechtsprechungsschwankungen schon auf personeller Ebene einzudämmen. Der *Ministro* André Cavalcanti übte sein Amt unter dieser Regelung gar bis zu seinem 93. Lebensjahr aus. Die Altersgrenze hat sich 1946 beim 70. Lebensjahr eingependelt und ist seitdem unverändert. Heute kann ein Verfassungsrichter (theoretisch, wenn er mit 35, also zum *de jure* frühestmöglichen Termin, ins Amt eingeführt wird) 35 Jahre als solcher dienen. *De facto* liegen die Amtszeiten jedoch weit darunter, da ältere, erfahrene Persönlichkeiten rekrutiert werden und Verfassungsrichter nicht selten vor dem Erreichen der Altersgrenze aus verschiedenen Gründen ausscheiden oder versterben. So beträgt die durchschnittliche Verweildauer eines Richters beim STF seit 1950 (gerechnet hier ab der Amtseinführung des *Ministros* Rocha Lagôa und bis zum Verscheiden des *Ministros* Menezes Direito im Jahr 2009 sowie bei jedem einzelnen Richter auf das volle Jahr gerundet) ca. 8,5 Jahre. Ein Richter, Francisco Rezek, ist dabei nach zweijähriger Unterbrechung ein zweites Mal ernannt worden. Zu bemerken ist auch, dass im Jahr 1969 während der Militärdiktatur fünf Richter binnen kurzer Zeit entlassen wurden (i.Ü. hat eine neue Verfassungsgebung in der Geschichte nie Diskontinuität für die Richterschaft bedeutet, dies selbst beim Wechsel der Staatsform). Herauszuheben ist schließlich die in diesem Zeitabschnitt mit Abstand längste, nämlich 28-jährige Amtszeit eines *Ministros*, Moreira Alves.

90 Allein unter der kurzlebigen CF 1934 war das Verfahren nicht beim Parlament, sondern bei einem gemischten Sondertribunal angesiedelt (s. u. 2. Teil, A.V.2.b).

91 Vgl. z. B. Art. 177 der Verfassung der Republik Südafrika („*incapacity*", „*grossly incompetent*", „*gross misconduct*").

92 Vgl. Art. 41, 43 G 1.079/1950.

der Würde des Amtes nicht zu vereinbaren ist.[93] Im Falle einer Zustellung der Anzeige an den Beschuldigten nach namentlicher Abstimmung im Bundessenat, von der auch der Präsident der Republik und das STF in Kenntnis zu setzen sind, ist der betreffende Richter bis zum Urteil von der Amtsausübung suspendiert und verliert einstweilen ein Drittel seiner Dienstbezüge.[94] In der Verurteilung, für die eine Zweidrittelmehrheit im Bundessenat erforderlich ist, können der Verlust des Amtes festgestellt und die Unfähigkeit, öffentliche Ämter für bis zu acht Jahre zu bekleiden, ausgesprochen werden; die strafrechtliche Ahndung der Tat, die dem STF nach Art. 102 I lit. b) CF selbst obliegt, bleibt davon unberührt.[95] Trotz der Möglichkeit der Verhängung einer Sperrzeit für öffentliche Ämter nimmt der Bundessenat entsprechende Anzeigen nicht mehr an, sobald der *Ministro* aus irgendeinem Grunde das Amt nicht mehr bekleidet.[96]

Neben der Unkündbarkeit seitens der Exekutive sind die Verfassungsrichter nun auch unversetzbar, und ihre gesetzlich festgelegten Bezüge können nicht gekürzt werden (Art. 95 CF, *caput*).[97] Dies vermittelt ihnen persönliche Unabhängigkeit und konkretisiert die Grundsätze der Gewaltenteilung und des harmonischen Verhältnisses zwischen den Staatsgewalten sowie die grundsätzliche Unabhängigkeit der Staatsgewalten voneinander (vgl. Art. 60 § 4 III und Art. 2 CF). Für die Verfassungsrichter gilt insofern nichts anderes als für die anderen Richter des Landes.[98] Die Verbesserung des Status der Verfassungsrichter geht seit 1988 mit einer Stärkung der Judikative insgesamt einher, die der traditionellen Hegemonie der Exekutive ein institutionelles Gegengewicht geworden ist, an deren Spitze das STF, erstmals auch ausdrücklich als „Hüter der Verfassung", steht.[99] Eine ausdrückliche Verfassungsbestimmung wie in Art. 97 GG, die (die einzelnen) Richter als unabhängig bezeichnet, aber dem Gesetz unterwirft, existiert zwar nicht, was jedoch nicht heißt, dass dies in Brasilien nicht anerkannt ist.

93 Dies läuft auf die „gute Führung" als Voraussetzung, im Amt zu bleiben, hinaus, wie sie im Nachbarland Argentinien (Art. 110 der Verfassung) gefordert wird; auch am U.S. *Supreme Court* dienen die Richter *„during good Behaviour"* (Art. III, *section* 1 der Verfassung).

94 Art. 55, 57 G 1.079/1950.

95 Vgl. Art. 52, einziger Paragraph, CF und Art. 2 f. G 1.079/1950.

96 Art. 42 G 1.079/1950.

97 Vgl. das G 11.143/2005 (danach betrug das monatliche Grundgehalt 24.500 R$, heute ca. 10.000 €) und zuletzt das G 12.041/2009 zu prozentualen Erhöhungen für die Jahre 2009 und 2010. Der Präsident erhält eine Funktionszulage. Die allgemeine Steuerpflichtigkeit des Gehalts verstößt, wie das STF bereits ausdrücklich bestätigt hat, nicht gegen das Prinzip der Nichtreduzierbarkeit. Die Gesetzesinitiative liegt beim STF.

98 Vgl. Art. 16 RISTF. Näheres zum allgemeinen Richterstatus regelt das (z.T. aber schon veraltete) Ergänzungsgesetz über Gerichtsverfassung und Richterschaft (*Lei Orgânica da Magistratura Nacional* – LOMAN, ErgänzungsG Nr. 35 v. 14.3.1979).

99 M. Mont'Alverne Barreto Lima, Staat und Justiz in Brasilien, 93; W. Paul, Das Fortschrittsprofil der neuen Verfassung, in: ders. (Hrsg.), Die brasilianische Verfassung von 1988, 115: „nicht gekanntes Gewicht der Judikative" in der Verfassung von 1988.

Für das Richteramt gelten die Inkompatibilitäten des Art. 95, einziger Paragraph, I–III CF: Die Verfassungsrichter dürfen danach kein anderes Amt und keine andere Funktion innehaben, sei es, dass sie sie aktiv ausüben, sei es, dass sie sie auch nur formell bekleiden und vorübergehend freigestellt sind (Ausnahmen sind die verfassungsrechtlichen Zuweisungen an den Präsidenten des STF und die Beschäftigung am *Tribunal Superior Eleitoral* – TSE), und müssen sich parteipolitischer Aktivität enthalten.

Jedem Richter stehen bei seiner Arbeit bis zu zwei Assessoren, zwei gerichtliche Assistenten und sechs Hilfskräfte zur Seite.[100] Zudem kann der Präsident des STF bei anderen Gerichten um die Abordnung von insgesamt bis zu zwölf Richtern ersuchen, die bis zu einem Jahr beim STF als Hilfsrichter verbleiben können, davon einer bei jedem Verfassungsrichter und zwei beim Präsidenten.[101]

II. Der Präsident

Der Präsident des STF wird durch das Gericht selbst[102] aus dessen Mitte in geheimer Wahl für zwei Jahre gewählt und ist als solcher nach einer Amtszeit abzulösen,[103] nach deren Ablauf er auf den Status des „einfachen“ Verfassungsrichters zurückfällt.[104] Er kann von Rechts wegen für die übernächste Amtszeit erneut zum Präsidenten gewählt werden; in der Staatspraxis wird jedoch in der Regel der Dienstälteste, der das Amt noch nicht bekleidet hat, zum Präsidenten des STF gewählt.[105]

Der Gerichtspräsident hat in vielerlei Hinsicht einen Sonderstatus. Dies betrifft zunächst die gerichtliche Alltagsarbeit: Während seiner Amtszeit bleibt er von der regulären Geschäftsverteilung ausgeschlossen und damit weitestgehend von Be-

100 Art. 357 RISTF.

101 Art. 13 XVI-A RISTF i.V.m. der Resolution Nr. 413, DJe v. 5.10.2009, zum Verfahren und zum Status der Hilfsrichter. Vgl. für die punktuelle Zuziehung von Hilfsrichtern in Strafprozessen beim STF (und STJ) Art. 3 III G 8.038/1990 und entsprechend Art. 21-A RISTF (s. u. 2. Teil, A.V.2.e).

102 Zuletzt 1943 wurde der Gerichtspräsident von außerhalb, nämlich durch den Staatspräsidenten Getúlio Vargas, bestimmt.

103 Art. 96 I a) CF; Art. 2, 12 RISTF. Gleiches gilt für den Vizepräsidenten, der ihn in seinen Funktionen nötigenfalls, d.h. bei dessen vorübergehender Verhinderung oder dem Freiwerden der Planstelle, vertritt (Art. 14 RISTF).

104 Er wird Mitglied des Senats, dem der neue Präsident entstammt, Art. 4 § 2 RISTF.

105 Die Beibehaltung dieses Systems hat den Vorteil, dass im Gericht keine Konkurrenzsituation wegen persönlicher Ambitionen um den Posten entsteht. Der letzte Präsident, der nach zweijähriger Amtszeit erneut gewählt wurde, war Orozimbo Nonato in den 1950er Jahren, möglich unter Geltung der Bundesverfassung von 1946 und dem RISTF von 1940.

richterstatterpflichten frei.[106] Dafür obliegen ihm, unterstützt von der ihm zugeordneten personalstarken Verwaltungseinheit „Präsidium“ (*Presidência*),[107] andere Aufgaben.[108] Dazu gehören im Wesentlichen die Repräsentation des Gerichts nach außen, die Entscheidung über eine Protokollberichtigung und über strittige Geschäftsordnungs- und Verfahrensfragen (die er aber auch dem Plenum übertragen kann),[109] der Vorsitz bei Plenarsitzungen (bei diesen votiert er allerdings grundsätzlich nicht)[110] einschließlich der Sitzungspolizei[111] sowie die einzelrichterliche Entscheidung über dringende einstweilige Rechtsschutzsachen in den Gerichtsferien[112] und generell in den Verfahren der Aussetzung der sofortigen Vollziehung bezüglich bestimmter untergerichtlicher Beschlüsse.[113] Nur wenn bei letzteren ein Einspruch eingelegt wird, und stets bei den Verfahren der Bundesintervention obliegt ihm ausnahmsweise die Berichterstattung an das Plenum.[114] In gewissen eindeutigen Fällen in manchen Verfahrensarten hat der Präsident ferner die Rechtsmacht, bereits vor einer etwaigen Geschäftsverteilung in bestimmten Verfahren Anträge *a limine* abzuweisen.[115] Weitere spezifische Aufgaben des Präsidiums sind: die Disziplinargewalt, die Anfertigung eines Jahresberichts, die Berichterstattung bei Befangenheitsrügen innerhalb des Gerichts, organisatorische

106 Lediglich in den Sachen, in denen er bereits vor seiner Präsidentschaft einen Sachbericht verfasst, kommt es zu keiner Neuverteilung mehr, Art. 75 RISTF. Nach Amtsantritt fungiert er als Berichterstatter allein in den Verfahren der Bundesintervention und der einstweiligen Aussetzung zugunsten der öffentlichen Gewalt (IF, SS, STA und SL) nach *Agravo Interno*, dazu s. jeweils noch u. im 2. Teil.

107 Das Präsidium hat zur Erledigung seiner Aufgaben einen eigenen Verwaltungsunterbau mit einem Generalsekretär an der Spitze. Dem Präsidenten kommt Ermessen bei der Organisation seines Arbeitsbereichs zu, vgl. Art. 356 RISTF.

108 Diese ergeben sich im Wesentlichen aus der Geschäftsordnung (vor allem dem Katalog des Art. 13 RISTF).

109 *Questões de Ordem* (QO). Ergänzungen zur Geschäftsordnung kann er bei Auslegungsbedürftigkeit oder Lückenhaftigkeit auch einseitig durch „Resolution“ (Art. 363 I, 364 RISTF) vornehmen. Änderungen des Wortlauts des RISTF sind freilich schon wegen Art. 96 Ia CF dem Plenum vorbehalten.

110 S. Art. 13 IX, 40, 146 RISTF. Ausnahmsweise kann er danach allerdings mitstimmen, wenn kumulativ folgende Vorausssetzungen vorliegen: (1) Das Plenum kann nicht in voller Besetzung votieren, weil mindestens ein *Ministro* befangen ist oder krankheitsbedingt mehr als 30 Tage abwesend ist oder eine Stelle nicht besetzt ist. (2) Es gelingt dem Präsidenten bei dringlichen Angelegenheiten nicht, einen Richter des STF für das Verfahren hinzuziehen, der über 30 Tage nicht im Dienst ist. (3) Es kommt rechnerisch nach der Votierung durch die mitwirkenden Richter auf sein Votum an, um ein Unentschieden zu vermeiden. (4) Es liegt kein Fall des Art. 146 (Fiktion einer Entscheidung bei Unentschieden) vor.

111 Art. 42 ff. RISTF.

112 Gerichtsferien sind im Januar und Juli, Art. 78 RISTF. Mit dem Wechsel der Präsidentschaft an Cezar Peluso 2010 ist derzeit eine Halbierung der Ferienzeit ins Gespräch gekommen. Außer beim STF und den Oberen Gerichten wurden die Gerichtsferien i.Ü. mit der Verfassungsänderung Nr. 45/2004 abgeschafft.

113 Nach Art. 297 RISTF und verschiedenen prozessgesetzlichen Grundlagen, dazu näher u. 2. Teil, B.V.5.b.

114 Art. 352 RISTF. Zu dieser Verfahrensart s. u. 2. Teil, A.III.1.

115 Art. 13 V c) RISTF.

Aufgaben wie die Amtseinführung neuer Verfassungsrichter und der Verwaltungsleiter im Gericht und schließlich Personalfragen wie die Gewährung eines Senatswechsels, die Beurlaubung von Verwaltungspersonal und Verfassungsrichtern (die bei letzteren bis zu drei Monaten möglich ist) und die Zuordnung von Instanzrichtern zur Unterstützung des Präsidiums und der *Ministros* des STF.

Art. 39-A i.V.m. Art. 10 G 1.079/1950 sieht für den die Präsidentschaft ausübenden *Ministro* zusätzliche besondere Pflichtverletzungstatbestände für ein Impeachment vor, die mit der Überschreitung haushaltsrechtlicher Befugnisse in Verbindung stehen (Unterlassung des Haushaltsvorschlags an den Nationalkongress, Überschreitung des Haushalts, Verstöße gegen das Haushaltsgesetz) und die die besondere diesbzgl. Verantwortung verdeutlichen.

Staatsrechtlich ist der Präsident als vierter Stellvertreter des Präsidenten der Republik, in der Rangfolge nach dem Vizepräsidenten und den Präsidenten der beiden Kammern des Nationalkongresses, eingebunden (Art. 80 CF). Zudem übernimmt er mit Amtsantritt ebenfalls die Präsidentschaft des Nationalen Rates der Justiz (Art. 103-B CF).[116]

Auch im Strafprozessrecht findet der Präsident des STF eine besondere Behandlung: Bei Zeugenaussagen ist er gemäß Art. 221 § 1 CPP privilegiert, indem er diese schriftlich nach Zulassung und Übersendung durch den Tatrichter einreichen kann; in Zivilprozessen kann er dazu wie alle *Ministros* gemäß Art. 411 IV CPC in seiner Wohnung oder in seinem Amtssitz vernommen werden.

III. Die Arbeitsverteilung auf das Plenum, die Senate und die Berichterstatter

Anders als der nicht in Kammern oder Senate untergliederte (und wohl nicht untergliederbare) *Supreme Court* der U.S.A.[117] teilt das STF sich, seit Anfang der Dreißiger Jahre des letzten Jahrhunderts,[118] in zwei gleichgeordnete Senate (*Turmas*) à fünf Verfassungsrichter. Lediglich der Präsident des STF gehört keinem dieser Spruchkörper an (deshalb eignet sich die auch für das BVerfG gefundene Bezeichnung als „Zwillingsgericht“ für das STF nicht). Der Vorsitz eines Senats

116 Vor der Verfassungsänderung Nr. 61/2009 geschah dies aufgrund von bloßer Verfassungspraxis. Um die vollständige Parallelität der beiden Präsidentenämter sicherzustellen, wurde auch die Altersgrenze für Ratsmitglieder gestrichen, die im Jahr 2010 der Übernahme der Ratspräsidentschaft durch Cezar Peluso entgegengestanden hätte. Zum Rat s. noch u. 2. Teil A.V.5.

117 Art. III, *section* 1 der U.S. Bundesverfassung („*one*“ *supreme Court*); vgl. zu dessen Aufbau M. Kau, United States Supreme Court und BVerfG, 225 ff.

118 A. Cordeiro de Mello, O Processo do STF I, 18: Schon die Unterteilung des Plenum diente dazu, die Entscheidungsfindung zu beschleunigen und den Output zu steigern. Die Maßnahme ging mit der Reduzierung der Verfassungsrichter von 15 auf 11 einher, womit dasselbe bewirkt werden sollte.

liegt seit Kurzem nun nicht mehr beim jeweils dienstältesten der Richter bis zu dessen Dienstzeitende, er wechselt vielmehr im Jahresturnus.[119] Das Unterorgan zur Entscheidung der bedeutenderen Rechtssachen und Selbstverwaltungsangelegenheiten[120] ist das aus allen Verfassungsrichtern, inklusive des Präsidenten, bestehende Plenum (*Plenário*).

Den Senaten sind nicht wie den Senaten des BVerfG[121] von vornherein bestimmte Verfahrensarten zugewiesen. Die Geschäftsverteilung erfolgt nicht an sie, sondern per Zulosung an die einzelnen Verfassungsrichter ohne Rücksicht auf etwaige Fachgebiete. Je nach Art der Rechtssache fungieren die Richter als Berichterstatter (*Relatores*) ihres Senats oder des Plenums und führen eine Entscheidung, so sie sie nicht in gesetzlich bestimmten Fällen allein treffen können, im Rahmen des jeweiligen Spruchkörpers herbei. Die Zuständigkeiten der beiden Senate werden daher durch ihre Angehörigen als Berichterstatter vermittelt. Die Geschäftsverteilung an die Berichterstatter erfolgt computerisiert, für jede Verfahrensart gesondert nach dem Zufallsprinzip und öffentlich.[122] Nur bei einem kleinen Anteil der Verfahrensarten – namentlich wenn es sich um eine der erwähnten Unterorganzuständigkeiten des Präsidenten des STF handelt – kommt es zu keiner Geschäftsverteilung.

Zur Frage, welches der für die Entscheidung zuständige Spruchkörper ist, dem der Berichterstatter zu referieren hat,[123] lässt sich als Faustformel festhalten, dass – mit wenigen Ausnahmen[124] – dem Plenum die Rechtssachen originärer Recht-

119 Art. 4 §§ 1 ff. RISTF i.d.F. v. 2008.

120 Z. B. Wahl des Gerichtspräsidenten, Entscheidung über die Abordnungen zum TSE, Abstimmung über die Geschäftsordnung, Bildung gerichtsinterner Kommissionen (aus dem Katalog des Art. 7 RISTF).

121 § 14 BVerfGG.

122 S. Art. 66–77-D RISTF. Neben der Ausnahme des Präsidenten von der zufälligen Verteilung gibt es eine Ausnahme für denjenigen STF-Richter, der in Personalunion die Präsidentschaft am Oberen Wahlgericht ausübt, für die drei Monate vor und den Monat nach den Wahlen, ebenso für länger als 30 Tage Beurlaubte oder Abwesende (dies kann aber bei späteren Zulosungen ausgeglichen werden). Zu einer Neuzulosung kommt es ggf. bei typischerweise eilbedürftigen Sachen (etwa wenn Grundrechte, insb. die Fortbewegungsfreiheit, in Rede stehen), wenn der Berichterstatter längere Zeit außer Dienst ist. Bei vorheriger Befassung eines Berichterstatters mit einem Rechtsbehelf im selben Prozessrechtsverhältnis bleibt er aus Effizienzgründen ohne erneute Auslosung zuständig für weitere Rechtsbehelfe, ebenso bei artverwandten Prozessen (Ermittlungsverfahren – Strafklage, Ursprungsprozess – Beschwerde/Revision/Wiederaufnahmeklage, einstweiliger Rechtsschutz – Hauptsacheprozess, Auslieferungshaftsache – Auslieferungsprozess). Bei Befangenheitsrügen übernimmt der Präsident die Berichterstattung.

123 Die Zuständigkeit der Spruchkörper innerhalb des STF regeln die Art. 5–11 RISTF.

124 Die einzigen Ausnahmen zu dieser Faustregel sind die folgenden originären Senatszuständigkeiten gemäß Art. 9 I RISTF: die *Habeas-Corpus*-Verfahren nach Art. 102 I i) CF, Beschwerden nach Art. 102 I l) CF, soweit sie keine Plenarzuständigkeit betreffen, und die „originäre Sonderklage" nach Art. 9 ADCT (dazu i.E. jeweils u.); und umgekehrt nach Art. 6 III RISTF die Zuständigkeit des Plenums für ordentliche Rechtsmittel nach Art. 102 II a) CF bei Ablehnung von *Habeas Corpus* durch das TSE.

sprechungszuständigkeit des STF, wie etwa Normenkontrollsachen und föderative Streitigkeiten, und den Senaten die (wesentlich zahlreicheren) Rechtsmittelzuständigkeiten zufallen. Bei den Senatssachen kommt ferner stets eine Übertragung an das Plenum in Betracht, namentlich wenn inzident über die Verfassungswidrigkeit einer Rechtsnorm zu entscheiden ist, wenn eine Divergenz zum anderen Senat oder dem Plenum festgestellt wird oder diese droht sowie wenn die Änderung einer in Leitsätzen verfestigten Rechtsprechung des Gerichts beabsichtigt ist oder wenn der Berichterstatter eine besondere Wichtigkeit der involvierten verfassungsrechtlichen Frage erblickt.[125] Von den Divergenz- und Relevanzvorlagen abgesehen, die nur ausnahmsweise vorkommen, und unter Zugrundelegung der Tatsache, dass der absolute Großteil der Prozesse vor dem STF Rechtsmittelsachen sind (s. Anhang I), bedeutet dies, dass in den weitaus meisten Fällen fünf Verfassungsrichter zur Entscheidung berufen sind. Unter diesen ist wiederum nach bestimmten Tatbeständen oftmals der Berichterstatter befugt, einzelrichterlich zu entscheiden.

Plenum und Senate entscheiden in ihren Rechtssachen ferner jeweils über bestimmte Rechtsbehelfe, die nach dem Prozessrecht nicht STF-spezifisch, sondern vor Gericht allgemein statthaft sein können und die deshalb im Rahmen aller ihnen innerhalb des STF zugewiesenen, im Folgenden erörterten Verfahrensarten (unten 2. Teil) Anwendung finden können.[126] Dies sind etwa die Befangenheitsrüge,[127] Berichtigungsanträge,[128] Überprüfungsanträge aufgrund einer Divergenz zu einem anderen Teilorgan des Gerichts,[129] der Rechtsbehelf bei nicht einstimmig ergangenen Entscheidungen (zum erneuten Überdenken des Resultats durch dasselbe

125 So Art. 11 i.V.m. 22 RISTF, allgemeiner auch Art. 476 ff. CPC.

126 Für solche den Verfahrensarten untergeordneten, nicht eigenständigen Rechtsbehelfe bedurfte es daher keiner verfassungsrechtlichen Kompetenzzuweisung speziell an das STF.

127 *Argüição de Suspeição*, geregelt in Art. 134 ff. CPC, 103 CPP, 277 ff. RISTF. Entscheidungskompetenz des Tribunals nach Anhörung des betroffenen Richters durch den Gerichtspräsidenten, welcher die Rüge bei offenkundiger Unbegründetheit auch sofort verwerfen kann.

128 *Embargos de Declaração*, Art. 337 ff. RISTF/Art. 535 ff. CPC, die statthaft sind, wenn ein Urteil auf einen relevanten Gesichtspunkt nicht eingeht, Unklarheiten oder Widersprüchlichkeiten aufweist. Sie sind kostenlos binnen fünf Tagen und mit einer Begründung einzulegen und müssen in der nächstfolgenden Kollegialsitzung behandelt werden. Eine über die Beseitigung der geltend gemachten Unklarheit hinausgehende materielle Korrektur ist ausgeschlossen. Wenn der Berichtigungsantrag mit Verzögerungsabsicht gestellt wird, fällt eine Geldbuße in einer Höhe von bis zu 1 %, im Wiederholungsfalle gar bis zu 10 % des Streitwerts an. Der Rechtsbehelf ist nie gegen Entscheidungen von Teilorganen des Gerichts statthaft (dann stets Umdeutung in ein *Agravo Regimental* [u. Fn. 131], vgl. STF, Pet. 1.245/SP [ED-AgR], BE Moreira Alves, DJ v. 22.5.1998). Näheres bei A.J. Dall'Agnol Jr., Revista Jurídica 275 (2000), 73; D. Ustárroz, Revista Jurídica 344 (2006), 55.

129 *Embargos de Divergência*, die bei Senatsentscheidungen des STF etwa im Rahmen der Außerordentlichen Rechtsmittel oder der Nichtzulassungsbeschwerde in Betracht kommen, wenn diese von einem Diktum des anderen Senats oder des Plenums abweichen. Hier gilt eine 15-Tage-Frist. Vgl. Art. 508, 546 CPC/Art. 330 RISTF.

Gericht)[130] und der „Einspruch nach Geschäftsordnung" bzw. „interne Einspruch" gegen einzelrichterliche Entscheidungen oder Verfügungen,[131] etwa des Berichterstatters oder Präsidenten des Gerichts, der bei Zulässigkeit zur Würdigung durch den ganzen Spruchkörper führt. Diese Vielzahl statthafter Rechtsbehelfe stellt eine der Ursachen für die meistens lange Dauer bis zum Eintritt von Rechtskraft dar.[132] Sie können auch konsekutiv eingelegt werden: Z. B. kann eine Befangenheit eines allein zu einer Entscheidung berufenen Berichterstatters gerügt werden, anschließend kann dessen einzelrichterliche Entscheidung oder die seines Ersatzes mit dem „Einspruch nach Geschäftsordnung" angegriffen werden, so dass die *Turma* entscheiden muss, deren Entscheidung wiederum einem Antrag wegen möglicher Divergenz zur anderen *Turma* unterliegt, über den das Plenum entscheidet.[133] Zudem können die Entscheidungsbegründungen jeweils angebliche Unklarheiten enthalten, die Anlass für Berichtigungsanträge geben.

In ihren jeweiligen Prozessen sind die zuständigen Spruchkörper zudem zu bestimmten gerichtlichen Administrativmaßnahmen befugt.[134]

Die Aufgaben des Berichterstatters sind der Geschäftsordnung zu entnehmen;[135] aber auch in den nachfolgend näher behandelten Regelungen zu den einzelnen Prozessarten manifestiert sich seine tragende Rolle in den ihm zugelosten Prozessen. Seine Hauptaufgabe ist dort die vertiefende Aufbereitung des Sachverhalts und des Rechtsstoffs und die Anfertigung seines Berichts. Dies ist umso

130 *Embargo Infringente*, geregelt in Art. 530 CPC/333 RISTF. Dieser ursprünglich zivilprozessuale Rechtsbehelf, der grds. nur bei der Wiederaufnahmeklage und im Strafrecht und zusätzlich vier Minderheitsvoten im Plenum möglich ist, ist vor dem STF allerdings schon seit geraumer Zeit durch st.Rspr. (s. die Ls. 293–296, 368, 455) stark eingeschränkt worden, manche verfahrensartspezifische Gesetze schließen ihn zudem aus (so Art. 25 G 12.016/2009 bei der Sicherungsverfügung; Art. 26 G 9.868/1999 für die Normenkontrollen; Art. 12 G 9.882 für die ADPF). Zum *numerus clausus* der Fälle näher STF, RE (EI-AgR) 172.004, BE Celso de Mello, DJ v. 7.8.1998.

131 *Agravo Regimental* (bzw. auch *Agravo Interno*, soweit er über die geschäftsordnungsrechtliche hinaus eine gesetzliche Regelung gefunden hat) gemäß Art. 39 G 8.038/1990, Art. 317 RISTF, verfahrensartspezifisch etwa in Art. 16 G 12.016 für einzelrichterliche Entscheidungen im Rahmen der Sicherungsverfügung. Der Richter, gegen dessen Entscheidung sich der Einspruch wendet, ist i.Ü. nicht gehindert, an den nachfolgenden Entscheidung seines Spruchkörpers mitzuwirken.

132 A. Zimmermann, International Trade and Business Law Review 11 (2008), 179 (Teil 7.d.).

133 Der letztgenannte Schritt war lange Zeit nach st.Rspr. (Ls. 599) unzulässig, diese Rspr. ist aber aufgegeben worden (STF, RE [AgR-ED-EDv] 285.093/MG, BE Ellen Gracie, DJe v. 27.4.2008).

134 Art. 8 RISTF: Befugnis, Verweise gegenüber Instanzrichtern auszusprechen (etwa wenn diese die Freilassung in Haftsachen machtmissbräuchlich verzögern; denselben können dann auch die Kosten des Verfahrens auferlegt werden, vgl. Art. 195 RISTF), über Antragsrücknahmen zu entscheiden (M. Elesbão, Regimento Interno, 73: Nachdem die Phase der Votierung begonnen hat, soll der Antragsteller in keinem Falle mehr zur Disposition über den Streitgegenstand befugt sein), beim Verdacht auf ein Offizialdelikt das MP zu verständigen (s. ebenso Art. 40 CPP) sowie ungebührliche Ausdrücke aus Schriftsätzen streichen zu lassen.

135 Dort im Wesentlichen dem Katalog des Art. 21 RISTF.

wichtiger und verantwortungsvoller, als sich praktisch nicht jeder Verfassungsrichter gleichermaßen intensiv auf jeden einzelnen Fall vorbereiten und sich dort ggf. auch um die Ermittlung der hinreichenden Informationen kümmern kann. Eine gewisse Arbeitsteilung unter den Verfassungsrichtern ist insofern schlechterdings unerlässlich, damit beim Gericht angesichts der hohen Zahl der Verfahrenseingänge kein Infarkt eintritt und seine Funktionsfähigkeit erhalten bleibt. In „seinen“ Prozessen obliegen dem *Relator* die Verfahrensleitung und die damit verbundenen praktischen Maßnahmen. Dies schließt die Vorbereitungsphase des Prozesses (in der er etwa notwendige Akten anfordert, die Entscheidung über eine etwaige Prozesskostenhilfe[136] zugunsten des Antragstellers trifft, aber unter bestimmten Voraussetzungen Anträge auch bereits *a limine* abweisen bzw. ihnen ohne Weiteres stattgeben kann),[137] Zwischenentscheidungen und die Feststellung der Beendigung des Prozesses (etwa wegen Rücknahme von Anträgen, wegen Erledigung oder in Strafsachen schlichtweg auf bloßen Antrag des *Procurador-Geral da República*) ein. In dringlichen Fällen kann er auf Antrag auch einstweiligen Rechtsschutz gewähren, wobei ihm die Vorlage von Eilsachen (ebenfalls: von sämtlichen Fragen, die über den Einzelfall hinaus Relevanz haben können und bei – festgestellten oder drohenden – Divergenzen) an den zuständigen Gesamtspruchkörper unbenommen bleibt, wenn er dessen Entscheidung für angezeigt hält. Grob gesprochen ist dem Berichterstatter eine Alleinentscheidungskompetenz ohne die zeitaufwändige Referenz an den Spruchkörper in durch das Recht typisierten, eindeutigeren, etwa durch Präjudizien schon vorgeklärten[138] Fällen eingeräumt, die einer gesteigerten gesamt-gesellschaftlichen Bedeutung entbehren und *in abstracto* wegen ihrer fehlenden Komplexität keiner Beratung bedürfen. In Anbetracht des immensen Prozessaufkommens, das mit sich bringt, dass viele Fälle zumindest ähnlich gelagert sind, sind die Fälle, in denen die jeweiligen Berichterstatter keine Berichte erstatten, sondern Entscheidungen treffen, heute faktisch in der klaren Mehrzahl.[139] In diesen Fällen steht einem Beschwerten jedoch, wo dies nicht ausnahmsweise ausdrücklich ausgeschlossen ist, der erwähnte Rechtsbehelf des internen Einspruchs nach Geschäftsordnung (*Agravo Regimental/Interno*) an das zuständige Kollegi-

136 Bei Anträgen vor oder ohne Geschäftsverteilung an einen Berichterstatter obliegt dies dem Präsidium, Art. 13 Va) RISTF.

137 Vgl. diesbzgl. als allgemeine, für alle Verfahrensarten vor dem STF geltende Vorschrift Art. 38 G 8.038/1990 und Art. 21 §§ 1, 2 RISTF; für alle Rechtsmittelgerichte gilt Art. 557 CPC und dessen § 1-A. Auf diese Vorschriften wird u. noch näher eingegangen. Auch verfahrensartspezifisch bestehen derartige Vorschriften, s. etwa Art. 10, 16 G 12.016 für *Mandado de Segurança*, Art. 663 CPP für *Habeas Corpus*, Art. 161, einziger Paragraph, RISTF für die Beschwerde.

138 Vgl. E. Arruda Alvim, RF 394 (2007), 45 (48), zur wachsenden Bedeutung der Präjudizien, die Einfluss auf vermehrte einzelrichterliche Entscheidungen hat.

139 Im Jahr 2009 sind beim STF insgesamt 14.753 Kollegialentscheidungen und 74.147 monokratische Entscheidungen getroffen worden (Quelle: Nachrichtenportal des STF, Ministro Gilmar Mendes faz balanço das atividades do Supremo em 2009, 18.12.2009).

algorgan innerhalb des Gerichts zu,[140] was die durch Arbeitsteilung erreichte Zeitersparnis manches Mal real wieder hinfällig macht. Erfolgt ein solcher Einspruch in zulässiger Weise,[141] wird der Berichterstatter seiner Bezeichnung wieder gerecht und referiert[142] die Rechtssache an das Kollegium, sofern er seine Entscheidung nicht vorher selbst korrigiert, und kann anschließend hinsichtlich der Streitfrage innerhalb des Spruchkörpers auch mitstimmen. Erfolgt kein Einspruch hat der Berichterstatter nicht nur eine tragende Rolle, sondern entscheidet schlechterdings „als STF" in derivativer Befugnis. Die praktische Wichtigkeit des Berichterstatters in der Rechtsprechungspraxis des STF (analog gilt dies auch für andere Kollegialgerichte) zeigt sich dann auch in der Gewohnheit in Rechtsprechung und Lehre, keine Entscheidung des STF ohne Angabe des Berichterstatternamens zu zitieren.

IV. Weitere Organe: die Kommissionen und das Sekretariat

Das STF ist mit verwaltungsorganisatorischer Autonomie ausgestattet, die seine Unabhängigkeit von jedweden äußeren Einflüssen bewahrt.[143]

Der Gerichtspräsident teilt die Verfassungsrichter ständigen Kommissionen zu, die für administrative Vorgänge – wie die Ausarbeitung etwaiger Geschäftsordnungsänderungen, Umfang, Art und Weise der Veröffentlichung von Entscheidungen und der Archivierung von Dokumenten, Koordination und Vereinfachung der Verfahrensgänge – Sorge tragen bzw. diese überwachen.[144] Darüber hinaus können nach Bedarf temporär durch das Plenum oder den Präsidenten weitere Kommissionen gebildet werden.

Für die administrativen Aufgaben des Gerichts besteht ein umfangreicher Verwaltungsunterbau. Im Allgemeinen erledigt sie das Sekretariat unter der Leitung des Generaldirektors als Verwaltungsleiter,[145] das neben dem Sekretariat des Präsidiums und neben denen der einzelnen Verfassungsrichter fungiert.[146] Ebenfalls nebengeordnet existieren Sekretariate für Sicherheitsangelegenheiten und für in-

140 Gerade weil eine Überprüfung durch das Kollegialorgan nachgeschaltet werden kann, seien die gesetzlichen und geschäftsordnungsrechtlichen Vorschriften zu einzelrichterlichen Entscheidungsbefugnissen mit dem Verfassungsrecht vereinbar, entschied das STF, AI (AgR-EDv-ED-AgR) 151.354/MG, BE Néri da Silveira, DJ v. 18.2.1999.

141 Nach Art. 317 RISTF sind Zulässigkeitsvoraussetzungen eine Beschwer, eine Begründung und die Wahrung einer Fünf-Tage-Frist. Der Einspruch hat keine aufschiebende Wirkung.

142 Art. 72 RISTF: kein Fall der Umverteilung an einen neuen Berichterstatter.

143 A. de Moraes, Constituição do Brasil Interpretada, S. 1461 f.

144 Nach Art. 26 ff. iV.m. 363 II RISTF: sog. Geschäftsordnungs-, Rechtsprechungs-, Dokumentations- und Koordinationskommission.

145 S. Art. 355 RISTF und die Auflistungen in nachfolgenden Resolutionen, etwa Nr. 365, DJe v. 11.6.2008, deren Art. 3 regelt, dass der Präsident des STF selbst jede der Aufgaben nach Ermessen an sich ziehen kann.

146 Zu diesen: Art. 356 ff. RISTF.

terne Verwaltungskontrolle. Das Tribunal kann per *Regulamento da Secretaria* solche Verwaltungsstrukturen festlegen und den Strukturen Aufgaben zuweisen.[147] Modifikationen der Normierung erfolgen per *Ato Regulamentar*, Einzelfallstreitigkeiten werden per *Deliberação* gelöst (jeweils ebenfalls durch das Plenum des Gerichts).[148] Für eine exaktere Darstellung der aktuellen Verwaltungseinheiten, deren Untergliederungen und organisatorische Zusammenhänge wird hier nur auf das 223 Artikel umfassende *Regulamento da Secretaria* und das Organigramm auf der Website des STF verwiesen.[149]

C. Allgemeines zum Verfahren

I. Die Gerichtskosten

Das Verfahren vor dem STF ist nicht wie vor dem BVerfG[150] stets gerichtskostenfrei. Im Grundsatz werden Kosten erhoben, die sich der Höhe nach nach einer üblicherweise jährlich mindestens einmal angepassten Kosten-Resolution des STF[151] richten und deren vorherige Begleichung notwendige Bedingung für die Geschäftsverteilung im Gericht ist.[152] Im Rahmen der Rechtsmittelzuständigkeit sind die Kosten beim Ausgangsgericht zu entrichten, einschließlich der der Verschickung der Akten nach Brasília, bei originären Zuständigkeiten des STF in dessen Sekretariat binnen zehn Tagen nach Antragstellung. Danach kann die Nichtzahlung als Verzicht (*deserção*) gewertet werden. Die Kosten-Resolution berücksichtigt bestimmte verfassungsrechtliche, im Katalog der Individualgarantien verortete Dispense. So sind Freilassungs- und Datenschutzverfügungen kostenlos.[153]

147 Aktuell ist das *Regulamento da Secretaria* in der Form der Resolution Nr. 264, DJ v. 4.11.2003, zuletzt geändert durch *Ato Regulamentar* Nr. 10, DJe v. 10.8.2010 (auf der Website des STF abrufbar).

148 Vgl. Art. 361 II RISTF.

149 Für eine kurze Erläuterung s. auch den Beitrag des STF, República Federativa do Brasil, in: Suprema Corte de Justicia de México (Hrsg.), Estructura y Atribuciones de los Tribunales y Salas, 161 (168 f.).

150 § 34 I BVerfGG.

151 Derzeit Resolution Nr. 422, DJe v. 25.1.2010. Derzeit kostet ein Außerordentliches Rechtsmittel ebenso wie das ordentliche Rechtsmittel (auf dem Gebiet der Sicherungsverfügung) 121,90 R$ (ca. 50 €), bei den originären Zuständigkeiten die Zivilklagen und die Wiederaufnahmeklage 245,15 R$ (ca. 100 €), die private Strafklage und die dazugehörige Revision sowie die Sicherungsverfügung 121,90 R$, die Beschwerde zur Sicherstellung der Befolgung von Entscheidungen des STF und die o.g. Anträge wegen divergenter Meinungen innerhalb des Gerichts je 61,47 R$ (ca. 25 €). Hinzu kommen Kilopreise nach einer Tabelle, gestaffelt nach Entfernung, für den Aktenversand (Beispiel: 2 kg [pauschal 181–360 Seiten] von und nach Rio de Janeiro kosten insgesamt 67,20 R$ [ca. 30 €]). Für die übrigen Zuständigkeiten sieht die Resolution keine Kosten vor.

152 Vgl. Art. 57 ff., 107 RISTF zum hier geschilderten Kostenverfahren.

153 Art. 5 LXXVII CF. Zu diesen beiden Verfahrensarten u. 2. Teil, A.V.1.a/b.

Auch darf der Kostenansatz nicht das Grundrecht auf Zugang zur Justiz verletzen: Werden unzureichende wirtschaftliche Verhältnisse nachgewiesen, entfällt die Kostenpflicht.[154] Der *Procurador-Geral da República* als Antragsteller ist ebenfalls befreit. Wer im Verfahren obsiegt, hat Anspruch auf Kostenerstattung gegen den Unterlegenen.

II. Der Ablauf der Entscheidungsfindung

Der Ablauf der Entscheidungsfindung ist bei den von einer Interaktion der Verfassungsrichter geprägten Kollegialentscheidungen (*acórdãos*), also solcher des Plenums oder der Senate, naturgemäß komplexer als bei Einzelrichterentscheidungen und folgt im Allgemeinen[155] dem im Folgenden beschriebenen Muster.

1. Der Sachbericht

Der Berichterstatter trifft – nach der Protokollierung des Prozesseingangs, der Zuweisung einer „Prozessklasse"[156] und der Geschäftsverteilung[157] an ihn – die verfahrensleitenden Maßnahmen und ist mit der Aufgabe betraut, für die an der Entscheidung beteiligten[158] Verfassungsrichter einen schriftlichen Sachbericht (*relatório*) zu fertigen, welcher diese in die Lage versetzen soll, auf seiner Grundlage zu urteilen. Der jeweilige Stab juristischer Assistenten leistet dabei Zuarbeit. Der Bericht geht üblicherweise auf die Tatsachenlage und den Verlauf des Prozesses, ggf. einschließlich des Hergangs bei vorangegangenen Instanzen, ein, benennt dabei Präjudizien und zitiert die Essentialia der bereits erfolgten Einlassungen von Beteiligten zur Sache. Die zu erstellenden Voten stellen die rechtliche Würdigung dieser tatsächlichen Grundlage und der Erkenntnisse im Prozess dar.

Bei der Wiederaufnahmeklage und in Strafsachen (also nur bei einem absolut geringen Bruchteil der Verfahren vor dem STF) wird in einem geschäftsordnungsmäßigen Zwischenschritt ein anderer Verfassungsrichter als sog. „Revisor" zur Ergänzung und absichernden Kontrolle der Arbeit des Berichterstatters einge-

154 Vgl. Art. 5 LXXIV CF.
155 Bei einzelnen Verfahrensarten können Besonderheiten gelten, auf die dort jeweils i.E. eingegangen wird.
156 Art. 54–56 RISTF; mit letzterem ist die Vergabe eines Aktenzeichens verbunden.
157 Art. 93 XV CF sieht seit der Verfassungsänderung 45/2004 für alle Instanzen das ausdrückliche Gebot vor, dass die Geschäftsverteilung unverzüglich vorzunehmen sei. S. auch Art. 59 II, 60 RISTF: Die Zulosung des Berichterstatters erfolgt nur, wenn etwa anfallende Gerichtskosten binnen zehn Tagen entrichtet wurden.
158 Also nicht: die Richter des anderen Senats bei Senatsentscheidungen oder wegen Befangenheit oder längerer Krankheit ausfallende Richter.

schaltet. Der Revisor ist stets der zum *Relator* nächst dienstjüngere Verfassungsrichter.[159]

2. Die Prozessreihenfolge

In die Bestimmung der Prozessreihenfolge für die Sitzungen und innerhalb der Sitzung fließen mehrere Faktoren ein, so dass von einer strikt chronologischen Behandlung entsprechend dem Eingang des Verfahrens abgewichen wird. Dringliche Sachen können vom Berichterstatter nach Ermessen vorgezogen werden.[160] Gleiches kann auf Ersuchen des *Procurador-Geral da República* geschehen, wenn bereits einstweilige Maßnahmen in einer Sache getroffen wurden.[161] Art. 145 RISTF regelt allgemeine Prioritäten bei Plenarzuständigkeiten, die sich abstrakt an vermuteter Dringlichkeit orientieren: Verfahren der Freilassungsverfügung, Auslieferungen, Strafsachen mit Vorrang der Haftsachen (Grund ist hier jeweils der andauernde Eingriff in die körperliche Bewegungsfreiheit), Kompetenzkonflikte (damit die Sache möglichst schnell der zuständigen Stelle zur weiteren Veranlassung zugeleitet wird), Rechtsmittel vom TSE (also Wahlrechtssachen, bei denen die Auswirkungen für eine Vielzahl von Personen, das jeweilige Wahlvolk, in Rede stehen), Sicherungsverfügungen (wegen ihrer Wesentlichkeit für den Schutz individueller Rechte), Beschwerden (wegen der Durchsetzung bereits vom STF entschiedener Sachen), Normenkontrollsachen (wegen ihrer abstrakt-generellen Bedeutung).[162] Verfahrensartspezifische Gesetze können demgegenüber auch einen *per se* für den Richter verpflichtenden Vorrang vorsehen.[163] Weiterhin besteht ein genereller Bearbeitungsvorrang von Prozessen älterer Menschen.[164] I.Ü. sind die Prozesse chronologisch nach der laufenden Nummer innerhalb der Prozessart abzuarbeiten.[165]

159 Vgl. insgesamt i.E. Art. 23 ff. RISTF, und – für (Zivil-)Prozesse vor Kollegialgerichten im Allgemeinen – auch Art. 551 CPC.

160 Art. 129 RISTF. Auch das Online-Portal *Central do Cidadão* wird häufig dazu genutzt, Gründe für eine eiligere Behandlung vorzutragen, um das Ermessen des BE zu beeinflussen (STF, Tätigkeitsbericht 2009, 70 f.).

161 Art. 130, 53 RISTF.

162 Für Senatssachen gilt Art. 149 RISTF, nach dem ebenfalls jene mit erfolgter oder drohender Freiheitsentziehung Priorität haben.

163 S. etwa Art. 7 § 4, 20 G 12.016/2009 für den Prozess der Sicherungsverfügung (u. 2. Teil, A.V.1.c); Art. 19 G 9.507/1997 für Datenschutzklagen, der diese nur den Freilassungs- und Sicherungsverfügungssachen nachordnet.

164 Art. 71 Gesetz Nr. 10.741/2003 (Seniorengesetz) bestimmt die Bearbeitungspriorität zugunsten von Menschen ab 60 Lebensjahren in Prozessen aller Instanzen. Für zivilprozessual geprägte Prozesse gelten seit 2009 speziell Art. 1.211-A ff. CPC mit Vorgaben zur Beschleunigung zugunsten von über 60-Jährigen und Schwerkranken.

165 Art. 128 RISTF.

Es ist ferner geboten, Anträge mit demselbem Streitgegenstand eines schon anhängigen Verfahrens, die wegen der Notwendigkeit einer einheitlichen Entscheidung an denselben Berichterstatter zu verteilen sind, zur gemeinsamen Verhandlung zu verbinden.[166]

3. Öffentlichkeit der Verhandlung und Beratung

Vor der Fertigstellung der Voten werden die Rechtssachen an den regelmäßig[167] stattfindenden Sitzungstagen im Rahmen des Plenums bzw. der Senate auf die Tagesordnung gesetzt und – grundsätzlich öffentlich[168] – beraten.[169] Die jeweils zu verhandelnden Verfahren sind grundsätzlich mit einem Vorlauf von mindestens 48 Stunden im DJ bekanntzumachen.[170] Darüber hinausgehend werden die Tagesordnungen im Internet zusammen mit einem Überblick über die bisherigen prozessualen Ereignisse der Verfahren und einem inhaltlichen Resümee des jeweiligen Themas veröffentlicht.

Das vor allem Bemerkenswerte ist aber, dass die prozessualen Akte komplett auch in den Medien übertragen werden können (und im *TV Justiça* großenteils übertragen werden, insbesondere natürlich die Plenarsachen der originären Zuständigkeit des Gerichts). Die erste Fernsehübertragung einer Sitzung fand am 29. September 1992 im Zusammenhang mit dem Impeachment des Staatspräsi-

166 Vgl. STF, ADPF 139, BE Cezar Peluso, DJe v. 8.5.2008.

167 Die Senate tagen dienstags, das Plenum tagt mittwochs und donnerstags (außer während der Gerichtsferien). Zudem finden außerordentliche Sitzungen statt.

168 Der Grundsatz der Öffentlichkeit hat, bezogen auf alle Gerichtsverfahren, gemäß Art. 93 IX CF Verfassungsrang. Er umfasst – insgesamt weitergehend als §§ 169 GVG, 17 a BVerfGG – nicht lediglich die Urteilsverkündung, sondern alle prozessualen Akte aller Gerichte (beim STF von der Berichterstattung über Vorträge und Stellungnahmen, Votierung, Beratung bis hin zur Urteilsverkündung). Fehlerfolge ist die Nichtigkeit der Entscheidung. Die Öffentlichkeit kann jedoch in bestimmten Fällen ausgeschlossen werden, namentlich aufgrund Gesetzes, wenn der Schutz der Intimsphäre es erfordert (Güterabwägung nach Art. 93 IX CF a.E.; s. auch das Individualrecht Art. 5 LX CF auf Publizität von Prozesshandlungen, für das die zusätzliche Schranke der „gesellschaftlichen Interessen" besteht). Auch die Informationsfreiheit aus Art. 5 XXXIII CF gegenüber staatlichen Stellen im Allgemeinen ist in diesem Zusammenhang zu nennen. Vgl. schließlich die einfachrechtlichen Regelungen in Art. 155, 444 CPC, 792 CPP, 124, 234 § 2, 245 VII, 268, 352 RISTF, nach denen allein in Strafsachen und bei der Bundesintervention ein teilweiser Ausschluss der Öffentlichkeit vorgesehen oder möglich ist. Art. 151 RISTF schließlich regelt den vereinfachten Ausschluss der Öffentlichkeit von Sitzungen in Selbstverwaltungsangelegenheiten des Gerichts.

169 Die Geschäftsordnung regelt ordentliche und außerordentliche Sitzungstermine sowohl des Plenums als auch der Senate (Art. 122 ff. RISTF), deren Tagesordnung auf der Website des Gerichts abrufbar ist.

170 Art. 552 CPC; Art. 83 RISTF mit wenigen Ausnahmen (etwa Geschäftsordnungsfragen, Berichtigungsanträge, Kompetenzkonflikte, bestimmte Fälle des Einvernehmens der Parteien).

denten Collor de Mello statt, ein Thema von breitem nationalen Interesse. Das weite Öffentlichkeitsverständnis ist ein eigenes Anliegen des STF, der dazu rechtlich nicht gezwungen ist. Die Öffnung ist ein bewusster, gewollter Schritt nach den Erfahrungen in der Phase der Diktatur, die sich nicht nur durch die Ausstrahlung der Debatten und Entscheidungen, sondern auch durch einige andere Momente wie die verfahrensrechtliche Beteiligung Dritter, die Durchführung öffentlicher Anhörungen oder das vielfältige eigene Medienangebot des STF und anderer Gerichte und Staatsorgane äußert. Das Gericht kommt so dem berechtigten Informationsinteresse der Bevölkerung weitestgehend nach, sieht sich aber als Kehrseite dessen auch immer öfter den manchmal harschen Missfallensbekundungen aus dem wachsenden Kreis der Verfassungsinterpreten ausgesetzt.[171] Wer zum Verfassungsrichter gewählt wird, muss jedoch um die Publizität des Berufs wissen und mit ihr zurechtkommen. Damit das Verfassungsorgan durch die besondere Öffentlichkeit der Beratung keinen Schaden nimmt, ist auch bei den kontroversesten Themen unter allen im Gerichtssaal Anwesenden ein ständiges Bewusstsein für die Würde der Institution und ein respektvollen Umgang der Richter untereinander vor den Kameras gefordert.[172] Die Medienöffentlichkeit hat noch einen weiteren und entscheidenden Nachteil: Es ist *coram publico* für die Richter schwieriger, eigene Irrtümer zuzugeben und sich zu korrigieren, obwohl dies manchmal für das Obsiegen der besten Lösung erforderlich ist. Ein einmal eingerichtetes Maß an Öffentlichkeit dürfte dennoch praktisch unumkehrbar sein: Wer nun etwa das Abschalten der Kameras oder gar ein absolutes Beratungsgeheimnis fordert, kann nur zu leicht als anti-demokratisch gebrandmarkt werden.

Im Plenarsaal selbst stehen 170 Sitzplätze für Zuschauer zur Verfügung. Die fünf Verfassungsrichter der beiden Senate sitzen sich im Plenum gegenüber, jeweils mit festem Sitzplatz entsprechend ihrem Dienstalter. Der die Verhandlung leitende Präsident sitzt an herausgehobener Position am Kopf der beiden Sitzreihen der Senate zwischen den Senatvorsitzenden. Die Richter tragen, auch dies sei an dieser Stelle erwähnt, in der Verhandlung traditionell schwarze, lange, ärmellose Satinroben, nicht aber eine Kopfbedeckung.

4. Das Verlesen des Sachberichts und die Anhörung der Prozessbeteiligten

Im Verhandlungstermin beginnt die Verhandlung eines Prozesses damit, dass zunächst der Sachbericht durch den Berichterstatter verlesen wird. Die nahezu in allen

171 Vgl. S. Tourinho Leal, OJC Jg. 2 (2008/09), insb. anknüpfend an Impeachment-Forderungen für Gilmar Mendes nach der für ungerecht empfundenen Freilassung des Bankiers Dantas.

172 So auch J. Falcão, O Supremo: um mal-estar, Folha de São Paulo v. 6.12.2009.

Fällen notwendigen Prozessvertreter[173] haben das Recht zu einem mündlichen Vortrag von grundsätzlich bis zu 15 Minuten.[174] Ein wesentliches Element der Entscheidungsfindung in allen Prozessen ist die darauffolgende obligatorische Beteiligung der *Procuradoria-Geral da República* als Leitungsorgan des *Ministério Público*[175] auf Bundesebene.[176] Wenn er nicht bereits als Partei eines Rechtsstreits beteiligt ist, nimmt der *Procurador-Geral* im Plenum mit festem Sitzplatz zur Rechten des Präsidenten des STF zum Zwecke der Vertretung des öffentlich-gesellschaftlichen Interesses und mit Äußerungsberechtigung stets an den Prozessen teil, in Senatssachen übernimmt die Vertretung ein untergeordneter *Sub-Procurador* der Behörde.[177] In fast allen Verfahren nimmt die *Procuradoria* auch durch eine schriftliche Stellungnahme, die in den Sachbericht einfließt und für die Richter eine hilfreiche Zeitersparnis bedeutet, teil. Ist der Bund Prozesspartei, ist zudem der *Advogado-Geral da União* als dessen institutioneller Interessenvertreter mit Äußerungsrechten beteiligt.[178]

173 Für den Grds. s. Art. 133 CF (Unerlässlichkeit des Rechtsanwalts), Art. 1 I, 5 § 2 G 8.906/1994, Art. 36 CPC. Jedes Mitglied der OAB ist vor dem STF prozessführungsbefugt; allein für die zunehmend obligatorischen virtuellen Prozesshandlungen muss eine gesonderte Registrierung beim STF erfolgen. In *Habeas-Corpus*-Verfahren ist der Rechtsanwalt entbehrlich.

174 Art. 132 RISTF; in Strafsachen kann der Vortrag eine Stunde oder länger dauern. Anwälte werden darüber hinaus von den Berichterstattern, wenn dies geboten erscheint, auch außerhalb der Verhandlung empfangen, wobei jedoch prozessuale Nachteile der Gegenseite zu vermeiden sind.

175 Das *Ministério Público* (nach dem französischen Vorbild wie dort auch „*Parquet*" genannt) ist mit der Staatsanwaltschaft in Deutschland vergleichbar, hat aber wesentlich weitergehende Aufgaben, die deutlich über das Strafrecht hinausgehen, vgl. den Katalog des Art. 129 CF, und ist aufsichtsrechtlich nicht der Exekutive (etwa den Justizministerien) unterstellt, also unabhängig. Es ist Hüter gesellschaftlicher Interessen auch gegen den Staat und wird mit guten Gründen z.T. als Vierte Staatsgewalt eingestuft (s. J.G. Rodrigues, RF 346 [1999], 69). Neben seiner Funktion als weisungsunabhängige Anklagebehörde ist es berufen, als objektive Stelle über vielfältige Beteiligungsrechte vor Gericht für den Schutz der Verfassung, der Demokratie und von Allgemeingütern der Gesellschaft zu sorgen, für die Rechte der indigenen Bevölkerung einzutreten und die Polizeien von außen zu kontrollieren. Zur lange umstrittenen Frage der grds. Befugnis zu eigener Ermittlungstätigkeit neben den Polizeien nun in Grenzen bejahend STF, HC 89.837/DF, BE Celso de Mello, 20.10.2009, Inf. 564. Das *Ministério Público* ist föderal und nach speziellen Aufgabenbereichen (Arbeitsrecht, Militär) untergliedert, sein Leiter auf Bundesebene ist der *Procurador-Geral da República*, vgl. Art. 128 CF. Außer in den Art. 127 ff. CF ist die Institution im Ergänzungsgesetz Nr. 75/1993 (für den Bund) und im Gesetz Nr. 8.625/1993 (für die Bundesstaaten) geregelt. Vertiefend zur Institution etwa P. Lenza, Direito Constitucional Esquematizado, 447 ff.; J.E. Sabo Paes, RIL 159 (2003), 199; J. de Ribamar Barreiros Soares, RIL 128 (1995), 231.

176 Dies ist verfassungsrechtlich in Art. 103 § 1 CF verankert.

177 Vgl. Art. 48 ff., 144, 148 RISTF.

178 Die Figur des AGU, der gerichtlicher und außergerichtlicher Vertreter des Bundes ist, existiert seit der CF 1988 getrennt vom *Ministério Público*. Er wird vom Präsidenten der Republik nach freiem Ermessen (unter Juristen von mehr als 35 Lebensjahren) ausgewählt. S.

5. Die „Öffentlichen Anhörungen“

Der Entscheidungsfindung dienen seit noch nicht allzu langer Zeit[179] auch die groß angelegten öffentlichen Anhörungen, die der Berichterstatter (bzw. bei nicht verteilten Prozessen: der Gerichtspräsident) in allen Verfahrensarten nach Ermessen anberaumen kann, wenn er die Klärung tatsächlicher Hintergründe für „notwendig hält“ und „allgemeine Auswirkungen und ein wesentliches öffentliches Interesse“ daran erblickt.[180] Damit wird die Zivilgesellschaft bewusst im Geiste Peter Häberles in die Rechtsfindung zu Verfassungsfragen eingebunden und der Vorgang somit demokratisiert.[181] Es werden mit diesem Instrument ferner in größerer Bandbreite Gedanken über die praktischen Konsequenzen der Entscheidungen in den Prozess eingebracht und den Juristen vor Augen geführt.[182] Durch die Pluralisierung der Debatte wird auch der Wandelbarkeit in der Verfassungsinterpretation gemäß den Werten der jeweiligen Zeit[183] am besten Rechnung getragen.

Diesem Institut entnimmt das STF eine größere Legitimation für seine Entscheidungen. So findet es, insbesondere wenn Rechtsnormen zur Diskussion stehen, vor dem Hintergrund des Grundproblems von Verfassungsgerichtsbarkeit mit ihrer Kontraposition zur demokratisch besser legitimierten Legislative (*counter-majoritarian difficulty*),[184] größere Akzeptanz, wenn das Gericht seine Sichtweise an die Stelle der im Gesetzgebungsverfahren gefundenen Lösungen setzt, an der immerhin beide Kammern des Nationalkongresses beteiligt gewesen waren, die der direkt vom Volk gewählte Staatspräsident sanktioniert hatte und für die es auch bereits zu intensiven Debatten gekommen sein kann. Diese Akzeptanz zeigte sich

Art. 131 CF und, auch zum behördlichen Unterbau, das organschaftliche Ergänzungsgesetz Nr. 73/1993; eingehend J.C. Blum Jr., RDA 234 (2003), 289; A.C. Felipe, Revista Curso de Direito Universidade Federal de Uberlândia 34 (2006), 107. In das RISTF hat die Figur des AGU noch keinen Einzug gefunden.

179 Zur ersten Anwendung des – damals noch nicht in der Geschäftsordnung enthaltenen – Instituts kam es am 20.4.2007 im Verfahren STF, ADI 3.510/DF, BE Ayres Britto – „Stammzellenforschung“, dazu F.J. Mendes Medeiros, RevJur 84 (2007), 41 ff.; T. Albuquerque Martins, OJC Jg. 1 (2007/08), insb. 9 ff. Weitere erfolgten zur Frage des Altreifenimports (2008), zum Abtreibungsrecht, zur Medikamenteversorgung (2009) und zu ethnischen Quoten für den Universitätszugang in RJ (2010). Gemäß einem Gesetzesprojekt zum Verfahren der Bundesintervention (dazu u. 2. Teil, A.V.3.1) sollen solche Anhörungen bei dieser regelmäßig durchgeführt werden.

180 Art. 154 f. i.V.m. 13 XVII, 21 XVII RISTF. Der Gedanke wird in jüngeren verfahrensartspezifischen Sondergesetzen aufgegriffen, vgl. Art. 9 § 1, 20 § 1 G 9.868/1999, Art. 6 § 1 G 9.882/1999 (für die Verfahrensarten ADI, ADC und ADPF).

181 JZ 1975, 297 ff. P. Häberle gehört zu den ins Portugiesische übersetzten und in Brasilien viel beachteten deutschen Autoren des Verfassungsrechts; auch noch bei der Figur des *Amicus Curiae*, u. 2. Teil, A.I.3.b mit Fn. 443, kommt seine Rezeption im Verfassungsprozessrecht Brasiliens zum Tragen.

182 Vgl. O. Vilhena Vieira, RDGV 4/2 (2008), 441 (448).

183 Dies betont C.R. Sunstein, A Constitution of many Minds: Why the Founding Document doesn't mean what it meant before, Princeton, 2009.

184 S. etwa E.-W. Böckenförde, NJW 1999, 9 (11, 15 ff.).

praktisch etwa bei der Frage der Stammzellforschung, zu der das STF 2008 einen liberaleren Ansatz durchsetzte, als es in der *Lei de Biossegurança* (Biosicherheitsgesetz) festgeschrieben worden war.

Die Ansetzung einer öffentlichen Anhörung wird zusammen mit einer Frist für die Benennung von anzuhörenden Personen (welche „Erfahrung und Autorität auf einem bestimmten Gebiet haben" müssen) bekanntgemacht. Unter den Personen kann der Vorsitzende des Spruchkörpers dann eine Auswahl treffen, welche die Beteiligung unterschiedlicher Meinungsströmungen sicherzustellen hat. Für die Äußerungen, die ausschließlich auf das Verhandlungsthema zu beschränken sind, wird ein fester Zeitrahmen vorgegeben; i.Ü. ist die Gestaltung, wie an der Vielzahl der verwendeten unbestimmten Rechtsbegriffe deutlich wird, recht frei. Im Verfahren über die Medikamenteversorgung wurden binnen zwei Wochen beispielsweise mehr als 50 Personen angehört.[185]

Die Äußerungen werden wie jeder Bestandteil der Verhandlung in *TV* und *Rádio Justiça* landesweit übertragen, und die Aufzeichnungen werden Bestandteil der Prozessakten. Wird einerseits die Prozessdauer durch öffentliche Anhörungen verlängert,[186] so ist andererseits die Verbreiterung des Kreises der aktiven Teilhaber an der Verfassungsinterpretation im Sinne einer Mitwirkung bei der (richterlichen) Meinungsbildung über die Auslegung von Verfassungsnormen und die „richtige" Abwägung von Verfassungswerten, insbesondere wenn komplexe außerjuristische Themenfelder tangiert werden (so wie etwa medizinische, biologische, religiöse Fragen bei der „Stammzell-Entscheidung"), begrüßenswert. Zu den Teilhabern an der Verfassungsinterpretation gehören dann nicht nur die angehörten Experten selbst, sondern auch die begleitende Publizistik, und alle, die infolge der Diskussion in irgendeiner Form mit ihrer Meinung an die Öffentlichkeit gehen und damit ihrerseits Einfluss nehmen können.

Das STF versteht sich somit wegen der Einbindung der Gesellschaft, der auf die Spitze getriebenen Prozessöffentlichkeit und der gründlichen Beratung der Rechtssachen bereits als ein „Forum der Argumentation und Reflexion" und zieht daraus eine Rechtfertigung seiner Institution und insbesondere seiner Tätigkeit der Verfassungsmäßigkeitskontrolle in der Demokratie.[187]

185 STF, Tätigkeitsbericht 2009, 22.

186 Im Prozess um die Verfassungsmäßigkeit des Amnestiegesetzes (ADPF 153) lehnte der BE Eros Grau am 28.4.2010 eine öffentliche Anhörung wegen der langen Dauer sowie wegen der Beteiligung von *Amici Curiae*, die bereits demselbem Zweck diente, ab.

187 Beitrag des STF, República Federativa do Brasil, in: Suprema Corte de Justicia de México (Hrsg.), Estructura y Atribuciones de los Tribunales y Salas, 161 (167).

6. Die Voten

Die Richter erstellen auf den Sachbericht und die Gesamtheit ihrer Eindrücke im Prozess hin einzeln ihre schriftlichen Voten. Sie sind i.d.R. zu einem bestimmten vom Berichterstatter anberaumten Urteilstermin fertigzustellen. Verzögerungen und die Bestimmung weiterer Termine sind jedoch nicht selten. Da zwischen Prozessbeginn und Urteil ein längerer Zeitraum verstreichen kann, ist selbst ein Personalwechsel auf einer Richterstelle während der Phase der Votierung nicht ungewöhnlich; der nachfolgende Richter ist dann für ein Votum blockiert, wenn sein Vorgänger auf der Stelle bereits votiert hatte.

Die Voten werden sämtlich in einer (auch medien-)öffentlichen Sitzung verlesen. Nach dem i.d.R. ausführlichsten Votum des *Relator* vollzieht sich die Votierung in umgekehrter Reihenfolge zum Dienstalter der Richter.[188] Die Voten werden, bevor sie im Verhandlungstermin verlesen werden, nicht offenbart und geben oft Anlass zur unmittelbaren und ebenfalls medienöffentlichen Diskussion im Spruchkörper. Eine Überarbeitung ihres Votums ist den Richtern noch bis zum Ende der gesamten Urteilsfindung in der Rechtssache möglich.[189]

Anzusprechen ist hier ein weiteres wesentliches Element der Urteilsfindung, das ebenfalls vor die Klammer der unten im Einzelnen erörterten Verfahrensarten gezogen werden kann: das Ersuchen eines Nicht-Berichterstatters um eine vertiefende Einsichtnahme in die Akten (sog. *pedido de vista*).[190] Dies erfolgt regelmäßig, wenn ein *Ministro* sich nach dem Sachbericht des Berichterstatters noch nicht in Lage sieht, ein Urteil zu fällen, sondern es im Rahmen der Votierung für notwendig erachtet, sich weiter in die Problematik eines Falles einzuarbeiten. Darin liegt zweifellos ein weiteres Mittel zur Steigerung der Qualität des Urteils, da noch etwaige Zweifelsfragen aufgedeckt und ausgeräumt und bisher zu wenig behandelte Aspekte noch weiter erörtert werden können. Zwar ordnet die Geschäftsordnung die Wiedervorlage der Akten bis zum zweiten ordentlichen Sitzungstermin an. In der Rechtspraxis ist die Einsichtnahme jedoch ein Grund für die lange Verzögerung von Entscheidungen, zumal das Ersuchen auch wiederholt in Folge gestellt werden kann.[191] Es kann jederzeit erfolgen, und erfolgt nicht selten auch erst im eigentli-

188 So Art. 135 RISTF *caput*. Damit soll vermieden werden, dass neue und jüngere Richter den erfahreneren einfach folgen; stattdessen soll das innovative Gedankengut stets verstärkt in die Entscheidungsfindung einfließen.

189 Vgl. Art. 133 RISTF, der von zusätzlichen Rederechten zur Erläuterung infolge einer Modifikation des Votums spricht.

190 Art. 134 RISTF.

191 Vgl. zum Verfahren die Resolution des Präsidenten des STF Nr. 278 (DJ v. 18.12.2003) i.d.F. der Resolution Nr. 322 v. 29.5.2006: Rückgabe binnen zehn Tagen, nach deren Ablauf eine automatische Verlängerung um weitere zehn Tage erfolgt, danach Mitteilung des Fristablaufs durch das Präsidium (bei Haftsachen ist diese Verlängerung ausgeschlossen). Eine vergleichbare Regelung besteht auch im Allgemeinen für die Prozesse vor Kollegialgerichten (Art. 555 CPC).

chen Urteilstermin, wenn andere Voten bereits verlesen worden sind. Die aus diesem Instrument resultierende z.T. jahrelange Verzögerung soll durch die zeitige elektronische Verfügbarmachung von Antragsschriften und der Stellungnahmen der *Procuradoria-Geral* für die Verfassungsrichter in *Habeas-Corpus*-Sachen sowie eine rigide Überwachung der Fristen durch die Koordinationsstelle für die Sitzungen abgemildert werden. Auch aus der Möglichkeit des *pedido de vista* folgt, dass sich die Urteilsfindung oftmals nicht in ein und derselben Sitzung vollzieht, sondern sich über längere Zeitspannen erstrecken kann. Die Votierung wird gerade bei den Plenarfällen von wiederkehrender medialer Aufmerksamkeit begleitet.

Die einzelnen Voten folgen oft ganz unterschiedlichen Argumentationssträngen und sind mit unterschiedlichen Begründungen, die einen Satz, aber auch über 100 Seiten lang sein können, versehen. In ihnen wird – natürlich variierend nach persönlicher Präferenz der Richter, aber insgesamt nicht nur vereinzelt – zur Ableitung von Erkenntnissen und zur Unterstützung der Begründung offen mit einschlägiger ausländischer Verfassungsrechtsprechung und Rechtslehre gearbeitet. Es gibt keine rechtlichen Vorschriften für die Nutzbarmachung von Erkenntnissen und Erfahrungen aus der Rechtsvergleichung und die Analyse ausländischer Präzedenzfälle. In Übereinstimmung mit der Einschätzung des STF[192] kann diese Praxis der Anwendung dieser „fünften Auslegungsmethode"[193] – derer sich auch das BVerfG, insbesondere in den Anfangsjahren, bedient hat,[194] die hingegen im U.S. *Supreme Court* abgelehnt wird – aber nur als gewinnbringende Bereicherung und Qualifizierung der Debatte und letztlich als eine Methode zur Verbesserung des resultierenden Urteils gewertet werden. Manche Richter, etwa Celso de Mello, sind auch für einen besonders didaktischen Aufbau ihrer Voten bekannt. An den Voten fällt aus deutscher Sicht ferner auf, dass zur Untermauerung der eigenen Ansicht außer den ausländischen Quellen oftmals z.T. auch längere Passagen aus Lehrbüchern, vorangegangenen Urteilen des STF oder der Instanzgerichte oder aus der Stellungnahme vom *Ministério Público* im wörtlichen Zitat integriert werden und, schließlich, dass trotz aller Sachlichkeit im Text regelmäßig nicht auf ein aus unserer Sicht überschwänglich erscheinendes, persönliches Lob des Sachberichts oder bereits vorliegender Voten verzichtet wird.

192 Beitrag des STF, República Federativa do Brasil, in: Suprema Corte de Justicia de México (Hrsg.), Estructura y Atribuciones de los Tribunales y Salas, 161 (203 f.).

193 So P. Häberle, JZ 1989, 913 (916 ff.); A. Tschentscher, JZ 2007, 807 (812 ff.); s. schon E. Kaufmann, VVDStRL 3 (1927), 2 (5).

194 A. Tschentscher, a.a.O., 807 f. m.w.N. Rechtsvergleichende Rundblicke werden nun in den Urteilen des BVerfG eher nicht mehr offengelegt, sondern erfolgen in der „Dunkelkammer des wissenschaftlichen Dienstes" (P. Häberle, Europäische Grundrechte-Zeitschrift 2005, 685 [687]). Die Rechtsgewinnung durch Rechtsvergleichung spielt dennoch eine Rolle und trägt etwa auch zur europäischen Integration bei (H. Bethge, in: Maunz/Schmidt-Bleibtreu/Klein/Bethge [Hrsg.], BVerfGG, Vorbemerkung Rn. 317 f.).

III. Die Entscheidung

1. Die Entscheidung des Supremo Tribunal Federal als Kollegialorgan

Im Anschluss an das zuletzt gelieferte Votum fasst der *Relator*[195] schließlich den Tenor im Ergebnis entsprechend der jeweiligen, sich aus den Voten ergebenden Stimmenmehrheiten[196] zu den Rechtsfragen oder ggf. entsprechend einer Entscheidungsregel[197] ab. Der Tenor wird mit „*Acórdão*" überschrieben und kann beispielsweise etwa wie folgt formuliert sein: „Nach Durchsicht der Akten, Berichterstattung und Erörterung kommen die *Ministros* des *Supremo Tribunal Federal* in der Plenarsitzung überein, nach dem Verhandlungsprotokoll und der stenographischen Mitschrift einstimmig [oder mit Stimmenmehrheit] über das Außerordentliche Rechtsmittel erkennen, ihm stattzugeben und mithin nach Maßgabe des Votums des Berichterstatters [...] für verfassungswidrig zu erklären [ggf. werden zudem die unterlegenen Richter genannt]". Dem Tenor werden ein Rubrum[198] und eine Kurzzusammenfassung der festgestellten Sach- und Rechtslage (die sog. *ementa*),[199] meist in Großbuchstaben und in Stichworten formuliert, zusammen mit den die Entscheidung insgesamt tragenden Gründen, vorangestellt. Die weiteren Schriftstücke – der Sachbericht, die einzelnen Voten, ob abweichend oder nicht, sowie ggf. Neuvotierungen und auch Protokollauszüge der richterlichen Beratung (einschließlich der außerhalb der Redeordnung stehenden etwaigen Zwischenbemerkungen) – werden stets angefügt.

195 Wenn dieser mit seinem Votum einer Minderheit angehört, so fällt die Aufgabe dem Revisor zu; ist ein Revisor nicht vorgesehen oder votiert dieser ebenfalls mit der Minderheit, obliegt sie dem *Ministro* mit dem ersten obsiegenden Votum, vgl. Art. 38 II, 135 §§ 3, 4 RISTF und allgemein Art. 556 CPC. Werden mehrere Rechtsfragen im Urteil entschieden und ist der Berichterstatter nur z.T. abweichender Meinung, verfasst er das Urteil auch im abweichenden Punkt (so geschehen in Extr. 1.085, BE Cezar Peluso – „Cesare Battisti", DJ v. 16.4.2010).

196 Die Voten werden dabei unabhängig davon gezählt, ob die *Ministros* bei Terminen, in denen weitere Voten verlesen wurden, anwesend oder überhaupt noch im Amt sind (vgl. Art. 134 § 1 RISTF). Bei Plenarsachen votiert der Präsident allenfalls, wenn es für die Entscheidung auf seine Stimme ankommt (vgl. i.E. o. Fn. 110). Für Senatssachen vgl. Art. 150 §§ 1, 2 RISTF: Es können Sitzungen bei einer Anwesenheit ab drei Verfassungsrichtern stattfinden; bei längerer als einmonatiger Abwesenheit auf einer Stelle können ersatzweise Richter des anderen Senats hinzugezogen werden; bei unentschiedenem Abstimmungsergebnis wird die Entscheidung bis zur Mitwirkung des Abwesenden i.Ü. verschoben.

197 Art. 146 RISTF: Wenn eine absolute Mehrheit erforderlich ist, fällt die Entscheidung bei Stimmengleichheit im Zweifel gegen den Antragsteller aus, außer bei *Habeas-Corpus*-Sachen, wo dies umgekehrt ist. 150 § 3 RISTF: In Senatssachen über *Habeas-Corpus*-Anträge und bei strafrechtlichen Rechtsmitteln gilt ebenfalls der Satz „*in dubio pro libertate*".

198 Das Rubrum informiert über das Gericht und den entscheidenden Spruchkörper, den Berichterstatter, den Veröffentlichungsort der Entscheidung, das Datum, das Aktenzeichen (mit Prozessklasse, -nummer und ggf. Ursprungsstaat), die Parteien und ihre Prozessbevollmächtigten.

199 Von *ementum* (lat.): Gedanke, Idee.

Man kann sich fragen, ob angesichts dieser Modalitäten der Entscheidungsfindung – insbesondere wegen der in der Öffentlichkeit sehr exponierten Richterpersönlichkeiten und ihrer ebenso auch medial exponierten Argumentationen in den umfassend zugänglichen Verhandlungen und Votierungen und nicht selten auch in Interviews und im akademischen Bereich geäußerten Einzelmeinungen – beim STF von der Rechtsprechung *des* Gerichts gesprochen werden kann, oder ob es nicht treffender wäre, im Gegensatz etwa zum konsensualer agierenden BVerfG, von einer Rechtsprechung der Summe der Verfassungsrichter oder der jeweiligen Mehrheit der Verfassungsrichter zu sprechen.[200] Die Frage ist in Anbetracht aller Umstände eher im ersteren Sinne zu beantworten: Zunächst, ganz formal, werden die Zuständigkeiten, egal um was für eine Entscheidung es sich handelt, in der Verfassung, die (außer dem Gerichtspräsidenten, in anderem Zusammenhang) keine Unterorgane des STF kennt, „dem Gericht" als solchem, und nicht „den Richtern" zugewiesen. Die Richter sind auch nicht für bestimmte Rechtsgebiete oder Verfahrensarten fachlich spezialisiert eingeteilt, allen können von vornherein dieselben Rechtssachen zugelost werden, d.h. es kann sich nicht z. B. ein Arbeits- oder ein Steuerrechtsexperte dauerhaft und ausschließlich als solcher hervortun. Weiter findet bei Kollegialentscheidungen eine gemeinsame, ergebnisoffene Beratung statt, bei der die Ansichten der Richter oftmals nicht von vornherein unumstößlich feststehen, sondern gerade erst im Zuge des gegenseitigen Austauschs von Argumenten gebildet werden. Zudem wird durch den Wortlaut der Entscheidungsformel deutlich, dass nicht bestimmte Richter gegen bestimmte andere obsiegen und dass nicht lediglich die Anzahl der Voten einer Auffassung mit der Anzahl von Voten anderer Auffassung verglichen wird, sondern dass *als* Gericht in einem bestimmten Sinne entschieden wird. Die Bezeichnung als „*Acórdão*", eine Vokabel, die Übereinkommen, Einigung impliziert, unterstreicht dies. Das STF selbst nimmt außerdem an, dass, wenn einer der Richter sich im Votum nur knapp bzw. gar nicht zu allen Rechtsfragen äußert, er vermutlich dem Berichterstatter in allen Punkten von dessen Ausführung zu den tragenden Gründen folge.[201] Dem wohnt ebenfalls ein vereinheitlichendes Moment inne. Die Zusammenfassung der Sach- und insbesondere der Rechtslage orientiert sich ferner ausschließlich an der Rechtsmeinung der Stimmenmehrheit zu den Rechtsfragen; sie erfolgt demnach „aus einem Guss", während die unterlegenen Voten mit ihren Argumenten dort bei der Formulierung wegfallen – weshalb die Abfassung des Urteils auch einem vollumfänglich unter-

200 S. auch C. Hübner Mendes, Onze Ilhas, Folha de São Paulo v. 1.2.2010, und O. Vilhena Vieira, STF – Jurisprudência Política. Zur fehlenden Erkennbarkeit konsistenter Rechtsprechungslinien aufgrund der Eigenart des Prozederes und zur Schwierigkeit der Formulierung gemeinsamer Entscheidungsgründe selbst bei Einstimmigkeit im Ergebnis A. de Moraes Vojvodic/A.M. França Machado/E.L. Costa Cardoso, RDGV 5/1 (2009), 21 ff.

201 RE (ED) 100.242/MS, BE Octavio Gallotti, DJ v. 1.7.1988, gegen den Vortrag einer Widersprüchlichkeit zwischen den Richtern untereinander.

legenen Berichterstatter nicht zugemutet wird, in dessen Rolle der *Ministro* mit dem zeitlich ersten schließlich obsiegenden Votum einrückt. Die Zusammenfassung der die Entscheidungsformel tragenden Gründe präsentiert sich daher nach außen hin einheitlich begründet und manifestiert eine Einigung des ganzen Spruchkörpers, auch wenn sich aus den Voten kein tatsächlicher Konsens ergeben mag.

Gleichwohl: Wenn komplett unterschiedliche Begründungen der einzelnen Richter zu (ggf. im Ergebnis sogar einstimmigen) Entscheidungen führen, kann eine Orientierung gebende „Rechtsprechung des Gerichts" eben nur für das Ergebnis ausgemacht werden, nicht für die Wege der Begründung und die Methodik der Herleitung.[202] Dies ist durch die Natur der Entscheidungsfindung bedingt. Es erscheint insgesamt unbestreitbar, dass die Richter des STF mehr noch als beim BVerfG als Individuen in Erscheinung treten und so zu ihrem teilweise gewiss nicht unbeträchtlichen Bekanntheitsgrad innerhalb der Bevölkerung gelangen. Dazu trägt neben dem öffentlichen Auftreten mancher Richter bei, dass die Voten zum Schluss immer sämtlich an die Entscheidung angefügt werden und diese auch von einem persönlichen Stil und unterschiedlichen Wegen der Erkenntnisgewinnung gekennzeichnet sind. Es wird kein Konsens fingiert, wo keiner besteht.

Mit dieser Rechtstradition werden die kontroversen Gesichtspunkte dauerhaft festgehalten, und es wird einem breiten Publikum vor Augen geführt, dass und wie man die Verfassung auf unterschiedliche Art und Weise verstehen und das Verständnis plausibel juristisch untermauern kann, es also nicht nur eine einzig richtige und von oben oktroyierte Interpretation gibt. Durch die Voten wird ferner ein Eindruck nicht nur vom Stimmenverhältnis, sondern auch vom differenzierten Meinungsbild im Gericht vermittelt und in gewissem Sinne leichter einschätzbar, inwieweit eine Rechtsprechung gefestigt ist und ob in irgendeinem Punkt ein Wandel des herrschenden Verfassungsverständnisses im Raum steht, der etwa schon durch einen bloßen Personalwechsel im Gericht eintreten kann oder der durch die Arbeit der an die Entscheidung anknüpfenden Rechtslehre, die sich mit der verfassungsrichterlichen Arbeit in Wechselwirkung befindet, und durch zivilgesellschaftliche Diskussion weiter betrieben werden kann. Durch die Anfügung der Voten wird jedoch in keiner Weise das Gesamtergebnis der Entscheidung relativiert und in Frage gestellt, was im aktuell entschiedenen Fall letztendlich gelten soll.

202 Ein Beispiel wäre die Entscheidung zur Stammzellforschung 2008 (ADI 3.510), in der das einschränkende Gesetz als verfassungswidrig erkannt wurde, aber die Aussagen der Voten stark variierten.

2. Einzelrichterliche Entscheidungen

Zum Erscheinungsbild der Verfassungsrichter als individuelle Entscheidungsträger trägt sicherlich auch bei, dass, wie schon angeklungen und wie die unten folgende Erörterung der verschiedenen Verfahrensarten noch verdeutlichen wird, der größte Teil der Entscheidungen des STF praktisch nicht durch einen mehrköpfigen Spruchkörper, sondern durch einen Einzelrichter, sei es der Präsident in bestimmten Verfahrensarten, sei es der ausgeloste Berichterstatter, gefällt wird. Die einzelrichterlichen Entscheidungsbefugnisse haben im Rahmen der allgemeinen Tendenz der letzten Zeit zu Prozessökonomie und Beschleunigung zugenommen.[203] Das Kollegialprinzip wurde so faktisch in sein Gegenteil verkehrt. Dabei kann es sich um prozessleitende Verfügungen (*despachos*) wie z. B. die Ladung von Beteiligten oder die Aufforderung zur Ergänzung des Antrags, aber auch um Zwischen- und sogar End-Entscheidungen (*decisões*) wie z. B. die Erledigterklärung bei Fortfall des Gegenstands einer Beschwerde oder die Verwerfung eines Antrags wegen offenkundig mangelnder Erfolgsaussichten handeln, die von den *acórdãos* zu unterscheiden sind. Jedoch handelt es sich auch bei den von seinen Teilorganen getroffenen Entscheidungen nach außen hin formell um solche „des STF". Außerdem steht weder die gestiegene Quote der Verfahren, in denen Berichterstatter allein und ohne Referenz an einen Spruchkörper Entscheidungen treffen, noch das bereits festgestellte deutliche Überwiegen der Verfahren in Senatszuständigkeit gegenüber den Plenarverfahren einer Homogenität der Rechtsprechung des Gerichts grundsätzlich entgegen, da eine hinreichende Homogenität und Kontinuität des Entscheidungsverhaltens *als* Gericht, außer durch *Agravos Internos/Regimentais* gegen Einzelrichterentscheidungen, auch durch innergerichtliche Divergenzvorlagen sichergestellt werden kann.[204] Diese verhindern, dass Teilorgane mit Rechtskraft anders entscheiden, als es einem zuvor gebildeten Mehrheitswillen des Plenums entspricht, und dass eine Diskrepanz zwischen Teilorganen untereinander entsteht.[205]

203 Beispielhaft sind zuletzt die Geschäftsordnungsänderungen Nr. 28 v. 18.2.2009 und Nr. 30 v. 29.5.2009, nach denen der BE in den Verfahren der Sicherungsverfügung respektive der Freilassungsverfügung bei „gefestigter Rechtsprechung" allein entscheiden kann (s. Art. 205, 192 RISTF).

204 Art. 11, 22 § 1 RISTF.

205 Dessen ungeachtet können Plenarentscheidungen grds. ohne Weiteres jederzeit von der bisherigen Rechtsprechung des Gerichts abweichen, wenn auch eine Kontinuität im Interesse der Rechtssicherheit wünschenswert ist (mit Beispielen zum Rechtsprechungswandel krit. J.L. Mello do Amaral Jr., RDCI 57 [2006], 100 ff.). Dies gilt ausnahmsweise dann nicht, wenn es sich um in einem „Leitsatz" (zum Begriff s. u. 2. Teil, A.VI.1.a) formell kondensierte, „ständige" Rechtsprechung handelt, dessen Revision nach Art. 102 § 1 RISTF immerhin einer Plenarentscheidung mit absoluter Mehrheit (sechs Richter) bedarf bzw., bei „bindenden Leitsätzen" der Beachtung des Art. 103-A CF (vgl. u., ebd.).

3. Die Verkündung

Die Entscheidung wird schließlich vom Berichterstatter (bzw. dem Vertreter in der Funktion) unterschrieben[206] und durch den Präsidenten des STF verkündet[207] und im täglich erscheinenden, amtlichen DJ(e) bzw. einem der geschäftsordnungsmäßig bestimmten amtlichen Publikationsorgane bekanntgemacht.[208] Für die Bekanntmachung im DJ(e) ist eine allgemeine Frist von 60 Tagen ab Urteilsverkündung vorgesehen, von der jedoch bei „berechtigtem Grunde" abgewichen werden kann.[209] Wenn keine der erwähnten weiteren Rechtsbehelfe eingelegt werden (können),[210] wird die Entscheidung rechtskräftig.

D. Die Stellung des Gerichts innerhalb der Verfassungsordnung

Seiner Bezeichnung, der Verfassungssystematik und dem ihm in Art. 102 CF ausdrücklich aufgetragenen Wächteramt[211] über die Verfassung zufolge ist das STF das Spitzenorgan der Rechtsprechenden Gewalt in Brasilien. Ihm ist auch nach

206 Art. 94 RISTF.

207 Art. 135 § 2 RISTF (allgemein: Art. 556 CPC).

208 Art. 99 f. RISTF i.V.m. den Resolutionen Nr. 330, DJ v. 29.11.2006 (Zulassung als Verkündungsorgan) und Nr. 341, DJ v. 18.4.2007 (Einrichtung des DJe). Im DJ(e) werden zwingend (aber auch nicht mehr als) Tenor und die vom BE redigierte Kurzzusammenfassung abgedruckt (Art. 95 RISTF); die Rechtsprechungskommission des STF entscheidet, welche Entscheidungen darüber hinaus in voller Länge und an welchem anderen offiziellen Publikationsort erscheinen sollen. Auf der Website des STF sind bei Eingabe von Prozessnummer und -klasse weitere Informationen bis hin zu den Antragsschriften und den einzelnen Voten abrufbar.

209 Art. 95 § 1 RISTF.

210 S. o. B.III.

211 Das STF selbst bekräftigt mit folgender, hier frei übersetzt wiedergegebener Passage: „Die Verteidigung der Verfassung der Republik stellt den wesentlichsten Auftrag des STF dar. Das STF – das aufgrund ausdrücklicher Zuweisung des Verfassungsgebers Wächter der Verfassung ist – darf die Ausführung dieses Auftrags nicht verweigern, denn wenn das höchste Gericht bei der Erfüllung seiner ernsthaftesten Aufgabe [...] versagt, würde dies die Integrität des politischen Systems, den Schutz der öffentlichen Freiheiten, die Stabilität der Rechtsordnung, die Sicherheit von Rechtsverhältnissen und die Legitimität der Institutionen der Republik aufs Spiel setzen." (ADI [MC] 2.010, BE Celso de Mello, DJ v. 12.4.2002). „Wächteramt" impliziert zugleich einschränkend, dass das STF keine Rechtsmacht haben soll, in seinen Entscheidungen von den Vorgaben der Verfassung abzuweichen, sondern dass es ihr im Rahmen seiner höchstrichterlichen Verfassungsinterpretation zwingend unterworfen ist (s. ebenso R. Poletti, Constituição Anotada, 295, der sich für Brasilien gegen den Satz „...*the Constitution is what the Judges say it is*" [C. Evans Hughes, 1907] wendet). Die Grenze zwischen Verfassungsinterpretation und Schöpfung von Verfassungsrecht ist jedoch fließend und vom STF gewiss auch schon überschritten worden (vgl. O. Vilhena Vieira, RDGV 4/2 [2008], 441 [455 ff.] mit Beispielen).

seinem eigenen Verständnis vom Art. 102 das „Monopol des letzten Wortes bei der Exegese der im Grundgesetz festgeschriebenen Normen" verliehen.[212]

I. Staatsorganisationsrechtliche Alleinstellungsmerkmale

Die herausgehobene Rechtsstellung des STF ergibt sich, abgesehen von seinen im Anschluss noch eingehend zu behandelnden Zuständigkeiten, bereits aus mehreren staatsorganisationsrechtlichen Alleinstellungsmerkmalen nach einer Gesamtbetrachtung der das Gericht und seine Mitglieder betreffenden Verfassungsbestimmungen:

Erstens, als einzigem Organ innerhalb der Judikative dürfen ihm keine lediglich eingebürgerten Brasilianer angehören; die Verfassungsrichter müssen von Geburt Brasilianer sein (Art. 12 § 3 CF).[213] In dieser Hinsicht stehen sie auf einer Stufe nur mit dem Präsidenten und dem Vizepräsidenten der Republik, den Präsidenten der Legislativorgane des Bundes, und auch den Diplomaten und Offizieren und dem Verteidigungsminister.

Zweitens, die Besoldung der Richter des STF, die der Nationalkongress mit Zustimmung des Präsidenten der Republik festlegt (Art. 48 XV CF; gemäß Art. 96 II lit. b hat das STF selbst das Vorschlagsrecht dazu), dient ausdrücklich als Deckelung und als Richtschnur für die Berechnung der sonstigen öffentlich-rechtlichen Gehälter in Gesetzgebung, Verwaltung und Rechtsprechung in allen Untergliederungen der Föderation. So darf nach Art. 37 XI CF kein anderes Amt oder Mandat in einer der drei Staatsgewalten ebenso hoch besoldet werden. Gemäß Art. 93 V CF betragen die Richtergehälter bei den Oberen Gerichten 95 % derjenigen beim STF. Ferner sind die Bezüge der höchsten Richter der Bundesstaaten[214] und anderer Ämter in der Justiz des Bundes und der Bundesstaaten (*Mi-*

212 So zu finden im Urteil über die Parteitreue von Abgeordneten STF, MS 26.603/DF, BE Celso de Mello, DJ v. 19.12.2008. Schon Rui Barbosa, der wohl berühmteste Jurist in der Geschichte Brasiliens, notierte mit Bezug auf das STF – nicht ohne Ironie und bis heute häufig zitiert –, bei diesem verbleibe „das Recht, sich als Letztes zu irren" (Ministério da Cultura e da Educação [Hrsg.], Obras Completas de Rui Barbosa, XLI [1914], Band 3, 259).

213 Für die Staatsangehörigkeit gilt in Brasilien gemäß Art. 12 I eine Kombination aus einem jeweils eingeschränkten *ius soli* und *ius sanguinis*, vgl. auch J. Samtleben, Das Standesamt 62 (2009), 268.

214 Die Richter der obersten bundesstaatlichen Gerichte (*Tribunais de Justiça* – TJ) werden als *Desembargadores* bezeichnet. Jeder der 26 Bundesstaaten (und der Bundesdistrikt) hat ein TJ, das in seinem Wirkungsbereich Verfassungsgericht und Rechtsmittelgericht nach Maßgabe der Grundordnung der jeweiligen föderalen Untergliederung ist.

nistério Público und *Defensória Pública*)[215] von Verfassungs wegen auf den Bruchteil von 90,25 % der für das STF festgelegten Referenzhöhe beschränkt.

Drittens, die Mitglieder des STF sind hinsichtlich des für sie geltenden Gerichtsstands bei Amtspflichtverletzungen und Straftaten besonders privilegiert. Über etwaige von ihnen begangene Amtspflichtverletzungen entscheidet der Bundessenat (dies in ausnahmsweise judikativer Tätigkeit, Art. 52 II CF i.V.m. dessen einzigem Paragraphen), also ein anderes oberstes Verfassungsorgan.[216] Über von ihnen verübte Straftaten darf, was einzigartig in der brasilianischen Verfassungsordnung ist, ausschließlich das Kollegium des STF selbst entscheiden (Art. 102 I lit. b CF).

Viertens, der Präsident des STF ist nach Art. 80 CF kraft Amtes vierter Stellvertreter für das Amt des Präsidenten der Republik, also des Staatsoberhauptes Brasiliens, wenn ein Fall der (vorübergehenden) persönlichen Verhinderung oder der (endgültigen) Vakanz vorliegt. Ihm vorrangig sind zur Ausübung des höchsten Staatsamts nur der Vizepräsident der Republik (Art. 79 CF) und die Präsidenten der beiden Kammern des Nationalkongresses berufen.

Fünftens durchdringt das STF andere Organe der Rechtspflege in starkem Maße organisatorisch, indem es ihre Vorsitzenden stellt oder zumindest Einfluss auf ihre personelle Zusammensetzung nimmt. So übt nicht nur der Präsident des STF in Personalunion die Präsidentschaft auch des Nationalen Rates der Justiz aus, zwei weitere der 15 Mitglieder des Rates kommen auf Vorschlag des STF ins Amt. Für den Nationalen Rat des *Ministério Público* (Art. 130-A CF) schlägt das Gericht hingegen nur eines von 14 Mitgliedern vor.[217] Die größte Durchdringung besteht jedoch im Hinblick auf die Wahlgerichtsbarkeit, namentlich deren Spitzenorgan, das TSE (Art. 119 CF): Drei der Verfassungsrichter wirken im Kreise der insgesamt sieben Richter des TSE mit und stellen dessen Präsidenten und Vizepräsiden-

215 Behörde auf Bundes- und Bundesstaatenebene, die die juristische Beratung und die Verteidigung Bedürftiger zur Aufgabe hat, Art. 134 CF und das Ergänzungsgesetz Nr. 80/1994 (s. zur Beratungshilfe auch Art. 5 LXXIV CF mit G 1.060/1950). Die Einrichtung der Dienststellen ist in der Verfassungswirklichkeit allerdings selbst bis heute nur sehr unzureichend fortgeschritten; nach J. Garcia Belloque/A. Castro, Defensoria Pública em SP: avanços e desafios, Folha de São Paulo v. 19.1.2010, kämen z. Zt. auf einen Defensor 32.000 potenzielle Nutzer. Die Institution soll derzeit im Zuge eines noch umzusetzenden Abkommens der Spitzen der drei Staatsgewalten (sog. „II. Republikanischer Pakt für ein zugänglicheres, zügigeres und effektiveres Justizsystem" v. 13.4.2009) langfristig gestärkt werden und auch außergerichtliche Unterstützung leisten.

216 Den Vorsitz führt gemäß Art. 52, einziger Paragraph, der Präsident des STF, eine Verurteilung kann nur mit Zweidrittelmehrheit erfolgen und als Rechtsfolge kann – unbeschadet sonstiger gerichtlicher Sanktionen – nur der Verlust des Amtes und der Fähigkeit, öffentliche Ämter für die Dauer von acht Jahren zu bekleiden, ausgesprochen werden. S. auch Art. 377 ff. RISF.

217 Zu den beiden Räten s. noch u. 2. Teil, A.V.5.

ten;[218] von den vier verbleibenden Wahlrichtern werden noch zwei weitere aus Rechtsanwaltskreisen auf Vorschlag des STF ernannt.[219] Auf die anderen beiden spezialisierten Gerichtsbarkeiten des Landes (Militär- und Arbeitsgerichtsbarkeit) hat das STF hingegen keinen personell-organisatorischen Einfluss.

Im einfachen Recht korrespondiert dieser staatsorganisationsrechtlichen Bedeutung des STF i.Ü. ein qualifizierter Strafrechtsschutz gegen Verleumdung und Diffamierung der Institution und Übergriffe auf die Freiheit und die körperliche Unversehrtheit ihrer Mitglieder nach dem Gesetz zum Schutz der nationalen Sicherheit und der politischen und sozialen Ordnung, den es in dieser Qualität nur mit dem Staatspräsidenten und den Kammern des Nationalkongresses teilt.[220]

II. Nicht-judikative Zuständigkeiten

Die Bundesverfassung sieht für das STF ferner nicht-judikative, staatsorganisationsrechtliche Wahrnehmungsberechtigungen vor, wie sie der deutschen Rechtsordnung für Gerichte grundsätzlich fremd sind. Dies betrifft verschiedene Initiativberechtigungen.

1. Gesetzesinitiativen zur Autonomiesicherung

Zum einen ist dem STF durch die Verfassung die ausschließliche Initiativberechtigung im Gesetzgebungsverfahren für Regelungen über die gesamtstaatliche Gerichtsverfassung und Richterschaft, einschließlich Vorschlägen zur Schaffung und Streichung von Richterstellen, verliehen worden (Art. 93, 96 I, II i.V.m. 61, 64 CF).[221] Es hat somit Mitgestaltungsbefugnisse hinsichtlich der Organisation der Judikative des Landes als Ganzes und wird zum Hüter über diese gegen Eingriffe von außerhalb. Von diesem Initiativrecht hat es unter der Verfassung von 1988 noch keinen Gebrauch gemacht, so dass das vorkonstitutionelle Gesetz mit Be-

218 Dieser Umstand soll i.Ü. *per se* noch keine spätere Befangenheit zur Folge haben, wenn Rechtsmittel vom TSE zum STF gelangen (vgl. STF, ADPF 144, BE Celso de Mello, DJe v. 26.2.2010).

219 Das TSE ist von großer verfassungsrechtlicher Bedeutung und hat Entscheidungsmacht über den Fortbestand politischer Parteien und erlangter Wahlmandate (vgl. u. 2. Teil, C).

220 Art. 26 ff. des Gesetzes Nr. 7.170/83.

221 Diese nicht-judikative Zuständigkeit geht über die auch anderen Oberen Gerichten des Bundes oder den bundesstaatlichen Gerichtshöfen (vgl. Art. 96 II, 125 § 1 CF) gegebenen Initiativrechte bzgl. Fragen der eigenen Organisation hinaus.

stimmungen über die Gerichtsverfassung und die Richterschaft derzeit noch gilt.[222] Das STF ist zur Sicherung seiner Finanzautonomie und zum Schutz gegen willkürliche Zuweisung von Haushaltsmitteln durch die Exekutive auch berechtigt, den seinen eigenen Haushalt betreffenden Gesetzesvorschlag in den Grenzen des Gesetzes über die Haushaltsrichtlinien zu entwerfen.[223]

2. Initiative bei bestimmten Fällen der Bundesintervention

Zum anderen kommt dem STF im Rahmen einer Intervention des Bundes in den Bundesstaaten – neben der konstitutiven Entscheidung über die Verletzung eines „empfindlichen" Verfassungsprinzips durch einen bundesstaatlichen Rechtsakt und eine Verweigerung der Ausführung von Bundesrecht (dies sind funktionell eine judikative Entscheidung)[224] – auch die weitere Funktion der bloßen Initiative zur Intervention in solchen Situationen zu, in denen die Rechtsprechende Gewalt in einem Bundesstaat berührt ist.

Zu unterscheiden sind dabei zwei Initiativtatbestände für das STF: Nach dem einen, laut Art. 34 IV CF, ist eine Bundesintervention erlaubt, um die freie Kompetenzausübung der Staatsgewalten in den föderalen Untergliederungen sicherzustellen, wenn diese dort auf irgendeine Art und Weise bedroht ist. In diesem Falle bedarf es eines Antrags des jeweils genötigten oder an der Kompetenzausübung gehinderten Legislativ- oder Exekutivorgans, oder eben eines Verlangens des STF, wenn die Nötigung gegenüber der Judikative des Bundesstaates erfolgte (vgl.

222 LOMAN v. 1979. Nach dem vom STF herausgegebenen Strategiepapier (Planejamento Estratégico 2009–2013) v. 5.8.2009 sollte eine Vorlage für den Nationalkongress bis Juni 2010 erarbeitet sein. Das Gericht hat aber bereits festgestellt, dass der umfangreiche Prinzipienkatalog des Art. 93 CF auch ohne eine Umsetzung durch den einfachen Gesetzgeber aus sich heraus Wirkung entfaltet (ADI 189/RJ, BE Celso de Mello, DJ v. 22.5.1992).

223 Vgl. Art. 99 CF, nach dem auch die Mittelzuweisung an die anderen Bundesgerichte über das STF ins Gesetzgebungsverfahren eingebracht wird, und die verfassungsrechtlichen Absicherung der Unabhängigkeit aller Organe der Rechtspflege durch feste Überweisungstermine nach Art. 168 CF. In diesem System liegt eine Abkehr von Art. 57 CF 1967/69, der in der vorherigen Ordnung den Staatspräsidenten allein zu Gesetzesinitiativen in Finanzfragen und zu Stellen und Gehältern ermächtigte. Die große Organisationseinheit STF hatte im Jahr 2008 Ausgaben von mehr als 400 Mio. R$, was einem Anteil von ca. 0,03 % des Gesamthaushalts des Bundes und umgerechnet ca. 175 Mio. € entspricht (Quelle: STF, República Federativa do Brasil, in: Suprema Corte de Justicia de México (Hrsg.), Estructura y Atribuciones de los Tribunales y Salas, 161 [170]). In den vergangenen zehn Jahren hat sich das Ausgabenvolumen nahezu vervierfacht. Im Vergleich dazu hatte das BVerfG im selben Jahr Ausgaben von weniger als 22 Mio. € bzw. weniger als 0,008 % des deutschen Bundeshaushalts (Quelle: http://www.bundesfinanzministerium.de/bundeshaushalt2009/pdf/vsp_2.pdf [12.12.2009], dort S. 14). Details zu den Finanzen des STF sind auf dessen Website unter der Rubrik „*Transparência*" verfügbar.

224 S. dazu u. 2. Teil, A.III.1.

Art. 36 I CF). Erst dann kann und muss[225] der Präsident (Art. 84 X CF) nach Billigung durch den Nationalkongress (Art. 49 IV CF) mit der Intervention das Gewaltengleichwicht wiederherstellen. Nach dem anderen Tatbestand hat das STF ein Initiativrecht zur Intervention inne, wenn in einem Bundesstaat[226] vorsätzlich[227] gerichtliche Anordnungen oder Urteile eines beliebigen rechtsprechenden Organs nicht beachtet oder umgesetzt werden.[228] Auch wenn Entscheidungen des STF selbst nicht befolgt werden, kann dieses auf eine Intervention des Bundes hinwirken. Das Einschreiten des Präsidenten ist nur auf vorheriges Verlangen des STF, bei diesem Tatbestand alternativ auch des *Superior Tribunal de Justiça* oder des *Tribunal Superior Eleitoral*,[229] möglich (Art. 36 II i.V.m. Art. 34 VI CF). Beide Fälle greift die Geschäftsordnung des STF mit prozessualen Regeln auf (Art. 350–354 RISTF).

225 Dabei beinhaltet das Wort „Verlangen" (*requisição*) im Gegensatz zu „Ersuchen" (*solicitação*) im selben Artikel, dass der Präsident der Republik daraufhin – trotz der politischen Natur der Bundesintervention – kein verbleibendes Entschließungsermessen mehr hat, vgl. P. Lenza, a.a.O., 221 f.; M.L. Pereira, RIL 153 (2002), 17 (19); zum Streit, ob die Zuwiderhandlung des Präsidenten eine Amtspflichtverletzung gemäß Art. 85 VII CF, Art. 12 Nr. 3 G 1.079/1950 und damit einen Grund für ein Impeachment darstellt, M. Jorge e Silva Neto, Curso de Direito Constitucional, 336 ff. (befürwortend); K. Harada, Revista do IASP 10 (2002), 94 (96 ff.).

226 Nicht aber auf Ebene der Munizipien. Dort kann nach der Verfassungssystematik nur der Bundesstaat eingreifen (STF, IF [QO] 590/CE, BE Celso de Mello, DJ v. 9.10.1998), es sei denn, es handelt sich um Kommunen in bundesunmittelbaren Territorien (derzeit nicht existent).

227 Dieses Merkmal wird vom STF in restriktiver, bundesfreundlicher Auslegung über den Verfassungswortlaut hinaus gefordert (s. IF 3.292/SP, BE Marco Aurélio/Gilmar Mendes, DJ v. 29.8.2003).

228 Das STF *muss* solche Autoritätsdefizite von Gerichten nicht von sich aus ermitteln. Oftmals ist es das Gericht, dessen Entscheidung nicht befolgt wurde, das sich an das STF wendet, damit das STF dann allein über die Ingangsetzung des Interventionsverfahren entscheidet. Das ersuchende Gericht hat dabei dennoch schon die Erforderlichkeit der recht einschneidenden Maßnahme der Intervention hinreichend zu begründen, ansonsten kann das STF dessen Ersuchen ohne Weiteres *ad acta* legen (STF, IF 230-3/DF, BE Sepúlveda Pertence, DJ v. 1.7.1996). Lehnt das betroffene Gericht selbst eine Intervention ab, so bedeutet dies keinen Übergriff in die Kompetenzen des STF (Rcl. 464-3/CE, BE Octavio Gallotti, DJ v. 24.2.1995), denn das STF *kann* in jedem Fall auch *ex officio* ein Interventionsverlangen stellen (Art. 350 II RISTF). Der einzelne Bürger soll sich diesbzgl. hingegen keinesfalls unmittelbar an das STF wenden können (IF [QO] 105, BE Sydney Sanches, DJ v. 4.9.1992). Im Fall Pet. 4.681 (BE Gilmar Mendes, 2009) in dem es um die Durchsetzung von über 100 Urteilen zur Rückgängigmachung von Landbesetzungen des MST im Bundesstaat Pará ging, hat sich der Nationale Verband der Landwirtschaft, also die Interessenvertretung der durch die nicht befolgten Urteile begünstigten Landbesitzer, an das STF gewandt.

229 Zu einer Abgrenzung der Initiativzuständigkeiten dieser Gerichte s. STF, IF 230-3/DF, BE Sepúlveda Pertence, DJ v. 1.7.1996: Entstamme die nichtbefolgte Gerichtsentscheidung aus der Arbeits- oder Militärgerichtsbarkeit, so könne nur das STF die Intervention verlangen, da das STJ und das TSE den betreffenden Gerichten nicht über-, sondern gleichgeordnet seien. Das STF übt das Initiativrecht hingegen nicht aus, wenn die streitentscheidende Rechtsgrundlage in der Gerichtsentscheidung nicht im Verfassungs-, sondern im einfache Recht liegt und verweist insofern auf das STJ (Konnexität zwischen Interventionsinitiative und Aufgabenbereich, IF [QO] 107/DF, BE Sydney Sanches, DJ v. 4.9.1992).

Die zweitgenannte Alternative ist wegen des Missstands, dass die öffentliche Hand zum Schaden insbesondere der Bürger ihren Leistungspflichten aufgrund von Gerichtsurteilen zuweilen nur schleppend nachkommt, in der Praxis relevanter. Zuletzt in einem Verfahren von 2010 wurde sechs Bundesstaaten eine derartige Verschleppung vorgeworfen. Das STF macht in solchen Fällen nicht sofort von seiner Initiativberechtigung Gebrauch, sondern beruft sich auf die sehr restriktive Handhabung: „Solange sich der Staat bemüht, Lösungen zur vollständigen Erfüllung gerichtlicher Zahlungspflichten zu kommen, sind die Voraussetzungen der Bundesintervention nicht gegeben".[230] Es veranlasste dementsprechend jeden der beschuldigten Bundesstaaten lediglich zur Aufstellung und Vorlage eines detaillierten Tilgungsplans binnen 15 Tagen zur Vermeidung der Intervention.

III. Überblick über die Rechtsprechungszuständigkeiten des Gerichts

Seine Stellung innerhalb der brasilianischen Verfassungsordnung und innerhalb der Judikative wird im Übrigen durch die ihm anvertrauten Rechtsprechungszuständigkeiten deutlich (vertiefend dazu noch Teil 2). Für die Kompetenzen des Gerichts im Einzelnen gilt das Enumerativprinzip, keine Generalklausel. Sie lassen sich unterteilen in ausschließliche (weil „originäre")[231] Zuständigkeiten (s. insoweit vor allem die Aufzählung des Art. 102 I CF)[232] und Rechtsmittelzuständigkeiten (nach Art. 102 II, III CF). Verfassungsrechtlich nicht vorgesehen ist eine uneingeschränkte Öffnungsklausel für weitere Kompetenzzuweisungen durch den einfachen Gesetzgeber nach Art des Art. 93 III GG.

Über eine Auslegung der bestehenden Kompetenzzuweisungen hinausgehend darf sich das STF keine zusätzlichen Kompetenzen aneignen, und betont dies auch immer wieder selbst.[233] So kommt es z. B. in aller Regel allenfalls im Wege der

230 Seit IF 2.915, BE Marco Aurélio/Gilmar Mendes, DJ v. 28.11.2003.

231 Diese zeichnet aus, dass der Prozess seinen Ursprung nicht in unteren Instanzen nimmt, sondern vor dem STF in erster und einziger Instanz stattfindet. Der Begriff der „originären Zuständigkeit" des STF ist daher gleichbedeutend mit dessen „ausschließlicher Zuständigkeit".

232 Die einzige im Katalog aufgeführte funktionell nicht-judikative Kompetenz ist Art. 102 I m) CF, derzufolge das STF zuständig ist, nach der Entscheidung von Rechtsstreitigkeiten auch für die Durchführung der Vollstreckung seiner Judikate Sorge zu tragen, wobei ihm die Möglichkeit der Delegation unbenommen bleibt. Darin liegt eine Parallele zu § 35 BVerfGG. Zur Vollstreckung s. Art. 566–795 CPC und 340 ff. RISTF sowie einzelne Resolutionen des STF, für die Vollstreckung gegen die öffentliche Hand auch Art. 100 CF und 345 ff. RISTF.

233 S. nur Rcl. 1.110/DF, BE Celso de Mello, 25.11.1999, Inf. 172.

Rechtsmittelzuständigkeit in die Situation, über eine Popularklage (*Ação Popular*)[234] oder eine sog. Öffentliche Zivilklage (*Ação Civil Pública*)[235] entscheiden zu müssen. Unter Verweis auf den *numerus clausus* der originären Zuständigkeiten können diese gerade nicht direkt beim STF erhoben werden, sondern sind bei den örtlichen Gerichten zu erheben,[236] so sehr das Klagebegehren auch gesamtstaatliche Relevanz haben mag. Umgekehrt müssen andere Gerichte Rechtssachen an das STF verweisen, wenn sie feststellen, dass ihnen eine Materie des Art. 102 CF unterbreitet wurde.[237]

Die geschriebenen Kompetenzen sind aber einer erweiternden Interpretation sicher nicht unzugänglich, die bereits an manchen Stellen erfolgt ist.[238]

1. Eine Systematisierung der originären und Rechtsmittelzuständigkeiten

Die originären, ausschließlichen Zuständigkeiten des STF sind zum größten Teil im Katalog des Art. 102 I CF aufgezählt, hinzuzuzählen sind aber auch dessen § 1, der die sog. Rüge der Nichtbefolgung einer grundlegenden Vorschrift anspricht,

234 Art. 5 LXXIII CF. Mit der Popularklage können von jedem Bürger jene Akte angefochten werden, die das öffentliche Vermögen und das von Körperschaften, an denen der Staat beteiligt ist, die Integrität der Verwaltung, die Umwelt und das historische und kulturelle Erbe schädigen. Diese öffentlichen Güter und Werte werden geschützt, indem den Bürgern direkt sog. „diffuse", mit der Popularklage verfolgbare Rechte daran zugedacht werden; er ist damit eben nicht auf nur reflexhaften Schutz durch Rechtspflichten öffentlicher Organe angewiesen. Vgl. zu dieser Klageart i.E. das Gesetz Nr. 4.717/1965 und G. de Assis Rodrigues, Ação Popular, in: F. Didier Jr. (Hrsg.), Ações Constitucionais, 275 ff.

235 Vgl. Art. 129 III, § 1 CF: Gerichtlicher Schutz „diffuser" und „kollektiver" Rechte (als solche gelten in Brasilien u.a. die Integrität der Umwelt, die wirtschaftliche Ordnung, die städtebauliche Ordnung, Gegenstände von künstlerischem, historischem, touristischem Wert) und „gleichartiger individueller" Rechte (etwa Verbraucherschutzrechte) auf Betreiben des *Ministério Público* und anderer öffentlicher Stellen. Seit 2007 sind auch die explizit auf die Schutzgegenstände ausgerichteten, seit mehr als einem Jahr arbeitenden privatrechtlichen Vereinigungen klageberechtigt. Vgl. zu den Einzelheiten das Gesetz Nr. 7.347/1985; M. Abelha Rodrigues, Ação Civil Pública, in: F. Didier Jr. (Hrsg.), Ações Constitucionais, 327 ff.; zu den Verbraucherrechten auch das Gesetz Nr. 8.078/1990. Nach brasilianischer Lehre sind „kollektive" Rechte die Rechte einer Personenmehrheit mit identifizierbaren Individuen und „diffuse" Rechte solche einer Personenmehrheit ohne identifizierbare Individuen (s. A. Mendes Lobo, A Reclamação Constitucional Coletiva, 41 ff., aber auch Art. 81 G 8.078).

236 STF, Pet. (AgR) 1.738/MG, BE Celso de Mello, DJ v. 1.10.1999.

237 Art. 93, 112 f. CPC. Ansonsten ist die Beschwerde unmittelbar zum STF statthaft (dazu näher u. 2. Teil, A.VI.2).

238 Allgemein dazu STF, Pet. (MC) 1.120/SP, DJ v. 7.3.1996: „…der absolut strikte Charakter der Verfassungskompetenz des STF mit der Notwendigkeit verbunden ist, ungebührliche Erweiterungen zu unterlassen…" und dann einschränkend: „Sicher ist, dass das STF trotz der vorangegangenen Betrachtungen – und immer unter Betonung der teleologischen Zwecksetzung des Verfassungsgebers – in Ausnahmefällen zu Rechtsprechungskonstruktionen gegriffen hat, die es ihm erlaubten,…kraft logisch-extensiver Interpretation aus den Verfassungsnormen den ihnen innewohnenden Sinn zu extrahieren."

Art. 103-A CF mit dem neueren Verfahren betreffend die bindenden Leitsätze sowie der Art. 36 CF mit Bestimmungen zur Rolle des STF bei der Intervention des Bundes in die bundesstaatliche Sphäre. In Art. 9 der zeitgleich mit der Bundesverfassung 1988 erlassenen Verfassungsrechtlichen Übergangsbestimmungen[239] ist dem STF eine weitere ausschließliche Kompetenz übertragen worden, die mit der Wiedergutmachung von zur Anfangszeit der Militärdiktatur geschehenem Unrecht zusammenhängt, die aber keine große praktische Relevanz mehr hat.

Die originären Zuständigkeiten des STF lassen sich ihrerseits – in gewissen Grenzen – systematisieren, namentlich in die Verfahren der abstrakten Normenkontrolle, das Rügeverfahren wegen der Nichtbefolgung einer grundlegenden Vorschrift (welches unter vielen Gesichtspunkten Ähnlichkeiten zu den Normenkontrollverfahren aufweist, jedoch nicht auf Rechtsnormen als Prüfungsgegenstand beschränkt und daher getrennt von diesen im Anschluss zu behandeln ist), die föderativen Streitigkeiten, die Streitigkeiten mit internationalem Bezug sowie jene Verfahren, deren Konzentration beim STF sich durch die herausgehobene Stellung mindestens eines der verfahrensbeteiligten Organe oder Amtsträger rechtfertigt. Letzteres betrifft die verschiedenen Verfahren *zum Schutz* von Grundrechten und anderen Rechtspositionen von bestimmten Mandatsträgern und Organwaltern im Verfassungsleben auf Bundesebene und entsprechende Rechtsschutzverfahren *gegen* Bundesverfassungsorgane, außerdem die Straf- und Amtspflichtverletzungssachen gegen privilegierte Amtsträger (einschließlich der Revision), die Auflösung bestimmter obergerichtlicher Kompetenzkonflikte und die Klagen gegen den Nationalen Rat der Justiz und den Nationalen Rat des *Ministério Público*. Als sonstige originäre Zuständigkeiten, d.h. solche, die sich in diese Kategorien nicht einordnen lassen, verbleiben das verfassungsgeschichtlich junge Verfahren zur Aufstellung, Änderung oder Aufhebung bindender Leitsatzformeln (das ein Verfahren gänzlich eigener Art darstellt) sowie die Beschwerde und die Wiederaufnahmeklage (die beide einen Bezug zu bereits entschiedenen Prozessen jeder Kategorie haben und an diese anknüpfen) und schließlich die Angelegenheiten, welche die Richterschaft als Ganzes betreffen, das hilfsweise Eintreten des STF bei Befangenheit oder Verhinderung von Gerichten und das erwähnte Verfahren aus Art. 9 ADCT wegen aberkannter politischer Rechte.[240]

Neben dieser auch für den Aufbau der vorliegenden Arbeit gewählten Systematisierung kommen auch andere in Betracht. Denkbar ist eine Unterteilung in

239 *Ato das Disposições Constitucionais Transitórias* (ADCT) v. 5.10.1988.

240 Der hier vorgenommenen Systematisierung soll im Aufbau auch die eingehendere Untersuchung u. im 2. Teil folgen. Dies schließt nicht aus, dass manche Zuständigkeiten unter zwei der hier gebildeten Kategorien fallen können; so ist etwa die judikative Entscheidung über die Bundesintervention stets Normenkontrolle und föderative Streitigkeit zugleich, das Auslieferungsverfahren hat internationalen Charakter und dient auch dem Individualrechtsschutz.

Verfahren, die sich ergänzend nach den Vorschriften über den Zivilprozess und solchen, die sich ergänzend nach der Strafprozessordnung richten: Der CPC ist bei allen Verfahren anzuwenden, außer wenn es um Strafsachen einschließlich der Revision und der dortigen Wiederaufnahmeklage, Amtspflichtverletzungen und das im CPP geregelte Verfahren der Freilassungsverfügung geht. Ebenfalls könnte eine Einteilung gemäß der gerichtsinternen Zuständigkeit von Plenum, Senaten oder des Präsidiums vorgenommen werden.[241] Auch könnte versucht werden, nach Zuständigkeiten materiell verfassungsrechtlicher und materiell nicht-verfassungsrechtlicher Art zu differenzieren.[242]

Zu einer Gruppe können ferner diejenigen Zuständigkeiten zusammengefasst werden, die noch an abgeschlossene Verfahren des STF selbst anknüpfen und diese voraussetzen: Dies ist die Revision in eigenen Strafsachen, die Wiederaufnahmeklage zu sämtlichen eigenen Rechtssachen, das Verfahren der Beschwerde in der Variante zur Sicherstellung der Befolgung seiner Entscheidungen und schließlich das Verfahren nach Art. 103-A CF. Die Wiederbefassung des STF mit zurückliegenden eigenen Entscheidungen hat in den genannten Fällen unterschiedliche Ursachen:[243] Zum einen können die prozessrechtlich determinierten Gründe für eine Revision oder Wiederaufnahme eines an sich abgeschlossenen Verfahrens zugunsten des Verurteilten vorliegen; die Entscheidung gilt hier als korrekturbedürftig. Im Fall der Beschwerde hingegen ist die Befolgung einer in der Vergangenheit getroffenen Entscheidung des STF durch dritte Stellen zweifelhaft, weswegen diese reklamiert wird; Verdikten des Gerichts soll damit gerade zu mehr praktischer Wirksamkeit und dem Gericht selbst zu mehr Autorität verholfen werden. Im Fall der bindenden Leitsätze dienen vorangegangene Entscheidungen des STF als ein

241 Dazu bereits o. B.II/III.

242 Zuständigkeiten verfassungsrechtlicher Art sind ohne Zweifel die Normenkontrollverfahren, ergänzt um das Rügeverfahren wegen Nichtbefolgung einer grundlegenden Vorschrift, sämtliche Streitsachen um verfassungsrechtliche Rechte der Untergliederung der Föderation und um verfassungsrechtliche Kompetenzen von Organe, die *writs* zum Schutz individueller verfassungsrechtlicher Rechte einschließlich der Injunktion, das Verfahren über allgemein verbindliche Leitsätze und die Nachprüfung letztinstanzlicher Urteile am ausschließlichen Maßstab der Verfassung. Zuständigkeiten nicht-verfassungsrechtlicher Art des Gerichts, wenngleich die Verfassung wie in allen Prozessen vor allen Gerichten auch dort zur Anwendung gelangt, sind hingegen die ihm zugewiesenen Strafsachen, Auslieferungssachen, internationale Streitigkeiten und bundesstaatliche Streitigkeiten unterhalb des Verfassungsniveaus sowie die Verfahren um Sicherungsverfügungen und gegen die Nationalen Räte der Justiz bzw. des *Ministério Público*, sofern unterverfassungsrechtliche Rechtspositionen geltend gemacht werden. Bei der Auflösung von Kompetenzkonflikten schützt es z.T. einfach-rechtliche Kompetenzzuweisungen an die Oberen Gerichte. Ihm können ferner Prozesse jeder, ohne Weiteres auch nicht-verfassungsrechtlicher Art von unteren Gerichten wegen angenommener Befangenheit zufallen. Bei Beschwerde und Wiederaufnahmeklage ist die Einordnung abhängig vom Ausgangsverfahren.

243 Im Verlauf dieser Arbeit werden diese Verfahren auf diese Weise nicht zusammengefasst, sondern, da sie untereinander zu große Unterschiedlichkeiten aufweisen, getrennt behandelt und jeweils anderen Kategorien zuordnet.

Fundament zur Erstellung der Leitsatzformeln, die dazu dienen, den Entscheidungen ein wesentlich größeres Gewicht in der Rechtsanwenderpraxis zu verschaffen.

Die Rechtsmittelzuständigkeiten des STF schließlich sind weiter zu untergliedern in ordentliche (Art. 102 II CF) und außerordentliche Rechtsmittelzuständigkeiten (Art. 102 III CF), die jeweils bei Verwirklichung aufgezählter Zulässigkeitstatbestände durch Entscheidungen untergeordneter Gerichte zum Tragen kommen.

2. Das Supremo Tribunal Federal funktionell als Verfassungsgericht

Uneinigkeit besteht bis heute darüber, ob das formal als Oberstes Bundesgericht bezeichnete STF als Verfassungsgericht Brasiliens eingeordnet werden kann. Für manche bestätigt der Blick auf die Funktion und die Kompetenzzuweisungen insgesamt das Profil des STF als Verfassungsgericht.[244] Andere lehnen dies ab, etwa weil es in die Judikative auch als Rechtsmittelgericht integriert ist, statt über den drei Staatsgewalten zu stehen, weil seine Mitglieder ausschließlich Juristen sein müssen, weil es dem Lebenszeitprinzip für Richter folge.[245] Das Gericht selbst strebt es an, „anerkannt zu sein als Verfassungsgericht, als Referenzgröße im Grundrechtsschutz und bei der Beilegung von Streitigkeiten in der Föderation und der Staatsleitung“.[246]

Richtig ist, dass das STF mit der Normenkontrolle und der Definition von Kompetenzen oberster Staatsorgane und der Organisationseinheiten der Föderation, materiell betrachtet, die typischen und klassischen Inhalte von Verfassungsgerichtsbarkeit ausübt und politische Tragweite hat.[247] Art. 102 CF bezeichnet es als „Hüter der Verfassung“ und will damit gerade eine Grenze in der Arbeitsteilung

244 So sogar schon vor der CF 1988 und rückblickend in die Geschichte der ehemalige Verfassungsrichter O. Dias Corrêa, O STF, corte constitucional do Brasil, *passim*, insb. 62 ff., der die grundrechteschützende und die staatsgerichtlichen Funktionen sowie den angewandten Prüfungsmaßstab „Verfassung“ betont; wenn das STF auch inzidente Normenkontrolle ausübe, könne dieser weitere Aufgabenbereich die Verfassungsgerichtsqualität nicht entfallen lassen; ähnlich E. Ribeiro Moreira, RBEC 3 (2007), 75 ff.; nach einem Rechtsvergleich auch F.J. Roman, RDCI 58 (2007), 51 ff.; C.M. da Silva Velloso, RIL 120 (1993), 5 (23 ff.), und RDA 231 (2003), 297 (300), jedoch jeweils mit der Forderung nach Abschaffung einzelner überschüssiger Kompetenzen; s. auch J.T. de Almeida Melo, Direito Constitucional do Brasil, 878.

245 So etwa M. Jorge e Silva Neto, Curso de Direito Constitucional, 472.

246 STF (Hrsg.), Planejamento Estratégico 2009–2013, 7.

247 Damit sind die Merkmale verschiedener Begriffe von Verfassungsgerichtsbarkeit erfüllt: Vgl. E. Friesenhahn, Handbuch des Deutschen Staatsrechts II, 523 ff.; U. Scheuner, DVBl. 1952, 293 („Rechtsprechung im Bereich des Verfassungslebens“); mit einem engeren Begriff H. Kelsen, VVDStRL 5 (1929), 30 ff. (Nachprüfung von Gesetzen am Maßstab der Verfassung); das Agieren im Bereich des Politischen betonend H. Triepel, VVDStRL 5 (1929), 1 ff.; s. auch BVerfGE 1, 208 (219, 222) mit Bezug auf Art. 99 GG: Organstreit und Normenkontrolle als „eigentliche Verfassungsstreitigkeiten“.

mit dem STJ, dem zweithöchsten Gericht des Landes, und allen anderen Gerichten des Landes markieren. Das STF zieht die Verfassung in seinen Prozessen dann auch (weitestgehend) als Prüfungsmaßstab heran und legt diese in Ausübung von Verfassungsrechtsprechung letztverbindlich aus.[248] Unschädlich für die Qualifikation als ein Verfassungsgericht dürfte sein, dass systembedingt die anderen Gerichte ebenfalls an der *judicial review* beteiligt sind,[249] denn auch insoweit hat das STF im oder nach dem Instanzenzug ggf. das letzte Wort über Fragen der Verfassungsmäßigkeit. Selbst im Rahmen seiner Rechtsmittelzuständigkeit besteht, wie noch näher ausgeführt werden wird,[250] nicht nur eine Eingrenzung auf verfassungsrechtliche Fragen, sondern auch eine deutliche Tendenz zur Objektivierung der rechtlichen Prüfung in verschiedenerlei Hinsicht.

Allerdings hat das STF auch manche darüber hinausgehende Zuständigkeiten, die materiell nicht nur verfassungsrechtlicher Art sind (das Gericht ist nach Art. 102 CF eben nicht „ausschließlich", sondern nur „zuvörderst" Hüter der Verfassung) und bei denen diskussionswürdig erscheinen mag, ob eine dahingehende Konzentration beim STF sinnvoll ist oder ob eine Abschichtung auf untergeordnete Gerichte vorzugswürdig wäre (z. B. in Auslieferungs- oder Strafsachen und manchen föderativen Streitigkeiten). Das STF ist also im Ergebnis zwar kein „reines" Verfassungsgericht, es ist aber funktionell jedenfalls *auch* und *hauptsächlich* Verfassungsgericht.

Seit langem wird in weiten Teilen der Literatur die Umwandlung des STF in reines, als *poder moderador* in jeglicher Hinsicht über den drei Staatsgewalten stehendes Verfassungsgericht unter rigoroser Zurückschneidung der Kompetenzen gefordert.[251] In der Tat würden beim STF *ohne* seine heutige Rechtsmittelzuständigkeit (rein zahlenmäßig) trotz der bereits erfolgten spürbaren Verringerung der bearbeiteten Rechtsmittel seit 2006 nur etwa ein Fünftel der Prozesse verblei-

248 Für P. Häberle, Europäische Grundrechte-Zeitschrift 2005, 685 (686), kennzeichne ein Verfassungsgericht eben diese auf die Verfassung bezogene Tätigkeit „in ihr und an ihr durch Auslegung", die ohne Konkurrenz zu einem selbständigen Verfassungsgericht erfolgen muss und anhand der Kompetenzen und auch des Selbstverständnisses des Gerichts zu beurteilen sei. Er folgt einem offenen, d.h. nicht abschließend definierbaren Begriff des Verfassungsgerichts (ebenso i.Ü. E.-W. Böckenförde, NJW 1999, 9 [14 f.]), welcher für das STF zutrifft.

249 Anders J.A. da Silva, Curso de direito constitucional positivo, 558 f.; zudem sei die Fülle von Zuständigkeiten insb. im Unterschied zum U.S. *Supreme Court* zu groß, als dass das STF die Funktion eines Verfassungsgericht ausüben könnte; auch schon ders., Tribunais Constitucionais e Jurisdição Constitucional, Revista Brasileira de Estudos Políticos 1985, 495 ff.; U. Lammêgo Bulos, a.a.O., 979.

250 Insb. u. 2. Teil, B.V.2.

251 J.W. Ferreira Sobrinho, RIL 128 (1995), 149 ff.; L.R. Barroso, Revista Trimestral de Direito Público 20 (1997), 29 (40); s. auch P. Bonavides, Do País Constitucional ao País Neocolonial, 42 f.; W. Guerra Filho, Teoria Processual da Constituição, 102; F.G. Marques de Lima, O STF na crise institucional brasileira, 71, 78, 89 ff. (BVerfG als Vorbild). S. auch die PEC Nr. 252/2004, 243/2004, 111/2003; und den Vorschlag von F. Müller, Revista do Instituto de Hermenêutica Jurídica 3 (2005), 27 (28 f.).

ben.[252] Eine rigorose Abschaffung der Rechtsmittelzuständigkeit oder anderer nicht verfassungsrechtlicher Zuständigkeiten wird jedoch auf absehbare Zeit praktisch nicht umgesetzt werden; stattdessen sind – wie unten noch gezeigt wird – die bestehenden Verfahrensarten teilweise hinsichtlich ihrer Zulässigkeit und der Verfahrensabläufe sowie das Justizsystem als Ganzes mit der Einführung einer Leitsatzbindung reformiert worden.

E. Die Verfahrensbelastung

I. Der Umfang der Verfahrensbelastung in Zahlen

Wie in der Einleitung schon angesprochen wurde, ist die Verfahrensbelastung des STF in Zahlen sehr hoch (man spricht seit geraumer Zeit von der „Krise der Zahlen", sog. „*crise numérica*") und die durchschnittliche Dauer des einzelnen Verfahrens infolgedessen lang. Werden Verfahren unter permanentem und übergroßem Erledigungsdruck durchgeführt, droht zudem ein Qualitätsverlust in der Rechtsprechung.[253] Die Annahme einer Bedrohung für den Rechtsstaat und weiterer negativer Folgen wie ein gewachsenes Misstrauen der Bevölkerung gegen die Justiz und öffentliche Organe im Allgemeinen und eine abschreckende Wirkung für Investitionen liegt damit nicht fern. Das Problem begleitet das STF schon seit einigen Jahrzehnten;[254] der absolute Höhepunkt wurde jedoch Anfang dieses Jahrtausends erreicht.

Die Steigerung der Produktivität ist ein offizielles strategisches Ziel des STF in seiner Planung: So sollen Altfälle von Außerordentlichen Rechtsmitteln, die bis zu einem bestimmten Jahr anhängig geworden sind, bis zu bestimmten Zeitpunkten abgebaut sein, die Bearbeitungsdauer für jedes Außerordentliche Rechtsmittel bis 2013 um 30 % gesenkt werden, zudem sollen monatliche Benchmarks für Er-

252 Errechnet nach den aktuellen Prozesszahlen der Tabelle in Anhang I.

253 So F.G. Marques de Lima, a.a.O., 65 f., dem zufolge dies etwa dazu führe, dass Berichterstatter faktisch allein entscheiden, da die anderen Richter des jeweiligen Spruchkörpers zeitlich nicht der Lage seien, Fälle mit der sachangemessenen Gründlichkeit selbst zu würdigen, und auf die Einschätzung des Berichterstatter vertrauten.

254 A. Baleeiro schrieb bereits 1968 von der „Krise des Verfahrensstaus", einem „schwerwiegenden Problem", das „in den letzten 40 Jahren Studien zur Suche nach einer angemessenen Lösung" veranlasst habe (a.a.O., 121 ff. m.N. zum Verfahrensrückstau der aus damaliger Sicht zurückliegenden Jahrzehnte und seinerseits mit einem Zitat des Richters am STF Guimarães Natal aus dem Jahr 1913: „Von Jahr zu Jahr wächst die Anzahl der Streitigkeiten, die als Rechtsmittel zum STF gelangen, in erstaunlicher Weise."); 1915 empfahl der *Ministro* Pedro Lessa, Poder Judiciário, 23 f., eine Entlastung des Gerichts, um die Prozesse zu verkürzen. Die Dimensionen war jedoch zu jenen Zeiten andere: 1940 etwa lag die Zahl der Prozesseingänge erst bei 2.419, 1970 bei 6.376 (O. Vilhena Vieira, RDGV 4/2 (2008), 441 [447]).

ledigungen im „virtuellen Plenum“[255] und bei jedem der richterlichen Arbeitsbereiche erreicht werden.[256]

Allgemeine Aussagen in Jahren lassen sich zur Verfahrenslänge kaum treffen, hängt sie doch von sehr vielen verschiedenen Faktoren ab, wie davon, ob die betreffende Verfahrensart *per se* eine Priorität genießt, von der Dringlichkeit, vor allem aber von der Komplexität des Falles, auch vom Verhalten der Streitparteien und manchmal von der persönlichen Arbeitsweise des Berichterstatters, der etwa ein Ermessen hinsichtlich der Durchführung öffentlicher Anhörungen hat, und stets von dem Ausmaß, in dem andere an einer Entscheidung beteiligte Richter eine zeitintensive Akteneinsicht einfordern.

Aufgrund der statistischen Angaben, die im Anhang I dieser Studie in einer Tabelle zusammengefasst zu finden sind, können aber Aussagen zu den Antragseingängen und dem damit anfallenden Entscheidungsvolumen in den unterschiedlichen Prozessklassen in Plenar- und in Senatszuständigkeit beim STF gemacht werden. Noch vor wenigen Jahren kam es danach zur Verteilung von über 100.000 Prozessen. Diese Zahl konnte aufgrund der Maßnahmen der Justizreform von 2004 zuletzt in etwa halbiert werden, ist aber noch immer hoch, gerade im Vergleich mit den Prozesseingangszahlen des BVerfG, die zuletzt erst die 6.000 überschritten haben (s. die Aufstellung ebenfalls im Anhang I). Bei den hohen Zahlen ist allerdings zu berücksichtigen, dass in manchen Fällen dieselben Prozessverhältnisse derselben Beteiligten mit demselben zugrunde liegenden Sachverhalt (und z.T. auch denselben Rechtsfragen und demselben Verfassungsrichter als Berichterstatter) auch doppelt in die Statistik des STF eingehen, und zwar dann, wenn eine neue Verfahrensphase eingeleitet wird, die als andere Prozessklasse geführt wird und ein neues Aktenzeichen bekommt.[257] Zu berücksichtigen ist auch, dass aus den statistischen Angaben des Gerichts nicht hervorgeht, inwieweit Anträge in beschleunigter Form durch den Berichterstatter allein ergehen konnten, inwieweit Verfahren gleichartig waren und deshalb zügiger, mit derselben Begründung, er-

255 Dazu u. 2. Teil, B.V.2.c.

256 STF (Hrsg.), Planejamento Estratégico 2009–2013, 18. Diese Ziele beziehen sich nur auf die Rechtsmittelzuständigkeit, die mit Abstand das zahlenmäßige Gros der Verfahren ausmacht.

257 Dies gilt im Strafrecht für alle erfolgreich abgeschlossenen Ermittlungsverfahren, die als „Inq.“ geführt wurden und in eine Strafklage (AP) münden, deren Eröffnung die Zäsur darstellt, und für alle Strafprozesse vor dem STF, in denen Revision (RVC) eingelegt wird, sowie im Allgemeinen für Prozesse des STF, in denen es um die Durchsetzung einer bereits getroffenen Entscheidung mittels der Beschwerde (Rcl.) geht, ebenso für die Wiederaufnahmeklage (AR), die Entscheidung über die Bindungswirkung von Leitsätzen nach wiederholter Befassung mit denselben Fragen (PSV) und für das Verhältnis Nichtzulassungsbeschwerde (AI) und Außerordentliches Rechtsmittel (RE), bei dem erstere im Erfolgsfalle in letzteres umgewandelt wird und lediglich eine eingehendere Prüfung derselben Materie erfolgt.

ledigt werden konnten und inwieweit sich Verfahren ohne Hinzutun des STF, etwa durch Antragsrücknahme, zeitig erledigt haben.

So wie die Verfassungsbeschwerde beim BVerfG den überwältigen Großteil der Verfahren ausmacht (2009: 96,9 % aller Verfahren, 2008: 97,9 %, 2007: 97,6 %, 2006: 96,8 %, 2005: 97,3 %, 2004: 97,2 %), ist die Verfahrensbelastung beim STF immer noch hauptsächlich auf die entweder unmittelbar oder in Gestalt einer Nichtzulassungsbeschwerde vor das Gericht gelangenden Außerordentlichen Rechtsmittel zurückzuführen (2009: 76,4 % aller Verfahren, 2008: 88,7 %, 2007: 94,4 %, 2006: 95,3 %, 2005: 93,2 %, 2004: 94,7 %).[258] Das neue Filterverfahren musste daher dort ansetzen, genau wie das Annahmeverfahren nach §§ 93 a ff. BVerfGG bei der Verfassungsbeschwerde angesetzt hat. Der prozentuale Rückgang beim STF seit der Justizreform und ihrer wenig später erfolgenden konkreten Umsetzung zeigt den Erfolg, da die Nichtannahme in einem Verfahren bewirken kann, dass viele identische Fälle schon an anderer Stelle beendet werden, anstatt vor das STF zu gelangen.

Eine Prozessklasse mit in den letzten zehn Jahren erkennbar ansteigender Tendenz ist die der Freilassungsverfügung, die auf den historischen Höchststand von 4.468 Anträgen im Jahr 2009 angewachsen ist. Mit jeweils mehreren hundert Anträgen pro Jahr zu den häufigeren Verfahrensarten zählten weiterhin die Sicherungsverfügung, ebenfalls zum summarischen Individualrechtsschutz, die Verfahren zum Eilrechtsschutz im Rechtsmittelrecht und die Beschwerde mit aus guten Gründen jüngst deutlich steigender Tendenz.

II. Zu den Ursachen

Die Ursachen für die trotz des Rückgangs in jüngster Zeit – aus deutscher Sicht, wie ein vergleichender Blick auf die Prozesseingangstabellen im Anhang zeigt – immer noch immense Verfahrensbelastung des STF sind vielfältig und sowohl rechtlich-institutioneller als auch tatsächlicher Natur. Manche Ursachen betreffen das STF als solches; manche betreffen die Justiz im Allgemeinen und wirken sich dann mittelbar auf das STF als Rechtsmittelinstanz durch eine größere Flut von Rechtsmitteln aus.

258 Quelle: STF, Statistische Angaben, abgerufen am 1.8.2010 auf der Website unter http://www.stf.jus.br/portal/cms/verTexto.asp?servico=estatistica&pagina=REAIProcessoDistribuido.

1. Unmittelbar beim Supremo Tribunal Federal

Zunächst ist das STF kein spezialisiertes, reines Verfassungsgericht, sondern, wie festgestellt, ein Oberstes Bundesgericht mit hauptsächlich verfassungsgerichtlicher Funktion. Bereits dadurch ist sein Wirkungskreis etwa gegenüber dem BVerfG institutionell erheblich weiter gesteckt.

Außerdem ist zu betonen, dass das STF mit nur elf Verfassungsrichtern besetzt ist (wenngleich sich diese jeweils eines Mitarbeiterstabes bedienen), von denen sich jeder mit den Feinheiten aller Rechtsgebiete auseinanderzusetzen hat (insgesamt keine Spezialisierung für Verfassungsrecht und stets eine Geschäftsverteilung unter den Verfassungsrichtern ohne Rücksicht auf etwaige rechtliche Spezialgebiete),[259] was zumeist selbst dann erforderlich ist, wenn ein Prozess nicht in die Phase einer materiellen Entscheidungsfindung gelangt, sondern lediglich eine Vorfrage wie die Annahmefähigkeit zu beurteilen ist. Das Gericht übt ferner Jurisdiktion für eine Bevölkerung von über 194 Millionen[260] Menschen aus. Alle Entscheidungen des Gerichts unterliegen schließlich der Begründungspflicht (Art. 93 IX CF).[261]

Auch die hohe Regelungsdichte der dirigierenden Verfassung („Hyper-Konstitutionalisierung"),[262] die in der Absicht einer Sicherung von Errungenschaften vor etwaigen Umtrieben der nachkonstitutionellen Normgeber auch vieles enthält, was etwa in Deutschland im einfachen Recht verortet ist, verbunden mit der Eigenschaft des STF als Hüter der Verfassung, erklärt das extensive Rechtsmittelaufkommen.[263]

Der weitaus größte Teil der Flut von Prozessen rührt von der Funktion des Gerichts als Rechtsmittelinstanz in bisweilen vierter Instanz her, insbesondere in Form von Außerordentlichen Rechtsmitteln und Nichtzulassungsbeschwerden. Vor dem STF sind ferner selbst in seiner originären Zuständigkeit manche Verfahrensarten eröffnet, die im internationalen Vergleich *prima facie* nicht zwingend vor ein

259 Bereits F. Müller, Revista do Instituto de Hermenêutica Jurídica 3 (2005), 27 (32 f.), hat sowohl eine Erhöhung der Richterzahl auf 12 oder 14 als auch eine Spezialisierung der *Turmas* vorgeschlagen.

260 Quelle: http://www.auswaertiges-amt.de/diplo/de/Laenderinformationen/01-Laender/Brasilien.html (aufgerufen am 1.8.2010).

261 Obwohl Art. 93 CF an sich nur einen Gesetzgebungsauftrag enthält, gelten die Aussagen der einzelnen Nummern bei hinreichender Bestimmtheit unmittelbar von Verfassungs wegen (s. o. Fn. 222).

262 O. Vilhena Vieira, RDGV 4/2 (2008), 441 (443, 447 f.).

263 Vgl. Calmon de Passos, As Razões da Crise de nosso Sistema Recursal, 372 ff.; W. Brugger/I.W. Sarlet, JöR 56 (2008), 613 (627); J. Maurmann Ximenes, RDCI 47 (2004), 269 (275). Ein derzeitiges Reformvorhaben im Nationalkongress (PEC Nr. 341/2009) sieht eine radikale Verschlankung der Verfassung von 250 auf 75 Artikel und eine Dekonstitutionalisierung der vielen materiell nicht verfassungsrechtlichen Regelungen (großenteils mit dem Mittel der Auslagerung auf Ergänzungsgesetze) vor, hat aber wenig Aussicht auf eine Verabschiedung.

oberstes Gericht zu gehören scheinen. Als originäre Zuständigkeiten werden sie in aller Regel vor dem Plenum behandelt, was eine Koordination, Beratung und Meinungsbildung sämtlicher Richter erfordert. Inwieweit die Zuständigkeiten mit ihren jeweiligen Zulässigkeitsvoraussetzungen im Einzelnen für die Verfahrensbelastung verantwortlich sind, wird im zweiten Teil dieser Arbeit näher untersucht.

2. Mittelbare Belastung durch Umstände in der Justiz allgemein

Aus einem erhöhten Prozessaufkommen vor den Instanzgerichten resultiert grundsätzlich eine höhere Zahl von Rechtsmittelanträgen, welche auch vor das STF gelangen. Die Überlastung der Justiz im Allgemeinen und der dortige Verfahrensrückstau sind daher mit der Überlastung ihrer obersten Instanz eng verwoben. Ohne den Anspruch auf Vollständigkeit, die einer vertiefenden soziologischen Untersuchung bedürfte, sollen hier doch einige der Hauptursachen für die Überlastung der Instanzgerichte identifiziert werden.

Zunächst ist die Bevölkerungszahl in den letzten Jahrzehnten rapide angestiegen, begleitet von einer Steigerung des Wirtschaftswachstums, einer Vergrößerung des Arbeitsmarktes und folgerichtig einem gewachsenen Bedarf an Justizgewährung, ohne dass es damit auch zu einer proportionalen Verbesserung der personellen und sachlichen Ausstattung der Justizstellen insgesamt gekommen wäre.[264] Hinzu kommt eine zunehmende Urbanisierung,[265] und dass der Zugang zur Justiz jedenfalls den rechtlichen Bedingungen nach immer weiter vereinfacht und erweitert worden ist, u.a. durch Freistellung von Gerichtskosten für Bedürftige, durch örtliche Verteilung und Mobilisierung der Gerichtsstellen auch im Hinterland[266] und durch öffentliche Information über das Rechtssystem.[267] Lima Pitman weist darauf hin, dass die Justiznachfrage seit der demokratischen, auf Integration ausgelegten Verfassungsgebung deshalb angestiegen sei, weil der einzelne Bürger sich wieder mehr dem Staat und seinen Institutionen zugewandt habe.[268]

Zudem besteht – dies bereits seit langer Zeit – eine Vielzahl von Rechtsbehelfen sowohl innerhalb einer Instanz als auch mit Devolutiveffekt zur übergeordneten Instanz und, nicht nur nach der nachvollziehbaren Einschätzung von ehemaligen Verfassungsrichtern, insgesamt ein „exzessiver Formalismus“ in der Rechtspfle-

264 R.M. Groba Bandeira, Reforma do Judiciário, 4; H. Alves de Assumpção, Revista do MPRJ 26 (2007), 127 (132). A. Zimmermann, International Trade and Business Law Review 11 (2008), 179 (Teil 6.c.), m.N. zur vergleichsweise geringen Richterzahl.

265 Arruda Alvim, Renovar 31 (2005), 75 (113).

266 Vgl. Art. 107 §§ 2, 3, Art. 115 § 2, Art. 125 § 7 CF.

267 S. aber M. Neves, Symbolische Konstitutionalisierung, 87 ff., 148, der im Grundsätzlichen auf die alibihafte Symbolik von Maßnahmen insb. im brasilianischen Konstitutionalismus hinweist, die die sog. „Subintegrierten“ (S. 150) gar nicht erreichten.

268 RDDP 42 (2006), 126 (138).

ge.[269] Kritisiert wurde schließlich auch die Art und Weise der Richterauswahl in den Eingangsämtern, bei der nur Fachwissen abgefragt, aber die charakterliche Eignung vernachlässigt werde, sowie die zeitweilige schlichte Nichtbesetzung vorhandender Richterstellen.[270]

Die Justiz wird auch wegen einer strukturbedingten flächendeckenden Rechtsunsicherheit überschwemmt, da das Rechtssystem zwar aufgrund einer über hundertjährigen Orientierung am Rechtssystem der U.S.A. eine diffuse Verwerfung von Rechtsnormen erlaubt, aber trotzdem der Tradition des kontinentalen *civil law* verhaftet geblieben ist und damit grundsätzlich[271] keine richterliche Bindung an Präzedenzfälle kennt. Auch eine unterschiedliche gerichtliche Anwendungspraxis von (den nicht verworfenen) Rechtsnormen ist eine Folge des Systems, in dem der richterlichen Unabhängigkeit höhere Wertschätzung eingeräumt wurde als einem Prinzip, nach dem gleiche Fälle unbedingt gleich zu entscheiden seien. Die richterliche Unabhängigkeit gegenüber anderen Staatsgewalten und gegenüber übergeordneten Gerichten wird durch die statusbezogenen Garantien und eine vergleichsweise gute Besoldung[272] untermauert, ebenso durch den Wegfall der sog. *Avocatória* mit der Verfassung von 1988, einer Befugnis der Spitze der Judikative, Rechtssachen von unteren Gerichten ggf. an sich zu ziehen. Das somit durch große Unabhängigkeit entstehende Minus an Vorhersehbarkeit kann die grundsätzliche Einstellung von Bürgern und staatlichen Stellen begründen, im Zweifel stets die Gerichte anzurufen.

Eine weitere Ursache für die Überlastung der Instanzgerichte liegt im Prinzip der doppelten gerichtlichen Überprüfung (*duplo grau de jurisdição*), das grundsätzlich für Verurteilungen der öffentlichen Gewalt gilt und nach dem es standardmäßig schon *ex officio* zu einer Vorlage an das übergeordnete Kollegialgericht kommt.[273] Die Akte der öffentlichen Gewalt beschäftigen die Gerichte nachweislich am meisten.[274] Auch wenn die standardmäßige Zweitprüfung meist schon lange vor dem Erreichen des STF erfolgt (i.d.R. durch das örtlich zuständige *Tribunal Regional Federal*), so ist doch festzustellen, dass Behördenvertreter weitgehend den gegebenen Rechtsweg auch trotz gefestigter höchstrichterlicher Rechtspre-

269 C.M. da Silva Velloso, RIL 138 (1998), 75 (77): Es sei ein „irrationales System von Rechtsbehelfen“, das das materielle Recht in den Hintergrund treten lasse.

270 C.M. da Silva Velloso, a.a.O., 76 f.

271 Art. 103-A CF bildet mit der Möglichkeit zur Schaffung bindender *precedents* nun eine punktuelle Ausnahme, auf die u. (2. Teil, A.VI.1) ausführlich als Lösungsmechanismus eingegangen wird.

272 W.C. Prillaman, The Judiciary and Democratic Decay in Latin America, 86.

273 S. Art. 475 CPC, aber auch die Ausschlussgründe in dessen §§ 2, 3. Das Prinzip wird wohl überwiegend nicht unmittelbar der Verfassung entnommen, sondern entspricht wesentlich älterer, zivilprozessualer Rechtstradition und erfreut sich großer Wertschätzung.

274 Vgl. M. Lima Pitman, RDDP 42 (2006), 126 (139 mit Hinweis auf die Nationale Justizdatenbank und eine Studie der Universidade de Brasília).

chung schematisch in voller Länge ausnutzen, um Verpflichtungen der öffentlichen Hand zu verhindern und so lange wie möglich aufzuschieben.[275]

Nicht unwesentlich ist sicher auch, dass jetzt über 5.000 einzelne justiziable Gemeindeordnungen existieren, seit die Kommunen selbst diese Rechtsetzungskompetenz zulasten von vorher einheitlichen Regelungen der Bundesstaaten gewonnen haben.[276]

III. Entlastungsmaßnahmen

1. Einzelne Maßnahmen vor Inkrafttreten der geltenden Bundesverfassung

Die wohl frühesten nennenswerten Maßnahmen, die zur Entlastung des STF getroffen wurde, knüpften schon im Jahr 1931 an die Struktur des aus heutiger Sicht damals aber noch vergleichsweise gering belasteten Gerichts an: Beschlossen wurde die Verringerung der dortigen Richterzahl, wodurch die Entscheidungsfindung schneller ablaufen konnte, und die Bildung von zwei Senaten, wodurch eine grundsätzliche Arbeitsteilung erreicht wurde.[277] Die Richteranzahl am STF wurde in der Geschichte mit derselben Zielsetzung (allerdings gewiss auch um mit einer blockweisen Ernennung regierungstreue Richtermehrheiten zu generieren) zwischenzeitlich auch wieder erhöht; diese Änderungen haben jedoch für sich genommen keine Auswirkungen auf die Verfahrenzahlen,[278] sondern sollen bei den Symptomen anknüpfen. Eine zu starke Anhebung erschwert die Koordination der Arbeit als Gericht und birgt stets die Gefahr der Uneinheitlichkeit in der Rechtsprechung und ist daher auch heute keine ernsthaft diskutierte Alternative.

Unter der Geltung der CF 1946 folgten vereinzelte prozessuale Maßnahmen:[279] Das Gesetz Nr. 3.396/1958 sah erstmals die Möglichkeit der Nichtzulassung von Außerordentlichen Rechtsmitteln schon durch die Präsidenten der bundesstaatlichen TJ (*Tribunais de Justiça*), als Vorinstanz zum STF, vor. Mit Plenarbeschluss vom 13.12.1963 wurde das System der einfachen Leitsätze über die ständige Rechtsprechung des STF ins Leben gerufen, das einige arbeitstechnische

275 A. Zimmermann, International Trade and Business Law Review 11 (2008), 179 (Fn. 69): „great incidence of bad-faith litigation, especially on the part of the public administration"; K.S. Rosenn, Law and Business Review of the Americas 4/2 (1998), 19 (27). S. aber Art. 2 ff. des präsidialen Dekrets Nr. 2.346 v. 10.10.1997, nach denen in bestimmten Fällen bei Vorklärung von Rechtsfragen durch höchstrichterliche Rspr. öffentliche Stellen von Klagen und Rechtsmitteln absehen können. Ähnliches besagt nun auch der Vermerk Nr. 492 v. 22.3.2010 der *Procuradoria-Geral da Fazenda Nacional.*

276 J. Ferreira de Freitas, RDCI 31 (2000), 156 (157).

277 Vgl. o. Fn. 118.

278 S.M. Kozikoski, RF 391 (2007), 239 (243).

279 Näheres jeweils bei J.J. Calmon de Passos, RF 259 (1977), 11 ff.

Erleichterungen brachte und eine bessere Orientation an ständiger Rechtsprechung ermöglicht, auf deren Ausprägungen unten bei der Behandlung der heutigen „bindenden Leitsätze“ noch eingegangen wird.[280] Es wurden bald auch die einzelrichterlichen Kompetenzen des Berichterstatters gestärkt, der Rechtsmittel bei einem Widerspruch zu ständiger Rechtsprechung zurückweisen konnte. Mit Änderung der Geschäftsordnung 1965 wurde zudem kurzzeitig eine Präklusionsfrist in über zehn Jahre währenden Verfahren mit der Folge festgelegt, dass diese eingestellt werden konnten, wenn der Antragsteller das Verfahren nicht binnen 90 Tagen weiterbetrieb. Die Verfassungsänderung Nr. 16/1965 schrieb eine – allerdings, wie noch gezeigt wird, erst geringfügige – abstrakte Normenkontrolle fest, grundsätzlich ein geeignetes Mittel, um diffuse Streitigkeiten über kontroverse Rechtsnormen und ihre Anwendung zu begrenzen.

Mit der Verfassungsänderung Nr. 1 von 1969 wurde ein Art. 119 § 1 eingefügt, der dem STF die Befugnis verlieh, in seiner Geschäftsordnung Streitsachen zu bezeichnen, die wegen ihrer Art und ihres finanziellen Wertes das Außerordentliche Rechtsmittel rechtfertigen sollten. Das Gericht schloss daraufhin zunächst einige Materien kategorisch aus.[281] Mit der Verfassungsänderung Nr. 7/1977 wurde die „*argüição de relevância da questão federal*“ (Geltendmachung der Bedeutung der bundesrechtlichen Frage) auf höchster Ebene festgeschrieben. Dies bedeutete im Ergebnis eine allgemeine Nichtzulassung des Außerordentlichen Rechtsmittels im Bereich des Bundesrechts, es sei denn, vier Verfassungsrichter stimmten – nichtöffentlich und ohne Begründung – in einem klassischen Annahmeverfahren für eine bundesrechtliche Relevanz der angesprochenen Fragen. Es galt zu dieser Zeit also: im Zweifel keine Relevanz.[282] Verfassungsrechtliche Fragen, die allerdings wegen der im Vergleich zu heute deutlich geringeren Konstitutionalisierung die Ausnahme waren, hatten jedoch i.d.R. Relevanz. Die Geschäftsordnung mit Gesetzesrang hatte das System zuletzt verfeinert, indem sie starre Fallgruppen schuf, in denen allein die Relevanz pauschal zu bejahen war. Es kam jedoch schon 1988 wieder zur Aufhebung, weil die Interpretation durch das Gericht als zu subjektiv wahrgenommen wurde, ja zu einer übermäßigen Willkür und einer Begünstigung Einzelner bei der Annahme geführt habe, und die damit verbundene Rechtsweg-

280 Dazu u. 2. Teil, A.VI.1.a.

281 In der Aufzählung des Art. 308 des RISTF alter Fassung sind u.a. enthalten: Ordnungswidrigkeiten- und Strafsachen, wenn nur eine Geldstrafe verhängt worden war, summarische und Eilverfahren, Besitzklagen, Vollstreckungssachen, Rechtssachen betreffend Arbeitsunfälle, das Statusrecht der öffentlich Bediensteten, soweit keine verfassungsrechtliche Frage oder das Grundverhältnis betroffen war, und soziale Daseinsvorsorge sowie Sachen unterhalb einer bestimmten Wertgrenze.

282 Näheres bei O. Dias Corrêa, RDA 160 (1985), 1–31; und schon E. Lins e Silva, RT 485 (1976), 11; mit Bezug auf das beispielgebende amerikanische *Certiorari*-Verfahren A. Ferreira Maciel, RevCEJ 33 (2006), 30.

beschränkung als nicht mehr gerechtfertigt angesehen wurde,[283] zudem sollen die positiven Fallgruppen des STF eine effektive Minderung der Verfahrenslast nicht erreicht haben.[284]

2. Maßnahmen der Bundesverfassung in ihrer ursprünglichen Fassung

Die Bundesverfassung in ihrer ursprünglichen Fassung enthielt folglich überhaupt keinen Mechanismus zur vereinfachten Aussortierung von Außerordentlichen Rechtsmitteln mehr. Es begann aber eine augenfällige Verschiebung von der Rechtsmittelkompetenz des STF hin zur konzentrierten Normenkontrolle: Der Kreis der Antragsberechtigten in der abstrakten Normenkontrolle wurde beträchtlich erweitert. Dies ist wegen der Natur der dortigen Entscheidungen grundsätzlich nicht ohne Einfluss auf Zahlen der Außerordentlichen Rechtsmittel: Die normbezogenen Feststellungen mit Wirkung *erga omnes* können vielen Einzelprozessen die Grundlage entziehen.

Die Schaffung eines mit 33 Bundesrichtern besetzten Oberen Gerichtshofs, des STJ, als Hüter über das Bundesrecht für infrakonstitutionelle Fragen sollte das STF entlasten. Gerade weil aber die neue Verfassung detailreich und weitschweifig ist und vieles enthält, das materiell dem einfachen Recht zugeordnet werden könnte (s. z. B. nur die arbeitszeit- und arbeitsschutzrechtlichen Bestimmungen), verblieb dem STF noch ein sehr weiter Aktionsradius. Zudem blieb und bleibt auch das einfache Recht in seiner Auslegung von der Verfassung geprägt, so dass Streitigkeit mit bundesrechtlichem Gegenstand auch die Verfassung involvieren. Noch heute kommt es nicht selten vor, dass auf Rechtsmittel zum STJ im Anschluss noch Verfassungsmäßigkeitsfragen in einem Rechtsmittel zum STF geltend gemacht werden. Von den originären Zuständigkeiten ging weiterhin die Kompetenz zur Schlichtung administrativ-judikativer Zuständigkeitskonflikte[285] auf das STJ über.

In justizorganisatorischer Hinsicht wurde das frühere Bundesrechtsmittelgerichts (*Tribunal Federal de Recursos*) zur Effizienzsteigerung und zur Verkürzung des Wege angesichts der Weite des Landes durch fünf Regionale Bundesgerichte (TRF – *Tribunais Regionais Federais*) als zweitinstanzliche Organe der Bundesjustiz ersetzt.[286] Ferner wurde allen Richtern eine grundsätzliche Residenzpflicht in ihrem Gerichtsbezirk auferlegt (Art. 93 VII CF). Desweiteren wurden, gemäß

283 J.J. Calmon de Passos, a.a.O., 20; J.T. de Almeida Melo, Direito Constitucional do Brasil, 882; S.M. Kozikoski, RF 391 (2007), 239 (245); Arruda Alvim, Renovar 31 (2005), 75 (108).

284 M. Lima Pitman, RDDP 42 (2006), 126 (128 f.).

285 Vgl. heute Art. 105 I g) CF.

286 Vgl. W.C. Prillaman, The Judiciary and Democratic Decay in Latin America, 82. Zu den Instanzenzügen s. noch u. 2. Teil, B.II.

Art. 98 I CF, zur Entlastung der Justiz auf lokaler Ebene *Juizados Especiais* mit vereinfachtem Prozessrecht im Rahmen der ordentlichen Gerichtsbarkeit für geringerwertige Streitigkeiten angedacht. Diese wurden jedoch erst einige Jahre später nach einfacher Gesetzgebung eingerichtet.[287]

Alles in allem führten die Maßnahmen aus dem Jahr 1988 für sich genommen in der Realität noch zu keiner Linderung der Verfahrensbelastung, und noch bis nach der Jahrtausendwende stiegen vor allem die Rechtsmittelzahlen an das STF stetig.[288]

3. Nachfolgende Verfassungsänderungen

Insbesondere mit den nachfolgenden Verfassungsänderungen Nr. 3/1993 und Nr. 45/2004 (der großen Justizreform) wurde unmittelbar auf eine Entlastung der Justiz hingearbeitet. So wurde 1993 eine Klage auf verbindliche Feststellung der Verfassungsmäßigkeit von Bundesrechtsnormen eingeführt, mit der wenigstens diese aus dem Schussfeld wiederkehrender Streitigkeiten genommen werden konnten.[289] In der umfangreichsten Verfassungsänderung Nr. 45, vom Dezember 2004,[290] wurden die Leitsatzbindung und das Erfordernis der allgemeinen Auswirkungen beim Außerordentlichen Rechtsmittel eingefügt und weitere Kompetenzen zum STJ hin umgeschichtet, namentlich die Anerkennung ausländischer Urteile und die Erteilung von Vollstreckungsklauseln für Rechtshilfeersuchen ausländischer Staaten.[291] Die Verfassungsänderung wirkte sich zwar ambivalent auf

287 Für Zivil- und Strafsachen gemäß G 9.099/1995, für die Bundesgerichtsbarkeit *Juizados Especiais Federais* gemäß G 10.259/2001, und spezieller für natürlichen Personen oder Kleinunternehmen als Kläger gegen Akte der Finanzverwaltung *Juizados Especiais da Fazenda Pública* gemäß G 12.153/2009. Die Verfahren dort basieren auf den Prinzipien der Mündlichkeit, der Einfachheit, Zügigkeit und sind auf gütliche Lösungen ausgerichtet. Sie sind günstiger, da in erster Instanz Kostenfreiheit und i.Ü. weitgehend auch kein Anwaltszwang besteht. Der Rechtsweg steht im Unterliegensfall zu einem ebenfalls neu geschaffen Rechtsmittelsenat (*Turma Recursal*) offen.

288 W.C. Prillaman, The Judiciary and Democratic Decay in Latin America, 90; H. Alves de Assumpção, Revista do MPRJ 26 (2007), 127 (131).

289 Näher u. 2. Teil, A.I.4.

290 Ausführlicher zu allen Inhalten der viel beschriebenen Justizreform mit ihren insgesamt rund 30 verfassungsrechtlichen Ansatzpunkten F. Martins de Andrade, RIL 171 (2006), 177; J.A. do Carmo Madeira/J.M. Pinheiro Madeira, EMERJ 31 (2005), 208 ff.; J.C. Barbosa Moreira, EMERJ 32 (2005), 31; A. Machado, RevCEJ 28 (2005), 64; J. Soares Filho, ebd., 71; und die Beiträge in T. Arruda Alvim Wambier u.a. (Hrsg.), Reforma do Judiciário: Primeiros ensaios críticos sobre a EC n. 45/2004, São Paulo, 2005, sowie die Kommentierung von A. Pimentel Pereira, A Reforma da Justiça na Emenda Constitucional 45/2004.

291 In der Verfassungsgeschichte lagen diese Aufgaben seit Langem beim Obersten Bundesgericht, vgl. Art. 76 Nr. 1 g), 77 CF 1934; Art. 102 CF 1937; Art. 101 I g), 102 CF 1946; Art. 114 I g) CF 1967; Art. 119 I g) CF 1967/69. Den Prüfungsumfang beschreiben noch die Art. 215 ff., 225 ff. RISTF. Vgl. heute Art. 105 I i) CF.

das STF aus, da es zwar einerseits Kompetenzen abgeben konnte, aber andererseits auch eine Konzentration von Verfahren bei ihm vorangetrieben[292] wurde. Unter dem Strich war diese Reform unter Entlastungsgesichtspunkten dennoch mit den Rechtsinstituten der *súmula vinculante* und, noch mehr, der *repercussão geral* höchst erfolgreich. Soweit der Aspekt der Verfahrensarten im Einzelnen und deren Zulässigkeit vor dem STF davon betroffen waren, was für den Großteil dieser Reformen gilt, so erfolgt eine eingehende Darstellung und Untersuchung im zweiten Teil dieser Studie.

Daneben wurden 2004 weitere verfassungsrechtliche Direktiven für die gerichtliche Organisation aufgestellt: Die Gerichtsferien bei allen erst- und zweitinstanzlichen Gerichten wurden verboten (Art. 93 XII CF). Die Anzahl der Richter in den Gerichtsbezirken muss nun ausdrücklich im Verhältnis zum effektiven Bedarf an Rechtsprechungstätigkeit und der jeweiligen Bevölkerung stehen (Art. 93 XIII), was als ein permanent zu verfolgendes Optimierungsgebot zu verstehen ist.

Der Grundrechtekatalog in Art. 5 wurde um ein Recht auf zügige Bearbeitungsabläufe vor Verwaltung und Rechtsprechung und auf eine angemessene Verfahrensdauer ergänzt (Nr. LXXVIII). Diese Norm ist wie alle Individualrechte wegen § 1 desselben Artikels ohne weitere Umsetzung anwendbar und fordert von allen Staatsgewalten aus sich heraus eine dafür hinreichende Ausstattung mit personellen und Sachmitteln. Es werden jedem vor Gericht und vor Behörden alle für eine angemessene Verfahrensdauer erforderlichen (tatsächlichen und einfach-rechtlichen) Vorkehrungen zugesichert. Dies stellt nicht nur ein subjektiv-öffentliches Recht dar, sondern auch eine objektive Handlungsanweisung an den Staat als Organisator der Verfahren.[293] Die Problemlage ist insoweit dieselbe wie in Deutschland: Hier sind überlange Verfahren mit Abstand die Ursache für die meisten Verurteilungen durch den Europäischen Gerichtshof für Menschenrechte.[294]

292 Durch die Hinzufügung von I lit. r) und III lit. d) in dem für das STF geltenden Art. 102 CF, dazu jeweils u. im 2. Teil.

293 Eine Ebene tiefer in der Normenhierarchie bestanden i.Ü. bereits vorher einzelne Ausprägungen: Rechtspflichten des Richters, Fristen und Termine zu beachten, für eine schnelle Konfliktlösung zu sorgen und Verfahrensabläufe entsprechend zu gestalten und Aufzeichnungen über Erledigungszahlen zu machen sowie Schadensersatzpflichten und zeitweise Beförderungssperren als Sanktion, wenn er dies ungerechtfertigt unterlässt, und sogar die Möglichkeit, Richter in einem vor dem jeweiligen Präsidium angesiedelten Verfahren bei Versäumnis gesetzlicher Fristen zu ersetzen (s. Art. 125, 133, 198 CPC für den Zivilprozess und Art. 35 II, III, VI, 39, 44, 49 II LOMAN zum Richterstatus, die z.T. Überschneidungen beinhalten).

294 Dem Missstand soll durch den z. Zt. im Bundestag anhängigen Kabinettsentwurf v. 18.8.2010 für ein „Gesetz über den Rechtsschutz bei überlangen Gerichtsverfahren und strafrechtlichen Ermittlungsverfahren“ mit Verzögerungsrügen und Entschädigungslösung (Kombination präventiver und kompensatorischer Elemente) begegnet werden (Bundestagsdrucksache Nr. 17/3802). Der Entwurf erfasst i.Ü. auch das BVerfG.

Mit dem Beschleunigungsgedanken einher geht auch das nun ausdrücklich in Art. 93 XV CF verankerte Gebot, die gerichtsinterne Geschäftsverteilung unverzüglich nach Registrierung des Prozesseingangs zu bewirken.

4. Einfach-rechtliche Regelungen

Desweiteren soll hier eine Serie von einfach-rechtlichen Regelungen und Maßnahmen, die einer Überlastung der Justiz mit großem Prozessaufkommen entgegenwirken sollen, angesprochen werden.

a. Missbrauchssanktionen nach der Zivilprozessordnung

Das brasilianische Verfassungsprozessrecht kennt keine „Missbrauchsgebühr" (wie § 34 II BVerfGG), wohl aber der Sache nach entsprechende Sanktionen für rechtsmissbräuchliches Prozessverhalten. So können nach verschiedenen Tatbeständen des allgemeinen Zivilprozessrechts „Geldbußen" verhängt werden, von denen auch das STF nicht selten und innerhalb der verschiedenen Verfahrensarten Gebrauch macht. Im Strafprozess hingegen sind Missbrauchssanktionen nicht vorgesehen.[295] Die Geschäftsordnung des STF schweigt zu dem Thema gänzlich. Sicher ist aber, dass eine Verfahrensbelastung im Ansatz auch über die Gebühren und die Geldbußen, in Brasilien geregelt in Art. 17 f., 538 und 557 § 2 CPC unter Kontrolle gehalten werden kann. Dabei ist es allemal besser, die Kostenschraube zulasten derjenigen anzusetzen, die Rechtsschutz nicht nötig haben und die Anrufung der Gerichte missbrauchen, als die allgemeinen Gerichtskosten zulasten insbesondere der sozial Schwächeren hinaufzusetzen.

(1) Art. 18 i.V.m. 17 CPC gilt als allgemeine Regelung für alle zivilprozessual geprägten Verfahren und wird auch von jüngeren speziellen Prozessgesetzen als anwendbar in Bezug genommen, etwa vom Gesetz über die Sicherungsverfügung (vgl. Art. 25 G 12.016), das wiederum analoge Geltung für andere Verfahrensarten beansprucht. Der gesetzliche Tatbestand verlangt ein „bösgläubiges Prozessführen" und nennt als Regelbeispiele für Bösgläubigkeit: das Herleiten eines Anspruchs oder einer Einwendung entgegen dem ausdrücklichen Gesetzestext oder unstreitigen Tatsachen, die Behauptung unwahrer Tatsachen, die Benutzung des Prozesses zur Erreichung eines rechtswidrigen Zieles, die ungerechtfertigte Blockade des Prozessfortgangs, allgemein ein mutwilliges Vorgehen bei prozessualen

295 Im Strafprozess AP 470/MG („*Mensalão*"-Skandal), BE Joaquim Barbosa, hatte das STF nach mehrfachen Anträgen mit Verschleppungsabsicht lediglich der Bundesrechtsanwaltskammer eine Mitteilung machen können (5. QO, 8.4.2010, Inf. 581).

Handlungen, ferner die Provokation offenkundig haltloser Zwischenstreitigkeiten und zuletzt das Einlegen eines Rechtsbehelfs mit offenkundiger Verzögerungsabsicht. Zusammenfassend sind all dies Fälle, in denen jemand das Gericht in Anspruch nimmt und dessen Arbeitskraft für seine Zwecke bindet, ohne ein Rechtsschutzinteresse zu haben, und den Prozess vielmehr nutzt, um der Gegenseite oder Dritten zu schaden oder die Zeitspanne bis zur erwarteten eigenen rechtskräftigen Verurteilung in die Länge zu ziehen. In der Rechtsprechung des STF wurde Art. 18 CPC beispielsweise bei einem eindeutig unstatthaften Einspruch nach Geschäftsordnung gegen eine Senatsentscheidung (der Rechtsbehelf ist auf Einzelrichterentscheidungen zugeschnitten) und bei einer Wiederholung eines in identischer Form schon einmal eingelegten Einspruchs herangezogen,[296] ebenso wenn ausschließlich Umstände geltend gemacht werden, deren Gegenteil sich klar aus dem verfassungsmäßigen Gesetz ergibt.[297] Als Rechtsfolge ist für die Geldbuße keine Spanne mit absoluter Obergrenze, sondern eine Geldbuße in Höhe von bis zu 1 % des jeweiligen Gegenstandswerts festgeschrieben. Gleichzeitig muss an die Gegenseite eine Entschädigung für die aufgrund des missbräuchlichen Verhaltens getätigten Mehrausgaben geleistet werden, die das Gericht pauschal in einer Höhe von bis zu 20 % des Gegenstandswerts festsetzen kann. Während eine Entschädigungsregelung schon in der Ursprungsfassung des CPC von 1973 enthalten war, wurde die Androhung der Geldbuße 1998 neu hinzugefügt.

(2) Die Vorschrift des Art. 538 CPC beinhaltet einen speziell auf den Missbrauch des viel genutzten Instruments der Berichtigungsanträge bezogenen Geldbußetatbestand. Diese Anträge können nach dem Gesetzeswortlaut unbegrenzt immer wieder und gerichtskostenfrei wegen vermeintlicher Unklarheiten, Widersprüchlichkeiten oder Auslassungen in einer Entscheidung eingelegt werden. Geahndet wird ein solcher Antrag bei offenkundiger Verzögerungsabsicht. Die Geldbuße fällt hier stets als Kompensation der Gegenseite zu und beträgt bis zu 1 % des Gegenstandswerts, im Wiederholungsfalle auch bis zu 10 % (diese Verschärfung erfolgte im Jahre 1994). Sie wird in ständiger Rechtsprechung des STF zusammen mit der Zurückweisung des Antrags ebenfalls bei der Wiederholung von gleichlautenden Anträgen verhängt,[298] oder wenn auf sonstige Weise durchscheint, dass die Geltendmachung von Unklarheiten oder Widersprüchlichkeiten nur vorgeschoben und eigentlich eine von der Rechtsordnung nicht gewollte erneute Überprüfung in der Sache beabsichtigt wurde.[299] Das Gericht trifft seine Einschätzung über den Tat-

296 Beides in einer Entscheidung des STF: RE (AgR-AgR) 457.461/RS, BE Sepúlveda Pertence, DJ v. 20.4.2006.

297 STF, RE (AgR) 232.982/SP, BE Sepúlveda Pertence, DJ v. 25.6.2004 zur öffentlich-rechtlichen Rechtsnatur einer Stiftung.

298 Beispielhaft STF, RE (AgR-ED-ED) 583.441/RJ, BE Ellen Gracie, DJe v. 11.12.2009.

299 Beispielhaft für mittlerweile unzählige Fälle STF, AO (QO-ED-ED) 1.407/MT, BE Celso de Mello, DJe v. 14.8.2009.

bestand der Offenkundigkeit der Verzögerungsabsicht in freier Würdigung aller Umstände wie der Gesamtheit des prozessualen Verhaltens.

(3) Als drittes und letztes stellt die Zivilprozessordnung seit 1998 schließlich in Art. 557 § 2 einen Missbrauchstatbestand mit Androhung einer Geldbuße bei offenkundig unzulässigen oder unbegründeten Einsprüchen gegen beschleunigte einzelrichterliche Entscheidungen des Berichterstatters in Rechtsmittelsachen bereit, auf den bei der Rechtsmittelzuständigkeit des STF noch näher eingegangen wird,[300] wo die Vorschrift eine immer größere Rolle erlangt. Diese Vorschrift sichert in gewisser Weise die zeitsparende Arbeitsaufteilung innerhalb der Rechtsmittelgerichte wie dem STF ab.

Verstöße gegen die Missbrauchstatbestände werden in den Urteilen (zumindest des STF) als solche nur knapp festgestellt. Die Geldbuße bzw. die Entschädigung wird in der für angemessen befundenen Höhe festgesetzt, i.d.R. ohne die Höhe gesondert zu begründen. Den zuletzt genannten Sondertatbeständen ist ferner gemein, dass es dem missbräuchlich Handelnden bis zur Zahlung der Buße untersagt ist, weitere Rechtsbehelfe einzulegen.

b. Arbeitsprozessuales Transzendenzprinzip

Für das höchste Arbeitsgericht des Landes, TST (*Tribunal Superior de Trabalho*), existiert – allerdings muss gleich klargestellt werden: nur auf dem Papier und ohne praktische Umsetzung – ein sog. „Transzendenzprinzip“ (*princípio da transcendência*), das durch die Provisorische Maßnahme Nr. 2.226/2001 des Staatspräsidenten geschaffen wurde, deren von Art. 62 CF geforderte Dringlichkeit darauf beruhte, den vollständigen Kollaps der Jurisdiktion des Gerichts abzuwenden, zumal im arbeitsgerichtlichen Prozess ein Stillstand als besonders gravierend und als Hemmnis für wirtschaftliches Wachstum erachtet wird.[301] Durch die Maßnahme wurde ein Art. 896-A mit folgendem, hier frei übersetzten Wortlaut in die Konsolidierten Arbeitsgesetze (CLT) eingefügt: „Das TST untersucht beim Rechtsmittel der Revision[302] im Vorhinein, ob die Sache eine Transzendenz im Sinne allgemeiner Reflexe wirtschaftlicher, politischer, sozialer oder juristischer Natur aufweist“. Um vom TST entschieden zu werden, müssten die Rechtssachen damit über das individuelle Interesse der Streitparteien hinausragen. Es handelt sich um eine Ermächtigung zur Vorselektion vor der Prüfung von Zulässigkeit und Begründetheit, bei der aufgrund der Unbestimmtheit der Norm weitgehendes richterliches Ermes-

300 Ausführlicher und mit Rechtsprechungsnachweisen u. 2. Teil, B.III.

301 Dazu M.C. Mattioli, Revista do TST 67 (2001), 129. Nach dem heutigen Art. 62 I b) CF ist eine Provisorische Maßnahme auf dem Gebiet des Prozessrechts übrigens ausgeschlossen.

302 Im arbeitsgerichtlichen Prozess wird diese als „*Revista*“ bezeichnet.

sen besteht.[303] Das STF attestierte dieser – wegen Abgrenzungsschwierigkeiten nicht unumstrittenen – Regelung vorerst im einstweiligen Rechtsschutz Verfassungsmäßigkeit.[304] Zugleich wurde dem TST in der Maßnahme aufgegeben, das entsprechende Verfahren geschäftsordnungsmäßig zu reglementieren, um die Vorschrift praktisch handhabbar zu machen. Nach einem ersten ergebnislosen Ansatz im Jahre 2007 beriet eine Kommission bis 2010 über eine Form, das Prinzip zu verstetigen, konnte sich aber im Ergebnis nicht auf eine Umsetzung einigen, da die Prozesse stets eine Vielzahl von Personen beträfen und die Rechtssachen bei dem höchsten Arbeitsgericht immer zumindest eine sozial und wirtschaftliche über den Einzelfall transzendierende Wirkung hätten.[305] Das Gericht macht von der gesetzlichen Ermächtigung also keinerlei Gebrauch. Die Konsequenz einer Umsetzung wäre – obwohl einer Nichtannahme rechtliches Gehör vorangehen und eine Begründung folgen müssten – wohl eine beachtliche Reduktion[306] der Arbeitsbelastung des TST gewesen, die sich auch in den ihm übergeordneten Rechtsmittelinstanzen STJ und STF bemerkbar gemacht hätte. Zwar kam es für das TST nicht zu einer Umsetzung in die Praxis, die zugrunde liegenden Gedanken sind aber im Wesentlichen dieselben, die beim STF und dessen später eingeführtem Zulassungsverfahren[307] durchgreifen konnten.

c. Informatisierung in der Rechtspflege

Die mit dem G 11.419[308] vom 19.12.2006 in die Wege geleitete institutionelle Informatisierung spart neben Ressourcen, öffentlichen Geldern und Lagerraum auch Zeit, und dies setzt wiederum Arbeitskraft in der Rechtsprechenden Gewalt für höhere Erledigungszahlen und die Vertiefung der verfassungsrechtlich rele-

303 I. Gandra da Silva Martins Filho, O critério da transcendência no Recurso de Revista na Justiça do Trabalho – constitucionalidade da MP n. 2.226/2001, 404.

304 STF, ADI 2.527, BE Cármen Lúcia, DJ v. 23.11.2007: „Im vorliegenden Fall erscheint wegen der durch zahllose, sich wiederholende Rechtsmittel bewirkten Überlastung beim TST und des Gebotes einer zügigen und qualifizierten Justizgewährung, die von Tausenden Arbeitnehmern erwartet wird, der Vortrag einer Verletzung des Art. 62 der Verfassung [Rechtmäßigkeitsanforderungen an Provisorische Maßnahmen] nicht plausibel. 3. Anders als bei anderen Gerichten ist die Kompetenz des Spitzenorgans der Arbeitsgerichtsbarkeit nicht im Einzelnen in der Verfassungsnorm fixiert. Die Definition der entsprechenden Konturen…ist gemäß Art. 111 § 3 CF dem Gesetz überlassen. Daher ändern die in Rede stehenden Normen die verfassungsrechtlich fixierte Kompetenz des TST nicht."

305 Vgl. Valor Econômico v. 21.7.2010.

306 Beobachter erwarten eine Reduktion um „bis zu 70 %" (L. de Carvalho, Valor Econômico v. 15.10.2009) oder um „bis zu zwei Drittel" (Leitartikel der Tageszeitung „Estado de São Paulo" v. 9.9.2007).

307 Näher u. 2. Teil, B.V.2.

308 Vertiefend zum Inhalt und den Folgen S.W. de Araújo e Silva, JusNav Nr. 2.553 (2010); s. auch R. Costa Fortes, JusNav Nr. 2.374 (2009); A.C. de Carvalho Leal, JusNav Nr. 1.266 (2006); A.C. Parreira, JusNav Nr. 1.269 (2006).

vanten Streitfragen frei. Das Gesetz lässt die elektronische Form für Rechtsbehelfe mit registrierter elektronischer Unterschrift zu. Gerichten wird die elektronische Bekanntmachung ihrer Rechtsakte (dies war die Grundlage für das Veröffentlichungsorgan DJe) und eine Digitalisierung der Bestände von Prozessakten ermöglicht. Das Gesetz ermöglicht ferner eine elektronische Bewirkung von Zustellungen innerhalb der betreffenden Prozesse. Es gilt für Prozesse aller Rechtswege. Aufgrund der Ermächtigung in Art. 18 G 11.419 erließ der Präsident des STF die Resolution Nr. 417 vom 20.10.2009 über das sog. „e-STF“,[309] ein rund um die Uhr benutzbares System für die elektronische Bearbeitung von Prozessen unter Einschluss von Verfassungsrichtern, Bediensteten des STF und externen Benutzern wie der Staatsanwaltschaft und Prozessbevollmächtigten von Personen und staatlichen Organen jeweils nach Akkreditierung im System, auch die Öffentlichkeit bekommt über das Internet Lesezugriff, mit der Folge, dass papierne Akten zügig eingescannt werden mussten. Danach sollen Außerordentliche Rechtsmittel von Instanzgerichten und ebenso manche Klageanträge originärer Zuständigkeit ab dem 1.2.2010 nur noch auf elektronischem Wege an das STF gesandt werden dürfen,[310] Kurz darauf wurde dies mit Wirkung vom 1.8.2010 auf den häufigen Rechtsbehelf der Nichtzulassungsbeschwerde und einen Großteil der übrigen Verfahrensarten erweitert.[311]

d. Zivilprozessuale Reformen seit 2006

Ebenfalls im Jahre 2006 kam es zu der Einfügung der heutigen Art. 285-A, 518 § 1 CPC,[312] die konkrete Maßnahmen zur Herbeiführung der grundrechtsgebotenen[313] angemessenen Verfahrensdauer durch Entlastung unter Zurückschneidung der fachgerichtlichen Kontrolle enthalten. Art. 285-A CPC betrifft Prozesse bereits in erster Instanz und ermöglicht dem Richter ausnahmsweise, sofort ein Urteil zu fällen, ohne die Klageschrift zustellen lassen zu müssen, also vor dem Eintritt von Rechtshängigkeit. Voraussetzung für diesen doch schweren und umstrittenen Eingriff in Rechtsweggarantie und Recht auf rechtliches Gehör (vgl. Art. 5 XXXV und

309 DJe v. 22.10.2009.

310 Namentlich in Normenkontrollsachen, bei der ADPF, der Beschwerde und Vorschlägen für bindende Leitsätze.

311 Mit Resolution Nr. 427 vom 20.4.2010. Erfasst wurden damit namentlich auch die Wiederaufnahme- und die Einstweilige Rechtsschutzklage, die Injunktion, die Vollziehungsaussetzung zugunsten der öffentlichen Gewalt und (grds.) die Anträge auf Freilassungs- und Sicherungsverfügung. *Habeas-Corpus*-Anträge von nicht anwaltlich vertretenen Gefangenen etwa bleiben von diesem Formzwang freilich weiterhin ausgenommen, da die Rechtsschutzeinschränkung unverhältnismäßig wäre.

312 Eingeführt durch G 11.276 und 11.277 v. 7.2.2006. Zu beidem M. Santini Brando, JusNav Nr. 969 (2006).

313 Art. 5 LXXVIII CF.

LV CF) ist,[314] dass nur Rechts- und keine Tatsachenfragen streitig sind und dass dasselbe Gericht schon in anderen identischen Fällen eine vollständige Unbegründetheit der Klage festgestellt hat. Das Gericht kann sich dann zur zügigen Erledigung mit einer bloßen unmittelbaren Wiedergabe der älteren Urteile begnügen. Art. 518 CPC betrifft hingegen das Recht der Berufung, die beim *iudex a quo* eingelegt werden kann. Dieser kann mit der neuen Vorschrift bereits die Annahme der Berufung verweigern, wenn das mit der Berufung angefochtene Urteil einem einfachen Leitsatzbeschluss des STF oder des STJ entspricht.[315] Bzgl. Art. 518 CPC wird daher von „Rechtsmittel verhindernden Leitsatzbeschlüssen" dieser Bundesgerichte (*súmulas impeditivas de recursos*) gesprochen. Am tatsächlichen Entlastungseffekt sind allerdings Zweifel angemeldet worden, da – zwar binnen kurzer Frist und mit Begründung, aber dennoch – ein Einspruch von einer so belasteten Partei erhoben werden kann, über den sie dann doch das Kollegium des Gerichts mit der Berufung befassen kann.[316]

Beim STJ gilt für „Besondere Rechtsmittel" i.S. des Art. 105 III CF seit 2008 der Art. 543-C CPC, der das STJ (analog gilt der unten ausführlich besprochene Art. 543-B CF beim STF) ermächtigt, lediglich repräsentative Musterprozesse bei Vorliegen einer Vielzahl von Rechtsmitteln auf der Grundlage derselben Rechtsfrage zu führen, während die anderen in der Vorinstanz ruhen gelassen werden. Freilich wird beim STJ nicht wie beim STF über allgemeine Auswirkungen[317] entschieden. Hat jedoch das Musterrechtsmittel vor dem STJ keinen Erfolg (stimmt also, wie es in § 7 der Vorschrift heißt, „das mit dem Rechtsmittel angefochtene Urteil mit der Auffassung des *Superior Tribunal de Justiça*" überein), so werden die ruhenden Rechtsmittel schon beim Ausgangsgericht zurückgewiesen. Weicht das angefochtene Urteil von der Auffassung des STJ ab, so ist das Ausgangsgericht

314 Für die Verfassungswidrigkeit A. Freitas Câmara, Lições de Direito Processual Civil I, 315; N. Nery Jr./R.M. de Andrade Nery, CPC Comentado, 556 (die auch eine Verletzung des Gleichheitssatzes begründen); D. Mitidiero, Processo Civil e Estado Constitucional, 32; A. Costa de Araújo, JusNav Nr. 2.371 (2009). Die Verfassungsgemäßheit verteidigen im Hinblick auf die Verfassungswerte der Funktionsfähigkeit der Rechtspflege und der Vermeidung überlanger Verfahrensdauer z. B. V. Greco Filho, Direito Processual Civil Brasileiro II, 2009, 80 ff., und E.F. dos Santos, Manual de Direito Processual Civil I, 230 ff. (der das rechtliche Gehör durch die Rechtsmittelmöglichkeit gewahrt sieht). Für eine verfassungskonforme Interpretation C. Scarpinella Bueno, A Nova Etapa da Reforma do CPC II, 51, und C.R. Dinamarco, Instituições de Direito Processual Civil III, die zumindest eine herrschende Rspr. des Gerichts als Ganzes, des STF oder des STJ bzw. die richterliche Pflicht zur Ladung des Kläger in jedem Fall in den Tatbestand hineinlesen wollen.

315 Krit. vor dem Hintergrund des Berufungsrechts A. Farias Mesquita, JusNav Nr. 2.398 (2010); befürwortend N. Andrade de Brida, RP 151 (2007), 185. S. zum Thema Leitsätze ausführlich noch u. 2. Teil, A.VI.1.

316 L.R. Wambier/T. Arruda Alvim Wambier/J.M. Garcia Medina, Breves comentários à nova sistemática processual civil II, 226, sehen deshalb sogar einen gegenteiligen Effekt.

317 Dieser Filtermechanismus besteht ausschließlich beim STF (Art. 102 § 3 CF), dazu ausführlich noch u. 2. Teil, B.V.2. Im derzeit anhängigen PEC 358/2005 wird eine Ausweitung auch auf das STJ vorgeschlagen.

berufen, erneut zu entscheiden – und hat somit die Gelegenheit, dies im Sinne der vom übergeordneten Gericht vorgegebenen Orientierung zu tun. Nur falls es sein Urteil aufrechterhalten sollte, wird der Prozess des Besonderen Rechtsmittels vor dem STJ in Gang gesetzt.

Im Jahr 2009 wurde eine Juristenkommission unter dem Vorsitz des Richters beim STJ Luis Fux zur Erarbeitung einer neuen Zivilprozessordnung eingesetzt, die hauptsächlich die Möglichkeiten rein prozessverzögernder Rechtsbehelfe und die zahlreichen Zwischenentscheidungen innerhalb einer Instanz zugunsten einer einheitlichen instanzabschließenden Entscheidung auszumerzen beabsichtigt.[318] Ferner soll der Rechtsgedanke der Art. 543-B/C CPC auf die zweitinstanzlichen Gerichte ausgedehnt werden, die dann bei massenweise gleichartigen Prozessen von den erstinstanzlichen Gerichten ebenfalls nur Musterprozesse entscheiden sollen. Ein weiteres Anliegen der grundlegenden Reform ist eine „Dejudizialisierung" bestimmter Angelegenheit durch Verlagerung von Zuständigkeiten auf außergerichtliche Registerstellen und Notariate. Eine Verabschiedung mit derzeit i.Ü. noch nicht bis ins Detail vorhersehbarem Inhalt wird für 2011 erwartet.

Im Rahmen des „II. Republikanischen Paktes"[319] wurden zur Beschleunigung von Prozessen auch weitere Richterstellen in der Bundesjustiz erster Instanz geschaffen und die hilfsweise Hinzuziehung von lokalen Strafrichtern für ermittlungsrichterliche Handlungen zugunsten von STF und STJ ermöglicht.[320]

318 Dazu G. Milício, RCJ v. 3.12.2009. Der noch aktuelle CPC ist zwar häufig geändert worden, stammt in seinem Grundgerüst aber aus dem Jahre 1973.

319 S. dazu auch o. Fn. 215.

320 G 12.011/2009 bzw. Art. 3 III G 8.038/1990.

2. Teil: Die Rechtsprechungszuständigkeiten im Einzelnen und die Konsequenzen für die Verfahrensbelastung

Nach der Betrachtung der Strukturen werden in diesem zweiten Teil die einzelnen Kompetenzzuweisungen als Tätigkeitsfelder für die Rechtsprechung des STF näher in den Blick genommen. Dies erfolgt jeweils auch unter dem Rubrum des Ausmaßes der Verfahrensbelastung und jeweils – einzeln oder gruppenweise – vor dem Hintergrund entsprechender grundgesetzlicher Kompetenzzuweisungen an das BVerfG. Es wird hierbei einer Betrachtung unterzogen, inwieweit eine eventuell weiter und großzügiger gesteckte Zulässigkeit von Anträgen vor dem STF von ihren rechtlichen Voraussetzungen und deren Auslegung her der Belastung Vorschub leistet und in welcher Weise dieser – etwa durch Rechtsinstitute im Rahmen der Zuständigkeiten wie der „allgemeinverbindlichen Leitsätze" (*súmulas vinculantes*) und dem Merkmal der „allgemeinen Auswirkungen" (*repercussão geral*) als Zulassungsvoraussetzung – wieder entgegengewirkt wird. Damit soll auch ein Beitrag zur Bewertung der die Verfahrensbelastung begrenzenden Rechtsinstitute erbracht werden. Ebenso wie die Zulässigkeitsvoraussetzungen erlangt auch die jeweilige Verfahrensgestaltung eine Bedeutung für das Ausmaß der gerichtlichen Belastung.

A. Die originären Zuständigkeiten

I. Die abstrakten Normenkontrollverfahren

Die herausragende Bedeutung der Normenkontrollverfahren als typisches Kernstück verfassungsgerichtlicher Tätigkeit wird schon durch ihre Nennung in Art. 102 I a) CF, an erster Stelle der Zuständigkeitskatalogs, deutlich.[321]

321 Die Normenkontrolle hat eine ebenso große tatsächliche wie rechtliche Bedeutung: In den Jahren von 1988–2008 wurden nach den statistischen Angaben des STF 978 Normenkontrollklagen durch das Gericht auf ihre Begründetheit untersucht, von denen 66,46 % erfolgreich und weitere 16,97 % teilweise erfolgreich waren (nach M.P. Veríssimo, RDGV 4/2 (2008), 407 [413]).

1. Rückblick auf die Geschichte der Normenkontrolle in Brasilien

Die erste Verfassung des 1822 unabhängig gewordenen Brasilien aus dem Jahr 1824, die keine in allen Teilen rigide (mit Vorrang vor dem Gesetzesrecht ausgestattete) Verfassung war und vom Kaiser einseitig verordnet worden war, sah noch keine Möglichkeit der Normenkontrolle durch die Rechtsprechende Gewalt vor, sondern verschrieb sich vielmehr, vor allem auf französischen, aber auch auf englischen Einfluss zurückgehend, dem Dogma umfassender Souveränität des Parlaments.[322] Im Gesetz wurde nach Rousseau der unumstößliche allgemeine Wille des Volksganzen gesehen. Die Verfassung des Kaiserreichs ermächtigte somit die Legislative in Art. 15 Nr. 8 und 9, Gesetze zu machen, zu interpretieren, sie in ihrer Wirkung auszusetzen und ganz aufzuheben sowie allgemein über die Verfassung zu wachen. Keine Staatsgewalt sollte die Akte einer anderen für nichtig erklären können, sonst sei der revolutionäre Gedanke der Gewaltenteilung kompromittiert.

In der Verfassungsgeschichte Brasiliens existiert die gerichtliche Normenkontrolle erst seit der ersten republikanischen Verfassung aus dem Jahre 1891;[323] ihre Einrichtung fällt also mit der Einrichtung des STF als Bewahrer des Vorrangs der Verfassung – damals zunächst nur als oberstes Instanzgericht – zusammen. Diese stark von den U.S.A. beeinflusste[324] Verfassung gestand den einzelnen Gerichten des Landes, so wie es beim nordamerikanischen Vorbild schon seit dem Anfang des 19. Jahrhunderts üblich war, bei Veranlassung innerhalb konkreter Rechtsstreitigkeiten, d.h. inzident als Vorfrage zur Entscheidung über Ansprüche, die Kompetenz zur Überprüfung und ggf. Verwerfung parlamentarischer Akte zu (U.S.-amerikanisches Modell der diffusen Verfassungskontrolle, *judicial review* im Sinne des bekannten Präzedenzfalles „Marbury versus Madison“ von 1803), allerdings zu dieser Zeit nur auf den Antrag einer Streitpartei hin.[325] Das STF hatte schon damals die Kompetenz, in diesen Fällen der Überprüfung der Verfassungsmäßigkeit von Gesetzen in letzter Instanz zu entscheiden. Als Streitgegenstand musste es sich entweder um Gesetze oder Staatsverträge des Bundes handeln, die ein unteres Gericht als entscheidungserhebliches Regulativ des Einzelfalls wegen vermeintlicher Verfassungswidrigkeit *anzuwenden unterließ*, oder um Gesetze des Bundes oder der Bundesstaaten, die ein unteres Gericht trotz der Geltendmachung eines Verstoßes gegen die Bundesverfassung durch eine Streitpartei im Prozess *anwandte*. Im Kern besteht diese letztinstanzliche inzidente Normenkontrolle, auf

322 G. Ferreira Mendes, RIL 126 (1995), 87 (87); J.A. Pimenta Bueno, Direito Público Brasileiro e Análise da Constituição do Império, 69.

323 S. dort Art. 59 § 1, 60 lit. a). In einer kurzen Übergangszeit sahen dies bereits Art. 58 der sog. Provisorischen Verfassung von 1890 und Art. 3, 9 des Dekrets Nr. 848 v. 11.10.1890. Vgl. N. Lösing, Die Verfassungsgerichtsbarkeit in Lateinamerika, 254.

324 W. Paul, Revista Latino-Americana de Estudos Constitucionais 4 (2004), 301 (304 ff.).

325 C. Agrícola Barbi, RDP 4 (1968), 34 (37).

die bei den Rechtsmittelzuständigkeiten des STF näher eingegangen wird,[326] bis heute fort.

Die Verfassung von 1934 behielt dieses System der inzidenten Normenkontrolle bei,[327] brachte aber auch Innovationen, die die Verfassungskontrolle z.T. noch heute kennzeichnen. Sie installierte das Prinzip der Mitgliedermehrheit in einem Gericht für die Herbeiführung einer Verfassungswidrigkeitsentscheidung,[328] um Rechtsprechungsschwankungen in gewissem Maße entgegenzutreten. Um mehr Rechtssicherheit zu erzielen, wurde in einem Entwurf darüber hinaus auch vorgeschlagen, Gesetze nach fünf Jahren gänzlich unangreifbar zu machen, was sich jedoch nicht durchgesetzt hat.[329] Neu eingeführt wurden 1934 ferner die Geltung *erga omnes* von Verfassungswidrigkeitsentscheidungen des höchsten Gerichts[330] durch einen hinzukommenden Aussetzungsbeschluss des Bundessenats[331] und – allerdings nur mittelbar und in sehr beschränktem Maße – die höchstrichterliche Kompetenz zur Überprüfung von Rechtsakten von Mitgliedstaaten der Föderation.[332] Diese Verfassung enthielt auch – dies einzigartig in der Verfassungsgeschichte Brasiliens und bereits in der folgenden Verfassung nicht mehr zu finden – eine (funktionell judikative) Normenkontrollzuständigkeit des Bundessenats, dem es zufiel, normative Regelungen der Exekutive zu untersuchen und bei Verfassungsverstoß deren Anwendung auszusetzen.[333] Bemerkenswert ist weiterhin ein ausdrückliches Verbot an die Rechtsprechende Gewalt, über „ausschließlich politische Fragen“ zu entscheiden, das bis 1946 geschriebenes Verfassungsrecht bleiben sollte.[334]

326 S. u. B.V.

327 S. dort Art. 76 III. Im Prozess der Verfassungsgebung wurde der Vorschlag des Abgeordneten N. Alvarenga, ein Verfassungsgericht entsprechend den Vorstellungen Kelsens zu schaffen (Annaes da Assembléia Constituinte, Rio de Janeiro, 1935, 33 ff.).

328 Art. 179. Dies bedeutet, bloße Mehrheitsentscheidungen in Teilorganen, wie Kammern oder Abteilungen, genügten nicht mehr, vielmehr hatte das Plenum über die Frage zu befinden. Die Inspiration auch hierfür kam vom U.S. *Supreme Court* („*full bench*“), vgl. E. da Silva Ramos, A Evolução do Sistema Brasileiro de Controle de Constitucionalidade, 143.

329 G. Ferreira Mendes, RIL 126 (1995), 87 (89 Fn. 8).

330 Während der ca. dreieinhalbjährigen Geltungsperiode dieser Verfassung lautete die Bezeichnung des Gerichts im Verfassungstext *Corte Suprema*.

331 S. Art. 91 IV, 96 der CF 1934 und Araújo Castro, A nova Constituição brasileira, 246 f. Zu den bis heute bestehenden Ausprägungen davon sogleich im nächsten Abschnitt.

332 Die Verfassung sah die Möglichkeit einer Intervention des Bundes in die Kompetenzbereiche der Mitgliedstaaten vor, wenn diese mit einer Rechtsnorm gegen aufgezählte Verfassungsprinzipien verstießen. Der Bundessenat konnte dann den entsprechenden Rechtsakt (gleichsam interventiv für den Einzelstaat) erlassen, dessen Wirksamkeit jedoch von einer Verfassungsmäßigkeitserklärung des STF abhing (vgl. Art. 7, 12 § 2 und 41 § 3 CF 1934). Die Bezeichnung des Antrags war „*Representação Interventiva*“, dazu i.E. G. Ferreira Mendes, DP Nr. 9 (2005), 5 (5 ff.). Zu den heutigen Entsprechungen s. A.III.1.

333 Art. 91 II. Vgl. dazu F.C. Pontes de Miranda, Comentários à Constituição da República dos Estados Unidos do Brasil, 770.

334 Art. 68 der CF 1934 und Art. 94 der CF 1937.

Die von Getúlio Vargas 1937 dekretierte Verfassung des *Estado Novo* schwächte den Stand der Verfassungsgerichtsbarkeit, indem sie eine Entscheidungswirkung *erga omnes* nicht mehr vorsah und das Parlament mit der Befugnis ausstattete, mit Zweidrittelmehrheit in beiden Kammern auf Vorschlag des Staatspräsidenten „zum Wohle des Volkes“ oder „zur Förderung oder Verteidigung eines nationalen Interesses von hohem Wert“, Verdikten des STF die Wirksamkeit zu entziehen.[335] Das STF hatte daher zeitweilig nicht mehr das letzte Wort in Verfassungsfragen inne. *De facto* übernahm Vargas in dieser Zeit den Aufgabenbereich des Parlaments und regierte autokratisch über das Instrument der „Dekret-Gesetze“.[336] Das STF hat sich während dieser Phase i.Ü. der Regierung und ihren Maßnahmen nie entgegengestellt und sich vornehmlich auf die Entscheidung politisch unbedeutender privat- und strafrechtlicher Sachverhalte zurückgezogen.[337]

In der demokratischen Verfassung von 1946 wurden diese Einschränkungen zurückgenommen, und unter ihrer Geltung wurde die o.g. Überprüfung von Rechtsakten der Bundesstaaten am Maßstab der Bundesverfassung weiterentwickelt und durch die Rechtsprechungtätigkeit des STF prozessrechtlich konturiert.[338] Seit der Verfassungsänderung Nr. 16 von 1965, ein Meilenstein in der Geschichte der Normenkontrolle, existiert neben der konkreten, diffusen Normenkontrolle ein abstraktes und konzentriertes Kontrollverfahren erstmalig auch von Normen des Bundesrechts durch das STF anhand der gesamten Verfassung,[339] allerdings noch mit engster Aktivlegitimation, die auf das Amt des *Procurador-Geral da Repúbli-*

335 Art. 96 § 1. Vgl. N. Lösing, a.a.O., 256; A. Nobre Marques, RIL 170 (2006), 17 (20); krit. auch G. Ferreira Mendes, RIL 126 (1995), 87 (91 m.w.N.). A. Ramos Tavares, Curso de Direito Constitucional, 274, nennt dies „*reconstitucionalização*“ (Wiederherstellung von Verfassungsmäßigkeit), man kann aber auch von einer Durchbrechung festgestellter Verfassungswidrigkeit sprechen (vgl. E.-W. Böckenförde, NJW 1999, 9 [16], zu einer ähnlichen ehemaligen Bestimmung der polnischen Verfassung).

336 Vgl. P.M. Huf, Die Entwicklung des bundesstaatlichen Systems in Brasilien, 104 ff.; C.M. Clève, A Fiscalização Abstrata de Constitucionalidade no Direito Brasileiro, 86.

337 L.C. Martins Alves Jr., O STF nas Constituições Brasileiras, 260 f.: „Sklave des Diktators“. Auch schon unter der vorhergehenden Verfassung stellt der Autor eine Beeinflussung durch Regierungpropaganda und schüchterne Rechtsprechung fest, als deren Ursachen er das Klima des harten Durchgreifens gegen Regierungsgegner (insb. Kommunisten und Integralisten) und die latente Gefahr von Eingriffen durch Richterentlassungen ausmacht (a.a.O., 219).

338 Näher G. Ferreira Mendes, RIL 126 (1995), 87 (92–95).

339 E. da Silva Ramos, A Evolução do Sistema Brasileiro de Controle de Constitucionalidade, 147. Die Bezeichnung des Verfahrens lautete damals „*Representação por Inconstitucionalidade*“ (eingefügt als Art. 101 I lit. k CF 1946).

ca beschränkt war[340] (und erst mit der heute in Kraft befindlichen Verfassung von 1988 signifikant ausgeweitet wurde).

Parallel dazu wurde eine Normenkontrolle in den Bundesstaaten am Maßstab ihrer Verfassungen durch deren oberste Gerichte in Bezug auf kommunale Gesetze zugelassen. Zu einer Umsetzung der Ermächtigung ist es gleichwohl nicht gekommen, so dass die kommunalen Rechtsakte zunächst nur inzident überprüfbar blieben. Schon die Verfassung von 1967 sah diese Ermächtigung nicht mehr vor.[341]

Während der letzten Militärdiktatur, der (neben zahlreichen, außerhalb des Verfassungsrechts stehenden, „revolutionären" Institutionellen Akten) die Charta von 1967/69 zuzuordnen ist, wurde in den Eingriffstatbeständen das Interventionsrecht des Bundes gegenüber der Rechtsetzung auf lokaler Ebene erweitert, in dessen Rahmen das STF einzuschalten war; das Regime der Normenkontrolle durch das STF blieb jedoch ansonsten unberührt.[342] Ab 1977 konnte das STF nicht nur über die Nichtigkeit von Normen urteilen, sondern ebenfalls über deren Auslegung,[343] sowie einstweilige Anordnungen in Normenkontrollsachen erlassen.[344]

Die Tendenz ging insgesamt hin zu einer immer stärker werdenden Konzentration von Verfassungsmäßigkeitskontrolle beim STF, die heute auf ihrem historischen Höchststand ist, obwohl man sich bei der Verfassungsgebung von 1988 gegen ein „reines" Verfassungsgericht und für die Beibehaltung der Tradition der diffusen Normverwerfungskompetenz unterer Gerichte entschieden hat.

340 Der *Procurador-Geral* war unter der Verfassung von 1967/69 vom Präsidenten der Republik abhängig und jederzeit austauschbar (erst die Verfassung von 1988 garantiert seine Unabhängigkeit als Leiter des *Ministério Público*). Wie das STF auf eine Beschwerde der Opposition (Rcl. 849, BE Adalício Nogueira, DJ v. 13.12.1971) schließlich entschieden hat, konnte er auch nicht von dieser angehalten werden, einen Normenkontrollantrag zu stellen (zum diesbzgl. Meinungsstreit G. Ferreira Mendes/I. Mártires Coelho/P.G. Gonet Branco, Curso de Direito Constitucional, 1045 ff.). Dementsprechend wurde die abstrakte Normenkontrolle noch vergleichsweise selten und hauptsächlich dann beantragt, wenn Gesetze nach überstimmtem Veto des Präsidenten oder eines lokalen Gouverneurs zustandegekommen waren (E. da Silva Ramos, A Evolução do Sistema Brasileiro de Controle de Constitucionalidade, 148 f.); zur abstrakten Normenkontrolle als Mittel der Zentralisierung s. auch J.B. Barbosa Gomes, La Cour Suprême dans le Système Politique Brésilien, 189.

341 Vgl. zur Geschichte der Verfassungskontrolle auf Bundesstaatenebene L. Ferreira Leoncy, Controle de Constitucionalidade Estadual, 36 ff.; A. Ramos Tavares, Curso de Direito Constitucional, 411 ff.

342 Art. 114 I l) CF 1967. Vgl. J.B. Barbosa Gomes, La Cour Suprême dans le Système Politique Brésilien, 165, zur zaghaften Kontrolle der Exekutive, insb. der in jener Epoche verbreiteten Dekret-Gesetze, durch das STF.

343 Art. 119 I l) i.d.F. nach der Verfassungsänderung Nr. 7 von 1977. Die Klage wegen der Klärung der richtigen Auslegung zur präventiven Rechtsprechungsvereinheitlichung hatte bereits in der nachfolgenden Verfassung keinen Bestand mehr. Die Art. 179–187 RISTF sind nur noch Rudimente aus dieser Zeit.

344 Art. 119 I p) ebd.

2. Heutiges System der Verfassungsmäßigkeitskontrolle von Normen

Das brasilianische System der Normenkontrolle hat sich im heterogenen „verfassungsrechtlichen Laboratorium“[345] Lateinamerika zu einem System eigener Art entwickelt, das weder der U.S.-amerikanischen noch der österreichischen Tradition in Reinform entspricht, sondern Züge der einen und der anderen Tradition aufweist. Man spricht von einem gemischten oder hybriden System.

Jedes einzelne Gericht auf Bundes oder bundesstaatlicher Ebene hat im konkreten Fall die Befugnis, die Verfassungsmäßigkeit entscheidungserheblicher Gesetze und normativer, d.h. abstrakt-generell geltender Akte nachzuprüfen (diffuse und inzidente Kontrolle).[346] Fällt die Prüfung negativ aus, kann es ihre Anwendung aber nicht ohne Weiteres unterlassen. Für diese Fälle gilt grundsätzlich der 1934 erstmals verfassungsrechtlich festgeschriebene und heute in Art. 97 CF verankerte Rechtsgedanke des sog. Plenarvorbehalts: Es ist für eine Verwerfung von Rechtsnormen eine absolute Mehrheit der Mitglieder des jeweiligen Gerichts als Ganzes erforderlich.[347] Der befasste Richter muss die Frage dafür seinem Plenum vorlegen, es sei denn, dieses (oder das Plenum des STF) hatte sich bereits zu der Frage geäußert.[348] Nicht erforderlich ist hingegen – dies im Gegensatz zum deutschen Recht (Art. 100 I GG) – eine Vorlage an eine Verfassungsgerichtsbarkeit. Art. 97 CF eröffnet ferner die insbesondere bei großen Gerichten praktikablere Alternative, dass die innergerichtliche Vorlage in diesen Fällen statt an das Plenum an einen besonderen, dafür eigens geschaffenen Spruchkörper (*órgão especial*) erfolgt,[349] in dem sich die für die Rechtssicherheit essentielle gerichtseinheitliche Meinungs-

345 F. Fernández Segado, Revista Pensamiento Constitucional 12 (2007), 119 (124, 183), in französischer Fassung bereits JöR 54 (2006), 655.

346 W. Brugger/I.W. Sarlet, JöR 56 (2008), 613 (618); A. Krell, VRÜ 1999, 8 (20). Nach STF, RE 117.805/PR, BE Sepúlveda Pertence, DJ v. 27.8.1993, könne dies nicht ohne Veranlassung durch Einrede einer Streitpartei geschehen; anders, also auch veranlasst durch das *Ministério Público* oder das Gericht *ex officio*, aber wohl RE 219.934 ED/SP, BE Ellen Gracie, DJ v. 26.11.2004, und L.R. Barroso, Controle de Constitucionalidade no Direito Brasileiro, 89 f.

347 Der bindende Leitsatz Nr. 10 des STF stellt dazu klar, dass nicht nur die ausdrückliche Erklärung der Verfassungswidrigkeit einer Norm, sondern bereits die bloße Nichtanwendung ohne Vorlage an das Plenum eine Verletzung des Art. 97 bedeutet. Bei Nichtbeachtung des Plenarvorbehalts ist die Entscheidung vor dem STF durch Außerordentliches Rechtsmittel, ggf. im einstweiligen Rechtsschutz, anfechtbar, vgl. STF, AC 930, BE Ayres Britto, DJ v. 5.5.2006. Nicht eingebundene Einzelrichter können die Verfassungswidrigkeit nach herrschender Meinung ohne Weiteres annehmen (G. Ferreira Mendes, Caderno Virtual 8 [2004], 8 m.w.N.).

348 Vgl. die einfach-gesetzliche Ausgestaltung in Art. 480–482 CPC, die auch eine Anhörung des *Ministério Público* und der juristischen Person, die die Norm erlassen hat, sowie ein schriftliches Äußerungsrecht der für die abstrakte Normenkontrolle vor dem STF Antragsberechtigten und die Beteiligung anderer Organe und Körperschaften im Rahmen des Instanzprozesses vorsieht.

349 Dies ist gemäß Art. 93 XI CF für größere Gerichte (solche mit mehr als 25 Richtern) zulässig. Das TJSP z. B. beschäftigt über 350 Richter.

bildung über die Verfassungsmäßigkeit der betreffenden Rechtsnorm vollziehen soll. Die Verwerfung betrifft stets den konkreten Fall, nicht aber darüber hinausgehend sonstige Rechtsverhältnisse; sie hat also nur Wirkung *inter partes*.

Gelangt der Prozess auf bzw. nach dem Instanzenweg zum STF (dann als Rechtsmittelgericht gemäß Art. 102 II, III CF) und erblickt auch dieses die Verfassungswidrigkeit der streitgegenständlichen Rechtsnorm, ist auch das höchste Gericht des Landes nicht in der Lage, die Verfassungswidrigkeit selbst mit einer Wirkung *erga omnes* festzustellen. Die Wirkung erstreckt sich vielmehr zunächst nur auf die Prozessparteien. Die vollständige oder teilweise Entfernung einer Rechtsnorm aus der Rechtsordnung (darauf läuft es hinaus, wenn die Verfassung von der Vollzugsaussetzung spricht), als politischer Akt und Akt „negativer Gesetzgebung", ist formell Sache der demokratisch legitimierten Legislative und unterliegt daher gemäß der historisch überkommenen Vorschrift des Art. 52 X CF[350] trotz großer struktureller Veränderungen im System der Normenkontrolle *de constitutione lata* noch einer Deliberation des Bundessenats. Inwieweit der Bundessenat dabei Ermessen hat, ist aber einer der wohl streitigsten Punkte im gegenwärtigen Verfassungsprozessrecht.[351] Der Bundessenat selbst hat ein eigenes Ermessen beansprucht und einen Beschluss nach Art. 52 X CF nicht selten schon

350 Ebenso Art. 101 III, 386 ff. RISF.

351 Für ein weitgehendes Ermessen etwa schon P. Brossard, RIL 1976, 55 ff. auch zum damaligen Meinungsbild; R. Poletti, Constituição Anotada, 231; M. Temer, Elementos de direito constitucional; P. Lenza, a.a.O., 114; positiv zur Rolle des Senats auch S. Resende de Barros, RBDC 1 (2003), 163 ff.; für ein lediglich auf die Formalien bezogenes Kontrollrecht A. Ramos Tavares, Curso de Direito Constitucional, 375 f.; A. Buzaid, A ação direta de declaração de inconstitucinalidade no direito brasileiro, 89. Nach ablehnender Auffassung (Votum Gilmar Mendes, im laufenden Prozess Rcl. 4.335/AC, 1.2.2007, Inf. 454; s. auch ders./I. Mártires Coelho/P.G. Gonet Branco, Curso de Direito Constitucional, 1082 ff.; J.T. de Almeida Melo, Direito Constitucional, 192; M. Lima Pitman, JusNav Nr. 2.325 [2009]; R.D. Nunes Pereira, JusNav Nr. 2.401 [2010]) soll dem Bundessenat kein Ermessen mehr zukommen, seine Rolle diene nurmehr der (symbolischen) Publikmachung der bereits konstitutiv *erga omnes* wirkenden Entscheidung des STF. Als Argument hierfür wird die historische Überholtheit des Art. 52 X CF angeführt, deren Wurzeln ins Jahr 1934 zurückgehen, als es noch auf eine Homogenisierung der vorherrschenden diffusen Verfassungskontrolle ankam, insb. deshalb, weil es im brasilianischen Recht kein Prinzip des *stare decisis* gab. Im Lichte des heutigen Gesamtverständnisses der konzentrierten verfassungsgerichtlichen Normenkontrollen fehle der Vorschrift die Rechtfertigung (L.R. Barroso, Controle de Constitucionalidade no Direito Brasileiro, 130 f.: „Anachronismus", „nicht mehr logisch"). Zudem wird mit Prozessökonomie und schließlich dem „Paradoxon der Kollektivklagen" argumentiert, nach dem selbst erstinstanzliche Einzelrichter im Wege der Öffentlichen Zivilklage, der Popularklage oder der kollektiven Sicherungsverfügung allgemeingültige Entscheidungen ohne Beteiligung des Senats fällen könnten. Auch die Autorität des STF sieht man in Frage gestellt.

verweigert.[352] Die Tendenz wird der Voraussicht nach dennoch dahin gehen, die Aufgabe des Bundessenats zu beschränken und nur noch als rein deklaratorisch zu begreifen. Ein angenommener Verfassungswandel muss sich, nicht zuletzt um des hohen Gutes des Vertrauens der Bevölkerung in die Rechtsordnung und die Institutionen willen, allerdings stets innerhalb der Grenzen des Wortsinns der bestehenden Verfassungsvorschriften halten;[353] eine vollständige Sinnentleerung einer bestehenden Vorschrift hingegen wäre problematisch.[354] Die Einschaltung des Bundessenats erstreckt sich bemerkenswerterweise nicht lediglich auf Bundesrechtsnormen, sondern auf sämtliche Rechtsnormen, die für verfassungswidrig erklärt wurden.[355] Die Wirkung *erga omnes*, mithin rechtlich eine Ausnahme im Bereich der diffusen Normenkontrolle, tritt nach herkömmlichem Verständnis (vorbehaltlich der Annahme des erwähnten Verfassungswandels) ab dem Moment des Beschlusses des Bundessenats (*ex nunc*) ein.

Das STF ist im Rahmen der Inzidentkontrolle i.Ü. wie alle anderen Gerichte ferner an den Plenarvorbehalt gebunden, so dass die Entscheidung eines Teilorgans – etwa eines Senats, des Präsidiums oder Berichterstatters – nicht für die Feststellung der Verfassungswidrigkeit genügt.[356]

Wenn das STF im Wege der seit 1965 in der Rechtsordnung vorgesehenen konzentrierten, prinzipalen, vom Einzelfall abstrahierten Normenkontrolle angerufen wird, bedarf es der Zwischenschaltung des Bundessenats allerdings nicht: Die Entscheidung wirkt *ipso jure erga omnes*. In der geltenden Verfassung greift insoweit die gegenüber Art. 52 X speziellere Vorschrift des Art. 102 § 2. Dem wie bei der

352 So etwa nach dem besonders haushaltsrelevanten Urteil gegen den Bund STF, RE 150.764/PE, BE Sepúlveda Pertence/Marco Aurélio, DJ v. 2.4.1993, bei dem er auch mit der Knappheit der vorangegangenen richterlichen Entscheidung [6:5] argumentierte. Nach der Studie von G. Cardoso Jeveaux/E. Ferreira Pepino, in: Faculdade de Direito de Vitória, Anúario 2005, 74 (107 f.) sei es im Beobachtungszeitraum von 1994–2004 nur in 18 % der Fälle zu einer Suspendierung durch den Bundessenat gekommen, und bis zum Beschluss seien durchschnittlich ca. zwei Jahre vergangen.

353 Vgl. nur H.D. Jarass/B. Pieroth, GG, Art. 79 Rn. 3; A. Hopfauf, in: Schmidt-Bleibtreu/Hofmann/Hopfauf (Hrsg.), GG, Einl. Rn. 100.

354 Mit Recht krit. zu Tendenzen, den Art. 52 X CF am verfassungsändernden Gesetzgeber vorbei gestützt auf den ins Feld geführten „Verfassungswandel" schlichtweg als obsolet anzusehen R. Camilo de Oliveira, Verfassungsgerichtsbarkeit in Brasilien, 44 f.; M.M. Lacombe Camargo, O STF e a Interpretação da Constituição de 1988, in: J. Ribas Vieira (Hrsg.), 20 anos da Constituição cidadã, 11 ff. („pragmatische Interpretation"); G.S. Leite, OJC Jg. 2 (2008/09); A. Mendes Lobo, A Reclamação Constitucional Coletiva, 151 ff.; s. auch etwa das Votum von Joaquim Barbosa im Verfahren Rcl. 4.335/AC, BE Gilmar Mendes, 19.4.2007, Inf. 463. Damit das STF ohne Beteiligung des Bundessenats eine Bindungswirkung *erga omnes* produzieren kann, sei der Weg des Art. 103-A CF (dazu u. A.VI. 1) oder der einer formellen Verfassungsänderung zu gehen (L.L. Streck/M. de Andrade Cattoni Oliveira/M. Mont'Alverne Barreto Lima, JusNav Nr. 1.498 [2007]).

355 D.h. auch für gliedstaatliche, kommunale und distriktale Normen, s. A. de Moraes, Direito Constitucional, 2003, 592 m.w.N.

356 Art. 6 II a) RISTF; s. dazu auch die entsprechenden gerichtsinternen Vorlagepflichten der Senate/des Berichterstatters in Art. 11 I, 22.

inzidenten Kontrolle geltenden Art. 97 CF wird bereits durch die gerichtsinterne Aufgabenzuweisung für die abstrakten Normenkontrollen als originäre Zuständigkeit Rechnung getragen.

In Bezug auf die 1988 ausgeweitete abstrakte Normenkontrolle stehen nunmehr für verschiedene Anwendungsfälle verschiedene Verfahren zur Verfügung: Eine Kontrolle von Normen, die unter der Ägide der Verfassung von 1988 zustande gekommen sind, nimmt das STF heute im Rahmen von zwei Verfahrensarten nach Art. 102 I a) CF vor: Zum einen existiert im brasilianischen Recht die sog. Direkte Verfassungs*widrigkeits*klage,[357] die dem deutschen Normenkontrollverfahren gemäß Art. 93 I Nr. 2 GG grob vergleichbar ist, und zum anderen die 1993 erstmals in die Rechtsordnung eingefügte Klage auf Feststellung der Verfassungs*mäßigkeit*[358] einer Norm, deren Pendant in Deutschland ebenfalls in Art. 93 I Nr. 2 GG subsumiert wird und von § 76 I Nr. 2 BVerfGG aufgegriffen wird. Außerhalb des Art. 102 I a) CF können im Rahmen des subsidiären Verfahrens nach Art. 102 § 1 CF, der sog. Rüge der Nichtbefolgung einer grundlegenden Vorschrift,[359] (unter anderem) vorkonstitutionelle Rechtsnormen einer abstrakten Normenkontrolle zugeführt werden, was in Anbetracht der noch jungen Verfassung praktisch nicht unwesentlich ist. Auch andere von Art. 102 I a) CF nicht erfasste Konstellationen fängt die Rüge gemäß Art. 102 § 1 auf. Auch Art. 36 III/34 VII CF, der die Normenkontrolle durch das STF zum Zwecke einer Intervention in einen der Bundesstaaten ermöglicht, ist in diesem Kontext anzuführen.[360] Art. 102 I p) CF gibt dem STF schließlich die Kompetenz, im Verfahren der Direkten Verfassungswidrigkeitsklage auch einstweilige Anordnungen zu erlassen.

Neben der abstrakten Normenkontrolle auf Bundesebene konnten gemäß Art. 125 § 2 CF seit 1988 auch die Bundesstaaten, die damit zu keiner Zeit vorher eigene Erfahrungen hatten sammeln können, ein Verfahren abstrakter Normenkontrolle in ihrem Hoheitsbereich einrichten. Es darf dabei nur um Rechtsnormen des jeweiligen Bundesstaates oder seiner Kommunen gehen, die dort ausschließlich am Maßstab der gliedstaatlichen Verfassung gemessen werden können.[361] Die gliedstaatliche abstrakte Normenkontrolle kann nach dem Text des Art. 125 CF und der Verfassungssystematik vom Antragsteller nur darauf gerichtet sein, die Verfassungs*widrigkeit* einer Norm feststellen zu lassen; eine Angleichung an die

357 *Ação Direta de Inconstitucionalidade* – kurz üblicherweise ADI oder ADIn.

358 *Ação Declaratória de Constitucionalidade* – kurz üblicherweise ADC.

359 *Argüição de Descumprimento de Preceito Fundamental* – üblicherweise abgekürzt als ADPF.

360 *Ação Direta de Inconstitucionalidade Interventiva.* Diese Verfahrensart wird hier nicht bei den Normenkontrollen, sondern bei den föderativen Streitigkeiten behandelt.

361 Soweit Staaten ihre Verfassungsgerichtsbarkeit auch am Maßstab der Bundesverfassung ausüben wollten, hat das STF dies für verfassungswidrig erklärt und entsprechende Bestimmungen der lokalen Verfassungen aufgehoben (vgl. Rcl. 595/SE, BE Sydney Sanches, DJ v. 23.5.2003).

Normenkontrollkompetenz beim STF wollte der Verfassungsgeber – systematische Interpretation zugrunde gelegt – wohl gerade nicht.[362] Dementsprechend finden sich abstrakte Normenkontrollverfahren in allen bundesstaatlichen Verfassungen, in nahezu identischer Redaktion. Zuständig sind die TJ. Aus der schlechten Erfahrung in der Vergangenheit macht die Bundesverfassung für die Verfahren lediglich die eine zwingende Vorgabe, dass es mehr als nur einen potentiellen Antragsberechtigten für die Kontrollverfahren geben muss, und lässt den mit Verfassungsautonomie ausgestatteten Bundesstaaten im Übrigen bei der Gestaltung freie Hand. Haben die gliedstaatlichen Verfassungen mit der Bundesverfassung allerdings inhaltsgleiche Vorschriften, so sind diese Vorschriften um der Homogenität im Bundesstaat willen durch die TJ entsprechend der Rechtsauffassung des STF auszulegen, wenn sich das STF zuvor schon zu diesen geäußert hatte,[363] bzw. bekommt das STF im Wege des dann statthaften Außerordentlichen Rechtsmittels[364] nachträglich eine Gelegenheit zur letztverbindlichen Auslegung, wenn es sich vorher noch nicht hatte äußern können.[365]

Dies alles betrifft Mechanismen der nachträglichen (repressiven) Verfassungsmäßigkeitskontrolle. Eine durch die Verfassung institutionalisierte judikative Kontrolle von Normen *vor* deren Inkrafttreten (präventive Kontrolle) wie z. B. in Frankreich ist hingegen nicht vorgesehen.[366] Es bleibt freilich festzuhalten, dass Verfassungskontrolle nicht judikativer, sondern vornehmlich politischer Art be-

362 Anders, gestützt auf historische und teleologische Verfassungsinterpretation, G. Ferreira Mendes, REDE 12 (2007), 1 ff.; für die Einführbarkeit der ADC auch einige weitere Stimmen (U. Lammêgo Bulos, a.a.O., 999; A. Ramos Tavares, Curso de Direito Constitucional, 430 ff.). Die ADPF ist in der Verfassungswirklichkeit sogar tatsächlich schon in manchen Staaten eingeführt worden (obwohl das Bundesprozessrecht darauf in keinerlei Weise zugeschnitten ist und die Staaten keine Regelungskompetenz haben).

363 Ansonsten wäre eine direkte Beschwerde (*Reclamação*, dazu s. u. A.VI.2) zum STF erfolgreich. Vgl. J.C. Moreira Alves, Interpretação da Constituição pelo STF, 256.

364 Zum Außerordentlichen Rechtsmittel eingehend s. u. B.V.

365 STF, Rcl. 383/SP, BE Moreira Alves, DJ v. 21.5.1993; L. Ferreira Leoncy, Controle de Constitucionalidade Estadual, 127 ff. Die Folge dieses Verständnisses von der abstrakten Normenkontrolle auf Bundesstaaten-Ebene ist, dass die Auslegung einer Vorschrift, die auch Bundesverfassungsrecht darstellt, im betreffenden Bundesstaat in Rechtskraft erwächst, wenn eben *kein* den Zulässigkeitsvoraussetzungen entsprechendes Außerordentliches Rechtsmittel vor dem STF eingelegt wird. Damit wird die gliedstaatliche Autonomie stärker in den Vordergrund gestellt; föderal divergierende Auslegungen werden hingenommen. Eine a.A. (vgl. zusammenfassend J.P. Rodrigues de Castro, JusNav Nr. 2.339 [2009]) gesteht den TJ deshalb gar nicht erst zu, die inhaltsgleichen Normen als zulässigen Prüfungsmaßstab heranzuziehen. Danach wäre allein das Bundesorgan STF zu Kontrollen anhand inhaltsgleicher Normen berufen und bei Zuwiderhandlung durch die TJ die Beschwerde schon aufgrund dieses Eingriffs unmittelbar an das STF statthaft.

366 S. aber G. Milício, a.a.O., die darauf hinweist, dass im Zuge der Erarbeitung der umfassenden Reform des Zivilprozesses 2009/2010 der Vorsitzende der Reformkommission und Richter beim STJ Luis Fux informell vorschlug, das STF möge einige Grundfragen zu dem Großprojekt in präventiver Kontrolle beantworten, um nachfolgende Normenkontrollenanträge zu vermeiden. S. auch STF, MS 20.257, BE Décio Miranda/Moreira Alves, DJ v. 27.2.1981, wo zumindest die Möglichkeit eines Organstreits (durch Antrag auf eine Si-

reits im Gesetzgebungsverfahren beginnt.[367] So setzen etwa beide Kammern des Nationalkongresses durch ihre jeweilige Geschäftsordnung ständige Verfassungsausschüsse ein, die im parlamentarischen Verfahren Entschließungsentwürfe auf ihre Verfassungsmäßigkeit hin prüfen.[368] Außerdem hat der Präsident der Republik die Befugnis zum Veto gemäß Art. 66 § 1 CF, die er ausübt, wenn er ein Gesetzesprojekt für verfassungswidrig (oder: dem öffentlichen Interesse zuwiderlaufend) hält;[369] nimmt er diese Befugnis nicht wahr, sanktioniert er damit zugleich die Verfassungsmäßigkeit.

Schließlich ist darauf hinzuweisen, dass die Bundesverfassung eine repressive Verfassungsmäßigkeitskontrolle durch den parlamentarischen Gesetzgeber gegenüber Rechtsnormen der Exekutive[370] kennt, die dieser nachträglich aussetzen bzw. ablehnen kann, wenn diese Rechtsnormen den ihnen vorgegebenen Rahmen überschreiten (so Art. 49 V und 62 CF).

3. Die Direkte Verfassungswidrigkeitsklage

Die Direkte Verfassungswidrigkeitsklage (*Ação Direta de Inconstitucionalidade* – ADI) bezweckt das Entfernen verfassungswidriger Rechtsnormen aus der Rechtsordnung.[371]

cherungsverfügung, dazu s. u. A.V.3) um die Durchführung der parlamentarischen Abstimmung in Fällen besonders grober Verfassungsverstöße [hier: drohende Abschaffung der Republik durch Verlängerung von Mandaten] durch verfassungsändernde Gesetzentwürfe bejaht wurde. Rechtsvergleichend A.C. da Cunha Ferraz, RIL 142 (1999) 279 (mit Bezug auf Ansätze in Brasilien 289 ff.).

367 Vgl. A. Cavalcante Lobato, RIL 124 (1994), 169 (176); J.T. de Almeida Melo, Direito Constitucional, 168. Die Verfassungsbindung auch der an der Gesetzgebung beteiligten Organe ist Kernelement der in Art. 1 CF festgeschriebenen Rechtsstaatlichkeit.

368 *Comissões de Constituição, Justiça e Cidadania*, die ihre verfassungsrechtliche Grundlage in Art. 58 CF haben. Sie bestehen aus Juristen oder werden von solchen unterstützt. Bei einstimmiger Ablehnung eines Projekts im Verfassungsausschuss des Senats wegen angenommener Verfassungswidrigkeit wird das Gesetzgebungsverfahren sogleich endgültig niedergeschlagen; bei nicht einstimmiger Ablehnung kann es nur bei Dafürhalten von 10 % der Mitglieder des Senats fortgeführt werden. Insgesamt ist die Tätigkeit der Ausschüsse allerdings vor allem beratend und berichterstattend (vgl. die Regelungen in Art. 77 III, 101, 254 RISF für den Senat und Art. 32 IV, 53 III, 54 RICD für die Abgeordnetenkammer). Sie sind nach Parteienproporz besetzt, der Natur des Organs entsprechend politisch und daher kein Gegengewicht zu den Regierungsfraktionen, vgl. J. Ferreira de Freitas, RDCI 31 (2000), 156 (159).

369 Die Befugnis kann er binnen 15 Werktagen unter Angabe einer Begründung ausüben, er kann jedoch durch eine Mehrheit in Abgeordnetenkammer und Bundessenat wieder überstimmt werden.

370 Dies sind namentlich Provisorische Maßnahmen (*medidas provisórias*) gemäß Art. 62 in dringenden Fällen, Verordnungen (*leis delegadas*) gemäß Art. 68 nach parlamentarischer Ermächtigung und präsidiale Dekrete gemäß Art. 84 IV CF.

371 J.S. Monte Alegre, RBDP 18 (2007), 9 (11).

Sie ist in der Verfassung in Art. 102 I a), p) und § 2 und 103 sowie in den Art. 1–12, 22 ff. des Gesetzes Nr. 9.868/1999[372] kodifiziert. „Direkt“ bedeutet letztlich für die Klage nichts anderes als das für die deutsche Normenkontrolle i.S. des Art. 93 GG verwendete Attribut „abstrakt“: Das STF kann direkt angerufen werden, ohne dass die Streitfrage zuerst in einem konkreten Rechtsfall praktisch geworden sein müsste, also losgelöst und abstrakt von solchen.

a. Zulässigkeit

aa. Antragsberechtigung

Antragsberechtigt sind seit der Verfassung von 1988 gemäß dem *numerus clausus* des Art. 103[373] mehrere Organe und auch juristische Personen:[374] der Präsident der Republik (dies flankiered zu seinem Veto-Recht im Gesetzgebungsverfahren im Bund), die Präsidien[375] der Gesetzgebungsorgane auf Bundesebene (Bundessenat und Abgeordnetenkammer) sowie auch der Gesetzgebungsorgane der Bundesstaaten und des Bundesdistrikts, die Gouverneure der Bundesstaaten und des Bundesdistrikts,[376] der mittlerweile nicht mehr allein vom Staatspräsidenten abhängige *Procurador-Geral da República*,[377] der Rat der Brasilianischen Rechtsanwaltskammer auf Bundesebene, die im Nationalkongress vertretenen politischen

372 Im Folgenden G 9.868. Die Bestimmungen dieses Gesetzes derogieren den noch auf die Vorgängerverfassung zugeschnittenen Art. 169–175 RISTF.

373 Ebenso Art. 2 G 9.868/1999.

374 A.C. da Cunha Ferraz, Revista Acadêmica Direitos Fundamentais 1 (2007), 50 (57 ff.). Von Interesse ist in diesem Zusammenhang der eigene Entwurf des STF v. 30.6.1986 für die Justizverfassung, um den es im Prozess der Verfassungsgebung gebeten wurde und den es unter Beteiligung der weiteren Kollegialgerichte erarbeitet hat (s. bei O. Dias Corrêa, O STF, corte constitucional do Brasil, Anhänge 1 und 2). Dieser sah weiterhin nur die alleinige Antragsberechtigung des *Procurador-Geral da República* vor.

375 Im Originaltext „*mesa*“: Leitungsorgan der jeweiligen gesetzgebenden Kammer, im Bund bestehend aus deren Präsidenten und zwei Vizepräsidenten sowie vier aus den Reihen der Parlamentarier gewählten Sekretären gemäß Art. 14 ff. RICD und Art. 46 ff. RISF. Die Präsidien sind durch den Wahlmodus von den parlamentarischen Mehrheiten dominiert; ein Minderheitenantragsrecht war hier vom Verfassungsgeber somit offensichtlich nicht gewollt (G. Ferreira Mendes, Jurisdição Constitucional, 158). Es ist aber schon vorgekommen, dass ein Präsidium mit der ADI gegen eine Rechtsnorm der eigenen Legislativkammer vorgeht (STF, ADI [MC] 732/RJ, BE Celso de Mello, DJ v. 21.8.1992).

376 Schon der Vizegouverneur kann einen Antrag nicht von sich aus stellen (STF, ADI [MC] 604, BE Celso de Mello, DJ v. 29.11.1991).

377 Art. 128 § 2 CF: Erforderlichkeit einer Senatsmehrheit für die Entlassung; Art. 127 § 1 CF: funktionelle Unabhängigkeit des *Ministério Público* im Allgemeinen. Für die *Procuradores* in den Bundesstaaten steht die ADI auf Bundesebene nicht offen (STF, RDA 185 [1991], 157).

Parteien[378] und gewerkschaftliche Verbände und landesweit tätige berufsständische Vereinigungen.[379] Die breite Antragsberechtigung bewirkt eine Öffnung zur Gesellschaft, begünstigt aber auch den Umstand, dass Politik durch im Meinungskampf unterlegende Minderheiten im Grunde stets vor Gericht fortgesetzt werden kann (fortschreitende Justizialisierung).[380] Sie fördert ferner den Arbeitsexzess des Gerichts.[381] Die aufgezählten Organe und juristischen Personen sind nur z.T. universell antragsberechtigt; für manche verlangt das STF – die Zulässigkeit begrenzend – eine thematische Nähe oder Zugehörigkeit des Antragsgegenstands zu ihrem Wirkungsbereich bzw. ihrer institutionellen Zielsetzung („*pertinência temática*"); dies wird z.T. auch als Frage des Rechtsschutzinteresses qualifiziert.[382] Dies gilt für die Organe der föderalen Untergliederungen und die zuletzt aufgezählten Verbände und Vereinigungen.[383] Die Wahrnehmung der Antragsberechtigung variiert in der Rechtswirklichkeit sehr stark: Während das Präsidium der Abgeordnetenkammer seit Inkrafttreten der Verfassung z. B. noch keinen Antrag auf Normen-

378 Da das Antragsrecht der Parteien unabhängig von einer Fraktions- oder Gruppenstärke ist, sind die parlamentarischen Minoritäten hier eingeschlossen. An dieser Stelle wird relevant, dass eine Sperrklausel wie die 5 %-Hürde in Deutschland nicht besteht – das STF, ADI 1.351/DF, BE Marco Aurélio, DJ v. 30.3.2007, hatte deren Einführung unter Betonung des Pluralitätsgedanken in Art. 1 V i.V.m. 17 CF für verfassungswidrig befunden. Ein Ausscheiden aus dem Kongress jedenfalls nach der Einleitung der Phase der Votierung im STF ist nach zunächst anderslautender Rspr. nunmehr unschädlich (ADI 2.054-4/DF, BE Ilmar Galvão, DJ v. 17.10.2003). Der Antrag kann nur von der Bundesführung der Partei gestellt werden (ADI [MC] 610/PI, BE Néri da Silveira, DJ v. 7.2.1992).

379 Letztere müssen auf nur eine bestimmte Berufsgruppe bezogen sein; die Mitglieder dürfen nicht verschiedenen Branchen angehören (ablehnend für Einkaufskooperativen: STF, ADI 4.334, BE Cezar Peluso, DJe v. 19.11.2009). Die Mitglieder können mittlerweile auch ihrerseits juristische Personen, etwa gliedstaatliche Assoziationen innerhalb desselben Berufssektors in einem Bundesverband, sein (ADI [AgR] 3.153/DF, BE Celso de Mello/ Sepúlveda Pertence, 12.8.2004, Inf. 356). Andere soziale Gruppierungen wie den Nationalen Studentenverband hat das STF nicht genügen lassen (ADI [MC] 894/DF, BE Néri da Silveira, DJ v. 20.4.1995) und damit ein Bemühen um eine enge Auslegung gezeigt. Den Begriff „landesweit" hat das STF als „in mindestens neun der 26 Bundesstaaten" in einer Analogie zum Parteiengesetz ausgelegt (ADI 108/DF, BE Celso de Mello, DJ v. 5.6.1992).

380 S. nur J. Ribas Vieira/M.M. Lacombe Camargo/A. Garrido da Silva, Revista Versus (UFRJ) 8/2009, 76 (78). Aber, wie auch W. Brugger/I.W. Sarlet, JöR 56 (2008), 613 (636), andeuten, ist es für die Politik zuweilen nicht unangenehm, wenn harte Entscheidungen erst auf Gerichtsebene gefällt werden.

381 In diesem Sinne schon H. Kelsen, VVdStRL 5 (1929), 30 (74), bezugnehmend auch auf das radikale Beispiel der Popularklage.

382 L.R. Barroso, Controle de Constitucionalidade, 168 m.w.N.; G. Ferreira Mendes, Jurisdição Constitucional, 174 ff., mit einer Kritik dieser Limitierung.

383 Der Gouverneur eines Bundesstaates muss etwa aufzeigen, inwiefern eine Rechtsnorm einer anderen föderalen Untergliederung Auswirkungen auf den eigenen Bundesstaat hat (STF, ADI 2.747, BE Marco Aurélio, DJ v. 17.9.2007); ADI (MC) 1.307, BE Francisco Rezek, DJ v. 24.5.1996 zu einem bundesstaatlichen Parlament; ADI (MC-AgR) 1.507, BE Carlos Velloso, DJ v. 6.6.1997 zu berufsständischen Vereinigungen; der Nationale Verband der freien Berufe durfte gegen für Mikrounternehmen geltende Abgabenvorschriften vorgehen (ADI 1.643, BE Maurício Corrêa, DJ v. 14.3.2003). Politische Parteien sind universell antragsberechtigt (grundlegend ADI [MC] 1.096/RS, BE Celso de Mello, DJ v. 22.9.1995).

kontrolle gestellt hat, das des Bundessenat nur einen einzigen und der Präsident der Republik nur sieben, haben die bundesstaatlichen Gouverneure und die berufsständischen Vereinigungen das STF jeweils über 1.000 Mal bemüht, der *Procurador-Geral* 922 Mal, politische Parteien 772 Mal.[384] Der Aktivlegitimierte ist, mit Ausnahme der politischen Parteien und der berufsständischen Vereinigungen, selbst postulationsfähig und muss den Antrag daher nicht durch einen gesonderten Prozessvertreter stellen.[385]

Es handelt sich um ein rein objektives Verfahren, das von einer darüber hinausgehenden „Antragsbefugnis" und der Verletzung subjektiver Rechte unabhängig ist.[386] Es dient allein dem objektiven, öffentlichen Interesse an der Sicherstellung des Vorrangs der Verfassung, zu dessen Gunsten die Antragsberechtigten nach der Konzeption des Verfahrens aufzutreten haben.[387] Auch Dritte können dem Prozess von sich aus nicht beitreten, um ihre subjektiven Interessen zu verfolgen oder eigene Rechtspositionen zu sichern.[388] In Anbetracht dessen ist auch die Rücknahme des Antrags, und damit eine Disposition des Antragstellers über den Streitgegenstand, ausgeschlossen.[389] Ebenso hat das STF die – ansonsten gegebene[390] – Möglichkeit der Rüge oder Erklärung der persönlichen Befangenheit der Verfassungsrichter für die als naturgemäß unpersönlich erkannte ADI verneint.[391] Nur rein formell stehen sich der Aktivlegitimierte und die normerlassende Stelle wie Streitparteien nach der zivilistischen Tradition des Gerichts kontradiktorisch gegenüber.[392]

384 Quelle: Statistische Aufschlüsselung der Klagen nach Antragsberechtigten auf http://www.stf.jus.br/ unter der Rubrik „*Estatística*" (Stand: 30.4.2010). Wegen fehlender Antragsberechtigung abgewiesen wurden i.Ü. bereits 358 Anträge.

385 STF, ADI (MC-QO) 127, BE Celso de Mello, DJ v. 4.12.1992. In ADI 131, BE Sydney Sanches, DJ v. 7.12.1989, hat das Gericht z. B. geurteilt, dass eine politische Partei nicht als solche, sondern nur über einen Rechtsanwalt postulationsfähig ist. Die Prozessvollmacht ist dann nach Art. 3 G 9.868 einzureichen, der die prozessrechtliche Regel des Art. 36 CPC bestätigt.

386 L.R. Barroso, Constituição Anotada, Art. 102, S. 609; G. Ferreira Mendes, Jurisdição Constitucional, 156; s. auch STF, ADI (ED) 2.982, BE Gilmar Mendes, DJ v. 22.9.2006, und schon zum Vorgängerverfahren, *Representação por Inconstitucionalidade* 1.405/AC, BE Moreira Alves, RTJ 127 (1989), 394.

387 Jenseits der Theorie sind dennoch bei den nicht-staatlichen Legitimierten auch partikulare Interessen betroffen, etwa wenn ein Branchenverband gegen gesetzliche Bürden für die von ihm vertretene Berufsgruppe vorgeht.

388 So STF, ADI 1.350/RO, BE Celso de Mello, DJ v. 7.8.1996, auch schon vor dem heute geltenden Art. 7 G 9.868/1999.

389 Gemäß Art. 5 G 9.868. Dies hat das STF selbst auf Eilanträge erweitert (ADI [MC] 892, BE Celso de Mello, DJ v. 7.11.1997).

390 Art. 277 ff. RISTF i.V.m. Art. 134 ff. CPC, 95 ff. CPP.

391 STF, ADI (MC) 1.354/DF, BE Maurício Corrêa, DJ v. 25.5.2001, 9.

392 Bei Bundesrechtsnormen (vgl. etwa die Prozesse gegen das Biosicherheits- und das Pressegesetz [ADI 3.510 und ADPF 130]) wird als Beklagter regelmäßig der Staatspräsident,

bb. Antragsgegenstand Rechtsnorm

Antragsgegenstand der Direktklage können Gesetze oder normative Akte des Bundes[393] oder eines Bundesstaates[394] sein, dies unabhängig davon, von welcher der Staatsgewalten sie stammen. Maßgebend ist stets die abstrakt-generelle Wirkung, also der materielle Rechtsnormcharakter des Aktes.[395] Damit fallen neben Einzelakten privatrechtliche, etwa tarifvertragliche, Regelungskomplexe heraus.[396] Resolutionen des TSE aus dessen Konsultationszuständigkeit haben ebenfalls keine Normqualität.[397] Wegen der Spezialregelung in Art. 103-A CF zu deren Aufhebung können gerichtliche Leitsätze mit allgemeiner Bindungswirkung ebenfalls nicht Gegenstand der Normenkontrolle sein.

Auf Bundesebene von der Normenkontrolle erfassbar sind als Akte der Legislative verfassungsändernde Gesetze,[398] Ergänzungsgesetze[399] und einfache Gesetze sowie zwei besondere Handlungsformen des Nationalkongresses: Legislative Dekrete (*decretos legislativos*), mittels derer Provisorische Maßnahmen[400] des

nicht etwa der Bund als Körperschaft geführt. Dies zeigt: Auf eine Definition der Passivseite kommt es im Verfahren nicht an, allein der Streitgegenstand und seine Verfassungsmäßigkeit sind entscheidend.

393 Die Rechtsnormtypen und ihr jeweiliger Anwendungsbereich sind für die Ebene des Bundes in den Art. 59–69 CF geregelt; nicht erwähnt sind dort allerdings die normativen Akte der mittelbaren Staatsverwaltung. Der Begriff der „normativen Akte“ schließt vom Wortlaut her eigentlich den der „Gesetze“ mit ein, er ist aber als Gegenbegriff gemeint und auf die Exekutive bezogen (M. Jorge e Silva Neto, Curso de Direito Constitucional, 185).

394 Die Rechtsnormtypen auf Ebene der Bundesstaaten entsprechen, einschließlich der dort ebenfalls möglichen Provisorischen Maßnahmen, i.d.R. denen des Bundes (vgl. etwa Art. 44 ff. der Verfassung von Rio Grande do Norte).

395 STF, ADI 1.716/DF, BE Sepúlveda Pertence, DJ v. 27.3.1998: Selbst formelle Gesetze genügen nicht, wenn sie inhaltlich nur auf einen konkreten (hier: haushaltsrechtlichen) Anlass bezogen sind; ADI 3.585, BE Eros Grau, DJ v. 20.2.2006: keine Anwendbarkeit auf „Maßnahmegesetze“; ADI (MC) 1.372/RJ, BE Celso de Mello, DJ v. 3.4.2009: Unzulässigkeit bei einzelfallbezogenem Rechtsakt eines bundesstaatlichen Parlaments (Resolution) zur Schaffung von Munizipien. S. J.S. Monte Alegre, a.a.O., 15 ff., mit einer Fallsammlung zu verschiedenen Rechtsakten als Gegenstand der ADI.

396 M. Jorge e Silva Neto, Curso de Direito Constitucional, 186.

397 STF, ADI (MC) 1.805, BE Néri da Silveria, DJ v. 14.11.2003.

398 L.R. Barroso, Constituição Anotada, Art. 102, S. 615; STF, ADI 2.024/DF, BE Sepúlveda Pertence, DJ v. 22.6.2007. Originäre Normen der Bundesverfassung können hingegen nicht Antragsgegenstand sein und somit nicht zu „verfassungswidrigem Verfassungsrecht“ erklärt werden, s. auch u. Fn. 402.

399 *Leis complementares*: Dies sind solche Gesetze, die wichtige, verfassungsnahe Gebiete betreffen und der absoluten, nicht nur der relativen Mehrheit im Nationalkongress bedürfen (Art. 69 CF). Auf welchen Gebieten sie erforderlich sind, bestimmt die Verfassung.

400 *Medidas provisórias*: Notverordnungen, gesetzeskräftige Regelungen des Präsidenten der Republik für bestimmte dringende Fälle (bei *„relevância e urgência“*) mit zeitlicher Begrenzung gemäß Art. 62 CF. In zurückliegenden Verfassungen entsprachen diesen die „Dekretgesetze“ (*decretos-leis*).

Präsidenten und völkerrechtliche Verträge[401] in Gesetze transformiert und die übrigen Materien des Art. 49 CF geregelt werden können, und „Resolutionen", die den Präsidenten zu Rechtsverordnungen (*leis delegadas*) ermächtigen (Art. 68 CF). Originäre in der Bundesverfassung enthaltene Bestimmungen können nicht Gegenstand der Normenkontrolle sein, da der Prüfungsgegenstand dem -maßstab untergeordnet sein muss.[402] Als Akte der Exekutive kommen für die Normenkontrolle eben die genannten Rechtsverordnungen, diese allerdings nach ständiger Rechtsprechung nur unter sehr engen Voraussetzungen,[403] sowie abstrakt-generell, also mehr als nur verwaltungsintern wirkende Administrativvorschriften[404] und die ebenfalls erwähnten und zahlreich erlassenen Provisorischen Maßnahmen, vor der eventuellen Umwandlung in ein Gesetz,[405] in Betracht. Bei den Provisorischen Maßnahmen und insbesondere den Merkmalen der „Bedeutung und Dringlichkeit" (*relevância e urgência*) gesteht das STF der Regierung allerdings – entgegen dem Protest in der Lehre[406] – einen weiten Einschätzungsspielraum zu, der seiner Kontrolle entzogen sei.[407]

401 A. de Moraes, Direito Constitucional, 2003, 612–614: Völkerrechtliche Verträge werden über das Legislative Dekret des Nationalkongresses mit Sanktionierung durch den Präsidenten der Republik in die Rechtsordnung inkorporiert, gelten dann als Bundesrecht unterhalb Verfassungsrangs und unterliegen als solches der abstrakten und der konkreten Normenkontrolle (s. auch STF, ADI [MC] 1.480/DF, BE Celso de Mello, DJ v. 18.5.2001).

402 Vgl. STF, ADI 815, BE Moreira Alves, DJ v. 10.5.1996, nach dem alle originären Verfassungsnormen einander gleichgeordnet seien und nicht etwa die Ewigkeitsklausel (vgl. zu dieser noch u. Fn. 473) höherrangig sei. Das STF sei nicht zur Kontrolle des originären Verfassungsgebers berufen. S. auch A. de Moraes, a.a.O., 610.

403 Die Überprüfung von Rechtsverordnungen durch das STF erfolgt nur sehr rudimentär. Lediglich dann, wenn sich die Verordnung im gesetzesfreien Raum bewegt (als sog. *decreto autônomo*), erklärt es sie für verfassungswidrig (vgl. ADI [MC] 1.435/DF, BE Francisco Rezek, DJ v. 6.8.1999). Gleiches gilt für administrative Resolutionen von Gerichtshöfen (STF, ADI 2.098/AL, BE Ilmar Galvão, DJ v. 14.12.2001, erkannte eine Resolution eines TRT für nichtig, die eine Vergütungserhöhung für Richter ohne gesetzliche Grundlage bewirkte). Ansonsten, also wenn eine legislative Ermächtigung existiert, kann allenfalls diese Ermächtigung zum Gegenstand der ADI gemacht werden. Die Verordnung selbst ist nur an der Ermächtigung zu messen, was das STF jedoch nicht für seine Aufgabe hält (obwohl die Verordnungsgebung auch verfassungsgebunden ist, s. Art. 84 IV CF, und eine Rechtswidrigkeit streng genommen immer auch Verfassungswidrigkeit bedeutet). Krit. dazu schon G. Ferreira Mendes, Die Abstrakte Normenkontrolle vor dem BVerfG und dem brasilianischen STF, 137–140; auch C.M. Clève, Fiscalização Abstrata, 211: es sei unverständlich, dass die größte Gruppe von Normen des Staates ganz von der abstrakten Überprüfbarkeit freigestellt sei. Gewiss verbleibt für diese jedoch noch die diffuse Normenkontrolle.

404 STF, ADI (MC) 962/PI, BE Ilmar Galvão, DJ v. 11.2.1994, zu vom gliedstaatlichen TJ gesetzten Vergütungsbestimmungen für die dortigen Justizbediensteten.

405 Jedoch als solche nicht mehr nach der Umwandlung in ein Gesetz (STF, ADI [MC] 1.005/DF, BE Moreira Alves, DJ v. 19.5.1995).

406 S. nur S. Schreiber, AJUFE 69 (2002), 263 ff.

407 ADI (MC) 162, BE Moreira Alves, DJ 19.9.1997: insoweit nur Beanstandung von Exzessen; Exzess erstmals bejaht in ADI (MC) 1.753/DF, BE Sepúlveda Pertence, DJ v. 12.6.1998; s. zuletzt etwa ADI 2.736/DF, BE Cezar Peluso, 8.9.2010, Inf. 599.

Auf der Ebene des Bundesstaaten fallen die der Bundesebene entsprechenden Rechtsakte unter die zulässigen Antragsgegenstände der Normenkontrolle vor dem STF;[408] zusätzlich sind Bestimmungen der jeweiligen Verfassungen tauglicher Antragsgegenstand.[409] Bei gliedstaatlichen Normen gilt die Besonderheit, dass sie sowohl der abstrakten Normenkontrolle durch das STF als auch ggf. derjenigen im betreffenden Gliedstaat unterliegen (wegen des unterschiedlichen Prüfungsmaßstabes können die Verfahren auf den staatlichen Ebenen grundsätzlich simultan und ohne gegenseitige Sperrwirkung ablaufen und erst die eine Feststellung der Verfassungswidrigkeit durch eines der Gerichte erledigt das Verfahren beim jeweils anderen wegen Fortfalls des Streitgegenstands).[410] Handelt es sich bei den angegriffenen Normen aus dem Recht der Bundesstaaten um solche, die nur Bundesrecht wiederholen und die kraft dessen also ohnehin gelten, wird über die ADI mangels Rechtsschutzinteresses nicht erkannt.[411]

Hinzu kommen die autonomen Satzungen (*regulamentos autônomos*) der juristischen Personen des öffentlichen Rechts (mittelbare Staatsverwaltung) des Bundes und der Bundesstaaten und sogar Bestimmungen aus Geschäftsordnungen von Legislativorganen oder Gerichtshöfen bzgl. verfassungsrechtlicher Vorgaben.[412]

Kommunale Akte, seien es auch Gesetze, können dagegen niemals Gegenstand der Direktklage auf Bundesebene sein.[413] Bei Rechtsakten des Bundesdistrikts als Körperschaft mit sowohl bundesstaatlichen als auch kommunalen Kompetenzen

408 Dies schließt auch lokale Provisorische Maßnahmen des Gouverneurs mit ein (STF, ADI 425/TO, BE Maurício Corrêa, DJ v. 19.12.2003).

409 N. Nery Jr./R.M. de Andrade Nery, CF comentada, Art. 102, Anm. 10.

410 A. Ramos Tavares, Curso de Direito Constitucional, 418 ff. Bei gleichzeitiger Anhängigkeit von Normenkontrollen bzgl. gliedstaatlichem Recht vor dem STF und dem TJ des Gliedstaates (vgl. Art. 125 CF) wird das Verfahren bei Letzterem bis zur Entscheidung des STF nur dann ausgesetzt, wenn die Maßstabsnorm in der CF mit derjenigen der gliedstaatlichen Verfassung identisch ist und diese Identität bundesverfassungsrechtlich geboten ist, vgl. L. Ferreira Leoncy, Controle de Constitucionalidade Estadual, 137 ff., 160 ff., und STF, Rcl. (AgR) 425/RJ, BE Néri da Silveira, DJ v. 22.10.1993; ADI (MC) 2.146, BE Sepúlveda Pertence, DJ v. 13.4.2000; zuletzt ADI 4.138/MT, BE Celso de Mello, 11.12.2009, Inf. 573. Wird ein Prozess von vornherein nur beim TJ anhängig gemacht, kann gegen das dortige Urteil im Anschluss ein Außerordentliches Rechtsmittel zum STF zulässig sein (zu den Nachteilen dieses Systems J.T. de Almeida Melo, Direito Constitucional, 246). Unterbleibt die Aussetzung beim TJ bei simultanen Prozessen irrtümlicherweise und wird gegen das ergehende Urteil ein Außerordentliches Rechtsmittel zum STF eingelegt, wird dieses Verfahren bis zur Entscheidung über die ADI ausgesetzt (STF, RE 537.232/DF, BE Celso de Mello, 1.2.2010, Inf. 574).

411 STF, ADI (MC) 2.084/SP, BE Ilmar Galvão, DJ v. 28.4.2000.

412 G. Ferreira Mendes/I. Mártires Coelho/P.G. Gonet Branco, Curso de Direito Constitucional, 1113.

413 STF, ADI 1.803/SP, BE Moreira Alves, DJ v. 24.4.1998. Seit 1999 ist für die Kontrolle der Ausübung kommunaler Kompetenzen konkurrierend die ADPF (dazu u. A.II) statthaft. Kommunale Rechtsnormen können freilich ebenfalls zum Gegenstand der inzident-diffusen Kontrolle in anderen Verfahrensarten, letztlich auch durch das STF, werden. I.Ü. erstreckt sich die Normenkontrolle der TJ in den einzelnen Bundesstaaten auf diese Normen.

(vgl. Art. 32 § 1 CF) muss für Art. 102 I a) CF danach unterschieden werden, was für eine Kompetenz gerade konkret ausgeübt wurde.[414]

Die Rechtsnorm muss für die Normenkontrolle in Brasilien in jedem Falle nachkonstitutionell, also jünger als vom 5.10.1988 sein. Nach dem auch schon unter vorherigen Verfassungen herrschenden Verständnis in Brasilien und insbesondere beim STF kann älteres Recht nicht unter der ihm nachfolgenden Verfassung „verfassungswidrig" sein.[415]

Die streitgegenständliche Norm muss ferner bereits verkündet worden sein,[416] und sie muss bis zum Urteil noch fortexistieren; wenn die Norm während des Prozesses aufgehoben oder anderweitig für nichtig erkannt wird oder ihre zeitliche Geltung abgelaufen ist, wird die Klage abgewiesen.[417]

414 STF, ADI 880-3/DF, BE Sepúlveda Pertence, DJ v. 4.2.1994; s. auch Ls. 642 („Eine Direktklage wegen Verfassungswidrigkeit eines aufgrund seiner kommunalen Legislativkompetenz erlassenen Gesetzes des Bundesdistrikts ist nicht statthaft."); zur abstrakten Normenkontrolle vor dem TJDFT (oberstes Gericht des Bundesdistrikts) s. i.Ü. Art. 30 G 9.868 i.V.m. dem Gesetz Nr. 11.697/2008.

415 J.T. de Almeida Melo, a.a.O., 160 ff. („rechtlich unmöglich"). Zur St.Rspr.: STF, ADI (QO) 7/DF, BE Celso de Mello, DJ v. 4.9.1992; ADI (MC) 77/DF, BE Sepúlveda Pertence, DJ v. 23.4.1993; ADI 129, BE Francisco Rezek, RDA 191 (1993), 214; ADI 709/PR, BE Paulo Brossard, DJ v. 24.6.1994; ADI 2, BE ders., DJ v. 21.11.1997 (s. dort aber auch das ausführliche Minderheitsvotum von Sepúlveda Pertence). Vorkonstitutionelle Normen, die mit der CF unvereinbar sind, seien gar nicht erst in die neue Verfassungsordnung aufgenommen, sondern unmittelbar von der CF als *lex posterior* aufgehoben worden, und könnten daher kein Gegenstand der ADI mehr sein. Die Feststellung der Aufhebung eines Gesetzes durch die neue Verfassung sei im Rahmen der ADI keine vorgesehene Entscheidungsform. Der Makel der „Verfassungswidrigkeit" könne dem Gesetzgeber nicht nachträglich angeheftet werden, wenn er die zum Erlasszeitpunkt gültige Grundordnung beachtet habe. Auch wenn die streitgegenständliche Norm jünger als die Verfassung ist, soll die ADI konsequenterweise dann ausgeschlossen sein, wenn die einschlägige Maßstabsnorm nachfolgend geändert wurde (G. Ferreira Mendes/I. Mártires Coelho/P.G. Gonet Branco, a.a.O., 1117, Fn. 68). Dies gilt selbst noch dann, wenn die einschlägige Maßstabsnorm im Prozess der ADI geändert wird (P. Lenza, a.a.O., 124 f. m.N.). Nicht zuletzt diese Rspr. führte zum Ausbau der Rspr. der ADPF, die diese Fälle auffängt und einer Kontrollierbarkeit unterwirft (s. u. A.II.). Im Rahmen der inzident-diffusen Verfassungskontrolle können die vorkonstitutionellen Normen selbstverständlich stets unangewendet gelassen werden, wenn Gerichte sie für verfassungswidrig halten.

416 STF, ADI 466/DF, BE Celso de Mello, DJ v. 10.5.1991: keine präventive Kontrolle.

417 STF, ADI, 2.097/PR, BE Moreira Alves, DJ v. 16.6.2000 (Erledigung); ebenso bei Ersetzung durch eine ähnliche Norm (ADI 737-8, BE Moreira Alves, DJ v. 22.10.1993); krit. G. Ferreira Mendes/I. Mártires Coelho/P.G. Gonet Branco, a.a.O., 1118, weil Wirkungen fortbestehen können und sich der Gesetzgeber so der abstrakten Normenkontrolle entziehen könne. Untauglicher Gegenstand sind auch Provisorische Maßnahmen des Präsidenten, die nach ihrer vorübergehenden Geltung nicht in ein Gesetz umgewandelt wurden (ADI [QO] 292, BE Paulo Brossard, DJ v. 16.4.1993, 6.418); wurden sie in ein – genau inhaltsgleiches – Gesetz umgewandelt, so ist die Ergänzung der Klageschrift und die Fortführung des Prozesses möglich (ADI 3.864, BE Celso de Mello, DJ v. 20.9.2007). Für eine Klage gegen Normen, die zwar nicht aufgehoben sind, aber auch keine Wirkungen (mehr) zeitigen, besteht kein Rechtsschutzinteresse (J.T. de Almeida Melo, a.a.O., 200 ff.).

cc. Antragsgegenstand unterlassene Rechtsnorm

Die Direktklage wegen Verfassungswidrigkeit ist auch in der Version einer Klage auf Feststellung der Verfassungswidrigkeit des Nicht-Erlasses einer Rechtsnorm zulässig (*Ação Direta de Inconstitucionalidade por Omissão* – Normerlassklage); Antragsgegenstand ist dann ein Unterlassen.[418] Die Verfassung von 1988 (nebst ADCT) ist zwar ein für diese Gattung besonders ausführliches Dokument, lässt aber ein vielen Stellen Raum für eine Ausgestaltung durch niederrangiges Recht (insbesondere Gesetzmediatisierung) und gebietet diese z. T. auch, so dass Untätigkeit einen Verfassungsverstoß darstellen kann.

Dass die Verfassung von 1988 neben dem Angriff positiver Handlungen auch die Variante des Angriffs einer Untätigkeit eines Normgebers kennt, belegt ihr Art. 103 § 2.[419] Danach ist die zuständige Staatsgewalt vom STF in Kenntnis zu setzen, wenn das Gericht die Verfassungswidrigkeit des Unterlassens einer für die praktische Wirksamkeit einer Verfassungsnorm erforderlichen Maßnahme[420] erkennt. Die säumige Staatsgewalt – Legislative oder Exekutive – hat sodann die erforderlichen Vorkehrungen zu treffen, für die Exekutive gibt die Verfassung dafür sogar eine Frist von 30 Tagen vor. Daraus wird einerseits der Respekt vor der Gewaltenteilung deutlich, denn das Gericht darf hier erkennbar nicht als Ersatzgesetzgeber tätig werden, sondern nur die Säumnis offenlegen. Andererseits wird mit der ausdrücklichen Justiziabilisierung des Unterlassens das Ziel des Verfassungsgebers von 1988 verfolgt, auch denjenigen Verfassungsnormen, die von einer infrakonstitutionellen Ausgestaltung abhängen,[421] größtmögliche Effektivität zu sichern. Auf die Klage wegen Verfassungswidrigkeit eines Unterlassens einer Rechtsnorm wurde im Ausführungsgesetz Nr. 9.868/1999 in der ersten Dekade seines Bestehens nicht ausdrücklich Bezug genommen; stattdessen war dort stets von Gesetzen und normativen Akten als Gegenstand die Rede. Das Gesetz ist trotz einiger begrifflicher Unstimmigkeit dennoch auf Unterlassungen angewandt wor-

418 Es handelt sich nicht um eine eigenständige Prozessklasse mit eigenem Aktenzeichen, sondern um einen Unterfall der ADI. Wie diese Klage ebenfalls ein staatliches Unterlassen zum Gegenstand hat das Injunktionsverfahren zum Individualrechtsschutz (Art. 5 LXXI, 100 I lit. q CF), s. dazu auch abgrenzend u. A.V.1.e.aa.

419 Die Vorschrift ist inspiriert durch die portugiesische Verfassung v. 1976 (vgl. dort Art. 283) und wurde in Brasilien im Jahr 1988 erstmalig positiviert.

420 Es muss sich trotz des ungenauen Wortlauts des Art. 103 § 2 um eine *normative* Maßnahme handeln (STF, ADI 19/AL, BE Aldir Passarinho, DJ v. 14.4.1989).

421 Beispiele: Art. 128 § 5 CF verlangt ein Ergänzungsgesetz für die Organisation der föderalen Gliederungen des *Ministério Público*, Art. 7 XI CF gewährleistet eine Gewinnbeteiligung und Mitbestimmung von Arbeitnehmern „in der gesetzlich festgelegten Form", Art. 23 ADCT forderte eine vorläufige Regelung im Medienrecht; STF, ADI 3.276/CE, BE Eros Grau, DJ v. 2.6.2005, zu den von Art. 73 § 2, 75 CF geforderten, aber vom Nationalkongress unterlassenen gesetzlichen Regelungen über die Laufbahnen beim *Ministério Público* am Rechnungshof.

den. Klarheit bringende Vorschriften (namentlich Art. 12-A ff.) sind jedoch im Jahre 2009 in das Gesetz eingefügt worden.[422] Die Antragsberechtigten sind dieselben, wie wenn der Streitgegenstand ein positiver Akt ist.[423] Die Normen zeigen, dass dabei nicht nur ein totales Unterlassen der normgeberischen Ausführung eines Verfassungsbefehls, sondern auch ein teilweises Unterlassen von der Einklagbarkeit umfasst ist, welches faktisch häufiger vorkommt. Bei diesem ist zwar eine verfassungskonkretisierende Regelung vorhanden, aber unvollständig oder unzureichend.[424] Das Problem der Abgrenzung zwischen den Direktklagen wegen Verfassungswidrigkeit einer bestehenden Norm und wegen Verfassungswidrigkeit eines teilweisen Unterlassens einer verfassungsgemäßen Norm im Falle unzureichender, „schlechter“ Normen, stellt sich nicht mehr, weil die eine Klage – gerade wegen des durch die Art. 12-A ff. G 9.868 festgeschriebenen prozessualen Gleichklangs – in die andere im Prozess auch umgewandelt werden kann.[425]

dd. Antragsgrund, Form und Frist, Rechtsschutzinteresse, Zurückhaltung in politischen Fragen

Ein besonderer Antragsgrund wie etwa ein Für-Nichtig-Halten der Rechtsnorm oder Zweifel oder Meinungsverschiedenheiten über ihre Verfassungsmäßigkeit ist rechtlich nicht fixiert. Das bedeutet, bereits mit der bloßen Tatsache der Erhebung einer ADI durch einen Berechtigten wird diesen ein für die Zulässigkeit hinreichender Grund unterstellt. Es ist anerkannt, dass der *Procurador-Geral* etwa, wenn er von Dritten „ernsthafte und plausible“ Normenkontrollanträge empfängt, er diese ohne Weiteres an das STF weiterleiten kann, auch wenn er selbst nicht von der Verfassungswidrigkeit der betreffenden Rechtsnorm ausgeht; er ist dann nicht einmal gehindert, in seinem Schriftsatz zugunsten der Verfassungsmäßigkeit Stellung zu nehmen.[426]

422 Durch das im Rahmen des II. Republikanischen Paktes (vgl. o. 1. Teil, E.III.4.d und Fn. 215) beschlossene G 12.063/2009; dazu A. Rufino do Vale, RCJ v. 29.10.2009.

423 Art. 12-A G 9.868.

424 Dies wird auch bezeichnet als „unechtes Unterlassen“. Beispiel: In STF, ADI 1.698, BE Cármen Lúcia, 25.2.2010, Inf. 576, ging es um vorhandene, aber vermeintlich unzureichende Maßnahmen des Präsidenten gegen den Analphabetismus, deren Notwendigkeit aus sozialen Rechten und Staatszielbestimmungen folgte; jedoch nur das Sondervotum von Marco Aurélio hielt die verschiedenen legislativen und administrativen Ansätze trotz gesunkener Analphabetenquote letztlich für unzureichend.

425 A. Rufino do Vale, a.a.O. Nach vorheriger Rspr. drohte die Klageabweisung, wenn nur die bestehende Norm (und nicht das Unterlassen einer verfassungsgemäßen Norm) angegriffen wurde und die Norm im Prozess schlichtweg aufgehoben wurde (STF, ADI 1.442/DF, BE Celso de Mello, DJ v. 29.4.2005). Ablehnend zur Umdeutung wegen unterschiedlicher Verfahrensanforderungen J.T. de Almeida Melo, a.a.O., 242.

426 L.R. Barroso, Controle de Constitucionalidade, 162.

Eine Frist für die Klageerhebung ist nicht vorgesehen.[427] Was die Form betrifft, so ist neben der Angabe der vermeintlich verletzten Maßstabsnormen der Verfassung bzw. der verfassungswidrigen Unterlassung in der (anwaltlichen) Antragsschrift eine eingehende Begründung für die Verfassungswidrigkeit der Rechtsnorm, statt Allgemeinplätzen,[428] erforderlich.[429] Seitdem auch die Klage auf Feststellung der Verfassungs*mäßigkeit* positiviert ist, sind die jeweils anzuwendenden Verfahrensvorschriften durch Auslegung der Antragsschrift zu ermitteln.

Das Rechtsschutzinteresse muss wegen der grundsätzlichen Möglichkeit eines späteren Verfassungswidrigwerdens von Normen nicht zwingend dadurch fortfallen, dass die Norm schon vorher einmal Gegenstand der Normenkontrolle gewesen ist und für verfassungsgemäß gehalten worden ist.[430] Die Rechtshängigkeit eines auf dieselbe Norm gerichteten Kontrollverfahrens macht Anträge noch nicht unzulässig; hinzukommende Anträge werden vielmehr dem schon befassten Berichterstatter zugeschlagen.[431] Das Rechtsschutzinteresse entfällt erwartungsgemäß jedoch spätestens, wenn dieselbe Norm in einem Parallelverfahren für verfassungswidrig erklärt wird.[432]

Das noch unter dem Recht der Vargas-Verfassungen ebenso wie etwa in den U.S.A. bestehende Verbot, über ausschließlich politische Fragen zu entscheiden, stellt jedenfalls kein Verfahrenshindernis dar, was jedoch nicht heißt, dass das Gericht nicht je nach Sachlage in Einzelfällen – i.Ü. auch jenseits der Normenkontrolle – einen *judicial self-restraint* pflegen kann und dies im Hinblick auf die Harmonie zwischen den Staatsgewalten auch muss.[433]

427 Vgl. STF, ADI (MC) 1.247, BE Celso de Mello, DJ v. 8.9.1995. Ist der Antragsgegenstand ein Unterlassen, so sei nach A. de Moraes, Direito Constitucional, 2003, 632, der Ablauf einer kasuistisch zu prüfenden „angemessenen Zeitspanne" (d.h. eine Sperrfrist für den gerichtlichen Antrag) nötig, damit der Gesetzgeber zunächst von sich aus tätig werden könne.

428 STF, ADI 259, BE Moreira Alves, DJ v. 19.2.1993; L.R. Barroso, Constituição Anotada, Art. 102, S. 609.

429 Vgl. Art. 3 und 12-B G 9.868. STF, ADI 561-8/DF, BE Celso de Mello, DOU v. 20.4.2001, 1; ADI (MC) 2.396/MS, BE Ellen Gracie, DJ v. 14.12.2001, 23. Deutlich wird dort jedoch auch, dass das Gericht frei bleibt, letztlich auf die Verletzung anderer Normen zu erkennen (vgl. J.T. de Almeida Melo, a.a.O., 172).

430 G. Ferreira Mendes, in: H. Lopes Meirelles/A. Wald/ders., Mandado de Segurança, 460 ff., in Orientierung an das dt. Recht und insb. die Lehren von B.-O. Bryde und H. Brox, mit entsprechenden Nachweisen, aber ohne Verweis darauf, ob die Frage auch schon praktisch geworden wäre.

431 STF, ADI (QO) 807/RS, BE Sepúlveda Pertence, DJ v. 13.2.2004.

432 STF, ADI 1.460/DF, BE Sydney Sanches, DJ v. 25.6.1999.

433 Vgl. schon o. Fn. 22. Nach der rechtsvergleichenden Studie von J.G. Schäfer, Interesse Público 35 (2006), 79 (93), hat das STF anders als das portugiesische Verfassungsgericht die Beschränkung nie als Zuständigkeits-, sondern als materiell-rechtliches Problem gesehen.

b. Verfahrensablauf

Fehlt eine Begründung, kann das Gericht die Klage – ebenso wie bei sonstiger Untauglichkeit[434] oder offensichtlicher Unbegründetheit[435] – bereits durch einen einzelnen Richter *a limine* zurückweisen (Art. 4 G 9.868).[436] Wegen der begrifflichen Vagheit wird hierin z.T. ein von der Verfassung nicht gewollter Vorfilter mehr politischer denn juristischer Natur gesehen.[437] Nach a.A. liege darin die auf Normenkontrollen beschränkte Befugnis des Gerichts, ähnlich dem U.S. *Supreme Court* im *writ of certiorari*, weitestgehend frei über die Annahme zur Entscheidung zu befinden, eine Befugnis, die ihm als nicht nur juristisches, sondern auch politisches Leitorgan zukommen müsse.[438] Immerhin ist das Entlastungspotential der Vorschrift nicht von der Hand zu weisen.

Ansonsten wird das Gericht zur Vorbereitung der Entscheidung Informationen zu den faktischen Hintergründen der Norm erheben. Zunächst tut es dies bei der normerlassenden Stelle selbst, die diese binnen 30 Tagen zu erteilen hat.[439] Anschließend kommt eine Beteiligung weiterer am Prozessausgang interessierter Stellen und Körperschaften mit Stellungnahmen in den Blick. Eine Intervention/ Streithilfe Dritter im objektiven Prozess der Direkten Klage wegen Verfassungswidrigkeit auf deren eigene Initiative hin ist gemäß Art. 7 G 9.868 zwar grundsätzlich nicht zulässig. Auch der ursprüngliche § 1 des Art. 7 aus dem Parlamentsentwurf, der eine allgemeine Äußerungsberechtigung aller nach Art. 2 Antragsberechtigten in jedem ADI-Verfahren vorsah, war einem präsidialen Veto zum Opfer gefallen.[440] Jedoch wird die den objektiven Verfahren eignende und praktisch bedeutsame Beteiligung von *Amici Curiae* (dies sind niemals natürliche Personen, sondern Organe oder Körperschaften mit besonderer Sachnähe oder -kenntnis zu einem Aspekt des Rechtsstreits, die nicht Streitpartei sind, die aber durchaus einer

434 Diese wurde z. B. beim Angriff einer originären Verfassungsnorm (STF, ADI [AgR] 4.097, BE Cezar Peluso, DJe v. 7.11.2008) oder der offenkundig fehlenden Aktivlegitimation einer zivilen Gesellschaft (ADI 4.149, BE Menezes Direito, DJe v. 30.9.2008) angenommen.

435 Etwa dann, wenn das STF die angegriffene Norm bereits für verfassungsgemäß befunden hat und Umstände für einen Wandel in juristischer, sozialer oder ökonomischer Hinsicht und neue relevante Argumente nicht vorliegen (so in ADI [AgR] 4.071/DF, BE Menezes Direito, Inf. 563 v. 23.10.2009).

436 Gegen diese Zurückweisungsentscheidung ist binnen fünf Tagen ein Einspruch (*Agravo*) mit Begründung statthaft, dem der Berichterstatter abhelfen oder den er dem Plenum zur Entscheidung vorlegen kann (Art. 4, einziger Paragraph, G 9.868 und Art. 317 RISTF).

437 A. Ramos Tavares, Curso de Direito Constitucional, 306.

438 Vgl. etwa A. de Moraes, Direito Constitucional, 2003, 645.

439 Art. 6 G 9.868. Damit das Organ angemessen Stellung nehmen kann, ist i.Ü. nur bis zu diesem Zeitpunkt eine Ergänzung der Antragsschrift zulässig (STF, ADI 3.867, BE Cármen Lúcia, DJe v. 29.2.2008).

440 *Presidência da República, Subchefia para Assuntos Jurídicos*, Mitteilung Nr. 1.674 v. 10.11.1999 (Veto): Befürchtet wurde eine zu lange Verzögerung des Prozesses durch eine zu große Zahl von Stellungnahmen.

der Parteien nahestehen können)[441] durch den verbleibenden § 2 sichergestellt: Der Berichterstatter kann danach – ganz im objektiven Interesse – deren Stellungnahme[442] auf Antrag mit unanfechtbarer Verfügung unter Berücksichtigung der Bedeutung der Materie und der Repräsentativität des Organs oder der Körperschaft zulassen. Die Rechtsprechung des STF ist mit einer solchen Zulassung mittlerweile großzügig geworden wegen der mit dem Institut verbundenen Offenheit und pluralistischen Einflüsse auf die Normenkontrolle und der damit verbundenen legitimierenden Wirkung für seine Entscheidungen.[443]

Im Anschluss werden die verfassungsrechtlichen Vorgaben aus Art. 103 §§ 3 und 1 erfüllt und nacheinander zuerst der *Advogado-Geral da União* (kurz AGU) und dann der *Procurador-Geral da República* jeweils binnen 15 Tagen angehört.[444] Der AGU vertritt dabei die Interessen des Bundes, verteidigt also in aller Regel die in Frage stehende Rechtsnorm,[445] während der *Procurador-Geral* dem Verfassungsauftrag seines *Ministério Público* als Vertreter des öffentlichen (d.h. hier: gesellschaftlichen, nicht staatlichen!) Interesses[446] nachkommt.[447]

Der AGU, obgleich er ein dem Präsidenten der Republik unmittelbar zugeordnetes Bundesorgan ist, ist institutioneller Fürsprecher aller Rechtsnormen, also grundsätzlich auch derjenigen von gliedstaatlichen Organen; ausnahmsweise soll dies nicht gelten, wenn die gliedstaatliche Norm dem Bundesinteresse zuwider-

441 Zum Institut des *Amicus Curiae* ausführlicher P. de Tarso Duarte Menezes, DP 17 (2007), 35; A.L. Queiroga de Mattos, DP 9 (2005), 116; G. Binenbojm, REDE 1 (2004); E.S. Bueno Filho, RDJ 14 (2002); zum faktischen Einfluss auf die Entscheidungsfindung D. Medina, Amicus Curiae – Amigo da Corte ou Amigo da Parte?, 2010.

442 Darüber hinausgehende prozessuale Rechte haben sie nicht (STF, ADI [ED] 2.591, BE Eros Grau, DJ v. 13.4.2007, verneinend zur Einlegung von Berichtigungsanträgen; ADI 2.904, BE Menezes Direito, DJe v. 6.6.2008, zu Eilanträgen).

443 STF, ADI 1.104/DF, BE Gilmar Mendes, DJ v. 29.10.2003. Die Zulassung soll noch über die gesetzliche 30-Tage-Frist hinaus möglich sein, ADI 2.548/PR, BE Gilmar Mendes, DJ v. 24.10.2005 (jedenfalls aber nicht mehr, wenn der Berichterstatter den Prozess dem Plenum unterbreitet hat, ADI (AgR) 4.071/DF, BE Menezes Direito, 22.4.2009, Inf. 543). Mittlerweile wurde sogar eine bloß mündliche Einlassung von *Amici Curiae* zugelassen (s. ADI [QO] 2.777/SP, BE Cezar Peluso, DJ v. 5.6.2006, und Art. 131 § 3 RISTF neuer Fassung). Diese Großzügigkeit ist Ausdruck der starken brasilianischen Rezeption des Werkes von P. Häberle, Die offene Gesellschaft der Verfassungsinterpreten, JZ 1975, 297, insb. nach der Übersetzung durch G. Ferreira Mendes (Hermenêutica Constitucional. A Sociedade Aberta dos Intérpretes da Constituição: Contribuição para a Interpretação Pluralista e „Procedimental" da Constituição, Porto Alegre, 1997); s. auch I. Mártires Coelho, RIL 137 (1998), 157; G. Ferreira Mendes/A. Rufino do Vale, OJC Jg. 2 (2008/09).

444 S. auch Art. 8 G 9.868.

445 Verfassungswidrig wäre, wenn er sich zulasten der streitgegenständlichen Norm äußerte: STF, ADI (AgR) 1.254, BE Celso de Mello, DJ 19.9.1997.

446 Art. 127, 129 CF.

447 Wenn der *Procurador* bereits Antragsteller ist, ist die Notwendigkeit einer erneuten Beteiligung in der Informationsphase zweifelhaft. Dafür sprechen entsprechende Vorschriften in jüngeren Prozessgesetzen (Art. 12-E § 3 G 9.868, Art. 2 § 2 G 11.417, auch Art. 7 G 9.882) und rechtstatsächliche Erfahrungen, dass dies keinen prozessualen Mehrwert bringt und der Prozessökonomie schadet.

läuft.[448] Er hat ferner keine Verpflichtung zur Verteidigung, wenn das STF sich schon an anderer Stelle für die Verfassungswidrigkeit der streitgegenständlichen Norm ausgesprochen hat,[449] ebensowenig muss er bei der Variante der Direktklage wegen gesetzgeberischen Unterlassens am Verfahren teilnehmen.[450] Das STF hat allerdings auch keine Handhabe, den AGU im Falle einer pflichtwidrigen oder unterbleibenden Einlassung zu sanktionieren.[451]

Der *Procurador-Geral* ist unabhängig und kann somit auch für die Unbegründetheit der Klage plädieren, ist also nicht zwingend Konterpart des AGU. Insgesamt sollen auf diese Weise sämtliche tatsächlichen Vorfragen und die für und wider die Verfassungswidrigkeit der Norm sprechenden Gesichtspunkte aufgedeckt werden. Die zwingende institutionelle Aufbereitung von Normenkontrollfällen durch spezialisierte und fachlich-juristisch gut ausgestattete Organe kommt dem STF zugute. Nicht selten können Argumentationslinien von den Richtern unmittelbar übernommen werden. Erforderlichenfalls kann der Berichterstatter zudem freilich auch weitere Amtsermittlung betreiben, Sachverständige einsetzen und die oben bereits erwähnten öffentlichen Anhörungen von Personen mit Erfahrung und Ansehen auf dem betreffenden Gebiet festsetzen.[452] Er kann ferner Erkundigungen bei anderen Gerichten über die Anwendungspraxis der Norm in deren Zuständigkeitsbereich einholen. Die letzteren Schritte dienen dazu, den für die Entscheidung der Rechtsfrage der Vereinbarkeit einer Norm mit der Verfassung erforderlichen Tatsachenhintergrund in Erfahrung zu bringen, zumal manche Normen in ihrer sozialen Wirkweise und Reichweite ohne ihren Anwendungskontext nicht begreifbar sind und für juristische Wertungen fachspezifische Vertiefung geboten sein kann.[453]

Für die Variante der Verfassungswidrigkeit durch Unterlassen ordnet Art. 12-E G 9.868 pauschal die Anwendung der vorfindlichen Verfahrensvorschriften der ADI an, soweit diese übertragbar sind. Hinsichtlich der Abweisungsbefugnis *a limine*[454] und der Unmöglichkeit der Rücknahme[455] spiegeln die jüngeren Vorschriften den Wortlaut der vorbestehenden. Herauszustellen ist aber Art. 12-E § 1, der für diese Variante die schriftliche Prozessbeteiligung aller potenziell Antrags-

448 S. jetzt STF, ADI 3.916, BE Eros Grau, 7.10.2009, Inf. 562, in systematischer Auslegung mit Art. 131 CF.

449 STF, ADI 1.616-4/PE, BE Maurício Corrêa, DJ v. 24.8.2001, 41.

450 A. de Moraes, Direito Constitucional, 2003, 633. STF, ADI (QO) 23, BE Sydney Sanches, DJ v. 1.9.1989. Nach Art. 12-E § 2 G 9.868 kann er dennoch um eine Stellungnahme ersucht werden, was insb. bei der Modalität der teilweisen Unterlassung in Betracht kommen mag.

451 ADI 3.916, a.a.O.

452 Festgeschrieben in Art. 9 G 9.868. In Ermangelung eigener Verfahrensregeln zog BE Ayres Britto, in STF, ADI 3.510/DF, DJ v. 30.3.2007 („Stammzellforschung"), die Art. 255 ff. RICD der Abgeordnetenkammer zu öffentlichen Anhörungen heran.

453 O. Valente Cardoso, RDDP 63 (2008), 90 ff.

454 Art. 12-C G 9.868.

455 Art. 12-D G 9.868.

berechtigten ohne Zulassungserfordernis durch das STF ermöglicht, was bei positiven Normen als Streitgegenstand wegen des erwähnten Vetos ausscheidet.

Für die einzelnen Phasen sind einfach-gesetzlich jeweils kurze Fristen festgeschrieben, die in der Praxis schwerlich einzuhalten sind.[456] Nach dem Durchlaufen der Phasen erstellt der Berichterstatter seinen Sachbericht, leitet allen Verfassungsrichtern Abschriften zu und beraumt einen Entscheidungstermin für das Plenum (Art. 97 CF) an.

c. Einstweilige Anordnungen

Einstweilige Anordnungen (Art. 102 I lit. p CF) können auf Antrag, wenn bei Abwarten der Hauptsacheentscheidung die Gefahr eines irreparablen Schadens droht und eine hinreichende Wahrscheinlichkeit für die beantragte Feststellung der Verfassungswidrigkeit besteht, mit absoluter Mehrheit der Mitglieder des STF gewährt werden.[457] Außer in den Gerichtsferien, in denen der Präsident des Gerichts bei außergewöhnlicher Dringlichkeit die Anordnung mit nachfolgendem Referendum des Plenums zunächst allein treffen kann, ist wie bei der Hauptsache ein Quorum von acht Verfassungsrichtern erforderlich. Nach Auffassung des STF ist eine Gefahr im Verzug regelmäßig abzulehnen, wenn die Rechtsnorm vor der Antragstellung bereits eine nicht unwesentliche Zeitdauer in Kraft war.[458]

Dem Prozessvertreter des Antragstellers und der normerlassenden Stelle ist grundsätzlich die Möglichkeit zum mündlichen Vortrag zu geben; letzteres kann jedoch bei außerordentlicher Dringlichkeit entfallen. Wenn es sich um die Variante der Klage wegen Unterlassens handelt, ist die Stelle, der Untätigkeit vorgeworfen wird, dagegen auf Wunsch immer zu hören. Nur wenn der Berichterstatter es für unabdingbar hält, und auch dann nur binnen drei Tagen, sind (zudem) AGU und *Procurador-Geral da República* zu hören; ist Streitgegenstand ein Unterlassen, jedoch erneut mit der schon für das Hauptsacheverfahren geltenden Einschränkung für den ersteren.

Inhalt der Anordnung ist im Grundsatz die provisorische Aussetzung der Wirksamkeit der Rechtsnorm bis zur Hauptsacheentscheidung zunächst mit Wirkung *ex nunc*, es sei denn, das Gericht bestimmt ausdrücklich auch eine Rückwir-

456 Nach STF, ADI (QO) 136, BE Aldir Passarinho, DJ v. 30.3.2000, unterbrechen aber die Gerichtsferien die Informationsfristen.

457 Vgl. Art. 10 G 9.868. Die beiden materiellen Voraussetzungen werden dort nicht genannt, sie entsprechen jedoch Rechtsgedanken aus dem allgemeinen Zivilprozessrecht, dem das G 9.868 lediglich für die Besonderheiten der abstrakten Normenkontrolle partiell übergestülpt wurde. Sie gelten für einstweiligen Rechtsschutz in jedem Falle, egal vor welchem Gericht und in welcher Verfahrensart. Vgl. auch Art. 21 IV RISTF mit ähnlicher Formulierung für jede Form von Eilanordnungen durch das STF.

458 ADI (MC) 1.857, BE Moreira Alves, DJ v. 23.10.1998.

kung.[459] Die Rechtslage von vor dem Erlass des streitgegenständlichen Gesetzes lebt somit mit Bindungswirkung *erga omnes*[460] wieder auf.[461] Dies gilt ab dem Datum der Verkündung im DJ.[462] Prozesse, einschließlich der Rechtsmittelprozesse vor dem STF selbst,[463] die die Norm zum inzidenten Gegenstand haben, werden bis zur Entscheidung in der Hauptsache ausgesetzt. Die Ablehnung einer einstweiligen Anordnung durch das STF hingegen trifft keine Aussage über Gültigkeit und Anwendbarkeit der Norm und hat damit keinerlei Auswirkungen auf die diffuse und inzidente Normenkontrolle durch andere Gerichte, die ihre Anwendung nach wie vor bei Überzeugung von ihrer Verfassungswidrigkeit unterlassen können.[464]

Mit der Aussetzungskompetenz bekommt das STF eine Rechtsmacht, mit der es zeitnah auf die häufigen Notverordnungen des Staatspräsidenten reagieren kann und so ein Gegengewicht zu dessen ansonsten übergroßer Machtfülle bilden kann.[465]

Die einstweilige Anordnung kann im Falle eines teilweisen Unterlassens des Normgebers seit Art. 12-F G 9.868[466] in der Suspendierung des nach summarischer Prüfung so mit der Verfassung nicht vereinbar scheinenden normativen Aktes bestehen. Voraussetzung ist „außerordentliche Dringlichkeit und Bedeutung der Materie". Geht es um normgeberische „Schlechterfüllung" kann das STF zudem die laufenden gerichtlichen Prozesse und/oder Verwaltungsverfahren einstweilen aussetzen, und so bzgl. der Anwendung der unzureichenden Normen für Rechtssicherheit sorgen und Divergenzen vermeiden. Schließlich kann das STF, wie es in dem Artikel schlicht heißt, „andere Maßnahmen" festsetzen. Darunter kann die Anordnung fallen, zeitweilig andere Normen analog auf die unzureichend geregelten Sachverhalte anzuwenden.

Art. 12 G 9.868 sieht das abgekürzte Verfahren (sog. *rito abreviado*) vor: Der Berichterstatter kann den Antrag auf eine einstweilige Anordnung an das Plenum zur unmittelbaren Entscheidung in der Hauptsache weiterleiten, wenn die Sache eine besondere Bedeutung für die gesellschaftliche Ordnung und die Rechtssicher-

459 Art. 11 § 1 G 9.868.

460 STF, Rcl. 2.256/RN, BE Gilmar Mendes, DJ v. 30.4.2004.

461 Ist deren Verfassungsmäßigkeit ebenfalls zweifelhaft, kann sie nur gesondert, etwa mit ausdrücklichem Hilfsantrag, angegriffen werden (STF, ADI [MC] 2.215, BE Celso de Mello, DJ v. 26.4.2001).

462 St.Rspr.: etwa STF, ADI (QO) 711, BE Néri da Silveira, DJ v. 11.6.1993. Die Anordnung ist wie die Hauptsacheentscheidung in den amtlichen Verkündungsblättern bekanntzumachen (vgl. Art. 11 und 12-G G 9.868).

463 STF, RE (QO) 168.277/RS, BE Ilmar Galvão, DJ v. 29.5.1998.

464 STF, AI (AgR) 384.121, BE Celso de Mello, DJ v. 22.11.2002.

465 J.B. Barbosa Gomes, La Cour Suprême dans le Système Politique Brésilien, 74.

466 Vorher wurden einstweilige Anordnungen bei unterlassenen Rechtsnormen richterrechtlich abgelehnt (vgl. STF, ADI [MC] 267, BE Celso de Mello, DJ v. 19.5.1995).

heit hat.[467] Dies dient nicht nur einer beschleunigten Klärung von als besonders wichtig erachteten Fragen, sondern auch der Vermeidung einer in Einzelfällen unbefriedigenden Divergenz von einstweiliger Anordnung und Endentscheidung.[468]

d. Hauptsacheentscheidung – Prüfungsmaßstab, Quoren, Mehrheiten, Tenorierung und Wirkungen

Die Klage ist in der Hauptsache begründet, wenn der Antragsgegenstand gegen den Prüfungsmaßstab in formeller oder materieller Hinsicht verstößt.[469] Der Prüfungsmaßstab ist ausschließlich das Bundesverfassungsrecht mit seinen zum Urteilszeitpunkt noch in Kraft befindlichen Normen.[470] Zu dem maßstäblichen sog. *bloco de constitucionalidade* gehören auch ungeschriebene Prinzipien des gegenwärtigen Verfassungsrechts.[471] Neben dem Text der Bundesverfassung können auch weitere, nicht ausdrücklich aufgeführte Menschenrechte dazukommen, die sich aus Verfassungsprinzipien ableiten lassen oder sich aus bestehenden völkerrechtlichen Konventionen mit Beteiligung Brasiliens ergeben, für die eine Öffnungsklausel in der Verfassung besteht.[472] Bei verfassungsändernden Gesetzen ist der Maßstab auf die formellen Anforderungen und die Ewigkeitsklauseln in Art. 60 CF[473] eingeengt. Handelt es sich um gliedstaatliche Verfassungsbestimmungen, so ist der Prüfungs-

467 Das abgekürzte Verfahren wurde z. B. bei der Klage der OAB gegen Bestimmungen des häufig angewandten Prozessgesetzes über die Sicherungsverfügung (G 12.016/2009, dazu i.E. u. A.V.c) in der Sache STF, ADI 4.296, BE Marco Aurélio, DJ v. 10.11.2009, gewählt.

468 C. de Oliveira Santos Colnago, JusNav Nr. 2.382 (2010), mit dem Beispiel STF, ADI (MC) 1.851/AL, BE Ilmar Galvão, DJ v. 23.10.1998, gegenüber ADI, 1.851/AL, BE Ilmar Galvão, DJ v. 13.12.2002.

469 Art. 24 G 9.868. Vgl. P. Lenza, a.a.O., 98 ff.

470 Verstöße administrativer Rechtsnormen gegen einfaches Bundesrecht sind demgegenüber *nicht* ausreichend, auch nicht mit der Begründung, es werde damit das verfassungsrechtliche Prinzip der Gesetzmäßigkeit verletzt. Die Verfassungsverletzung wird in diesen Fällen als bloßer „Rechtsreflex" abgelehnt, denn ansonsten könnte jedwede Rechtsverletzung vor dem STF geltend gemacht werden, wodurch die Zuständigkeit systemwidrig ausufern würde. Die Bewahrung des einfachen Bundesrechts ist nach dem Willen des Verfassungsgebers Sache des STJ (Art. 104 ff. CF).

471 Vgl. STF, ADI 1.588, BE Celso de Mello, DJ v. 17.4.2003.

472 In Art. 5 § 2 CF. Nachkonstitutionelle völkerrechtliche Verträge werden hingegen durch Ratifizierung grds. nicht zu Verfassungsrecht, sie gelten (nur) übergesetzlich (anders aber das ausführliche Votum v. Celso de Mello in HC 87.585/TO, BE Marco Aurélio, DJe v. 26.6.2009), es sei denn, es handelt sich um einen Vertrag über Menschenrechte, der nach dem Ritus des Art. 5 § 3 CF ähnlich einem verfassungsändernden Gesetz angenommen wurde; der Vertrag gilt dann wie Verfassungsrecht, befindet sich jedoch außerhalb des Verfassungstextes.

473 *Cláusulas pétreas*, wörtlich: steinerne Klauseln. Es bestehen einige Unterschiede zum Art. 79 GG: Inititiativberechtigt für Verfassungsänderungen sind neben den Gesetzgebungskammern des Nationalkongresses (Entwurf mindestens eines Drittels der Mitglieder)

maßstab wegen deren Verfassungsautonomie auf die sog. „empfindlichen" Verfassungsprinzipien gemäß Art. 34 VII CF verengt, die diese zu wahren haben.

Quorum und Mehrheitserfordernisse richten sich im G 9.868 nach Art. 22 und 23: Über die Verfassungswidrigkeit der Rechtsnorm im Rahmen der Normenkontrolle kann danach nur bei einem Anwesenheitsquorum von mindestens acht (d.h. 2/3) der elf Verfassungsrichter in einer Sitzung verhandelt werden. Bei einer zu großen Anzahl abwesender Richter in einer Sitzung – unabhängig davon, ob entschuldigt oder nicht – wird die Urteilsfindung solange aufgeschoben, bis die für eine Entscheidung erforderliche Richteranzahl mitwirken kann. Sechs Richter, d.h. die absolute Mitgliedermehrheit, müssen bei erreichtem Quorum für die Verfassungswidrigkeit votieren, damit die Klage begründet ist. Soweit folgt dies auch aus dem bereits angesprochenen Plenarvorbehalt des Art. 97 CF. Selbst wenn das Quorum erreicht ist, muss nach der einfach-gesetzlichen Regelung die Mitwirkung weiterer Richter abgewartet werden, wenn sich noch keine sechs Richter für *oder gegen* die Verfassungswidrigkeit der Norm ausgesprochen haben, z. B. wenn das Stimmenverhältnis bei acht mitwirkenden Richtern 5:3 oder im extremen Fall bei zehn mitwirkenden Richtern gar 5:5 ist. Im Gegensatz zu der Regel in § 15 IV 3 BVerfGG kann eine Stimmengleichheit beim STF, die nur im Falle von objektiver oder subjektiver Befangenheit, krankheits- oder urlaubsbedingter Abwesenheit oder der temporären Nichtbesetzung der Richterstelle eintreten kann, stets nur ein vorübergehender Zustand sein, mit dem keine Normenkontrollentscheidung herbeigeführt wird. Die im Jahr 2009 eingeführte allgemeine Entscheidungsregel des Art. 146 RISTF (die dem deutschen § 15 IV 3 BVerfGG ähnelt) vermag das geltende Gesetzesrecht, hier Art. 23 G 9.868 für die Normenkontrolle, nicht zu brechen. Zur Vermeidung einer längeren Phase des Abwartens ist jedoch das Instrumentarium der Art. 13 IX und 40 RISTF in Erwägung zu ziehen, gegen dessen Anwendung kein höherrangiges Recht spricht. Nötigenfalls könnte danach bei einer mehr als 30-tägigen Abwesenheit eines Richters ausnahmsweise dieser vom Präsidenten des STF für die Mitwirkung an der Entscheidung herangezogen werden, und ansonsten könnte schließlich der Präsident selbst mitvotieren.[474]

auch der Präsident der Republik und die gliedstaatlichen Parlamente (Entwurf mit relativem Mehrheitsbeschluss). Das Verfahren darf nicht während Bundesintervention, Verteidigungsfall und Ausnahmezustand eingeleitet werden, ebenfalls nicht, wenn der Entwurf bereits innerhalb derselben Sitzungsperiode zur Abstimmung gestanden hat. Es finden zwingend zwei Lesungen in beiden Kammern statt. Zur Annahme bedarf es jeweils einer Dreifünftelmehrheit der Mitglieder. Materiell unabänderlich sind die föderative Staatsform, das unmittelbare, geheime, allgemeine und periodisch wiederkehrend auszuübende Wahlrecht, die Gewaltenteilung und die individuellen Rechte und Garantien.

474 Nach Art. 40 RISTF a.F. (in Kraft bis 2009) kam eine Hinzuziehung von Richtern insb. des STJ in Betracht, was aber bereits manchen im Lichte des Art. 101 CF als verfassungswidrig erschien (s. N. Nery Jr./R.M. de Andrade Nery, CF comentada, Art. 102, Anm. 2).

Sind schließlich sechs *Ministros* für die Verfassungswidrigkeit der Rechtsnorm, ist die Klage begründet (Gelangen jedoch sechs der Richter zum Ergebnis der Verfassungsmäßigkeit der Norm, wird diese im selben Prozess gleich allgemeinverbindlich für verfassungsgemäß erklärt).[475]

Verfassungswidrigkeit bedeutet im Zweifel *ex tunc* wirkende Nichtigkeit,[476] so dass durch das Urteil die Rechtslage von vor Erlass der ungültigen Norm wiederhergestellt wird. Der in letzter Zeit immer häufiger angewandte Art. 27 G 9.868 erlaubt dem STF jedoch, diese Wirkung zu beschränken und eine in Brasilien sog. „Modulation", d.h. eine Dosierung der Rückwirkung nach Ermessen „unter Berücksichtigung von Rechtssicherheit und besonderen gesellschaftlichen Interessen", mit zwei Dritteln der Mitglieder des Gerichts (Stimmen von acht Richtern) vorzunehmen; bestimmt werden kann so, dass die Wirkung ab einem anderem Zeitpunkt, etwa erst ab Rechtskraft der Entscheidung *ex nunc* oder *pro futuro* eintreten soll.[477] Gerade hinsichtlich der Befugnis, einen zukünftigen Termin für den Wirkungsbeginn festzusetzen, ist stets Vorsicht geboten, da damit für einen Übergangszeitraum eine nicht der Verfassung entsprechende Rechtslage sanktioniert wird und i.d.R. schon wegen der (z.T. langen) Anhängigkeit des verfassungsgerichtlichen Verfahrens ein schützenswertes Vertrauen auf die vorherige Rechtslage selten vorhanden sein wird. Das STF kann über die Vorschrift aber Einfluss

475 S. auch u. A.I.4 zur untrennbaren wechselseitigen Verzahnung der ADI mit der ADC.

476 STF, ADI (ED) 2.728, BE Marco Aurélio, DJ v. 5.10.2007; auch schon A. Buzaid, A ação direta de declaração de inconstitucionalidade no direito brasileiro, 130 ff.; G. Ferreira Mendes, Jurisdição Constitucional, 288, 292 f. Bis hin zum rechtskräftigen Urteil gilt die „Vermutung der Verfassungsmäßigkeit" für jede Rechtsnorm (J.T. de Almeida Melo, Direito Constitucional, 167).

477 Vorbild für die Regelung war der entsprechende Art. 282 Nr. 4 der Verfassung der Republik Portugal 1976, der die Merkmale der „Rechtssicherheit, Gründe der Billigkeit und des öffentlichen Interesses" enthält und auch die Rspr. des BVerfG (so STF, ADI [MC] 2.215, BE Celso de Mello, DJ v. 26.4.2001). Beispiel für die Anwendung: STF, ADI 2.240, BE Eros Grau, DJ v. 3.8.2007, zu einer in verfassungswidriger Weise in einem Bundesstaat durch Gesetz geschaffenen Kommune, die nach Auffassung des STF aus Gründen der Rechtssicherheit nicht nach sechs Jahren Bestand *ex tunc* aufgelöst werden konnte; es erhielt das Gesetz für eine 24-Monatsfrist aufrecht und gab dem Gesetzgeber damit für eine gewissenhafte Neuregelung Zeit; ADI 2.501, BE Joaquim Barbosa, DJe v. 19.12.2008, zur Bestandskraft von Bildungsabschlüssen, die aufgrund eines kompetenzwidrigen, aber anhand von Art. 27 nicht retroaktiv vernichteten Gesetzes erworben worden waren; ADI 3.819, BE Eros Grau, DJe v. 24.10.2007, zu mit der CF unvereinbaren Vorschriften über Laufbahnen in der Justiz, deren Gültigkeit erst sechs Monate nach dem Urteil entfallen sollte; s. auch die ausdrückliche Anwendung z. B. bei ADI 1.987, BE Gilmar Mendes, Inf. 576 v. 4.3.2010. In den noch anhängigen Prozessen beim STF, ADI 2.154/DF und ADI 2.258/DF, beide BE Menezes Direito, wird eine Bestätigung der Verfassungsmäßigkeit des Art. 27 (dort neben anderen Vorschriften des Gesetzes als prinzipaler Streitgegenstand) erwartet. Ausführlicher zur Vorschrift G. Ferreira Mendes, REDE 13 (2008). Die Vorschrift ist i.Ü. mittlerweile analog auf die inzidente Normenkontrolle im Rahmen der Rechtsmittelzuständigkeit des STF angewandt worden (s. u. B.V.4). S. zu Möglichkeit und Maß der Rückbewirkung von Urteilsaussagen nach Einzelfallabwägung auch das grundlegende Urteil des U.S. *Supreme Court* „Linkletter versus Walker", 381 U.S. 618 (1965).

auf die tatsächlichen Auswirkungen und Folgen seiner Entscheidungen nehmen und ist sehr frei, gestaltend auch einzelfallgerechte Lösungen zu finden. Es kann vor allem der Tatsache Rechnung tragen, dass es u.U. weniger gravierend sein kann, wenn ein mangelhaftes Gesetz eine Zeit lang fortgilt, als wenn, wie es bei einer Nichtigerklärung der Fall ist, überhaupt keine gesetzliche Regelung vorliegt. Die mit dieser Freiheit verbundene, dem STF überlassene Verantwortung ist groß.

Art. 28 § 1 G 9.868 gibt Aufschluss über weitere mögliche Entscheidungsvarianten neben der Feststellung der Verfassungswidrigkeit einer Norm, indem er die verfassungskonforme Auslegung[478] und die Teilverfassungswidrigkeit ohne gerichtliche Normtextreduzierung[479] anspricht. Diese erlauben einen schonenderen Umgang mit Rechtsnormen und der Sphäre der normgebenden Gewalten, weil sie diese, soweit es möglich ist, aufrechterhalten. Das brasilianische Verfassungsprozessrecht hat in Anlehnung an die Rechtsprechung des BVerfG auch die Unvereinbarerklärung (mit Weitergeltensanordnung) in den Kanon der Entscheidungsvarianten aufgenommen,[480] und darin ebenfalls eine gerechtfertigte Ausnahme zum Dogma der Nichtigkeit *ex tunc* von verfassungswidrigen Normen erkannt. Auch Appellentscheidungen (etwa bei „noch verfassungsmäßigen" Rechtslagen)[481] sind anerkannt.[482]

Das STF hat die Entscheidung über die Verfassungswidrigkeit von Normen auch auf nicht in der Antragsschrift ausdrücklich angegriffene, aber mit diesen in Zusammenhang stehende Normen ausgedehnt.[483] Das Gericht kann Anträgen teilweise entsprechen, es kann aber bei einer teilweisen Erklärung der Verfassungswidrigkeit keine Bruchteile von Normen übrig lassen, die so dem Willen des Gesetzgebers zuwiderlaufen.[484]

478 Zu dieser G. dos Santos Sicca, RIL 143 (1999), 19; krit. L.L. Streck, Jurisdição constitucional e hermenêutica, 2004, 616 ff. Schon wegen des Gebots der Gewaltenharmonie hat diese beim STF wie bei anderen Gerichten stets Vorrang vor einer (Teil-)Nichtigerklärung.

479 Schon vor Erlass des G 9.868 wurde dieser Unterfall der verfassungskonformen Normauslegung angewandt, s. z. B. STF, ADI (MC) 1.600, BE Sydney Sanches, DJ v. 6.2.1998.

480 STF, ADI 1.351, BE Marco Aurélio, DJ v. 30.3.2007, bzgl. wahlrechtlicher Bestimmungen, die zur Vermeidung eines „normativen Vakuums" trotz Verfassungswidrigkeit bis zur Neuregelung durch den Kongress in Kraft bleiben sollten.

481 Zu dieser Kategorie grundlegend schon C. Pestalozza, „Noch verfassungsmäßige" und „bloß verfassungswidrige" Rechtslagen, in: C. Starck (Hrsg.), Festgabe BVerfG I, 519 ff.; s. auch R.A. Lorz, Interorganrespekt im Verfassungsrecht, 409 ff.

482 G. Ferreira Mendes, Jurisdição Constitucional, 339 ff., und in: H. Lopes Meirelles/A. Wald/G. Ferreira Mendes, Mandado de Segurança, 443 m.N. zu Entscheidungen. Beispiel: STF, RE 135.328/SP, BE Marco Aurélio, DJ v. 20.4.2001, nahm sog. „progressive Verfassungswidrigkeit" einer strafprozessrechtlichen Vorschrift an, die dem *Ministério Público* eine nach der Verfassung an sich der Pflichtverteidigerbehörde zustehende Kompetenz zur Unterstützung von Bedürftigen zuweist; sie sollte zur Sicherung des Rechts auf effektiven Rechtsschutz der Bedürftigen solange in Kraft bleiben, bis die noch einzurichtende Pflichtverteidigerbehörde des Bundesstaates tatsächlich arbeitsfähig ist.

483 ADI (QO) 2.982, BE Gilmar Mendes, DJ v. 12.11.2004.

484 J. Taveira Bernardes, RIL 171 (2006), 49.

Schon gemäß Art. 102 § 2 CF sind die Hauptsacheentscheidungen des STF in den Verfahren der Normenkontrolle gegenüber jedermann wirksam (dies entspricht Gesetzeskraft) und entfalten – genau aus diesem Grunde – eine Bindungswirkung auch für die weiteren Organe der Rechtsprechenden Gewalt[485] und die unmittelbare und mittelbare öffentliche Verwaltung auf Bundes-, Bundesstaaten- und kommunaler Ebene.[486] Wie oben bereits aufgezeigt, bedarf es für diesen Effekt im Gegensatz zu den Verfahren, in denen das STF Verfassungsmäßigkeit inzident kontrolliert, nicht einer zusätzlichen Entschließung durch den Bundessenat gemäß Art. 52 X CF, der auf die abstrakte Normenkontrolle nicht anwendbar ist. Allein die Legislative ist nicht gebunden und somit nicht gehindert, in späterer Zeit wieder ein Gesetz mit demselben Regelungsgehalt zu beschließen;[487] sie soll nur kontrolliert, ihr sollen nicht für immer „die Hände gebunden" werden, was angesichts sich wandelnder Umstände in der Verfassungswirklichkeit unangemessen wäre. Oberstes Bundesgericht und Gesetzgeber stehen daher nicht in einem Subordinations-, sondern eher in einem „dialektischen" Verhältnis zueinander.

Die die Entscheidung tragenden Gründe sollen an der Bindungswirkung nach dem neuesten Stand der Rechtsprechung nicht mehr unmittelbar teilhaben.[488] Das bedeutet *prima facie*, nur der auf die konkret geprüfte Rechtsnorm bezogene und später zwingend zu verkündende Entscheidungstenor soll die Bindungswirkung entfalten. Diese Annahme müsste in Konsequenz an sich dazu führen, dass vorbestehende, zwar inhaltsgleiche, aber nicht in der konkret beurteilten ADI streitgegenständliche Rechtsnormen anderer föderaler Einheiten durch die Entscheidung des STF nicht automatisch von der Verfassungswidrigkeit miterfasst würden, sondern dass lediglich die im Tenor konkret bezeichnete Rechtsnorm von allen ge-

485 Eine Selbstbindung des STF besteht demnach nicht. Vgl. auch R. Camilo de Oliveira, Verfassungsgerichtsbarkeit in Brasilien, 47; Z. Veloso, Controle jurisdicional de constitucionalidade, 283 f.

486 Die Bindungswirkung des Art. 102 § 2 CF hat das STF i.Ü. schon auf seine vorangehenden einstweiligen Anordnungen erstreckt (ADC [MC] 4, BE Sydney Sanches, DJ v. 21.5.1999; für die ADI s. Rcl. 2.256/RN, BE Gilmar Mendes, DJ v. 30.4.2004).

487 STF, ADI (MC) 907/RJ, BE Ilmar Galvão, DJ v. 3.12.1993; Rcl. (AgR) 2.617/MG, BE Cezar Peluso, DJ v. 20.5.2005. Wiederholte Gesetze sind demzufolge ggf. nur im Wege erneuter Normenkontrollklagen zu beseitigen.

488 So nun jedenfalls STF, Rcl. (AgR) 2.990, BE Sepúlveda Pertence, DJ v. 14.9.2007. Umstritten ist dies allerdings, auch gerichtsintern, immer noch (s. nämlich kurz vorher im gegenteiligen Sinn Rcl. 1.987/DF, BE Maurício Corrêa, DJ v. 21.5.2004; Rcl. [MC] 2.986, BE Celso de Mello, DJ v. 18.3.2005). In Rcl. (AgR) 2.475/MG, BE Carlos Velloso/Marco Aurélio, DJe v. 1.2.2008, wurde dann knapp gegen eine automatische Transzendenz der tragenden Gründe entschieden. Dass jüngst ein lediglich auf eine einzige erfolgreiche ADI gestützter bindender Leitsatz (SV Nr. 28, s. STF, PSV 37/DF, DJ v. 4.3.2010) für nötig befunden wurde, um die festgestellte Verfassungswidrigkeit eines Bundesgesetzes auf inhaltsgleiche Vorschriften anderer föderaler Ebenen zu erstrecken, bekräftigte dieses Verständnis. Diese Auffassung deckt sich auch mit dem allgemeinen Art. 469 CPC („Nicht an der Rechtskraft teil nehmen: I – die Gründe, selbst wenn sie wichtig sind, um die Reichweite des Tenors zu bestimmen…").

bundenen Stellen als nichtig zu behandeln ist; desweiteren wären die anderen föderalen Einheiten ohne eine Einbeziehung der allgemeinen und auch auf sie übertragbaren Entscheidungsgründe rechtlich auch nicht gehalten, entsprechende Änderungen oder eine Aufhebung eigenen Rechts in ihrem Zuständigkeitsgebiet zur Umsetzung der STF-Entscheidung vorzunehmen. Jedoch sollen spätere, durch Betroffene erhobene Beschwerden[489] vor dem STF gegen andere föderale Untergliederungen Erfolg haben, wenn diese eine geäußerte Rechtsauffassung des STF als Hüter der Verfassung und letztverbindliche Instanz bei deren Auslegung nicht beachten.[490] Über die Beschwerdesanktion besteht also im Ergebnis doch eine (mittelbare) Übertragbarkeit auf die weiteren Normen mit identischem Inhalt in der Föderation. Zur Vermeidung einer Beschwerde ist also durch die Entscheidung der ADI eine Aufhebung der identischen Akte in allen von Art. 102 § 2 CF erwähnten Stellen geboten; und zukünftige gleichartige Normgebungsakte (jenseits der Legislative, die ja nicht für Zukunft gebunden wird) sind bei unveränderter Sach- und Verfassungslage verboten.[491]

Bei der Direktklage wegen Unterlassens einer Rechtsnorm greift im Erfolgsfalle primär der bereits oben zitierte Art. 103 § 2 CF, nach dem nur der Exekutive bei Säumnis eine 30-Tage-Frist ab Verkündung zur Korrektur gesetzt ist, aber die Legislative lediglich – ohne Durchsetzungs- oder Sanktionsmöglichkeit – appellierend auf den Handlungsbedarf aufmerksam gemacht wird.[492] Deutlich wird, dass

489 Zum Rechtsbehelf der Beschwerde s. u. A.VI.2.

490 STF, Rcl. 595/SE, BE Sydney Sanches, DJ v. 23.5.2003: eine im Verfahren der ADI festgestellte Anforderung an die Verfassung von Rio Grande do Sol wurde als übertragbar auf die Verfassung von Sergipe angesehen; auch Rcl. (MC) 4.987, BE Gilmar Mendes, DJ v. 13.3.2007, wiederholt den Mangel an Bindungswirkung und Transzendenz der Entscheidungsgründe, hält aber die Beschwerde wegen deren Zweck zur Sicherung der Autorität der Entscheidungen des STF für begründet.

491 M. Jorge e Silva Neto, Curso de Direito Constitucional, 214 f.; vgl. zum herrschenden Verständnis und m.N. weiterer Rspr. des STF auch G. Ferreira Mendes, in: H. Lopes Meirelles/ A. Wald/ders., a.a.O., 472. S. für eine Transzendenz der Entscheidungsgründe zur Bindung der staatlichen Stellen an die Verfassungsauslegung des STF auch P. Perrone Campos Mello, RDA 241 (2005), 177 ff.; M. Cama Proença Fernandes, OJC Jg. 3 (2009/10).

492 Vgl. STF, ADI 1.484, BE Celso de Mello, DJ v. 28.8.2001. Ist die Verfassungswidrigkeit des Unterlassens festgestellt und schafft die zuständige Stelle keine Abhilfe, kann dies allerdings Schadensersatzansprüche gegen die Körperschaft begründen. In ADI 3.682/MT, BE Gilmar Mendes, DJe v. 6.9.2007, erklärte das Gericht den (über zehnjährigen) Verzug des Nationalkongresses und setzte eine Frist von 18 Monaten (die das STF aber ausdrücklich nur als Richtwert verstanden wissen wollte) zur Schaffung gesetzlicher Regelungen über die Änderung des Zuschnitts von Munizipien (wie von Art. 18 § 4 CF ins Auge gefasst), dies unter Hinweis auf die Konsequenzen der Untätigkeit. In der gliedstaatlichen Normenkontrolle können die Konsequenzen bei verfassungswidrigem Unterlassen andere sein (vgl. etwa Art. 124 der Verfassung von Piauí, der eine Fristsetzung gegenüber dem säumigen Organ und ggf. eine Verfolgung als Amtsvergehen vorsieht). Vgl. auch u. A.V.1.d zur neueren, proaktiveren Tenorierungspraxis des STF im ähnlichen Injunktionsverfahren, zu der eine selbst angesichts von höchstrichterlichen Urteilen persistente gesetzgeberische Untätigkeit Anlass gegeben hat.

die Klage darüber hinausgehend nicht zur Implementierung einer Politik genutzt werden kann; *policy making* ist die Angelegenheit der anderen Staatsgewalten.[493] Basierend auf verfassungstatsächlichen Erfahrungen der letzten Jahrzehnte ergänzt die Verfassung seit 2009 ein Art. 12-H G 9.868, der das Gericht ermächtigt, ausnahmsweise im Hinblick auf besondere Umstände des Falles und das öffentliche Interesse eine – von den genannten 30 Tagen abweichende – angemessene Frist festzusetzen.

Die Normenkontrollentscheidungen sind, abgesehen von den stets in Betracht kommenden Berichtigungsanträgen, unanfechtbar; auch die Wiederaufnahmeklage ist, anders als bei anderen Kompetenzen vor dem STF, nicht statthaft.[494] Wird die Entscheidung trotz ihrer Bindungswirkung von staatlichen Stellen (wiederum ausgenommen die Legislative bei Normwiederholung) missachtet, so ist eine Beschwerde (Art. 102 I lit. l CF) von jedem, der von der Missachtung betroffen ist, unmittelbar an das STF statthaft.[495]

Die Verfassungswidrigkeit oder Verfassungsmäßigkeit der Norm muss ggf. zumindest theoretisch binnen zehn Tagen im *Diário da Justiça* (DJ) und – da es sich endgültig um ungültige abstrakt-generelle Regelungen handelt – ausnahmsweise auch im *Diário Oficial da União* (DOU)[496] verkündet werden.[497] Die Abfassung des Urteils insgesamt nimmt wesentlich längere Zeit in Anspruch.

Wenn durch das STF ein im Prozess vor Instanzgerichten angewandtes Gesetz für verfassungswidrig erklärt wird, hat der lokale Richter diesen Umstand dort im laufenden Prozess *ad hoc* zu berücksichtigen.[498] Nach Rechtskraft in instanzgerichtlichen Prozessen und Bestandskraft administrativer Verfahren sind Einzelakte dann grundsätzlich unantastbar.[499] Dass Einzelakte, die in der Vergangenheit aufgrund der verfassungswidrigen Rechtsnorm ergangen und bestandskräftig sind, nicht automatisch ungültig werden, ist trotz des Fehlens einer dem § 79 BVerfGG entsprechenden Norm auch wegen des Verfassungsprinzips der Rechtssicherheit anerkannt.[500] Eröffnet bleibt jedoch die Wiederaufnahmeklage unter Beachtung

493 M. Jorge e Silva Neto, a.a.O., 188.

494 Vgl. Art. 26 G 9.868. Die auf dem Gedanken der Rechtssicherheit fußende Vorschrift unterbindet auch die bis 1999 zulässig gewesenen Rechtsbehelfe wegen Nichteinstimmigkeit (*Embargos Infringentes*, s. o. Fn. 130), STF, ADI (EI) 1.289, BE Gilmar Mendes, DJ v. 27.2.2004. Im Rahmen von Berichtigungsanträgen können u.U. mit der erforderlichen Zweidrittelmehrheit auch Unklarheiten über das Maß einer Rückwirkung geklärt werden (vgl. ADI [ED] 3.601, BE Dias Toffoli). Krit. zur Wiederaufnahmeklage wegen des deutlichen Wortlauts des Art. 102 I lit. j CF J.T. de Almeida Melo, a.a.O., 222.

495 S. zu der Beschwerde-Kompetenz des STF noch u. A.VI.2.

496 Brasilianisches Bundesgesetzblatt.

497 S. Art. 28. Nach Art. 25 G 9.868 ist außerdem eine direkte Mitteilung an die für die Norm verantwortliche Stelle zu machen.

498 Art. 462 CPC.

499 Darauf besteht gemäß Art. 5 XXXVI CF jeweils ein subjektiv-öffentliches Recht.

500 R. Camilo de Oliveira, a.a.O., 49. S. auch Art. 1 § 1 des präsidialen Dekrets Nr. 2.346/1997, der die Unantastbarkeit der Bestandskraft postuliert.

ihrer Zulässigkeitsvoraussetzungen binnen zwei Jahren;[501] bei Strafurteilen ist eine Revision zeitlich unbegrenzt[502] statthaft. Gemäß Art. 475-L/741 CPC besteht zudem eine Grundlage für eine erfolgreiche Vollstreckungsabwehrklage, wenn ein entscheidungserhebliches Gesetz vom STF für verfassungswidrig erklärt wurde oder die Entscheidung auf einer vom STF mit der Verfassung für unvereinbar erklärten Norm beruht.[503]

4. Die Klage auf Feststellung der Verfassungsmäßigkeit

Eng verwandt mit der Direktklage wegen Verfassungswidrigkeit ist die Klage auf Feststellung der Verfassungsmäßigkeit einer Rechtsnorm (*Ação Declaratória de Constitucionalidade* – ADC).[504] Regelungsort der ADC ist in der Verfassung ebenfalls Art. 102 I a), 103, weiterhin im G 9.868/1999 die Art. 13–21.

Die Klage auf Feststellung der Verfassungsmäßigkeit wurde mit der Verfassungsänderung Nr. 3/1993 eingeführt, welche in der Lehre umstritten gewesen ist, jedoch vom STF selbst alsbald bei ihrer ersten Anwendung als verfassungsmäßig beurteilt wurde.[505] Nach der Erweiterung der Antragsbefugnis für die ADI und des Antragsgegenstands um die Unterlassungen mit der Verfassungsgebung im Jahr 1988 war die Einführung der ADC der zweite historische Schritt im Prozess der wachsenden Konzentration der Verfassungsmäßigkeitskontrolle.

Die Klageart dient primär der Herstellung von Rechtssicherheit. Zwar gilt für staatliche Akte zunächst eine Vermutung der Verfassungsmäßigkeit, jedoch kann jedes Gericht nach Prüfung einer entscheidungserheblichen Norm zu dem Ergebnis gelangen, eine Rechtsnorm als nichtig zu betrachten. Es kann somit leicht zu hunderten und teils konfligierenden Urteilen über dieselben Sachverhalte kommen. Selbst wenn das STF – oft wesentlich später – dazu kommt, letztinstanzlich zu entscheiden, wird damit wegen Art. 52 X CF und der noch gegebenen verfassungsrechtlichen Möglichkeit, dass der Bundessenat die Allgemeinverbindlicherklärung verweigert, nicht immer eine Einheitlichkeit der Rechtsanwendung erreicht.[506] Die ADC sollte also – unter Ausnutzung der Bindungswirkung gemäß Art. 102 § 2 CF

501 Art. 485, 495 CPC.
502 Art. 622 CPP.
503 Näheres dazu bei F. Didier Jr./P. Sarno Braga/R. Oliveira, Aspectos Processuais da ADI e da ADC, in: F. Didier Jr. (Hrsg.), Ações Constitucionais, 405 (480 ff.).
504 Sowohl die ADI (*Ação direta*) als auch die ADC (*Ação declaratória*) sind „direkte“, d.h. originär beim STF angesiedelte Klagen und führen zu einem „feststellenden“ Urteil, so dass der Namensunterschied zwischen beiden insofern ungerechtfertigt ist, vgl. I. de Carvalho Neto, ADC, 38 ff. Der *Ministro* Marco Aurélio in seinem Votum in STF, ADC (QO) 1/DF, BE Moreira Alves, DJ v. 16.6.1995, sprach von „Zwillingsklagen“.
505 STF, ADC (QO) 1/DF, BE Moreira Alves, DJ v. 16.6.1995.
506 Vgl. C.M. Clève, Fiscalização Abstrata, 276.

– die mit dem System der diffusen Verfassungsmäßigkeitskontrollen verbundenen Unsicherheiten über die Anwendung oder Nichtanwendung von Rechtsnormen durch die Gerichte des Landes vermindern, und so nach dem Verdikt des STF für eine gleichförmige Anwendung des Rechts sorgen. Damit verbunden ist der erhoffte Nutzen, den der Justiz entgegengebrachten Misskredit zu lindern, der u.a. aus einer inkonsistenten Rechtsprechung resultiert. Voraussetzung für den Eintritt dieses Nutzens ist aber stets auch eine zeitnahe Entscheidung des STF.

Sekundärer Effekt ist eine Beschleunigung der Prozesse, da in diesen von den Parteien nicht mehr zur zugrunde liegenden Rechtsnorm als solcher, sondern nur zu ihrer konkreten Anwendung Stellung genommen werden muss. Das Gesetz ist kein tauglicher inzidenter Streitgegenstand mehr. Der Richter hat die Norm nicht mehr zu würdigen. Er kann und muss sie als gegeben hinnehmen, d.h. ihm sind damit die Normprüfungs- und die Normverwerfungskompetenz entzogen.

Die Klageart hat keine unmittelbar entsprechende Vorgängerregelung. Der Vorläufer der ADI (die *Representação de Inconstitucionalidade* vor dem STF gemäß Art. 101 I lit. k CF 1946 allein seitens des *Procurador-Geral da República*) allerdings ist z.T. – anfangs auch vom STF – so verstanden worden, dass der *Procurador* den Antrag auch trotz eigener Überzeugung von der Verfassungsmäßigkeit einer Rechtsnorm zu stellen hatte, wenn er von einer dritten Stelle darum ersucht wurde, die ihrerseits für die Verfassungswidrigkeit argumentierte.[507] Der *Procurador* musste nach diesem Verständnis den Drittantrag an das STF weiterleiten, konnte aber einen Schriftsatz mit der eigenen Überzeugung beifügen und somit für die Verfassungsmäßigkeit plädieren. Auch über Art. 119 I o) CF 1969, die 1977 eingefügte sog. *Avocatória*, konnte später in begrenztem Maße und theoretisch eine Gleichförmigkeit der Rechtsanwendung hergestellt werden: Nach diesem Artikel war das STF zuständig, über die vor jedwedem anderen Gericht verhandelten Rechtssachen zu entscheiden, die es auf Antrag des *Procurador* an sich ziehen konnte, um die Vollziehung einer dort bereits getroffenen Entscheidung auszusetzen und um selbst über den gesamten Rechtsstreit zu erkennen, wenn die „unmittelbare Gefahr eines schwerwiegenden Schadens für die Ordnung, die Gesundheit, die Sicherheit oder die öffentlichen Finanzen" angenommen wurde.[508] Die einheitliche Rechtsanwendung wurde damals also nicht wie jetzt durch eine verbindliche Vorgabe des STF an alle fortan mit einer Rechtsnorm befassten Gerichte sichergestellt, sondern konnte von Fall zu Fall auf alleinige Initiative des *Procurador* gemäß dem Interesse der Machthabenden durch ein Eingreifen des STF bei Vorliegen des Tatbestands bewirkt werden. Wegen ihrer Unbestimmtheit und des

507 Vgl. auch G. Ferreira Mendes, ADC, in: I. Gandra da Silva Martins/ders. (Hrsg.), ADC, 67 ff.; I. de Carvalho Neto, a.a.O., 26 ff.

508 Dazu A. Ramos Tavares, Curso de Direito Constitucional, 277 ff.

Prinzips des gesetzlichen Richters wurde an dieser Regelung 1988 nicht festgehalten.

Festzuhalten ist schließlich, dass das STF unter der jetzt geltenden Verfassung auch schon vor 1993 bei Direktklagen wegen Verfassungs*widrigkeit* nicht strikt verlangt hat, dass der Antragssteller auf eine Feststellung der Verfassungswidrigkeit hinaus wollte, sondern auch Klagen angenommen hat, in denen dieser von der Verfassungsmäßigkeit ausging,[509] zumal ein Antragsgrund – wie die Überzeugung von der Verfassungswidrigkeit, Zweifel oder Meinungsverschiedenheiten – bei der ADI rechtlich nie positiviert war. Nun existieren ADI und ADC nebeneinander, und ihre Unterscheidung ist wegen – zwar nur geringfügig, aber dennoch – divergierender Zulässigkeits- und Verfahrensvorschriften wesentlich.

Gegen die ADC eingewandt worden waren die fehlende Erforderlichkeit, da ihr Anliegen eben auch mit Hilfe der ADI bewältigt werden könne, ebenso die mit der starken Machtkonzentration bei der Verfassungsgerichtsbarkeit verbundene Schwächung der richterlichen Unabhängigkeit in den unteren Instanzen und der „Versteinerungseffekt", der daraus folge, dass die Verfassungsmäßigkeit von Rechtsnormen durch das Urteil des STF für immer festgeschrieben werde und die Gerichte die betreffenden Normen dann, aller Rechtstradition zuwider, nur noch anwenden, nicht aber mehr hinterfragen dürfen,[510] sowie eine Verletzung des Art. 5 XXXV CF, nach dem kein Gesetz die Würdigung eines Streitfalles durch die Rechtsprechende Gewalt ausschließen darf (Zugang zur Justiz und effektiver Rechtsschutz).[511] Auch sei die Sanktionierung von Normen zur Gewährleistung von deren Fortbestand nicht mehr Rechtsprechung, sondern Mitwirkung an Normgebung, was gegen die Gewaltenharmonie aus Art. 2 CF verstoße.[512] Schließlich sei auch das rechtliche Gehör (*princípio do contraditório* und *ampla defesa*, Art. 5 LV CF) verletzt, da eventuell durch die Rechtsnorm belastete Mitglieder der Gesellschaft im ADC-Prozess nicht beteiligt würden.[513] Zu einem guten Teil deckten sich diese ablehnenden Argumente mit den ca. ein Jahrzehnt später wiederholten Bedenken gegen die bindenden Leitsatzformeln nach Art. 103-A CF,[514] mit der insbesondere den Instanzgerichten ein ähnliches „Korsett" angelegt wird. Die Argumente der Rechtssicherheit und der Gleichheit der Rechtsanwendung haben die-

509 Vgl. G. Ferreira Mendes, REDE 12 (2007), 7.

510 Die „offene Gesellschaft der Verfassungsinterpreten" wird mit jeder erfolgreichen ADC sozusagen wieder ein Stück weit geschlossen (J.T. de Almeida Melo, a.a.O., 204).

511 Vgl. N. Nery Jr./R.M. de Andrade Nery, CF comentada, Art. 102, Anm. 13; I. de Carvalho Neto, a.a.O., 31 ff. m.w.N.

512 G. Ataliba, RIL 121 (1994), 33 ff. Vgl. zum Fächer von Kritikpunkten auch A. Brawerman, RDCI 51 (2005), 199 ff.; und M. Harger, CDCCP 26 (1999), 193 ff., die Kritik im Allgemeinen zurückweisend.

513 So etwa A.M. Scartezzini, A ADC da lei e os princípios constitucionais, in: I. Gandra da Silva Martins/G. Ferreira Mendes (Hrsg.), ADC, 1 (11).

514 Dazu u. A.VI.1.

se Kritikpunkte jedoch – im Jahr 1993 wie auch bei der Justizreform von 2004 – in den Augen der Mehrheitsauffassung letztlich überwogen. Mit der ADC hat man sich i.Ü. dagegen entschieden, das STF schon in den Gesetzgebungsprozess einzubinden, wie 1993 ebenfalls diskutiert worden war,[515] so dass eine Disharmonie im Gewaltenverhältnis ausblieb. Das Gericht wird mit der ADC vielmehr dazu eingeschaltet, um Produkten der normgebenden Gewalten – im Bedarfsfall und nach einem gewissen Zeitablauf – zu Stabilität und Persistenz zu verhelfen.

Zudem begrenzen Zulässigkeitsvoraussetzungen das Wirken des STF. Die prozessualen Regeln für die ADC befinden sich weitgehend im Gleichklang mit denen der ADI,[516] die Begründetheitsentscheidung nach Art. 24 ergeht aber unter umgekehrten Vorzeichen: Eine unbegründete ADC führt nicht lediglich zur Abweisung der Klage, sondern sogleich zur verbindlichen Feststellung der Verfassungswidrigkeit der streitgegenständlichen Norm, genauso wie eine unbegründete ADI gleich die verbindliche Feststellung der Verfassungsmäßigkeit der Norm zur Folge hat.

Die Klage muss schon laut Antragsschrift entweder auf das eine oder das andere ausgerichtet sein; eine Anrufung des STF, nur um, wie dies unter der Vorgängerverfassung möglich war, die Festlegung der Interpretation einer Verfassungsbestimmung zu erhalten, ist nicht zulässig.[517] Die Folge dürfte dann eine Abweisung als untaugliche Antragsschrift sein.

Hinsichtlich der Zulässigkeit bestehen folgende Unterschiede zur ADI: Der Antragsgegenstand ist hier auf *Bundes*rechtsnormen beschränkt.[518] Auch bedarf es zwingend der Darlegung einer Meinungsverschiedenheit über die Anwendung der streitgegenständlichen Bestimmung in der Antragsschrift.[519] Die Kontroverse muss sich in Anbetracht der Finalität der Klageart in divergierenden Gerichtsurteilen äußern, lediglich unterschiedliche Lehrmeinungen zu einer Rechtsnorm reichen nicht aus; wenn die Verwaltung trotz eventuellen Gesetzesvorrangs aber Bundesrechtsnormen schlichtweg nicht anwendet, soll die ADC ebenfalls schon

515 S. insoweit A. Wald, Alguns aspectos da ADC, in: I. Gandra da Silva Martins/G. Ferreira Mendes (Hrsg.), ADC, 19.

516 STF, Rcl. (AgR) 1.880, BE Maurício Corrêa, DJ v. 19.3.2004. Die anfangs divergierende Antragsberechtigung wurde durch die Verfassungsänderung Nr. 45/2004 angeglichen.

517 Davon abgesehen ist das Gericht jedoch frei, nach der Begründetheitsprüfung eine verbindliche verfassungskonforme Auslegung festzulegen. Vgl. J.T. de Almeida Melo, a.a.O., 228 ff.

518 Den Bundesstaaten ist es nach Art. 25 und 125 CF nach wohl herrschender Auffassung aber jeweils unbenommen, eine analoge ADC für ihr Hoheitsgebiet und bundesstaatsinterne Rechtsnormen einzurichten (I. de Carvalho Neto, a.a.O., 56 ff. m.w.N.).

519 S. Art. 14 G 9.868.

statthaft sein.[520] Vermieden werden soll mit dem Erfordernis, dass das STF durch diese Klageart zu einem bloßen Konsultationsorgan wird.[521] Die Klage soll in jedem Falle gerade nicht direkt nach Verabschiedung einer Norm, sondern erst nach Abwarten der praktischen Entwicklung der Rechtsanwendung erhoben werden können. Genauso wie der Nachweis der kontroversen Urteile soll auch die Einreichung der Unterlagen aus dem Normgebungsverfahren dem STF die Beurteilung der materiellen wie auch der formellen Verfassungsmäßigkeit erleichern.[522]

Der Kreis der Antragsberechtigten ist seit einer Erweiterung im Jahr 2004 an die ADI angeglichen; ein Klagegegner existiert nicht.[523] In verfahrensrechtlicher Hinsicht sollen aber, obwohl im Art. 18 zur ADC eine dem Art. 7 § 2 bei der ADI entsprechende Bestimmung fehlt, auch bei dieser *Amici Curiae* angehört werden können, weil trotz weitergehendem Veto insoweit eine Differenzierung zwischen den beiden gleichlaufend konstruierten Klagearten durch nichts gerechtfertigt wäre.[524] Eine Anhörung des AGU entfällt hier, da dem Bund gerade nicht der Vorwurf der Verfassungswidrigkeit entgegengebracht wird. Lediglich der *Procurador-Geral* ist anzuhören.[525]

Einstweilige Anordnungen, für die formell ebenfalls nahezu[526] dasselbe wie bei der ADI gilt, können inhaltlich nur in der Aussetzung der Prozesse bestehen, in denen die Rechtsnorm gegenwärtig anzuwenden ist, bis zur Hauptsacheentscheidung des STF, so dass es einstweilen nicht mehr zu einer Verwerfung der Norm durch ein unteres Gericht kommen kann.[527] Eventuelle Eilentscheidungen unterer Gerichte, die Normen einstweilen für den konkreten Fall außer Kraft gesetzt haben, sollen gleichfalls mit aufgehoben werden können. Die Anordnung des STF verliert ihre Wirksamkeit, sofern das STF die Beurteilung der Hauptsache nicht binnen 180

520 A. Ramos Tavares, Curso de Direito Constitucional, 320 f. Ob und inwieweit für die Verwaltung überhaupt ein Gesetzesvorrang gilt oder ob diese Rechtsnormen bei Überzeugung von deren Verfassungswidrigkeit aus eigener Machtvollkommenheit unangewandt gelassen werden können, ist nicht unstreitig; vgl. zum Streit U. Lammêgo Bulos, a.a.O., 995 m.N. Jedenfalls die jeweiligen Spitzenorgane der Exekutive sollen die Anwendung von Gesetzen für den ihnen untergeordneten Arbeitsbereich untersagen können (vgl. STF unter der vorigen Verfassung, *Representação* 980/SP, BE Moreira Alves, DJ v. 19.9.1980), zumal wissentliche Verstöße dieser Organe gegen die Verfassung als Amtsvergehen verfolgbar sind. So gesehen besteht umso mehr ein Bedarf für das allgemeinverbindliche Feststellungsverfahren der ADC.

521 L.R. Barroso, Controle de Constitucionalidade, 235. Die tragenden Gründe von STF, ADC 1/DF, BE Moreira Alves, DJ v. 16.6.1995, haben dies i.Ü. schon bestätigt.

522 Letzteres ist gesetzlich nicht vorgesehen, wurde aber so in ADC 1/DF, a.a.O., vom Berichterstatter gefordert.

523 L.R. Barroso, Controle de Constitucionalidade, 233; A. Ramos Tavares, a.a.O., 319 m.w.N.

524 STF, ADC 14, BE Ellen Gracie, DJe v. 3.2.2009; P. de Tarso Duarte Menezes, a.a.O., 48.

525 Art. 19 G 9.868.

526 Eine einzelrichterliche Kompetenz bei Dringlichkeit ist jedoch nicht vorgesehen, ebensowenig eine Verkündung im DJ (nur im DOU).

527 S. zur Eilkompetenz bei der ADC Art. 21 G 9.868/1999. Diese wird i.Ü. nicht in Frage gestellt, obwohl sich Art. 102 I p) CF ausdrücklich nur auf die ADI bezieht.

Tagen vornimmt; die Frist kann aber, auch wiederholt, durch Beschluss verlängert werden.[528]

Die Klage ist begründet, wenn die Rechtsnorm verfassungsgemäß ist. Die Folge ist dann eine „Immunisierung“[529] der Norm gegen die Möglichkeit der Nichtanwendung durch Gerichte im Rahmen der diffusen Verfassungsmäßigkeitskontrolle und gegen die eventuelle Möglichkeit der Nichtanwendung durch die Exekutive (Art. 102 § 2 CF).[530] Anderenfalls, also wenn formelle oder materielle Verfassungsverstöße festzustellen sind, erfolgt eine Erklärung der Verfassungswidrigkeit der Norm, genauso als ob eine begründete ADI vorläge, zumal exakt dieselben Art. 22 ff. G 9.868 wie bei der ADI direkt anzuwenden sind. Quorum und Majoritäten sowie die (ebenfalls der zeitlichen Modulation nach Art. 27 G 9.868 zugänglichen) Entscheidungswirkungen entsprechen i.Ü. denen der ADI. Die Erklärung einer teilweisen Verfassungswidrigkeit ist ebenfalls möglich, ebenso die für alle staatlichen Stellen in Judikative und Exekutive verbindliche, *erga omnes* geltende Festlegung einer verfassungskonformen Auslegung einer verfassungsgemäßen Norm.

Wird die erforderliche Mehrheit, sechs Richterstimmen, auf Anhieb weder für eine Verfassungsmäßigkeit noch für eine Verfassungswidrigkeit erreicht (ein eher seltener Fall, der nur bei Abwesenheit von mindestens zwei Richtern und einem knappen Stimmenverhältnis eintreten kann), wird die Klage nicht sofort als unbegründet beschieden. Vielmehr wird der Prozess erst dann fortgeführt, wenn für eine Entscheidung in dem einen oder dem anderen Sinne genügend Richter zur Verfügung stehen und votieren.[531]

Der anfangs befürchtete „Versteinerungseffekt“ muss nicht eintreten. Zum einen wird der verfassungsändernde Gesetzgeber in Brasilien – auch im Vergleich zu Deutschland – nicht selten tätig (zustandegekommen sind seit Inkrafttreten der CF bereits 67 Änderungsgesetze). Die Annahme einer einmal festgestellten Verfassungsmäßigkeit kann zum anderen auch durch das STF wieder beseitigt werden, da das Gericht selbst von der Bindungswirkung seiner Entscheidungen nach Art. 102 § 2 CF ausdrücklich nicht umfasst ist. Dies kann auf dem Weg einer ADI gegen die streitgegenständliche Rechtsnorm geschehen, ebenso durch eine erneute ADC. Diese Klagen können zwar grundsätzlich wegen entgegenstehender Rechtskraft von den Aktivlegitimierten nicht mehr erhoben werden. Wohl die Mehrzahl

528 STF, ADC (2. QO-MC) 18, BE Celso de Mello, DJe v. 23.10.2009.
529 N. Lösing, Die Verfassungsgerichtsbarkeit in Lateinamerika, 262.
530 Für die in Art. 102 § 2 CF ebenfalls als Adressat der Bindungswirkung genannten Organe der Verwaltung macht die Vorschrift bezogen auf die begründete ADC keinen Sinn, wenn man einen Gesetzesvorrang annimmt, da die Verwaltung dann (im Gegensatz zu den Gerichten) bestehende Gesetze ohnehin stets anwenden müsste. Dies ist jedoch streitig (s. o. Fn. 520).
531 Art. 23 G 9.868, Art. 173 RISTF.

der Verfassungsrechtler verweist jedoch zu Recht darauf, dass eine erneute Überprüfung im Wege dieser beiden Verfahrensarten dann zulässig sei, wenn eine Änderung der zugrunde liegenden Tatsachen- oder (Verfassungs-)Rechtslage vorgetragen werde.[532] Damit bleibt eine Fortentwicklung der Verfassung und der Verfassungsrechtsprechung stets im erforderlichen Maß möglich.

5. Rechtsvergleich

Funktionelles Äquivalent der ADI in Deutschland ist die abstrakte konzentrierte Normenkontrolle gemäß Art. 93 I Nr. 2 GG vor dem BVerfG, das wie das STF keine präventive Gutachterfunktion[533] hat und in einem objektiven Verfahren unabhängig von der Geltendmachung subjektiver Rechte Rechtsnormen des Bundes und der Länder beurteilt.

Der Kreis der möglichen Antragsteller ist in Brasilien weitaus umfassender. Nicht unbedeutende Teile von diesen machen von ihrer Berechtigung jedoch praktisch so gut wie keinen Gebrauch, und andere sind durch die Rechtsprechung des STF zur „Thematischen Zugehörigkeit" in ihrer Berechtigung eingeschränkt worden, mit der es wesentlich mehr aussiebt als das BVerfG mit dem Merkmal des „objektiven Klarstellungsinteresses".[534] Auch i.Ü. zeigt sich das STF bei der Auslegung des Berechtigtentatbestands vor dem Hintergrund seiner rechtlichen Weite streng. Hinsichtlich des Kontrollgegenstands macht das STF zwei wesentliche Einschnitte, indem es hier dogmatisch das vorkonstitutionelle Recht, also den großen Bestand von vor 1988, und das gesetzesabhängige Recht der Exekutive, insbesondere die Rechtsverordnungen, herausfallen lässt, beides im Gegensatz zum BVerfG.[535] Hinsichtlich unterlassenener Rechtsnormen als Gegenstand ist das brasilianische (Verfassungs- und einfache) Recht dem deutschen voraus, das hierauf trotz Wünschbarkeit nicht eingeht. Gleichwohl sollen nach herrschender Meinung auch in Deutschland zumindest „unechte Unterlassungen" (mit dem Anknüpfungspunkt einer existierenden Norm) vor dem BVerfG gerügt werden können.[536] Wird für das BVerfG eine besondere Zulässigkeitsvoraussetzung „Antragsgrund" (Mei-

532 S. nur etwa M. Figueiredo, A ADC: inovação infeliz e inconstitucional, in: I. Gandra da Silva Martins/G. Ferreira Mendes (Hrsg.), ADC, 172; A. Wald/I. Gandra da Silva Martins, Revista Consulex, 31.1.1997; L.R. Barroso, Controle de Constitucionalidade, 240; L.L. Streck, Jurisdição constitucional e hermenêutica, 2002, 439.

533 S. etwa BVerfGE 104, 23 (29).

534 S. nur M. Graßhof, in: Umbach/Clemens/Dollinger (Hrsg.), BVerfGG, § 76 Rn. 31 ff. W. Meyer, in: von Münch/Kunig (Hrsg.), GG-Kommentar, Art. 93 Rn. 35: nur zur „Abwehr eines ausschließlich von nicht rechtlichen Absichten getragenen Antrags".

535 Bzgl. Rechts von vor 1949 s. H. Lechner/R. Zuck, BVerfGG, § 76 Rn. 21, bzgl. der Rechtsverordnungen nur BVerfGE 106, 1 (12).

536 S. C. Pestalozza, Verfassungsprozeßrecht, § 8 Rn. 10.

nungsverschiedenheiten oder Zweifel bzw. Für-Nichtig-Halten) formuliert,[537] schweigt das brasilianische Recht insofern und vermutet also einen hinreichenden Grund allein durch die Tatsache der Antragstellung eines der im öffentlichen Interesse tätig werdenden Berechtigten. Hinsichtlich der Formvorschriften und fehlenden Frist nehmen sich die Verfahren nichts.

Äquivalent zur ADC ist die Normbestätigung als Unterfall der abstrakten Normenkontrolle. Nach dem BVerfG „kann ein besonderer Anlass für die in § 76 Abs. 1 Nr. 2 BVerfGG geregelte Bestätigung einer Norm, von deren Verfassungsmäßigkeit in der Regel auszugehen ist … dann bestehen, wenn diese Norm von den dafür zuständigen Stellen wegen Unvereinbarkeit mit dem Grundgesetz oder sonstigem Bundesrecht nicht angewandt, nicht vollzogen oder in sonst relevanter Weise missachtet … und ihre Geltung damit in einer Weise in Frage gestellt wird, die ihre praktische Wirksamkeit beeinträchtigt…“.[538] Nicht statthaft ist eine rein vorbeugende Normbestätigung ohne ein derart konkretisiertes objektives Klarstellungsinteresse. Dies entspricht der gerichtlichen Kontroverse bei der ADC, zu der es ebenfalls aufgrund der Nichtanwendung der Norm kommt. Nur wenn eine Kontroverse in der Justiz akut ist, ist die Klage zulässig; für ein rein akademisches Interesse etwa muss das Gericht nicht belastet werden. Gerichtliche Kontroversen über Normen sind in Brasilien allerdings wahrscheinlicher und häufiger, weil die Gerichte zur Verwerfung aller Normen ohne richterliche Vorlage befugt sind. Im Gegensatz zur ADC kann in Deutschland dafür wiederum nicht nur Bundesrecht Gegenstand der Normbestätigung sein, und der Maßstab ist, wenn Landesrecht Gegenstand ist, auf das einfache Bundesrecht erweitert.

Vor dem BVerfG sind zudem verschiedene „besondere Normenkontrollen“ bekannt, die aus unterschiedlichen Gründen in Brasilien keine direkte Entsprechung finden: Dies ist zum einen Art. 93 I Nr. 2 a), II GG, der sich mit der Frage der Erforderlichkeit von Bundesgesetzgebung i.S. des Art. 72 II GG beschäftigt. Diese Frage stellt sich wegen der Struktur des Gesetzgebungskompetenzen in Brasilien nicht; bei Zweifeln an der Verbandskompetenz sind die allgemeinen Normenkontrollverfahren einschlägig. Auch die Normverifikation und die Normqualifikation nach Art. 100 II GG (zur Frage, ob eine völkerrechtliche Regel Bestandteil des Bundesrechts ist und ob sie unmittelbar Rechte und Pflichten für den Einzelnen erzeugt) haben keine Entsprechung. Die Frage des anzuwendenden Rechts wird in Brasilien nur diffus in konkreten Streitigkeiten durch jedes Gericht beantwortet. Divergenzvorlagen wie beim BVerfG gemäß Art. 100 III GG gibt es ebenfalls nicht: Die TJ der brasilianischen Bundesstaaten dürfen von Entscheidungen ande-

537 M. Graßhof, in: Umbach/Clemens/Dollinger (Hrsg.), BVerfGG, § 76 Rn. 22.

538 BVerfGE 106, 244 (251) zum Beihilferecht bei stationärer Behandlung; s. auch BVerfGE 12, 205 (221 f.) zu einem Feststellungsantrag des Landes Hamburg wegen Nichtbeachtung des Rundfunkstaatsvertrages durch den Bund.

rer Gerichte, auch des STF, in ihrer Beurteilung von Rechtsnormen ohne Vorlagepflicht abweichen, soweit nicht ausnahmsweise Bindungswirkung besteht. Eine anschließende Korrektur kann dann im Wege des (Außerordentlichen) Rechtsmittels zum STF erfolgen. Besteht eine Bindungswirkung, unterliegen abweichende Entscheidungen der Beschwerde direkt an das STF. Das verfassungsgerichtliche Verfahren wegen Meinungsverschiedenheiten über das Fortgelten von Bundesrecht nach Art. 126 GG hat keine Entsprechung in Brasilien; die Frage der Behandlung vorkonstitutionellen Rechts wird in Brasilien über den Topos der Rezeption in diffuser Normenkontrolle dort geklärt, wo es konkret-inzident darauf ankommt. Auch mit Verfassungsbeschwerden und Kommunalverfassungsbeschwerden nach Art. 93 I Nr. 4 a) und 4 b) GG können in Deutschland Normen und ihre verfassungskonforme Auslegung zum prinzipalen Streitgegenstand erhoben werden. Derartige Rechtssatzverfassungsbeschwerden sind in Brasilien nicht möglich. Betreffend die konkrete Normenkontrolle – in Deutschland nach Art. 100 I GG – ist schließlich festzuhalten, dass diese in Brasilien anders als beim BVerfG systembedingt kein Zwischenverfahren durch Richtervorlage als konzentrierendes Element (unter Aussetzung des instanzgerichtlichen Verfahrens) kennt, sondern nur diffus stattfindet, da die Verfassung eine Kompetenz zur Verwerfung von Rechtsnormen allen Gerichten zubilligt und dem STF lediglich – wenn die Zulässigkeitsvoraussetzungen gegeben sind – eine Überprüfung im letzten Rechtszug ermöglicht.

6. Auswirkungen auf die Verfahrensbelastung

Der Befund für das STF sind eine von den rechtlichen Voraussetzungen her weitgefasste Zulässigkeit und das Bestreben des Gerichts an manchen Stellen, durch Rechtsprechung für eine Eingrenzung zu sorgen.

Allerdings darf hier die Wechselwirkung zwischen den Normenkontrollen und der massiven Rechtsmittelzuständigkeit des STF, die es gegenüber dem BVerfG kennzeichnet, nicht außer Acht gelassen werden: Eine rigide Handhabung von Zulässigkeitsvorschriften in der abstrakten Normenkontrolle erspart zwar bisweilen eine aufwändige Prüfung von Sachfragen. Wenn die Rechtsnormen betreffenden Sachfragen jedoch einmal mit allgemeiner Verbindlichkeit (Art. 102 § 2 CF) geklärt werden, kann nicht mehr inzident über sie gestritten werden, und das STF wird aller Logik nach eine reduzierte Anzahl von Rechtsmitteln erhalten, die diese Fragen inzident zum Inhalt haben. Insofern wirkt sich, globaler betrachtet, ein Mangel an Großzügigkeit bei Zulässigkeitsfragen wohl ambivalent aus, wenngleich solche Aussagen zahlenmäßig kaum quantifizierbar sind. Eine durch Rechtssicherheit über den Bestand, die Auslegung oder die Ungültigkeit von Normen zu erzielende Verringerung der Rechtsmittelzahlen ermöglicht jedenfalls eine umso vertieftere Befassung des Gerichts mit den gesamt-gesellschaftlich „wesentlicheren“ Fragen, für deren Behandlung wiederum die Normenkontrollverfahren der Prototyp sind.

Neben der Behandlung der Zulässigkeit wirken sich freilich auch Faktoren der Verfahrensgestaltung auf das Ausmaß der Belastung von Gerichten aus. Für das STF sind bei der Normenkontrolle drei Faktoren gerade als Kontrapunkt zum BVerfG hervorzuheben: Zum einen die unaufwändige Möglichkeit zur einzelrichterlichen *A-Limine*-Abweisung von Anträgen, bei der das Ermessen des Berichterstatters eine große Rolle spielt (die jedoch andererseits auch einen Einspruch an das Plenum nach sich ziehen kann, der den Eintritt der Rechtskraft wiederum verzögert);[539] zum zweiten die institutionelle Bereicherung von Prozessen durch *Procurador-Geral* und AGU, die jeweils binnen kurzer Fristen fachlich-qualifiziert Stellung nehmen müssen und von unterschiedlichen Standpunkten Licht auf die Fälle werfen und den Richtern so oftmals das notwendige Material zu einer gut aufbereiteten Entscheidung an die Hand geben; zum dritten die demokratisch begrüßenswerte Einbindung der Öffentlichkeit, die einem modernen Verständnis des Verfassungsprozesses entspricht, deren zeitlicher Umfang nach Bedeutung der Sache variiert und die hinsichtlich des Ob und des Wie im Ermessen des Berichterstatters steht.

Die Anzahl der Direktklagen wegen Verfassungswidrigkeit einer (existenten oder unterlassenen) Rechtsnorm hat sich in den letzten 20 Jahren stabil bis leicht rückläufig entwickelt.[540] Es gingen beim STF in den vergangenen Jahren mittlerweile stets um die 200 Prozesse jährlich ein. Die Klage auf Feststellung der Verfassungsmäßigkeit hat dagegen mit bisher nie mehr als fünf Prozesseingängen in einem Jahr praktisch nur eine untergeordnete Rolle gespielt. Eine Ursache könnte sein, dass bei ansatzweise streitigen Normen aus dem großen Berechtigtenkreis bereits ADI erhoben werden, bevor es zu Kontroversen unter den anwendenden Gerichten und damit der Erfüllung der Zulässigkeitsvoraussetzungen für die ADC kommen kann; zudem ist das Spektrum der Antragsgegenstände bei der ADC wesentlich kleiner, da die Normproduktion von 27 autonomen Bundesstaaten herausfällt.

Beim BVerfG sind die Fälle der abstrakten Normenkontrolle im Vergleich dazu pro Jahr in aller Regel insgesamt an einer Hand abzählbar. Richtervorlagen bewegen sich stets im zweistelligen Bereich, in der Höhe schwankend zwischen 15 (2003) und 74 (2006). Die aufgezählten besonderen Normenkontrollverfahren fallen so gut wie nicht ins Gewicht.

539 In Deutschland ist nach dem grds. für alle Verfahrensarten geltenden § 24 BVerfGG von vornherein „das Gericht“ als Ganzes für derartige Abweisungen *a limine* zuständig.

540 S. die Tabelle zu den Prozesseingängen im Anhang I.

II. Das Rügeverfahren wegen der Nichtbefolgung einer grundlegenden Vorschrift

Das Rügeverfahren wegen der Nichtbefolgung einer grundlegenden Vorschrift (*Argüição de Descumprimento de Preceito Fundamental* – ADPF) ist eine Verfahrensart *sui generis*, allerdings mit Ähnlichkeit zu den obigen Normenkontrollverfahren und – entfernter – auch zur deutschen Verfassungsbeschwerde, die als Vorbild gedient hat.[541] Da sein Gegenstand nicht nur, sondern *unter anderem* Rechtsnormen sein können, muss es hier unter einer neuen Überschrift vorgestellt werden.

Die Rüge der Nichtbefolgung einer grundlegenden Vorschrift der Verfassung, heißt es im § 1 des Art. 102 CF schlicht, werde nach Maßgabe des Gesetzes vom STF gewürdigt. Dieser sehr unbestimmt formulierte und formell außerhalb der eigentlichen Zuständigkeitsaufzählung stehende Paragraph wurde 1988, als Novum in der Verfassungsgeschichte Brasiliens, eingeführt. Die Verfassungsnorm bedarf der Ausfüllung durch das angekündigte Gesetz und ist ohne dieses nicht zu handhaben; eine richterliche Rechtsfortbildung hatte das STF unterlassen und entsprechende im Vorfeld der gesetzlichen Regelung beim Gericht eingegangene Rügen durchweg nicht zugelassen.[542] Mittlerweile regelt das – durch Veto des Staatspräsidenten allerdings um einige Vorschriften dezimierte – Gesetz Nr. 9.882/1999 das Nähere, das fast zeitgleich und mit vielen Parallelen zur Regelung der Normenkontrollen im Gesetz Nr. 9.868 verabschiedet wurde. Das Gesetz hat aus einer lange „toten" Verfassungsvorschrift eine neue Verfahrensart gemacht. Auch die Rechtsprechung des STF und die Lehre, nicht aber die Geschäftsordnung,[543] geben dieser besonderen Klageart nunmehr Konturen, obwohl die Phase der Konsolidierung[544] gewiss noch nicht abgeschlossen ist. Die Klage dient offenkundig der weiteren Absicherung und Stärkung der Funktion des Gerichts als Hüter des objektiven Verfassungsrechts, indem sie eine Konzentration im gemischten System der Verfassungskontrolle Brasiliens auf das STF vorantreibt. Mit ihr sollen juristische Kontroversen schneller end- und allgemeingültig geklärt und damit Rechtssicherheit geschaffen werden.

541 Vgl. U. Lammêgo Bulos, CF Anotada, 1023.

542 Deutlich STF, Pet. (AgR) 1.140-7/TO, BE Sydney Sanches, DJ v. 31.5.1996. Selbst Art. 126 CPC, nach dem der Richter bei Gesetzeslücken aufgefordert ist, Analogien, Rechtsbräuche und allgemeine Rechtsprinzipien heranzuziehen, wurde nicht angewandt, um Rechtsstreitigkeiten zumindest *inter partes* zu schlichten.

543 In die Geschäftsordnung des STF hatte die ADPF, abgesehen von der Aufnahme in die Listen der Plenarzuständigkeiten und der Prozessklassen (Art. 5 VII, 55 XXIII RISTF), keinen Eingang gefunden.

544 D. Dimoulis, RT 832 (2005), 11 (31).

Der Begriff der „Rüge“ sollte i.Ü. keine semantische Differenzierung vom ansonsten regelmäßig verwendeten Begriff der „Klage“ implizieren.[545]

1. Zulässigkeit

a. Zwei Fallgruppen und ihre Gegenstände

Die Rüge ist nach dem Wortlaut des einfachen Gesetzesrechts in zwei grob zu unterscheidenden Konstellationen statthaft: erstens, gemäß Art. 1, *caput*, G 9.882, um die Verletzung grundlegender Vorschriften durch einen Akt der öffentlichen Gewalt zu verhindern (präventive ADPF) oder um geschehene Verletzungen grundlegender Vorschriften wieder rückgängig zu machen (repressive ADPF). Hier hat die ADPF prinzipalen Charakter. Zweitens, gemäß Art. 1 § 1 I G 9.882, bei „erheblichen verfassungsrechtlichen Meinungsverschiedenheiten“ über ein Gesetz oder einen normativen Akt des Bundes, eines Bundesstaates oder einer Kommune, einschließlich solcher von vor dem Inkrafttreten der Verfassung. In dieser Konstellation wird die Rüge nicht gegen einen einzelnen, konkreten (bevorstehenden oder bereits vollendeten) Akt, sondern wegen einer laufenden Kontroverse über eine Rechtsnorm erhoben. Hier hat die ADPF inzidenten Charakter. Die Anlasssituation der Rüge ist verfassungsrechtlich in Art. 102 § 1 nicht vorgeschrieben, daher erscheinen beide Fallgruppen von dessen Wortlaut gedeckt.[546]

Nach dem Gesetzeswortlaut allein lässt sich kaum bis ins Letzte ausmachen, welche Zulässigkeitsvoraussetzungen sich auf nur eine der Fallgruppen beziehen und welche für beide gelten sollen. Eine Zuordnung wird hier nach einer Durchsicht der Rechtsprechung und einiger akademischer Beiträge unternommen.

Das Feld zulässiger Gegenstände einer ADPF ist bei der ersten Fallgruppe zunächst sehr weit gesteckt. Erfasst sind jedenfalls alle bereits zustande gekomme-

545 R. Mendes Mandelli Jr., ADPF: Instrumento de Proteção dos Direitos Fundamentais e da Constituição, 102.

546 Z.T. wird in der zweiten Fallgruppe eine unzulässige Kompetenzerweiterung des STF durch den einfachen Gesetzgeber gesehen, dies vor allem mit Blick darauf, dass die Verfassung als Mittel für die Auflösung von Streitigkeiten über normative Akte die diffuse und die abstrakten Normenkontrollen bereithalte, A. de Moraes, Direito Constitucional, 2003, 645 f.; P. Lenza, a.a.O., 159; ähnlich das Votum von Néri da Silveira v. 5.12.2001 im noch anhängigen Verfahren des OAB gegen das G 9.882 STF, ADI 2.231/DF, BE ders., Inf. 253. Der Argumentation könnte entgegengehalten werden, dass dieselbe Verfassung zu ihrem Schutz durch das STF in Art. 102 § 1 gerade eine tatbestandlich wenig beschränkte Rügemöglichkeit eröffnet, die die anderen geregelten Normenkontrollen ergänzen kann und – angesichts der Kontrolllücken im System – auch soll. Der Gesetzgeber hat verfassungsrechtlichen Spielraum erhalten. Positiv G. Ferreira Mendes/I. Mártires Coelho/P.G. Gonet Branco, Curso de Direito Constitucional, 1144; U. Lammêgo Bulos, Constituição Federal Anotada, 1028; ebenso etwa F.F. de França Jr., DP 10 (2005), 69 (80 ff.) der betont, dass die ADPF ansonsten neben der ADI wesentlich bedeutungsloser würde.

nen[547] und noch fortbestehenden[548] Akte der brasilianischen öffentlichen Gewalt, d.h. aller drei Staatsgewalten, in allen Gliederungen der Föderation.[549] Akte von Personen des Privatrechts sind darin eingeschlossen, wenn diese befugtermaßen Hoheitsgewalt ausüben.[550] Einzig rein politische Handlungen der Exekutive sollen bei diesem weiten Zulässigkeitsmerkmal der Kontrolle im Rahmen der ADPF nicht unterfallen.[551] Was Rechtsnormen betrifft, so können diese im Gegensatz zu ADI und ADC hier auch vorkonstitutionelle[552] und kommunale Rechtsnormen sein. Desweiteren fallen unter die ADPF grundsätzlich auch formelle Rechtsnormen, die ausnahmsweise keinen materiellen Gesetzescharakter haben, etwa Haushaltsgesetze oder Provisorische Maßnahmen und Dekrete, die sich allein auf einzelne Ereignisse beziehen. Auch diese können auf Vereinbarkeit mit den grundlegenden Vorschriften, in Ergänzung von ADI und ADC, geprüft werden.[553] Mit der ADPF wäre schließlich der Weg auch zu einer konzentrierten Kontrolle von gesetzesgebundenen administrativen Rechtsnormen, d.h. Rechtsverordnungen, Dekreten und anderen Regularien zum „treuen Vollzug" von Gesetzen i.S. des Art. 84 IV CF eröffnet,[554] für deren Kontrolle sich das STF in oben erörterten Verfahrensarten, wie gezeigt, nicht berufen sieht. Ob es die ADPF dazu nutzen wird oder weiterhin auf die diffuse Kontrolle und das Besondere Rechtsmittel zum STJ verweist, bleibt abzuwarten.

Der Akt muss im Gegensatz zu den oben beschriebenen Normenkontrollklagen nicht notwendig Rechtsnormcharakter haben, auch der Einzelakt, auch eine Aus-

547 Eine präventive Kontrolle ablehnend STF, ADPF (AgR) 43/DF, BE Ayres Britto, DJ v. 19.12.2003 (bzgl. des Entwurfs eines verfassungsändernden Gesetzes, dessen Inkrafttreten verhindert werden sollte), ebenso D. Sarmento, RDA 224 (2001), 95 (106); anders mit Blick auf den einfach-gesetzlichen Wortlaut D. de Melo Crosara, Revista do IAMG 12 (2006), 243 (303 f.).

548 Eine konzentrierte Kontrolle aufgehobener, aber fortwirkender Rechtsnormen ablehnend STF, ADPF (AgR) 84/DF, BE Sepúlveda Pertence, DJ v. 7.3.2006.

549 A. Ramos Tavares, Tratado da ADPF, 209; C.M. Clève, Fiscalização Abstrata, 183.

550 R. Mendes Mandelli Jr., a.a.O., 126, und D. Sarmento, Apontamentos sobre a ADPF, in: A. Ramos Tavares/W.C. Rothenburg (Hrsg.), ADPF, 91 f., mit dem Rechtsgedanken aus Art. 5 LXIX CF und dem Hinweis auf fortschreitende Privatisierungen und neoliberale Tendenzen.

551 So entschieden für das Veto des Präfekten (Gemeindevorstehers) innerhalb des kommunalen Gesetzgebungsverfahrens, das der judikativen Kontrolle entzogen sein soll (STF, ADPF [QO] 1/RJ, BE Néri da Silveira, DJ v. 7.11.2003). Als weitere typisch politische Handlungen sind zu nennen: Begnadigungen, Ministerauswahl, die Ausübung der Gesetzesinitiative, die staatliche Intervention nach Art. 34 f. CF, Kriegserklärung und Friedensschluss, die Einberufung des Parlaments zu Sitzungen, die Führung der diplomatischen Beziehungen.

552 Beispiel: die Überprüfung des sehr restriktiven Bundespressegesetzes von 1967, das u.a. eine Ausbildung und ein Diplom für den Beruf des Journalisten vorschrieb und letztlich für vollumfänglich nicht von der aktuellen Verfassung rezipiert gehalten wurde (ADPF 130/DF, BE Ayres Britto, DJe v. 6.11.2009).

553 R. Mendes Mandelli Jr., a.a.O., 135 mit Beispielen.

554 D. de Melo Crosara, a.a.O., 306 f.

legungspraxis durch den Rechtsanwender wird erfasst.[555] Welcher Akt den Streitgegenstand darstellt, kann zuweilen ambivalent beurteilt werden, wenn eine Rechtsnorm im Spiel ist: Je nach Blickwinkel des Rügenden kann die Gültigkeit der Norm selbst und die Art und Weise ihrer Auslegbarkeit oder die Anwendungspraxis der Norm – das Ob und das Wie der Anwendung durch Behörden oder Gerichte – in den Vordergrund gestellt werden.[556] Für die Zulässigkeit der ADPF macht dies allerdings keinen Unterschied.

Bisweilen wird die ADPF von Berechtigten angesichts einer untergerichtlichen Entscheidung oder mehrerer über eine bestimmte Rechtsnorm eingelegt, um den Instanzenzug in Fragen von allgemeinem Interesse abzukürzen und *per saltum* sogleich eine höchstrichterliche Entscheidung herbeizuführen, die der Gerichtsbarkeit landesweit Arbeitsaufwand und Zeit ersparen (Gedanke der Prozessökonomie) und eine alsbald für eine einheitliche und Rechtssicherheit bringende Orientierung sorgen soll. Hinsichtlich judikativer Akte als Streitgegenstand ist nach dem Wortlaut des Art. 1 G 9.882 fraglich, ob das tatbestandlich mögliche „Wiederrückgängigmachen" einer Verletzung als Rechtsschutzziel zwecks Effektivität der ADPF auch die Einflussnahme auf bereits rechtskräftige Gerichtsentscheidungen bedeuten kann; dies ist aber laut STF letztlich abzulehnen.[557] Rechtskräftige Urteile bleiben unberührt. Ein Urteil in der ADPF kann sich nur klärend auf die Gesamtheit der anhängigen oder noch nicht anhängig gemachten Rechtsverhältnisse auswirken.

In der zweiten, mit einem neuen Rechtssatz innerhalb des Art. 1 G 9.882 eröffneten Fallgruppe ist der Gegenstand hingegen wieder auf normative Akte be-

555 Dies ist der Grund, weshalb die Klageart nicht schlechterdings den Normenkontrollen zuzuordnen ist. Sie steht diesen aber ansonsten – auch was die Objektivität des Verfahrens und die Wirkung der Entscheidung betrifft – nahe.

556 In STF, ADPF 194, BE Marco Aurélio (nicht abgeschlossen), ist Streitgegenstand z. B. die Verfassungsmäßigkeit der Verwaltungspraxis zahlreicher Amtsstuben, ein dem Bund als Antragsteller günstiges Dekret-Gesetz v. 1977 wegen vermeintlicher Verfassungswidrigkeit nicht anzuwenden; mittelbar ging es um die allgemein-verbindlich festzustellende Gültigkeit dieser vorkonstitutionellen Rechtsnorm unter der neuen Verfassung. Die eine Frage steht und fällt mit der anderen.

557 Deutlich ADPF (3. AgR) 134, BE Ricardo Lewandowski, DJe v. 7.8.2009; in ADPF 101/DF, BE Cármen Lúcia, 24.6.2009, Inf. 552 – „Altreifenimport", blieben die bereits rechtskräftigen und vollstreckten Urteile unangetastet. Bejahend wegen des Vorranges der Verfassung, materieller Gerechtigkeit und eines Vergleichs mit der Feststellung der Nichtigkeit legislativer Akte hingegen F.F. de França Jr., DP 10 (2005), 69. Zu berücksichtigen ist, dass wegen der Subsidiarität der ADPF (s. sogleich u. 1.c) beim Vorgehen gegen rechtskräftige Entscheidungen jedenfalls die Wiederaufnahmeklage binnen zwei Jahren statthaft und vorrangig sein wird (einen Wiederaufnahmegrund sehen auch A. Mendes Lobo/H. Galvão, RP 145 [2007], 106 [121]). Der Respekt von Rechts- und Bestandskraft sowie von wohlerworbenen Rechten stellt einen eigenen expliziten Verfassungswert und ein Individualrecht dar (Art. 5 XXXVI CF).

schränkt.[558] Die Rüge muss hier inzident im Rahmen einer in der Justiz real gegebenen, „erheblichen“ Meinungsverschiedenheit über diese Rechtsnormen erhoben werden. Mit der Erweitung in Art. 1 § 1 I können die Berechtigten auch schon vor einer gerichtlichen Entscheidung, noch im Verlauf einer Rechtsstreitigkeit, die ADPF einlegen. Es geht hier auch nicht um den Schutz subjektiver Rechte, etwa der Beteiligten in den laufenden Prozessen, oder eine (Neu-)Entscheidung der instanzgerichtlichen Prozesse mitsamt aller einfach-rechtlichen Fragen durch das STF, sondern allein um den Schutz des fundamentalen objektiven Verfassungsrechts durch Würdigung der zugrunde liegenden Rechtsnorm; der konkrete anlassgebende Rechtsstreit in Gänze wird durch das STF nicht entschieden.[559] Die Kontroverse muss rechtlich „erheblich“ sein, was jedoch bei grundlegenden Vorschriften als Antragsgegenstand der Regelfall sein dürfte.[560] Manche hingegen sehen das Merkmal als rein subjektiven Zulassungsfilter für das STF zum Zwecke der eigenen Entlastung.[561] Die Erheblichkeit kann darin liegen, dass verschiedene Gerichte in diffuser Verfassungskontrolle den normativen Akt entweder unterschiedlich anwenden oder dass manche Gerichte ihn überhaupt anwenden und andere ihn als verfassungswidrig in konkreten Fällen verwerfen.

Die erste Fallgruppe kann nach dem Gesagten zusammenfassend als konzentriert-prinzipale Kontrolle öffentlicher Akte, die zweite Fallgruppe kann als konzentriert-inzidente Normenkontrolle bezeichnet werden.

Die weiteren Zulässigkeitsvoraussetzungen sind zwar nicht nach einhelliger, aber nach wohl herrschender Auffassung für beide Fallgruppen dieselben.

b. Antragsberechtigung

Die Antragsberechtigung ist strikt an diejenige zur ADI gemäß Art. 103 CF angelehnt, einschließlich der dort hinsichtlich des Rechtsschutzinteresses gemachten Einschränkungen zum Erfordernis der „thematischen Nähe“.[562] Ursprünglich hatte der Nationalkongress eine zusätzliche unmittelbare Antragsberechtigung für den Bürger nach dem Vorbild der deutschen Verfassungsbeschwerde, der österreichi-

558 Überzeugend A. Ramos Tavares, Tratado da ADPF, 293, und D. de Melo Crosara, a.a.O., 361; nach a.A. sei kein Grund für die Differenzierung zwischen den Varianten ersichtlich und deshalb auch beim Inzidentprozess jeder Akt öffentlicher Gewalt ausreichend (s. D. da Cunha Jr., ADPF, in: F. Didier Jr. [Hrsg.], Ações Constitucionais, 491 [541]; R. Mendes Mandelli Jr., a.a.O., 106 f.).

559 Vgl. D. Canêdo Pinto, Revista do IAMG 12 (2006), 691 (725).

560 So wohl auch R. Mendes Mandelli Jr., a.a.O., 119, 154 f.

561 D. de Melo Crosara, a.a.O., 368 f., 479.

562 Keine erweiternde Auslegung zugunsten von Bürgermeistern, selbst wenn Gegenstand der Klage eine kommunale Rechtsnorm ist, STF, ADPF 44, BE Joaquim Barbosa, DJ v. 24.9.2003; ADPF 92, BE ders., DJ v. 8.5.2006.

schen Beschwerde und des spanischen *amparo* beschlossen, in deren Nähe die ADPF damit gerückt worden wäre. Dies wäre von der Verfassungslage her zulässig gewesen. Der Gesetzesbeschluss wurde aber durch Veto des Staatspräsidenten grundlegend verändert und die Antragsbefugnis mit dem Hinweis auf die Belastung und die Arbeitsfähigkeit des Gerichts verengt. Weitere Interessierte, auch der einzelne Bürger,[563] können jetzt allenfalls beim *Procurador-Geral* um eine Antragstellung dessen ersuchen, welcher dann nach eigener Lagebeurteilung den Antrag stellen kann oder nicht.[564] Weil es nicht um Rechtspositionen der Antragsteller geht, handelt sich in beiden Modalitäten wie bei ADI und ADC um ein objektives Verfahren. Kritisiert wird daran, dass die ursprünglich vorwiegend zum Schutz von Grundrechten konzipierte Verfahrensart zu einem politischen Instrument insbesondere zur Absicherung von Regierungspolitik und der Durchsetzung staatlicher Ziele in allen Ebenen der Föderation wurde.[565] Der bei der ADPF vom Antragsrecht ausgenommene Bürger ist jetzt auf den Schutz seiner Rechtspositionen durch die Instanzgerichte verwiesen, und ihm verbleibt die Möglichkeit einer anschließenden Anrufung des STF als außerordentliche Instanz.

Ebensowenig wie die Bürger sind die Instanzrichter zur Rüge berechtigt, wenn sie auf eine Rechtslage stoßen, die sie für verfassungswidrig halten. Eine Richtervorlage war nicht beabsichtigt.

Die Statistik des STF zeigt, dass bis 2010 insgesamt nur 4,3 % der ADPF von *Procurador-Geral* initiiert wurden, und dass die großen Nutzer dieses Instruments die politischen Parteien (28,1 %) und die Gewerkschaften und berufsständischen Vereinigungen (27,6 %) sind.[566]

563 Abweisung *a limine* in ADPF 19, BE Sepúlveda Pertence, DJ v. 11.10.2001; s. auch ADPF (AgR) 11/SP, BE Sydney Sanches, DJ v. 5.8.2005, zum Antrag durch einen Privaten; ADPF 20, BE Maurício Corrêa, DJ v. 22.10.2001; ADPF 38, BE Gilmar Mendes, DJ v. 21.3.2003; mithin ebenso unzulässig der Antrag der „*Favela*-Bewohner Rio de Janeiros" in ADPF 27, BE Néri da Silveira, DJ v. 1.4.2002. In der Gesetzesfassung des Nationalkongresses war eine Antragsberechtigung für jeden Geschädigten vorgesehen (Art. 2 II), die das Verfahren in die Nähe der deutschen Verfassungsbeschwerde gerückt hätte. Gegen den Absatz legte der Präsident jedoch ein Veto ein.

564 Art. 2 G 9.882.

565 R. Mendes Mandelli Jr., a.a.O., 93, 165. Auch andere Gesetzentwürfe zu Art. 102 § 1 CF schon vor 1999 wollten Grundrechtsträger mit Antragsrechten ausstatten. Zu beachten ist aber auch, dass bereits andere Verfahrensarten diesen gewährleisten können, namentlich das Außerordentliche Rechtsmittel, die Freilassungs-, Datenschutz- und Sicherungsverfügung, die Injunktion, Kollektivklagen und die Normenkontrollen, bei denen Grundrechte als objektive Werte berücksichtigt werden.

566 Quelle: Statistische Aufschlüsselung der Klagen nach Antragsberechtigten auf http://www.stf.jus.br/ unter der Rubrik „*Estatística*" (Stand: 30.4.2010). Danach haben die Kammern des Nationalkongresses noch nicht eine ADPF erhoben, in 17,1 % der Fälle wurde die Klage mangels Antragsberechtigung abgewiesen.

c. Subsidiarität

Besonderes Kennzeichen der ADPF ist ihre Subsidiarität,[567] denn mit ihr sollen lediglich Kontrolllücken beim STF geschlossen. Gefordert wird mithin das Fehlen[568] anderer, gleichermaßen geeigneter Mittel zur Abhilfe gegen die Verletzung der grundlegenden Vorschrift.[569] Dieses Erfordernis verengt den Anwendungsbereich der ADPF – nach der zunächst sehr weit formulierten Statthaftigkeit – wegen der Existenz der verschiedensten Rechtsbehelfe wieder beträchtlich und beugt damit wieder gegen eine übermäßige Verfahrensbelastung vor. Es kommt stets auf einen Abgleich mit dem Panorama von etwaigen zur Verfügung stehenden Rechtsschutzalternativen, nicht nur der Aktivlegitimierten, sondern im Rechtssystem insgesamt an. Welche Rechtsbehelfe eine gleiche Eignung zur Unterbindung der Verletzung oder Gefährdung der grundlegenden Vorschrift aufweisen, hängt auch von der als verletzt gerügten grundlegenden Vorschrift ab.

Beispielsweise kann gegen administrative Einzelakte vorrangig wirkungsvoll eine Sicherungsverfügung (*Mandado de Segurança*, dazu noch unten A.V.1.c) beim zuständigen Instanzgericht zu beantragen[570] oder der ordentliche Rechtsweg zu beschreiten sein.[571] Überhaupt haben alle von der Rechtsordnung vorgesehenen *writs* zum Schutz individueller Rechte Vorrang.[572] Gegen die bisweilen vorgesehene monokratische Entscheidung eines Richters kann die ADPF ebenfalls nicht zum Tragen kommen, da mit dem standardmäßigen Einspruch nach Geschäftsordnung (*Agravo Regimental*) vor das Plenum dieselbe Überprüfung erreicht werden kann.[573]

Wenn das Begehren unmittelbar auf die allgemeingültige Nichtigerklärung einer Rechtsnorm (deren allgemeine Anwendung eine grundlegende Vorschrift verletzt) gerichtet ist, so sind lediglich die Entscheidungen in den Verfahren der konzentriert-prinzipalen Verfassungskontrolle, die diese Wirkung wegen Art. 102 § 2 CF herbeiführen, gleichermaßen effektiv. Der ordentliche Rechtsweg mit einer dort (vielleicht) erfolgenden Nichtanwendung der Norm *inter partes* durch ein Instanz-

567 Art. 4 § 1 G 9.882. Nach einer bislang nur in der Literatur vertretenen Meinung (D. da Cunha Jr., ADPF, in: F. Didier Jr. [Hrsg.], Ações Constitucionais, 491 [544 ff.]) soll das Subsidiaritätserfordernis nicht auf die prinzipale Variante der ADPF anwendbar sein.

568 Die bloße zeitliche Versäumnis eines an sich gegebenen, anderen prozessualen Mittels eröffnet allerdings nicht den Weg zur ADPF.

569 S. nur STF, ADPF (AgR) 17/AP, BE Celso de Mello, DJ v. 14.2.2003; ADPF 33/PA, BE Gilmar Mendes, DJ v. 27.10.2006.

570 STF, ADPF 76/TO, BE Gilmar Mendes, DJ v. 20.2.2006.

571 STF, ADPF (AgR) 18/CE, BE Néri da Silveira, DJ v. 14.6.2002: Gegen eine Entlassung aus dem Polizeidienst sei das lokale Gericht zuständig und trotz Besorgnis der Befangenheit zunächst anzurufen.

572 U. Lammêgo Bulos, Constituição Federal Anotada, 1026.

573 STF, ADPF 12/DF, BE Ilmar Galvão, DJ v. 26.3.2001, dies auch, wenn eine Entscheidung vor einem unteren Gericht auf sich warten lässt.

gericht wäre nicht gleichermaßen geeignet. In bestimmten Fällen versteht sich die Subsidiarität demnach nur in Relation zu den anderen objektiven verfassungsgerichtlichen Verfahrensarten.[574]

Bei Rechtsnormen als Antragsgegenstand sind die o.g. Normenkontrollverfahren wegen der Subsidiarität der ADPF zuerst einschlägig. Ist also etwa eine ADI statthaft, ist die ADPF unzulässig.[575] Praktisch besonders wichtig wird im Rahmen der ADPF also der von den Normenkontrollen gerade nicht erfasste Bereich des vorkonstitutionellen[576] und kommunalen[577] Rechts, auf das das STF nunmehr in Wahrnehmung seiner konzentrierten Kontrollfunktion über die ADPF zugreifen können soll.

Bei Instanzurteilen als Antragsgegenstand wird i.d.R. auf die Fortsetzung des Rechtswegs verwiesen, der durch die für die ADPF aktivlegitimierten Organe oder Körperschaften eigentlich nicht durch eine frühzeitige Anrufung des STF abgeschnitten werden darf (Die ehemalige Eingriffsbefugnis des STF in Prozesse, die noch vor unteren Instanzen laufen, die bereits oben A.I.4 erwähnte *Avocatória*, ist mit der Verfassung von 1988 auch aus gutem Grund abgeschafft worden). Auf diesem Wege kann der Einzelne die Verletzung seiner Rechte grundsätzlich wirksam im Instanzenzug überprüfen lassen; etwaige Verletzungen auch grundlegender Vorschriften können dort wieder rückgängig gemacht werden. Würde man dazu keine Ausnahme machen, so wäre die inzidente Variante der ADPF allerdings stets unzulässig, da hier immer auf die Fortführbarkeit des konkreten Prozesses verwiesen werden könnte. Dies kann der Gesetzgeber nicht gewollt haben. Anderes gilt daher – auch nach der Rechtsprechung des STF – dann, wenn es zum Schutz der fraglichen grundlegenden Vorschrift ausnahmsweise darauf ankommt, dass die Entscheidung *erga omnes* und sofort (d.h. ohne vorherige Erschöpfung eines Rechtsweges) wirkt. Die mit der ADPF verbundene sofortige, allgemeinverbindliche Entscheidungswirkung wurde etwa dann für erforderlich gehalten, wenn Streitgegenstand keine einzelnen Instanzurteile und die dort angewandten Rechtsnormen, sondern – globaler betrachtet – eine stark variierende untergerichtliche Auslegungs- und Verwerfungspraxis im Bereich der diffusen Verfassungskontrolle

574 A. Ramos Tavares, Curso de Direito Constitucional, 291 ff.

575 STF, ADPF 13, BE Ilmar Galvão, DJ v. 5.4.2001; ADPF 63/AP, BE Sepúlveda Pertence, DJ v. 11.2.2005; der Antrag kann aber wegen der objektiven Bedeutung der Verfassungsfrage umgedeutet und *ex officio* als ADI behandelt werden, ADPF (QO) 72/PA, BE Ellen Gracie, DJ v. 2.12.2005.

576 Beispiele sind hier die bedeutenden Entscheidungen zum Postmonopol (ADPF 46, BE Marco Aurélio/Eros Grau, DJe v. 26.2.2010) und zur Strafrechtsbestimmung über Abtreibungen bei Anenzephalie (ADPF 54, BE Marco Aurélio).

577 Kommunalgesetze können zwar auch in Normenkontrollen gemäß Art. 125 § 2 CF vor den obersten Gerichten der Bundesstaaten (TJ) Prüfungsgegenstand sein, diese Verfahren genießen jedoch keinen Vorrang vor der ADPF, da dort der Prüfungsmaßstab ein anderer (die jeweilige gliedstaatliche Verfassung) ist, vgl. L. Ferreira Leoncy, a.a.O., 141 ff. Zudem können die TJ keine dem STF entsprechende landesweite Bindungswirkung ausurteilen.

war, und zwar in Bezug auf gesellschaftlich besonders relevante Gesetze, die zahlreiche, ja massenweise Prozesse provozierten.[578] Diese gefährde die grundlegenden Prinzipien der Rechtssicherheit und der (Rechtsanwendungs-)Gleichheit und rechtfertige die Anwendung der ADPF.[579] Andere statthafte Rechtsbehelfe vermögen die ADPF in diesen Fällen objektiven Interesses nach dem Verständnis des STF nicht zu verdrängen; nicht gleichermaßen wirksam können insofern etwa das individuelle Beschreiten des ordentlichen Rechtswegs und das Außerordentliche Rechtsmittel (Art. 102 III CF) zum STF wegen einer Verfassungsverletzung sein, da eine Entscheidung dort jeweils nur *inter partes* wirkt bzw. womöglich auch noch nicht sofort eingelegt werden kann.[580]

Das massenweise Beschreiten des einige Jahre dauernden Rechtswegs auf der Grundlage von verfassungsrechtlich zweifelhaften Rechtsnormen oder solchen, die den Gerichten breiten Auslegungsspielraum ermöglichen, mit der Konsequenz variierender Urteile und landesweit vieler unterschiedlicher Lösungen im einstweiligen Rechtsschutz (und damit der sog. „*guerra dos liminares*“) durch überlastete Gerichte sollte durch das Institut der ADPF gerade abgemildert werden. Das Recht des Einzelnen, den gesamten Rechtsweg immer durchlaufen zu können, wurde zugunsten der Rechtssicherheit insgesamt geopfert. Eine Verletzung der Rechtsweggarantie (Art. 5 XXXV CF) liegt darin nicht, da dies einen totalen Ausschluss gerichtlichen Kontrolle voraussetzen würde. So aber übernimmt das STF eine zeitnähere Überprüfung mit Auswirkung für alle noch nicht rechtskräftig entschiedenen Einzelfälle. Man kann im Ergebnis sagen, dass mit der ADPF und ihrer Auslegung durch das STF eine „Verbindungsbrücke“ von der diffusen hin zur konzentrierten Kontrolle gebaut wurde.[581]

Die Subsidiarität bei der ADPF schließt daher im Ergebnis eine vorhergehende Rechtswegerschöpfung zwar in der Regel, aber nicht zwingend ein.

578 S. etwa F. Dematté, OJC Jg. 3 (2009/10), auch m.N. der Rspr.

579 S. z. B. STF, ADPF 101/DF, BE Cármen Lúcia, DJ v. 29.9.2006 (variierende instanzgerichtliche Zulassung von Altreifenimport); ADPF 79/PE, BE Cezar Peluso, DJ v. 4.8.2005 (variierende instanzgerichtliche Anpassung von Lehrergehältern); ADPF 144, BE Celso de Mello, DJe v. 26.2.2010 (variierende Zuerkennung des passiven Wahlrechts für Kandidaten, gegen die Ermittlungsverfahren laufen).

580 Würde man solche Rechtsmittel als vorrangigen Weg ansehen, verbliebe für die ADPF auch kaum ein eigener Anwendungsbereich mehr (G. Ferreira Mendes/I. Mártires Coelho/P.G. Gonet Branco, Curso de Direito Constitucional, 1151 ff.). So auch STF, ADPF 33/PA, BE Gilmar Mendes, DJ v. 27.10.2006, in einer für die Dogmatik des Verfahrens grundlegenden Entscheidung (als erste, die zur Begründetheit Stellung nahm).

581 U. Lammêgo Bulos, a.a.O., 1024.

Eine Ausnahme zur Subsidiarität soll i.Ü. bei einer Unzumutbarkeit des Beschreitens des Rechtsweges oder allgemeiner Bedeutung der Sache gemacht werden können.[582]

d. Form und Frist

Der Antragsschrift, die auch die in Rede stehende grundlegende Vorschrift auszuweisen hat, sind Kopien des betreffenden Aktes der öffentlichen Gewalt beizufügen.[583] Aus ihr muss ggf. auch die juristische Kontroverse hervorgehen. Eine Ausschlussfrist für die Rüge ist nicht vorgesehen.

2. Verfahrensablauf

Eine Zurückweisung der Antragsschrift *a limine* durch den Berichterstatter (Art. 4 G 9.882, auch diese mit anschließender kurzfristiger Einspruchsmöglichkeit) kommt in Betracht, wenn es sich nicht um einen Fall der Rüge der Nichtbefolgung einer grundlegenden Vorschrift handelt,[584] wenn eine der Anforderungen des Gesetzes 9.882 nicht gegeben ist oder wenn sich der Antrag als untauglich erweist. Der Berichterstatter kann und soll eine Vorprüfung durchführen und jedenfalls formell fehlerhafte Anträge aussortieren,[585] eine Befugnis, die wegen des vagen Tatbestands ebenso wie bei der entsprechenden Vorschrift zu ADI (s. oben) umstritten ist.

I.Ü. ist wie bei den Normenkontrollen auch bei der ADPF eine breit angelegte, aber in ihrem Ausmaß angesichts der vielen Betroffenen und Interessierten dem Ermessen des Berichterstatters unterliegende Informationsermittlung (Art. 6 G 9.882), die Anhörung von *Amici Curiae* entsprechend der ADI[586] und die Be-

582 So STF, ADPF 76/TO, BE Gilmar Mendes, DJ v. 20.2.2006, unter ausdrücklicher Bezugnahme im Urteil auf den Rechtsgedanken des § 90 II 2 BVerfG, der im brasilianischen Recht als implizites Merkmal gelten soll. G. Ferreira Mendes/I. Mártires Coelho/P.G. Gonet Branco, a.a.O., 1156, halten den Rechtsgedanken des deutschen § 90 II 2 BVerfGG dem Art. 4 G 9.868 für implizit innewohnend und argumentieren mit den hier verwendeten Topoi „allgemeine Bedeutung“ und „schwerer Nachteil“ und dem für das Gericht eröffneten „weiten“ Ermessen, Verfassungsbeschwerden ohne Rechtswegerschöpfung zu entscheiden. Auch die Entscheidung des STF, ADPF 33, a.a.O. (in der Frage der Subsidiarität einstimmig), zieht die deutsche Vorschrift heran.

583 Art. 3 G 9.882.

584 Insoweit ist aber die Möglichkeit einer Umdeutung in Normenkontrollanträge anerkannt, vgl. P.F. Paiva, OJC Jg. 3 (2009/10), 5 m.w.N.

585 STF, ADPF (MC) 45, BE Celso de Mello, DJ v. 4.5.2004.

586 Hier jedoch im Wege des Art. 6 G 9.882 (STF, ADPF 71, BE Gilmar Mendes, DJ v. 3.6.2005). Nach a.A. wird Art. 7 § 2 G 9.868 analog wegen derselben Entscheidungswirkung *erga omnes* angewandt, vgl. P. de Tarso Duarte Menezes, a.a.O., 48.

teiligung des *Ministério Público*, sofern es nicht bereits Antragsteller im Verfahren ist,[587] vorgesehen. Auf der Passivseite tritt die Stelle auf, von der der streitige Akt herrührt. Der AGU ist nur zu laden, soweit es um eine Verteidigung von Rechtsnormen, nicht von sonstigen Akten der öffentlichen Gewalt geht.[588]

3. Einstweilige Anordnung

Einstweilige Anordnungen, die mit absoluter Mitgliedermehrheit auf Antrag erlassen werden können, können darin bestehen, dass Gerichte laufende Prozesse oder die Wirkungen von Gerichtsentscheidungen aussetzen müssen, oder auch – so das Gesetz wörtlich – in jeder anderen Maßnahme im Zusammenhang mit dem Gegenstand der Rüge der Nichtbefolgung einer grundlegenden Vorschrift, mit dem einzigen Vorbehalt, dass rechtskräftige Entscheidungen unangetastet zu bleiben haben.[589] Die Voraussetzungen sind nicht nur im G 9.882 aufgeführt, sondern folgen den allgemein zivilprozessrechtlichen Grundsätzen zur einstweiligen Sicherung von Rechten durch den Richter: Die vorgetragene Verletzung der Vorschrift muss hinreichend glaubhaft sein, und es muss eine Gefahr im Verzug bestehen (drohende Irreparabilität, Notwendigkeit zur Sicherung der Hauptsache bzw. sonstige Unzumutbarkeit des Abwartens der Entscheidung in der Hauptsache).[590] Das STF hält die 180-Tage-Gültigkeitsdauer aus Art. 21 G 9.868/1999 für eine einstweilige Anordnung für analog auf die ADPF anwendbar, kann die Gültigkeit aber durch Beschluss ohne Weiteres verlängern.[591] Im Falle außerordentlicher Dringlichkeit oder der Gefahr eines schweren Schadens sowie auch in den Gerichtsferien kann der Berichterstatter die Anordnung erlassen und die Sache dem Plenum erst im Nachhinein für die Hauptsacheentscheidung unterbreiten. Eine Anhörung des AGU und des *Procurador-Geral* geschieht nach Ermessen.

587 Vgl. Art. 7 G 9.882/1999.

588 A. Ramos Tavares, Curso de Direito Constitucional, 298; Wortlaut des Art. 103 § 3 CF; a.A. (Verteidigung jeglicher Akte öffentlicher Gewalt durch den AGU) R. Mendes Mandelli Jr., ADPF, 153.

589 Art. 5 G 9.882/1999. Krit. zur Weite der Rechtsfolgenbestimmung von dessen § 3 etwa M. Gonçalves Ferreira Filho, RDA 220 (2000), 14.

590 C.M. Clève, Fiscalização Abstrata, 237. Vgl. auch Art. 21 IV, V RISTF. Eine Folgenabwägung wie sie das BVerfG nach § 32 BVerfG vornimmt, findet also nicht statt.

591 ADPF (MC) 130/DF, und dann ADPF (QO) 130/DF, beide BE Ayres Britto, DJe v. 7.11.2008, im Prozess vorkonstitutionelle über das Pressegesetz.

4. Hauptsacheentscheidung

a. Begründetheit – Verletzung einer grundlegenden Vorschrift

Die Klage ist begründet, wenn in einer der zulässigen Fallgruppen eine „grundlegende Vorschrift" nicht befolgt wird. Die Bestimmung dessen, was sich hinter dem Konzept der grundlegenden Vorschrift verbirgt, wurde der Rechtsprechung des STF überlassen. Gesichert ist schon nach dem Wortlaut des Art. 102 § 1 CF, dass Vorschriften außerhalb des Verfassungsrechts als Prüfungsmaßstab nicht gemeint sein können. Gesichert ist ferner, dass der Begriff nicht schlicht inhaltlich mit dem der „Verfassungsbestimmung" übereinstimmt, sondern enger ist. Zutreffend ist aber (bisher) soweit ersichtlich ebenfalls, dass eine ADPF noch nie abgewiesen wurde, weil die als verletzt geltend gemachte Bestimmung zwar formelles Verfassungsrecht, aber kein grundlegendes war. Als grundlegende Vorschriften sind jedenfalls in praktischen Fällen diejenigen erkannt worden, die durch die Ewigkeitsgarantie des Art. 60 § 4 CF geschützt sind, und die Grundprinzipien und Individualgarantien aus Art. 1–17 CF.[592] Auch ungeschriebene Regeln und Prinzipien des Verfassungsrechts, wie z. B. die bereits erwähnte Rechtssicherheit, können unter den Begriff fallen.[593] In der Lehre wird vertreten, dass hier angesichts der weitschweifigen Charta selbst zwischen formal-juristisch gleichrangigen Normen zu differenzieren sei und nur die wirklichen „Grundpfeiler" als verletzt gerügt werden könnten.[594] Die Offenheit des Begriffs ermögliche dabei auch „dynamische" Weiterentwicklungen seitens des STF. Eine Festlegung von Inhalten durch das G 9.882 wäre eine unzulässige Schrankensetzung und ist bewusst nicht erfolgt.[595]

Wird die keine „Nichtbefolgung" festgestellt, bedeutet dies nicht im Umkehrschluss, dass der Prüfungsgegenstand verfassungsgemäß ist, denn der Akt könnte noch gegen eine nicht-grundlegende, also hier gar nicht geprüfte Vorschrift der

592 Vgl. STF, ADPF 33, a.a.O.; A. de Moraes, Comentários à Lei n.° 9.882/99 – ADPF, in: A. Ramos Tavares/W.C. Rothenburg (Hrsg.), ADPF, 17; s. auch G. Ferreira Mendes/I. Mártires Coelho/P.G. Gonet Branco, a.a.O., 1165 ff., die aber zu bedenken geben, dass die dort erfassten Prinzipien ihrerseits durch sonstige verdichtende Normen ausgestaltet sind; U. Lammêgo Bulos, a.a.O., 1030 mit einer beispielhaften Auflistung von Verfassungsprinzipien.

593 D. de Melo Crosara, Revista do IAMG 12 (2006), 243 (287); R. Mendes Mandelli Jr., a.a.O., 64 f., 121. Die Rechtsprechung hat, wie schon gezeigt, das ungeschriebene Prinzip der Rechtssicherheit als grundlegende Vorschrift anerkannt.

594 D. Sarmento, Apontamentos sobre a ADPF, in: A. Ramos Tavares/W.C. Rothenburg (Hrsg.), ADPF, 91; A. Ramos Tavares, ADPF, in: ders./W.C. Rothenburg (Hrsg.), ADPF, 49; M. Jorge e Silva Neto, Curso de Direito Constitucional, 193 f.

595 H. Martinez Dal Col, RDCI 39 (2002), 171 ff.; R. Mendes Mandelli Jr., a.a.O., 64 f.; a.A. C.M. Clève, Fiscalização Abstrata, 409.

Verfassung verstoßen.[596] Im Gegensatz zu ADI/ADC löst die Unbegründetheit also schlichtweg keine Wirkungen aus.

b. Quorum, Mehrheit, Entscheidungsinhalt und -wirkungen

Für die stattgebende Entscheidung bedarf es wie bei den Normenkontrollverfahren eines Beteiligungsquorums von zwei Dritteln im Gericht, also acht Richtern.[597] Mehrheitserfordernisse werden im einfachen Gesetz nicht geregelt.[598] Jedenfalls für die Verwerfung von Rechtsnormen, soweit es um diese geht, als verfassungswidrig ist gemäß Art. 97 CF die absolute Mehrheit der Mitglieder des Gerichts notwendig. Da diese Mehrheit auch für einstweilige Anordnungen[599] festgelegt wurde, wird man dieses Erfordernis erst recht für alle Hauptsacheentscheidungen annehmen dürfen, d.h. auch für diejenigen, die keine Rechtsnorm zum Gegenstand haben.[600]

Nach Art. 10 G 9.882 kann Entscheidungsinhalt zunächst die Festlegung der Auslegung und Anwendung der streitigen grundlegenden Vorschrift sein, die mit allgemein verbindlicher Wirkung für die Organe der öffentlichen Gewalt erfolgt. Um nicht zum positiven Gesetzgeber zu werden, darf das STF dabei Rechtsnormen, wenn diese Streitgegenstand sind, aber keinen gänzlich neuen Sinngehalt verleihen.[601] Die Festlegung einer verbindlichen Verfassungsinterpretation geht in dieselbe Richtung wie die ADC und schnürt damit ein Korsett insbesondere für die ansonsten ganz unabhängig entscheidenden Instanzrichter. Wird bei der begründeten ADC das künftige Unangewendetlassen von Rechtsnormen in der diffusen Verfassungskontrolle untersagt, so wird mit der ADPF also eine bestimmte Auslegung der Normen vorgegeben. Die Vorschrift von 1999 stellt daher nach der ADC einen weiteren Schritt bei der sog. „Vertikalisierung der Justiz“ zugunsten des STF und zulasten der übrigen Gerichtsbarkeit dar.

Geklärt werden kann mit der ADPF nach Art. 10 ferner im Grundsätzlichen, ob die streitgegenständlichen Handlungen der öffentlichen Gewalt auch über den Ein-

596 R. Mendes Mandelli Jr., a.a.O., 110. Mangels einer Art. 24 G 9.868 entsprechenden Vorschrift bei der ADPF besteht eine wie zwischen ADI/ADC gegebene Wechselwirkung nicht. Schon die Verfassung kennt nur die „Rüge der Nichtbefolgung“, nicht aber einen „Antrag auf Feststellung der Befolgung“ der grundlegenden Vorschrift.

597 Art. 8 G 9.882/1999.

598 Der Gesetzesbeschluss vor dem diesbzgl. Veto sah in Art. 8 eine Zweidrittelmehrheit vor, die aber nach Auffassung des Staatspräsidenten dem Zweck der Rüge entgegen gestanden hätte.

599 Vgl. Art. 5 G 9.882/1999.

600 Unstreitig, s. G. Ferreira Mendes, in: H. Lopes Meirelles/A. Wald/ders., Mandado de Segurança, 547 f.

601 R. Mendes Mandelli Jr., a.a.O., 169.

zelfall hinaus gültig sind oder nicht. Das Gericht wendet nach Möglichkeit auch hier die zur Aufrechterhaltung von Normen entwickelten Techniken an.

Die wie bei der ADI – im Wege der Beschwerde auch reklamierbare – allgemeine Bindungswirkung erstreckt sich auf alle identischen Akte, auch wenn die Urheber andere sind.[602] Dass Art. 102 § 2 CF diese weitgehende Bindungswirkung nur für ADI und ADC vorsieht, soll einer einfach-gesetzlichen Erstreckung auf die ADPF, insbesondere angesichts ihrer strukturellen Ähnlichkeit zu den (anderen) Normenkontrollverfahren nicht entgegen stehen. Nur auf diese Weise kann auch der Zwecksetzung der ADPF, also der frühzeitigen höchstrichterlichen Klärung von Kontroversen über die grundlegenden Elemente der Verfassungsordnung und der Abkürzung der unerwünschten, langwierigen Prozesse, die auch zulasten des Bürgers gehen, entsprochen werden. Durch diese Grundentscheidung bedarf es für die Allgemeinverbindlichkeit auch der Einschaltung des Bundessenats und der damit verbundenen Unsicherheit über das Ob und das Wann der Aussetzung des Vollzugs von Rechtsnormen nicht.

Mit dieser Entscheidungswirkung und angesichts des Kreises der Aktivlegitimierten (und auch angesichts der Richterauswahlpraxis für das STF) liegt nahe, dass die ADPF zunächst für die vereinfachte, wirkungsvolle Durchsetzung von staatlicher Politik hilfreich ist und zu einem guten Teil der Unterbindung langer und hemmender rechtlicher Streitigkeiten um diese dient, wobei Rechtssicherheit und Rechtsanwendungsgleichheit als grundlegende Vorschriften im Sinne der ADPF beschworen werden. Dies kann etwa im Abgabenrecht eine hohe Relevanz bekommen und die Einnahmenerzielung des Staates absichern helfen. Eine schnelle verfassungsgerichtliche Klärung an sich kann aber auch im Interesse des Bürgers sein. Die ADPF kann dem Bürger desweiteren zugute kommen, sofern einer der Antragsberechtigten grundlegende *individualrechtliche* Prinzipien als verletzt rügt. Geschieht dies, kann das STF, das in dieser Hinsicht, wie schon festgestellt, ja zu einem gewissen Aktivismus – hier passt der Begriff des *garantismo* – neigen kann, im seinem Interesse deren Beachtung sicherstellen.[603]

Art. 11 G 9.882 entspricht dem Art. 27 des G 9.868 und ermöglicht somit auch für die ADPF eine flexible Abwägung von Verfassungswerten bei der Festlegung des Zeitpunkts etwaiger Nichtigkeit streitgegenständlicher Rechtsakte und damit

602 Z. B. bei bundesverfassungswidrigen Kommunalgesetzen Erstreckung auf identische Gesetze in anderen Kommunen, vgl. G. Ferreira Mendes/I. Mártires Coelho/P.G. Gonet Branco, a.a.O., 1159 f.

603 In STF, ADPF (MC) 45, BE Celso de Mello, DJ v. 4.5.2004, setzte das Gericht etwa Maßstäbe für die Verwirklichung der zahlreichen sozial-ökonomischen Grundrechte mit programmatischem Charakter: Das Gericht sei selbst zwar nicht unmittelbar berufen, Politik zu gestalten; wenn aber die zuständigen Organe diese Grundrechte ganz ignorierten und leerlaufen ließen, sich vorschnell auf einen „Vorbehalt des Möglichen" beriefen und damit die notwendigen Mindestbedingungen für eine menschenwürdige Existenz gefährdeten, rechtfertige dies eine Intervention der Rechtsprechung.

bei den Wirkungen der Entscheidung.[604] Dies kann mit entsprechend qualifizierter Mehrheit aus Gründen der Rechtssicherheit oder besonderer gesellschaftlicher Interessen erfolgen, wenn Rechtsnormen für verfassungswidrig befunden werden.

Die Entscheidung wird den verantwortlichen Stellen mitgeteilt und binnen zehn Tagen in den offiziellen Verkündungsorganen bekanntgegeben und gilt unabhängig von der vollständigen Abfassung des Urteils sofort. Nach Art. 12 G 9.882 ist die Hauptsacheentscheidung wie bei der Normenkontrolle ebenfalls unanfechtbar und eine Wiederaufnahmeklage nicht zulässig. Art. 13 G 9.882 eröffnet – wegen Art. 102 I l) CF rein deklaratorisch – die Möglichkeit der direkten Beschwerde an das STF, wenn das Diktum des STF in der Folgezeit missachtet wird.

5. Rechtsvergleich, Verfahrenszahlen und Entlastung des Gerichts

Die ADPF sollte verglichen mit dem deutschen Recht zwischen den Normenkontrollen und der Verfassungsbeschwerde stehen, ist nun aber lediglich zu einem ergänzenden Kontrollinstrument für Hoheitsakte mit dem in Art. 103 CF festgelegten Berechtigtenkreis der Normenkontrollen geworden.

Mit der Verfassungsbeschwerde hat es nun nur die ausschließliche Zuständigkeit des Verfassungsgerichts, die Kontrollfähigkeit von allen Akten der öffentlichen Gewalt, auch solchen, die vorkonstitutionell sind, und die Subsidiarität gemeinsam. Zudem sind beides zumindest auch dem Schutz der objektiven Verfassungsordnung dienende Verfahrensarten. Die Unterschiede sind wesentlich und liegen bei der Antragsberechtigung, da mit der ADPF Grundrechtsträger allenfalls mittelbar geschützt sind, beim Maßstab (einerseits Grundrechte und grundrechtsgleiche Rechte, andererseits die grundlegenden, also etwa auch staatsorganisationsrechtlichen Vorschriften und Verfassungsprinzipien), beim – für die ADPF geltenden – Nachrangverhältnis zur abstrakten Normenkontrolle und bei der dort fehlenden Fristenbindung, während für die Verfassungsbeschwerde die Fristen aus § 93 BVerfGG gelten.

In der autonomen Variante findet eine Erweiterung des vorbestehenden Normenkontrollregimes um dort eigentlich nicht erfasste Fälle statt. Damit wird insgesamt eine Annäherung an den Kontrollumfang des BVerfG nach Art. 93 I Nr. 2 GG erreicht. Der Maßstab ist gleichwohl auf die fundamentalen Vorschriften verengt.

604 S. dazu o. A.I.3.d mit Fn. 477; für die Verfassungswidrigkeit, jedenfalls hinsichtlich der Befugnis, einen zukünftigen Termin für den Wirkungsbeginn festzusetzen, etwa R. Mendes Mandelli Jr., a.a.O., 180; E. da Silva Ramos, ADPF: Delineamento do Instituto, in: A. Ramos Tavares/W.C. Rothenburg (Hrsg.), ADPF, 125.

In der inzidenten Variante wird durch das STF eine konkrete Kontrolle von Rechtsnormen, aber auch anderer Hoheitsakte innerhalb konkreter Streitigkeiten vorgenommen. Die Kontrolle erfolgt jedoch nicht auf Richtervorlage bei Überzeugung eines Gerichts von der Verfassungswidrigkeit einer entscheidungserheblichen Norm und ausschließlich bei Gesetzen wie nach deutschem Recht (Art. 100 I GG, §§ 80 ff. BVerfGG),[605] sondern auf Antrag von außerhalb des Prozessverhältnisses und eben bezogen auf alle möglichen normativen oder nicht-normativen Akte der öffentlichen Gewalt. Sie erfolgt ferner ohne automatische Aussetzung der Ausgangsprozesse, in denen es um diese Akte geht; allerdings kann das STF eine Aussetzung auf Antrag im einstweiligen Rechtsschutz anordnen.

Der Gesetzgeber wollte für die ADPF die beiden unterschiedlichen Varianten. Bei wohl keiner anderen Verfahrensart hatte dann aber das STF selbst durch Rechtsprechung so umfangreich Gelegenheit, an der Konturierung der Zulässigkeit mitzuwirken. Es tat dies insbesondere mit seiner Auffassung zur Bedeutung der Subsidiarität der Rüge, nahm insofern eine weitgehende Selbststeuerung der Zulässigkeit mit Blick auf die künftige Aktivität vor und definierte damit entscheidend seine Rolle innerhalb der Gerichtsbarkeit als Ganzes.

Insgesamt ist die Zahl der eingelegten ADPF seit ihrer Regelung im G 9.882 im Jahr 1999 leicht und stetig steigend. 2009 wurden schließlich 43 neue Prozesse registriert. Durch das für beide Varianten geltende Subsidiaritätsmerkmal und die wie bei ADI/ADC ggf. mögliche einzelrichterliche *A-Limine*-Abweisung ist die Belastung des STF durch die ADPF verglichen mit der sonstigen Tätigkeit des Gerichts mäßig, obwohl die Informationserhebungsphase etwa durch öffentliche Anhörungen, die sich wegen der den Normenkontrollverfahren entsprechenden Breitenwirkung der Entscheidungen auch in Zukunft immer häufiger als geboten erweisen dürften, einige Zeit und einigen Aufwand in Anspruch nehmen kann.

Zu sehen ist jedoch auch hier, dass jedes abgeschlossene begründete ADPF-Verfahren durch das damit erreichte Plus an Rechtssicherheit die Rechtspflege als Ganzes entlastet und schließlich das STF von zahllosen – wesentlich später, aber mit ziemlicher Gewissheit eintreffenden – Außerordentlichen Rechtsmitteln zu derselben verfassungsrechtlichen Frage freihält. Ebenso ist die ADPF geeignet, Klarheit auch über die Gültigkeit und die Anwendung von Rechtsnormen, die von den anderen Normenkontrollverfahren nicht erfasst werden, herbeizuführen, was diesbzgl. Rechtstreitigkeiten vor sämtlichen Gerichten frühzeitig redundant machen kann. Jedenfalls aus Sicht der hier in den Mittelpunkt gerückten gerichtlichen Entlastung zeigt sich die ADPF daher insgesamt als ein Gewinn.

605 Die Einführung einer Richtervorlage war in Brasilien i.Ü. Gegenstand des nicht zustandegekommenen PEC Nr. 382/2001.

III. Die föderativen Streitigkeiten

Unter die „föderativen Streitigkeiten“, für die das STF zuständig ist, können das der Bundesintervention in den Bundesstaaten vorgeschaltete Verfahren nach Art. 36 III i.V.m. 34 VI/VII und die Kompetenzabgrenzungen gemäß Art. 102 I f) CF subsumiert werden.

1. Mitwirkung bei der Intervention in die Bundesstaaten (Direkte Klage wegen Verfassungswidrigkeit zur Bundesintervention)

Die Einschaltung des STF im Rahmen bestimmter Fälle der Bundesintervention in den Bundesstaaten ist seit der Grundnorm von 1934 in der einen oder anderen Form Teil der brasilianischen Verfassungsordnung.[606]

Die Untergliederungen der brasilianischen Föderation sind gemäß Art. 18 CF selbständige Gebietskörperschaften, juristische Personen. Wegen der Autonomie gilt das (i.Ü. von der Ewigkeitsgarantie in Art. 60 § 4 I CF erfasste) Prinzip der Nicht-Intervention.[607] Der Bund darf lediglich in den abschließend von der Verfassung ihrerseits in Art. 34 aufgezählten Ausnahmetatbeständen I–VII, die gegenüber dem vorher geltenden Verfassungsrecht leicht verengt wurden, in die politische Autonomie dieser Untergliederungen eingreifen. Ein Durchgriff des Bundes auf die Kommunalebene ist nach dem Interventionsregime nicht gestattet; der Zugriff auf seine Kommunen ist dem betreffenden Bundesstaat vorbehalten, der dabei seinerseits auf die ausdrücklichen verfassungsrechtlichen Tatbestände beschränkt ist (in Art. 35 CF). Die Interventionsmöglichkeit des Bundes betrifft daher

606 S. zu der Einführung schon o. A.I.1 mit Fn. 332. In der Alten Republik unter der Charta von 1891, mit der Brasilien eine Bundesrepublik wurde, gab es vier eng umrissene Tatbestände (Art. 6), die oftmals missbraucht und z.T. i.V.m. einem Staatsnotstand herangezogen wurden, auch um missliebige lokale Oligarchien zu beseitigen und um schlicht gegen oppositionelle Politik vorzugehen; das STF kontrollierte dies weder präventiv noch repressiv. Die Kasuistik wurde mit der Verfassungsänderung von 1926 erweitert. 1934 wurde – abgesehen von der Einschaltung der Judikative – auch ein ökonomisch-finanzieller Eingriffsgrund aufgestellt („Reorganisation der Finanzen eines Bundesstaates“). Die Mitwirkungsbefugnis des STF war nach der Verfassung von 1937 dann wieder besonders rudimentär: sie ermöglichte nur ein Verlangen des STF an den Staatspräsidenten hinsichtlich einer Durchsetzung von Gesetzen und Urteilen der Bundesebene in den Staaten, s. Art. 9 f) i.V.m. § 1 CF 1937. Eine ähnliche Gestalt wie heute hatten dann schon Art. 8, 9 i.V.m. Art. 7 CF 1946, mit dem Verhältnismäßigkeitsvorschriften hinsichtlich Art, Dauer und Umfang eingeführt wurden und das Primat des Parlaments gestärkt wurde, und Art. 11 i.V.m. Art. 10 CF 1967/69. Im Rahmen der sog. „harte Linie“ der Militärdiktatur war gleichwohl die Intervention des Präsidenten in Bundesstaaten und Kommunen „ohne die in der Verfassung vorgesehenen Beschränkungen“ möglich (Art. 3 des Institutionellen Akts Nr. 5 v. 13.12.1968). Vgl. zu dieser historischen Abfolge eingehend auch P.M. Huf, Die Entwicklung des bundesstaatlichen Systems in Brasilien, 79, 83, 97, 123, 152 und 232 ff.

607 M. Jorge e Silva Neto, Curso de Direito Constitucional, 329.

allein die Bundesstaaten und den Bundesdistrikt. Die Organkompetenz liegt beim Präsidenten der Republik (Art. 84 X CF), der diesbzgl. politisches Ermessen hat (Opportunitätsprinzip).[608] Dessen Interventionsanordnung, in der Rechtsform des Dekrets, ist binnen 24 Stunden, notfalls in einer außerplanmäßigen Sitzung, grundsätzlich durch den Nationalkongress zu bestätigen (vgl. Art. 36 §§ 1–3, 49 IV CF).[609] Die Anordnung muss den Umfang, die Dauer und die Art und Weise ihrer Ausführung sowie, soweit notwendig, die Person des Intervenienten (der vom Präsidenten eingesetzte Sachwalter) im Einzelnen bezeichnen, und sie ist strikt dem Verhältnismäßigkeitsprinzip unterworfen; sie hat demzufolge zu enden, sobald die Erforderlichkeit entfällt (vgl. Art. 36 §§ 1, 3 und 4 CF, Prinzip der Vorläufigkeit). Zur weiteren rechtsstaatlichen Einbindung haben mit der Charta von 1988 auch der Rat der Republik und der Nationale Verteidigungsrat ein vorheriges Äußerungsrecht erhalten (Art. 90 I und 91 § 1 II CF).

Vor dem Anordnungsakt der Intervention des Präsidenten der Republik ist das STF in bestimmten (nicht in allen) Fällen des Art. 34, und nach Maßgabe des Art. 36 CF beteiligt:[610] In zwei Fallkonstellationen initiiert es die Intervention durch ein „Verlangen" derselben (funktionell ist dies eine nicht-judikative Zuständigkeit des STF, s. dazu schon oben im 1. Teil, D.II.2).

In einem weiteren Fall, nach Art. 36 III i.V.m. Art. 34 VI/VII CF, der wegen seiner Qualität als Rechtsprechungszuständigkeit an dieser Stelle behandelt wird, ist eine Intervention von einer „stattgebenden Entscheidung" des STF als *conditio iuris sine qua non* abhängig. Die Verfahrensart für diese Entscheidung wird auch als „Direkte Klage wegen Verfassungswidrigkeit zur Bundesintervention" bezeichnet.[611] Es handelt sich um eine Kontrolle unterschiedlichster gliedstaatlicher (nicht aber: kommunaler) Handlungen, die hier zum Antragsgegenstand gemacht werden können und deren Missbilligung durch das STF letztlich eine Intervention ermöglicht.[612] Der politischen Sanktionierung durch den Nationalkongress bedarf

608 M. Jorge e Silva Neto, a.a.O., 330.

609 Die Beteiligung erfolgt in Form eines Legislativdekrets.

610 J.B. Barbosa Gomes, La Cour Suprême dans le Système Politique Brésilien, 110, spricht insoweit von der „alten brasilianischen Tradition der Justizialisierung politischer Fragen". In anderen Fallgruppen, ohne Beteiligung der Judikative, wird demgegenüber von einer „spontanen" Bundesintervention gesprochen (zulässig z. B. zum Schutz der nationalen Integrität vor Sezessionen und Invasionen und bei schwerwiegender Störung der öffentlichen Ordnung). S. umfassend zur Bundesintervention und auch zu den weiteren, von einer Würdigung durch das STF unabhängigen Fällen E.R. Lewandowski, Pressupostos materiais e formais da intervenção federal no Brasil, 1994.

611 *Ação Direta de Inconstitucionalidade Interventiva*. Dazu A. de Moraes, Direito Constitucional, 2003, 629–631. Da das Gericht in diesem Rahmen immer eine bundesstaatliche Rechtsnorm überprüft und es gleichermaßen um das Rechtsverhältnis zwischen Bund und einem Bundesstaat geht, befindet sich diese Verfahrensart in der Schnittmenge zwischen den o. behandelten Normenkontrollen und den föderativen Streitigkeiten.

612 In ihrer ursprünglichen Version von 1934 („*Representação Interventiva*") war der Kontrollgegenstand das „intervenierende" Gesetz des Bundes (Art. 12 § 2 CF 1934).

es wegen der eingehenden justizförmigen Prüfung des STF bei diesem Tatbestand ausnahmsweise nicht mehr (Art. 36 § 3 CF).

Verfahrensrechtlich hat der *Procurador-Geral da República* in dieser Fallgruppe das ausschließliche Antragsrecht mit diesbzgl. unabhängigem Ermessen.[613]

Die Bundesintervention ist materiell-rechtlich zum einen durch das Anliegen gerechtfertigt, die Beachtung der in Art. 34 VII CF aufgeführten, sog. „empfindlichen" Verfassungsprinzipien durch die einzelnen Bundesstaaten sicherzustellen. Dies sind die folgenden: (a) die republikanische Staatsform und das System der repräsentativen Demokratie; (b) die Menschenrechte; (c) die kommunale Selbstverwaltung; (d) die Rechenschaftspflicht der unmittelbaren und mittelbaren öffentlichen Verwaltung; (e) die Verwendung eines bestimmten Mindestbetrags der Steuereinnahmen des Bundesstaates, Ausgleichszahlungen eingeschlossen, für die Aufrechterhaltung und die Entwicklung des Bildungswesens und für Leistungen und Dienste im öffentlichen Gesundheitswesen. Die Rolle des STF besteht im Zuge des Verfahrens gemäß Art. 36 III i.V.m. 34 VII CF darin zu überprüfen, ob irgendein Gesetz oder ein normativer oder auch ein konkreter Akt eines Bundesstaates eines der Prinzipien verletzt, um eine Bundesintervention zu autorisieren. Wenn es sich bei dem „Stein des Anstoßes" um eine Rechtsnorm des Gliedstaats handelt, kann der *Procurador-Geral* als Berechtigter auch i.S. des Art. 103 CF alternativ zur Einleitung einer Bundesintervention auch den Weg der ADI mit dem Ziel beschreiten, dass das STF die Norm für bundesverfassungswidrig und nichtig erklärt.

Zum anderen wird eine Intervention legitimiert durch eine vom STF festgestellte mangelnde Ausführung eines Bundesgesetzes durch eine positive, d.h. die Ausführung behindernde Handlung oder eine Unterlassung eines bundesstaatlichen Organs (Art. 34 VI CF).

Die Entscheidung des STF ist mit demselben Quorum und derselben Mehrheit wie die oben dargestellten Normenkontrollen zu treffen. Sie liegt darin, ggf. den Akt des Bundesstaates für mit einem der Prinzipien für unvereinbar zu erklären bzw. den Mangel der Ausführung des Bundesgesetzes festzustellen. Es kommt hierbei also gerade nicht zu einer Nichtigkeitsfeststellung mit unmittelbarer Eliminierung aus der Rechtsordnung, und die Entscheidung hat auch niemals eine Wirkung *erga omnes*, wodurch sich das Verfahren von den oben genannten Normenkontrollen unterscheidet. Die Entscheidung dient lediglich der Autorisierung einer nachfolgenden politisch-administrativen Maßnahme. Zunächst wird sie dem Organ in dem betreffenden Bundesstaat mitgeteilt, von dem der inkriminierte Akt stammt, das zunächst Abhilfe schaffen und damit das weitere Verfahren erledigen kann. Sie wird weiterhin dem Präsidenten der Republik mitgeteilt, für den das Feststellungsurteil des STF die Voraussetzung für ein Tätigwerden ist, wenn in

613 Art. 6 IV, 46, 48 I Ergänzungsgesetz Nr. 75/1993.

dem Bundesstaat keine Abhilfe geschaffen wird. Der Präsident der Republik ist dabei durch Art. 36 § 3 CF gehalten, die Durchsetzung einer gliedstaatlichen Handlung per Dekret lediglich suspendieren, wenn die bloße Suspendierung zur Wiederherstellung der Normalität ausreichend ist, was wiederum die Bindung an das Verhältnismäßigkeitsprinzip verdeutlicht.

Als Nebenfolge der Intervention sind nach Art. 60 § 1 CF jegliche Verfassungsänderungen blockiert, solange sie fortdauert.

Die Fälle der Klage zur Bundesintervention beim STF werden in z.T. durch die Verfassungsänderung Nr. 45/2004 überholter Weise einfach-gesetzlich in Art. 19–21 G 8.038/1990 näher geregelt; daneben finden die Vorschriften der Geschäftsordnung in Art. 350 ff. RISTF Anwendung.[614] Als Berichterstatter fungiert danach – insofern als eine der wenigen Ausnahmen[615] – der Präsident des STF. Die Rechtslage sieht danach keine einstweiligen Anordnungen vor; das STF hat sich aus diesem Grund in der Vergangenheit in eiligen Fällen bereits des Regimes der Sicherungsverfügung in analoger Anwendung bedient. Deswegen und wegen der Forderung nach einer erweiterten Beteiligung des AGU, von *Amici Curiae* und der Öffentlichkeit sowie der gewachsenen Notwendigkeit der Aufklärung auf Tatsachenebene (etwa zu Menschenrechtsverletzungen oder der Verwendung von Haushaltsmitteln in den Bundesstaaten) wird eine Neuregelung als empfehlenswert angesehen.[616]

2. Rechtsstreitigkeiten zwischen den Untergliederungen der Föderation

Laut Art. 102 I f) CF entscheidet das STF in Streitsachen und Konflikten zwischen dem Bund und den Bundesstaaten, dem Bund und dem Bundesdistrikt und diesen föderalen Untergliederungen untereinander, einschließlich der jeweiligen juristischen Personen der mittelbaren Staatsverwaltung. Abgesehen von den eminenten Streitparteien handelt es sich dabei um eine gewöhnliche Zivilklage,[617] mit der jedes Tun, Dulden oder Unterlassen gefordert werden kann. Die Kompetenz wird bzgl. der juristischen Personen der unmittelbaren Staatsverwaltung allein durch die

614 Das zuvor geltende G 4.337/1964 wurde wegen Art. 119 § 3 der CF 1967/69 mit seiner Ermächtigung zur geschäftsordnungsrechtlichen Regelung des Verfahrens durch Letztere überholt.

615 Der Präsident erstattet ferner nach Einsprüchen zu den von ihm getroffenen Aussetzungsentscheidungen (u. B.V.5.b) an das Plenum Bericht.

616 Derzeit ist eine Vorlage für ein Spezialgesetz im Nationalkongress anhängig. G. Ferreira Mendes, DP 9 (2005), 5 (24 f., 31 f. mit Abdruck eines Gesetzentwurfs).

617 Daher das Kürzel im Aktenzeichen ACO – *Ação Civil Originária*. Unter Art. 102 I f) CF können aber auch besondere Typen von Zivilprozessen zwischen den aufgezählten Beteiligten fallen, insb. etwa das Verfahren der Sicherungsverfügung (MS, dazu näher u. A.V. 1.c) zwischen diesen Körperschaften zur Kompetenzabgrenzung (so in STF, MS 21.041, BE Celso de Mello, 13.3.1992).

personelle Identität der Streitbeteiligten begründet; die Qualität des Streitgegenstands – und ob derselbe etwa „Verfassungsniveau" aufweist oder seinetwegen eine Gefahr für das Gleichgewicht in der Föderation besteht – ist unerheblich.[618] In vielen Fällen handelt es sich daher um Streitigkeiten nicht-verfassungsrechtlicher Art.

Ist hingegen die mittelbare Staatsverwaltung, z. B. eine autonome Körperschaft oder Stiftung des Bundes oder eines Bundesstaates, beteiligt, muss ein gewisses Potential für eine Verletzung der Stabilität des föderalen Paktes erkennbar sein, so dass etwa politisch bedeutungslose reine Zahlungsklagen ausscheiden.[619] Diese ständige Rechtsprechung des STF, auf die im Verfassungswortlaut nichts hindeutet, stellt eine teleologische Reduktion des Art. 102 I f) CF dar.

Bereits seit der Verfassung von 1891, die den Föderalismus einführte, werden „Rechtsstreitigkeiten (und Konflikte) zwischen Bund und Bundesstaaten oder zwischen letzteren untereinander" durch das oberste Bundesgericht entschieden.[620] Mit Art. 114 I d) CF 1967 kamen als Streitpartei vorübergehend ausdrücklich die „Territorien" (unmittelbar durch den Bund kontrollierte Gebiete) hinzu, die gegenwärtig nicht mehr existieren, deren Installation aber noch jederzeit nach den Organisationsvorgaben des Art. 33 CF (der aber ohne prozessrechtliches Pendant in Art. 102 ist) vollzogen werden kann. Art. 119 I d) CF 1969 machte den Zusatz „einschließlich der jeweiligen Organe der mittelbaren Staatsverwaltung". Der Föderalismus war seither phasenweise mal stärker, mal schwächer ausgeprägt, tendenziell hatten insbesondere die autoritären Regime Zentripetalkraft. Die CF 1988 räumt den Bundesstaaten wieder eine stärkere Position ein.

Der z.T. in den alten Verfassungen und noch heute verwendete Zusatz „und Konflikte" mutet wie ein Pleonasmus an. In manchen Fällen ist die Differenzierung zwischen Rechtsstreitigkeit (*causa*) und Konflikt (*conflito*) jedoch mit Sinn erfüllt worden: Es wurde eine Popularklage von Bürgern vor dem STF für zulässig i.S. des lit. f) befunden, als diese zwar im eigenen Namen, aber vollständig im Interesse eines Bundesstaates gegen den Bund (wegen eines Dekrets des Präsidenten der Republik bzgl. der Genehmigung einer Chemiefabrik) geklagt hatten. Es handelte sich offenbar formell um eine Rechtsstreitigkeit zwischen den klagenden Bürgern und dem Bund, jedoch bestand der eigentliche Konflikt zwischen den föderalen Ebenen.[621] Nach ständiger Rechtsprechung werden jedoch i.Ü. Anträge des einfa-

618 STF, ACO (QO) 555, BE Sepúlveda Pertence, DJ v. 16.9.2005.

619 S. für diese st.Rspr. STF, ACO (QO) 359, BE Celso de Mello, DJ v. 11.3.1994.

620 S. in den Vorgängerverfassungen Art. 59 c) CF 1891, Art. 76 Nr. 1 d) CF 1934, Art. 101 I c) CF 1937, Art. 101 I e) CF 1946. Zuvor war der Kaiser als mäßigende Staatsgewalt mit der Aufgabe betraut, zwischen Organen anderer Gewalten und Landesteilen im unitarischen Staat schlichtend zu wirken.

621 S. z. B. Rcl. 424/RJ, BE Sepúlveda Pertence, DJ v. 6.9.1996, eingehend insb. das Votum des Berichterstatters. Diese Differenzierung macht den „Konflikt" zum Oberbegriff.

chen Bürgers, auch wenn es um die Klärung von dahinter liegenden Meinungsverschiedenheiten über die Rechte von Bundesstaaten ging, nicht als föderative Streitigkeit zugelassen.[622]

Die typischen föderativen Konflikte setzen dort an, wo eine der Untergliederungen mit Rechten gegenüber einer anderen ausgestattet ist. Sie schützen die jeweiligen Rechtskreise vor Übergriffen und sollen insbesondere Verschiebungen im Gleichgewicht der vertikalen Gewaltenteilung und damit letztlich Machtkonzentration verhindern.

Reale Beispiele sind Streitigkeiten um eine Verwaltungskompetenz,[623] um die verfassungsgemäße Beschickung von Gerichten[624] oder um die Steuerpflicht eines Bundesdienstes in einem Bundesstaat,[625] Strafverfolgungskonflikte zweier Bundesstaaten vertreten durch deren *Ministérios Públicos*,[626] aber auch Grenzstreitigkeiten zwischen Bundesstaaten,[627] oder wenn Bundesstaaten sich gegen Bauvorhaben des Bundes auf ihrem Territorium mit hinreichend schweren Auswirkungen wehren[628] oder in ihren parlamentarischen Untersuchungsausschüssen die Freigabe von Informationen von Stellen des Bundes benötigen.[629]

Interessant ist ferner eine zweite teleologische Reduktion des Art. 102 I f) CF, die das STF hinsichtlich der mittelbaren Staatsverwaltung schon zur alten Verfassung vorgenommen und unter der neuen bestätigt hat:[630] Wenn eine Körperschaft

622 Ls. 503 v. 3.12.1969 betreffend die Besteuerungshoheit des einen oder des anderen Staates gegenüber dem Bürger.

623 ACO (QO) 684, BE Sepúlveda Pertence, DJ v. 30.9.2005, zur Kompetenz für die Anerkennung privater Hochschulen. Ein Streit um eine Gesetzgebungskompetenz kann im Wege der Normenkontrolle vor dem STF gelöst werden, die Art. 103 CF auch in zwischenstaatlichen Konflikten ermöglicht.

624 MS (QO) 25.624, BE Sepúlveda Pertence, DJ v. 10.8.2006, zum Streit der OAB als autonomer Körperschaft des Bundes gegen einen Bundesstaat um das sog. „verfassungsrechtliche Fünftel“ (*quinto constitucional*, vgl. Art. 94 CF) in dessen TJ.

625 ACO (QO) 765/RJ, BE Marco Aurélio, DJe v. 4.9.2009: Das Postunternehmen, ein Dienst nach Bundeskompetenz, Art. 21 X CF, der einer Körperschaft des Bundes gleichgestellt ist, klagte (erfolgreich) gegen RJ gegen die dortige Erhebung der Kraftfahrzeugsteuer IPVA.

626 ACO 889, BE Ellen Gracie, DJe v. 28.11.2008.

627 ACO 307, BE Néri da Silveira, DJ v. 19.12.2001. In Rcl. 2.833, BE Ayres Britto, DJ v. 5.8.2005, ging ein Bundesstaat gegen die Grenzziehung des Indio-Reservats „Raposa Serra do Sol“ durch Erlass des Bundesjustizministeriums vor. In ACO (QO) 477/TO, BE Moreira Alves, DJ v. 24.11.1995, zwischen dem Nationalen Institut für Besiedlung und Agrarreform als autonome Körperschaft des Bundes und einem Bundesstaat ging es um das Eigentum rückerstatteter Ländereien.

628 Rcl. 3.074, BE Sepúlveda Pertence, DJ v. 30.9.2005.

629 Etwa in ACO (QO) 730/RJ, BE Joaquim Barbosa, DJ v. 1.10.2004, gegen die Zentralbank, eine Körperschaft der mittelbaren Staatsverwaltung des Bundes, auf Freigabe von Daten (die nationalen Auswirkungen werden bejaht, wenn eine Körperschaft des Bundes eine wesentliche Funktion des gliedstaatlichen Legislative, hier: die Selbstkontrolle, lahmlegen kann); entsprechend auch ACO 1271/RJ, BE Joaquim Barbosa, 11.3.2010, Inf. 578, gegen die unmittelbare Finanzverwaltung des Bundes, die sich auf das Steuergeheimnis berief.

630 STF, ACO (QO) 417/DF, BE Sepúlveda Pertence, DJ v. 7.12.1990 m.N. auch zur älteren Rspr.

der öffentlichen Daseinsvorsorge ihren Sitz, Regionalstrukturen oder auch nur eine Vertretung in der Einheit der Föderation (Bundesstaat oder -distrikt) hat, mit der das Streitverhältnis besteht, müsse der Streit vor dem örtlichen Bundesrichter ausgefochten werden; die Sonderzuweisung an das STF sei als Ausnahmevorschrift insoweit enger als der Wortlaut zu verstehen. Streiten zwei juristische Personen der mittelbaren Staatsverwaltung miteinander, so sei eine Zuständigkeit des STF ferner nur dann gegeben, wenn diese in verschiedenen föderalen Einheiten belegen sind. Obwohl ebenfalls vom Wortlaut des Art. 102 I f) CF gedeckt, wird es regelmäßig auch einer Körperschaft des Bundes versagt, vor dem STF gegen den Bund selbst zu klagen.[631]

Geht es einer Körperschaft des Bundes um die Feststellung der Verfassungsmäßigkeit einer Rechtsnorm eines Bundesstaates, ist die Klage unzulässig, weil Art. 103 CF (mit der Regelung der Antragsberechtigung für die abstrakte Normenkontrolle) nicht unterlaufen werden kann.[632] Darin liegt eine weitere (systematische und teleologische) Reduktion.

Mit dem Wortlaut der Kompetenzvorschrift ist das Gericht auch i.Ü. eher restriktiv umgegangen. Die Beteiligung eines öffentlichen (geschweige denn: gemischt-wirtschaftlichen) Unternehmens genügte in Streitigkeiten mit föderalen Einheiten regelmäßig nicht; ebensowenig genügt die Beteiligung einer Kommune,[633] da diese in Brasilien nicht Körperschaft der mittelbaren Staatsverwaltung im Bundesstaat sind, sondern eine dritte Ebene in der Föderation bilden.

Die Vorschriften über das gerichtliche Verfahren sind ergänzend zum CPC die Art. 247–251 RISTF. Abweichend vom Ablauf des regulären Zivilverfahrens, der in seiner Gesamtheit hier nicht dargestellt werden kann, ist der Berichterstatter beim STF danach befugt, die Einlassungsfristen frei zu bestimmen und vorbereitende Ermittlungsmaßnahmen an lokale Richter zu delegieren. Zudem ist der *Procurador-Geral*, binnen fünf Tagen, anzuhören und in der mündlichen Verhandlung vor dem STF redeberechtigt.

631 So bereits STF, ACO 200/PE, BE Oswaldo Trigueiro, DJ v. 14.4.1972.

632 STF, ACO (AgR) 845, BE Cezar Peluso, DJ v. 5.10.2007.

633 STF, ACO 430, BE Paulo Brossard, RTJ 136 (1991), 1366 (Klage eines öffentlichen Transportunternehmens gegen den Bundesdistrikt wurde an den Bundesrichter erster Instanz verwiesen); für gemischt-wirtschaftliche Unternehmen s. entsprechend ACO (QO) 396, BE Sydney Sanches, DJ v. 27.4.1990. Im Verfahren Rcl. 1.061/SP, BE Octavio Gallotti, in dem sich der Bundesstaat Mato Grosso und eine vom Nachbarstaat kontrollierte Energiegesellschaft gegenüberstanden, hat das STF „Potenzial einer Verletzung des föderativen Pakts, unabhängig von der formalen Zusammensetzung des Rechtsstreits“ gesehen und seine Zuständigkeit bejaht. Für Kommunen s. ACO 401, RTJ 136 (1991), 1365; ACO (AgR) 1.342, BE Marco Aurélio, 16.6.2010, Inf. 591.

3. Rechtsvergleich und Verfahrenszahlen

Die Bund-Länder-Streitigkeiten nach Art. 93 I Nr. 3 GG, §§ 13 Nr. 7, 68 ff. BVerfGG umfassen auch Streitigkeiten über die Ausübung des nach Art. 37 GG zulässigen Bundeszwangs und der Bundesexekution, die in diesem prozessualen Rahmen behandelt werden. Ausdrücklich, aber nur beispielhaft nennt das GG schon die Konflikte über die Ausführung von Bundesrecht durch die Länder und über die Bundesaufsicht (nur hier ist zuvor ein Mängelrügeverfahren vor dem Bundesrat durchzuführen). Als weitere föderative Streitigkeiten existieren in Deutschland gesondert solche zwischen den Ländern und innerhalb eines Landes (Art. 93 I Nr. 4 GG, der hier die Subsidiarität festschreibt), Neugliederungsstreitigkeiten gemäß Art. 93 III GG i.V.m. § 24 V 3 G Art. 29 sowie die subsidiäre Organleihe zur Lösung von gliedstaatsinternen Verfassungsstreitigkeiten gemäß Art. 99 GG (für die es derzeit bekanntlich keinen Anwendungsbereich mehr gibt). Festzustellen ist ferner ein arbeitsteiliges Zusammenwirken von BVerfG und Bundesverwaltungsgericht: Soweit eine Streitigkeit nicht verfassungsrechtlicher Art ist, entscheidet letzteres in einziger Instanz (vgl. § 50 I Nr. 1, III VwGO). Ebenso verhält es sich mit dem Bundessozialgericht in Streitigkeiten aus dem Katalog des § 51 des Sozialgerichtsgesetzes, die dieses unterhalb der Schwelle des Verfassungsrechts laut § 39 II des Sozialgerichtsgesetzes entscheidet.

Beim BVerfG sind in der Zeitspanne 2006–2009 gar keine, und auch in den Jahren zuvor nur ganz vereinzelt Anträge in diesen Verfahrensarten angefallen.

Der entsprechende Kompetenztatbestand beim STF umfasst *de jure* zunächst alle Arten von Streitigkeiten, auch solche ohne verfassungsrechtlichen Charakter (grundsätzlich kann jede Art von Anspruch geltend gemacht werden), und schließt auch die mittelbare Staatsgewalt ausübenden juristischen Personen als parteifähig mit ein. Die Zulässigkeit dort ist wesentlich weiter gefasst als beim Bund-Länder-Streit: Während in Deutschland eine Ausschlussfrist von sechs Monaten gilt (§§ 69 i.V.m. 64 III BVerfGG), ist das Verfahren in Brasilien unbefristet zulässig. In Deutschland muss ferner eine Antragsbefugnis bestehen und dafür eine für das Bund-Länder-Verhältnis prägende verfassungsrechtliche Rechtsposition als verletzt oder gefährdet vorgetragen werden.[634] Das STF entscheidet auch, wenn keine Verfassungshöhe erkennbar ist. Es hat dies allerdings prätorisch bei Beteiligung juristischer Personen der nur mittelbaren Staatsverwaltung eingeschränkt und auf die Instanzgerichtsbarkeit verwiesen. Ebenso hat es eine teleologische Reduktion in bestimmten Fällen der nahen Belegenheit der Beteiligten zueinander vorgenommen. Für Streitigkeiten von Organen innerhalb eines Bundesstaats, entsprechend

634 F. Schorkopf, in: Umbach/Clemens/Dollinger (Hrsg.), BVerfGG, §§ 68, 69 Rn. 12.

dem Landesinnenstreit, existiert keine beim STF konzentrierte Zuständigkeit; diese werden vor den lokalen TJ gelöst.

Die vom STF vorgehaltene Statistik weist diese Verfahrensart nicht gesondert, sondern vielmehr als Originäre Zivilklage (ACO) aus, unter die auch die Streitigkeiten mit Beteiligung eines ausländischen Staates oder einer internationalen Organisation nach Art. 102 I e) CF fallen (s. nächster Abschnitt). Diese beiden Verfahrensarten haben auch vergleichbare prozessuale Vorschriften und unterscheiden sich vornehmlich dadurch, dass bei letzterer eine föderale Untergliederung Brasiliens als Streitpartei durch eine der genannten außerbrasilianischen Streitparteien ersetzt wird. Zusammen genommen erreichen das STF in beiden mittlerweile knapp 200 Anträge jährlich.

Die Zahl der Bundesinterventionen, ein Indikator für den Zustand der Föderation, schwankte stark und lag in den vergangenen Jahren zwischen 30 und 40 Anträgen. Abgesehen von der Antragsberechtigung des *Procurador-Geral* stellen sich keine weiteren Zulässigkeitsfragen, deren Auslegung durch das STF hier zu bewerten wäre.

IV. Die Rechtsstreitigkeiten mit internationalem Charakter

Zu den Rechtsstreitigkeiten mit internationalem Charakter vor dem STF lassen sich Art. 102 I e) und g) CF zusammenfassen. Die Kompetenz nach lit. h zur Anerkennung ausländischer Urteile und zur Erteilung von Vollstreckbarkeitserklärungen für Rechtshilfeersuchen von ausländischen Staaten wurde, ist seit 2004 dem STJ überantwortet; die jeweilige Vollstreckung obliegt dem örtlichen Bundesrichter erster Instanz (Art. 105 I lit. i, 109 X CF).

1. Die Rechtsstreitigkeiten der föderalen Untergliederungen Brasiliens mit ausländischen Staaten oder internationalen Organisationen

Die vergleichsweise selten in Anspruch genommenen Zuständigkeit des STF gemäß Art. 102 I e) CF umfasst Rechtsstreitigkeiten eines ausländischen Staates oder einer internationalen Organisation mit dem Bund, einem Bundesstaat, dem Bundesdistrikt oder einem Territorium, unabhängig davon, wer auf der Kläger- und wer auf der Beklagtenseite steht und, wie auch beim vorherigen Abschnitt, unabhängig von der Rechtsnatur der Streitigkeit.

Komplementär dazu ist der Bundesrichter erster Instanz nach Art. 109 II CF zuständig, wenn auf der brasilianischen Seite eine Kommune oder eine Person mit (Wohn-)Sitz im Inland als Kläger oder Beklagter beteiligt ist; in diesen Fällen kann das STJ nach Art. 105 II c) CF über das ordentliche Rechtsmittel als zweite Instanz und, unter Beachtung der erhöhten Zulässigkeitsvoraussetzungen, das STF noch im Wege des Außerordentlichen Rechtsmittels angerufen werden. Nach Art. 109 III CF ist der Bundesrichter desweiteren zuständig, wenn dem streitigen Rechtsverhältnis ein Abkommen zwischen dem Bund und einem ausländischen Staat oder einer internationalen Organisation zugrunde liegt (vorbehaltlich des Art. 102 CF). Bei der Berührung mit ausländischen Staaten oder internationalen Organisationen liegt also stets eine Materie der Bundesjustiz vor.

Ein wesentlicher Anwendungsfall ist etwa das Handeln von deren Bediensteten in deren Namen innerhalb Brasiliens. In Rechtsprechung und Lehre wurde die Vorstellung von der absoluten Immunität mittlerweile relativiert, so dass zumindest zivil- und arbeitsrechtliche Ansprüche vor dem STF verhandelt werden.[635] Die gerichtliche Durchsetzung der öffentlich-rechtlichen Forderungen des Fiskus erfordert hingegen ein ausdrückliches Einverständnis des ausländisches Staates.[636]

Bis zur Verfassung von 1946 waren dem STF nur die Rechtsstreitigkeiten zwischen „ausländischen Nationen und dem Bund oder den Bundesstaaten" zugewiesen.[637] Dann erhielten die innerstaatlichen Kommunen den Status als potentielle Streitpartei in diesen Verfahren.[638] 1969 schließlich wurden auch die internationalen Organisationen eingefügt.[639]

Es handelt sich wie bei den erörterten föderativen Streitigkeiten um reguläre Zivilprozesse (ohne spezifische verfassungsprozessuale Anforderungen) mit dem Unterschied, dass hier nicht zwei Körperschaften der Föderation untereinander im Konflikt stehen. Verfahrensrechtlich gelten dieselben Vorschriften wie dort. Allein Art. 275 RISTF verweist für die Fragen der Prozessfähigkeit und der Prozessvertretung der nicht-brasilianischen Streitpartei, Art. 61 § 2 RISTF für die Prozesskostenregelung ergänzend auf die Inhalte einschlägiger zwischenstaatlicher Abkommen.

635 STF, AI (AgR) 139.671, BE Celso de Mello, DJ v. 29.3.1996, geht dazu im Grundsätzlichen auf die Frage der Immunität ausländischer Staaten ein, die jedenfalls auf rein privatrechtlichem Gebiet (hier: arbeitsvertragliche Ansprüche von Botschaftsangehörigen mit brasilianischer Staatsbürgerschaft) verneint wird; deutlich auch RE (AgR) 222.368/PE, BE ders., DJ v. 14.2.2003. Zum Deliktsrechts ähnlich, s. STF, ACO 575/DF, BE Celso de Mello, 23.8.2000, Inf. 198: Immunität abgelehnt bzgl. eines durch ein Fahrzeug der Botschaft der Republik Kamerun verursachten Schadens an öffentlichem Eigentum im Bundesdistrikt.

636 Vgl. STF, ACO 646/SP, BE Celso de Mello, DJ v. 17.10.2002.

637 Die Verfassung von 1824 nahm eine derartige Sonderzuweisung an das *Supremo Tribunal de Justiça* noch gar nicht vor. S. in den darauffolgenden Verfassungen dann die Vorgängervorschriften zur jetzigen Regelung in Art. 59 d) CF 1891, Art. 76 Nr. 1 e) CF 1934 und Art. 101 I d) CF 1937.

638 S. Art. 101 I d) CF 1946, Art. 114 I c) CF 1967.

639 So Art. 119 I c) CF 1967/69. Nach dessen II a) hatte das STF auch die o.g. ordentliche Rechtsmittelkompetenz inne, welche nun (seit der Verfassung von 1988) beim STJ liegt.

2. Das Auslieferungsverfahren

Die Auslieferungsverfahren gemäß Art. 102 I g) CF vor dem STF als einzigem dafür zuständigen Gericht dienen der Überprüfung von durch ausländische Staaten gegenüber Brasilien beantragten Auslieferungen. Sie betrifft also nur „passive" Auslieferungsverfahren; mit „aktiven", d.h. von Brasilien beantragten Auslieferungen wird das STF nicht befasst. In Brasilien ist diese Kompetenz dem STF seit der Verfassung von 1934 gegeben.[640] Ziel einer Auslieferung (*extradição*) ist das Habhaftwerden eines Staates von beschuldigten Personen zur Durchführung eines Strafprozesses oder von bereits verurteilten Personen zur Vollstreckung der Strafe.[641] Hintergrund des Rechtsinstituts ist das Interesse jeden Staates, basierend auf dem Territorialitätsprinzip, diejenigen selbst und nach dem eigenen Recht bestrafen zu können, die seine Rechtsordnung verletzen.

Von der zwischenstaatlichen Auslieferung ist begrifflich die „Überstellung" (*entrega*) an den Internationalen Strafgerichtshof (IStGH) zu unterscheiden (so tut dies auch Art. 102 des Rom-Statuts), dessen komplementärer Gerichtsbarkeit sich Brasilien gemäß Art. 5 § 4 CF unterworfen hat.[642] Es stellt sich die Frage, ob das STF in erweiternder Auslegung seiner Kompetenzen mangels anderweitiger nationaler Verfahrensregelungen auch für Überstellungen zuständig sein soll. Dies ist derzeit Gegenstand eines Verfahrens vor dem STF.[643]

a. Die Reichweite der Entscheidung vor dem Hintergrund der Gewaltenteilung

So wie sich die Normenkontrollen insbesondere im Spannungsfeld zwischen legislativer und judikativer Staatsgewalt befinden, bewegt sich die Verfahrensart der Überprüfung von Auslieferungen im Spannungsfeld zwischen Exekutive und Judikative; ihre Handhabung ist ein Indikator für das Verhältnis dieser beiden Ge-

640 Vorgängerregelungen: Art. 76 Nr. 1 g) CF 1934, Art. 101 I f) CF 1937, Art. 101 I g) CF 1946, Art. 114 I g) CF 1967, Art. 119 I g) CF 1967/69.

641 Zum Begriff der Auslieferung, der von der Ausweisung und der Abschiebung zu unterscheiden ist, für Brasilien J. Del Antonio, JusNav 2.333 (2009). Dass ein rechtskräftiges Strafurteil noch nicht vorliegen muss, sondern auch ein Haftbefehl ausreicht, ergibt sich aus Art. 78 II, 82 G 6.815/1980.

642 Inkorporation des Rom-Statuts durch das Legislative Dekret Nr. 4.388 v. 25.9.2002.

643 STF, Pet. 4.625, BE Ellen Gracie, DJ v. 4.8.2009 – „Omar al-Bashir", zu Überstellungsersuchen des IStGH vor Einreise der betreffenden Person. Dort ist neben dem Zuständigkeitsproblem auch die Frage aufgeworfen, wie die verbleibenden Konflikte zwischen der Bundesverfassung und dem Rom-Statut (Art. 5 XLVII CF sieht im Gegensatz zu Art. 77 Nr. 1 lit. b Rom-Statut ein Verbot lebenslanger Freiheitsstrafen vor; nach Art. 29 Rom-Statut ist Verjährbarkeit ausgeschlossen) aufzulösen sind, insb. ob die verfassungsrechtliche Unterwerfung unter die Gerichtsbarkeit eines IStGH die bedingungslose Unterwerfung unter jedwede satzungsmäßige Bestimmung beinhaltet oder etwa ob die nationale Ewigkeitsklausel in Art. 60 CF eine Grenze bildet.

walten zueinander. Sie betrifft den Bereich der Außenpolitik und auswärtigen Gewalt, welche eine klassische Domäne der Regierung und des Präsidenten der Republik ist.[644] Das STF prüft – soviel ist unstreitig – die formelle Zulässigkeit des Auslieferungsantrags. Bis heute ist jedoch streitig, wie die über die Formalien hinausgehende Rolle des STF zu charakterisieren ist. Auch das STF in seiner gegenwärtigen Besetzung ist diesbezüglich zerrissen, wie zuletzt die im Stimmenverhältnis 5:4 ergangene Entscheidung im Falle „Cesare Battisti" von 2009 zeigte. Nach der im Gericht (und wohl auch sonst) überwiegenden Meinung[645] – gerade angesichts des denkbar knappen Abstimmungsergebnisses und der Befangenheit zweier Richter im Verfahren muss das Überwiegen allerdings nicht von Dauer sein – prüft das STF etwaige, einer Auslieferung im konkreten Fall entgegenstehende Normen der Verfassung; stehen keine Normen entgegen, so hat die Exekutive das „letzte Wort" über die Auslieferung und kann somit nach politischem Ermessen unter Berücksichtigung nationalen und internationalen Rechts – nicht aber verpflichtet *durch* das STF – ohne eine Fristbindung Personen ausliefern oder dies unterlassen. Das STF soll nicht, wie eine andere Auffassung aber meint, in jedem Auslieferungsfall in eigener Machtvollkommenheit ganz „durchentscheiden" können, ohne der Exekutive noch in einer zweiten Verfahrensstufe Spielraum zu lassen.[646] Mit anderen Worten: Die überwiegende Meinung sieht das STF als Gericht, das (nur) vor verfassungswidrigen Auslieferungen schütze und mithin verbindlich Auslieferungshindernisse feststellen könne (Entscheidungsinhalt: „Verbot" oder „Gestattung" der Auslieferung).[647] Die Minderauffassung vertritt demgegenüber, dass das Gericht Auslieferungsentscheidungen gänzlich kontrolliere und also darüber hinaus auch entscheiden könne, dass eine Auslieferung erfolgen muss (Entscheidungsinhalt: „Verbot" oder „Gebot"). Das STF sei nach letzterer Auffassung nicht als bloßes Konsultationsorgan konzipiert und außerdem – dies ist aber kein juristisches Argument – habe ein Staatspräsident in der Verfassungsgeschichte noch nie der Einschätzung des STF im Nachhinein zuwidergehandelt. Der Verfassungswortlaut, der dem STF die Kompetenz zuweist, über die Auslieferung zu verhandeln und zu entscheiden, lässt unzweifelhaft beide Auslegungen zu. Maßgeblich ist, inwieweit man die Reichweite der Kompetenz mit Hilfe systematisch-teleologischer Auslegung in Relation zum Grundsatz der Gewaltenteilung verstehen will. In gleicher Weise bedeutsam für das Gewaltenverhältnis ist die Frage, ob

644 Art. 84 VII CF.

645 Vgl. das Votum v. Marco Aurélio, Extr. 1.085/Itália, BE Cezar Peluso, 12.11.2009, Inf. 567. So auch K. Oliveira Veloso, O Instituto Extradicional, 82; G. de Souza Nucci, CPP Comentado, 1011.

646 C. Velloso, A extradição e seu controle pelo STF, Folha de São Paulo v. 25.11.2009, spricht hier von einer nie dagewesenen Selbstbeschränkung des STF.

647 L.R. Barroso, RCJ v. 17.11.2009. Insofern wird eine Parallele zum Verfahren der Bundesintervention nach Art. 36 III CF (o. A.III.1) angenommen, die das STF ebenfalls nur autorisieren, nicht aber gebieten kann.

eine verbindliche Suspendierung des Auslieferungsverfahrens eintritt, wenn die Exekutive dem Auszuliefernden den Status des politischen Flüchtlings verleiht.[648]

b. Prüfungsmaßstäbe

Nach der Verhaftung[649] des potenziell Auszuliefernden und der Weiterleitung des Antrags an das STF, untersucht das Gericht neben der formellen Rechtmäßigkeit des Antrags auch bestimmte materielle Gesichtspunkte, namentlich solche hinsichtlich der Person des Auszuliefernden und hinsichtlich der zugrunde liegenden Straftat.[650] Das STF hat i.Ü. entschieden, auch für alle Anträge der in Auslieferungshaft befindlichen Person zuständig zu sein, die mit der Auslieferung in Verbindung stehen.[651] Die Prüfungsmaßstäbe für die Auslieferung werden nicht nur der Verfassung, sondern auch dem einfachen Recht entnommen.

Begonnen sei hier mit den in der Bundesverfassung enthaltenen Prüfungselementen. Der Schutz vor Auslieferung ist eine individuelle Rechtsposition gemäß Art. 5 LI, LII CF im Grundrechtskatalog, zu deren Schutz das STF berufen ist.[652] Das STF prüft, ob diese verfassungsrechtlichen Hürden für eine Auslieferung im konkreten Fall überwunden werden. In keinem Fall wird jedoch die grundsätzliche Richtigkeit des ausländischen Strafurteils oder Haftbefehls mit ihren zugrunde liegenden Tatsachen in Frage gestellt (dies im Gegensatz zum absoluten Schutz etwa

648 Dafür sprach sich im Fall „Cesare Battisti" ein Teil der Verfassungsrichter aus, die damit die Gewaltenteilung in den Vordergrund stellen und die Auslieferung im Ergebnis als eine der Exekutive, die üblicherweise die zuständige Staatsgewalt im Verhältnis zu ausländischen Staaten ist, zugedachte Befugnis ansieht. Die Mehrheit der Verfassungsrichter vertrat hingegen, wegen Art. 5 XXXV CF müsse eine Nachprüfbarkeit durch die Judikative immer gewährleistet sein. Vgl. Art. 12, 29–35 G 9.474/1997 zur Umsetzung der Genfer Flüchtlingskonvention v. 1951 und des Protokolls v. 1967 zum Flüchtlingsstatus und dessen Verlust und zu Verfahrensregeln (s. den Gesetzesauszug im Anhang III). Zuständig für statusbezogene Flüchtlingsfragen ist danach das Nationale Flüchtlingskomitee (CONARE), gegen dessen negative Entscheidung lediglich ein Rechtsbehelf zum Bundesjustizminister statthaft ist.

649 Das Verfahren kann nur betrieben werden, wenn der Auszuliefernde am Gerichtsort physisch anwesend ist; die Anwesenheit ist rechtlich bis zum Abschluss des Prozesses geboten, vgl. Art. 81, 84 G 6.815/1980; Art. 208, 213 RISTF. S. z. B.: STF, Extr. 820/Itália, BE Nelson Jobim, DJ v. 3.5.2002. Aus Gründen der Verhältnismäßigkeit bei langer Verfahrensdauer, gesundheitlichen Problemen oder einer bevorstehenden Einbürgerung ist dies jedoch in jüngerer Zeit relativiert worden (G. Ferreira Mendes/I. Mártires Coelho/P.G. Gonet Branco, Curso de Direito Constitucional, 628 f. m.N. zu Entscheidungen).

650 Vgl. zusammenfassend etwa C.M. da Silva Velloso, RDA 229 (2002), 5 (7 ff.).

651 STF, Rcl. 2.069/DF, BE Carlos Velloso, DJ v. 1.8.2003 (Fall „Glória Trevi"), bzgl. eines zwischenzeitlichen Antrags auf Anerkennung als Flüchtling. Dies soll insb. Sicherungs- und Freilassungsverfügungen betreffen, unabhängig davon, welche Behörde Antragsgegner ist.

652 Diese Verfahrensart befindet sich daher in der Schnittmenge zwischen den internationalen Rechtsstreitigkeiten und den u. noch zu behandelnden Verfahren zum Grundrechtsschutz.

im englischen Recht), die zur Vermeidung eines Eingriffs in die Souveränität des ersuchenden Staates als gegeben hinzunehmen ist.[653]

Gemäß Art. 5 LI CF darf kein Brasilianer ausgeliefert werden.[654] Dieses Schutzniveau gilt für gebürtige Brasilianer absolut. Für eingebürgerte werden hingegen Ausnahmen zugelassen: Im Falle einer vor der Einbürgerung begangenen Straftat oder der erwiesenen Beteiligung an unerlaubtem Handel mit Betäubungsmitteln dürfen diese ausgeliefert werden.[655] Die Auslieferung von Ausländern ist naturgemäß noch einfacher: Allein dann, wenn es sich um politische Straftaten oder solche aufgrund von Meinungsäußerungen handelt, wird einem Auslieferungsersuchen nicht entsprochen, Art. 5 LII CF. Welche Straftaten politischer Natur sind, ist jedoch umstritten.[656] Einige Entscheidungen des STF geben Aufschluss über sein Verständnis von diesem Begriff: So umfasse der Begriff jedenfalls die gegen die innere Sicherheit und die gegen die äußere Sicherheit eines Staates verübten Straftaten.[657] Kennzeichnend sei auch eine Motivation, die staatliche Ordnung umzustürzen.[658] Es genüge, wenn die Motivation „vorwiegend" politisch ist.[659] Sind politische und allgemeine Straftaten in einem Sachverhalt miteinander verknüpft, reiche dies, um den Tatbestand des Auslieferungsschutzes zu erfüllen.[660] Terrorismus hingegen, für den allerdings seinerseits eine überzeugende Definition noch nicht ersichtlich ist, soll *per se* kein politisches Verbrechen i.S. des Art. 5

653 Vgl. etwa STF, 1.039/Alemanha, BE Celso de Mello, DJe v. 22.11.2007; und aus dem Schrifttum E. Goraieb, A Extradição no Direito Brasileiro, 99 ff.; C. Negi, RIL 109 (1991), 163; vgl. auch J.M. de Araújo Jr., RF 326 (1994), 61 (64).

654 Diese verfassungsrechtliche Garantie besteht seit 1934. Wenn die Nationalität im Laufe des Prozesses angenommen wird, tritt Erledigung ein, STF, Extr. (QO) 778/Argentina, BE Néri da Silveira, DJ v. 20.4.2001. Eine weitere Staatsangehörigkeit neben der brasilianischen ist unschädlich (HC 83.113, BE Celso de Mello, DJ v. 29.8.2003); bei doppelter Staatsangehörigkeit hat das STF (HC 83.450/SP, BE Marco Aurélio/Nelson Jobim, DJ v. 4.3.2005) in Anlehnung an IGH „Nottebohm" auch schon auf die überwiegende tatsächliche Bindung (*genuine link*, indiziert etwa durch Geburtsort, Eltern, Aufenthalt und Wohnsitz) zwischen Person und Staat abgestellt.

655 Verfassungsrechtliche Ausnahme zum Unterscheidungsverbot zwischen gebürtigen und eingebürgerten Brasilianern (Art. 12 § 2 CF).

656 Zur objektiven, subjektiven und gemischten Sichtweise und weiterer Differenzierung s. D.E. de Jesus, Direito Penal, 208 f.

657 So STF, Extr. 700/Alemanha, BE Octavio Gallotti, DJ v. 5.11.1999 (einstimmig), für den Geheimnisverrat in der Bundesrepublik Deutschland durch Preisgabe von für den Atomwaffenbau nützlichen Informationen im Irak als politisches Verbrechen. Vgl. ebenfalls J. Fabbrini Mirabete, Manual de Direito Penal I, 136.

658 Votum Marco Aurélio, Extr. 1.085/Itália, BE Cezar Peluso, 12.11.2009, Inf. 567. Das STF scheint einer gemischt objektiv-subjektiven Sichtweise anzuhängen.

659 Extr. 694/Itália, BE Sydney Sanches, DJ v. 22.8.1997.

660 STF, Extr. 994/Itália, BE Marco Aurélio, DJ v. 4.8.2006. Vgl. aber auch Art. 77 § 1 G 6.815/1980, nach dem kein Hindernis besteht, wenn der Schwerpunkt bei der allgemeinstrafrechtlichen Tat liegt.

darstellen, auch wenn die Motive politischer Natur sein mögen.[661] Ist also nach gerichtlicher Erkenntnis die Schwelle des Terrorismus erreicht, verbietet sich also die rechtliche Wohltat des Auslieferungsschutzes. In Extr. 493 wurde Auslieferungsschutz gewährt, da hinsichtlich der Tat eine politische Motivation (durch die Verbindung mit einer Rebellion) festgestellt, aber das Merkmal des Terrorismus mangels gemeingefährlicher Waffen und eines Risikos für die Zivilbevölkerung verneint wurde.[662]

Ferner hat das STF darauf zu achten, dass gewisse justizgrundrechtliche Mindeststandards infolge einer Auslieferung nicht unterschritten werden. So muss der ersuchende Staat förmlich garantieren, dass keine Strafart vollstreckt werden wird, die in Brasilien verfassungswidrig wäre.[663] Auch darf es kein Ausnahmegericht anstelle eines gesetzlichen Richters gegeben haben,[664] ebensowenig eine Einschränkung der Verteidigungsrechte, eine mangelnde Unparteilichkeit des Gerichts oder Verstöße gegen das Recht auf ein *fair trial*.[665]

Über die individualrechtlich in der Verfassung verankerten Garantien hinaus gehört die Befolgung mancher einfach-rechtlicher Vorschriften, großenteils Anforderungen formeller Natur, zum Prüfungsumfang des STF. Diese ergeben sich aus dem von der geltenden Verfassung rezipierten Ausländergesetz (Gesetz Nr. 6.815 von 1980), marginal ergänzt durch die Art. 207–214 RISTF.

Aus diesen Bestimmungen ergibt sich, dass ein Auslieferungsantrag zulässigerweise von jedem anderen Staat gestellt werden kann, vorausgesetzt, es liegt ein völkerrechtliches Auslieferungsabkommen mit dem ersuchenden Staat zugrunde oder es ist zumindest eine diesbzgl. Praxis der Reziprozität zwischen dem Staat

661 Das STF, Extr. 855/Chile, BE Celso de Mello, DJ v. 1.7.2005, betont hierbei den verfassungskräftigen außenpolitischen Grundsatz der Ablehnung des Terrorismus (Art. 4 VIII CF), der einen Auslieferungsschutz für Terroristen verbiete, und die Wichtigkeit internationaler Kooperation bei der Terrorismusbekämpfung. Diese Werte stellen in der Tat verfassungsimmanente Schranken des Art. 5 LII CF dar. Auch durch Art. 11 der von Brasilien ratifizierten Interamerikanischen Konvention gegen den Terrorismus von 2002 wird sichergestellt, dass die von der Konvention in Bezug genommenen Akte nicht als politische Delikte, die Auslieferungen der Unterzeichnerstaaten entgegenstehen könnten, zu betrachten sind. Vgl. auch die Aufzählung von vergleichbaren Akten in Art. 77 § 3 G 6.815/1980, bei denen das STF politische Motive außer Betracht lassen und so eine Auslieferung ermöglichen kann. R. Poletti, Constituição Anotada, 62: Terrorpropaganda sei dem Terror gleichzustellen.

662 STF, Extr. 493/Argentina, BE Sepúlveda Pertence, DJ v. 3.8.1990.

663 Todesstrafe, lebenslange Freiheitsstrafe, Zwangsarbeit, Verbannung und grausame Strafen (nach Maßgabe des Art. 5 XLVII CF). Eine bereits ausgeurteilte zweimal lebenslange Freiheitsstrafe z. B. wäre in eine zeitige Strafe mit Höchstmaß von 30 Jahren umzuwandeln (STF, Extr. 855/Chile, BE Celso de Mello, DJ v. 1.7.2005).

664 Art. 5 XXXVII CF, ebenso Art. 77 VIII G 6.815/1980.

665 STF, Extr. 897/República Tcheca, BE Celso de Mello, DJ v. 18.2.2005; ablehnend in Extr. 633/China, BE Celso de Mello, DJ v. 6.4.2001.

und Brasilien gegeben.[666] Tatsächlich regelt eine Vielzahl solcher Abkommen multi- oder bilateral das Ob und das Wie der Auslieferung, für deren Zusammenfassung hier kein Raum ist. Durch ein Abkommen kann eine Ermessensreduktion der auswärtigen Gewalt, namentlich des Staatspräsidenten, mit der Folge eintreten, dass die Unterlassung einer Auslieferung bei Tatbestandserfüllung auch innerstaatlich eine Amtspflichtverletzung verwirklicht.[667] Diese allerdings kann nur der Bundessenat in einem gesonderten Verfahren feststellen, das außerhalb der kompetenziellen Reichweite des STF stattfindet. Nach herrschender Meinung würde diese Amtspflichtverletzung jedenfalls keine Zuwiderhandlung gegen die – autorisierende und eben nicht befehlende – Auslieferungsentscheidung des STF darstellen.

Das Auslieferungsersuchen ist zwingend von der ausländischen Regierung, die den Staat vertritt, vorzubringen (intergouvernementaler Charakter des Verfahrens), was über die diplomatischen Vertretungen an das brasilianische Außenministerium geschieht; Ersuchen sonstiger Stellen sind unzulässig.[668] Falls vom STF entschieden wird, dass Ersuchen des IStGH um eine Überstellung an ihn denen um Auslieferung gleichzuachten sind, würde dies die einzige Ausnahme darstellen.

Der ersuchende Staat muss dem Antrag das zu vollstreckende Strafurteil oder den Haftbefehl mit Sachverhaltsangaben und Rechtsgrundlagen beifügen[669] und für erfolgreichen Antrag weiterhin garantieren, dass lediglich die im Antrag angeführten und vor dem STF verhandelten Straftaten vollstreckt werden, nicht aber nachträglich zusätzliche Sachverhalte aus der Vergangenheit abgegolten werden,[670] außerdem dass die brasilianische Auslieferungshaft auf die Strafe angerechnet wird, der Auszuliefernde nicht ohne die Einwilligung Brasiliens einem Drittstaat überstellt wird und dass eine Strafe nicht aus politischen Motiven verschärft wird.[671]

Die Tat muss nicht nur im ersuchenden Staat, sondern theoretisch, die Strafrechtsanwendung unterstellt, auch in Brasilien strafbar sein (Identitätsprinzip).[672]

666 Art. 76 G 6.815/1980. Mit der Bundesrepublik Deutschland gibt es z. B. kein Abkommen, auch ist bzgl. eingebürgerten Staatsangehörigen nicht in jedem Fall Reziprozität gegeben, da Art. 16 II 1 GG nicht wie Art. 5 LI CF eine erleichterte Auslieferung von Eingebürgerten gerade nicht zulässt (dazu STF, Extr. [QO] 1.010/Alemanha, BE Joaquim Barbosa, DJ v. 26.10.2005).

667 S. Art. 5 § 11 G 1.079/1950 (Gesetz über Amtspflichtverletzungen) mit dem Tatbestand der Verletzung rechtmäßig abgeschlossener Verträge mit ausländischen Nationen.

668 Vgl. Art. 80 G 6.815/1980; U. Lammêgo Bulos, a.a.O., 277; F. Rezek, Direito Internacional Público, 197. Weder durch Gerichtsbehörden (STF, Extr. 314, BE Bilac Pinto, DJ v. 23.2.1973) noch durch Individuen (Extr. 955, BE Celso de Mello, DJ v. 1.2.2005) ist ein Ersuchen zulässig.

669 Art. 79 G 6.815/1980.

670 Prinzip der Spezialität, Art 91 I G 6.815/1980.

671 Art 91 II, IV, V G 6.815/1980.

672 Art. 77 II i.V.m. 78 I G 6.815/1980.

Es dürfen keine Prozesshindernisse vorliegen; die Tat darf vor allem noch nicht verjährt sein, dies weder im ersuchenden Staat noch nach der entsprechend vertypten Tat im brasilianischem Recht.[673]

Ist die Tat – gemäß Strafrechtsanwendungsrecht – in Brasilien auch praktisch verfolgbar oder bereits verfolgt worden, egal mit welchem Ausgang, scheidet eine Auslieferung aus.[674] Das STF wahrt mit dem Auslieferungsverfahren mithin auch eigene Interessen des Staates Brasilien, was den Umstand erklärt, dass der Auszuliefernde über den Schutz durch das STF und die ihm gemäß der Verfassung zustehenden Rechte nicht dispositionsbefugt ist,[675] d.h. selbst wenn er sich überstellen lassen will, wird eine Verfahrensdurchführung nicht hinfällig. Grundsätzlich sind also zuerst in Brasilien anhängige Strafprozesse des Auszuliefernden abzuwarten und in Brasilien verhängte Strafen abzusitzen. Ausnahmsweise kann der Staatspräsident jedoch auch dann die Auslieferung nach politischem Ermessen anordnen.[676]

Ebenso ausgeschlossen ist die Auslieferung, wenn das brasilianische Recht für die Tat nur eine Strafe von bis zu einem Jahr Gefängnis androht (einfach-gesetzliche Bagatellgrenze).[677]

Wenn für den Auszuliefernden eine ärztlich bestätigte Lebensgefahr besteht, hat die Auslieferung zu unterbleiben, solange sich sein Gesundheitszustand nicht verbessert.[678] Weitere personenbezogene Hindernisse bestehen von Gesetzes wegen nicht. Ob der Auszuliefernde z. B. Kinder oder einen Ehegatten in Brasilien hat, selbst wenn diese von brasilianischer Staatsangehörigkeit sind, oder einen festen Arbeitsplatz hat, ist daher für die Beurteilung der Auslieferung durch das STF unerheblich.[679] In den Auslieferungsabkommen können solche und andere humanitäre Gründe aber als Auslieferungshindernisse festgelegt sein, die für den Staatspräsidenten verbindlich sind und für die nur dieser nach abgeschlossener Prüfung durch das STF die Einschätzungsprärogative hat.[680]

673 Vgl. Art. 77 VI G 6.815/1980.
674 Art. 77 III, V G 6.815/1980. Letzteres folgt bereits aus dem Rechtsgrundsatz *ne bis in idem*.
675 STF, Extr. 509/Espanha, BE Celso de Mello, DJ v. 1.6.1990.
676 S. STF, Extr. 855/Chile, BE Celso de Mello, DJ v. 1.7.2005, und Art. 89 f. G 6.815/1980, der noch einmal den Grundsatz bestätigt, dass dem Regierungschef innerstaatlich die Herrschaft über internationale Beziehungen zugedacht ist.
677 Art. 77 IV G 6.815/1980.
678 Einziger Paragraph des Art. 89 G 6.815/1980. Solche Klauseln wiederholen sich auch in den Auslieferungsverträgen.
679 Für die ersten beiden gilt Ls. 421.
680 So z. B. in Art. 8 des Abkommens mit Frankreich, diesbzgl. hat das STF den Einschätzungsspielraum des Staatspräsidenten bestätigt, Extr. (ED) 1.146/França, BE Eros Grau, DJe v. 15.4.2010.

c. Verfahren und Entscheidung

In verfahrensrechtlicher Hinsicht gibt es kaum über die allgemeinen Regeln hinausgehende Vorschriften: Der Auszuliefernde ist zu vernehmen, hat das Recht auf einen Rechtsanwalt, der sich binnen zehn Tagen nach der Vernehmung einlassen kann, und wie es üblich ist, wacht auch der zu beteiligende *Procurador-Geral* über einen fehlerfreien Verfahrensgang.[681] Daneben bestehen die Informations- und Beistandsrechte aus dem Wiener Übereinkommen über konsularische Beziehungen.[682]

Im Erfolgsfalle hat der ersuchende Staat den Auszuliefernden vom Staatsgebiet binnen 60 Tagen abzuholen; ansonsten kann er freigelassen oder abgeschoben werden.[683] Im Falle der Abweisung kann ein Antrag nur gestützt auf neue Tatsachen wiederholt werden.[684] Im Falle des Wiederaufgreifens des Auszuliefernden in Brasilien nach einer Flucht wird der Straftäter dem ersuchenden Staat ohne ein erneutes Verfahren formlos überstellt.[685]

3. Rechtsvergleich und Verfahrenszahlen

In Deutschland bestehen keine Sonderzuweisungen aufgrund der Eigenschaft eines Beteiligten als ausländischer Staat oder internationale Organisation an die Verfassungsgerichtsbarkeit. Entsprechende Streitigkeiten werden vor der ordentlichen oder der Fachgerichtsbarkeit verhandelt.

Die Entscheidung über die rechtliche Zulässigkeit der Auslieferung obliegt in Deutschland gemäß § 29 IRG dem örtlich zuständigen OLG.[686] Ein Rechtsmittel hiergegen besteht nicht. Die Verfassungsgerichtsbarkeit kann mit konkreten Auslieferungen allenfalls auf Verfassungsbeschwerde wegen Geltendmachung einer Verletzung von Grundrechten, insbesondere des Art. 16 GG durch deutsche Staatsbürger oder des Art. 2 I GG durch Ausländer befasst werden. Materiell-rechtlich

681 Art. 85 G 6.815/1980; 209 ff. RISTF.

682 Unterzeichnet am 24.4.1963, in Brasilien durch präsidiales Dekret 26.6.1967 in die Rechtsordnung inkorporiert.

683 Art. 86 f. G 6.815/1980.

684 Art. 88 G 6.815/1980.

685 Art. 93 G 6.815/1980.

686 S. aber § 42 IRG: (1) Hält das OLG eine Entscheidung des BGH für geboten, um eine Rechtsfrage von grundsätzlicher Bedeutung zu klären, oder will es von einer Entscheidung des BGH oder einer nach dem Inkrafttreten dieses Gesetzes ergangenen Entscheidung eines anderen OLG über eine Rechtsfrage in Auslieferungssachen abweichen, so begründet es seine Auffassung und holt die Entscheidung des BGH über die Rechtsfrage ein. (2) Die Entscheidung des BGH wird auch eingeholt, wenn der Generalbundesanwalt oder die Staatsanwaltschaft bei dem OLG dies zur Klärung einer Rechtsfrage beantragt.

bestehen mehr Gemeinsamkeiten als Unterschiede.[687] Eine Auslieferung von Staatsangehörigen kann jedoch nur im Wege des Europäischen Haftbefehls erfolgen, und eingebürgerte sind den gebürtigen Deutschen anders als in Brasilien gleichgestellt.

Das STF hat in diesem Bereich, wie gezeigt, aufgrund einer langen Tradition Zuständigkeiten nicht verfassungsrechtlicher Art. Die Zusatzbelastung ist jedoch, verglichen mit anderen Zuständigkeiten, nicht sonderlich hoch: Während für die internationalen Streitigkeiten auf oben (III.3) zu verweisen ist, da diese in der Statistik gemeinsam mit den föderativen Streitigkeiten als „originäre Zivilklagen" veranlagt werden, belief sich die Zahl der Auslieferungssachen in der letzten Dekade recht gleichmäßig auf zwischen 21 und 65 Prozesseingänge im Jahr. Das Prüfungsprogramm bei letzteren ist, vielleicht abgesehen von der z.T. streitigen Einordnung einer Tat als „politisch", eher schematisch.

V. Die Verfahren mit Beteiligung eines Organs von herausgehobener Bedeutung

Dieser Abschnitt behandelt all jene Verfahrensarten, bei denen die Verfassung wegen der herausgehobenen staatsrechtlichen Stellung eines der Beteiligten eine Konzentration von Prozessen beim STF als ausschließlichen, besonderen Gerichtsstand, und somit die Entbehrlichkeit des Durchlaufens des Instanzenzuges, angeordnet hat (Zuständigkeit *ratione personae*). Diese im Einzelnen höchst umstrittene Privilegierung schließt unterschiedliche Typen von Verfahren ein: Zum einen sind das jene Verfahrensarten, die den Schutz von Rechtspositionen betreffen, wobei das privilegierte Organ oder der Organwalter je nach Verfahrensart auf Antragsteller- oder auf Antragsgegnerseite stehen kann, d.h. eine bestimmte eigene Rechtsposition für sich geltend macht (ein Individualrecht, das ihm als natürliche Person zusteht, oder aber eine öffentlich-rechtliche Position, die ihm in amtlicher Eigenschaft zusteht) oder sich dem Vorwurf der Verletzung einer fremden Rechtsposition (die ebenfalls individualrechtlich oder durch eine bestimmte öffentlich-rechtliche Stellung bedingt sein kann) ausgesetzt sieht. Desweiteren betrifft es Verfahren, in denen der privilegierte Organwalter persönlich wegen Straftaten und Amtspflichtverletzungen zur Rechenschaft gezogen wird. Auch Streitigkeiten zwischen Bundesorganen untereinander, die vor dem STF verhandelten gerichtlichen Kompetenzkonflikte und die Klagen gegen die 2004 geschaffenen Räte der externen Kontrolle über die Judikative und des *Ministério Público* fallen schließlich

687 Zum IRG s. T. Vogler, NJW 1983, 2114; T. Weigend, JuS 2000, 105. Deutlich wird hier, dass sich bei dem Prüfungsumfang des OLG viele der für Brasilien festgestellten Grundsätze wiederfinden.

unter die Kategorie, da sie nur wegen der Prominenz mindestens eines der Verfahrensbeteiligten dort angesiedelt sind.

Wie das STF immer wieder betont hat, ist die Bedeutung des prominenten Amtes allein jedoch noch nicht der Grund für seine Kompetenz; die Begründung der Kompetenz liegt erst in der Kombination von Amt und einer der bestimmten, von der Verfassung vorgesehenen Klagearten. Es weist daher Klagen in anderen Verfahrensarten (Popularklagen, Öffentliche Zivilklagen, einstweilige Rechtsschutzklagen sowie gewöhnliche Feststellungs- und Leistungsklagen), selbst wenn diese etwa gegen den Präsidenten der Republik gerichtet sind, zurück.[688]

1. Die Verfahren zum Schutz von Rechten und insbesondere Grundrechten

Das brasilianische Verfassungsprozessrecht kennt kein integriertes, umfassendes Verfahren zum Schutz von Grundrechtspositionen wie die Verfassungsbeschwerde, sondern verschiedene auf unterschiedliche Individualrechte und Rechtspositionen bezogene Rechtsschutzverfahren.[689] Diese subjektiven Positionen sind grundsätzlich bei den Gerichten erster Instanz geltend zu machen. Originär bei anderen, höheren Gerichten sind solche Verfahren lediglich dann angesiedelt, wenn die Verfassung dies ausdrücklich vorschreibt. Das STF kann u.U. in konzentrierter Zuständigkeit über die im Folgenden darzustellenden, jeweils in Art. 5 CF garantierten Rechtsbehelfe *Habeas Corpus*, *Habeas Data*, das *Mandado de Segurança* und das *Mandado de Injunção*, jeweils nach Maßgabe des Art. 102 I CF, entscheiden. Dies ist der Fall, wenn der vermeintliche Verletzer oder der vermeintlich Verletzte unmittelbar der Gerichtsbarkeit des STF unterliegt, also ein Rechtsverhältnis mit Beteiligung bestimmter – höchster – Staatsorgane vorliegt. Diese Verfahrensarten verbindet ihre rein summarische Natur und die Notwendigkeit einer hinreichenden Klarheit in tatsächlicher Hinsicht, wie es charakterisch für die „*writs*" im anglo-amerikanischen Rechtskreis ist. Die Bezeichnung „*writs*" wird auch in Brasilien verwendet.

Dessen ungeachtet kann das STF als oberstes Rechtsmittelgericht mit dem Grundrechtsschutz von jedermann befasst werden, sofern die Sachentscheidungsvoraussetzungen des Rechtsmittels gegeben sind.[690] Darüber hinaus sind die Grundrechte schließlich als objektive Wertentscheidungen des Verfassungsgebers auch in anderen Verfahrensarten vor dem STF wie den Normenkontrollen als potenzieller Prüfungsmaßstab maßgeblich.

688 Rcl. 1.110/DF, BE Celso de Mello, 25.11.1999, Inf. 172.

689 W. Paul, Das Fortschrittsprofil der neuen Verfassung, in: ders. (Hrsg.), Die brasilianische Verfassung von 1988, 117, spricht von einem „beneidenswert fortschrittlichen System individuellen und kollektiven Rechtsschutzes".

690 Dazu u. in Abschnitt B.

a. Die Freilassungsverfügung (Habeas Corpus)

aa. Geschichtliche Entwicklung

Seine Ursprünge hat das Rechtsinstitut des *Habeas Corpus*[691] im angelsächsischen Rechtskreis, genauer: in der *Magna Charta Libertatum* unter Johann Ohneland im England des 13. Jahrhunderts (1215 und daraufhin mehrfach bestätigt) und diente dem Schutz persönlicher Rechte vor Eingriffen ohne rechtliche Grundlage und zur Kontrolle der Staatsgewalt.[692] Im Jahr 1628 wurde es Bestandteil der *Petition of Rights* des englischen Parlaments, mit der die Einhaltung der Garantie und die Unterlassung willkürlicher Gefangennahmen postuliert wurde. 1679 trat der *Habeas Corpus Act* in Kraft, dessen übersetzter Wortlaut bereits nahezu der heutigen Fassung in Brasilien entspricht. Es kam zu einer Ausbreitung in die Kolonien und einer Übernahme in die U.S.-amerikanische Verfassung von 1787. 1816 erging der zweite *Habeas Corpus Act*, mit dem der Tatbestand von vorher bloßen „Straftaten" auf andere Freiheitsbeschränkungen erweitert wurde.

Die Verfassung des post-kolonialen Brasilien von 1824, in dem auch eine große Macht Privater über Leib und Leben ihrer Untergebenden herrschte, erwähnte *Habeas Corpus* jedoch noch nicht ausdrücklich, allerdings stellte ihr Art. 163 in diese Richtung gehende Garantien für den Bürger auf, namentlich in Nr. 8, dass eine Festnahme außer bei Schuldhaftigkeit und in den gesetzlich vorgesehenen Fällen nicht zulässig sei und diese nur 24 Stunden andauern dürfe (in urbanen Gebieten); der Festnahmegrund und der Name des Anordnenden müssten im Schriftstück angegeben werden; in Nr. 9 wurde die Möglichkeit einer Kaution vorgesehen; Nr. 10 verlangte eine schriftliche Anordnung der zuständigen Stelle oder ein Ergreifen auf frischer Tat.

In Art. 340 des *Código de Processo Criminal de Primeira Instância* von 1832 fand die Garantie, wegen Zwangseinwirkungen „*Habeas Corpus* zu beantragen",

691 Die ursprüngliche Bedeutung dieses Imperativs bezog sich auf das körperliche Habhaftwerden einer festgehaltenen Person durch den Richter, damit dieser dessen Angelegenheit würdigen konnte (Pontes de Miranda, História e prática do „habeas corpus", 22), entspricht also einer „Vorführung zum Zwecke einer Haftprüfung". Im Sprachgebrauch verschiebt sich z.T. die Perspektive: Wenn der Bürger (einen) *Habeas Corpus* beantragt bzw. das Gericht diesen gewährt, ist oft eine „Freilassung(-sverfügung)", also der Erfolg, gemeint.

692 P. Lenza, a.a.O., 574, In zahlreichen Rechtsordnungen des anglo-amerikanischen Rechtskreises existiert der „*writ of habeas corpus*" ebenfalls, im U.S.-amerikanischen Prozessrecht ist er das „bedeutendste Sonderverfahren" (M. Kau, United States Supreme Court und BVerfG, 370 m.w.N.). Zur geschichtlichen Entwicklung s. auch T. Ollinger, Die Entwicklung des Richtervorbehalts im Verhaftungsrecht; U. Di Fabio, in: Maunz/Dürig, GG, Art. 2 Rn. 8 ff.

erstmals im brasilianischen Prozessrecht Erwähnung.[693] 1871 erfolgte mit dem Gesetz Nr. 2.033 eine tatbestandliche Erweiterung der tatsächlichen Zwangseinwirkungen um drohende Verletzungen.

Die Verfassung von 1891 schrieb dann in Art. 72 § 22 fest, *Habeas Corpus* sei immer dann zu gewähren, wenn der Einzelne eine Verletzung oder Zwang rechtswidrig oder durch Machtmissbrauch erleide oder diese Gefahr unmittelbar drohe. Mangels Erwähnung des Rechtsguts war die Tür zu der vor allem von Rui Barbosa propagierten, sog. „brasilianischen Lehre vom *Habeas Corpus*" (*doutrina brasileira do habeas corpus*) aufgestoßen, nach der über dieses Instrument jedes Rechtsgut, eingeschlossen sogar staatsorganisationsrechtliche Positionen,[694] verteidigt werden konnte.[695] *Habeas Corpus* war damit zu dieser Zeit nicht die überkommene Freilassungsverfügung, sondern erfüllte vielmehr die Funktion einer allumfassenden Verfügung zur Sicherung von Rechtspositionen, weitergehend als das heutige *Mandado de Segurança*, vor dem Hintergrund der Annahme, dass jedes Rechtsgut einen Rechtsbehelf braucht, damit es nicht wirkungslos ist.[696] Die spätere Wiedereingrenzung wurde durch die auf die Rhetorik von Rui Barbosa und Pedro Lessa zurückzuführende Verfassungsänderung von 1926 bewerkstelligt, mit der § 22 – frei übersetzt – auf folgenden Wortlaut geändert wurde: *Habeas Corpus* ist immer dann zu gewähren, wenn jemand eine Verletzung durch Gefängnis oder eine rechtswidrige Beschränkung seiner Fortbewegungsfreiheit erleidet. Alsbald nach der Zurückstutzung des *Habeas Corpus* sollte die Sicherungsverfügung die entstehende Lücke ausfüllen (dazu unten 1.c.aa). Art. 113 Nr. 23) CF 1934 war mit

693 Allerdings befand sich schon vor dieser Positivierung seit 1830 in Art. 187 des Strafgesetzbuchs ein materiell-rechtlicher Straftatbestand der Verhinderung der Ausführung von *Habeas-Corpus*-Verfügungen.

694 Beispiele sind HC 1.990 v. 1911 (gegen die Auflösung des Stadtrats des Bundesdistrikts), 3.513 v. 1913 (gegen eine Bundesintervention), HC 3.697 v. 1915 (zur Sicherstellung der Amtsausübung des Staatspräsidenten). Vgl. zu weiteren HC-Fällen mit politischer Prägung in der Alten Republik M. Mont'Alverne Barreto Lima, Staat und Justiz in Brasilien, 68 ff. Der Rechtsbehelf wurde etwa zum Schutz der Meinungs-, Presse- und Versammlungsfreiheit, des Rechts auf Veröffentlichung parlamentarischer Reden und gegen eine Ausweisung instrumentalisiert.

695 Die Argumentation Rui Barbosas wiedergebend E. Espínola Filho, CPP brasileiro anotado IV, 21 ff. Dass das STF dieser Lehre anhing (grundlegend das Urteil HC 3.697, BE Pedro Lessa/Enéas Galvão, Revista do STF, Juli 1915, 3–28 zur Ermöglichung des Amtsantritts des gewählten Staatspräsidenten Nilo Peçanha), sei vor 1988 eines der wenigen Momente aktiver Kontraposition des Gerichts zum Staat (vgl. F.G. Marques de Lima, a.a.O., 162 ff., 184; M. Mont'Alverne Barreto Lima, a.a.O., *passim* zur grds. etatistischen Grundeinstellung). Federführend in der entgegengesetzten Strömung, die Verfassungsbegriffe beim Wort zu nehmen, war der Richter des STF Pedro Lessa (s. das Sondervotum in HC 3.567, Revista do STF, August 1914/I, 265 ff.).

696 Dazu J.B. Barbosa Gomes, La Cour Suprême dans le Système Politique Brésilien, 17. F. da Costa Tourinho Filho, Processo Penal IV, 575, spricht von einem „*Habeas Corpus sui generis* in der ersten Republik"; M.M. Lacombe Camargo, Revista da AJUFE 69 (2002), 179 (183) bei dieser frühen Form von *judicial activism* von „einem der größten Momente, die unser Supremo erlebt hat".

seiner Formulierung („Freiheit") zwar wieder ungenauer, jedoch existierte bereits das Nebeneinander von Sicherungs- und Freilassungsverfügung mit ihren unterschiedlichen und abgrenzbaren Funktionen.

Mit Art. 76 Nr. 1 h) CF 1934 wurde dann erstmals eine teilweise Zuweisung an das Oberste Bundesgericht vorgenommen, namentlich für die besonderen Fälle, in denen Antragsgegner ein Gericht, eine Behörde oder ein Bediensteter war, deren Handlungen unmittelbar der Gerichtsbarkeit des Obersten Bundesgerichts unterlagen, oder wenn es sich um eine Straftat handelte, die in einziger Instanz selbiger Gerichtsbarkeit unterlag (im Laufe der Geschichte waren dies die Taten wechselnder Amts- und Mandatsträger oberster Bundesorgane),[697] sowie zunächst – im Sinne einer Notzuständigkeit – wenn die Gefahr der Vollendung einer Verletzung gegeben war, bevor ein anderes Gericht über den Antrag erkennen konnte.[698] Im Wesentlichen verblieb es bei dieser Regelung, lediglich die Notzuständigkeit des letzten Halbsatzes entfiel mit Art. 119 I h) CF 1967/69 wieder. Festzuhalten ist aber auch, dass sich die Militärregierung mit dem Institutionellen Akt Nr. 5 vom 13.12.1968 über die Verfassung hinweggesetzt[699] und den Rechtsweg bei politischen Straftaten und solchen gegen die nationale Sicherheit, die soziale Ordnung und die Volkswirtschaft ausgesetzt hatte. Verhaftungen ohne richterlichen Schutz stellten in den darauffolgenden Jahren einen Grund für die Mobilisierung der Bevölkerung im Streben nach Redemokratisierung dar.

bb. Die Freilassungsverfügung im Allgemeinen und ihre Anwendungsfälle

Habeas Corpus als solches ist heute als subjektiv-öffentliches Recht im Kapitel der Individualrechte garantiert: Gemäß Art. 5 LXVIII CF wird eine gerichtliche Freilassungsverfügung immer dann erteilt, wenn jemand[700] mit Gewalt oder Zwang rechtswidrig oder durch den Missbrauch von Macht in seiner Fortbewegungsfreiheit betroffen wird oder zu werden droht. Wer die Verfügung erteilt, wird wegen der Formulierung im Passiv nicht deutlich. Wenn keine Sonderzuweisungen bestehen,[701] ist gegenüber freiheitsbeschränkenden Maßnahmen der Verwaltung das

697 S. i.E. u. V.2 bei der Zuständigkeit des STF als Strafgericht und Gericht für Amtspflichtverletzungen.

698 Ebenso wie in der CF 1934 später Art. 101 I g) CF 1937, Art. 101 I h) CF 1946, Art. 114 I h) CF 1967.

699 Jeder der Institutionellen Akte, die Regierungspolitik von 1964–1969 bestimmten, nahm verfassungsgebende Gewalt für sich in Anspruch (P.M. Huf, a.a.O., 140). Sie waren für das STF stets nichtjustiziabel.

700 Der sog. „*paciente*", hier übersetzt mit „Betroffener".

701 Vgl. für die Sonderzuweisungen in Art. 102 I lit. d und i, II lit. a (STF), 105 I lit. c, II lit. a (STJ), 108 I lit. d, II (TRF), 109 VII (Bundesrichter erster Instanz) sowie 121 §§ 3 und 4 V (Wahljustiz) CF.

lokale Strafgericht zuständig; geht die Freiheitsbeschränkung von Gerichten aus, ist es stets das übergeordnete Gericht.[702]

Das *Habeas-Corpus*-Verfahren ist seit jeher eine der Verfahrensarten, die unterverfassungsrechtlich dem Strafprozessrecht zuzuordnen sind. Das Verfahren findet sich deshalb schon über den Geltungszeitraum mehrerer Bundesverfassungen hinweg bis heute einfach-rechtlich in der Strafprozessordnung (dort Art. 647–667) ausgestaltet sowie für das STF in Art. 188–199 der Geschäftsordnung des Gerichts, auf die Art. 667 CPP für „ergänzende Regelungen" bzgl. der Entscheidungsfindung verweist.

Es handelt sich bei *Habeas Corpus* nicht um ein Rechtsmittel (schon weil es es auch gegen bereits rechtskräftige Urteile gerichtet sein kann, aber auch weil der ordentliche Rechtsweg stattdessen oder daneben unbenommen bleibt), sondern um eine eigenständige verfassungsrechtliche Klage.[703] Die Einlegung von *Habeas Corpus* hemmt auch den Fortgang eines Ermittlungsverfahrens oder eines bereits laufenden Strafprozesses nicht.[704]

Das Verfahren endet erfolgreich, wenn es aufgrund eines Rechtsverstoßes (der Machtmissbrauch dürfte ein Unterfall dieses Begriffs sein)[705] zu einer Freiheitsbeschränkung kommt oder diese droht. Art. 648 CPP nennt für die Rechtswidrigkeit einige Regelbeispiele:[706] Zwangsausübung ist danach als rechtswidrig anzusehen, wenn sie ganz ohne rechtlichen Grund erfolgt;[707] wenn jemand länger in Haft ist, als vom Gesetz bestimmt;[708] wenn der den Zwang Anordnende dafür nicht zuständig ist; wenn der Grund, der die Haft ermöglicht hatte, bereits weggefallen ist; wenn ein offenkundiges Prozesshindernis besteht; wenn die Strafbarkeit bereits aufgehoben ist; und schließlich in den Fällen, in denen das Gesetz zu Kautionsleistungen zur Erlangung der Freiheit berechtigt, diese aber im Einzelfall nicht zugelassen wurden. Auch justizielle Verbürgungen aus in das nationale Recht inkorporierten völkerrechtlichen Verträgen, insbesondere des Internationalen Pakts über bürger-

702 Art. 650 CPP: keine gerichtliche Zuständigkeit für Maßnahmen gleich- oder übergeordneter Gerichte.

703 G. de Souza Nucci, CPP Comentado, 989, 992 m.w.N.

704 Vgl. Art. 651 CPC und G. de Souza Nucci, CPP Comentado, 1016 f.

705 Die Nennung von Rechtsverstoß *und* Machtmissbrauch soll daher rühren, dass der eine Begriff nach überkommener Regelungstradition an gebundene und der andere an Ermessensentscheidungen anknüpft (M. Temer, Elementos de Direito Constitucional).

706 Zusammenfassend A. Vendramel, CDCCP 14 (1996), 101 (105 ff.).

707 Darunter fällt zum einen jedes Festhalten ohne Rechtsgrundlage, zum anderen aber auch schon die bloße Einleitung eines Ermittlungsverfahren oder das Betreiben eines Strafprozesses, ohne dass die rechtlichen Voraussetzungen dafür gegeben wären.

708 Dies betrifft die Fälle der vollständigen Abbüßung einer verhängten Strafe und exzessives Festhalten zur Untersuchung in Vorbereitung eines Strafverfahrens. Für Untersuchungshaft existiert keine feste Höchstdauer, diese hängt von der Art des Delikt und der Beweislage ab: Das STF ist bereits bei zweijährigem Stillstand eingeschritten (HC 86.850, BE Joaquim Barbosa, DJ v. 6.11.2006), hat aber auch bei größerer Komplexität eine über dreijährige Untersuchungshaft gebilligt (HC 85.868, BE ders., 11.4.2006, Inf. 423).

liche und politische Rechte und der Amerikanischen Menschenrechtskonvention (Pakt von San José), sind durch *Habeas Corpus* schutzfähig, wenn ihre Verletzung mit einer Inhaftierung in Zusammenhang steht.[709] Der Rechtsverstoß muss wegen der Natur des Verfahrens als „*writ*" – und des Ausnahmecharakters gegenüber der Überprüfung innerhalb des ordentlichen Strafprozesses – in jedem Falle stets erkennbar auf der Hand liegen und ohne vertiefende Ermittlungs- und Beweiserhebungsmaßnahmen feststellbar sein. Immer wenn noch tatrichterliche Feststellungen notwendig sind, scheidet *Habeas Corpus* aus.[710]

Der Antrag auf eine gerichtliche Freilassungsverfügung ist damit ein wirkungsvolles Instrument in den Händen des Bürgers gegen staatliche Eingriffe in seine körperliche Bewegungsfreiheit,[711] dessen Handhabung immer einer der Gradmesser für die Rechtsstaatlichkeit gewesen ist. Der Eingriff muss aber, wie schon der offene Wortlaut zeigt, nicht unbedingt von einem Träger von Hoheitsgewalt ausgehen, er kann auch von Privaten (etwa einem Hotelbesitzer, der einen Gast zur Durchsetzung seiner Forderung eingesperrt hält, oder einem Krankenhaus, das einen Patienten gegen seinen Willen nicht entlässt) verübt werden.[712]

Der Antrag muss auf die Überprüfung von Handlungen bezogen sein, die eben dieses Recht der Fortbewegungsfreiheit (Art. 5 XV CF)[713] beschränken oder zu beschränken drohen; wird deren Schutzbereich verlassen, kommt vor allem die auf den Großteil der übrigen Grundrechte bezogene und insofern subsidiäre Sicherungsverfügung als geeignetes Instrument für den Prätendenten in Betracht.[714] Es muss um den Schutz der Bewegungsfreiheit als solcher gehen: Ein Antrag wäre unzulässig, wenn die Ausübung eines anderen Rechts, für die man sich notwendig auch bewegen muss, im Vordergrund steht.[715] *Habeas Corpus* gegen Akte der

709 Beispiele: STF, HC (MC) 91.251, BE Menezes Direito/Gilmar Mendes, DJ v. 4.2.2009 (zum Verbot eines zivilrechtlichen Arrests wegen Schulden in bestimmten Fällen); HC 83.096/RJ, BE Ellen Gracie, DJ v. 12.12.2003 (zum Verwertungsverbot von Stimmaufzeichnungen vor dem Hintergrund der Selbstbelastungsfreiheit); RHC 79.785/RJ, BE Sepúlveda Pertence, DJ v. 29.3.2000 (zum Recht auf eine doppelte gerichtliche Kontrolle). Völkerrechtliche Verträge stehen in der Rangordnung der Rechtsquellen Brasiliens i.Ü. unterhalb der Verfassung, aber stets oberhalb des einfachen Rechts.

710 Vgl. G. de Souza Nucci, CPP Comentado, 1001, 1025.

711 Nach N. Lösing, Die Verfassungsgerichtsbarkeit in Lateinamerika, 266 mit Fn. 981, habe sich die Verfahrensart bewährt, er verweist aber auch auf die Geschichte unkontrollierter polizeilicher Exzesse.

712 G. de Souza Nucci, CPP Comentado, 1019 f.

713 Die Nr. XV erfasst neben der körperlichen Bewegungsfreiheit i.S. des deutschen Art. 2 II 2 GG auch das Freizügigkeitsgrundrecht i.S. des Art. 11 GG.

714 Zur Sicherungsverfügung s. u. A.V.1.c. Ist dem Antragsteller die Schutzbereichsabgrenzung nicht klar, komme eine Konversion *ex officio* nur von der Sicherungs- hin zur Freilassungsverfügung in Betracht, jedenfalls nicht aber umgekehrt, da die Zulässigkeitsvoraussetzungen bei letzterer geringer seien (vgl. STF, HC 75.232/RJ, BE Carlos Velloso/Maurício Corrêa, DJ v. 24.8.2001).

715 G. Ferreira Mendes/I. Mártires Coelho/P.G. Gonet Branco, a.a.O., 524: etwa die Bewegung bei einer Demonstration oder hin zu einem Ort der Religionsausübung.

Strafverfolgung scheidet mangels Verbindung zur Bewegungsfreiheit ebenfalls aus, wenn die mögliche Rechtsfolge der verfolgten Tat, die dem Beschuldigten droht, wie bei bloßen Ordnungswidrigkeiten nur eine Geldbuße ist oder wenn bei Straftaten einzig eine Geldstrafe angedroht ist, ebenso bei sonstigen Rechtsfolgen wie dem Verlust des Dienstgrads oder dem Ausschluss aus dem Militär oder dem Verlust von öffentlichen Ämtern.[716] Die körperliche Bewegungsfreiheit muss im Antragszeitpunkt noch gegenwärtig beschränkt sein.[717]

Trotz der strafprozessualen Einordnung des *Habeas Corpus* ist aber festzustellen, dass der Grund der Einschränkung der Bewegungsfreiheit nicht zwingend strafprozessualer Natur sein muss: Auch wenn eine Festnahme nicht oder nicht primär im Rahmen von Strafverfolgung, sondern etwa zum Zwecke der Gefahrenabwehr erfolgt, kann er beantragt werden, zumal die Unterscheidung, die das deutsche Recht insofern macht (für die Frage des Rechtswegs, der Gesetzgebungskompetenz etc.), in Brasilien keine Rolle spielt. Trotz seiner strafprozessualen Prägung kann eine Freilassungsverfügung ferner beantragt werden, wenn der Grund für die Freiheitsbeschränkung zivilrechtlicher Natur ist, mit anderen Worten, wenn es sich um einen Arrest wegen Schulden handelt. Derartige HC-Verfahren sind i.d.R. erfolgreich, da schon die Verfassung in Art. 5 LXVII i.V.m. dem Pakt von San José zivilrechtliche Haft verbietet, mit der einzig verbleibenden Ausnahme, dass jemand „willentlich und unentschuldbar" einer Unterhaltsverpflichtung nicht nachkommt.[718]

Gemäß Art. 142 § 2 CF ist das Verfahren hingegen nicht anwendbar auf Disziplinarmaßnahmen beim Militär, das insofern einen Sonderstatus genießt und eigenen Regeln unterliegt, auf die hier nicht eingegangen werden kann.[719] Eingeschränkt ist die Garantie ferner in Verteidigungsfall und Ausnahmezustand zeitlich befristet und unter den engen Voraussetzungen der Art. 136 ff. CF, nach denen ein vorübergehendes Festhalten von Personen an bestimmten Orten zu den erlaubten Maßnahmen gehört. Im Verfahren der Auslieferung ist die Verteidigung mit *Habeas Corpus* ebenfalls beschränkt.[720]

716 So Ls. 693 und 694.

717 Vgl. Ls. 695 zur Unzulässigkeit von Anträgen, wenn das Fehlen einer Strafbarkeit bereits festgestellt wurde.

718 STF, HC 100.888/SC, BE Ayres Britto, DJe v. 12.3.2010: Die von der CF erlaubte weitere Variante der Haft eines „untreuen Verwahrers" wird wegen der Mitgliedschaft Brasiliens im Pakt von San José nicht mehr angewandt. S. ebenso die SV Nr. 25.

719 Vgl. aber STF, RE 338.840/RS, BE Ellen Gracie, DJ v. 12.9.2003, wonach eine Überschreitung des Rahmens (Zuständigkeit, Gesetzmäßigkeit und Art der verhängten Maßnahme) überprüft werden könne.

720 So kann der zwingend beim STF festgehaltene Auslieferungskandidat gegenüber dem STF keine Einwendungen gegen das ausländische Urteil vorbringen und so eine Freilassung erwirken. *Habeas Corpus* steht aber wegen formeller Fehler, etwa einer Personenverwechslung in den Dokumenten, zur Verfügung. Vgl. Ls. 692.

Ein praktischer Hauptanwendungsfall des *Habeas Corpus* ist die Überprüfung von vorläufigen Festnahmen und Untersuchungshaft, d.h. von Freiheitsentziehungen, die sich noch nicht auf ein rechtskräftiges Strafurteil gründen. Die Freilassungsverfügung dient damit auch dem Schutz der Unschuldsvermutung und der Sicherung des in ihr enthaltenen und vom STF bekräftigten Grundsatzes, dass auch der Rechtsweg gegen eine Verurteilung in Freiheit beschritten werden kann (Art. 5 LVII CF).[721] Ein *Habeas-Corpus*-Antrag dient ferner dem Schutz von Justizgrundrechten wie sie ebenfalls zahlreich in Art. 5 XXXV ff. CF festgeschrieben sind, etwa dem Prinzip des gesetzlichen Richters[722] oder der Einhaltung der Gesamtheit der strafprozessualen Rechte und Abläufe (Verfassungsprinzip des *devido processo legal*[723] und Individualrecht des dem Prozess Unterworfenen gemäß Art. 5 LIV CF), und zwar während aller Phasen der Strafverfolgung, vom polizeilichen Ermittlungsverfahren über den Prozess und die Strafbemessung bis hin zum Abschluss der Vollstreckung einer Strafe.[724]

Ein Anwendungsfall der nur drohenden unrechtmäßigen Freiheitsbeschränkung ist etwa eine anhängige, aber offenkundig erfolglose Strafklage vor einem untergeordneten Gericht. Grundsätzlich entscheidet nach der Zuständigkeitsordnung zwar nur dieses über eine etwaige Verurteilung zu einer Freiheitsstrafe. Unter Durchbrechung dieser Ordnung soll *Habeas Corpus* jedoch ausnahmsweise bei der übergeordneten Instanz zur sofortigen Beendigung des anhängigen Strafverfahrens eingelegt werden können, wenn „offensichtlich und ohne dass eine vertiefende Beweiswürdigung erforderlich ist" die fehlende Tatbestandlichkeit oder Täter-

721 So das STF in HC 84.078, BE Eros Grau, DJ v. 18.2.2009, in einem als Ausdruck des „*garantismo*" gewerteten Urteil.

722 S. STF, HC 96.821/SP, BE Ricardo Lewandowski, 8.4.2010, Inf. 581, zur Rüge der Besetzung eines TJ mit nachgerückten Richtern der ersten Instanz.

723 Dies ist die direkte Übersetzung von „*due process of law*" aus dem fünften Verfassungszusatz der U.S.A. v. 1791.

724 Im Ermittlungsverfahren und während des Prozesses kann es beispielsweise um die Rechtmäßigkeit der Untersuchungshaft und ihre konkreten Umstände wie eine exzessiv lange Dauer ohne sachlichen Grund (STF, HC [MC] 101.357/SP, BE Celso de Mello, DJe v. 22.3.2010: über vier Jahre ohne Aussicht auf Urteil) oder um polizeiliche Standardmaßnahmen (s. etwa HC 96.407/RS, BE Dias Toffoli, DJ v. 28.5.2010, zu Durchsuchung und Beschlagnahme) gehen. Die Strafbemessung kann z. B. angegriffen werden, wenn nicht abgeschlossene Verfahren entgegen der Unschuldsvermutung strafschärfend eingeflossen sind (HC 97.665/RS, BE Celso de Mello, 4.5.2010, Inf. 585). Nach rechtskräftigen Verurteilungen kann der Antrag z. B. noch auf eine Reduktion der zu verbüßenden Strafe oder auf eine Änderung der Haftregimes gerichtet sein (in HC 82.959, BE Marco Aurélio, DJ v. 1.9.2006, gewährte das STF auch bei schwersten Verbrechen [der Gruppe der sog. *crimes hediondos*] aus dem Resozialisierungsgedanken heraus die grds. Möglichkeit, vom geschlossenen in den offenen Vollzug zu gelangen und erklärte eine anderslautende Gesetzesvorschrift inzident für verfassungswidrig; in HC 98.518/RJ, BE Eros Grau, 25.5.2010, Inf. 588, ging es um die Rechtmäßigkeit von Auflagen im halboffenen Vollzug; in HC 72.589, BE Sydney Sanches, DJ v. 18.8.1995, um die Notwendigkeit einer gesonderten schriftlichen Begründung für die Anordnung des geschlossenen Vollzugs und die damit verbundene Ermöglichung des rechtlichen Gehörs).

schaft oder ein Erlöschen der Strafbarkeit (z. B. bei Verjährung) feststellbar sind.[725] Das STF verfügt im Wege des *Habeas Corpus* darüber hinaus aber auch die Einstellung einer Strafklage unter dem Gesichtspunkt des Bagatellprinzips (d.h. wenn Tatbestandsverwirklichung durch den Angeklagten zwar unstreitig ist, aber der Unrechtsgehalt der Tat nur geringfügig ist).[726] Unter denselben engen Voraussetzungen soll durch *Habeas Corpus* die Einstellung eines polizeilichen Ermittlungsverfahrens, bereits vor Eröffnung eines Strafprozesses, erwirkt werden können.[727] Mit der Zulassung dieser Durchbrechung werden die höheren Gerichte hinsichtlich der Freiheit von Angeklagten in die Verantwortung genommen und somit nicht selten mit an sich unterinstanzlichen Sachverhalten vor einer abschließenden Würdigung durch den zuständigen untergeordneten Richter befasst.

Die Statistik für die ersten fünf Monate des Jahres 2010 über die erfolgreichen Anträge vor dem STF verdeutlicht, dass *Habeas Corpus* vor allem gewährt wurde, weil für eine Freiheitsbeschränkung eine Grundlage nicht vorhanden oder unzureichend war, weil Verteidigerrechte eingeschränkt oder Fristen überschritten wurden.[728]

cc. Die Freilassungsverfügung vor dem STF

Das STF ist nach der aktuellen Verfassung in zwei Konstellationen berufen, in originärer Zuständigkeit über die Erteilung von Freilassungsverfügungen (*Habeas Corpus*) zu entscheiden.[729]

Zum einen verleiht Art. 102 I i) CF dem STF die originäre Kompetenz für die Rechtsschutzverfahren der Freilassungsverfügung wegen erfolgter oder drohender Freiheitsbeschränkungen *durch* die Oberen Gerichte und alle anderen Stellen, die unmittelbar der Gerichtsbarkeit des STF unterliegen, sowie im Hinblick auf Straftaten, die unmittelbar der Gerichtsbarkeit des STF in einziger Instanz unterliegen.

725 STF, HC 95.058/ES, BE Ricardo Lewandowski, 23.2.2010, Inf. 576 („*excepcionalíssimo*"); HC 92.497/SP, BE Ayres Britto, Inf. 575 v. 19.2.2010 m.w.N. zur st.Rspr. Weiteres Beispiel: Ein wegen illegalen Waffenbesitzes Angeklagter zeigt einen behördlichen Irrtum und ordnungsgemäße Waffenregistrierung auf (HC 102.422/SP, BE Dias Toffoli, 10.6.2010, Inf. 590). S. auch G. de Souza Nucci, CPP Comentado, 1002.

726 Z. B. RHC 94.905/CE, BE Dias Toffoli, 11.5.2010, Inf. 586, betreffend illegale Verkäufe durch Straßenhändler, deren Waren im Gesamtwert jedoch den Freibetrag unterschritten.

727 H.A. Mossin, Habeas Corpus, 102 f.: „soweit die Mindestanforderungen an die Legitimität der Ermittlung" nicht beachtet werden, etwa für das Verhalten des Antragstellers „absolut und unstreitig" kein Straftatbestand vorliege (Verstoß gegen das Prinzip der gesetzlichen Bestimmtheit).

728 Aufgerufen auf http://www.stf.jus.br/ unter der Rubrik „*Estatística*" – „HC" – „*Fundamentos para concessão*" (31.5.2010).

729 Auch in seiner Rechtsmittelzuständigkeit kann es über HC zu entscheiden haben, s. dazu noch u. B.IV.1.

Die oberen Gerichte sind: für die ordentliche Gerichtsbarkeit das STJ, für die drei Fachgerichtsbarkeiten das TSE, das TST bzw. das STM.[730] Die anderen Stellen, die der Gerichtsbarkeit des STF unterliegen, sind Art. 100 I b) und c) CF zu entnehmen. Gemeint sind also die dort bereits privilegierten hohen Amts- oder Mandatsträger, deren eventuelle Straftaten und Amtspflichtverletzungen in jedem Falle vor dem STF verhandelt und abgeurteilt werden.[731] Dies sind: Der Präsident der Republik, der Vizepräsident, die Mitglieder des Nationalkongresses (also von Abgeordnetenkammer und Bundessenat), der *Procurador-Geral da República* sowie die Bundesminister und die Befehlshaber von Marine, Heer und Luftstreitkräften,[732] zudem die Mitglieder des Bundesrechnungshofes und die Leiter der ständigen diplomatischen Vertretungen Brasiliens. Nur die Taten dieser genannten Personen sind i.Ü. solche, die dem STF auch in einziger Instanz zugewiesen sind (es gibt keine weiteren originären Strafkompetenzen des STF), weshalb die Kompetenzvorschrift eine unnötige Dopplung aufweist, wenn sie die Stellen und die Straftaten anspricht. Eine Freiheitsbeschränkung durch die Mitglieder des Nationalkongresses, gegen die man sich vor dem STF wehren kann, kann z. B. im Rahmen von parlamentarischen Untersuchungsausschüssen angeordnet werden.[733] Zwar unterwirft Art. 102 I b) CF auch „seine eigenen Richter" der Strafgerichtsbarkeit des STF; dies hat das Gericht nach ständiger Rechtsprechung jedoch nicht auf die *Habeas-Corpus*-Verfahren übertragen und damit seinen eigenen Teilorganen zugestanden, endgültige Entscheidungen in Sachen Freilassungsverfügung zu treffen: D.h., es kann beim Plenum des STF keine Freilassungsverfügung mehr gegen eine freiheitsbeschränkende Handlung eines Berichterstatters oder eines der Senate des STF erwirkt werden.[734] Auch eine Erweiterung für Anträge gegen Freiheitsbeschränkungen durch Berufungssenate der nachkonstitutionell eingerichte-

730 Das berühmteste Beispiel aus jüngerer Zeit ist wohl STF, HC 102.732, BE Marco Aurélio, 4.3.2010, Inf. 577 – Bestätigung der vom STJ (seinerseits als privilegierendem Gerichtsstand) angeordneten Untersuchungshaft des Gouverneurs des Bundesdistrikts Arruda, weil dieser sich in einem Untreueprozess Zeugenaussagen mit Geld zu erkaufen suchte.

731 Zu diesen Verfahren s. u. V.I.2.

732 Für die Minister und die Befehlshaber gilt der Vorbehalt der Regelung in Art. 52 I CF: Stehen die Taten in Zusammenhang mit einer Amtspflichtverletzung (nicht: einer allgemeinen Straftat!) des Präsidenten der Republik, so ist die Verhandlung und Verurteilung allein Sache des Bundessenats.

733 STF, HC 73.035/DF, BE Carlos Velloso, RTJ 163 (1998), 626 ff.; HC 71.261/RJ, BE Sepúlveda Pertence, DJ v. 24.6.1994 (gegen Vorladung unter Geltendmachung eines Zeugnisverweigerungsrechts).

734 Vgl. Ls. 606. S. auch STF, HC 92.702/DF, BE Joaquim Barbosa, 18.2.2010, Inf. 575: Ist vor dem STF bereits ein Ermittlungsverfahren (Inq.) oder eine Strafklage (AP) anhängig, fehle das Rechtsschutzinteresse für HC, weil die Argumente innerhalb jener Verfahren vorzubringen seien.

ten *Juizados Especiais* hat das STF abgelehnt und diesbzgl. auf die bundesstaatlichen TJ verwiesen.[735]

Zum anderen sind dem STF mit Art. 102 I d), 1. Hs., und i) CF ferner die Rechtsschutzverfahren der Freilassungsverfügung *für* die soeben genannten Amts- bzw. Organwalter der Bundesverfassungsorgane *als Antragsteller*, also *zugunsten* dieser Mandats- und Amtsträger als Personen, die unmittelbar der Gerichtsbarkeit des STF unterliegen, zugewiesen. In dieser Konstellation wird der zu untersuchende Eingriff nicht durch den Amts- bzw. Organwalter verübt; die natürliche Person, die das Amt bekleidet oder das Mandat innehat, ist hier vielmehr der vom Eingriff durch eine beliebige Stelle Betroffene. Das STF sieht die personelle Begrenzung diesbzgl. als abschließend an.[736] *Habeas Corpus* ist i.Ü. der einzige Fall, in dem die Zuständigkeit des STF (auch) über die Organeigenschaft des Antragstellers begründet wird (bei den anderen im Folgenden erörterten Rechtsschutzverfahren ist für die Zuständigkeit einzig die Organeigenschaft des Antragsgegners entscheidend).

Manche der hohen Amts- und Organwalter unterliegen einem besonderem verfassungsrechtlichen Schutz ihrer Bewegungsfreiheit: Dem Präsidenten der Republik kann seine Freiheit schlechterdings nicht vorläufig beschränkt werden. Seine Freiheit kann ihm erst dann entzogen werden, wenn er rechtskräftig wegen einer allgemeinen Straftat verurteilt ist (Art. 86 § 3 CF). Die Mitglieder des Nationalkongresses dürfen nicht festgenommen werden, außer wenn sie auf frischer Tat betroffen werden und es sich um eine qualifizierte Tat handelt, bei der eine Kaution ausgeschlossen ist (Immunität gemäß Art. 53 § 2 CF).

dd. Zur Zulässigkeit

Die Freilassungsverfügung kann grundsätzlich von jedermann mit Rechtsschutzinteresse zu eigenen, aber auch zu fremden[737] Gunsten, individuell und kollektiv,

735 STF, HC (AgR) 89.378/RJ, BE Ricardo Lewandowski, DJ v. 15.12.2006, unter Aufgabe einer gegenteiligen, vorher st.Rspr. (Ls. 690).

736 Ein deutliches Beispiel ist HC (MC) 83.278/SP, Maurício Corrêa, DJ v. 1.8.2003: Das STJ hatte über einen HC-Antrag eines in Strafhaft befindlichen, schwerkranken Richters des TRT auf Haftmilderung (offener Vollzug) wegen interner Zuständigkeitskonflikte über fünf Monate lang nicht entschieden. Der Antragsteller wandte sich daraufhin wegen der Untätigkeit an das STF mit einem HC-Antrag im einstweiligen Rechtsschutz. Dieses verwies jedoch nur an das nach Art. 105 I c) CF zuständige STJ: „... stelle ich die Unmöglichkeit fest, über den HC-Antrag zu erkennen, da er weder einem Tatbestand der originären Kompetenz des STF unterfällt, noch ... ein revisionsfähiges Urteil vorliegt (Art. 102 I lit. d und II lit. a CF)."

737 In diesem Fall entscheidet das STF aber nur, wenn der Betroffene auch einverstanden ist (Art. 192 § 3 RISTF).

sowie durch das *Ministério Público* beantragt werden,[738] auch präventiv, wenn die Rechtsverletzung erst befürchtet wird. Wie alle in Art. 5 CF garantierten Individualrechte erstreckt sich der Schutzbereich ausdrücklich auf Inländer und im Inland wohnhafte Ausländer gleichermaßen. Der Antrag kann auch ohne rechtsanwaltliche Vertretung gestellt werden. Jeder zuständige Richter kann ferner von Amts wegen eine Freilassungsverfügung aussprechen, wenn er im Laufe eines Prozesses feststellt, dass jemand eine rechtswidrige Freiheitsbeschränkung erleidet oder dies bevorsteht.[739] Juristische Personen sind durch *Habeas Corpus* ausnahmslos nicht begünstigt, da ihnen das geschützte Rechtsgut nicht zusteht.

Der schriftlich einzureichende Antrag muss den Betroffenen und die zwangsausübende Stelle benennen und die Umstände der (drohenden) Zwangseinwirkung erläutern.[740] Der Schriftlichkeit wird im Falle der Einlegung beim STF selbst durch die Benutzung des Online-Portals „*Central do Cidadão*“ Genüge getan. Zulässiger Antragsgegner ist diejenige Stelle, die den Zwang angeordnet hat oder die Zwangswirkung ggf. zu beenden in der Lage ist.[741]

Im Allgemeinen tritt eine unmittelbare Erledigung mit der Folge des Fortfalls des Rechtsschutzinteresses ein, sobald die Verletzung, etwa durch Freilassung, beendet ist; das STF kann in diesen Fällen nach Ermessen dennoch die Rechtswidrigkeit des erledigten Zwanges feststellen, was insbesondere für eine strafrechtliche Verfolgung der Zwangshandlung relevant sein kann.[742]

ee. Zum Verfahren und Eilverfahren

Gemäß Art. 5 LXXVII CF ist das Verfahren des *Habeas Corpus* für den Antragsteller stets kostenfrei. Der Berichterstatter sorgt erforderlichenfalls zudem für eine anwaltliche Unterstützung des Betroffenen, da er die ordnungsgemäße Verteidigung (gemäß des Justizgrundrechts auf *ampla defesa*) sicherzustellen hat,[743] auch wenn der Betroffene bei HC ausnahmsweise selbst vor dem STF prozessführungsbefugt ist. Die zahlreichen, ohne rechtsanwaltliche Vertretung erhebbaren Anträge

738 Art. 654 CPP. Antragsberechtigt vor dem STF ist auch das lokale *Ministério Público*, HC 91.509/RN, BE Eros Grau, 27.10.2009, Inf. 565.

739 Art. 193 III RISTF.

740 Formvorschrift in Art. 654 § 1 CPP; nach Art. 662, 2. Hs., der Antrag kann während des Verfahrens ergänzt werden. Das Gericht ist bei der Würdigung der Freiheitsbeschränkung nicht an den Antrag gebunden. S. auch STF, HC (QO) 72.391, BE Celso de Mello, DJ v. 17.3.1995, gestützt auf Art. 13 CF, zum zwingenden Erfordernis der portugiesischen Sprache.

741 Sie muss selbstverständlich der Gerichtsbarkeit des STF unterliegen (abgelehnt für russische Botschaft, die im Besitz von Beweisgegenständen war in HC 102.041/SP, BE Celso de Mello, DJe v. 2.2.2010).

742 Art. 659 CPP; Art. 199 RISTF.

743 Art. 191 I RISTF.

kann das Präsidium des Gerichts nunmehr vor Geschäftverteilung im Falle der Unzuständigkeit nicht wie bei anderen Verfahrensarten ggf. nur beschleunigt abweisen, sondern angesichts des hohen Schutzguts auch direkt an das für zuständig gehaltene Gericht verweisen.[744]

Das Gericht holt nach dem Anhängigwerden Informationen von der festhaltenden[745] Stelle ein, es sei denn, es ist bereits die Abweisung *a limine* bei eindeutigen Sachverhalten möglich, über die hier der Spruchkörper entscheidet.[746] Die festhaltende Stelle wird etwa bestrebt sein, einen Rechtsgrund für das Festhalten darzulegen. Wenn bereits gefestigte Rechtsprechung zu einem Sachverhalt vorliegt, ist der Berichterstatter allein befugt, einen Antrag abzuweisen oder diesem stattzugeben.[747] Die unverzügliche Vorführung des Festgehaltenen – *Habeas Corpus* im eigentlichen Wortsinne – steht im Ermessen des Gerichts, wenn keiner der Hinderungsgründe wie etwa eine schwere Krankheit des Betroffenen vorliegt.[748] Es kann bei eindeutiger Aktenlage auch nach dieser entschieden werden. Im Gegensatz zur Strafklage kommt es keinesfalls zu einer umfänglichen Beweisaufnahme (etwa mit Zeugen- und Sachverständigenvernehmung), da *Habeas Corpus* den nach Aktenlage auf der Hand liegenden Fälle unrechtmäßiger Freiheitsbeschränkung vorbehalten ist (als „*writ*“, s. oben).[749] Nach den Ermittlungen, der Anhörung des *Procurador-Geral* und der Vernehmung[750] ist dem Verteidiger (oder Betroffenen selbst) jederzeit Akteneinsicht zu gewähren, denn das Recht auf eine ordnungsgemäße und wirksame Verteidigung wird durch HC mitgeschützt, weil die Möglichkeit der unrechtmäßigen Freiheitsbeschränkung besteht.[751]

Zum Schutz des Betroffenen kann das Gericht in diesem Verfahren einschneidende Maßnahmen ergreifen, namentlich eine Geldbuße bei einer Behinderung durch falsche Auskünfte oder Verzögerung der Vorführung oder Freilassung durch den Festhaltenden verhängen; davon unberührt bleibt die strafrechtliche Sanktionierung wegen der Delikte der Freiheitsberaubung oder der Nötigung an anderer Stelle.[752] Wenn bereits die frühzeitige Anordnung der Vorführung des Betroffenen nicht befolgt wird, kann gegen den Festhaltenden seinerseits ein Haftbefehl erlas-

744 Art. 13 V d) RISTF i.d.F. seit 2010.

745 Bzw. von der Stelle, von der die Gefahr ausgeht. Realisiert sich eine zunächst nur drohende Freiheitsbeschränkung während der Anhängigkeit durch eine Festnahme, ist dies für das Schicksal des gestellten Antrags i.Ü. unerheblich (so z. B.: STF, HC [MC] 95.009/SP, BE Eros Grau, DJe v. 5.8.2008 – Fall „Daniel Dantas“).

746 Vgl. die Art. 658, 662, 1. Hs., 663 CPP.

747 Art. 192, *caput*, RISTF.

748 Art. 656 f. CPP.

749 Statt aller J.T. de Almeida Melo, Direito Constitucional, 331; aus diesem Grund z. B. die abweisende Entscheidung STF, RHC 94.821/RS, BE Joaquim Barbosa, 6.4.2010, Inf. 581.

750 Art. 660 CPP; Art. 192 § 1 RISTF.

751 HC 82.354/PR, BE Sepúlveda Pertence, DJ v. 24.9.2004. Dem korrespondiert Art. 7 XIV des Rechtsanwaltsgesetzes (G 8.906/1994). SV Nr. 14.

752 Nach Art. 655 CPP.

sen werden. Wenn Bösgläubigkeit oder Machtmissbrauch festgestellt werden, wird die den Zwang ausübende Stelle auch in die Kosten des Verfahrens verurteilt.[753]

De jure ist in der ersten Sitzung des Spruchkörpers nach Antragstellung zu entscheiden, die Entscheidung kann jedoch in die darauf folgende verschoben werden.[754] Von allen Verfahrensarten wird *Habeas Corpus* mit der größten Priorität behandelt.[755]

Habeas Corpus kann seit einem Grundsatzurteil des STF von 1964[756] auch einstweilen gewährt werden, durch vorläufige Freilassungsverfügung zugunsten des Festgehaltenen, ggf. auch durch sofortige Suspendierung eines anhängigen Strafprozesses.[757]

Nach lange Zeit ständiger Rechtsprechung steht die Möglichkeit einstweiligen Rechtsschutzes aber nicht gegen die Ablehnung einer Freilassungsverfügung durch ein Oberes Gericht zur Verfügung, das diese Entscheidung seinerseits im Eilverfahren vor einer Sachentscheidung getroffen hat. Insofern gilt die Einschätzung des jeweils befassten Oberen Gerichts. Dies ist zwar auch heute noch die Regel. Jedoch wurde durch das STF im Jahr 2005 eine Hintertür geöffnet für Fälle „offenkundig illegaler Zwangseinwirkung" oder einer festgestellten „Abweichung von ständiger Rechtsprechung des STF",[758] in denen eine Revision der Ablehnung erfolgreich ist. Eine solche Großzügigkeit führt dazu, dass dem STF zusätzliche Verfahren in nicht geringfügigem Ausmaß zuwachsen können, zumal man annehmen muss, dass gerade die in ihrer körperlichen Freiheit beschränkten Personen angesichts vielerorts schwer erträglicher Haftumstände „nach jedem Strohhalm greifen" werden, um ihre Situation zu verbessern, zumal außerdem das Postulat der „offenkundigen Illegalität" *prima facie* sehr viele Sachverhalte erfassen kann, und schließlich, zumal das Verfahren kostenlos ist.

ff. Hauptsacheentscheidung

Die Entscheidungsfrist (nach Klärung des Sachverhalts) beträgt 24 Stunden; Entscheidungsinhalt ist bei festgestellter Rechtsverletzung die Anordnung der Frei-

753 Art. 653 CPP.

754 Art. 664 CPP.

755 Mit einer durchschnittlichen tatsächlichen Verfahrensdauer von insgesamt 28 Wochen vor dem STF ist HC dort die Prozessklasse mit der kürzesten Bearbeitungszeit (Quelle: Projeto Transparência Brasil, http://www.meritissimos.org.br/stf/@perfilClasse.php [1.9.2010]).

756 HC 41.296, BE Gonçalves de Oliveira, RTJ 33, 597, zugunsten des Gouverneurs von Goiás, dem ein Prozess ohne die vorgesehene parlamentarische Einwilligung drohte.

757 Beispiel: STF, HC (MC) 103.325/RJ, BE Celso de Mello, DJe v. 8.4.2010, dort auf der Grundlage, dass Beweismittel durch rechtswidrige Beschlagnahmen beschafft wurden.

758 Vgl. für den Grundsatz den Ls. 691 und für dessen Aufweichung STF, HC 89.178, BE Gilmar Mendes, 29.6.2006, als Beispiel aus jüngerer Zeit HC (MC) 100.959, BE Celso de Mello, DJe v. 15.10.2009, m.w.N. zur Rspr.

lassung bzw. die Beendigung von ggf. fortdauerndem, rechtswidrigem Zwang, die Festsetzung einer Kaution, wenn die Rechtswidrigkeit darauf beruht, dass dies unterlassen wurde, und schließlich in präventiven Fällen, also wenn die Rechtsverletzung gedroht hatte, freies Geleit.[759] Neben diesen tatsächlichen Maßnahmen sieht sich das STF, wie bereits festgestellt, u.U. befugt, anhängige Straf- und Ermittlungsverfahren vor den seiner Gerichtsbarkeit unterstellten Gerichten gänzlich einzustellen.[760] Die Entscheidung wird dem Antragsgegner sofort und in weitgehender Formfreiheit kommuniziert.[761]

In den Fällen, in denen ein Senat des STF über Freilassungsverfügungen entscheidet, sind im Gegensatz zu anderen Senatsverfahren anschließende Anträge wegen einer etwaigen Divergenz zum anderen Senat (*Embargos de Divergência*) ausgeschlossen,[762] damit die endgültige Freilassung nicht länger als unbedingt nötig hinausgezögert werden kann. Die zügige Freilassung wird hier höher geachtet als eine gerichtseinheitliche Rechtsprechung.

Erfolglose Freilassungsanträge – unabhängig davon, ob schon *a limine* etwa wegen formeller Fehler, bloßer Unverständlichkeit der Begründung oder abschlägiger materieller Entscheidung – können jederzeit wiederholt werden,[763] da allein durch die fortschreitende Zeit stets eine neue Sachlage entsteht und so materielle Rechtskraft nie zum Hindernis werden kann (ob ein Rechtsschutzinteresse gegeben ist, bleibt jedoch weiterhin zu prüfen).

Streitig ist derzeit der Effekt, wenn ein angewandtes (Straf-, Strafprozess- oder Strafvollstreckungs-)Gesetz vom STF im Rahmen eines *Habeas-Corpus*-Prozesses für nichtig befunden wird. Die Entscheidungen in inzidenter Normenkontrolle wie in dieser Verfahrensart binden traditionell ohne zusätzlichen Beschluss des Bundessenats nach Art. 52 X CF nicht jedermann, obwohl dies den großen Vorteil der Eindämmung gleichartiger Prozesse hätte. Aktuell wird daher im Zuge einer allgemeinen Tendenz der „Abstraktion“ der konkreten Normenkontrolle versucht, die traditionell konstitutive Beteiligung des Bundessenats in eine bloß deklaratorische umzuwandeln und der Inzidenzerkenntnis des STF wegen dessen verfassungsrechtlicher Stellung aus sich heraus Allgemeinverbindlichkeit zukommen zu lassen.[764]

759 Zu allem Art. 660 CPP.

760 „Ausnahmsweise“, wenn das Verhalten keine Straftat darstellt, kein Anhaltspunkt für eine Täterschaft ersichtlich ist oder die Strafbarkeit erloschen ist, s. o. A.V.1.a.bb mit Fn. 725 ff.

761 Art. 665 CPP, Art. 194 RISTF verlangen nicht die Zustellung des verkündeten Urteils, sondern lassen etwa auch ein benachrichtigendes „Telegramm“ genügen.

762 STF, HC (ED-EDv-AgR) 70.274, BE Celso de Mello, DJ v. 9.12.1994. Nach dem Urteil gilt dies i.Ü. auch für die HC-Verfahren in Rechtsmittelzuständigkeit.

763 G. de Souza Nucci, CPP Comentado, 1029.

764 S. die kontroversen Voten in STF, Rcl. 4.335 (vgl. o. Fn. 351 m.w.N.). Krit. auch M. Jorge e Silva Neto, Curso de Direito Constitucional, 219.

b. Die Datenschutzverfügung (Habeas Data)

Art. 102 I d), 2. Hs. CF verleiht dem STF die Zuständigkeit für Rechtsschutzverfahren zur Erwirkung einer Datenschutzverfügung (*Habeas Data* – HD)[765] gegen Akte bestimmter Bundesverfassungsorgane, namentlich des Präsidenten der Republik, der Präsidien von Abgeordnetenkammer und Bundessenat, des Bundesrechnungshofes, des *Procurador-Geral da República*, des STF selbst. Betreffend andere Bundesorgane fällt die Zuständigkeit für *Habeas Data* dem STJ, den TRF und den Bundesrichtern erster Instanz zu,[766] betreffend gliedstaatliche Organe kann ein entsprechendes Verfahren durch die jeweiligen lokalen Verfassungen eingerichtet werden.[767]

Das prozessrechtliche Institut des *Habeas Data* im Allgemeinen existiert in Brasilien erst seit der Verfassung von 1988[768] und bildet ein spezielles Verfahren des Individualrechtsschutzes, der ansonsten nur wenig in spezielle Verfahren aufgefächert ist. Der Verfassungsgeber hatte bei der Schaffung primär die während der Zeit der Militärdiktatur, unter deren unmittelbarem Eindruck er stand, vom Geheimdienst unkontrolliert und skrupellos gesammelten Daten im Auge.[769] Nach dem grundsätzlichen Verständnis des STF sei eine „Sichtbarkeit" der Ausübung von Staatsgewalt charakteristisch für die Demokratie, „das in der neuen Verfassungsordnung ausgestaltete politisch-juristische Modell lehnt eine Staatsgewalt, die etwas verheimlicht oder sich verbirgt, ab".[770] Neben den Schutz des Individuums tritt somit auch das Interesse der Allgemeinheit an einer transparenten Staatsführung im Sinne des Verfassungsprinzips der Publizität der öffentlichen Verwaltung (Art. 37 CF).[771]

Gemäß der verfassungsrechtlichen Garantie des Art. 5 LXXII CF wird eine gerichtliche Datenschutzverfügung zur Kenntniserlangung von den auf die Person des Antragstellers bezogenen Informationen, die sich in Registern oder Datenbanken von Regierungsorganen oder in solchen mit öffentlichem Charakter befinden,

765 Frei übersetzt wörtlich: „Werde der Daten habhaft", „gelange in den Besitz der Daten".

766 Vgl. Art. 105 I b), 108 I c) und 109 VIII CF.

767 S. z. B. Art. 74 der Verfassung v. São Paulo. Das STF, HD 44/PR, BE Octavio Gallotti, DJ v. 21.9.1998, hat den Rechtsschutz gegen ein TJ wegen dieser exakten Zuständigkeitsteilung abgelehnt.

768 Vorbildcharakter hatten die Art. 35 der Verfassung Portugals v. 1976 und Art. 18.4 und 105 b) der Verfassung Spaniens v. 1978 sowie der *Freedom of Information Act* in den U.S.A. v. 1974.

769 A. Wald, in: H. Lopes Meirelles/A. Wald/G. Ferreira Mendes, Mandado de Segurança, 285; M. Temer, a.a.O., 219. A.C. Segatto, O Instituto do Habeas Data: Aspectos Constitucionais e seus Reflexos na Legislação Ordinária, 81, weist darauf hin, dass mehrere Mitglieder der verfassungsgebenden Versammlung Opfer des Militär gewesen waren und danach „dürsteten, die Archive des *Serviço Nacional de Informações* (SNI) kennenzulernen".

770 RHD 22/DF, BE Marco Aurélio/Celso de Mello, DJ v. 1.9.1995.

771 Vgl. C.A. Bandeira de Mello, Curso de direito administrativo, 110 f.

erteilt (lit. a). Ferner besteht ein Anspruch auf die Richtigstellung unrichtiger Daten, falls dies nicht im Wege vertraulicher gerichtlicher oder behördlicher Verfahren erfolgen soll (lit. b).[772] Es geht also lediglich um Kenntnis und Korrektur gespeicherter Daten; ein weitergehender Datenschutz im Sinne eines vollumfänglichen, ersatzlosen Löschungsanspruchs oder einer Untersagung der Weitergabe von Daten ist mit dem Verfassungsartikel und dem Verfahren des *Habeas Data* hingegen nicht gewährleistet. Ebensowenig kann darüber Schadenersatz wegen unrechtmäßiger Datennutzung verlangt werden. Dennoch geht es bei dem gerichtlichen Befehl im *Habeas-Data*-Verfahren um „Datenschutz", da der Begriff des Datenschutzes ganz allgemein den Schutz des Einzelnen vor einem Missbrauch personenbezogener Daten bezeichnet und ein Missbrauch nicht nur in einer Nutzung und Weitergabe von Daten, sondern bereits in der Speicherung und im Besitz liegen kann, insbesondere wenn die Informationen nicht den Tatsachen entsprechen.

Wenn die speziellen Tatbestände nicht einschlägig sind, kommt jedoch (außer hinsichtlich der schadensersatz- und vermögensrechtlichen Folgen, für die der ordentliche Rechtsweg eröffnet ist) zum Rechtsschutz immer noch die allgemeine Sicherungsverfügung in Betracht,[773] was für manche schon für die Entbehrlichkeit der neuen Verfahrensart spricht.[774] Die Befürworter halten die Verfahrensart dagegen für mehr als eine bloße Klarstellung mit Verfassungspathos, sondern für eine hilfreiche Weiterentwicklung, die im Informationszeitalter erforderlich ist, zumal der Tatbestand der Sicherungsverfügung zu unbestimmt sei, als dass er den gewünschten Persönlichkeitsrechtsschutz durch den Richter in jedem Fall garantieren könne.[775] Hinzufügen könnte man hier, dass eine solche neue Vorschrift auch zur Folge haben kann, das Bewusstsein des Bürgers für sein Recht und dessen Wehrhaftigkeit zu wecken oder zu schärfen.

Ist ein Tatbestand des *Habeas Data* hingegen einschlägig, hat das Verfahren nach dem unmissverständlichen Verfassungswortlaut vor dem der allgemeinen Sicherungsverfügung Vorrang und wird daher auch hier zuerst erläutert. Dies bekommt entscheidende Bedeutung, weil einige konkrete Verfahrensregeln zwischen

772 Der letzte Hs. spricht den ordentlichen Zivilprozess an, der für den Antragsteller eine Alternative darstellt (Feststellungsklage), die nach Art. 155 CPC ausnahmsweise aus öffentlichem Interesse oder in familienrechtlichen Angelegenheiten geheim stattfinden können. Kritisiert wurde, dass das angesprochene vertrauliche Administrativverfahren hingegen im einfachen Recht schlichtweg nicht geregelt ist (F.G. Marques de Lima, Breves anotações à Lei 9.507/97, RT 750 [1998], 86 [87]).

773 Zur Sicherungsverfügung (*Mandado de Segurança*) s. u. im nächsten Abschnitt. Trotz der an *Habeas Corpus* angelehnten Namensgebung hat *Habeas Data* wesentlich weniger mit dem strafprozessualen Institut der Freilassungsverfügung als mit diesem allgemeineren zivilprozessualen Verfahren gemeinsam.

774 J. Cretella Jr., RF 304 (1988), 99; R. Lauria Tucci/J.R. Cruz e Tucci, Constituição de 1988 e processo, 172; M. Gonçalves Ferreira Filho, Direitos humanos fundamentais, 152 f.

775 Vgl. in diesem Sinne auch P. Bonavides, Curso de direito constitucional, 552; A.C. Segatto, a.a.O., 47 f.

den verfassungsrechtlichen Rechtsbehelfen unterschiedlich sind. Wie im Art. 5 LXXII CF anklingt, stellt die Garantie allerdings gegenüber den herkömmlichen Verwaltungs- und Klageverfahren, die zwar langwieriger sind, mit denen aber eventuell mehr als lediglich die Kenntniserlangung und die Richtigstellung von Daten erreicht werden kann, nur eine zusätzliche Rechtsschutzoption dar.

Das datenschutzrechtliche Individualrecht nach Art. 5 LXXII CF ist auf materiell-rechtlicher Ebene eng mit dem allgemeinen Persönlichkeitsrecht unter dem Aspekt der informationellen Selbstbestimmung und des Schutzes der Privatsphäre verbunden. Es tritt ferner neben die in Nr. XXXIII desselben Artikels garantierte materiell-rechtliche Informationsfreiheit gegenüber öffentlichen Stellen, die gewährleistet ist, wenn an der Information ein persönliches, kollektives oder allgemeines Interesse besteht. Dort ist geregelt, dass die Information unter Androhung von Haftung binnen einer gesetzlich festzulegenden Frist zu erteilen ist, außer wenn die Geheimhaltung unerlässlich für die Sicherheit der Gesellschaft oder des Staates ist, welche ebenfalls höchstrangige Rechtsgüter darstellen. Mit dem Schutz von Geheimnissen für die Sicherheit der Gesellschaft und des Staates, der somit eine Schranke der Informationsfreiheit nach Art. 5 XXXIII CF darstellt, ist in jedem Einzelfall auch mit dem Recht des *Habeas Data* eine praktische Konkordanz zu finden.[776] Ist der Geheimnisschutz gemäß einer innerhalb aller Staatsgewalten vorzunehmenden Klassifizierung unerlässlich, scheitert der Auskunftsanspruch. So hat das STF in einem *Habeas-Data*-Prozess z. B. entschieden, dass die bloße Erwähnung des Namens einer Person im Rahmen von aufgezeichneten Aussagen in Verfahren unter Geheimnisschutz (das kann vor einem parlamentarischen Untersuchungsausschuss, vor Gericht oder vor der Verwaltung sein) noch nicht automatisch das Recht auf *Habeas Data* und damit auf Einblick in das Verfahren begründet.[777] Dies zeigt: Der Aspekt einer etwaigen Kompromittierung der Arbeitsfähigkeit der Sicherheitsbehörden ist trotz der großen Bedeutung des Rechts an den eigenen personenbezogenen Daten jedenfalls nicht ganz aus den Augen zu verlie-

776 Für eine Schrankenübertragung U. Lammêgo Bulos, CF Anotada, 384. Manche Autoren sehen eine klare Trennung der Schutzbereiche, da die Informationsfreiheit nicht persönlichkeitsrelevante Daten betreffe, und wollen eine Heranziehung der Schranke der Informationsfreiheit für die Ansprüche auf *Habeas Data* in keinem Fall zulassen (s. z. B. V. Greco Filho, Tutela Constitucional das Liberdades, 176; A. Marques da Silva Filho, RT 649 [1989], 220 [226 f.]; M. Temer, a.a.O., 220; A. de Moraes, Constituição do Brasil Interpretada, 2719). S. für Regelungen im Konfliktbereich mittlerweile das G 11.111/2005.

777 STF, HD 71/DF, BE Sepúlveda Pertence, DJ v. 15.12.2005; in diesem Sinne auch STJ, HD (AgR-ED) 98, BE Teori Zavascki, 22.9.2004, Inf. STJ Nr. 222, zu Informationen aus laufenden Ermittlungen der Bundespolizei. Dem Bürger wurde jedoch das Recht auf Auskunft über die Identität einer Person zugesprochen, die ihn mehrfach bei den Behörden angezeigt hat (STF, RMS 24.617, BE Carlos Velloso, DJ v. 10.6.2005, i.Ü. unter Anwendung von Art. 5 LXXII CF, obwohl ein MS beantragt worden war).

ren.[778] Zu guter Letzt ist auch die Korrelation mit Art. 5 X CF zu beachten, demzufolge die Intimsphäre, das Privatleben, die Ehre und Recht am eigenen Bild Grundrechtsschutz genießen („unverletzlich“). Auch diese sensiblen Bereiche unterliegen zwar, zumindest partiell, verfassungsimmanenten Schranken, man wird jedoch festhalten können: Je mehr diese Bereiche von den erhobenen und gespeicherten Daten tangiert sind, desto wahrscheinlicher ist der Erfolg im Verfahren der Datenschutzverfügung.

Sedes materiae ist unterhalb der Verfassung das an das Gesetz zur Sicherungsverfügung angelehnte Gesetz Nr. 9.507[779] von 1997 als Spezialregelung zum subsidiären CPC; da die Rechte aus Art. 5 CF aber auch ohne Umsetzung anwendbar sind (so dessen § 1) und auch Art. 24 G 8.038/1990 die Vorschriften der allgemeineren Sicherungsverfügung hilfweise für anwendbar erklärt, gingen in der Rechtsprechung auch schon vor 1997 Anträge auf *Habeas Data* ein, die zu behandeln waren. Im Gegensatz zum traditionellen *Habeas Corpus* ist dem *Habeas Data* (noch) kein Abschnitt in der Geschäftsordnung des STF gewidmet.

Anspruchsteller kann nur die Person sein, auf sich die Daten beziehen; dies können hier auch juristische Personen sein, nicht aber – wie beim *Habeas Corpus* – Dritte,[780] wegen des höchstpersönlichen Charakters wohl ebensowenig das *Ministério Público*.[781] Jedoch auch hinterbliebene Ehegatten bzw. die Erben sollen im Wege des *Habeas Data* berechtigt sein, die Ehre des Verstorbenen mittels Datenberichtigung wiederzuherstellen.[782]

Der Anspruch kann im Allgemeinen zunächst gegen die öffentlichen Stellen, die die Datenbanken kontrollieren, aber auch (ähnlich wie bei *Habeas Corpus*) gegen nicht-staatliche, private Betreiber öffentlicher Datenbanken erhoben werden („öffentlicher Charakter“ genügt),[783] deren Gefährdungspotential nicht geringer ist. Denn jedes Register und jede Datenbank mit Informationen, die an Dritte weitergegeben werden können oder nicht ausschließlich von dem Organ oder der Person, die die Daten erhoben hat oder speichert, wird von *Habeas Data* erfasst. Dieses

778 Die Interessenkollision wird in Deutschland ähnlich aufgelöst, vgl. nur § 29 des Verwaltungsverfahrensgesetzes des Bundes.

779 Zu diesen i.E. J.C. Barbosa Moreira, RIL 138 (1998), 89 ff.; A. Wald/R. Garcia da Fonseca, RIL 137 (1998), 303 ff.

780 A.C. Segatto, a.a.O., 72, 115; A. Wald, in: H. Lopes Meirelles/A. Wald/G. Ferreira Mendes, Mandado de Segurança, 280, 287.

781 So A.C. Segatto, a.a.O., 120 f., gegen J. da Silva Pacheco, O mandado de segurança e outras ações constitucionais típicas, 237. Art. 12 G 9.507 schreibt jedenfalls ein Äußerungsrecht der Behörde im Vorfeld jeder gerichtlichen Entscheidung fest.

782 STJ, HD 147/DF, BE Esteves Lima, 12.12.2007, Inf. STJ Nr. 342, z. B. gestand auch der Witwe eines Auskunftsuchenden ein Antragsrecht zu, nachdem die Behörde ihrem Ehemann, auf den die Daten bezogen waren, über ein Jahr lang Auskünfte verweigert hatte.

783 Vgl. Art. 1, einziger Paragraph, G 9.507/1997.

weite Verständnis schließt z. B. private Gläubigerschutz-Gesellschaften[784] und Listen für Direktmarketing privater Firmen ein,[785] ist aber vor dem STF irrelevant, da dessen Zuständigkeit über die aufgezählten und eingangs genannten Antragsgegner – Organe des Bundes – definiert wird.

Wenn Daten über den Anspruchsteller nicht dazu bestimmt sind, über das Verhältnis zwischen diesem und dem Datenbesitzer hinaus verbreitet zu werden und damit überhaupt an Dritte zu gelangen, ist eine Datenschutzverfügung ausgeschlossen.[786] Dies ändert sich jedoch, sobald eine Möglichkeit der Kenntnisnahme durch Dritte gegeben ist. Die Daten müssen neben dem Drittbezug zudem eine gewisse Relevanz für das Persönlichkeitsrecht aufweisen. Weniger erheblich ist hingegen, in welcher Form die Daten beim Antragsgegner aufbewahrt werden.[787]

Das G 9.507 eröffnet über die verfassungsrechtliche Vorgabe (Kenntnis und Korrektur) hinaus auch einen Anspruch des Interessierten auf einen ergänzenden Vermerk zu einer bestehenden Eintragung.[788] Wenn jemand ein Interesse nachweist, kann er zum unverändert bestehen bleibenden Datensatz etwa eine Erläuterung hinzufügen lassen oder eine Erklärung, dass er den eingetragenen Fakt bestreite, um den Eindruck der Unumstößlichkeit zu verhindern. Dem Wortlaut nach könnte ein solcher Antrag möglicherweise auch von Dritten gestellt werden, auf die die Daten nicht persönlich bezogen sind. Dies ist jedoch nicht gemeint; berechtigt ist auch in dieser Alternative nur derjenige, auf den sich die Daten beziehen, und nur dieser wird als „Interessierter" verstanden.

Wenn sich der Antragsteller nicht zuerst nachweislich an den Datenbesitzer wendet und sich bei diesem um eine Bereinigung zu bemüht (außergerichtlicher Zugang), ist kein Rechtsschutzbedürfnis für den Prozess der Datenschutzverfügung

784 Etwa den *Serviço de Proteção ao Crédito* entsprechend der deutschen Schufa Holding AG. Gläubigerschutz-Gesellschaften dürfen Daten i.Ü. nur fünf Jahre lang vorhalten und müssen den Schuldner vor der Eintragung benachrichtigen (so die Ls. Nr. 323 und 359 des STJ).

785 H. Lopes Meirelles/A. Wald/G. Ferreira Mendes, Mandado de Segurança, 284 m.w.N., die bzgl. der weitgefassten Definition eine einschränkende Auslegung je nach Gefährdungspotential für Private für richtig halten.

786 Ebenfalls aus Art. 1, einziger Paragraph, G 9.507/1997, dazu J.C. Barbosa Moreira, O habeas data e sua lei regulamentadora, in: T. Arruda Alvim Wambier (Hrsg.), Habeas Data, 131; s. auch STF, RE 165.304/MG, BE Octavio Gallotti, DJ v. 15.12.2000: Mangels Drittbezug und dem damit verbundenen Gefährdungspotential besteht kein Anspruch auf HD hinsichtlich arbeitsrechtlicher Personalunterlagen durch eine ehemalige Bankangestellte, selbst wenn die Bank als ein gemischt-wirtschaftliches Unternehmen organisiert ist.

787 H. Lopes Meirelles/A. Wald/G. Ferreira Mendes, Mandado de Segurança, 277 m.w.N. zur bislang nur untergerichtlichen Rspr. diesbzgl.

788 Vgl. Art. 4 § 2, 7 III, 8 III und 13 II. Um einen Anspruch auf Löschung, etwa angesichts der unzulässigen Erhebung Daten bzgl. Religion, Hautfarbe und Ähnlichem, fand hingegen keine einfach-rechtliche Erweiterung statt (krit. u.a. U. Lammêgo Bulos, a.a.O., 386).

gegeben.[789] Die Zeugnisse dieser Obliegenheit sind dem Gericht als Nachweis zusammen mit der anwaltlichen Antragsschrift einzureichen.[790] Hat er keine Reaktion vom Datenbesitzer bekommen, so ist er nach zehn Tagen zum gerichtlichen Antrag berechtigt; ist ihm zwar Zugang zu den Datenquellen verschafft, aber keine Richtigstellung erfolgt bzw. kein Ergänzungsvermerk eingetragen worden, so kann er nach 15 Tagen *Habeas Data* einlegen. Die Versäumung der Handlungsfristen wird daher mit der Eröffnung des Rechtswegs sanktioniert.[791] Neben den Handlungsfristen ist eine für den Antragsteller geltende Ausschlussfrist hingegen nicht vorgesehen.

Nach Art. 5 LXXVII CF und Art. 21 G 9.507 ist das Verfahren vor Verwaltung und Gericht stets kostenfrei. Kommt es zu nicht zu einer Zurückweisung *a limine* durch den Berichterstatter, erhält der Antragsgegner nach seiner Benachrichtigung zehn Tage Gelegenheit zur Erwiderung, binnen weiterer fünf Tage wird das *Ministério Público* angehört.[792] Mit den sehr kurzen, praktisch kaum einzuhaltenden Fristen und nach einer Gesamtschau des G 9.507 ist das Verfahren gegenüber dem ordentlichen Zivilprozess auf eine zügigere Durchführung angelegt. Wohl deshalb wurde bei der Regelung auch eine Notwendigkeit für einstweiligen Rechtsschutz nicht gesehen.[793]

Der Prozess erlischt durch die in subjektiven Rechtsschutzverfahren jederzeit mögliche Rücknahme des Antrags und durch Erledigung, wenn der Antragsgegner dem Begehren zwischenzeitlich nachkommt.

Wird der Antrag für begründet befunden, bestimmt der Richter einen Termin, an dem der Antragsgegner dem Antragsteller die ihn betreffenden Informationen

789 Dem entspricht die Systematik des G 9.507. Nach Art. 2–4 wird der Datenbesitzer zunächst außergerichtlich zur Offenlegung aufgefordert und muss seine Entscheidung bereits binnen drei Tagen bekanntgeben; die Unrichtigkeit ist anhand von Urkunden nachzuweisen, und die Richtigstellung hat ggf. binnen zehn Tagen zu erfolgen. Art. 7 ff. betreffen dann das gerichtliche Verfahren. Auch vor Erlass des Gesetzes 1997 hatte das STF i.Ü. den vorherigen außergerichtlichen Lösungsversuch verlangt (RHD 22/DF, a.a.O.). Einige Autoren, etwa A. de Moraes, Constituição do Brasil Interpretada, 2721, wenden sich gegen eine derartige unterverfassungsrechtliche Einschränkung der Garantie.

790 Zu den Anforderung an letztere s. i.E. Art. 8 G 9.507.

791 Gegen den Geldbußetatbestand (Art. 6 G 9.507) hatte der Staatspräsident ein Veto eingelegt. A.C. Segatto, a.a.O., 96 f., weist auf die bestehenden inneradministrativen Konsequenzen beim Verstoß gegen Gesetzesvorschriften hin, die bei privatrechtlichen Anspruchsgegnern freilich nicht gegeben sind.

792 Zu den Verfahrensvorschriften s. Art. 9 ff., 17 G 9.507.

793 Nach H. Lopes Meirelles/A. Wald/G. Ferreira Mendes, a.a.O., 294, müsse einstweiliger Rechtsschutz „in begründeten Ausnahmefällen" zulässig sein, zumal sich dies bei *Habeas Corpus* auch ohne eine gesetzliche Regelung durch Gerichtspraxis etabliert habe. Die Wirkung des Eingriffs in die Fortbewegungsfreiheit dürfte für den Betroffenen in aller Regel aber einschneidender sein als eine beschränkte Kenntnis und etwaige Unrichtigkeit seiner Daten. A.C. Segatta, a.a.O., 173; C. Scarpinella Bueno, Habeas data – efeitos da apelação, liminar e suspensão de sentença, in: T. Arruda Alvim Wambier (Hrsg.), Habeas Data, 52 ff., u.a. wollen die subsidiäre diesbzgl. Vorschrift des MS-Gesetzes bei Vorliegen von Anordnungsgrund und -anspruch heranziehen.

aus Registern oder Datenbanken offenlegen muss und/oder, wenn sich dies anschließend als geboten erweist, vor Gericht einen Beweis für die Richtigstellung oder den Vermerk in den Einträgen über den Antragsteller zu erbringen hat.[794] Je nach Fall kann demnach ein zweistufiger Prozess erforderlich sein.[795]

Der Antrag auf Datenschutzverfügung kann wiederholt werden, wenn er ohne eine Würdigung in der Sache abgewiesen wurde;[796] und selbstverständlich steht auch dann keine Rechtskraft entgegen, wenn Daten wegen neuer Tatsachen im Nachhinein unrichtig werden und damit ein neuer Lebenssachverhalt (Klagegrund) vorliegt.

c. Die Sicherungsverfügung (Mandado de Segurança)

Art. 102 I d), 2. Hs., CF weist dem STF ferner die Rechtsschutzverfahren der Sicherungsverfügung (*Mandado de Segurança*) gegen Akte der im vorherigen Abschnitt (oben 1.b) genannten Bundesverfassungsorgane zu. Darin liegt wie bei den zuvor behandelten Verfahrensarten eine Definition der Zuständigkeit des STF über die Identität des Antragsgegners. Antragsgegner in diesem Verfahren ist stets die einen Zwang oder Eingriff ausübende oder anordnende Behörde (die sog. *autoridade coatora*),[797] gegen die eine Rechtsposition mit dem Antrag auf eine gerichtliche Sicherungsverfügung verteidigt werden soll.

Diese Zuständigkeit des STF kann nicht ohne vorherige Erläuterungen des Instituts der Sicherungsverfügung im Allgemeinen dargestellt werden.

aa. Geschichtliche Entwicklung

Das historisch gewordene Rechtsinstitut des *Mandado de Segurança* wurde durch das seit 1841 in Yucatán geltende und seit 1857 auch in der Bundesverfassung Mexikos bestehende individuelle Rechtsschutzverfahren des *juicio de amparo* inspiriert, hat aber später auch genuin brasilianische Züge erlangt. Vorbilder waren weiterhin die anglo-amerikanischen *writs* und, in geringerem Maße, auch der *recours pour excès de pouvoir* des französischen Rechts.[798]

794 Art. 13 G 9.507.
795 Dies ist vergleichbar mit dem aus § 254 ZPO bekannten Verhältnis einer Klage auf Rechnungslegung und auf anschließende Leistung entsprechend dem Ergebnis der Rechnungslegung.
796 Art. 18 G 9.507.
797 Art. 6 § 3 G 12.016.
798 J.B. Barbosa Gomes, La Cour Suprême dans le Système Politique Brésilien, 121 f. Rechtsvergleichend zu den dortigen Entwicklungen A.L. Andrade Santos Ferraz de Sampaio, RDCI 62 (2008), 27 (28 ff.).

Erforderlich geworden ist es als Rechtsschutzinstrument insbesondere im Zuge der Rückgängigmachung der sog. „brasilianischen Lehre vom *Habeas Corpus*“ mit der Verfassungsreform von 1926,[799] die den Anwendungsbereich der zuvor exzessiv ausgelegten „Freilassungsverfügung“ beträchtlich verengt hatte.

Seit Verfassung von 1934 kennt das Verfassungsrecht neben *Habeas Corpus* sowohl das allgemeine Recht auf das Sicherungsverfügungsverfahren als auch die Konzentration einer Teilmenge dieser Verfahren vor dem Obersten Bundesgericht, das zunächst allein gegen Akte des Präsidenten der Republik oder der Bundesminister wegen einer Sicherungsverfügung angerufen werden konnte.[800] Einzig die 1937er Verfassung enthielt das Rechtsinstitut nicht. Der Katalog der Organe, die vor dem STF Antragsgegner sein konnten, wuchs seither an: In der Charta von 1946 waren es neben dem Präsidenten der Republik auch die Präsidien der Gesetzgebungskammern und der Präsident des STF (aber nicht mehr die Minister), in der Verfassung von 1967 kam der Präsident des Bundesrechnungshofes hinzu, 1969 die bundesstaatlichen Regierungen (allerdings nur, wenn der Bund Antragsteller war) und mit der Verfassungsänderung Nr. 7/1977 Akte des STF insgesamt und des *Conselho Nacional da Magistratura*[801] sowie des *Procurador-Geral da República*. Damit hatte sich der Katalog dem heutigen Stand weitgehend angenähert.

bb. Zur Zulässigkeit des Antrags auf eine Sicherungsverfügung im Allgemeinen

Nach Art. 5 LXIX CF wird eine gerichtliche Sicherungsverfügung gewährt, um einen eindeutigen und nachgewiesenen Rechtsanspruch[802] zu schützen, der nicht in den Anwendungsbereich der Freilassungs- oder Datenschutzverfügung fällt, wenn eine Behörde oder ein Bediensteter einer juristischen Person in Ausübung öffentlicher Gewalt für ein rechtswidriges Verhalten oder den Missbrauch von Macht verantwortlich ist.[803] Das Nähere zur Sicherungsverfügung ist erst seit 2009

799 S. oben 1.a.aa.

800 Vgl. die Vorschriften der Vorgängerverfassungen in Art. 76 Nr. 1 i) i.V.m. 113 Nr. 33 CF 1934; Art. 101 i) i.V.m. 141 § 24 CF 1946; Art. 114 I i) i.V.m. 150 § 21 CF 1967; Art. 119 I i) i.V.m. 153 § 21 CF 1967/69.

801 Nationaler Rat der Richterschaft, dies ist in etwa der Vorgänger des heutigen CNJ.

802 Wörtlich in der beibehaltenen historisch seit 1946 überkommenen Formulierung: „ein liquides und gewisses Recht“ (*um direito líquido e certo*). 1934 lautete die Wendung noch „gewiss und unbestreitbar“ (*certo e incontestável*), was aber inhaltlich keinen Unterschied machte. Es handelt sich um eine Zulässigkeitsvoraussetzung, die zu Beginn des Prozesses vorliegen muss, und eine Voraussetzung für die finale Stattgabe im Urteilszeitpunkt (L. Valle Figueiredo, Mandado de Segurança, 21 f.).

803 Zu den Voraussetzungen i.E. A.L. Andrade Santos Ferraz de Sampaio, Mandado de Segurança, RDCI 62 (2008), 27 (33 ff.); zusammenfassend auch M.A. Tanus Ferreira, RDCI 35 (2001), 132; L. de Lara Nogueira, CDCCP 14 (1996), 161.

in einem nachkonstitutionellen Gesetz (Nr. 12.016) geregelt, das unter Rückgriff auf die allgemeinen Vorschriften des Zivilprozesses anzuwenden ist. Vor dem STF ist sie desweiteren in Art. 200 ff. RISTF geregelt.

Das *Mandado de Segurança* dient also zunächst dem Schutz von individuellen Rechtspositionen, die nicht bereits durch die oben beschriebenen Institute *Habeas Corpus/Data* geschützt sind (es fallen also lediglich die körperliche Bewegungsfreiheit und die Informationsfreiheit heraus). Es ist somit ein typischer Auffangrechtsbehelf mit praktisch weitem Anwendungsbereich.[804] Die verteidigte Rechtsposition muss nicht unbedingt eine verfassungsrechtliche, geschweige denn ein Grundrecht sein. Der Rechtsanspruch kann auf jedwedes Verhalten (Tun, Dulden oder Unterlassen) gerichtet sein. Wegen der Offenkundigkeit des Rechtsanspruchs handelt es sich um ein besonderes zivilprozessuales Institut, um eine durch ein summarisches Verfahren auf schnellere Erfolge ausgelegte eigenständige Klage. Wie die in den vorhergehenden Abschnitten erläuterten Verfahrensarten zum Schutz von Rechtspositionen ist die Garantie der Sicherungsverfügung ihrerseits selbst im Katalog des Art. 5 CF als Individualrecht unabänderlich festgeschrieben.

Nach der Formulierung und dem Sinn des Art. 5 LXIX muss für die Geltendmachung eines Anspruchs in tatsächlicher Hinsicht, wie es für die „*writs*“ typisch ist, hinreichende Klarheit bestehen: Der „eindeutige und nachgewiesene Rechtsanspruch“ ist die zentrale Wendung des Artikels und des G 12.016. Rein rechtliche Kontroversen und Schwierigkeiten stehen der Sicherungsverfügung hingegen nicht entgegen.[805] Klare Tatsachenlage bedeutet, dass keine Beweiserhebung mehr darüber erforderlich ist, ob dem Antragsteller das Recht zum gegenwärtigen Zeitpunkt zusteht, was durch dem Antrag schon beigefügte Dokumente[806] nachgewiesen werden oder sonst auf der Hand liegen kann.[807] Angekündigte Zeugen- oder Sachverständigenbeweise sowie das Abwarten künftiger Ereignisse sind mit der Verfahrensart inkompatibel.[808] Dadurch ist das Verfahren bereits seiner Natur nach im Gegensatz zur herkömmlichen Klage, die dadurch i.Ü. nicht ausgeschlossen wird, ein vereinfachtes und beschleunigtes Verfahren, und rückt insoweit in die Nähe des deutschen Urkundenprozesses (§§ 592 ff. ZPO).[809] Das herkömmliche

804 Der weitgefasste Wortlaut lässt eine Erstreckung auch auf andere als grundrechtliche Positionen zu und wird daher noch beim Thema Organstreitigkeiten, u. V.1.3, Bedeutung gewinnen.

805 So auch Ls. 625: „Eine Kontroverse steht der Sicherungsverfügung nur dann nicht entgegen, wenn allein Rechtsfragen streitig sind.“

806 H. Lopes Meirelles/A. Wald/G. Ferreira Mendes, Mandado de Segurança, 38 ff.; M.A. Tanus Ferreira, RDCI 35 (2001), 132 (144 ff.).

807 Befinden sich die zur Darlegung erforderlichen Nachweise im Besitz des Antragsgegners, einer anderen öffentlichen Stelle oder eines Dritten und wird eine Bescheinigung darüber verweigert, ordnet der Richter als erstes von Amts wegen die Herausgabe im Original oder in beglaubigter Kopie binnen zehn Tagen an (Art. 6 §§ 1, 2 G 12.016).

808 J.T. de Almeida Melo, Direito Constitucional, 425.

809 Vgl. N. Lösing, a.a.O., 268.

Klageverfahren (nicht nur summarisch und mit Beweisaufnahme) kann gesondert betrieben werden;[810] Verwaltungsverfahren oder Klagen sind sogar geboten, um mit dem Rechtsanspruch verbundene vermögensrechtliche Rechtsfolgen zu erwirken und beispielsweise Rechtsanwaltskosten geltend zu machen.[811] Das Verfahren des *Mandado de Segurança* dient nur der Erlangung der faktischen Sicherung der Rechtsposition.

Antragsberechtigt sind natürliche und juristische Personen des privaten wie auch des öffentlichen Rechts (insofern anders als bei *Habeas Corpus*) zur Verteidigung eigener Rechte, keinesfalls der Rechte oder Kompetenzen Dritter.[812] Auch ausländische Personen sind, soweit im Inland wohnhaft, erfasst.[813] Gibt es mehrere Rechtsinhaber können – dies überrascht nicht – alle Antragsteller sein.[814] Das *Ministério Público* wird aufgrund seiner verfassungsrechtlichen Stellung als Akteur im Interesse der Gesellschaft als antragsberechtigt angesehen, und zwar im Hinblick auf die Verteidigung kollektiv bestehender und vieler gleichartiger individueller Rechte. Desweiteren ist mittlerweile das Antragsrecht verschiedener öffentlicher Organe (also von Gebilden ohne Rechtspersönlichkeit), und damit die Möglichkeit von Organstreitigkeiten auch vor dem STF, anerkannt.[815]

Nach Art. 5 LXX CF[816] kann eine gerichtliche Sicherungsverfügung auch kollektiv beantragt werden, namentlich von a) einer im Nationalkongress vertretenen politischen Partei oder b) einer gewerkschaftlichen Organisation, einem berufsständischen Verband oder einer rechtmäßig gegründeten, bereits über einen längeren Zeitraum als ein Jahr tätigen Vereinigung,[817] jeweils zur Wahrnehmung der Interessen ihrer Mitglieder. Die Sicherungsverfügung schützt damit erstmals seit der Bundesverfassung von 1988 grundsätzlich auch mehreren Personen, einer Kategorie oder Gruppe, gemeinsam (überindividuelle, kollektive Rechte) oder glei-

810 Art. 19 G 12.016; A.C. Segatto, a.a.O., 36.

811 Ls. 271 zu den vermögensrechtlichen Feststellungen. Ls. 512 und nun Art. 25 G 12.016: Für die Rechtsanwaltsgebühren verschafft das Urteil der Sicherungsverfügung keinen Titel.

812 Letzteres ist festgeschrieben im Grundsatz des Art. 6 CPC, Ausnahmen bedürfen der Gesetzesform. S. dementsprechend STF, MS (AgR-QO) 21.291, BE Celso de Mello, DJ v. 27.10.1995: keine Prozessstandschaft der Richtervereinigung für die Geltendmachung der verfassungsrechtlichen Privilegien eines Gerichts auf haushaltsrechtliche Mittelzuweisung; das bloße Interesse der Richter genüge nicht. Im Todesfall des Antragstellers Einstellung und keine Weiterführung durch Erben (RMS [AgR] 25.775/DF, BE Cármen Lúcia, Inf. 465).

813 STF, RE 215.267/SP, BE Ellen Gracie, DJ v. 25.5.2001.

814 Art. 1 § 3 G 12.016.

815 S. dazu u. V.1.3.

816 Vgl. im Detail A.G. Carneiro, RF 316 (1991), 35 ff. und die neuere Ausgestaltung in Art. 21 f. G 12.016.

817 Die Jahresfrist ist von den Vereinigungen nicht auf die Gewerkschaften übertragbar (STF, RE 198.919, BE Ilmar Galvão, DJ v. 24.9.1999).

chermaßen (gleichartige, individuelle Rechte) zustehende Rechte.[818] Der Sinn ist die Prozessökonomie, zumal wegen der Identität der Rechte ohnehin zwingend eine einheitliche Entscheidung erforderlich ist. Es handelt sich nicht um eine gänzlich neue Klageform, nur um eine Erweiterung der Antragsberechtigung um bestimmte Personenmehrheiten. Deshalb gelten die für das Individualverfahren verfassungshistorisch überkommenen Grundprinzipien – neben den Besonderheiten für Kollektivklagen[819] – grundsätzlich ebenso für das kollektive Verfahren.[820] Für die politischen Parteien hat das STF entschieden, dass das betreffende Recht nicht nur ein gemeinsames innerhalb der Vereinigung sein müsse, sondern dass zudem eine Korrelation gerade zu ihren programmatischen Zielen zu fordern sei.[821] Auch bei den anderen Vereinigungen muss das Recht zumindest einem Teil zusammengeschlossenen Personen zustehen und seine Ausübung einen Teil der Tätigkeit der Vereinigung ausmachen;[822] so kann eine Anwalts- oder Richtervereinigung Akte, die die jeweilige Berufsausübung der Mitglieder im Allgemeinen berühren, angegreifen. Nicht notwendig zur Geltendmachung der kollektiven Rechte ist die Zustimmung der einzelnen Mitglieder.[823] Außer von den unter a) und b) genannten Personenmehrheiten, etwa durch einen Bundesstaat zur Geltendmachung von Rechten seiner Bewohner,[824] ist ein Antrag auf kollektive Sicherungsverfügung unzulässig.

Gegen normative Akte kann eine Sicherungsverfügung nicht gewährt werden,[825] die angegriffene Rechtshandlung muss stets konkret, also auf eine einzelne Situation bezogen sein. Bei Einzelakten als Antragsgegenstand ist zu differenzieren. Grundsätzlich sind sie tauglicher Antragsgegenstand. Die Sicherungsverfügung gegen gerichtliche und administrative Akte ist jedoch ausgeschlossen, sofern diese noch mit anderen Rechtsbehelfen, die eine aufschiebende Wirkung haben, anfechtbar sind oder eine direkte Abhilfe noch anderweitig erlangt werden kann,

818 Der Schutz der bereits erwähnten sog. „diffusen" Rechte oder Interessen soll der Popularklage vorbehalten bleiben, H. Lopes Meirelles/A. Wald/G. Ferreira Mendes, Mandado de Segurança, 30; krit. H. Zaneti Jr., Mandado de Segurança Coletivo, in: F. Didier Jr. (Hrsg.), Ações Constitucionais, 157 (162 ff.).

819 T.A. Zavascki, Processo coletivo, 205 f.

820 STF, MS 21.615/RJ, BE Néri da Silveira, DJ v. 13.3.1998.

821 RE 196.184/AM, BE Ellen Gracie, DJ v. 18.2.2005: keine Gewährung einer Sicherungsverfügung gegen eine jeden Staatsbürger unabhängig von der Parteizugehörigkeit treffende Steuererhöhung.

822 Ls. 630; STF, MS 22.132/RJ, BE Carlos Velloso, DJ v. 18.11.1996.

823 Ls. 629, dies im Gegensatz zu herkömmlichen Klagen juristischer Personen nach Art. 5 XXI CF.

824 STF, MS 21.059/RJ, BE Sepúlveda Pertence, DJ v. 19.10.1990.

825 Ls. 266.

ohne dass eine Kaution erbracht werden müsste.[826] Wegen derartiger unkomplizierter Rechtsschutzalternativen bedarf es dann eines *Mandado de Segurança* von der Justiz nicht (dies kann man als Subsidiarität der Sicherungsverfügung oder ein Fehlen des Rechtsschutzinteresses einordnen). Ist allerdings eine Kaution erforderlich, um die Aussetzung eines Eingriffsaktes zu erwirken oder um die aufschiebende Wirkung eines Rechtsbehelfs herzustellen, kann die Sicherungsverfügung ebenso beantragt werden, wie wenn etwaige statthafte Rechtsbehelfe von vornherein keine aufschiebende Wirkung haben. Will sich der Antragsteller gegen eine Unterlassung wehren (eine Situation, in der eine aufschiebende Wirkung etwaiger Rechtsbehelfe nichts nützt), kommt ein Sicherungsverfahren stets in Frage.[827] Ist der Gegenstand eine Gerichtsentscheidung und diese bereits rechtskräftig, ist es für das Sicherungsverfügung hingegen in jedem Falle zu spät.[828]

Nach Art. 1 G 12.016 kommt jede Behörde, unabhängig von ihrer Art und den von ihr ausgeübten Funktionen, als Prozessgegner in Betracht. Rein formell steht zwar die juristische Person des öffentlichen Rechts auf der Passivseite. Praktisch maßgeblich ist jedoch, welches die den Eingriff ausübende Behörde war, vor allem deshalb, weil über die eingreifende Behörde die gerichtliche Zuständigkeit, u.a. auch die des STF, bestimmt wird,[829] und weil diese vom Gesetz her zur Klageerwiderung aufgefordert ist. Von Amts wegen darf das STF keine Umdeutung auf den richtigen Antragsgegner vornehmen.[830] Sind zwei Behörden an dem Eingriffsakt beteiligt, ist es aber stets die „sachnähere" und die, die einen *actus contrarius* zur möglichen Rechtsverletzung erlassen kann und auch darf: Bei einer Delegation von Aufgaben z. B. ist die handelnde, nicht die delegierende Behörde richtiger Prozessgegner;[831] erlässt eine Behörde abstrakt-generelle Vorschriften (etwa in der Form von Verordnungen, Verwaltungsvorschriften, Richtlinien) und eine andere führt diese individuell-konkret aus, so ist nur letztere auf der Passivseite beteiligt.[832] Im Verfahren der Sicherungsverfügung muss der Antragsgegner jedenfalls immer öffentlich-rechtlich gehandelt haben (ein weiterer Unterschied zu *Habeas Corpus*). Gesetzlich gleichgestellt sind den Behörden die Vertreter oder Organe politischer Parteien und die Angehörigen selbständiger Körperschaften sowie die Leiter juristischer Personen und (private) natürliche Personen, die Aufgaben der

826 Ls. 267 wurde insoweit modifiziert durch Art. 5 I G 12.016. Nach dem alten G 1.533/1951, das bis 2009 galt, gab es noch einen zusätzlichen Ausschlussgrund für Disziplinarmaßnahmen (es sei denn, diese wurden durch eine unzuständige Behörde oder unter Missachtung einer wesentlichen Formanforderung verhängt), der ins neue Gesetz nicht mehr übernommen worden ist. Der Rechtsschutz ist somit ausgedehnt worden.

827 S. Ls. 429 in Ergänzung zu Art. 5 I G 12.016.

828 Ls. 268, Art. 5 III G 12.016. Auch gegen Akte des STF ist kein MS mehr statthaft.

829 J.T. de Almeida Melo, a.a.O., 426.

830 J.S. Monte Alegre, Interesse Público 40 (2006), 71 (75).

831 Ls. 510.

832 L. Valle Figueiredo, a.a.O., 55; STJ, RMS 7.164/RJ, BE Ari Pargendler, DJ v. 9.9.1996.

öffentlichen Gewalt ausüben, soweit diese Aufgaben betroffen sind, nicht aber die öffentlichen Unternehmen, die Unternehmen mit öffentlicher Beteiligung oder auch die zu öffentlichen Dienstleistungen lizenzierten Unternehmen.[833]

Ähnlich dem Freilassungsverfahren gibt es beim Sicherungsverfügungsverfahren keine hohen Formanforderungen, nunmehr sind diese auch auf elektronischem Wege zulässig.[834] Das Gesetz sieht für die Einlegung eine Ausschlussfrist von 120 Tagen ab Kennenmüssen des streitigen Aktes vor.[835] Bei Unterlassungen als Antragsgegenstand läuft die Frist ab dem letztmöglichen rechtmäßigen Handlungszeitpunkt der Behörde;[836] hatte die Behörde ihrerseits keine Handlungsfrist, kann der Antrag unbegrenzt gestellt werden.[837]

cc. Zur Handhabung durch das STF

Das STF ist gebunden an den in Art. 102 I d) CF aufgezählten Kreis von Organen/Organteilen, die seiner originären Jurisdiktion unterworfen sind. Keinesfalls ist es danach zuständig, wenn es sich um einen Antrag gegen Eingriffsakte anderer Gerichte handelt,[838] ebensowenig bei Handlungen oder Unterlassungen, die dem Präsidenten der Abgeordnetenkammer als solchen zugewiesen sind,[839] oder wenn statt dem *Procurador-Geral* dessen Stellvertreter in Ausübung einer delegierten Aufgabe handelt.[840] Gerade die letzteren Entscheidungen zeigen, wie ernst das STF den Wortlaut nimmt. Die Erweiterung auf Unterorgane, die im Namen der Gesetzgebungskammern handeln, ist jedoch anerkannt,[841] was insbesondere für die Funktion der Sicherungsverfügung bei Organstreitigkeiten Bedeutung erlangt. Für das Handeln anderer Bundesbehörden können das STJ, die TRF oder in Auffangzu-

833 Art. 1 § 2 G 12.016.
834 S. dazu Art. 4 G 12.016, und Art. 6 G 12.016 für den notwendigen Inhalt der Antragsschrift.
835 Art. 18 G 12.106. Nach Ls. 632 ist die einfach-gesetzliche Fristbindung für die verfassungsrechtliche Garantie des MS auch verfassungsgemäß, zumal das Recht danach noch – auf anderem Wege – beansprucht werden kann. Eine Fristversäumnis ist neben anderen offenkundigen Fällen (Untauglichkeit, Nichtvorhandensein gesetzlicher Erfordernisse i.S. des Art. 10 G 12.016) Grund für eine Abweisung *a limine* durch den Berichterstatter, gegen die der Einspruch eröffnet ist (vgl. o. 1. Teil, B.III).
836 STF, MS 23.126/DF, BE Ilmar Galvão, DJ v. 8.9.2000.
837 S. etwa STF, RMS 24.214/DF, BE Ellen Gracie, DJ v. 1.7.2005, und H. Lopes Meirelles/A. Wald/G. Ferreira Mendes, a.a.O., 62 m.w.N. zu Entscheidungen des STJ.
838 Ls. 624; etwa bzgl. Handlungen der TJ (so insb. schon Ls. 330).
839 STF, MS 23.977, BE Cezar Peluso, 12.5.2010, Inf. 586: Nur wenn die Zuständigkeit für ein Handeln beim Präsidium als Ganzes liegt, könne das STF im Unterlassensfall angerufen werden.
840 STF, MS (MC) 24.732/DF,BE Celso de Mello, 12.5.2004, Inf. 348.
841 Deutlich MS 23.452/RJ, BE Celso de Mello, DJ v. 12.5.2000, gegen den Präsidenten eines Untersuchungsausschusses wegen Bruchs des Bank-, Steuer- und Telekommunikationsgeheimnisses, „nichts als der verlängerte Arm des Nationalkongresses und seiner Kammern".

ständigkeit der Bundesrichter erster Instanz zuständig sein,[842] für gliedstaatliche Behörden richtet sich die Zuständigkeit eines Organs der lokalen Gerichtsbarkeit nach dem jeweiligen Verfassungsrecht des Bundesstaats.

Soweit die Beteiligten – auf beiden Seiten – Untergliederungen der Föderation sind, kommen Verfahren der Sicherungsverfügung über die hier besprochene Zuständigkeit hinaus als föderative Streitigkeit mit eigener Kompetenzgrundlage in Art. 102 I f) in Betracht (auch die föderativen Untergliederungen können „eindeutige und nachweisbare" Rechte geltend zu machen haben), ebenso können sie im Rahmen anderer Kompetenzen des STF (namentlich nach lit. e in bestimmten internationalen Streitigkeiten und nach lit. r gegen die Nationalen Räte der Justiz und des *Ministério Público*) stattfinden. Auch in seiner Rechtsmittelzuständigkeit kann es zur Prüfung des Erlasses von Sicherungsverfügungen durch das STF kommen (Art. 102 II lit. a und III CF, dazu s. unten Abschnitt B).

dd. Das Verfahren und die Möglichkeit einstweiligen Rechtsschutzes

Beim STF ist der Berichterstatter für die Prozessvorbereitung zuständig.[843] Die den Zwang ausübende Behörde und ggf. das sie gerichtlich vertretende Organ werden umgehend zur Erwiderung binnen zehn Tagen benachrichtigt.[844] In diesem Verfahren wird dem *Ministério Público* anschließend eine unverlängerbare zehntägige Frist zur Stellungnahme aus neutraler Perspektive eingeräumt.[845] Die Rechtssache ist (*de jure*, unter dem Vorbehalt des Möglichen) in der ersten Sitzung des Spruchkörpers nach Schließung der Akten, d.h. nach den verschiedenen Einlassungen, einer Entscheidung zuzuführen.[846]

Obwohl *Mandado de Segurança* an sich schon ein beschleunigtes Verfahren ist, können Prozesse zu lange dauern, als dass die Endurteile immer für einen angemessenen Rechtsschutz ausreichten.[847] Deshalb sind auch hier Eilmaßnahmen möglich und üblich. Als Voraussetzungen werden regelmäßig die Schlüssigkeit des Rechts *und* das unmittelbare Bevorstehen einer unumkehrbaren Beeinträchtigung

842 S. Art. 105 I b), 108 I c) und 109 VIII CF. U.U. können auch solche Prozesse jedoch schließlich vor dem STF als ordentliche oder außerordentliche Rechtsmittelinstanz (dazu u. Abschnitt B) enden.

843 Vgl. Art. 16 G 12.016 für alle Kollegialgerichte; Art. 203 ff. RISTF für das STF.

844 Das Erfordernis einer zweiten Abschrift der Antragsschrift und aller Dokumente ist für die Zustellung an diese gedacht; mit der elektronischen Antragstellung ergibt sich eine weitere Vereinfachung. Vgl. auch die Vorschriften in Art. 7 I, II G 12.016.

845 Art. 12 G 12.016. S. aber auch STF, MS (AgR-AgR) 26.553, BE Celso de Mello, DJe v. 16.10.2009: Die Beteiligung von *Amici Curiae* sei wegen des Charakters als subjektives Rechtsschutzverfahren, der eine Analogie zu Art. 7 G 9.868 ausschließe, unzulässig.

846 Art. 20 § 1 G 12.016.

847 Zum einstweiligen Rechtsschutz (bei MS und HC) P.R. da Silva Passos, RT 832 (2005), 427 ff.

oder schwierige Reparabilität genannt. Das Gericht kann also, so sieht es Art. 7 III G 12.016 vor, schon alsbald nach dem Erhalt der Antragsschrift anordnen, „dass der Akt, der den Anlass für den Antrag gegeben hat, ausgesetzt werde, wenn eine hinreichende Grundlage besteht und die endgültige Stattgabe der Sicherungsverfügung ansonsten wirkungslos wäre".[848] Bei Vorliegen dieser Voraussetzungen reduziert sich das gerichtliche Ermessen regelmäßig.[849] Dazu kann es ausgleichend bestimmen, dass der hiervon begünstigte Antragsteller eine Sicherheit leisten muss, damit der Antragsgegner (und damit die öffentliche Hand) hinreichend geschützt ist, falls sich die Klage mit dem endgültigen Abschluss des Prozesses als unbegründet erweist. Die Anordnung kann dafür, außer in Verfahren der kollektiven Sicherungsverfügung, wo dies unmissverständlich festgeschrieben ist,[850] ggf. auch ohne rechtliches Gehör der Gegenseite erlassen werden. Zur Geltungsdauer: Spätestens bei letztlich im Endurteil abgelehnter Sicherungsverfügung fällt mit dessen Verkündung die Wirkung des einstweiligen Rechtsschutzes fort;[851] in Betracht kommt ferner neben einer Verwirkung des Rechts auf eine einstweilige Rechtsschutzmaßnahme deren späterer Verfall, wenn der Antragsteller seiner Prozessförderungspflicht nicht nachkommt.[852] Wurde einstweiliger Rechtsschutz gewährt, ist der weitere Prozess mit Vorrang zu behandeln.[853]

Einstweilige Anordnungen sind durch das Gesetz von 2009 zur Wahrung öffentlicher Interessen in verstärktem Maße ausgeschlossen worden, etwa im steuerrechtlichen Sachverhalten, zur Herausgabe sichergestellter Importgüter, im Recht des öffentlichen Dienstes in Einstufungsfragen und für jede Art der Erhöhung und Ausdehnung von Vorteilen und Zahlungen.[854]

Der Einspruch gegen die Stattgabe oder Ablehnung des einstweiligen Rechtsschutzes durch den Berichterstatter beim STF ist nach ständiger Rechtsprechung nicht zulässig gewesen; dem neuen G 12.016 wird jedoch eine Einspruchsmög-

848 Wobei der letzte Halbsatz nicht anderes bedeutet, als dass für den Verfahrensgegenstand Gefahr im Verzug festzustellen sein muss, STF, MS (AgR-MC) 28.177, BE Marco Aurélio, 30.9.2009, Inf. 561.

849 P.R. da Silva Passos, a.a.O., 436.

850 Art. 22 § 2 G 12.016: Die juristische Person des öffentlichen Rechts erhält 72 Stunden Gelegenheit zur Äußerung.

851 Ls. 405; aus Art. 7 § 3 G 12.016 folgt, dass der Richter die Anordnung auch jederzeit vorher aufheben kann. Von der Regelung im bis 2009 geltenden G 4.348/1964, dass die Anordnung grds. nur 90 Tage wirksam bleibt, hat man mit dem neuen Gesetz Abstand genommen.

852 Art. 8 G 12.016.

853 Art. 7 § 4 G 12.016.

854 Die Ausschlussgründe für einstweiligen Rechtsschutz gemäß Art. 7 § 2 G 12.016 sind umstritten: Ihnen wurde in der diffusen Normenkontrolle vor anderen Gerichten z. Zt. schon die Anwendung versagt; im September 2009 wurde von der OAB beim STF gegen diese und andere Vorschriften des Gesetzes, etwa die Pflicht zur Sicherheitsleistung in Art. 7 III, eine ADI (4.296, BE Marco Aurélio) anhängig gemacht, der Präsident des STF hat den Paragraphen in Eilzuständigkeit einzelrichterlich allerdings wiederholt angewandt (etwa SS 4.041/AM, Gilmar Mendes, DJe v. 1.12.2009). Die Entwicklung bleibt zu beobachten.

lichkeit an das Kollegium, wie sie in anderen Verfahren auch besteht, entnommen.[855]

ee. Hauptsacheentscheidung

Wie bei *Habeas Corpus* kann seit einer Geschäftsordnungsänderung von 2009 auch hier der Berichterstatter beim STF im Falle gefestigter Rechtsprechung zu einem Sachverhalt einzelrichterlich abweisend oder stattgebend entscheiden.[856] Die Entscheidung ist binnen 30 Tagen zu fällen und soll binnen 30 Tagen verkündet werden; ansonsten vermag schon die Verkündung des Protokolls die Wirkung des Urteils herbeizuführen, damit es nicht, etwa durch Überlastung in der Sphäre des Gerichts, zu Verzögerungen im Rechtsschutz kommt.[857]

Mit der Entscheidung wird das Bestehen des Rechtsanspruchs bestätigt. Eine Verurteilung der Behörde wird dieser unverzüglich mitgeteilt.[858] Das Gesetz sieht als Sanktionen für den Antragsgegner bei Zuwiderhandlung gegen die Verfügung die strafrechtliche Verfolgung (Sonderdelikt nach Art. 330 CP) und eine Behandlung als Amtspflichtverletzung (nach dem G 1.079/1950) vor.[859]

Eine abweisende Entscheidung aus prozessualen Gründen bewirkt keine Rechtskraft, ein Prozessurteil steht also – im Gegensatz zum Sachurteil – einer nachfolgenden erneuten Klage auf ein *Mandado de Segurança* in derselben Sache nicht entgegen (dies allerdings nur im Rahmen der Klagefrist, ist also *in praxi* eher unwahrscheinlich).[860] Bei der kollektiven Sicherungsverfügung schließlich wirkt die Rechtskraft des Urteils für die Mitglieder der durch den Antragsteller repräsentierten Kategorie.[861]

d. Rechtsvergleich zu Freilassungs-, Datenschutz- und Sicherungsverfügung

Dem BVerfG sind einzelne Verfahren zum Schutz von (Grund-)Rechtspositionen nicht aufgrund der herausgehobenen staatsrechtlichen Stellung entweder des Antragstellers oder des Antragsgegners als originäre Zuständigkeit zugewiesen.

855 S. zur früheren st.Rspr. den nun obsoleten Ls. 622. Art. 7 § 1 G 12.016 sieht einen Einspruch nach Art. 522 CPC mit Devolutiveffekt zwar ausdrücklich nur für erstinstanzliche Entscheidungen vor; der Rechtsgedanke spreche jedoch für den Wechsel der Rspr. (so schon STF, MS [AgR-MC] 28.177, BE Marco Aurélio, 30.9.2009, Inf. 561).
856 Art. 205 RISTF.
857 Vgl. Art. 12, 17 G 12.016.
858 Art. 13 G 12.016, Art. 206 RISTF.
859 Vgl. Art. 26 G 12.016.
860 Art. 6 § 6 G 12.016 (vorher galt Ls. 304).
861 S. Art. 22 G 12.016 und § 1 zum Verhältnis anhängiger Individualklagen von Mitgliedern.

Die von *Habeas Data* erfassten datenschutzrechtlichen Ansprüche wären in Deutschland etwa je nachdem, ob der Antragsgegner, der die Daten besitzt, Hoheitsträger ist oder nicht, vor der Verwaltungs- oder der ordentlichen Gerichtsbarkeit geltend zu machen, selbst wenn etwa die Regierung die Daten gesammelt hatte.

Auch für die auf der Hand liegenden und ohne Schwierigkeiten nachweisbaren Rechtspositionen gegen jedwede hoheitliche Handlung, die in Brasilien durch die Sicherungsverfügung geschützt sind, ist die einschlägige Fachgerichtsbarkeit mit ihren herkömmlichen Klagearten zuständig. Eine Eindeutigkeit der Tatsachenlage kann dem Kläger zu einem Erfolg in dem nach allen Fachprozessordnungen gegebenen einstweiligen Rechtsschutz und insgesamt zu einer schnelleren Bescheidung gereichen.

Nicht viel anders verhält es sich mit der *Habeas-Corpus*-Zuständigkeit des STF. Im Grundgesetz findet die Grundrechtsgarantie der körperlichen Bewegungsfreiheit aus Art. 2 II 2 GG in Art. 104 eine verfahrensmäßige Absicherung, die dem *Habeas-Corpus*-Gedanken entspricht. Neben garantierten Förmlichkeiten ist in dessen Absatz 2 ein Vorbehalt richterlicher Anordnung verankert, der den folgendem Wortlaut hat: „Über die Zulässigkeit und Fortdauer einer Freiheitsentziehung hat nur der Richter zu entscheiden. Bei jeder nicht auf richterlicher Anordnung beruhenden Freiheitsentziehung ist unverzüglich eine richterliche Entscheidung herbeizuführen. Die Polizei darf aus eigener Machtvollkommenheit niemanden länger als bis zum Ende des Tages nach dem Ergreifen in eigenem Gewahrsam halten."[862] Das ehrwürdige Menschenrecht auf Haftprüfung ist heute u.a. auch in Art. 5 III und IV der Europäischen Menschenrechtskonvention niedergelegt. Dessen Schutz und der Schutz durch den Richter nach Art. 104 GG vor hoheitlichen Übergriffen und ungerechtfertigten Freiheitsentziehungen sowie die Wahrung der Verfahrensrechte auch bei berechtigter Freiheitsentziehung ist aber in keinem Fall wie in Brasilien für bestimmte hohe staatliche Funktionsträger qua Amtes/Mandates originär bei der Bundesgerichtsbarkeit, geschweige denn, beim Verfassungsgericht konzentriert. Es gibt dafür verschiedene Rechtsbehelfe vor den Instanzgerichten.

Im deutschen Strafprozessrecht existiert sie in § 117 StPO als spezielles Verfahren[863] zur Überprüfung tatsächlich gegebener Untersuchungshaft, die stets mit den vom Verhältnismäßigkeitsgedanken gekennzeichneten Voraussetzungen der §§ 112 ff. konform sein muss. Die Haftprüfung wird auf Antrag des Betroffenen bzw. dessen Verteidiger, der formfrei und jederzeit wiederholbar erfolgen kann,

862 Die davon abzugrenzenden bloßen Freiheitsbeschränkungen geringeren Umfangs fallen nicht unter den Vorbehalt, vgl. H. Radtke, in: Epping/Hillgruber (Hrsg.), Beck'scher Online-Kommentar GG, Art. 104 Rn. 9; zur Begrifflichkeit P. Kunig, in: von Münch/Kunig (Hrsg.), GG-Kommentar, Art. 104 Rn. 17 ff. m.w.N.

863 S. hierzu M. Krauß, in: Graf (Hrsg.), Beck'scher Online-Kommentar StPO, § 117 Rn. 1 ff.; W. Beulke, Strafprozessrecht, 136 ff.

unmittelbar vom örtlich zuständigen Ermittlungsrichter, ohne Devolutiveffekt, durchgeführt. Da beim BVerfG keine Strafprozesse stattfinden, hat die Haftprüfung zunächst nur in der ordentlichen Gerichtsbarkeit Bedeutung (wobei jedoch eine Hinwendung zum BVerfG mit der Verfassungsbeschwerde nach Rechtswegerschöpfung unbenommen bleibt). Auf Antrag des Beschuldigten oder nach Ermessen des Gerichts wird über die Haftprüfung aufgrund einer mündlichen Verhandlung entschieden (§ 118 I StPO), in der sich der Ermittlungsrichter einen eigenen Eindruck von der Lage des Inhaftierten verschaffen kann. Nach sechs Monaten ist eine Haftprüfung von Amts wegen durch das OLG oder – bei Staatsschutzsachen nach § 120 GVG – durch den BGH geboten (§ 121 StPO). Untersuchungshaft darf wegen einer Straftat dann nur aufrechterhalten werden, wenn die besondere Schwierigkeit oder der besondere Umfang der Ermittlungen oder ein anderer wichtiger Grund das Urteil noch nicht zulassen und die Fortdauer der Haft rechtfertigen.

Daneben existiert die nach Maßgabe der §§ 304 ff. StPO zulässige sog. „Haftbeschwerde", ein ebenfalls nicht fristgebundener Rechtsbehelf gegen einen Haftbefehl, auch wenn dieser noch nicht vollstreckt ist oder wieder ausgesetzt wurde, und gegen jede Änderungen oder Fortsetzung der Haft anordnende Entscheidung.[864] Sie kann stets nur gegen die zuletzt ergangene Entscheidung gerichtet werden. Eine Haftbeschwerde ist nicht neben dem o.g. Antrag auf Haftprüfung zulässig, sondern diesem nachrangig. Sie kann etwa auch gegen die aufgrund der Haftprüfung ergangene Entscheidung eingelegt werden. Beschwerdeberechtigt sind der betroffene Beschuldigte oder mit dessen Willen der Verteidiger sowie die Staatsanwaltschaft. Die Haftbeschwerde muss nicht begründet werden. Sie ist bei dem direkt entscheidenden Gericht schriftlich oder zu Protokoll der Geschäftsstelle einzureichen, das die Entscheidung gefällt, etwa den Haftbefehl erlassen hat. Durch die Haftbeschwerde wird der Vollzug des Haftbefehls nicht gehemmt, da es sich um keinen suspendierenden Rechtsbehelf handelt; im Einzelfall kann die Vollziehung gleichwohl ausgesetzt werden. Das Gericht beschließt dann in einem Abhilfeverfahren über die Beschwerde und legt sie dem (nächst höheren) Beschwerdegericht vor, wenn es ihr nicht abzuhelfen vermag. Die Entscheidung selbst ergeht im Gegensatz zur Haftprüfung nach Aktenlage; eine mündliche Verhandlung ist nicht vorgesehen, lediglich eine Anhörung der Staatsanwaltschaft, allerdings kann das Beschwerdegericht Ermittlungsmaßnahmen betreiben. Eine zurückgewiesene Beschwerde kann mit dem Rechtsbehelf der weiteren Beschwerde angefochten werden (vgl. § 310 StPO).

Gegen Maßnahmen während des Vollzugs der Untersuchungshaft zu deren Modalitäten steht dem Betroffenen das neben der Beschwerde stehende Recht auf ermittlungsrichterliche Überprüfung nach § 119 V StPO ohne Suspensiveffekt vor-

864 Vgl. dazu M. Krauß, ebd., Rn. 4 ff.

behaltlich vorläufiger Anordnungen offen. Während des Strafvollzugs ist nach § 109 des Strafvollzugsgesetzes das Recht auf eine Entscheidung durch den Richter gegen Einzelmaßnahmen innerhalb und während des Vollzugs gegeben. Zuständig sind hier stets die Strafvollstreckungskammern bei den Landgerichten. Während des Strafvollzugs kann vor diesen – getragen vom Resozialisierungsgedanken – die Freiheit auch durch einen Antrag auf Reststrafenaussetzung zur Bewährung wiedererlangt werden (§ 57 StGB).

Freiheitsbeschränkungen ohne vorherigen Haftbefehl werden im Gesetz gesondert behandelt. Dabei ist zudem zwischen Maßnahmen der Strafverfolgung und der Gefahrenabwehr zu unterscheiden, wiewohl für beide Bereiche gleichermaßen die Vorgaben des Art. 104 GG gelten und jeweils umzusetzen waren. Im Strafverfahrensrecht ist jeder Festgenommene nach § 128 StPO unverzüglich, spätestens am Tage nach der Festnahme, zur Vernehmung und Prüfung der Festnahmegründe dem örtlichen Haftrichter vorzuführen, der die Freilassung anordnet oder einen Haftbefehl erlässt. Auf Freiheitsbeschränkungen im Recht der Gefahrenabwehr gehen die Landespolizeigesetze ein. So bestimmt z. B. § 31 des Allgemeinen Gesetzes zum Schutz der öffentlichen Sicherheit und Ordnung in Berlin (ASOG), dass in den Fällen der zwangsweisen Vorladung, der Verbringung auf die Dienststelle zu Identitätsfeststellung und der verschiedenen Gewahrsamstatbestände unverzüglich eine richterliche Entscheidung herbeizuführen ist. Kann eine richterliche Anordnung des weiteren Festhaltens nicht bis zum Ablauf des Folgetags getroffen, ist die betroffene Person, ebenso wie bei Wegfall des Grundes für das Festhalten, zu entlassen (zum Zwecke der Identitätsfeststellung darf die Freiheitsbeschränkung keine zwölf Stunden überschreiten). Verfahrensrechtlich ist das an Art. 104 GG orientierte Bundesgesetz über das gerichtliche Verfahren bei Freiheitsentziehungen zu beachten, da auch das Landesrecht hierauf dynamisch verweist.

Erst gegen die letztinstanzlichen Entscheidungen über das Ob und das Wie einer Freiheitsentziehung kann vom Grundrechtsträger (d.h. hier grundsätzlich nur von Privatpersonen und gegen Hoheitsakte) jeweils eine Verfassungsbeschwerde nach §§ 90 ff. BVerfGG unter Geltendmachung der Verletzung des Grundrechts aus Art. 2 II 2 GG oder der grundrechtsgleichen Justizgrundrechte, Art. 101 ff. GG, binnen eines Monats in Karlsruhe erhoben werden, unbeschadet vorhergehender einstweiliger Anordnungen gemäß § 32 BVerfGG. Für die Kenntniserlangung und Richtigstellung personenbezogener Daten und für den Schutz sonstiger Rechtspositionen, die in Brasilien u.U. erstinstanzlich vor dem STF verhandelt werden, gilt insofern in Deutschland Ähnliches wie bei den Freiheitsentziehungen: Die Befassung des BVerfG kann erst nach erfolgloser Rechtswegerschöpfung unter Geltendmachung der vom Schutzbereich her einschlägigen Grundrechte zulässig sein. Dadurch gelingt in Deutschland eine Arbeitsteilung zwischen Verfassungs- und Fachgerichtsbarkeit, die dem STF hinsichtlich der Rechtsverhältnisse mit den

Amts- und Mandatsträgern, die unmittelbar seiner Gerichtsbarkeit unterliegen, nicht entlastend zugute kommt.

e. Das Verfahren der Injunktion (Mandado de Injunção)

Der Art. 102 I q) CF begründet die originäre Zuständigkeit des STF für die Verfahren der „Injunktion“[865] (*Mandado de Injunção* – MI) betreffend eine unterbliebene Normgebung durch aufgezählte Bundesverfassungsorgane, namentlich des Präsidenten der Republik, des Nationalkongresses, der Abgeordnetenkammer, des Bundessenats oder der Präsidien eines dieser Gesetzgebungsorgane sowie des Bundesrechnungshofs, eines Oberen Gerichts oder des STF selbst. Mit dieser Verfahrensart sollen Implementationsdefizite[866] der detaillierten, bis in alle Lebensbereiche vordringenden, in Teilen „hypertrophen“[867] Verfassung auf Antrag und zugunsten eines subjektiv durch eine Verfassungsnorm Berechtigten bereinigt und die Erfüllung der zahlreichen Versprechen des Verfassungsgebers vorangetrieben werden.[868] Insofern ist auch diese Verfahrensart ein Instrument zum Zwecke des individuellen Rechtsschutzes (und wird aus diesem Grund in diesen Abschnitt eingegliedert). Trotz ihrer normativen Dichte enthielt die Charta von 1988 nicht weniger als 200 Regelungsaufträge allein an den (Ergänzungs-)Gesetzgeber.[869] Es handelt sich bei der Injunktion um eine weitere prozessrechtliche Ergänzung zu den insbesondere im sozial-ökonomischen Bereich zur Bekämpfung der bestehenden Ungleichheiten des Landes gemachten materiellen Verbürgungen.

Der Gebrauch der mit der Einschaltung eines Gerichts in den Prozess der Rechtsnormsetzung verbundenden Injunktion ist ein Indikator für die Realisation der Gewaltenteilung in Brasilien.

865 *Iniunctio* (lat.): Einschärfung, Vorschrift, Befehl.
866 STF, MI 542/SP, BE Celso de Mello, DJ v. 28.6.2002, spricht von „negativen“ Verletzungen des Verfassungstextes. Man kann wohl auch von Verletzungen eines Untermaßverbots sprechen.
867 M. Neves, a.a.O., 143, 151.
868 Zurückblickend I. Mártires Coelho, OJC Jg. 3 (2009/10), 1 ff.
869 Beispiele: In Art. 5 VI CF wird der Schutz von religiösen Kultstätten und Gottesdiensten „nach Maßgabe eines Gesetzes“ gewährleistet; Art. 7 IV CF garantiert Arbeitern einen Mindestlohn, dessen Höhe aber gesetzlich zu regeln ist und immer bestimmten Bedürfnissen angepasst werden muss; Art. 40 § 4 CF verspricht günstigere Regelungen für den Eintritt in den Ruhestand im öffentlichen Dienst für Menschen mit Behinderung und solche, die eine risikobehaftete oder eine gesundheitsschädigende Tätigkeit ausüben, nach Maßgabe eines Ergänzungsgesetzes.

aa. Allgemeines

Das Institut der Injunktion wurde mit der Verfassung von 1988 gegen den Widerstand vor allem militärisch-konservativer Kreise erstmals in die brasilianische Rechtsordnung eingeführt, ohne Konsens über die praktische Handhabung.[870] Der aus dem anglo-amerikanischen Rechtskreis bekannte *writ of injunction* bezeichnet vorläufige gerichtliche (Handlungs-, Beseitigungs-, oder Unterlassungs-)Verfügungen gegen die öffentliche Gewalt und Privatpersonen und hat mit ihr nur wenig zu tun; ebensowenig die französische *injonction*, mit der verschiedene gerichtliche Anordnungen im Zivilprozess und Maßnahmen der Sitzungspolizei gemeint sind. Das brasilianische Verfahren des *Mandado de Injunção* richtet sich allein gegen bestimmte Unterlassungen staatlicher Organe.

Art. 5 LXXI CF bestimmt im Allgemeinen, also nicht nur auf das STF bezogen, dass eine gerichtliche Injunktion immer dann erteilt wird, wenn „durch das Fehlen einer Ausführungsbestimmung die Ausübung von verfassungsrechtlichen Rechten und Freiheiten und den der Staatsangehörigkeit, Souveränität und Staatsbürgerschaft innewohnenden Vorrechten unmöglich gemacht wird". Auch bei dem MI-Verfahren selbst handelt es sich, wie bei den anderen in materiellen und prozessualen Garantien aus Art. 5 CF, um eine unabänderliche Individualrechtsbestimmung der Bundesverfassung.

In Ergänzung zu Art. 102 I q) ist das STJ gemäß Art. 105 I h) CF für entsprechende Injunktionsverfahren betreffend die (übrige) Bundesverwaltung zuständig;[871] die Vorschrift lässt aber Raum für vorrangige Injunktionszuständigkeiten der Fachgerichtsbarkeiten (vgl. Art. 121 CF), die durch einfaches Gesetz verliehen werden können. Das Institut der Injunktion ist mit Blick auf Staatsorgane in den Bundesstaaten und deren Nichterfüllung von Normierungspflichten i.Ü. auch in bundesstaatliche Justizverfassungen aufgenommen worden.[872]

Auf den ersten Blick scheint die Verfahrensart ihrer Natur nach nur transitorisch zu sein. Man könnte meinen, mit fortschreitendem Zeitablauf könnte sie an Bedeutung verlieren, da der von der Verfassung aufgeworfene unterverfassungsrechtliche Regelungs- und Ausgestaltungsbedarf durch die zuständigen Organe – aus eigenem Antrieb oder eben auf gerichtliches Anhalten hin – sukzessive abgearbeitet wird. Doch auch 22 Jahre nach Inkrafttreten der Bundesverfassung bleibt die Notwendigkeit des MI-Verfahrens bestehen: Zum einen wegen des Regelungsbedarfs zu neu eingefügten und einzufügenden Verfassungsnormen in der Zukunft,

870 M. Mont'Alverne Barreto Lima, Staat und Justiz in Brasilien, 132 ff.

871 Etwa für Anträge gegen das Bundesarbeitsministerium. Das STF legt seine Kompetenzen hier nicht erweiternd aus, vgl. STF, MI 157 (QO), BE Aldir Passarinho, DJ v. 20.4.1990.

872 Vgl. z. B. Art. 106 I f) und 113 der Verfassung von Minas Gerais, nach denen das TJ für MI gegen bundesstaatliche Organe und die Richter erster Instanz für MI gegen kommunale Organe zuständig sind.

nicht zuletzt aber auch, weil nicht lediglich die vollständige Unterlassung einer Regelung einer potenziellen Injunktion unterliegt, sondern auch die partielle.[873] Liegen also zwar ausgestaltende Regelungen vor, sind diese ist jedoch unzureichend (geworden),[874] decken sie also nicht alle notwendigen Sachverhalte ab, ist das hier behandelte Verfahren für die ungeregelten oder neu aufgetretenen Teilaspekte ebenfalls statthaft. Die jährlichen Eingangszahlen der Anträge beim STF beweisen den Bedarf.

Das Injunktionsverfahren hat auch über das Vorgenannte hinaus viel mit der Direktklage wegen Verfassungswidrigkeit durch Unterlassen gemeinsam. Beide betreffen das Phänomen der unterlassenen Rechtsnormen. Es sind jedoch schon vorab die folgenden wesentlichen Unterschiede festzuhalten:[875] (1) Ein Antrag auf ein *Mandado de Injunção* kann grundsätzlich, je nach der für die Unterlassung verantwortlichen Stelle, auch vor anderen Gerichten zulässig sein (daher kein beim STF konzentriertes Verfahren). (2) Antragsberechtigt ist hier jedermann, dem eine verfassungsrechtliche Rechtsposition zusteht, die er mangels Regelung aber nicht genießen kann (weiterer Kreis von Berechtigten; Verfahren zur Sicherung eines subjektiven, nicht des objektiven Rechts). (3) Art. 103 § 2 CF gilt mit seinen Rechtsfolgenregelungen der ADI nicht unmittelbar, sondern stellt in der Entwicklung nur den Ausgangspunkt für das Entscheidungsverhalten des STF bei der Injunktion dar; heute ist eine weitergehende Entscheidungsmacht bei der Injunktion als bei der Normenkontrolle wegen Unterlassens anerkannt (s. noch unten).

bb. Zulässigkeitsregeln und Verfahrensrecht

Die Zulässigkeit und das Verfahren sind unter Geltung der aktuellen Verfassung noch keiner eigenen einfach-gesetzlichen Regelung, i.Ü. auch keiner geschäftsordnungsrechtlichen, unterzogen worden. In Art. 24, einziger Paragraph, G 8.038 (Kapitel „Andere Verfahren“) heißt es, „die Verfahren der Injunktion [...] richten sich, soweit anwendbar, nach den Normen zur Sicherungsverfügung, solange keine

873 STF, MI 542/SP, a.a.O.

874 Ein Verfassungswidrigwerden ist etwa vorstellbar durch einen Wandel in der Rechtswirklichkeit oder durch eine spätere Vergünstigung in anderweitigen Rechtsnormen, die einen Verstoß des älteren Gesetzes gegen den Gleichheitssatz zur Folge hat.

875 S. auch L.A. Gurgel de Faria, RF 322 (1993), 45 ff.; insb. gegen Tendenzen zur Annäherungen der beiden Klagen aneinander E. Ribeiro Moreira, RDCI 60 (2007), 82 ff.

spezifische Gesetzgebung vorliegt",[876] d.h. etwa dass eine Beweisaufnahme nicht vorgesehen ist, Anwaltskosten nicht mit geltend gemacht werden können etc. Es handelt sich um ein Verfahren zivilprozessualer Natur, weshalb für allgemeine Verfahrensregeln auch der CPC angewandt wird.[877] Neben dem Rückgriff auf G 12.016 und CPC kann auch bereits von einer richterrechtlichen Prägung des *Mandado de Injunção* gesprochen werden. Derzeit wird ein Entwurf einer gesetzlichen Regelung diskutiert, die zwar in weiten Teilen nur die nach und nach gebildete Mehrheitsauffassung des STF aus bisherigen Präzedenzfällen festschreibt, aber wegen der Vorhersehbarkeit von Abläufen und der damit verbundenen Rechtssicherheit und der Kanalisierung von richterlicher Macht rechtsstaatlich immer wünschenswert erscheint.[878]

Im Gegensatz zu der zunächst ebenfalls lange Zeit nicht durch spezifisches Verfahrensrecht begleiteten ADPF erkannte das STF frühzeitig aufgrund des erkennbaren Bedarfs und der nachvollziehbaren Intention des Verfassungsgebers die unmittelbare Geltung der Verfassungsvorschrift des Art. 5 LXXI und wies die schon seit Anfang der Neunziger Jahre zahlreich eingehenden Anträge nicht bereits mangels einer näheren Regelung ab.[879]

Antragsberechtigt ist jeder Bürger und jede juristische Person, die sich an der Ausübung einer Position des Verfassungsrechts mangels einer notwendigen, ausgestaltenden Regelung gehindert sehen. Das *Mandado de Injunção* soll auch durch ein Kollektiv beantragt werden können, etwa von Gewerkschaften oder berufs-

876 Dazu s. bereits o. im vorherigen Abschnitt. Zu der Sicherungsverfügung besteht tatsächlich eine Nähe, da durch diese ebenfalls individuelle Rechtspositionen geschützt werden. Die Verfahren sind jedoch einander ausschließende, trennscharf abgrenzbare Alia: Für das MS bedarf es eines bereits bestehenden und nachgewiesenen Rechts, wohingegen das MI für den Fall der unterlassenen Normierung subjektiver, verfassungsrechtlicher Rechtspositionen einschlägig ist und erst mit der Normierung die Voraussetzung für geltend zu machende Einzelrechte geschaffen werden soll.

877 So wird, um nur ein Beispiel zu nennen, bei nicht unterschriebener Antragsschrift die Nachholfrist des Art. 284 CPC herangezogen (STF, MI 2.098, BE Dias Toffoli, DJe v. 13.11.2009).

878 Gesetzentwurf Nr. 6.128/2009, entworfen von den *Ministros* G. Ferreira Mendes (STF) und T.A. Zavascki (STJ); dazu W.C. Rothenburg, OJC Jg. 3 (2009/10); L.R. Wambier/R. de Cássio Corrêa de Vasconcelos, ebd.; unter Skizzierung des Rspr. und Literaturmeinungen G. Ferreira Mendes, ebd.

879 Dies fordert – ebenso wie bereits beim *Habeas-Data*-Verfahren festgestellt – schon Art. 5 § 1 CF für sämtliche Garantien dieses Artikels. Auch wenn die Garantie in ihrer Art und Reichweite unklar oder mehrdeutig formuliert ist, kann sich die Judikative daher ihrer Anwendung und der Pflicht, ihr durch sachgemäße Auslegung Konturen zu geben, nicht entziehen. S. auch STF, MI (QO) 107/DF, BE Moreira Alves, DJ v. 21.9.1990.

ständischen Vereinigungen, für die Gesamtheit ihrer Mitglieder.[880] Ein Bundesstaat kann nicht Antragsteller sein.[881] Ein Antrag kann ferner nicht zugunsten anderer Rechtsinhaber gestellt werden.[882]

Antragsgegnerin ist die Körperschaft, der das untätig gebliebene Organ angehört.[883] Wenn zwischen dem Berechtigten und ihr über das Bestehen der Regelungspflicht bereits entschieden wurde, steht einem erneuten Antrag die Rechtskraft entgegen.[884]

Ein Unterschied zur Sicherungsverfügung ist, dass es beim MI-Verfahren keine Verjährungs- oder Präklusionsfrist für einen Injunktionsantrag geben soll. Wenn eine konkretisierungsbedürftige Verfassungsnorm eingefügt wird, wird den verantwortlichen Stellen jedoch eine einzelfallabhängige, „angemessene Frist" zugestanden, um das Normgebungsverfahren in die Wege zu leiten, bis zu deren Verstreichen MI-Anträge erfolglos bleiben.[885]

Gegenüber der Gewährung von einstweiligem Rechtsschutz im Injunktionsverfahren, der immer wieder beantragt wird, war das STF – ebenfalls im Unterschied zum Verfahren der Sicherungsverfügung – stets ablehnend.[886] Es kommt also weder eine einstweilige Feststellung der Regelungspflicht noch eine Suspendierung anderswo anhängiger Verwaltungsverfahren und gerichtlicher Prozesse in Betracht, bei denen die ausfüllungsbedürftige Verfassungsnorm in Rede steht, etwa

880 Vgl. STF, MI 20/DF, BE Celso de Mello, DJ v. 22.11.1996; MI 833, BE Cármen Lúcia, 2.8.2010, Inf. 594. Diese müssen aber seit mindestens einem Jahr existieren, MI 712/PA, BE Eros Grau, DJe v. 31.10.2008. In MI 361/RJ, BE Néri da Silveira/Sepúlveda Pertence, DJ v. 17.6.1994 (Klage eines Interessenverbands kleiner und mittlerer Unternehmen auf Festsetzung des von Art. 192 CF in Aussicht gestellten Höchstsatzes für Zinsen), wurde hierfür auf Art. 5 LXX CF zurückgegriffen.

881 STF, MI (QO) 395/PR, BE Moreira Alves, DJ v. 11.9.1992, zum vom Bundesstaat Paraná geltend gemachten Fehlen von enteignungsrechtlichen Ausführungsvorschriften; in diesem Urteil wurde auch festgestellt, dass eine Umwandlung in die an sich anwendbare ADI *por omissão* nicht in Frage kommt.

882 STF, MI (AgR) 595, BE Carlos Velloso, DJ v. 23.4.1999.

883 Personen des Privatrechts sind auf der Passivseite in keinem Fall zugelassen, auch nicht als Streithelfer, wenn sie von der Untätigkeit des Staatsorgans profitieren oder aus einer zu erlassenden Norm (mit) verpflichtet werden, STF, MI 502/SP, BE Maurício Corrêa, DJ v. 19.4.1996, bzw. MI (AgR) 561/RJ, BE Ellen Gracie, DJ v. 6.2.1998.

884 STF, MI 516/SP, BE Moreira Alves, DJ v. 6.6.1997.

885 Von Interesse ist in diesem Zusammenhang die Entscheidung des STF MI 715/DF, BE Celso de Mello, 25.2.2005, Inf. 378, das mit dem Antrag eines Grundrechtsträgers gegen den Bund und seine Gesetzgebungsorgane angerufen wurde, dem Ende 2004 eingefügten Art. 5 LXXVIII CF (Recht auf eine angemessene Verfahrensdauer) durch Ergänzungen zum CPC zur praktischen Wirksamkeit zu verhelfen. Der Antrag blieb wegen des sehr bald nach Inkrafttreten der Verfassungsänderung eingelegten Antrags letztlich ohne Erfolg. S. auch MI 361/RJ, a.a.O.: bei fünfjähriger Untätigkeit sei die „angemessene Frist" zum Handeln jedenfalls überschritten. Das STF fordert mit der Angemessenheit eine gewisse Vorwerfbarkeit auf Seiten des Antragsgegners, wie sie auch im Verzugsbegriff enthalten ist (schuldhaftes Zögern). Diese kann auch durch eingebrachte Entwürfe, tagesordnungsmäßige Beschäftigung mit dem Thema und durchgeführte Debatten bestritten werden.

886 STF, AC (AgR) 124, BE Marco Aurélio, DJ v. 12.11.2004, mit Nachweis der st.Rspr.

um zu vermeiden, dass während des beim STF anhängigen Prozesses administrative oder untergerichtliche Entscheidungen zulasten der durch das Verfassungsrecht Begünstigten zustandekommen.[887]

cc. Materielle Voraussetzungen für den Erlass der Injunktion

Für die Frage des Erlasses einer Injunktion ist nach Maßgabe des zitierten Art. 5 LXXI CF eine zweistufige Prüfung geboten: Es muss eine dem Antragsteller gewährleistete individualrechtliche Position des Verfassungsrechts festzustellen sein. Dies können Abwehr-, Leistungs- und Teilhaberechte nicht nur des Art. 5 CF sein und auch programmatische Vorschriften;[888] der letzte Hs. bezieht sich insbesondere auf die staatsbürgerlichen (hier sog. „politischen“) Grundrechte des Art. 14 CF wie etwa das Wahlrecht. Zudem muss die Ausübung dieser Rechtsposition an einer ausstehenden unterverfassungsrechtlichen Normierung durch eines der in der Kompetenzvorschrift aufgezählten Organe scheitern.

Daraus folgt: Nicht statthaft ist eine Injunktion für noch nicht hinreichend konkrete Rechtspositionen aus unterverfassungsrechtlichem Recht;[889] auch für Durchsetzungsregelungen von Rechten aus völkerrechtlichen Verträgen muss das STF nicht tätig werden. Weiterhin kommt es im Verfahren auf die Unterscheidung zwischen *self-executing* und konkretisierungsbedürftigen Verfassungsnormen an, da nur letztere zulässiger Verfahrensgegenstand sind (bei ersteren kann der Antragsteller sein Recht gerichtlich direkt aus der Verfassungsnorm geltend machen und bedarf des Eingreifens des STF nicht).[890] Die Verfassungsnorm muss zudem eine Ausgestaltung durch das einfache Recht gebieten; wenn die Norm diese nur ermöglicht und also in das Belieben des Gesetzgebers stellt, kann keine Injunktion

887 S. zur a.A. aber H. Lopes Meirelles/A. Wald/G. Ferreira Mendes, Mandado de Segurança, 263, mit einem Erst-Recht-Schluss gegenüber dem MS-Verfahren, da es hier um verfassungsrechtliche, nicht auch um einfach-gesetzliche Rechte gehe; und A. Camanho de Assis, OJC Jg. 3 (2009/2010), 24 ff., gestützt auf Art. 7 G 12.016 und Art. 273 CPC. Der Entwurf Nr. 6.128/2009 kennt i.Ü. keinen Eilrechtsschutz, nur die gerichtliche Pflicht zur umgehenden Zustellung der Antragsschrift (dort Art. 5).

888 Vgl. P. Lenza, a.a.O., 583.

889 STF, MI (AgR) 415/SP, BE Octavio Gallotti, DJ v. 7.5.1993: Das MI sei kein geeigneter Rechtsbehelf für ausstehende Regulierungen zu einer Provisorischen Maßnahme des Präsidenten der Republik.

890 Krit. in diesem Punkt L.R. Barroso, Controle de Constitucionalidade, 132 ff., 149: Jedenfalls alle Individualrechte seien schon wegen Art. 5 § 1 CF unmittelbar anwendbar und ohnehin durch die Gerichte zu konkretisieren, so dass das MI komplett entbehrlich sei. Doch auch außerhalb des Art. 5 gibt es manche konkretisierungsbedürftige Normen (s. W.C. Rothenburg, a.a.O., 2). Nach einer Mindermeinung wird das MI auch wegen Art. 126 CPC als überflüssig ansehen, der allen Richtern im Anwendungsbereich des Gesetzes eine generelle Rechtsfortbildungsbefugnis einräumt.

erlassen werden.[891] Die Verfassungsnorm, aus der der Antragsteller sein Recht ableitet, muss ferner bis zum Urteil des STF fortbestehen; wird sie während Prozesses durch Verfassungsänderung aufgehoben, erledigt sich der Prozess unmittelbar.[892]

Die Injunktion ist unstatthaft, wenn der von der Verfassung gebotene Ausgestaltungsakt gar keine Norm (also Recht von abstrakt-genereller Qualität), sondern ein anderes Verhalten, etwa ein konkreter rechtlicher Einzelakt oder Realakt wie eine Geldleistung ist.[893] Das gleiche gilt, wenn bereits eine ausgestaltende Norm existiert und lediglich deren Verfassungs- oder Rechtmäßigkeit angezweifelt wird.[894] Schon mangels Rechtsschutzbedürfnisses erübrigt sich eine Injunktion schließlich auch, wenn die begehrte einfache Normgebung während des Prozesses realisiert wird,[895] nach der Rechtsprechung sogar schon, sobald ein Gesetzentwurf in den Nationalkongress eingebracht wird, der nur noch auf eine endgültige Verabschiedung durch das Parlament wartet.[896]

dd. Entscheidung bei erfolgreichem Antrag

Von Beginn an war umstritten, wie sich ein festgestelltes Fehlen von Ausführungsvorschriften in der Rechtspraxis auswirken sollte, wie weit also die neue gerichtliche Injunktionsentscheidung gehen können sollte. Aus den Materialien der Verfassungsgebenden Versammlung geht weder eine eindeutige Absicht hervor, noch war der Begriff der „*injunção*" vorher im brasilianischen Konstitutionalismus bekannt gewesen. Sollte der zuständige Normgeber nur auf die Lücke aufmerksam gemacht werden oder sollte durch sie dem Kläger im konkreten Fall direkt per gerichtliche Anordnung Befriedigung verschafft werden, indem die ihn betreffen-

891 Beispiel: STF, MI (QO) 444/MG, BE Sydney Sanches, DJ v. 4.11.1994, zum Art. 40 § 1 CF alter Fassung (Abweichungs*möglichkeit* des einfachen Gesetzgebers zu verfassungsrechtlichen Vorruhestandsregelungen im öffentlichen Dienst). Wenn die Verfassung zwar grds. ein (Ergänzungs-)Gesetz fordert, aber in ihren Übergangsbestimmungen (ADCT) selbst eine einschlägige Regelung für die Zeit bis zum Tätigwerden des Gesetzgebers trifft, gilt Ähnliches (das STF erkennt über den Antrag nicht, s. MI 628/RJ, BE Sydney Sanches, DJ v. 25.10.2002, zum Arbeitnehmerkündigungsschutz nach Art. 7 I CF).

892 So geschehen in STF, MI 593/MG, BE Moreira Alves, DJ v. 14.6.2002.

893 S. schon STF, MI (QO) 14, BE Sydney Sanches, DJ v. 18.11.1988, zum unterbliebenen Vorschlag des Präsidenten für das Amt des *Procurador-Geral*, welcher nicht per MI angemahnt werden kann.

894 Etwa STF, MI 703/DF, BE Marco Aurélio, DJ v. 12.11.2004. Das MI-Verfahren würde sonst auch die Begrenzung der Aktivlegitimation bei den Normenkontrollen konterkarieren.

895 So geschehen in STF, MI (AgR) 634, BE Sepúlveda Pertence, DJ v. 25.11.2005.

896 So geschehen in STF, MI (AgR) 641, BE Ilmar Galvão, DJ v. 5.4.2002.

de, aber noch ineffektive Verfassungsvorschrift mit Leben erfüllt wird?[897] War der Begriff der Injunktion sogar so zu verstehen, dass das Gericht für den Kläger und alle vergleichbaren Fälle den Genuss der Verfassungsnorm durch abstrakte Regelung festlegen sollte? Beim STF ist die Art der Tenorierung seit den ersten erfolgreichen Urteilen in MI-Verfahren zugunsten der Verbesserung des individuellen Rechtsschutzes und der Effektivität der Injunktion progressiver und kreativer geworden, nachdem sie in den Neunziger Jahren zunächst aus Gründen der Gewaltenteilung zurückhaltend gewesen war. Begnügte sich das STF zu Anfang noch mit der bloßen, sanktionslosen Feststellung des Regelungsbedarfs und einer Aufforderung der zuständigen, in Verzug befindlichen Staatsgewalt, Abhilfe zu schaffen,[898] ging es bald zur Setzung von Fristen für die säumigen Organe über, deren Dauer vom Einzelfall abhing, und verband diese auch mit der Ankündigung des Inkrafttretens einer selbst formulierten, hilfsweisen Rechtsfolge für den Fall des Verstreichenlassens zugunsten des Klägers.[899] Schon dies ging über die gerichtliche Sanktionierung von Unterlassungen im Normenkontrollverfahren nach Art. 103 § 2 CF (bloßes Inkenntnissetzen der zuständigen Staatgewalt, Appellent-

897 Eine restriktive Position in der Lehre vertrat und vertritt noch immer etwa M. Gonçalves Ferreira Filho, Curso de direito constitucional, 325 (nur Mitteilung an den zuständigen säumigen Normgeber); für eine extensivere Handhabung J.A. da Silva, Curso de direito constitucional positivo, São Paulo, 16. Aufl. 1999, 450 f. (unmittelbares Zusprechen des verfassungsrechtlichen Rechts durch den Richter auch ohne die ausgestaltende Norm); ausführlich auch F. Piovesan, Proteção judicial contra omissões legislativas: ADI por omissão e MI, 130.

898 Dieser Grundsatz (von der Lehre auch als „*posição não concretista*" bezeichnet) wurde festgehalten in STF, MI (QO) 107/DF, BE Moreira Alves, DJ v. 21.9.1990. In MI 168, BE Sepúlveda Pertence, DJ v. 20.04.1990, wurde z. B. ausdrücklich ausgeführt: „Das MI autorisiert die Rechtsprechung bei gesetzlichen und behördlichen Unterlassungen weder, durch den Erlass von normativen Akten Abhilfe zu schaffen, noch einen Einzelakt zur Befriedigung des geltend gemachten Rechts anzuordnen; aber im Antrag […] ist der Antrag auf Feststellung der Verfassungswidrigkeit des normativen Unterlassens enthalten, die dem zuständigen Organ zur Kenntnis gegeben wird, damit dieses Abhilfe schaffen kann". Dieses zurückhaltende Verständnis wurde als eine Sinnentleerung der Idee des Art. 5 LXXI CF, der wirklichen Rechtsschutz garantieren und sich gewiss von der ADI wegen Unterlassens unterscheiden sollte, und als Verweigerung voller Justizgewährung kritisiert. S. in deutscher Sprache zu diesem und weiteren charakteristischen MI-Urteilen aus den Neunziger Jahren auch M. Mont'Alverne Barreto Lima, Staat und Justiz in Brasilien, 100 ff.

899 Von der Lehre wird dies als „*posição concretista individual intermediária*" bezeichnet. S. u.a. STF, MI 283, BE Sepúlveda Pertence, DJ v. 14.11.1991, zu Art. 8 § 3 ADCT, nach dem ein Entschädigungsanspruch wegen zur Zeit der Militärdiktatur verhängter Berufsverbote nach Maßgabe eines bis zum 8.10.1989 durch den Nationalkongress zustandezubringenden Gesetzes besteht: Das STF stellte hier den Verzug fest, setzte eine 60-tägige Frist für die Verabschiedung des Gesetzes und ordnete für den Fall des Verstreichens der Frist an, dass der Anspruch des Klägers in einem Prozess gegen den Bund als gegeben zu unterstellen ist. In MI 232/RJ, BE Moreira Alves, DJ v. 27.3.1992, war die verfassungsrechtliche Frist zur gesetzlichen Regelung der Anforderungen an die Freiheit von Sozialversicherungsbeiträgen bestimmter Körperschaften abgelaufen (Art. 195 § 3 CF, Art. 59 ADCT): Hier setzte das STF dem Kongress eine sechsmonatige Frist, nach deren Verstreichen die Beitragsfreiheit des Klägers feststehen sollte.

scheidung) hinaus. In den bislang wohl berühmtesten Fällen schließlich, nämlich denen zum ungeregelten Streikrecht im öffentlichen Dienst,[900] hielt das Gericht schließlich Ende 2007 nach Lage der Dinge eine (freilich provisorisch bis zu ihrer Ersetzung durch ein Parlamentsgesetz geltende) eigene verfassungsgerichtliche abstrakt-generelle Regelung für geboten und trat somit als „positiver Gesetzgeber" auf,[901] nachdem es 1994 bereits in gleicher Materie eine Regelungslücke und eine Säumnis des Nationalkongresses lediglich festgestellt hatte,[902] was jedoch folgenlos geblieben war. Angesichts der jahrelangen Untätigkeit des Gesetzgebers in dieser Materie ordnete es für den öffentlichen Dienst mithin die grundsätzliche analoge Geltung der streikrechtlichen Regelungen des privaten Sektors an, dies nicht ohne die im öffentlichen Dienst notwendige Differenzierung zwischen für das Gemeinwesen wesentlicheren Tätigkeiten oder Diensten, bei denen das Streikrecht im Einzelfall erschwert sein kann, und weniger wesentlichen zu berücksichtigen. Die Injunktion erfolgte damit nicht mehr durch eine bloße Feststellung, sondern durch eine „Ersatzvornahme", deren Effekt die zuständige Staatsgewalt aber jederzeit, insbesondere wenn ihr die Lösung des in ihr Revier vorgedrungenen Gerichts missfallen sollte, mit einer eigenen Regelung wieder beseitigen konnte (bis heute ist dies für das Streikrecht nicht geschehen).

Mit diesem – sicherlich durch die Rechtswissenschaft angeregten, aber auch durch einen Wechsel in der Komposition des Gerichts bedingten – Wandel und der Anwendung der zugrunde liegenden sog. „*teoria concretista geral*" wurde die zunächst verhinderte Ausübung des subjektiven Rechts nunmehr unmittelbar ermöglicht, was zu einer Steigerung der Effektivität des *Mandado de Injunção* und, nebenbei, der Autorität des STF und zu dessen Profilierung führte. Darin liegt zwar ein neuer und sicherlich gewagter Schritt gerichtlichen Aktivismus, aber ein Schritt, der durchaus von der Verfassung ins Auge gefasst und einkalkuliert ist.[903] *Judicial activism* ist auch nichts *per se* Schlechtes, er kann u.U. das Gebot der Stunde sein. Es handelt sich nicht um einen Verstoß gegen den Grundsatz der Ge-

900 Vgl. den Regelungsauftrag in Art. 37 VII CF.

901 STF, MI 670/ES, BE Maurício Corrêa/Gilmar Mendes, DJe v. 31.10.2008 – „Streikrecht im öffentlichen Dienst", ein Urteil, das wohl als das Grundsatzurteil in dieser Verfahrensart gelten kann. Ebenso und zeitgleich auch die von anderen Gewerkschaften betriebenen Verfahren MI 708/DF, BE Gilmar Mendes, und MI 712/PA, BE Eros Grau, beide DJe v. 31.10.2008. Dazu näher N. Nascimento Diz, RDE 3 (2006), 363; R.L. Luchi Demo, RevCEJ 35 (2006), 35; zur Entwicklung umfassend auch G. Ferreira Mendes, DP Nr. 19 (2008), 126.

902 STF, MI 20/DF, BE Celso de Mello, DJ v. 22.11.1996.

903 Das MI dürfte ein Beispiel für den laut W. Brugger/I.W. Sarlet, JöR 56 (2008), 613 (634), von der Verfassung selbst geförderten starken gerichtlichen Aktivismus sein.

waltenteilung,[904] zumal dieser Grundsatz seine Schranke in anderen Verfassungsnormen, hier dem mit gleicher Wertigkeit ausgestatteten, vom originären Verfassungsgeber geschaffenen Injunktionsverfahren, findet, und dieses nicht als Worthülse verstanden werden darf, sondern dem, wie jeder Verfassungsnorm, ebenfalls zu größtmöglicher praktischer Wirkkraft zu verhelfen ist. Diese Einschränkung der Gewaltenteilung erscheint jedenfalls dann erforderlich, wenn bloße Appellentscheidungen über Jahre keine Reaktion hervorrufen,[905] und auch verhältnismäßig im engeren Sinne, da die verfassungsgerichtliche Regelung stets nur übergangsweise gilt (der Normgeber bleibt weiter zum Normerlass aufgefordert) und da sie mit der Sicherung der Verwirklichung von Individualrechten anderen höchstrangigen Rechtspositionen dient. Es ist bei der Beurteilung des Injunktionsverfahrens auch im Blick zu behalten, dass die Aufgabenverteilung und -verschränkung und die gegenseitigen *checks and balances* zwischen den Staatsgewalten in verschiedenen Verfassungsordnungen unterschiedlich gestaltet sein können (so ist das STF im Gegensatz zum BVerfG von der Verfassung ausdrücklich zur Lückenschließung bei Unterlassungen durch andere Gewalten berufen und damit von vornherein stärker als positiver politischer Akteur und gerade als Verteidiger der „sozialen Eroberungen" der Charta von 1988 angelegt),[906] und dass jede Nation ein in ihrer spezifischen Lage entsprechendes, eigenes Verfassungsverständnis fordert.[907]

Die Rechtsprechung wird in dem Sinne der Urteile zum Streikrecht bis heute fortgeführt.[908] Da befürchtet wird, dass der Gesetzgeber auf die so verstandene Injunktion mit fortgesetzter Untätigkeit reagiert (dies wohl auch angesichts abgewogener und gut begründeter Lösungen durch das STF), ist derzeit sogar die Einführung eines Antragsrechts beim Gericht auf eine Revision der gerichtlich gesetzten Übergangsregelungen in der Diskussion, da das Gericht seine durch Injunktion beschlossenen Rechtssätze, wenn es denn zu solchen kommen muss, niemals aus eigenem Antrieb revidieren kann.[909]

904 So R. Pires Ferreira Lago, JusNav Nr. 2.319 (2009); auch H. Lopes Meirelles/A. Wald/G. Ferreira Mendes, a.a.O., 269, halten eine bloße Aufforderung des Gesetzgebers mit Fristsetzung nur für „theoretisch perfekt", aber nicht mehr genügend, wenn er diese „systematisch ignoriert" habe.

905 Vgl. P. Paiva, OCJ Jg. 3 (2009/10), 5, der diesbzgl. den Unterschied zu den Appellentscheidungen des BVerfG unterstreicht.

906 Vgl. M. Mont'Alverne Barreto Lima, Staat und Justiz in Brasilien, 146, krit. insb. auch zur frühen Leitentscheidung MI 107, die die hohen Erwartungen in das STF enttäuscht habe.

907 P. Häberle, VRÜ 1990, 225 (292).

908 S. z. B. STF, MI 2.076, BE Dias Toffoli, DJe v. 13.11.2009, m.w.N., zu Art. 40 § 4 CF, der ein Ergänzungsgesetz mit Differenzierungsgebot in der Sozialversicherung für Menschen mit Behinderung, bei risikobehafteter und besonders gesundheitsschädlicher Arbeit im öffentlichen Dienst verlangt: In mehreren Verfahren wurde auch hier die analoge Anwendung der Regeln für den Privatsektor (Gesetz Nr. 8.213/1991) angeordnet. So auch Art. 8 des Gesetzentwurfs 6.182/2009.

909 Art. 10 des Gesetzentwurfs 6.182/2009.

Die Wirkung des Hauptsacheurteils des STF soll nach dessen jüngerer Rechtsprechung *erga omnes* gleich der in der abstrakten Normenkontrolle sein,[910] womit diese Prozessarten einander angenähert werden.[911]

ee. Rechtsvergleichender Blick

Es existiert keine gesetzliche Regelung für das BVerfG, die der Injunktion entsprechen würde, die also speziell der individuellen Durchsetzung der Normierung verfassungsrechtlicher Freiheiten gegen einen in Sachen Normgebung säumigen Hoheitsträger dienen würde. Die Verfahrensart ist für Brasilien wegen der Charakteristiken seiner Verfassung, die viele gröbere Verheißungen enthält und darauf eingehende Regelungsaufträge zu deren Umsetzung erteilt, typisch. Die Verfassung beinhaltet auch mehr programmatische Vorschriften, Staatsziele und auch soziookönomische Grundrechte.

Obwohl der Gegenstand der Verfassungsbeschwerde in Deutschland ja nicht zwingend an einen belastenden „Akt" der öffentlichen Gewalt anknüpft,[912] kann ein Grundrechtsträger den Erlass eines für ihn günstigen Gesetzes grundsätzlich nicht verfassungsgerichtlich einklagen.[913] Ausnahmen hiervon sind lediglich dann denkbar, wenn sich ein Beschwerdeführer auf einen ausdrücklichen Auftrag des Grundgesetzes berufen kann, der Inhalt und Umfang der Gesetzgebungspflicht im Wesentlichen bestimmt,[914] oder falls eine Schutzpflicht des Staates aus den Grundrechten angenommen wird, die dann auch „evident" vom Gesetzgeber verletzt worden sein müsste;[915] gegebene Vorkehrungen zum Schutz des Grundrechts durch die öffentliche Gewalt müssen „gänzlich ungeeignet" oder „völlig unzu-

910 STF, MI 670/ES, a.a.O.; insoweit anders noch MI 721, BE Marco Aurélio, DJe v. 30.11.2007, und nun auch Art. 9 des Gesetzentwurfs 6.182/2009, der von grds. „subjektiver Wirksamkeit zwischen den Streitparteien" spricht, die jedoch ggf. „*ultra partes* oder *erga omnes*" ausgedehnt werden kann.

911 Krit. u.a. J. Hage, OJC Jg. 3 (2009/10), 6 f., da damit eine Unterscheidung des Verfassungsgebers verwischt werde. E. da Silva Ramos, A Evolução do Sistema Brasileiro de Controle de Constitucionalidade, 153, spricht von einem „prinzipalen und abstrakten Kontrollinstrument".

912 Vgl. den Wortlaut von §§ 90 I, 92, 95 BVerfGG.

913 Schon BVerfGE 1, 97 (100), machte dies deutlich: „Vor allem jedoch liegt es in der Natur der Sache, daß der einzelne Staatsbürger grundsätzlich keinen gerichtlich verfolgbaren Anspruch auf ein Handeln des Gesetzgebers haben kann, wenn anders nicht eine vom Grundgesetz schwerlich gewollte Schwächung der gesetzgebenden Gewalt erfolgen soll. Ein Recht zu schaffen, das den Idealen der sozialen Gerechtigkeit, der Freiheit, Gleichheit und Billigkeit entspricht, ist eine ewige Aufgabe des Gesetzgebers, an welcher der einzelne Staatsbürger nur durch die Ausübung des Wahlrechts mittelbar Anteil hat." Vgl. etwa auch H. Bethge, in: Maunz/Schmidt-Bleibtreu/Klein/Bethge (Hrsg.), BVerfGG, § 90 Rn. 108. Letztlich scheitern solche Klagen daher i.d.R. aus materiell-rechtlichen Gründen.

914 Vgl. insoweit BVerfGE 6, 257 (264); 12, 139 (142).

915 BVerfGE 56, 54 (80).

länglich“ sein.[916] In den wenigen Fällen, in denen eine Verfassungsbeschwerde als Normerlassklage durchgreift, muss es vorrangig zu Appellentscheidungen kommen,[917] begleitende Notregelungen zu diesen für ein Interim sind zwar eine Rarität, dem BVerfG aber nicht fremd.[918]

Unabhängig davon geht die Tendenz in Deutschland rechtstatsächlich auch eher in Richtung einer „Regelungswut“ als zu einem gänzlichen Unterbleiben von Regelungen, erst recht in den grundrechtswesentlichen Bereichen, so dass die Notwendigkeit für ein präskriptorisches gerichtliches Nachhelfen bei gesetzgeberischer Untätigkeit, das immer auch vor dem Grundsatz der Gewaltenteilung gerechtfertigt werden muss, im Grunde nicht gegeben ist. Besteht aber eine Regelung in irgendeiner und evtl. nicht zufriedenstellenden Form, so kann der Grundrechtsträger entweder nach ihrer Anwendung gegen die auf ihrer Grundlage gegen ihn erlassenen Einzelakte auf dem Rechtsweg oder u.U. auch direkt im Wege der Rechtssatzverfassungsbeschwerde vor dem BVerfG gegen die Regelung vorgehen.[919]

f. Verfahrensbelastung

Allen in diesem Abschnitt behandelten Prozessklassen zum Schutz von Rechtspositionen beim STF ist gemein, dass sie von ihrer Natur her den angelsächsischen *writs* ähneln und als solche auf ein zügiges, jedenfalls in tatsächlicher Hinsicht unproblematisches Verfahren ausgelegt sind, das ohne große Investigationstätigkeit auskommt. Die Verfahrenbelastung ist aber je nach Prozessklasse unterschiedlich.

Von Erheblichkeit sind insbesondere die Eingangszahlen bei *Habeas Corpus*. Sie sind im letzten Jahrzehnt drastisch auf über 4.000 Anträge im Jahr 2009 angestiegen (dies allein sind bereits fast so viele Anträge, wie die 16 Richter des BVerfG insgesamt jährlich beschäftigen). Wegen einiger Umstände verwundert dies nicht: Das Verfahren ist kostenlos und mit Priorität ausgestattet, setzt keine anwaltliche Vertretung und keine hohen Formanforderungen voraus (selbst Anträge von dritter Seite zugunsten des Betroffenen sind möglich). Es birgt nach der Rechtsprechung für einen inhaftierten Antragsteller nicht nur eine Chance auf Freilassung aus z.T. beklagenswerten Haftbedingungen, sondern u.U. sogar auch schon auf Einstellung von Straf- und Ermittlungsverfahren, die auf unterer Ebene betrieben werden, in die das STF ggf. durchaus eingreifen kann und eingreift. Das STF hat seine Kom-

916 BVerfGE 77, 170 (215).

917 H. Bethge, in: Maunz/Schmidt-Bleibtreu/Klein/Bethge (Hrsg.), BVerfGG, § 31 Rn. 137 ff.

918 Beispiele für präskriptorische Entscheidungen sind BVerfGE 39, 1 und 88, 203 (zum § 218 StGB).

919 Dazu etwa O. Klein/C. Sennekamp, NJW 2007, 945 (951).

petenzauslegung 2005 zudem erweitert, indem es noch zur Korrektur ablehnender Eilentscheidungen der Oberen Bundesgerichte zu Freilassungen übergegangen ist. Es kann das Verfahren nutzen, um sich als grundrechtsschützende Institution in allen Phasen zwischen Ermittlungsverfahren und Strafvollstreckung zu profilieren. Eine Geldbuße wegen Rechtsmissbrauchs hat der Antragsteller, weil die entsprechenden Tatbestände nur im CPC, nicht aber im CPP vorgesehen sind, ferner nicht zu befürchten.[920] Der Anreiz für eine Antragstellung beim STF ist daher nach allem sehr groß.

Die Antragszahlen bei *Habeas Data* sind dagegen geringfügig geblieben und haben selten die Marke von 10 pro Jahr erreicht. Dies spricht zunächst für die Popularität von Offenheit und Zugänglichkeit bei den staatlichen Organen unter der Verfassungsordnung von 1988; die potenziellen Antragsgegner halten gegenwärtig offenbar allenfalls unwesentlich Daten von Privatpersonen zurück. Die (trotz Kostenfreiheit) geringen Antragszahlen dürften auch der Zulässigkeitsvoraussetzung des zwingenden Vorverfahrens beim Datenbesitzer selbst, vielleicht auch der Anforderung der höchstpersönlichen Betroffenheit des Antragstellers, die hier Anträge des *Ministério Público* ausschließen soll, zuzuschreiben sein.

Die Sicherungsverfügung in all ihren Facetten ist dagegen wieder ein häufiger genutztes Instrument (mit zuletzt wiederholt über 500 Verfahren pro Jahr). Auf diesen Auffangrechtsbehelf wird häufig zurückgegriffen, da er nahezu alle Rechtspositionen zu schützen geeignet ist. Die ihm eigene Kostenpflicht und die Fristgebundenheit stehen dem keinesfalls entgegen. Die Zusammenfassbarkeit zu Kollektivklagen und die Subsidiarität hinter anderen geeigneten Rechtsbehelfen wirken für das STF entlastend. Jede private und juristische Person kann dennoch als Antragsteller mit der Geltendmachung nachgewiesener Rechte gegen die Einzelakte der bezeichneten staatlichen Organe vorgehen.

Die Zahl der Injunktionsanträge stieg zuletzt auf erstmals über 1.000 im Jahr 2009 an, wobei dort zu berücksichtigen ist, dass sich die meisten Anträge wiederholt auf dieselben der naturgemäß begrenzten zu regulierenden Verfassungsnormen beziehen und dass damit die Verfahrensbelastung nicht nennenswert ansteigt.

2. Das Supremo Tribunal Federal als Strafgericht und Gericht für Amtspflichtverletzungen

Das STF fungiert bei den Kompetenzen nach Art. 102 I b) und c) CF als Strafgericht und Gericht für Amtspflichtverletzungen für jeweils einen bestimmten Kreis von hochrangigen Amts- und Mandatsträgern. Das Verfahren richtet sich für beide nach

920 Vgl. o. 1. Teil, E.III.4.a.

den Art. 230–246 RISTF und den insoweit anwendbaren Regeln der Strafprozessordnung (CPP),[921] die z.T. durch das speziellere und jüngere Gesetz Nr. 8.038/1990 zum Verfahren vor dem STF und dem STJ überlagert werden. Mit diesen Vorschriften wird ein ausschließlicher, besonderer, sog. „privilegierender" Straf-Gerichtsstand für die höchsten Amts- und Mandatsträger des Staates begründet, mit anderen Worten eine „Gerichtsstandsprärogative kraft ihrer Funktion" (*foro privilegiado* oder *foro por prerrogativa de função*). Derartige privilegierende Gerichtsstände gibt es, der brasilianischen Rechtstradition entsprechend, nicht nur beim STF, sondern auch, abgestuft nach der Bedeutung der Ämter und Mandate, für die sie gelten, bei anderen Gerichten auf Bundes- und bundesstaatlicher Ebene.[922]

a. Strafsachen und Amtspflichtverletzungen

Der weite Begriff der allgemeinen Straftaten („*crimes comuns*") i.S. des Art. 102 I b) CF umfasst das allgemeine Strafrecht, das Nebenstrafrecht wie etwa wahlrechtliche Delikte und zudem Ordnungswidrigkeiten,[923] d.h. einen ganzen Kanon von Tatbeständen in verschiedensten Gesetzen, dessen Darstellung Bände in Anspruch nehmen würde. Sie sind auf die natürliche Person bezogen, der ein Fehlverhalten vorgeworfen wird. Mit dem Merkmal der „Allgemeinheit" soll lediglich der Gegensatz zu den nachfolgend beschriebenen „*crimes de responsabilidade*" des Art. 102 I c), auf die aber gleichfalls grundsätzlich das Verfahren nach dem CPP angewandt wird, ausgedrückt werden.

Die „*crimes de responsabilidade*" haben hingegen nicht die natürliche Person, sondern ihr Amt oder Mandat im Blick. Sie sind primär in den Vorschriften der Verfassung zu den Staatsorganen, aber auch im älteren Gesetz Nr. 1.079/1950,[924]

921 Zuletzt STF, AP 478/SP, BE Marco Aurélio, 25.6.2009, Inf. 552. Die Art. 1 II, 84–86 CPP zum besonderen Gerichtsstand des STF sind mit der CF 1988 überholt.

922 Art. 105 I a) CF: Zuständigkeit des STJ für Gouverneure, Richter der TJ, TRF, TRT und TRE, Mitglieder der Rechnungshöfe und -räte der föderalen Untergliederungen und der bei Gericht tätigen Mitglieder des *Ministério Público* des Bundes; Art. 108 I a) CF: Zuständigkeit der TRF für Bundesrichter erster Instanz und andere Mitglieder des *Ministério Público*, außer auf dem Gebiet der Wahlgerichtsbarkeit. Für die Bundesstaaten s. exemplarisch Art. 71 X, 72 I a, b) der Verf. von Amazonas, nach denen das TJAM (als höchstes Gericht im Bundesstaat) für bundesstaatliche Richter und Funktionsträger (in *Ministério Público*, *Advocacia-Geral* und Pflichtverteidigungsbehörde) sowie für Vize-Gouverneur, Regierungsmitglieder, Gemeindevorsteher, Militärpolizei- und -feuerwehrchef zuständig ist (s. insoweit auch schon die bundesverfassungsrechtliche Kernverbürgung in Art. 29 X und 96 III CF).

923 STF, Rcl. 511/PB, BE Celso de Mello, DJ v. 15.9.1995.

924 Das G 1.079/1950 enthält nach Funktionsträgern gegliederte Tatbestände und prozessuale Vorschriften. Der nachkonstitutionelle Gesetzgeber hat es, ersichtlich durch Änderungen im Jahre 2000, in seinen Willen aufgenommen, jedoch sind noch immer mit der CF in Widerspruch stehende Normen enthalten, s. zur Rezeption auch STF, ADI 1.628/SC, BE Eros Grau, DJ v. 24.11.2006.

nicht jedoch in der brasilianischen Strafgesetzgebung[925] reglementiert. Es handelt sich um die Verstöße gegen besondere Tatbestände der Verletzung von auf das jeweilige Amt bezogenen Amtspflichten und Verantwortlichkeiten, also um organspezifische Rechtsbrüche, solche, die das prominente Amt gerade ermöglicht. Sie sind – entgegen der Bezeichnung als *„crimes“* und der Anwendbarkeit des CPP mit seinen prozessualen Vorschriften – weniger dem kriminalstrafrechtlichen als dem politisch-administrativen Bereich zuzuordnen,[926] denn Strafzwecke werden mit den Vorschriften nicht verfolgt und die typischen Hauptstrafen können nicht verhängt werden, vielmehr soll mit den Tatbeständen ausschließlich erreicht werden, dass ein Täter sein Amt nicht weiter ausübt. Als Rechtsfolgen sind somit nur die Beendigung des Mandates, die Entlassung aus dem Amt bzw. das politische Impeachment oder das Verbot der Ausübung öffentlicher Ämter für einen bestimmten Zeitraum, nicht aber eine Freiheitsentziehung[927] oder eine Geldstrafe vorgesehen.[928] Da es sich also gerade um keine Straftaten handelt, und um die Abgrenzung zwischen den Zuständigkeitstatbeständen des Art. 102 I b) und c) CF zu verdeutlichen, wird im Folgenden der Begriff der „Amtspflichtverletzungen“ verwendet.[929]

Die Anklage wegen Amtspflichtverletzungen der politischen Amts- und Mandatsträger i.S. des Art. 102 I c) CF hat Vorrang vor der parallel zu ihr bestehenden, allgemeinen – d.h. auf die Gesamtheit der öffentlich Bediensteten anwendbaren – „Klage wegen administrativer Unredlichkeiten“ gemäß Art. 37 § 4 CF i.V.m. dem G 8.429/1992, für die keinerlei Gerichtsstandsprivileg vor dem STF gilt.[930]

Oftmals werden tateinheitlich mit den vertypten Amtspflichtverletzungen auch Straftatbestände im eigentlichen Sinne verwirklicht, wie sie etwa im CP festgeschrieben sind. Diese werden parallel zueinander verfolgt. So kann z. B. auf die Handlung eines Politikers eine Freiheitsstrafe stehen und er gleichzeitig mit den

925 Dies ist in erster Linie das brasilianische StGB (*Código Penal* – CP v. 7.12.1940, zuletzt geändert am 17.4.2009), aber auch zahlreiche ergänzende Strafgesetze.

926 Näher und differenzierend zum Begriff der *„crimes de responsabilidade“* D.E. de Jesus, Direito Penal, 219 f.

927 Deutlich STF, HC (AgR) 70.055/DF, BE Ilmar Galvão, DJ v. 4.3.1993, nach dem die Fortbewegungsfreiheit des Präsidenten der Republik bei *„crimes de responsabilidade“* nicht eingeschränkt werden kann (der präventive Antrag im Verfahren des *Habeas Corpus* wurde daher als ungeeignetes Mittel angesehen).

928 Dies sind Sanktionsmaßnahmen, die in Deutschland durch ein Strafgericht nicht für sich allein, sondern nur zusätzlich bei bestimmten Straftaten als Nebenstrafen verhängt werden können oder die eine Nebenfolge darstellen können, vgl. H. Tröndle/T. Fischer, StGB und Nebengesetze, Rn. 2 vor § 38 StGB.

929 Die z.T. verwendete Bezeichnung „Amtsvergehen“ ist gleichbedeutend, jedoch handelt es sich nicht um den Vergehensbegriff i.S. des § 12 II StGB. Die Übersetzung „Verantwortlichkeitsstraftaten“ (etwa E.J.G. de Aragão, Strategien zur Durchsetzung der völkerrechtlichen Verpflichtung zur Strafverfolgung der Folter am Beispiel Brasiliens, 343) ist meines Erachtens im Deutschen eher missverständlich.

930 D.h. ein Bundesminister *ist* vor dem STF anzuklagen, wenn die Voraussetzungen beider Klagen vorliegen (so STF, Rcl. 2.138/DF, BE Nelson Jobim, DJ v. 18.4.2008).

Rechtsfolgen seiner Amtspflichtverletzung rechnen müssen.[931] Auf die Differenzierung kommt es in jedem Falle nicht nur wegen der Rechtsfolgen an, sondern auch deshalb, weil unterschiedliche Organe über die Verwirklichung der Tatbestände zu befinden haben können.

b. Zur verfassungsgeschichtlichen Entwicklung des „Foro privilegiado“

Mit der Verfassung des Kaiserreichs von 1824 wurden die zuvor für bestimmte Funktionsträger nach portugiesischem Recht geltenden Gerichtsstandsprivilegien durch einen Absatz im Katalog der bürgerlichen und politischen Rechte grundsätzlich abgeschafft.[932] Dem damaligen *Supremo Tribunal de Justiça* blieb es im Rahmen seiner geringen Kompetenzen dennoch bereits vorbehalten, über „die Delikte und Fehler im Amte, die seine eigenen *Ministros* und die der *Relações* (zweit- und damit höchstinstanzliche Gerichte der damaligen „Provinzen“), die im diplomatischen Corps Angestellten und die Präsidenten der Provinzen begingen, zu erkennen“.[933] Das Staatsoberhaupt, den Kaiser, nahm die Verfassung – als gesteigerte Form der Privilegierung – gänzlich von Strafverfolgung aus.[934]

Die erste republikanische Verfassung aus dem Jahr 1891 schuf ein Modell, das dem heutigen bereits ähnlich war, indem sie die Dualität der Begriffe der „Straftaten“ und der „*crimes de responsabilidade*“ in das brasilianische Verfassungsrecht einführte und auch dem Bundessenat hinsichtlich letzterer eine Teilzuständigkeit buchstäblich „als Gerichtshof“ einräumte.

Der Bundessenat als politisches, nicht juristisches Gremium war fortan für die Amtspflichtverletzungen des Staatspräsidenten und der Richter des STF, also für die politisch-administrativen Übertretungen zuständig, die in eine Entziehung des Amtes münden konnten (Impeachment); das STF durfte über diejenigen sonstiger Bundesrichter entscheiden; hinsichtlich der Bundesminister bestand eine Arbeitsteilung in der Form, wie sie heute wieder besteht (je nachdem, ob ein Sachzusammenhang mit einer Tat des Präsidenten vorlag oder nicht, war entweder der Bundessenat oder das STF zuständig).[935] Die Verfassung von 1934 sah während ihrer kurzen Geltungsdauer für Amtspflichtverletzungen des Staatspräsidenten und mit diesen in Verbindung stehende Verstöße der Bundesminister und jene der Richter des Obersten Bundesgerichts (zu dieser Zeit: „*Corte Suprema*“) ein zu gleichen Teilen aus Mitgliedern der letzteren, des Senats und der Abgeordnetenkammer

931 Vgl. Art. 3 G 1.079/1950.
932 Art. 179 XVII der CF 1824.
933 Art. 164 II der CF 1824.
934 Art. 99 der CF 1824: „Die Person des Kaisers ist unverletzlich und heilig: Er unterliegt keiner Verantwortlichkeit.“
935 Vgl. Art. 33, 52, § 2, 57 § 2 der CF 1891.

zusammengesetztes „Sondertribunal" vor.[936] Schon die CF 1937 schaffte das Sondertribunal wieder ab; stattdessen sollte allein der *Conselho Federal*[937] über Amtspflichtverletzungen der genannten Organe verhandeln und entscheiden.[938] 1946 wurde der *Conselho Federal* wieder unter der alten Bezeichnung *Senado Federal* („Bundessenat") geführt und der *Procurador-Geral da República* neu in den Kreis der Organe, die in dessen Zuständigkeit fielen, aufgenommen.[939]

Für die allgemeinen Strafsachen war der Bundessenat damals wie heute keinesfalls zuständig. Auch die Zuständigkeit für Strafsachen beim STF war in der Verfassung von 1891 zunächst schmaler; es unterfielen ihr nur der Staatspräsident, die Bundesminister und die brasilianischen Diplomaten.[940] Erst Art. 76 Nr. 1 a) CF 1934 erweiterte die Zuständigkeiten der *Corte Suprema* in Strafsachen beträchtlich und erstreckte diese auf die Richter des Gerichts selbst, den *Procurador-Geral*, die Mitglieder des Bundesrechnungshofs, die Richter an Bundesgerichten und die höchsten Richter in den Bundesstaaten.[941] Ab 1969 wurden auch der Vize-Staatspräsident und die Parlamentarier beider Kammern[942] erfasst.[943] Grundsätzlich war das STF für alle die in diesem Absatz genannten Amtsträger (nicht aber die Mandatsträger!) auch das Gericht für Amtspflichtverletzungen, soweit keine der im vorherigen Absatz genannten Zuständigkeiten des Bundessenates einschlägig war.

c. Die heute privilegierten Amts- und Mandatsträger

Der heutige Art. 102 I b) CF bezieht sich allein auf die „allgemeinen" Straftaten und privilegiert den Präsidenten und den Vizepräsidenten der Republik, die Mitglieder des Nationalkongresses (Senatoren und Abgeordnete gemäß Art. 53 § 1 CF), die Richter des STF selbst und den *Procurador-Geral da República*. Das STF wird für diese zum „gesetzlichen Richter" (*juiz natural*, Justizgrundrecht aus Art. 5 XXXVII CF). Die Kompetenz ist nicht unerheblich, zumal der erfasste Personenkreis nicht klein ist (es gibt insgesamt knapp 600 Kongressmitglieder) und

936 Art. 58, Art. 61 § 1 und Art. 75 CF 1934.
937 Bundesrat, dieser entsprach 1937–1946 dem heutigen Bundessenat.
938 Vgl. Art. 100 (für das STF); Art. 86 (für den Staatspräsidenten); Art. 89 § 2 (für die Bundesminister) CF 1937.
939 So dann auch Art. 62 I, II CF 1946; Art. 44 I, II CF 1967, ebenso Art. 42 I, II CF 1967/69.
940 Art. 59 I a), b) der CF 1891.
941 Ganz ähnlich Art. 101 I a, b) CF 1937 (ohne sonstige Bundesrichter); ebenso Art. 101 I a–c) CF 1946; Art. 114 I a, b) CF 1967 (unter Nennung auch von Arbeitsrichtern). Die höchsten Gerichte der Bundesstaaten firmierten i.Ü. unter „*Cortes de Apelação*", ab 1937 unter „*Tribunais de Apelação*", erst ab 1946 wie heute unter TJ.
942 Senatoren und Abgeordnete waren zuvor bei Strafsachen nicht privilegiert (Ls. 398 des STF bis vor 1988), gesonderte Amtspflichtstatbestände für die Mandatsträger existieren nicht.
943 Vgl. die Aufzählungen in Art. 119 I a, b) CF 1967/69.

„Strafanzeigen gegen Parlamentarier nicht selten sind".[944] Die jeweiligen mitgewählten Ersatzkandidaten (*Suplentes*) für Parlamentssitze sollen vor einem tatsächlichen Einrücken in das Parlament allerdings noch nicht privilegiert sein.[945]

Art. 102 I c) CF gilt demgegenüber neben den allgemeinen Straftaten *auch* für die Amtspflichtverletzungen im obigen Sinne. Er privilegiert daher in doppelter Hinsicht. Der Kreis der hier Privilegierten ist hingegen kleiner. Personell betrifft der Buchstabe sämtliche Bundesminister und die Befehlshaber von Marine, Heer und Luftstreitkräften[946] vorbehaltlich der Regelung in Art. 52 I CF (d.h. nur dann, wenn keine Konnexität zu einer gleichartigen Amtspflichtverletzung der Präsidentschaft der Republik besteht, die zu einer Zuständigkeit des Bundessenats führen würde), und in jedem Falle die Mitglieder der Oberen Gerichte und des Bundesrechnungshofes und die Leiter der ständigen diplomatischen Vertretungen. Der Vorbehalt des Art. 52 I CF rechtfertigt sich durch den politischen Charakter der von ihm erfassten Ämter, die sämtlich vom Vertrauen des Staatspräsidenten abhängig sind; liegt Konnexität mit einer Pflichtverletzung des Staatspräsidenten vor, werden diese sinnvollerweise zusammen in einem Impeachment-Verfahren vor dem Bundessenat verhandelt. Für die Mitglieder der TJ ist das STF nicht zuständig; insoweit hat eine Auslagerung in Art. 105 I a) CF 1988 an das STJ stattgefunden, das auch über sämtliche Taten der Mitglieder der regionalen Gerichte und, nur in Strafsachen, über die Gouverneure der Bundesstaaten verhandelt.

Es wird ersichtlich, dass die in lit. b) und c) privilegierten Amts- und Mandatsträger zusammengenommen exakt dieselben sind, die vor dem STF nach Art. 102 I lit. d) CF auch eine Freilassungsverfügung zum Schutze ihrer Fortbewegungsfreiheit beantragen dürfen (s. oben V.1.a.cc). Abgesehen von den Bundesministern und den militärischen Befehlshabern sind es auch dieselben,[947] *gegen* die jedermann vor dem STF nach lit. i) Freilassungsverfügungen bei von ihnen ausgehenden illegalen Freiheitsbeschränkungen erwirken kann.

Deutlich wird ferner, dass für die höchsten Amts- und Mandatsträger i.S. des lit. b) das STF gerade nicht Gericht für Amtspflichtverletzungen und Impeachment sein soll. Dies ist vielmehr Aufgabe des Bundessenats gemäß Art. 52 I, II CF, der dann als Tribunal mit politischen Wertungen, allerdings unter dem Vorsitz des Präsidenten des STF, zusammentritt. Der Bundessenat ist somit z. B. zur Beurteilung der in Art. 85 CF beispielhaft aufgezählten Pflichtverletzungstatbestände des Staatspräsidenten (allesamt Verstöße gegen die Bundesverfassung, die weiten

944 So der Verfassungsrichter S. Sanches, O STF: Composição, Competências Originários e Recursais, 184.

945 STF, AP 511/DF, BE Celso de Mello, Inf. 572 v. 4.2.2010.

946 Eingefügt mit der Verfassungsänderung Nr. 23 (DOU v. 3.9.1999).

947 S. Art. 105 I c) CF, wo diese Funktionsträger ausdrücklich der Jurisdiktion des STJ unterworfen werden.

Raum für Wertungen lassen) berufen,[948] ebenso für die möglichen Amtspflichtverletzungen des *Procurador-Geral da República* und die der *Ministros* des STF, die sich demgegenüber nur aus dem einfachen Recht ergeben.[949] Das STF kann nach eigener Rechtsprechung vom Angeklagten jedoch auch während dieses Verfahrens zum Rechtsschutz durch Sicherungsverfügungen – wie etwa gegen die eingeräumte Verteidigungsfrist, den Abstimmungsmodus oder andere angewandte Verfahrensschritte – zulässigerweise angerufen werden, da es insofern privilegierender Gerichtsstand bleibt.[950] Es will sich dabei keineswegs in die politische Bewertung einmischen, sondern nur die Einhaltung der von der Verfassung vorgegebenen Verfahrensabläufe gewährleisten.[951] Dort, wo das STF nicht über die Amtspflichtverletzungen entscheidet, sondern der Bundessenat zuständig ist, hat das STF neben dieser verfahrensbegleitenden sogar auch eine anschließende Kontrollfunktion hinsichtlich der Entscheidungen des Bundessenats für sich in Anspruch genommen, und die Nachkontrolle im Wege des Verfahrens der Sicherungsverfügung unter Berufung auf die Rechtsweggarantie (Art. 5 XXXV CF) zugunsten der verfassungsrechtlichen Rechte der hinter dem Amt stehenden natürlichen Person zugelassen.[952]

948 Handlungen gegen den Bestand des Bundes, gegen die freie Kompetenzausübung der Legislative, der Judikative, des *Ministério Público* und der verfassungsmäßigen Staatsgewalten der föderalen Untergliederungen, gegen die Ausübung der individuellen, politischen und sozialen Rechte, gegen die innere Sicherheit des Landes, gegen den Grundsatz der Redlichkeit in der Verwaltung, gegen das Haushaltsgesetz sowie gegen den Vollzug von Gesetzen und Gerichtsentscheidungen. Weiter untergliedert sind die Handlungen in den Tatbeständen der Art. 4 ff. G 1.079/1950 (allerdings noch auf die aber insoweit ähnliche CF 1946 bezogen).

949 Art. 40, 40-A bzw. 39, 39-A G 1.079/1950 (zu letzteren s. bereits o. 1. Teil, B.I.2).

950 Dies ist mehrfach im Amtsenthebungsverfahren gegen den Staatspräsidenten Fernando Collor de Mello erfolgt (s. etwa STF, MS 21.564, BE Octavio Gallotti/Carlos Velloso, DJ v. 27.8.1993). In anderen Verfahren ging es um Anträge zur Beweiserhebung (MS 21.628) oder auf Ablehnung von Senatoren wegen Besorgnis der Befangenheit (MS 21.623).

951 Aus den Orientierungssätzen von MS 20.941, BE Aldir Passarinho, DJ v. 31.8.1992 („Fall José Sarney"): „2. Vorfrage der fehlenden Zuständigkeit der Rechtsprechenden Gewalt, über den Antrag zu erkennen: Ablehnung mit Stimmenmehrheit auf der Grundlage, dass, obwohl die vorhergehende Einwilligung [der Abgeordnetenkammer] über die Verfahrenseinleitung und die endgültige Entscheidung [des Bundessenats] Maßnahmen überwiegend politischer Natur sind – die in der Sache der gerichtlichen Kontrolle unzugänglich sind –, es dieser obliegt, die Ordnungsmäßigkeit des Impeachmentverfahrens zu prüfen, immer wenn in dessen Verlauf eine Verletzung oder Gefährdung der Rechte der Beteiligten in Frage steht; Sondervoten i.S. einer Ausschließlichkeit der Verfassungsrechtsprechung durch die Kammern des Nationalkongresses im Impeachmentverfahren."

952 So geschehen im Fall des Amtsenthebungsverfahrens des Staatspräsidenten Collor de Mello, das der Bundessenat weiterbetrieben hat, nachdem der Präsident bereits zurückgetreten war (STF, MS 21.689/DF, BE Carlos Velloso, DJ v. 7.4.1995, ablehnend dazu allein das Votum von Paulo Brossard, der die Kontrolle als Verstoß gegen Art. 85, 86 CF erachtet und damit Art. 5 XXXV CF vor dem Hintergrund der Gewaltenteilung nicht als absolut ansieht). In MS 20.941, a.a.O., lehnte das STF eine Intervention ab, da es nur um interne Abläufe der Abgeordnetenkammer, aber nicht um verfassungsrechtliche Positionen ging.

In Art. 102 I b) CF fällt i.Ü. auf, dass nur für die Kongressmitglieder gar keine Verantwortlichkeit für Amtspflichtverletzungen und kein Impeachment vorgesehen ist. Sie sind *Mandats*träger, und diese Eigenschaft ist mit einem solchen Verfahren, egal vor welchem Organ, nicht vereinbar.

Wie das STF entschieden hat, werden jeweils Verfahren gegen nicht privilegierte Tatbeteiligte grundsätzlich nicht abgetrennt, sondern unter dem Gesichtspunkt der Prozessökonomie stets zusammen mit dem Privilegierten verhandelt.[953]

Mehrfach abgelehnt hat das STF seine Zuständigkeit hingegen dann, wenn ein zivilrechtliches Begehren neben dem Strafantrag bzw. der Strafanzeige im Vordergrund steht, und somit in diesem Punkt bewusst keine erweiternde Auslegung gewählt.[954] Ebenso abgelehnt werden die sog. Öffentlichen Zivilklagen gegen einen der Amtsträger wegen unredlichen Verhaltens in der öffentlichen Verwaltung,[955] da dieses vom Begriff der Amtspflichtverletzung zu unterscheiden sei. Eine Erweiterbarkeit des Privilegiertenkreises durch den einfachen Gesetzgeber hat das STF i.Ü. ebenfalls nicht zugelassen.[956]

Wer ist als Bundesminister von der Privilegierung erfasst? Bundesministerien werden nach Maßgabe eines Bundesgesetzes geschaffen und aufgelöst (Art. 88 CF). Die Minister ernennt und entlässt der Präsident der Republik in dessen Grenzen nach Belieben (Art. 84 I CF). Art. 25 G 10.683/2003 (Gesetz über die Organisation der Präsidentschaft der Republik und der Ministerien) enthält einen Katalog der z. Zt. 24 Ministerien und in seinem § 1 eine Liste der Vertrauensämter des Präsidenten, die *ex lege* als Ministerämter gelten. Bei letzteren handelt es sich um exekutive Spitzenämter, insbesondere die Leiter der *Casa Civil*,[957] des Generalsekretariats der Präsidentschaft der Republik und anderer Stellen, die unmittelbar der Präsidentschaft zugeordnet sind und dieser zuarbeiten,[958] ebenso der Leiter der Zentralbank, der *Advogado-Geral da União* sowie die Staatsminister für „strate-

953 Rcl. 1.121/PR, BE Ilmar Galvão, DJ v. 16.6.2000.

954 STF, Pet. (AgR) 4.008/DF, BE Cármen Lúcia, DJ v. 7.12.2007; Pet. (AgR) 1.738/MG, BE Celso de Mello, DJ v. 1.10.1999; Pet. 2.357/DF, BE Celso de Mello, DJ v. 20.6.2001, mit Verweis auf den *numerus clausus* des Art. 102 CF.

955 Rcl. (AgR) 1.110/DF, BE Celso de Mello, 25.11.1999, Inf. 172.

956 S. STF, ADI 2.797/DF, BE Sepúlveda Pertence, DJ v. 19.12.2006, bzgl. eines Art. 84 § 2 CPP, der das Privileg auf alle Klagen wegen administrativer Unredlichkeit, d.h. auch mit anderen als den von Art. 102 I b, c) CF aufgezählten Stellen auf der Passivseite, zu erweitern suchte.

957 Das wesentliche Organ zur Koordination der Regierungsarbeit, zur (auch verfassungsrechtlichen) Beratung des Staatspräsidenten, zur Überwachung der Umsetzung von Regierungsprogrammen, zur Verkündung präsidialer Akte und allgemein zur unmittelbaren Unterstützung des Präsidenten bei seinen Aufgaben. Die *Casa Civil* ist am ehesten mit dem Bundeskanzler- und -präsidialamt in Deutschland zu vergleichen.

958 Das *Gabinete da Segurança Institucional* (Amt für institutionelle Sicherheit, zuständig u.a. für die Beratung in Militär- und Sicherheitsfragen, Geheimdienste und institutionelle Stabilität), die *Secretaria de Relações Institucionais* (Sekretariat zur Zusammenarbeit mit dem Nationalkongress und den Untergliederungen der Föderation) und die *Secretaria de Comunicação Social* (Presse- und Informationssekretariat).

gische Fragen"[959] und für Binnenkontrolle, Transparenz und Korruptionsbekämpfung in der öffentlichen Verwaltung. Diese „gesetzliche Fiktion" von Ministerämtern wurde vom STF mehrheitlich für Art. 102 I c) CF akzeptiert.[960] Nicht eingeschlossen in die Privilegierung sind aber die Amtsträger, denen das einfache Gesetz lediglich gleiche Vorteile und Rechte wie Ministern gewährt, ihnen aber den Status gerade nicht ausdrücklich zuerkennt.[961]

Eine Amtspflichtverletzung eines Bundesministers liegt z. B. vor, wenn dieser dem Parlament oder dessen Ausschüssen ohne rechtfertigenden Grund fernbleibt, wenn er persönlich Rechenschaft ablegen muss, oder er schriftliche parlamentarische Anfragen nicht oder falsch bedient (Art. 50, *caput* bzw. § 2 CF). Weitere Verletzungstatbestände für die Minister (bzw. die „als Minister" behandelten Organe) sind im einfachen Recht, insbesondere dem G 1.079/1950, zu finden. Nach dessen Art. 13 i.V.m. Art. 5–12 sind sie verantwortlich bei Verletzung von aufgelisteten Schutzgütern – die Existenz des Bundes, die freie Kompetenzausübung der Staatsgewalten in den Bundesstaaten, die Ausübung staatsbürgerlicher, individueller und sozialer Rechte, die innere Sicherheit des Landes, die Redlichkeit in der Verwaltung, das Haushaltsgesetz und der rechtmäßige Umgang mit öffentlichen Mitteln, die Einhaltung von Gerichtsentscheidungen – in dort näher bestimmter Art und Weise. Für die Zuständigkeit des STF ist entscheidend, dass der Bundesminister für sich gehandelt hat und sich nicht lediglich an einer Handlung des Präsidenten, etwa durch Mitunterschrift, beteiligt hat.

Für die Präsidenten von STJ, STM, TSE, TRE und Rechnungshof stellt es wie für alle Gerichtspräsidenten eine Amtspflichtverletzung dar, wenn sie durch Tun oder Unterlassen die Zahlung gerichtlicher Schuldtitel der öffentlichen Hand behindern (Art. 100 § 7 CF). Für die militärischen Befehlshaber und die hohen Diplomaten sowie für die sonstigen Mitglieder der genannten Gerichte kennt die Verfassung hingegen keine Pflichtverletzungstatbestände.

Ein Rücktritt eines Privilegierten vom Amt ist bei Amtspflichtverletzungen für den Prozessfortgang jeweils unerheblich, da auch über die in die Zukunft gerichtete Sperrzeit für eine Ausübung von Ämtern entschieden wird.[962]

959 Dieser leitet den ebenfalls direkt der Präsidentschaft unterstellten *Núcleo de Assuntos Estratégicos*, ein 2007 ins Leben gerufenes Zentrum für die langfristige nationale Entwicklung und Zukunftsplanung.

960 S. für den AGU: Inq. (QO) 1.660/DF, BE Sepúlveda Pertence, 6.9.2000, Inf. 201, für den Zentralbankchef: ADI 3.289, BE Gilmar Mendes, 5.5.2005, Inf. 386.

961 So entschieden etwa für den „Besonderen Sekretär für Aquakultur und Fischfang" der Präsidentschaft STF, Inq. (QO) 2.044, BE Sepúlveda Pertence, DJ v. 8.4.2005. Seit 2009 gibt es i.Ü. ein offizielles Ministeramt für diese Aufgabe.

962 Dies wurde ebenfalls im Fall „Collor de Mello", MS 21.689, a.a.O., festgestellt.

d. Zeitraum der Privilegierung

Die Privilegierung beginnt in jedem Falle mit der Aufnahme der Tätigkeit im jeweiligen Mandat bzw. mit dem Beginn der Amtsträgereigenschaft, selbst wenn die Tat vorher begangen wurde.[963]

Sie währt in Strafsachen nur solange, wie Mandat oder Amtsträgerschaft auch andauern. Stellt sich bei der Prüfung durch das STF heraus, dass die Tat erst nach – wie auch immer motivierter – Aufgabe des Amts oder Mandats oder dessen Verlust begangen wurde und handelt es beim Angeklagten wieder um einen „einfachen“ Bürger, erklärt sich das STF umgehend für unzuständig.[964]

Wurde die Tat zwar während der Amts- oder Mandatszeit verwirklicht, fällt aber das Rechtsverhältnis später – während des Prozesses – fort, so ist eine Verurteilung wegen Straftaten nach geänderter Rechtsprechung des STF im Jahre 2001 nunmehr ebenfalls ausgeschlossen (keine *perpetuatio fori*).[965] Die Zuständigkeit geht dann auf ein Instanzgericht (etwa am Tat- oder Wohnort)[966] über. Diese Änderung der Rechtsprechung wurde ganz offen und ausdrücklich mit der Abschichtung von Verfahren zur Selbstentlastung begründet, zumal auch ein Wandel der Verfassungswirklichkeit mit dem Häufigerwerden privater und öffentlicher Anklagen festzustellen gewesen sei. Sie wurde weiter damit begründet, dass dem *telos* des Gerichtsstandsprivilegs nach nicht die Person, sondern das Amt und seine unbelastete Ausübung geschützt sei und danach angesichts der Gleichheit der gemeinen Bürger und wegen des methodologischen Gebots einer engen Auslegung der Ausnahmevorschrift keine Rechtfertigung mehr für das Privileg bestehe.[967] Selbst wenn bereits einige Verfassungsrichter, aber eben noch nicht alle der zur Entschei-

963 In STF, AP 503/PR, Be Celso de Mello, 20.5.2010, Inf. 587, etwa wurde über Amtspflichtverletzungen eines Mitglieds der Abgeordnetenkammer verhandelt, die sich dieser in seiner vorangegangenen Funktion als Gemeindevorsteher hatte zuschulden kommen lassen.

964 St.Rspr. – Ls. 451.

965 Die st.Rspr. des STF (Ls. 394) ist dahingehend einstimmig mit der Entscheidung Inq. (QO) 687/SP, BE Sydney Sanches, DJ v. 9.11.2001 (s. für Votum des Berichterstatters Inf. 159), geändert worden. Die anschließende einfach-gesetzliche Wiedereinführung der *perpetuatio fori* in Art. 84 § 1 CPP wurde für verfassungswidrig erklärt, ADI 2.797/DF, BE Sepúlveda Pertence, DJ v. 19.12.2006. Dies ist entspricht den Motiven des verfassungsändernden Gesetzgebers im Rahmen der Verfassungsreform von 2004 (R.M. Groba Bandeira, Reforma do Judiciário, 9). Allein ein rechtsmissbräuchliches Verhalten des Angeklagten – etwa ein Rücktritt vom Amte zum Tage der Urteilsverkündung nach einem mehrjährigen Verfahren) soll eine *perpetuatio fori* begründen (AP 396/RO, BE Cármen Lúcia, 28.10.2010, Inf. 606).

966 Art. 70 ff. CPP.

967 STF, a.a.O., Inf. 159. Allerdings darf man bei diesem die Zulässigkeit einschränkenden Urteil nicht aus den Augen verlieren, dass die Konsequenz die Prüfung der Strafbarkeit im ordentlichen Rechtsweg mit bis zu vier Instanzen ist, einschließlich der etwaigen Kontrolle wieder durch das STF. Der Entlastungseffekt liegt dann freilich darin, dass der Prozess vorher rechtskräftig abgeschlossen werden könnte, und wenn nicht, er zumindest in rechtlicher und vor allem tatsächlicher Hinsicht durch die dazu besser geeigneten Instanzgerichte aufbereitet an das STF zurückkehrt.

dung berufenen, ihr Votum verlesen haben, schadet das Niederlegen der Funktion durch den Angeklagten nun der Fortführung des Prozesses.[968]

Wegen der Zwecksetzung der Gerichtsstandsnormen werden freilich auch umgekehrt die Akten dem STF durch das Gericht erster Instanz übermittelt, wenn sich während polizeilicher Untersuchungen oder der Anhängigkeit einer Strafklage gegen einen Nicht-Privilegierten die Übernahme eines der Ämter vollzieht und diesem damit das Gerichtsstandsprivileg zuwächst. Das STF fängt dann mit den Ermittlungen nicht von vorn an, sondern übernimmt den Prozess in dem Zustand, in dem er sich befindet.[969]

Allein bei den Amtspflichtverletzungssachen kann, wie der Fall „Collor de Mello" zeigte, ein Rücktritt wegen der durch keine andere Stelle feststellbaren, in die Zukunft weisenden Rechtsfolgen keine Erledigung eines laufenden Prozesses herbeiführen. Wurde die Tat zwar während der Innehabung der Funktion begangen, die Funktion aber noch vor einer Annahme der Anzeige durch das Entscheidungsorgan aufgegeben, wird die Anzeige hingegen auch bei Amtspflichtverletzungen nicht angenommen und das Verfahren somit gar nicht erst eröffnet, so dass der Täter für die Handlung ggf. nur nach allgemeinem Strafrecht vor einem lokalen Gericht haftet.[970]

Eine Besonderheit könnte sich bzgl. der durch Art. 102 CF privilegierten hohen Richter, einschließlich der des STF selbst, ergeben: Es sind z.Zt. Rechtsmittel beim STF anhängig, in denen die Auswirkung des verfassungsrechtlichen Lebenszeitprinzips auf das Gerichtsstandsprivileg mit bereits kontroversen Voten diskutiert wird.[971] Deshalb könnte es sein, dass eine Beendigung des aktiven Dienstes das Privileg hier nicht entfallen lässt.

e. Verfahrensrecht

Nach dem unter der jüngsten Verfassung herrschenden Rechtsverständnis kann grundsätzlich jeder wahlberechtigte Bürger, nicht mehr nur der *Procurador-Geral da República*, einen zulässigen Antrag wegen Amtspflichtverletzungen unmittel-

968 STF, Inq. (QO) 2.277-2/DF, BE Marco Aurélio, DJ v. 29.9.2006.

969 Inq. 571/DF, BE Sepúlveda Pertence, DJ v. 5.3.1993, wonach vorherige prozessuale Akte Wirksamkeit behalten.

970 Vgl. den Rechtsgedanken in Art. 15, 42 und 76 G 1.079/1950; L.R. Barroso, RDA 212 (1998), 161 (166).

971 RE 546.609 und 549.560/CE, BE Ricardo Lewandowski (nicht abgeschlossen). Die Prozesse betreffen Privilegierungen vor anderen Gerichten, dürften sich aber ohne Weiteres auf das Art. 102 CF übertragen lassen.

bar beim STF einreichen.[972] Anders ist es in den allgemeinen Strafsachen: Dort hat das *Ministério Público* bereits gemäß Art. 129 I CF grundsätzlich das Anklagemonopol,[973] kann aber selbstverständlich von jedermann durch Anzeige auf Straftaten aufmerksam gemacht werden.

Damit das Verfahren seinen Lauf nehmen kann, können organspezifisch verfassungsrechtliche Anforderungen zu erfüllen sein. Wenn der Präsident der Republik, der Vizepräsident oder ein Bundesminister beschuldigt wird, bedarf es nach Art. 51 I, 86 CF zur Prozesseinleitung einer Einwilligung durch die Abgeordnetenkammer mit der Mehrheit von zwei Dritteln ihrer Mitglieder. Der Ablauf des vorgeschalteten parlamentarischen Verfahrens bestimmt sich nach Art. 217 RICD: In der Gesetzgebungskammer findet eine Lesung und anschließend ggf. eine Verweisung an einen nach Parteienproporz besetzten Ausschuss statt, bevor in einer namentlichen Abstimmung über die Einwilligung Beschluss gefasst wird. Der Beschuldigte hat das Recht, sich dort binnen einer Frist von zehn Sitzungstagen zu äußern. Die Prüfung und Vorbereitung muss wegen der schwerwiegenden Rechtsfolgen schon in der Abgeordnetenkammer eingehend sein und darf nicht in einer bloßen Weiterleitung der Anzeige an das Entscheidungsorgan bestehen. Schon bei der Einwilligung in die Anklage wird eine auch politische Einschätzung vorgenommen.[974] Erst nach dem Eingang von Strafanzeige oder -antrag beim STF wird der Präsident von seinen Aufgaben suspendiert, allerdings nur für höchstens 180 Tage, in denen eine Urteilsfindung abgeschlossen sein sollte.

Die Verfassung stellt bezüglich der Abgeordneten und Senatoren hingegen seit 2001 kein parlamentarisches Einwilligungserfordernis für die bloße Verfahrenseröffnung mehr auf. Das STF muss das jeweilige Gesetzgebungsorgan nach dem Eingang einer Anzeige jedoch darüber verständigen. Auf Antrag einer in dem betreffenden Organ vertretenen Partei kann dieses dann mit Mitgliedermehrheit die Suspendierung der Klage, und zwar jederzeit bevor ein Endurteil gesprochen wird, bewirken.[975] Das STF kann ohne Einwilligung der Legislative bis zu einem etwaigen parlamentarischen Suspendierungsbeschluss sämtliche Ermittlungsmaßnahmen wie die Einblicknahme in Bankdaten oder eine Telekommunikationsüberwachung anordnen.

972 STF, Inq. 1.350/DF BE Celso de Mello, DJ v. 15.2.2000. Für A. de Moraes, Constituição do Brasil Interpretada, Art. 102, S. 1483, folge dies schon aus der Inhaberschaft staatsbürgerlicher Rechte, dem *status civitatis*. Der anzeigeberechtigte Bürger ist in Verfahren gegen den Präsidenten und seine Minister dann gehalten, Beweismittel einzureichen und mindestens fünf Zeugen zu benennen (Art. 218 RICD).

973 STF, Pet. (AgR-ED) 1.104, BE Sydney Sanches, DJ v. 23.5.2003 (anderes gilt allerdings für Privatklagedelikte).

974 Vgl. STF, MS 21.564, BE Octavio Gallotti/Carlos Velloso, DJ v. 27.8.1993 – „Fall Collor de Mello".

975 Vgl. Art. 53 §§ 3 ff. CF. Vgl. Art. 332 VII RISF zur diesbzgl. herrschenden Kontinuität im Bundessenat.

Das Verfahren gliedert sich bei allen Beschuldigten i.S. des Art. 102 I b) und c) immer in zwei Phasen: erstens das Eröffnungsverfahren, in dem es darum geht, ob die beim STF eingegangene Anklage die Einleitung eines Hauptverfahrens, des Strafprozesses rechtfertigt (*Inquérito* – Inq., mit einer Prüfung des Art. 41 CPP, dessen Voraussetzungen durch die Anklage erfüllt sein müssen),[976] und zweitens den Strafprozess selbst (*Ação Penal* – AP).

Art. 1–6 G 8.038 betreffen die Abfolge der Verfahrensschritte im Eröffnungsverfahren bis zur Annahme der Anklage. Der Berichterstatter fungiert als Ermittlungsrichter. Seit jüngstem ist er angesichts der Kapazität des STF befugt, die Durchführung von Vernehmungen und anderen ermittlungsrichterlichen Handlungen am Gerichtsort oder am Ort der vorzunehmenden Handlung an unterinstanzliche Richter von verschiedensten Gerichten zu delegieren. Dies hat, wie vom II. Republikanischen Pakt im Jahre 2009 beabsichtigt, eine wesentliche Effizienzsteigerung des STF zur Folge, was sich gerade in Großverfahren mit vielen zusammenwirkenden Angeklagten wie dem „*Mensalão*" auszahlen wird.

Nach Annahme der Anklage in einem Verhandlungstermin kann der Prozess als Strafprozess mit Beschuldigtenbefragung und Beweiserhebung weitergeführt werden (dafür gelten die Art. 7–12 G 8.038 und subsidiär der CPP). Die Weiterführung ist allerdings nicht unmittelbar im selben Termin möglich: Es müssen die Publikation des Eröffnungsbeschlusses und eventuelle Rechtsbehelfe gegen diesen abgewartet werden.[977] Auch in der anschließenden Phase kann der Berichterstatter Amtshandlungen an externe Richter delegieren.

Bei Vergehen mit geringerem Unrechtsgehalt (solchen mit einer maximalen Strafandrohung von bis zu zwei Jahren) kann der Prozess u.U. bereits nach Annahme der Anzeige durch das STF im Einvernehmen mit dem MP und dem Angeklagten zu gesetzlich und gerichtlich festgelegten Bedingungen (etwa Wohlverhalten, Wiedergutmachung, Einhaltung von Aufenthalts- und Meldeauflagen) ausgesetzt werden, bei deren Erfüllung die Strafe am Ende erlassen wird.[978]

Im Prozess der Strafklage vor dem STF (ebenso bei Wiederaufnahmeklage und strafrechtlicher Revision, zu diesen Verfahren s. unten) wird, nachdem der Berichterstatter den Sachbericht gefertigt hat, in einem zusätzlichen Verfahrensschritt ein Verfassungsrichter – namentlich der zum Berichterstatter nächst dienstjüngere *Ministro* des Spruchkörpers – nach Maßgabe der Art. 23 ff., 243 RISTF als Revisor

976 Zur erneuten Erhebung der Anklage mit neuen Ermittlungsergebnissen bei zuvor abgelehnter Eröffnung vgl. STF, HC 94.869; HC 87.395/PR, BE Ricardo Lewandowski (nicht abgeschlossen).

977 STF, Inq. (QO) 2.280, BE Joaquim Barbosa, DJe v. 14.12.2009.

978 Dies ist nur in solchen Prozessen angängig, für die ohne die Gerichtsstandsprivilegierung die den beschleunigten, vereinfachten Verfahren dienenden „*Juizados Especiais*" zuständig wären, vgl. Art. 60 ff. i.V.m. 89 G 9.099/1995 u. dazu STF, Pet. 3.898/DF, BE Gilmar Mendes, 27.8.2009, Inf. 557. Im Übrigen kann – nach allg. Strafrecht (Art. 77 ff. CP) – eine Strafaussetzung zur Bewährung lediglich mit dem Endurteil festgelegt werden.

tätig. Diesem obliegt es, noch prozessleitende Maßnahmen vorzuschlagen, die der Berichterstatter im Rahmen seiner Herrschaft über das Verfahren unterlassen hat, den Sachbericht zu genehmigen oder ggf. zu ergänzen oder richtigzustellen und letztlich den Urteilstermin anzuberaumen.

Nach Art. 221 CPP gilt für eine Vielzahl von herausgehobenen Amts- und Mandatsträgern eine zusätzliche Privilegierung hinsichtlich der Art und Weise ihrer Vernehmung als Zeugen in Ermittlungsverfahren und Strafprozess: Sie können an einem vorher mit dem Richter vereinbarten Ort und Termin vernommen werden. Der Präsident und der Vizepräsident der Republik sowie die Präsidenten der Abgeordnetenkammer, des Bundessenats und des STF können sogar dafür optieren, ihre Zeugenaussagen schriftlich zu leisten. Diese Vorschrift ist nicht anwendbar für Aussagen des dort genannten Kreises von Personen, wenn diese nicht in der Eigenschaft als Zeugen, sondern selbst als Beschuldigte vernommen werden sollen.[979] Der Richter kann beschuldigte Amts- und Mandatsträger also wie Nichtprivilegierte (einseitig) vorladen. Dennoch erscheint die Erwähnung des Art. 221 CPP in diesem Zusammenhang relevant, da in Prozessen gegen Privilegierte oftmals andere Privilegierte als Zeugen in Frage kommen (wie sich z. B. in dem großen Korruptions- und Stimmenkaufskandal „*Mensalão*“[980] zeigte). Nach verfassungskonformer Auslegung der Vorschrift durch das STF soll das Vorrecht des Art. 221 CPP nur mehr für 30 Tage gelten, damit die Zeugen den Verfahrensgang nicht unnötig in die Länge ziehen oder sich dem Ruf der Justiz gar entziehen können.[981] Damit wurde ein Schritt zur Bekämpfung des permanenten Übels der faktischen Straflosigkeit getan.

f. Das Für und Wider des „Foro privilegiado“

Der Vorzug, das STF als erstinstanzlichen gesetzlichen Richter zu haben, soll in der Vermeidung langer, über mehrere Instanzen schwebender Prozesse liegen,[982] die die Privilegierten in zeitlicher und psychischer Hinsicht zusätzlich belasten können und die trotz der bis zur rechtskräftigen Verurteilung bestehenden Unschuldsvermutung (Art. 5 LVII CF) einen Makel für die Amts- und Mandatsträger und gewiss auch für die Ämter, die diese bekleiden, und die Organe, denen sie angehören, allein wegen ihrer Anhängigkeit mit sich bringen. Der Sinn ist der

979 Vgl. STF, Inq. 2.839/SP, BE Celso de Mello, DJe v. 17.9.2009.

980 Anhängig gemacht im Jahr 2007 unter STF, AP 470, BE Joaquim Barbosa.

981 AP (QO) 421/SP, BE Joaquim Barbosa, 22.10.2009, Inf. 564. In diesem Verfahren war ein Abgeordneter zu fünf vereinbarten Terminen nicht erschienen.

982 Der Genuss einer Überprüfbarkeit des Urteils zugunsten der Angeklagten bleibt diesen angesichts der Möglichkeit eines Revisionsverfahrens (welches nach Art. 102 I lit. j CF wieder vor dem STF stattfindet, dazu sogleich u. V.2.g) u.U. dennoch unbenommen.

Schutz der Arbeit der Verfassungsorgane als solcher, nicht der dahinter stehenden natürlichen Personen.

Ein zweiter Rechtfertigungsgrund ist die Vermeidung von Urteilen durch Richterpersönlichkeiten unterer Instanzen, die in gewissem Sinne von den ihnen übergeordneten Angeklagten abhängig sein können (etwa im Blick auf vergangene oder zukünftige Beförderungs- oder Disziplinarentscheidungen). Dies kann zu einer sachwidrigen Entscheidung führen. Daher sollen in allen Rechtssachen, in denen der *Foro Privilegiado* gilt, egal ob im Bereich der Amtspflichtverletzungen, des Strafrechts oder der Verfahren des reinen Grundrechtsschutzes, lediglich übergeordnete Instanzen urteilen dürfen, wo Abhängigkeit und Einflussnahme schon strukturell ausgeschlossen sind. Schon die Privilegierung in der Charta von 1824 soll ihren Grund nicht in den Partikularinteressen mächtiger Funktionsträger, sondern in dem öffentlichen Interesse an der unparteilichen Beurteilung von Übertretungen gehabt haben.[983]

Die Besserstellung ist jedoch seit jeher kritisiert worden. Kaum ein Rechtsinstitut stößt in der von sozialen Ungleichheiten gekennzeichneten Bevölkerung auf mehr Unverständnis und Ablehnung. Der Eindruck einer Spaltung in ein Zweiklassensystem, eine Justiz für die ohnehin zumeist unbeliebten Entscheidungsträger und einer separaten Justiz für das einfache Volk, dürfte wohl vorherrschen. Das Missfallen wird mit jedem Freispruch durch die erstere und jeder Einstellung eines Verfahrens gegen einen Politiker, auch wenn diese rechtlich einwandfrei erfolgten, genährt und gesteigert.

Faktisch dauern die Verfahren auch vor dem STF namentlich so lange, dass Straflosigkeit wegen Verjährung stets droht oder eintritt,[984] und die Sinnhaftigkeit des Privilegs fraglich wird. Jedenfalls theoretisch nicht unwahrscheinlich sind zudem Näheverhältnisse zwischen den Verfassungsrichtern und den Angeklagten, die insbesondere vom Ernennungsvorgang der Richter herrühren können.[985] So waren beim Amtsenthebungsverfahren von Präsident Collor de Mello z. B. vier Richter mit zur Abstimmung berufen, die von ihm ausgewählt worden waren. Das STF (wie manche anderen Gerichte auch, die als privilegierender Gerichtsstand fungieren) ist ferner strukturell und personell nicht für diese Strafprozesse mit der Notwendigkeit der Tatsachenermittlungen gerüstet. Als problematisch wird auch die Vereinbarkeit mit dem Gleichheitssatz (Art. 5, *caput*, CF) gesehen. Wird die Verletzung des Verbotes von Ausnahmegerichten gemäß Art. 5 XXXVII CF (oder anders gewendet: des Rechts auf den gesetzlichen Richter) gerügt, ist dies aller-

983 J.A. Pimenta Bueno, Direito Público Brasileiro e Análise da Constituição do Império, 341.

984 Mit Beispielen und zu Entwicklung und Ursachen berichtend K. Riehle, *Impunidade* – das Problem der Straflosigkeit in Brasilien, Länderbericht Focus Brasilien der Konrad-Adenauer-Stiftung, 9/2007.

985 Für eine Abschaffung dieser Kompetenz daher C.M. da Silva Velloso, RDA 231 (2003), 297 (301); J.A. Garcia, RDCI 61 (2007), 123.

dings als Polemik zurückzuweisen, denn die Gerichtsstandsprivilegierungen sind verfassungsrechtlich verankert und die Gerichte damit zum gesetzlichen Richter geworden; den betreffenden Angeklagten wird also vor einer zuständigen Stelle i.S. des Art. 5 LIII CF der Prozess gemacht.

g. Die Revision in eigenen Strafsachen

Sachlich in den Zusammenhang der soeben erörterten Verfahrensarten gehört die Kompetenz des STF gemäß Art. 102 I j) CF (Art. 624 I CPP) zur Revision seiner eigenen Urteile in Strafsachen. Diese Kompetenz knüpft an eine seit 1891 in Brasilien bestehende Verfassungstradition der Kontrolle von Strafurteilen durch das STF an, wobei sich die Verfassung zunächst auf Verurteilungen durch andere Gerichte bezog, die das STF letztinstanzlich überprüfen konnte, und erst später auf eine Revision der eigenen Strafurteile.[986]

Strafsachen im Sinne der heutigen Regelung sind einerseits jene in den originären Verfahren des Art. 102 I b) und c) durch das STF getroffenen Urteile, anderseits auch solche Strafurteile, die gemäß Art. 102 II b), III vom STF bereits als ordentliche oder außerordentliche Rechtsmittelinstanz gefällt wurden. Es handelt sich deshalb in jedem Falle um eine Revision, die ausnahmsweise keinen Devolutiveffekt hat. Obwohl die Revision eigentlich ein Rechtsmittel darstellt,[987] ist sie rechtstechnisch bei den originären Zuständigkeiten des STF verortet, mit denen sie nur gemeinsam hat, dass vorher kein Instanzenzug gegeben war.[988] Die Tatsache der originären Zuständigkeit des Obersten Bundesgerichts für bestimmte Strafsachen sollte der einfach-rechtlich vorgesehenen Möglichkeit der erneuten Überprüfung von Strafurteilen, wenn die rechtlichen Voraussetzungen dafür vorliegen, nicht entgegenstehen. Die Strafprozessordnung begnügt sich mit einer dynamischen Verweisung auf die Geschäftsordnung des STF für dessen Revisionsprozess, die in Art. 263–272 RISTF wiederum die allgemeinen Revisionsvorschriften des CPP (dort Art. 621–631) in wesentlichen Teilen übernimmt.

Die Revision ist gemäß Art. 263 RISTF bei Urteilen statthaft, in denen eine Verurteilung des Angeklagten durch das STF ergangen ist oder aufrechterhalten wurde und Revisionsgründe vorliegen. Als Revisionsgründe kennen CPP und

986 Art. 59 III CF 1891: „abgeschlossene Prozesse gemäß Art. 81 zu überprüfen“ (aus Art. 81 ergab sich neben der Fristlosigkeit des Verfahrens und dem Verbot einer *reformatio in peius*, dass es sich um Strafprozesse handeln musste), ähnlich nachfolgend Art. 76 Nr. 3 CF 1934. In Art. 101 IV CF 1946 spricht erstmals von einer Revision des STF „seiner“ Entscheidungen in abgeschlossenen Strafprozessen, ähnlich dann Art. 114 I m) CF 1967; Art. 119 I m) CF 1967/69.

987 Vgl. auch die Überschrift des Titels II des Buches II des CPP.

988 Deshalb wird dieses Rechtsmittel auch in dieser Arbeit im Rahmen der Zuständigkeiten des Art. 102 I CF mitbehandelt.

RISTF übereinstimmend: den Widerspruch des Urteils zum ausdrücklichen Gesetzeswortlaut oder zur Beweislage in den Akten, eine Fundierung des Urteils auf nachweislich falschen Aussagen, Untersuchungen oder Dokumenten sowie schließlich das nachträgliche Auftreten neuer Beweise der Unschuld oder für eine mildere Strafbarkeit.

Antragsberechtigt ist der Verurteilte (nebst seinem Prozessbevollmächtigten) und, im Falle seines Ablebens, sein Ehegatte, Verwandte in gerader Linie oder Geschwister.[989]

Eine zeitliche Befristung des Antragsrechts besteht nicht. Ein Revisionsantrag darf jedoch nicht auf dieselben Gründe gestützt wiederholt werden.[990] Dem Antrag sind alle vorhergehenden Entscheidungen in derselben Sache und Nachweise bzw. Beweisangebote für die Revisionsgründe beizufügen.[991]

Der Berichterstatter entscheidet über die Zulassung der Beweise und kann diesbzgl. Ergänzung verlangen.[992] Er ist befugt, zu jeder Zeit von Amts wegen zu ermitteln, und kann die Akten der vorhergehenden Prozesse beiziehen. Art. 268 RISTF gebietet die Anhörung des Antragstellers und des *Procurador-Geral* jeweils binnen fünf Tagen. Nach Erstellung des Sachberichts gehen die Akten an den Revisor,[993] der nach Ausübung seiner Kontrollfunktion einen Entscheidungstermin anberaumt. Die Verhandlung findet entsprechend Art. 245 VII RISTF geheim statt.

Das STF hat keine Entscheidungsmacht für eine *reformatio in peius*. Bei Begründetheit der Revision spricht es den Angeklagten unter Anerkennung verlorener Rechte und ggf. einer Entschädigungszahlung frei oder erkennt auf eine mildere Strafe, die vom Vollstreckungsgericht umzusetzen ist.[994]

h. Rechtsvergleich

Der deutschen Verfassungsordnung sind privilegierende Gerichtsstände im Grunde fremd. Es finden sich jedoch zwei Verfahrensarten im Kompetenzkatalog des BVerfG, die sich auf ein Sich-Verantwortenmüssen von Organwaltern beziehen. Eine strafrechtliche Rechtsnatur wird heute allgemein abgelehnt, vielmehr soll es sich um verfassungsrechtliche Verfahren *sui generis* handeln.[995]

989 Art. 265 RISTF.
990 Art. 264 RISTF.
991 Art. 266 RISTF.
992 Art. 267 RISTF.
993 S. o. 1. Teil, C.II.1.
994 Art. 269 ff. RISTF.
995 Vgl. nur R. Herzog, in: Maunz/Dürig, GG, Art. 61 Rn. 10 m.w.N.; H. Lechner/R. Zuck, BVerfGG, vor § 58 Rn. 2.

Die Richteranklagen gemäß Art. 98 II, V GG und §§ 13 Nr. 9, 58 ff. BVerfGG sind als Kompromiss zwischen der richterlichen Unabhängigkeit und dem notwendigen Schutz des Grundgesetzes und der verfassungsmäßigen Ordnung der einzelnen Bundesländer vor richterlichen Verfehlungen (eben dem Missbrauch der Unabhängigkeit) beim BVerfG monopolisiert. Die Verfahrensart betrifft Richter aller Rechtszüge, nicht nur die hohen Richterämter, für die Landesrichter müssen die jeweiligen Länder jedoch von der Ermächtigung des Absatzes 5 Gebrauch machen. Als Rechtsfolge von Pflichtverletzungen kann die Versetzung in ein anderes Amt oder in den Ruhestand, bei vorsätzlichen Verstößen die Entlassung aus dem Dienst angeordnet werden. Erforderlich ist eine Zweidrittelmehrheit im Senat (sechs von acht Stimmen). Das Verfahren ist praktisch noch nie vorgekommen.

Die Richter des BVerfG selbst sind nicht von Art. 98 GG erfasst. Sie betrifft vielmehr der einfach-rechtliche § 105 BVerfGG. Das BVerfG kann das eigene Personal danach jedoch nicht wie das STF selbst aburteilen. Es kann lediglich den Bundespräsidenten mit Zweidrittelmehrheit ermächtigen, einen Verfassungsrichter zu entlassen, wenn dieser wegen einer entehrenden Handlung oder zu einer Freiheitsstrafe von mehr als sechs Monaten rechtskräftig – und zwar von einem örtlich und sachlich zuständigen Strafgericht, wie es für jeden gemeinen Bürger auch gälte – verurteilt worden ist oder wenn er sich einer solch groben Pflichtverletzung schuldig gemacht hat, dass sein Verbleiben im Amt ausgeschlossen ist. Das Gericht beurteilt die Verfehlung damit also nicht selbst, sondern entscheidet mit über die Konsequenzen. Sobald ein Hauptverfahren gegen einen der Richter eingeleitet wird (also bei Vorhandensein hinreichenden Tatverdachts), ist auch eine vorläufige Amtsenthebung mit derselben Mehrheit möglich.

Ferner sind Präsidentenanklagen gemäß Art. 61 GG und §§ 13 Nr. 4, 49 ff. BVerfGG zum Zwecke des Impeachments dem BVerfG zugewiesen.[996] Die Anklage kann nur binnen drei Monaten, nachdem der ihr zugrunde liegende Sachverhalt der antragsberechtigten Körperschaft bekannt geworden ist, erhoben werden. Das BVerfG stellt im Urteil fest, ob der Bundespräsident einer vorsätzlichen Verletzung des GG oder eines genau zu bezeichnenden Bundesgesetzes schuldig ist. In diesem Fall kann das BVerfG den Bundespräsidenten mit Wirkung ab Verkündung des Urteils seines Amtes für verlustig erklären. In der Verfassungspraxis wurde noch kein Bundespräsident angeklagt, das Staatsoberhaupt war lediglich Antragsgegner in Organstreitverfahren.

Eine Abgeordnetenanklage, wie sie das Landesrecht etwa in Art. 61 der Verfassung des Landes Brandenburg, §§ 12 Nr. 6, 52 ff. des Brandenburgischen Ver-

996 Diese Verfahrensart wird von manchen, was die Struktur betrifft, immerhin als „quasistrafrechtlich" bezeichnet (vgl. H. Lechner/R. Zuck, BVerfGG, vor § 49 Rn. 1).

fassungsgerichtsgesetzes kennt, existiert auf Bundesebene nicht.[997] Für die Abgeordneten im Bundestag gelten Immunität und Indemnität nach Art. 46 GG, der aber nicht ausschließt, dass diese vor lokalen Gerichten strafrechtlich zur Verantwortung gezogen werden.

Ebensowenig besteht, wie noch zur Zeit der Weimarer Verfassung, die Möglichkeit, Mitglieder der Bundesregierung vor dem BVerfG anzuklagen.[998]

i. Verfahrensbelastung

Die Straf- und Amtspflichtverletzungssachen vor dem STF haben sich stabil entwickelt wie kaum andere Verfahrensarten. Es gehen jährlich stets zwischen 100 und 300 Anträge ein, wobei die Phase vor und die Phase nach Eröffnung der Anklage sowie die entsprechenden Rechtsmittelverfahren mitgezählt sind. Die Aussagekraft dieser Zahlen allein ist jedoch gering: In manchen Verfahren werden komplexe, wirtschaftsstrafrechtliche Anschuldigungen unter Verstrickung von zahlreichen Personen zum selben Sachzusammenhang behandelt, die zusammen unter einem Aktenzeichen geführt werden. Auch in Anbetracht der gerade in den Privilegiertenkreisen beschäftigten erstklassigen Strafverteidiger und der gegebenen innerprozessualen Rechtsbehelfe können sie insgesamt lange Zeit in Anspruch nehmen. Andere Verfahren hingegen lassen sich durch wenige Federstriche erledigen.

Zwar werden die Instanzgerichte verschont, die Konzentration beim für Strafprozesse nicht optimal gewappneten STF wird jedoch schon im Grundsätzlichen kritisch gesehen. Hilfreich ist die neue Verfahrensregelung, die es dem STF ermöglicht, lokale Strafrichter zur Unterstützung heranzuziehen.

Wie gezeigt hat das STF im gegebenen Rahmen immerhin an manchen Stellschrauben für eine Verbesserung des Zustands gedreht: Das Gericht erliegt nicht der Versuchung, die personelle Privilegierteneigenschaft zur Mehrung seiner Entscheidungsmacht interpretatorisch auszudehnen, und hat etwa die Ersatzkandidaten für Parlamentarier ausgeklammert. Hinsichtlich des Privilegierungszeitraums ist es durch Abschaffung der *perpetuatio fori* angesichts seiner Belastung seit Kurzem strenger geworden. Es erreicht eine potenzielle Beschleunigung durch die einseitige Fristsetzung für Zeugenaussagen privilegierter Organwalter sowie durch die Anerkennung einvernehmlicher Strafaussetzungen zur Bewährung gegen Auf-

997 Das Potsdamer Gericht kann nach diesen Vorschriften auf Antrag eines Drittels der Landtagsabgeordneten den mit Verkündung des Urteils wirksamem Mandatsverlust einen Abgeordneten feststellen. Einziger Tatbestand ist dort der gewinnsüchtige Missbrauch der Abgeordnetenstellung. Die Anklage muss binnen sechs Monaten nach Eintritt des zugrunde liegenden Sachverhalts erhoben werden.

998 Krit. R. Herzog, in: Maunz/Dürig, GG, Art. 61 Rn. 7.

lagen bei geringerem Unrechtsgehalt. Andere Klagearten gegen die Privilegierten, wie solche mit dem Begehren zivilrechtlicher Ziele, weist es regelmäßig strikt ab und lässt auch eine entsprechende erweiternde Zuweisung durch den einfachen Gesetzgeber nicht zu (der Gesetzgeber kann lediglich Ministerämter kreieren und so den Privilegiertenkreis auch unterhalb der Schwelle der Verfassungsänderung beeinflussen).

3. Der Schutz von Kompetenzen von Bundesorganen (Organstreitigkeiten)

a. Die Instrumentalisierung des Verfahrens der Sicherungsverfügung

Das ursprünglich für das Verhältnis Staat–Bürger konzipierte und oben bereits behandelte Verfahren der Sicherungsverfügung ist – in Ermangelung anderer verfassungsrechtlicher Mechanismen, die Kompetenzstreitigkeiten innerhalb derselben juristischen Person Bund auflösen konnten – durch die Rechtsprechung auf das Verhältnis staatlicher Körperschaften und Organe untereinander ausgedehnt worden. Es hat damit eine koordinationsrechtliche Facette erhalten, obwohl die Regelung der Sicherungsverfügung ihren Platz eigentlich noch immer im Kapitel der Individualrechte des Bürgers hat.

Zum einen können somit juristische Personen des öffentlichen Rechts gegeneinander vom Rechtsinstitut des *Mandado de Segurança* Gebrauch machen. Es ist insofern nicht nur auf Fälle beschränkt, in denen juristische Personen des öffentlichen Rechts ausnahmsweise grundrechtsberechtigt sind (etwa hinsichtlich justizieller Grundrechte, wenn sie Prozesspartei sind) und nicht als grundrechtsverpflichtete Teile des Staates, sondern als der Hoheitsgewalt in einem Subordinationsverhältnis Unterworfene auftreten. Daher kann es etwa zu Verfahren der Sicherungsverfügung zwischen den föderalen Einheiten untereinander kommen, die vor dem STF bereits unter den schon behandelten Art. 102 I f) CF fallen.

Erfasst ist, zum anderen, auch der Schutz von Wahrnehmungsberechtigungen an sich nicht rechtsfähiger öffentlicher Organe und Ämter dieser juristischen Personen, namentlich der Schutz der Spitzenämter in der Exekutive und im *Ministério Público*, der Präsidien der Legislativorgane und der Gerichte, der Stiftungen, Ausschussvorsitzenden, der Aufsichtsorgane für öffentlich-rechtliche Dienste im Bereich der Daseinsvorsorge und weiterer Organe der unmittelbaren und mittelbaren Staatsverwaltung, jeweils gegen Akte anderweitiger öffentlicher Gewalt.[999] Die

999 H. Lopes Meirelles/A. Wald/G. Ferreira Mendes, Mandado de Segurança, 26 f.; J.B. Barbosa Gomes, La Cour Suprême dans le Système Politique Brésilien, 129 ff. Grundlegend STF, 74.836/CE, BE Aliomar Baleeiro/Rodrigues Alckmin, DJ v. 19.11.1973 (erfolgreiche Klage des nicht rechtsfähigen Bundesrechnungshofes zur Verteidigung seiner Kompetenz, die durch Entlassung seiner Mitglieder gefährdet wurde).

Wahrnehmungsberechtigungen, obwohl eigentlich keine Rechte, sondern Zuständigkeiten, werden unter den Ausdruck „eindeutige und nachgewiesene Rechtsansprüche“ i.S. des Art. 5 LXIX CF subsumiert. Damit wird die Lücke im Art. 102 I CF hinsichtlich der klassischen, in vielen Ländern etablierten und notwendigen verfassungsgerichtlichen Aufgabe geschlossen, Organstreitigkeiten innerhalb der Sphäre einer juristischen Person zu befrieden. Das STF kann über das Verfahren der Sicherungsverfügung also grundsätzlich die letztverbindlichen Kompetenzabgrenzungen zwischen den Bundesorganen vornehmen.

Durch diesen Lückenschluss muss i.Ü. eine Anwendung der subsidiären ADPF nicht entfallen, da die staatsorganisationsrechtlichen Beziehungen gerade zwischen den obersten Staatsorganen in vielen Fällen mit „grundlegenden Vorschriften“ in Verbindung stehen und deren Auslegung von objektiv-verfassungsrechtlichem Interesse ist. Sie kann daher von den Berechtigten aus Art. 103 CF zu einer allgemeingültigen Klärung erhoben werden, auch wenn der Organwalter selbst den Schutz seiner Rechtsposition nicht betreibt.[1000]

Anerkannt wurde etwa, dass Abgeordnete und Senatoren im Wege der Sicherungsverfügung dafür aktivlegitimiert sind, eine Sicherungsverfügung zu beantragen, um parlamentarische Handlungen zu unterbinden, die nicht mit dem verfassungsgemäßen Ablauf des Gesetzgebungs- bzw. Verfassungsänderungsverfahrens vereinbar sind.[1001] Senatoren können gegen die Verhinderung der Einsetzung eines Untersuchungsausschusses durch das Präsidium des Bundessenats klagen und das (einem Drittel der Mitglieder des Senats zustehende) Minderheitenrecht aus Art. 58 § 3 CF geltend machen[1002] sowie gegen den Präsidenten der Abgeordnetenkammer wegen Ablehnung eines Impeachment-Verfahrens.[1003] Eine politische Partei kann nach dem Tod eines Abgeordneten, der die Partei gewechselt hatte, gegen den Präsidenten der Abgeordnetenkammer auf die Zulassung des Nachrückens eines Ersatzkandidaten aus ihren Reihen klagen.[1004]

Es darf jedoch nicht zu einer Einmischung des Judikativorgans in die Verfahrenshandlungen innerhalb des Parlaments durch eine Prüfung von möglichen Geschäftsordnungsverstößen kommen. Insofern sind sog. Akte *„interna corporis“*

1000 R. Mendes Mandelli Jr., ADPF, 144.

1001 STF, MS 24.642, BE Carlos Velloso, DJ v. 18.6.2004; s. auch o. Fn. 366 zur vorbeugenden Normenkontrolle durch Sicherungsverfügung (MS 20.257).

1002 STF, MS 24.831, BE Celso de Mello, DJ v. 4.8.2006, der hier feststellt, dass Untersuchungsausschüsse ihre Arbeit zwar nicht ohne von der Parlamentsmehrheit entsandte Mitglieder aufnehmen können, dass der Präsident des Senats aber verpflichtet ist, den Ausschuss nach Parteienproporz zu komplettieren. In der Entscheidung wird das Minderheitenrecht i.Ü. als „subjektives öffentliches Recht“ bezeichnet.

1003 STF, MS 20.941, BE Aldir Passarinho, DJ v. 31.8.1992 – „Impeachment Präsident José Sarney“.

1004 STF, MS 27.938/DF, BE Joaquim Barbosa, 11.3.2010, Inf. 578 (zur Begründetheit: der Nachrückkandidat könne nicht von der Partei gestellt werden, zu der der Abgeordnete gewechselt war).

durch eine außenstehende Staatsgewalt unberührbar und nicht justiziabel, es sei denn, dieselbe Vorschrift ist auch der Verfassung zu entnehmen.[1005]

Da Organstreitigkeiten im Wege der Sicherungsverfügung gelöst werden, finden hinsichtlich von Zulässigkeit und Verfahren die oben angesprochenen Vorschriften des G 12.016/2009 Anwendung, auf die hier vollumfänglich verwiesen wird.

b. Rechtsvergleich

Das Organstreitverfahren gemäß Art. 93 I Nr. 1 GG, §§ 13 Nr. 5, 63 ff. BVerfGG bietet mehr Rechtssicherheit, schon weil es eine auf die Streitigkeiten zwischen den aufgezählten obersten Bundesorganen und den durch das Grundgesetz oder in der Geschäftsordnung eines obersten Bundesorgans mit eigenen Rechten ausgestatteten anderen Beteiligten (Organteile) zugeschnittene, ausdrücklich schriftlich fixierte Zuständigkeit ist. Es ist jedoch hier ebenfalls zu erweiternden Auslegungen gekommen. Die Antragsfrist ist in Brasilien mit 120 Tagen kürzer als in Deutschland (hier sechs Monate). Hierzulande kam es in den vergangenen Jahren nie zu mehr als zehn Streitigkeiten pro Jahr, während das Instrument der Sicherungsverfügung in Brasilien unter Organen im staatsrechtlichen Kontext regelmäßig genutzt wird. Die Zahl aus der Statistik enthält allerdings alle beantragten Sicherungsverfügungen, einschließlich der von Bürgern und juristischen Personen. In Brasilien können die Sicherungsverfügungen zur Auflösung von Organstreitigkeiten nach den statistischen Angaben nicht von den oben behandelten sonstigen Sicherungsverfügungen getrennt werden.[1006]

4. Die Auflösung gerichtlicher Kompetenzkonflikte

Bereits das *Supremo Tribunal de Justiça*, Vorgänger des STF in der Zeit der Monarchie, war mit der Zuständigkeit ausgestattet, Kompetenzkonflike zwischen den Gerichtsbarkeiten der *Relações Provinciais*, der obersten Spruchstellen in den Untergliederungen des Reiches, aufzulösen.[1007] Eine Zuweisung solcher Art an das Oberste Bundesgericht ist eine bis heute erhaltene Tradition, die im Verlauf der Verfassungsgeschichte nur geringfügig variiert wurde. Art. 59 e) CF 1891 sah vor, dass das STF Konflikte der verschiedenen Gerichte des Bundes untereinander sowie der Gerichte verschiedener Bundesstaaten miteinander und mit denen des

1005 STF, MS 22.503/DF, BE Marco Aurélio/Maurício Corrêa, DJ v. 6.6.1997.

1006 Vgl. aber A. Krell, VRÜ 1999, 8 (21), der eine seltene Verwendung von Organklagen und eine Präferenz zur Lösung der Streitigkeiten durch ein Geben und Nehmen auf dem Weg politischer Verhandlungen feststellte.

1007 Art. 164 III CF 1824.

Bundes entscheiden sollte (schon damals aber nicht: zwischen Gerichten innerhalb eines Bundesstaates, da dies wie noch heute innerhalb der dortigen Gerichtsbarkeit zu klären war). Art. 76 Nr. 1 f) CF 1934, und ähnlich später Art. 101 I f) CF 1946, schlossen den Bundesdistrikt und die Territorien mit ein; Art. 101 I e) CF 1937 erwähnte unterdessen nur die Konflikte zwischen Gerichten verschiedener föderaler Untereinheiten, nicht aber den Bund. Erwähnenswert ist zuletzt, dass das STF zeitweise seit 1967 nicht nur die zwischen Gerichten, sondern auch die zwischen Verwaltungsbehörden entstehenden Zuständigkeitskonflikte zu entscheiden hatte,[1008] was heute in abgewandelter Form noch dem STJ obliegt (Art. 105 I lit. g CF).

Gemäß Art. 102 I o) CF obliegt dem STF heute die Auflösung von Kompetenzkonflikten (CC – *conflitos de competência*) zwischen den Oberen Gerichten untereinander und diesen in Relation mit anderen Gerichten. Dies gilt für positive wie für negative Kompetenzkonflikte gleichermaßen, d.h. wenn zwei oder mehr Gerichte die Zuständigkeit für sich reklamieren und wenn sie eine Zuständigkeit bestreiten. Die Regelung wird von dem das gesamte föderale Verfassungsgefüge durchziehenden Prinzip getragen, nach dem hierarchisch höherrangige Spruchstellen in Kompetenzfragen der unmittelbar nachgeordneten Stellen schlichten. Die brasilianische Rechtsordnung wählt damit nicht den Weg einer bindenden Verweisung von einer sich für unzuständig haltenden Fachgerichtsbarkeit an die andere (§ 17 a GVG), sondern das übergeordnete Gericht als Schlichter (ähnlich etwa § 53 VwGO). Das STF hütet somit die sachliche Zuständigkeit (und nur die sachliche) der Oberen Gerichte mit ihrem jeweiligen fachlichen Aufgabenkreis, der teils durch die Verfassung, teils lediglich durch das einfache Gesetz determiniert ist. Geht es um rein instanzielle Zuständigkeitsfragen in einem Subordinationsverhältnis zweier Gerichte untereinander, so befasst sich das STF mit dem Konflikt nicht.[1009]

Ist die Zuständigkeit des STF selbst in einer Sache fraglich, so gilt i.Ü. nicht Art. 102 I lit. o) CF, sondern lit. l), nach dem sie bei Missachtung im Zweifelsfalle durch das STF selbst im Wege eines Beschwerderechts durch Betroffene gesichert wird.[1010] Wenn das STF, im umgekehrten Fall, zu Unrecht angerufen wird, verweist es die Akten an das zuständige Gericht.

Der Buchstabe o) des Art. 102 I CF beschreibt drei Fallgruppen: (1) Die Konflikte zwischen dem *Superior Tribunal de Justiça* (STJ – Oberer Gerichtshof) und jedwedem anderen Gericht, (2) die Konflikte zwischen den Oberen Gerichten (*Tribunal Superior Eleitoral* – Oberes Wahlgericht, *Tribunal Superior do Trabalho* – Oberes Arbeitsgericht, *Superior Tribunal Militar* – Oberes Militärgericht) untereinander und (3) jene zwischen den Oberen Gerichten und anderen Gerichten.

1008 Art. 114 I lit. e, f CF 1967, Art. 119 I lit. e, f CF 1967/69.
1009 STF, CC 7.094-3/MA, BE Sepúlveda Pertence, DJ v. 4.5.2001.
1010 Zur Beschwerde (*Reclamação*) s. u. A.VI.2.

„Gericht“ im Sinne dieses Buchstaben bedeutet grundsätzlich Kollegialgericht,[1011] so dass Kompetenzkonflikte mit den Einzelrichtern nicht vom STF aufzulösen sind,[1012] sondern durch Instanzgerichte bzgl. der ihnen jeweils untergeordneten Spruchstellen.[1013] Eine Ausnahme hierzu hat das STF jedoch richterrechtlich gebildet und damit eine vierte Fallgruppe für Konflikte zwischen dem Oberen Wahl-, Arbeits- oder Militärgericht und dem stets einzeln entscheidenden Bundesrichter erster Instanz bejaht, da ein anderes Gericht für die Schlichtung nicht in Frage komme.[1014]

Die Verfahrensvorschriften befinden sich in Art. 163–168 RISTF, in Art. 121 CPPM für die Abgrenzung von Militär- und ordentlicher Gerichtsbarkeit und allgemein Art. 115 ff. CPC.

Die Entscheidung des STF können die beteiligten Gerichte ebenso wie die Streitparteien und das *Ministério Público* beantragen.[1015] Als einstweilige Rechtsschutzmaßnahme kann der Berichterstatter von Amts wegen oder auf Antrag eines der Beteiligten im Fall des positiven Kompetenzkonflikts einen schon begonnenen Prozess aussetzen und im Fall des negativen Kompetenzkonflikts die Streitsache einem der Gerichte einstweilen zuweisen.[1016] Die Anhörung der Konfliktparteien soll, „wenn erforderlich“, binnen zehn Tagen erfolgen.[1017]

Die Nachfrage beim STF in den zurückliegenden Jahren unterliegt in dieser Verfahrensart Schwankungen zwischen 15 (im Jahr 2000) und herausstechenden 171 (im Jahr 2006). Nachvollziehbarerweise sind bei diesen Verfahren mangels eines materiell-(verfassungs-)rechtlichen Gegenstands weder der Aufwand noch das öffentliche Interesse besonders groß.

1011 Dies gilt wegen der Bezeichnung „*tribunal*“ im Originaltext.

1012 Einzelrichter werden in der ersten Instanz der ordentlichen und außerordentlichen Gerichtsbarkeit des Bundes und der Bundesstaaten eingesetzt; vgl. zu den Instanzenzügen u. B.II.

1013 Etwa das STJ gemäß Art. 105 I d) CF, die TRF gemäß Art. 108 I e) CF sowie die TJ bzgl. der gliedstaatlichen Einzelrichter gemäß Art. 96 III CF (s. z. B. das TJMG gemäß Art. 106 I lit. i der Verfassung von Minas Gerais).

1014 Das STJ könne dafür nicht zuständig sein, da dieses gegenüber den genannten Oberen Gerichten der außerordentlichen Gerichtsbarkeit nicht höher-, sondern gleichrangig sei. Das einzige Gericht, das höherrangig als beide Beteiligten sei, sei das STF (dies zugrunde legend CC 7.027, BE Celso de Mello, DJ v. 1.9.1995; CC 7.116, BE Ellen Gracie, DJ v. 23.8.2002; CC 7.242, BE Eros Grau, DJ v. 19.12.2008).

1015 Art. 165 RISTF.

1016 Art. 166 RISTF.

1017 Art. 167 RISTF.

5. Die Klagen gegen den Nationalen Rat der Justiz und den Nationalen Rat des Ministério Público

Art. 102 I r) CF mit der Kompetenz des STF für Klagen gegen den Nationalen Rat der Justiz (CNJ) und den Nationalen Rat des *Ministério Público* (CNMP) wurde mit der großen Verfassungsreform von 2004, mit der diese Organe auch geschaffen wurden,[1018] eingefügt. Das STF bekommt damit die Funktion der letzten Kontrollinstanz über die Rechtmäßigkeit der Akte der externen administrativen und finanziellen Kontrolle, welche die beiden erwähnten Organe in ihrem jeweiligen Aufgabenbereich – CNJ: über die Rechtsprechende Gewalt insgesamt, CNMP: über sämtliche Strukturen des *Ministério Público* – ausüben.[1019] Es handelt sich also bei dieser Aufgabe des STF um eine Kontrolle von Kontrolleuren. Die Verfassung unterstreicht mit diesem Subordinationsverhältnis den Stellenwert des STF; dieser selbst ist, obwohl Teil der Rechtsprechenden Gewalt, von einer externen Kontrolle frei. Für die Sicherstellung der Justiziabialität der Rechtsakte der Räte kam damit bei der Verfassungsreform nur die Zuweisung an das STF in Betracht. Die Zuständigkeit ist gleichwohl nicht materiell verfassungsrechtlicher Art; die Verfassung ist nicht alleiniger Prüfungsmaßstab.

Die unter Art. 102 I r) zu subsumierenden Verfahren stellen keine eigene Prozessklasse dar, die sich im Aktenzeichen niederschlagen würde, sondern können in verschiedene andere Prozessklassen einzuordnen sein. Damit lassen sich die Prozesse nach Art. 102 I r) CF auch in der Statistik der STF (s. Anhang I) nicht aussondern und tauchen verteilt auf die einschlägigen anderen Prozessklassen auf. Zumeist wird gegen die Akte der Räte das, wie gezeigt, weit ausgelegte Instrument der Sicherungsverfügung einschlägig sein, aber auch Direktklagen wegen Verfassungswidrigkeit oder Verfassungsmäßigkeit (hier besteht die Kompetenz des STF bereits nach Art. 102 I lit. a CF), originäre Zivilklagen oder *Habeas Data* bzgl. erhobener Daten sind vorstellbar. Die neue Vorschrift fängt alle denkbaren Klagen gegen die Räte auf. Beispiel für die Handlungen der Räte sind die jeweilige Aufstellung und Anwendung der Resolutionen, die diese für ihren Wirkungskreis beschließen können,[1020] oder die Verhängung disziplinarischer Maßnahmen gegen die jeweiligen Beaufsichtigten.[1021]

1018 Rechtliches Vorbild waren vergleichbare in der portugiesischen Verfassung (s. dort Art. 218, 220) vorgesehene Räte.

1019 Vgl. zu den konkreten Tätigkeiten i.E. auch die Internetauftritte http://www.cnj.jus.br/ bzw. http://www.cnmp.gov.br/.

1020 Vgl. z. B. STF, MS 26.595/DF, BE Cármen Lúcia, 7.4.2010, Inf. 581, zum Antrag eines Staatsanwalts gegen auf ihn angewandte, vom CNMP aufgestellte Inkompatibilitätsvorschriften.

1021 Zum grds. Disziplinarzuständigkeit STF, MS (MC) 28.712, BE Celso de Mello, DJe v. 11.5.2010.

Es muss bei den Klagen stets um die Rechtmäßigkeit von Handlungen der Organe als solche gehen; Art. 102 I r) CF schafft keinen Gerichtsstand für Klagen gegen die einzelnen Mitglieder der Organe.[1022]

a. Wesen und Akte des Nationalen Rats der Justiz

Die Verfassung ordnet den CNJ als Organ der Judikative ein (Art. 92 I-A CF). Zusammensetzung und Zuständigkeiten des CNJ ergeben sich aus dem eingefügten Art. 103-B CF; das STF hat die Verfassungsmäßigkeit dieser Einfügung bereits bestätigen können.[1023]

Die 15 für zwei bis vier Jahre amtierenden Mitglieder des Rates sind mehrheitlich Richter und repräsentieren die verschiedenen Gerichtszweige und Instanzen auf der Bundes- und der bundesstaatlichen Ebene. Der Präsident des STF wird stets Vorsitzender. Neben die Richter treten zwei Angehörige des *Ministério Público* (das wegen seiner verfassungsrechtlichen Stellung nicht der Exekutive zugerechnet wird, sondern unabhängig neben den klassischen Staatsgewalten steht), zwei Rechtsanwälte sowie zwei Bürger mit „bemerkenswertem juristischen Wissen und makelloser Reputation". Mit der richterlichen Mehrheit und der Abwesenheit von unmittelbaren Vertretern der Legislative (Abgeordnetenhaus und Bundessenat haben lediglich das Entsendungsrecht für die beiden Bürger) und der Exekutive ist eine externe Kontrolle anderer Staatsgewalten über die Judikative und damit bedenkliche Einmischung ausgeschlossen.[1024] Andererseits wird auch eine völlige Isolation der Judikative vermieden. Insbesondere die Legislative kann neben dem Entsendungsrecht der beiden Bürger bei der Bildung des Organs Einfluss nehmen: Der Bundessenat muss die Ernennung der Mitglieder des Rates mit absoluter Mehrheit billigen. Der Staatspräsident nimmt die Ernennung der vorgeschlagenen Mitglieder vor. Er hat hierbei jedoch keinerlei Ablehnungsermessen, da er nicht als Spitze der Exekutive, sondern nur formal als Staatsoberhaupt fungiert. Der Rat festigt somit die Unabhängigkeit der Judikative; er ist dafür lediglich verpflichtet,

1022 Eine Popularklage wurde somit für unzulässig befunden, da sich bei dieser die handelnden natürlichen Personen verantworten müssen, STF, Pet. (QO) 3.674-3/DF, BE Sepúlveda Pertence, DJ v. 19.12.2006.

1023 ADI 3.367, BE Cezar Peluso, DJ v. 22.9.2006: keine Verletzung der Gewaltenteilung durch die so gestaltete externe Kontrolle. Vier Richter des STF und einige namhafte Juristen sahen eine den Art. 60 CF verletzende Beschneidung der Unabhängigkeit der Justiz und sprachen sich gegen eine so geartete Kontrolle aus. Zustimmend zu Gestalt und Funktion des Rates A. Abreu Dallari, Controle compartilhado da Administração da Justiça, REDE 2 (2005).

1024 Dies muss nach Ls. 649 i.Ü. auch in den Bundesstaaten so sein: Durch lokale Verfassungen eingerichtete Organe der externen Kontrolle über die Judikative, die (auch) mit Angehörigen anderer Staatsgewalten besetzt sind, sind bundesverfassungswidrig.

dem Staatspräsidenten zur Weiterleitung an den Nationalkongress jährlich einen Bericht über seine Aktivität vorzulegen.

Die OAB und der *Procurador-Geral* haben im Rat ein Anwesenheits- und Rederecht, ihre Abwesenheit ist jedoch für die Wirksamkeit der Akte der Rates unschädlich.[1025]

Der CNJ ist ein rein administratives Organ mit Kontrollbefugnissen über die Richterschaft (außerhalb des STF) und ihre sämtlichen nicht-judikativen Handlungen. Rechtsprechungsfunktion hat der Rat nicht.[1026] Nach Art. 103-B § 4 CF obliegt ihm die Aufsicht über Justizverwaltungsakte, die er überprüfen, notfalls aufheben und im Unterlassensfall mit Fristsetzung anmahnen kann. Eine Kontrolle und eine Beeinflussung durch die Exekutive, etwa der Justizministerien, sollte unterbunden und eine Selbstverwaltung der unabhängigen Judikative verwirklicht werden.[1027] Die Kontrolle des Finanzgebarens durch den ebenfalls unabhängigen Bundesrechnungshof nach Art. 71 IV CF bleibt durch den Rat unberührt.

Die Tätigkeit des CNJ umfasst Inspektionen auf eigene Initiative in Gerichten zur Leistungsbewertung und zur Aufdeckung illegaler Zustände und illegalen Verhaltens (z. B. Korruption, falsche Verwendung von Geldmitteln, unrechtmäßiges Vorziehen und Zurückstellen von Prozessen, Korpsgeist bei Fehlverhalten, Eingriffen von außen in die Autonomie der Judikative, vor allem Verstöße gegen die administrativen Grundsätze aus Art. 37 CF und gegen das für die Richterschaft geltende LOMAN) sowie auch auf (Dienstaufsichts-)Beschwerden hin, für deren Entgegennahme er komplementär zu existierenden gerichtsinternen Beschwerdestellen zuständig ist. Er besorgt weiterhin die Überwachung des Systems der Haftanstalten.[1028] Zudem obliegt ihm die Führung einer Datenbank als Grundlage für Aussagen über die gesamte Justiz, ihre Stärken und Schwachstellen, Reformansätze und für eine Leistungsbewertung[1029] sowie Resolutionen und Empfehlungen

1025 MS (AgR) 25.879, BE Sepúlveda Pertence, DJ v. 8.9.2006.

1026 Das STF lehnt seine Kontrollzuständigkeit ab, wenn ein Kläger vom CNJ die Korrektur einer konkreten prozessualen Zwischenentscheidung einfordert und dieser dem zu Recht nicht nachkommt, weil er keinerlei Gerichtsbarkeit ausübt und nicht in Prozesse eingreift, sondern allenfalls in das Verwaltungshandeln von Gerichten (MS 27.148, BE Celso de Mello, DJe v. 26.5.2010).

1027 J.T. de Almeida Melo, Direito Constitucional, 913: Freiheit der Judikative vor politisch-ideologischen Einflüssen.

1028 Gemäß G 12.106/2009, das eine eigene dafür zuständige Stelle im Arbeitsbereich des CNJ konstituiert.

1029 S. dazu die Politikwissenschaftlerin M.T. Sadek, im Interview „Faz parte da essência da Justiça preencher vazio“, RCJ v. 11.8.2009.

mit Bezug auf die Rechtsprechende Gewalt.[1030] Empfehlungen können etwa die Reformbedürftigkeit von Prozess- und Statusgesetzen zum Inhalt haben. Der CNJ kann bei seinen Regularien freilich nicht die Initiativzuständigkeit des STF nach Art. 93 CF und die Gesetzgebungszuständigkeit des Nationalkongresses unterlaufen, sondern das die Richterschaft und die Gerichtsverfassung betreffende Recht nur ergänzen, wo Raum dafür besteht. Ferner gehört die Aufstellung von Zielen zum Aufgabenkreis des CNJ, etwa hinsichtlich der Erledigungszahlen und des Abbaus anhängiger Altverfahren für die einzelnen Branchen der Rechtspflege. Deren Nichterfüllung ist zwar sanktionslos; allein das Wissen um das Beobachtetwerden und die Zurkenntnisnahme des Outputs kann aber, gerade in einer Föderation, motivierend und für die Leistung förderlich sein. Der CNJ hat schließlich die Disziplinargewalt über die Angehörigen der Judikative und kann sowohl in laufende Diszipinarverfahren der jeweils zuständigen Stellen eingreifen als auch eine Revision solcher Verfahren vornehmen, die bereits abgeschlossen sind, und dabei nach Art. 93 VII CF zulässige Maßnahmen wie etwa eine Versetzung in den Ruhestand oder eine Freistellung vom Dienst treffen. Art und Ausmaß der Aktivität des Rates hängen von den handelnden Personen, deren Fähigkeit zusammenzuwirken und der Amtsauffassung des Präsidenten ab.

b. Wesen und Akte des Nationalen Rats des Ministério Público

Der CNMP, geregelt in Art. 130-A CF, setzt sich zusammen aus 14 durch den Staatspräsidenten für eine Amtszeit von zwei Jahren mit Bestätigung des Bundessenats ernannten Mitgliedern, namentlich den *Procurador-Geral da República*, vier Mitglieder des *Ministério Público* des Bundes (repräsentativ für dessen verschiedene Branchen), drei Mitglieder der *Ministérios Públicos* der Bundesstaaten, je ein vom STF und vom STJ vorgeschlagener Richter, zwei von der OAB vorgeschlagene Rechtsanwälte sowie je ein vom Bundessenat und von der Abgeordnetenkammer vorgeschlagener Bürger mit bemerkenswertem juristischen Wissen und makelloser Reputation. Auch dieses Organ folgt dem Prinzip der pluralistischen Besetzung mit gleichwohl einer knappen Mehrheit der Angehörigen des *Ministério Público* selbst.

Die Aufgabenzuweisung ist im Wesentlichen spiegelbildlich zu der des CNJ gestaltet. Der CNMP ist die Kontrollinstanz für die Administration in allen Berei-

1030 Am populärsten wurde wohl die Resolution Nr. 7/2005 zum Problem des Nepotismus in der Rechtsprechenden Gewalt, auf die wenig später ein diese noch ausweitender bindender Leitsatz des STF folgte. Weitere Beispiele: Empfehlung Nr. 27/2010 zur Barrierefreiheit in Gerichten; Empfehlung Nr. 31/2010 zur Umsetzung der rahmengebenden Entscheidungen des STF zur Medikamenteversorgung, zu deren Gewährleistung die Gerichte u.U. entgegen der Regierungspolitik und über diese hinausgehend aufgefordert sein sollen.

chen des MP und schützt dieses vor einer Einflussnahme auf seine Entscheidungsinhalte und Eingriffe in seine sachliche Unabhängigkeit, zumal das MP in der Verfassung als vierte und unabhängige Staatsgewalt behandelt wird, die gerade nicht in das System von Aufsicht und Weisungen der Exekutive eingebunden ist, sondern allein dem Interesse der Gesellschaft verpflichtet ist.

Der CNMP, der i.Ü. wesentlich weniger als der CNJ in das Blickfeld der Öffentlichkeit tritt, geht gegen lange Verzögerung von Verfahren und administrative Unredlichkeit vor, wacht beispielsweise über die Beachtung der von Art. 37 CF vorgegebenen Gehaltsobergrenzen, die nicht durch verdeckte Doppelbezahlungen zu unterlaufen sind, und ergreift ggf. disziplinarische Maßnahmen.[1031]

VI. Die sonstigen Verfahren in originärer Zuständigkeit

Die verbleibenden Zuweisungen originärer Rechtsprechungskompetenz lassen sich der Sache nach keiner der obigen Kategorien zuordnen und nicht weiter untergliedern.

1. Die Aufstellung, Änderung oder Aufhebung allgemein verbindlicher Leitsätze

Der mit der Verfassungsänderung Nr. 45 von 2004 in die Verfassung eingefügte Art. 103-A enthält das Regime um die „allgemein verbindlichen Leitsätze" (*súmulas vinculantes* – SV) und insofern eine Kompetenz, mit der in der Justizverfassung allein das STF ausgestattet wurde. Der Artikel trifft Bestimmungen zur Aufstellung, zur Änderung und zur Aufhebung dieser allgemein verbindlichen Leitsatzformeln durch das STF. Soweit ersichtlich ist das Rechtsinstitut in der Form, die es in Brasilien gefunden hat, weltweit z. Zt. einzigartig.

a. Begriffsklärung und -abgrenzung

Ein Leitsatz im Sinne des brasilianischen Rechts ist ein vom Gericht auf den Punkt gebrachter, generalisierter und vom konkreten Sachverhalt abstrahierter Kernsatz aus einer Folge von judikativen Entscheidungen, der wie eine Rechtsnorm formuliert ist und eine über einen längeren Zeitraum bestehende Rechtsauffassung des Gerichts dokumentiert.

1031 Beispiel: In MS 28.714/DF, BE Marco Aurélio, DJe v. 19.4.2010, war ein *Sub-Procurador* durch den CNMP wegen des Verdachts einer falschen Einkommenserklärung vom Dienst suspendiert worden und beantragte die Nachprüfung durch das STF.

Dieser Begriff des Leitsatzes hat insoweit eine andere Bedeutung als in der deutschen Rechtsprechungspraxis, in der ein vom Gericht für eine Entscheidung formulierter Leitsatz nicht zwingend Rechtsgrundsätze aufstellen oder gefundene Subsumtionsergebnisse darstellen muss, sondern bisweilen nur der Orientierung für den Leser dient, indem er nur das Thema oder eine Rechtsfrage benennt, um die es in dieser einen Entscheidung geht.[1032] Er ist hier nicht Teil der Entscheidung, sondern stellt eine authentische Wiedergabe dessen dar, was das Gericht selbst für wesentlich hält, sei es für die Entscheidung tragend oder nicht.[1033] Während die deutschen Leitsätze bei der Formulierung eines Urteils diesem ohne Weiteres vorangestellt werden können, bedarf es für das Zustandekommen des Leitsatzes im brasilianischen Recht zwingend mehrerer vorangegangener Entscheidungen und daraufhin eines zusätzlichen Rechtsaktes der Leitsatzaufstellung durch das STF als einzigem hierzu befugten Gericht. Gerade um diesen zusätzlichen Akt geht es bei dem in diesem Abschnitt behandelten Verfahren. Dass der brasilianische Leitsatz die Essenz aus mehr als einer Entscheidung sein muss, steckt schon in der Bezeichnung *„súmula*", was sich, wörtlich genommen, von der lateinischen Diminutivform *summula* (von „Summe", „Summierung") herleitet.[1034] *„Vinculante*" bedeutet „bindend". Die Anforderungen an das Zustandekommen eines brasilianischen bindenden Leitsatzes sind damit höher, aber er hat auch eine besondere eigene Rechtswirkung: eine dem System im Allgemeinen an sich fremde Allgemeinverbindlichkeit von Richtersprüchen.

Die Rechtsnatur der bindenden Leitsätze ist in der Lehre streitig. Sie werden wohl zumeist wegen ihrer über den Einzelfall hinausweisenden und allgemeinen bindenden Wirkung als ausnahmsweise normative Akte der Rechtsprechenden Gewalt eingeordnet,[1035] weisen dennoch in mehrerlei Hinsicht klare Unterschiede etwa zum Gesetz auf,[1036] weshalb manche die Bezeichnung als Norm und den Eindruck von Normativität vermeiden und die rechtsprechungstypische Eigenschaft der Leitsätze als ein bloßes gefestigtes Auslegungsergebnis, das anderweitige Aus-

1032 Ein Beispiel hierfür ist der Leitsatz aus BVerfGE 20, 162 (Spiegelurteil): „Zur Frage der Verfassungsmäßigkeit von Durchsuchungen in Presseräumen."

1033 Vgl. C. Pestalozza, Verfassungsprozeßrecht, § 20 Rn. 37.

1034 Der Übersetzung von *„súmula*" als „Leitsatz" (so W. Paul in seinen Aufsätzen in den Mitteilungen der Deutsch-Brasilianischen Juristenvereinigung 1999/1, 25 ff., und 2002/2, 8 ff.) wurde hier trotz möglicher Verwechslungsgefahr mit den deutschen Leitsatzverständnis gefolgt, weil sie die Funktion dieser Rechtsfigur gerade in Relation zu den weiteren staatlichen Stellen am besten ausdrückt.

1035 R. Jansen, RF 380 (2005), 189 (199 ff.): „Rechtsnorm"; M. Sifuentes, Súmula Vinculante, 275 ff., wegen der Annahme abstrakt-genereller Wirkung gleich den Normenkontrollentscheidungen ebenso; S.N. Costa, RIL 155 (2002), 175 (182): „Gesetz im materiellen Sinne".

1036 A. Ramos Tavares, Curso de Direito Constitucional, 386 f.

legungen verhindern soll, betonen wollen.[1037] Sie sind das Ergebnis von wiederkehrender Norminterpretation in konkreten Fällen, bewegen sich deshalb innerhalb eines vorgefundenen, von außen vorgegebenen Normkontexts und entstehen auf eine ursprüngliche Initiative von außerhalb der Judikative hin, während der Gesetzgeber eine Einschätzungsprärogative hinsichtlich der Gebiete im Einzelnen, des Umfangs und der Art und Weise seines eigeninitiativen Tätigwerdens hat. Sie bedürfen ferner einer rechtfertigenden Begründung. Nichtsdestotrotz kann der normative Charakter nicht geleugnet werden. Plausibel ist letztlich wohl die Zuerkennung einer zwischen Normgebung und Rechtsprechung verorteten, „hybriden" Rechtsnatur.[1038] Die Wirkung der bindenden Leitsätze als eine Rechtsquelle nähert sich jedenfalls stark der von Präzedenzfällen in *Case-law*-Systemen an.[1039]

Die verabschiedeten bindenden Leitsätze können – ganz wie die mit abstrakt-genereller Geltung ausgestatteten Rechtssätze der anderen Staatsgewalten – ihrem Wortlaut nach durch den Gebrauch von unbestimmten Rechtsbegriffen einer Auslegung durch den Rechtsanwender mehr Raum oder weniger Raum geben. Ein Beispiel für eine besondere Auslegungsfähigkeit ist der „Handschellen-Leitsatz".[1040] Ein Gegenbeispiel wäre ein Leitsatz, der lediglich eine gliedstaatliche Gesetzgebungskompetenz verneint,[1041] der die verfassungsrechtliche Gebotenheit anwaltlicher Verteidigung in Disziplinarverfahren ablehnt,[1042] der schlichtweg Hinterlegungserfordernisse für administrative Rechtsbehelfe oder zivilrechtliche Haft für untreue Verwahrer verbietet[1043] oder der eine Norm für rezipiert oder für

1037 J.C. de Moraes Salles, RT 864 (2007), 11 (18), hält sie für das „Endergebnis eines Interpretationsprozesses einer verfassungsrechtlichen Frage"; A. Samartin de Gouveia, RBDP 20 (2008), 139 (160 ff.), versteht die Leitsatzentscheidung als noch typischen „Rechtsprechungsakt mit uniformisierender Bindungskraft" und erkennt mangels Wirkung *erga omnes* gerade keinen normativen Akt, zumal so die Legislative und Privatpersonen nicht erfasst seien; ebenfalls den Charakter der Normgebung ablehnend H. Theodoro Jr., Revista Magister de Direito 14 (2007), 79 (102).

1038 So G. Peña de Moraes, Revista do MPRJ 25 (2007), 107 (115).

1039 A. Ramos Tavares, Curso de Direito Constitucional, 386; A. Mendes Lobo, RDCPC 45 (2007), 77 (81 ff.).

1040 SV Nr. 11 lautet (in freier Übersetzung): „Der Gebrauch von Handschellen ist rechtmäßig nur in Fällen des Widerstands und der begründeten Fluchtgefahr oder der Gefahr für die körperliche Unversehrtheit des Festnehmenden, des Festgenommenen oder von Dritten und nur ausnahmsweise und mit schriftlicher Rechtfertigung; Folge der Nichtbefolgung ist die disziplinar-, zivil- und strafrechtliche Verantwortlichkeit des Bediensteten oder der Behörde und die Rechtswidrigkeit der Festnahme oder der betreffenden prozessualen Handlung, unbeschadet zivilrechtlicher Verantwortlichkeit des Staates." Vgl. zu dieser SV noch u. VI.1.g.

1041 SV Nr. 2 zur Verfassungswidrigkeit von normativen Akten eines Bundesstaates oder des Bundesdistrikts u.a. über „Bingo und Lotterien".

1042 SV Nr. 5.

1043 SV Nr. 21 und 25.

verfassungswidrig und ungültig erklärt.[1044] Letztere erscheinen als wenig auslegungsbedürftig, sondern weisen Klarheit in Tatbestand und Rechtsfolge auf.

Der von Art. 103-A CF behandelte Leitsatz ist von der bereits oben erwähnten,[1045] z.T. stichwortartigen Zusammenfassung der die Entscheidung kennzeichnenden prozessualen Ereignisse und Gedanken am Anfang von Urteilen (der sog. *ementa*) zu unterscheiden. Diese ist als solche nicht allgemein verbindlich. Sie dient ähnlich einem Inhaltsverzeichnis einzig der Orientierung über tatsächliche Abläufe und tragende Gründe und juristischen Gedankenschritte innerhalb des vorliegenden Urteils gemäß der Auffassung der obsiegenden Richter. Ihre Anfertigung ist i.Ü. für den Richter in jeder Instanz eine Rechtspflicht.[1046]

Die bindenden Leitsätze sind ferner abzugrenzen von den verfassungsrechtlich nicht ausdrücklich determinierten, einfachen Leitsatzbeschlüssen (*súmulas [de jurisprudência]*). Diese können auch von anderen Gerichten als dem STF gefasst werden. Einfache Leitsatzbeschlüsse sind solche, die einer schon langjährigen Judikativpraxis[1047] folgend in chronologisch durchnummerierter Weise lediglich eine ständige Rechtsprechung eines Gerichts widerspiegeln (d.h. es müssen dem einfachen Leitsatzbeschluss, insofern genau wie bei Art. 103-A CF, auch mehrere Entscheidungen in demselben Sinne vorangegangen sein) und primär den arbeitstechnisch-administrativen Nutzen haben, von der ausführlichen Zitierung mehrerer einzelner Urteile, die diese ständige Rechtsprechung bilden, zu befreien.[1048] Sie erleichtern die Erfassung der Rechtsprechung eines Gerichts und die Arbeit mit dieser,[1049] insbesondere durch die untergeordneten Gerichte. Sie kommen nach Geschäftsordnungsrecht des STF durch eine absolute Mehrheit im Plenum zustande und sind dreimalig in Folge im DJ zu veröffentlichen. Diese Beschlüsse haben außerdem den Effekt einer gewissen, auch über Richtergenerationen hinausgehenden „Selbstdisziplinierung“[1050] des STF (genauso wie anderer sie anwendender, meist höherer Gerichte). Sie bewirken eine gewisse Stabilisierung und Sicherung von Kontinuitätslinien in seiner wesentlichen Rechtsprechung, die in den Leitsatzbeschlüssen formell verstetigt wird. Die Gerichte sind zwar frei darin, solche Beschlüsse bei einer Änderung ihrer Orientierung jederzeit auch wieder aufzuheben

1044 SV Nr. 9 zur Rezeption einer vorkonstitutionellen Vorschrift des Strafvollstreckungsrechts ohne gleichzeitige Rezeption einer Fristbestimmung.

1045 Im 1. Teil, C.III.1.

1046 Art. 563 CPC.

1047 Beim STF zurückgehend auf den *Ministro* Nunes Leal seit einem Plenarbeschluss von 1963; erläuternd ders., RDA 145 (1981), 1; zu Ursprüngen und Rechtsnatur auch F. Dias Menezes de Almeida, RDCI 57 (2006), 223.

1048 Vgl. Art. 102 f. RISTF. Davon wird auch in dieser Arbeit Gebrauch gemacht.

1049 Wegen dieser nur zusammenfassenden Funktion können die Ls. auch nicht gesondert angegriffen werden (etwa im Wege des objektiven Verfahrens der ADPF, vgl. STF, ADPF [AgR] 80, BE Eros Grau, DJ v. 10.8.2006).

1050 Vgl. G. Ferreira Mendes/S. Meyer Pflug, Passado e futuro da SV, in: S. Rabello Tamm Renault/P. Bottini (Hrsg.), Reforma do Judiciário, 327 (344).

– insofern bewirken die einfachen Leitsätze nicht zwingend eine dauerhafte Fixierung. Jedoch bedarf es für eine Abänderung wieder eines Aktes der Selbstvergewisserung, nämlich eines erneuten Plenarbeschlusses, so dass eine höchstrichterliche oder obergerichtliche Rechtsprechungsänderung zumindest nicht schleichend, sondern ausdrücklich, in Auseinandersetzung mit der bisherigen Rechtsprechung und nach außen hin sichtbar erfolgt.[1051]

Entscheidend ist aber: Die einfachen Leitsätze entfalten gerade keine unmittelbare rechtliche Bindungswirkung für alle Hoheitsträger außerhalb des STF.[1052] Die einfachen Leitsätze haben aber gleichwohl in mehrfacher Hinsicht eine nicht zu unterschätzende weitere Bedeutung, die zu einer rein faktischen Befolgung „in der ganzen Gerichtshierarchie des Landes“[1053] führt und eine gestiegene Wertschätzung für die Rechtsprechung und ihre Präjudizien[1054] belegt: Sie können zur vereinfachten Abweisung oder Stattgabe von Rechtsmitteln bereits monokratisch durch den Berichterstatter beim STF führen.[1055] Auch außerhalb des STF gewinnen sie im allgemeinen Rechtsmittelrecht nach Art. 557 CPC[1056] vor allen Kollegialgerichten eine entsprechende Bedeutung: Nach Art. 518 § 1 CPC erhält ein Gericht zweiter Instanz die Befugnis, wie oben im 1. Teil bereits angesprochen, eine Berufung nicht anzunehmen, wenn das angegriffene Urteil nach seiner Überzeugung mit einem Leitsatz des STF oder des STJ im Einklang steht (in diesem Zusammenhang wird von „Rechtsmittel verhindernden Leitsatzbeschlüssen“ gesprochen); Ähnliches gilt nach Art. 527 I CPC (bzw. speziell für STF und STJ nach Art. 544 §§ 3 und 4 CPC) für alle Nichtzulassungsbeschwerden. Desweiteren haben die einfachen Leitsätze die Fähigkeit, die ansonsten bei der Verurteilung staatlicher Stellen ab einem bestimmten Streitwert durch ein Gericht automatisch (*ex lege*) erfolgende Devolution an die nächst höhere Instanz[1057] auszuschließen, wenn das den Hoheitsträger verpflichtende Urteil bereits dem Leitsatz entspricht.[1058] Als letzter Punkt in dieser Aufzählung ist schließlich festzuhalten, dass die Existenz eines einschlägigen Leitsatzes des STF eine lokale Plenarentscheidung nach Art. 97 CF im Bereich der diffusen Normenkontrolle entbehrlich macht, so dass bereits Teilorgane für sich auf Verfassungswidrigkeit von Rechtsnormen erkennen können (Art. 481 CPC). Zum jetzigen Zeitpunkt gibt es vom STF 736 derartige

1051 Für das STF: dasselbe, República Federativa do Brasil, in: Suprema Corte de Justicia de México (Hrsg.), Estructura y Atribuciones de los Tribunales y Salas, 161 (197).
1052 STF, Rcl. (AgR) 3.979, BE Gilmar Mendes, DJ v. 2.6.2006.
1053 J.B. Barbosa Gomes, La Cour Suprême dans le Système Politique Brésilien, 44.
1054 J. Vasconcelos Viana, RNDJ 87 (2007), 31 (32); E. Arruda Alvim, RF 394 (2007), 45 (48).
1055 Art. 21 §§ 1, 2 RISTF (diese Vorschriften gelten für alle Verfahrensarten des STF, s. ebenso – aber nur zur Abweisung, nicht zur Stattgabe – Art. 38 G 8.038/1990.
1056 Dazu noch u. B.III.
1057 Prinzip der „doppelten gerichtlichen Kontrolle“ (*duplo grau de jurisdição*).
1058 Vgl. Art. 475 CPC und seinen § 3, eingefügt durch G 10.352 v. 26.12.2001. Der Ausschluss gilt auch für die Leitsätze der Oberen Gerichte.

súmulas;[1059] seit der Einführung der bindenden Variante der Leitsätze nach Art. 103-A CF sind keine neuen mehr beschlossen worden. Die vor 2004 existenten einfachen Leitsätze sind i.Ü. auch nicht durch die Verfassungsreform Nr. 45 mit Einführung des Instituts nach Art. 103-A CF automatisch zu bindenden Leitsätzen geworden, sie müssten dafür vielmehr die neu geschaffenen verfassungsrechtlichen Voraussetzungen erfüllen.[1060]

Im Folgenden wird für die im hier besprochenen Verfahren mit Bindungswirkung ausgestatteten Richtersprüche die Bezeichnung „allgemein verbindlicher" oder „bindender Leitsatz" verwendet.

b. Verfassungsrechtlicher Regelungsinhalt und Einordnung der Verfahrensart

Nach Art. 103-A *caput* kann das STF von Amts wegen oder auf Antrag mit einer Mehrheit von zwei Dritteln seiner Mitglieder nach wiederholten Entscheidungen zu einem verfassungsrechtlichen Thema einen Leitsatz beschließen, der nach seiner Veröffentlichung im offiziellen Verkündungsorgan Bindungswirkung für die weiteren Organe der Rechtsprechenden Gewalt und die unmittelbare und mittelbare öffentliche Verwaltung auf Bundes-, Bundesstaaten- und kommunaler Ebene entfaltet. Mit derselben Mehrheit von zwei Dritteln kann das STF derartige Leitsätze abändern und diese wieder aufheben. Letzteres wurde als notwendiger Rahmen angesehen, um einer Versteinerung in der Justiz vorzubeugen und eine Reaktionsmöglichkeit des Rechts auf die sich permanent transformierende Gesellschaft offenzuhalten, selbst dann, wenn die legislative Gewalt untätig bleibt. Nach Art. 103-A § 1 CF muss der bindende Leitsatz die Gültigkeit, die Auslegung und die Wirkkraft bestimmter Normen betreffen, um welche es gegenwärtige Kontroversen zwischen den Gerichten untereinander oder mit der öffentlichen Verwaltung gibt, die schwerwiegende Rechtsunsicherheit und eine wesentliche Vervielfachung von Rechtsstreitigkeiten über identische Rechtsfragen zur Folge haben. Nach § 2 kann unbeschadet der gesetzlichen Regelung ein Antrag auf Beschluss, Überarbeitung oder Aufhebung eines bindenden Leitsatzes von den für die Direkte Verfassungswidrigkeitsklage Antragsberechtigten gestellt werden (das bedeutet, auch das einfache Recht kann weitere Antragsberechtigte zulassen). § 3 sieht für den Fall der Missachtung eines Leitsatzes durch Behörden oder Gerichte ein unmittelbar beim

1059 Stand: 9.7.2010. Der Leitsatzbestand ist abrufbar unter http://www.stf.jus.br. Bei der Lektüre wird ersichtlich, dass sich darunter auch die durch jüngere Rechtsprechung oder Gesetzesrecht überwundenen oder modifizierten Leitsätze befinden. Ein Bruchteil der Leitsätze betrifft das eigene Prozessrecht des STF in Ausfüllung von Regelungslücken – insoweit werden die Leitsätze auch in dieser Arbeit an den betreffenden Stellen zitiert.

1060 So klargestellt in Art. 8 des Verfassungsreformgesetzes Nr. 45.

STF angesiedeltes Beschwerdeverfahren vor, das nur als ein zusätzlicher Rechtsbehelf konzipiert ist und sonstige statthafte Rechtsbehelfe unberührt lässt.

Art. 103-A CF gilt als eine in ihrer Wirksamkeit beschränkte Verfassungsnorm; für die Entfaltung ihrer vollen Wirksamkeit bedarf sie zwingend der gesetzgeberischen Konkretisierung. An zwei Stellen im Verfassungstext wird die Konkretisierungsbedürftigkeit durch den einfachen Gesetzgeber deutlich gemacht. Dementsprechend hatte das STF auch rechtstatsächlich ohne die zwei Jahre später erfolgenden, näheren Verfahrensregelungen durch das Gesetz Nr. 11.417 aus dem Jahr 2006[1061] noch keine SV verabschiedet. Ihre Anzahl ist sprunghaft erst seit dem Beginn der Präsidentschaft von Gilmar Mendes im April 2008 angestiegen. Zur Zeit existieren 30 bindende Leitsätze,[1062] die hervorgegangen sind aus durchschnittlich jeweils sieben zugrunde liegenden Verfahren pro Leitsatz.[1063] Zu Änderungen und Aufhebungen von Leitsätzen ist es bislang noch gar nicht gekommen.[1064]

Dass mit Art. 103-A CF eine Kompetenz außerhalb des eigentlichen Zuständigkeitskatalogs des Art. 102 begründet wurde, ist *per se* noch nicht außergewöhnlich, sondern so auch in anderen Fällen (s. Art. 36 CF, Art. 9 ADCT) geschehen. Die abgetrennte Normierung hat hier ihren Grund wohl in zweierlei Besonderheiten, die dieses Verfahren grundlegend von den übrigen unterscheiden und zu einem Verfahren gänzlich eigener Art machen: Die eine liegt darin, dass mit ihm keine unmittelbar für dieses Verfahren an das Gericht herangetragenen streitigen Rechtsfragen entschieden werden, sondern dass, lediglich anknüpfend an eine Serie vergangener und gleichlautender Entscheidungen des STF zu Rechtsfragen in anderen Verfahrensarten, die Frage geklärt wird, ob die Bindungswirkung dieser Entscheidungen mit einem weiteren höchstrichterlichen Ausspruch des STF erweitert werden soll. Das andere Alleinstellungsmerkmal des Verfahrens ist, dass es u.a. auch ohne einen Antrag von außerhalb der Judikative, sondern durch das STF *ex officio* eingeleitet werden kann. Dies rührt daher, dass Art. 103-A CF auf der Idee der

1061 Seine Regelung findet das Rechtsinstitut neben dem im Jahre 2004 in den Verfassungsabschnitt zum STF eingefügten Art. 103-A und dem auf diesen Artikel zugeschnittenen Gesetz Nr. 11.417/2006 durch Resolutionen (nicht aber durch Geschäftsordnungsbestimmungen!) des STF selbst. Im Jahr 2008 kam es durch zwei Resolutionen des STF zu ergänzenden Regelungen: Die Resolution Nr. 381 v. 29.10.2008 schuf für die wachsende Anzahl der beim Gericht eingehenden Leitsatz-Entwürfe mit der Klassifizierung als PSV (*proposta de súmula vinculante*) eine eigene Prozessklasse. Die Resolution Nr. 388 v. 5.12.2008 schuf einige Verfahrensregelungen für die Aufstellung bindender (und i.Ü. auch für einfache) Leitsätze in dieser Prozessklasse.

1062 Letzter Bearbeitungsstand: August 2010. S. die Übersicht in Anhang II.

1063 Die Variation ist allerdings relativ stark: Lag etwa bei der SV 28 nur eine ADI zugrunde, waren es bei SV 19 sogar 17 vorangegangene und vom Leitsatz in Bezug genommene Rechtsmittelverfahren.

1064 Allerdings sind Anträge darauf anhängig, vgl. PSV 13/DF durch einen Polizistenverband gegen den „Handschellen"-Leitsatz (SV Nr. 11); auf Initiative des *Procurador-Geral da República* soll ebenso der „Nepotismus"-Leitsatz (SV Nr. 13) präzisiert werden.

einfachen Leitsatzbeschlüsse ohne Bindungswirkung aufbaut. Für viele verstärkt der Verzicht auf einen Antrag jedoch den Eindruck, dass es sich hier um Normgebung (oder vielleicht gar faktische Verfassungsgebung) und damit um einen Verstoß gegen das Verfassungsprinzip der Gewaltenteilung handele. Es handelt sich trotz der Besonderheit um ein judikatives Verfahren, um einen Prozess, und nicht, wie etwa bei einfachen Leitsatzbeschlüssen, um ein administratives Verfahren des Gerichts.[1065]

Grundsätzlich gab und gibt es im brasilianischen, kontinentalen Rechtssystem mit Tradition des *civil law* keine Präjudizienbindung, seit das STF die sog. „*assentos*" der *Casa da Suplicação* aus der Kolonialära, denen Gesetzeskraft zugekommen war, frühzeitig für wirkungslos befunden hat.[1066] Es kennt im Gegensatz zum anglo-amerikanischen Rechtskreis kein *case law* mit den dort maßgeblichen *binding precedents* und kein *stare decisis*. Richtersprüche sind keine Rechtsquellen. Die Richter des Landes sind – auch von den Verdikten der höchsten Organen der Judikative – grundsätzlich rechtlich unabhängig und ziehen zur Rechtsfindung nur Rechtsnormen heran, aus denen sie für konkrete Fälle unter Anwendung von Auslegungsmethoden rechtliche Lösungen abzuleiten haben. Dieser Grundsatz kann nun mittels der Ausnahmeregelung des Art. 103-A CF punktuell gebrochen werden, so dass auch Entscheidungen, denen bislang nur eine auf die Streitparteien bezogene Wirkung zugekommen ist, zu umfassenderer, nämlich gesetzesgleicher,[1067] Geltung verholfen werden kann. Jedenfalls verschwimmt mit Art. 103-A CF die Grenze zwischen Rechtsnorm und Rechtsprechung.

Eine derartige Bindungswirkung hatte bereits vor der Einfügung des Art. 103-A CF *ex constitutione* (Art. 102 § 2 CF)[1068] lediglich für alle Entscheidungen in der abstrakten Normenkontrolle und nach Art. 10 § 3 G 9.882 im ADPF-Verfahren gegolten, nicht aber für die große Masse der das STF beschäftigenden Verfahren. Seine immense Tragweite bekommt Art. 103-A CF nun daher vor allem für die Rechtsmittelverfahren. Die Einfügung des Art. 103-A CF mit dem Einbau eines typischen Elements des *common law* in das kontinentale Rechtssystem stellt einen Traditionsbruch dar.[1069] Mit dem Mittel der bindenden Leitsätze erlangt das STF, neben der oben dargestellten aktuellen Auslegung des *Mandado de Injunção*, auf

1065 A. Ramos Tavares, Nova lei da súmula vinculante: Estudos e comentários à Lei 11.417, de 19.12.2006, 32.

1066 Ebenso die arbeitsgerichtlichen Präzedenzfälle (sog. *prejulgados trabalhistas*), vgl. V. Greco Filho, Direito Processual Civil Brasileiro II, 2008, 391.

1067 R. Jansen, RF 380 (2005), 189 (insb. 199 ff.); s. schon o. VI.1.a. mit Fn. 1035 ff. zur Rechtsnatur.

1068 Ebenso einfach-rechtlich Art. 28 G 9.868, s. dazu o. A.I.3.d.

1069 R. Rodrigues Alencar, Efeito Vinculante e Concretização do Direito, 174, 180 f. Nach E. Arruda Alvim, RF 394 (2007), 45 (48), wird das brasilianische System nunmehr dem *common law* ähnlich. Die Rechtssysteme nähern sich einander i.Ü. von beiden Seiten aus an, da andererseits das geschriebene Recht in den *Common-Law*-Staaten durch Statuten auch immer mehr Bedeutung erlangt.

verfassungsrechtlicher Grundlage noch weitere normative Gewalt. Auch der mit dem Schlagwort der „Vertikalisierung der Justiz“ bezeichnete gewachsene Einfluss des STF innerhalb der Judikative befindet sich mit diesem Instrument nach der Stärkung der abstrakten Normenkontrolle 1988, der Einführung der ADC 1993 und der Urbarmachung und gesetzlichen Ausgestaltung der ADPF 1999 auf dem einstweiligen Höhepunkt.

c. Zielsetzung der allgemein verbindlichen Leitsätze

Diese Verfassungsänderung soll mit der Perspektive eines von der Spitze der Judikative entworfenen Fallrechts auf lange Sicht der Entlastung der Gerichtsbarkeit, der Steigerung von Rechtssicherheit und der Förderung der Gleichheit dienen.[1070]

Entlastung – und damit geht insgesamt auch immer eine Beschleunigung der Justiz einher – erhoffte man sich, weil der einzelne Richter in allen durch bindende Leitsatzformeln determinierten Sachverhalten nicht mehr in richterlicher Unabhängigkeit hermeneutische Erwägungen anstellen und diese niederlegen müsse, sondern unmittelbar im Sinne der Leitsatzformel mit einem bloßen Verweis auf diese entscheiden werde. Außerdem erhöht sich die Wahrscheinlichkeit, dass von Leitsätzen berührte Sachverhalte schon von vornherein nicht anhängig gemacht werden, wenn ein potentieller Kläger keine sachlich begründete Distinktion gegenüber den wiederholten Entscheidungen, die zum Leitsatzbeschluss geführt hatten, vorbringen kann und deshalb die Gewissheit hat, dass wegen der rechtlichen Geklärtheit schon der gebundene Instanzrichter ihm keinesfalls einen vollstreckbaren Titel verschaffen wird.[1071] Wird aber dennoch entgegen dieser mit einem Leitsatz gegebenen Gewissheit eine Klage erhoben oder ein Rechtsmittel eingelegt, wie dies gerne zum Zwecke des Aufschiebens der Rechtskraft von zu einer Leistung verpflichtenden Urteilen geschieht, können Art. 17, 18 CPC angewandt und wegen der dann wohl zumeist zutreffenden „bösgläubigen Prozessführung“ und der „Verschleppungsabsicht“ in erleichterter Weise Geldbußen verhängt werden.[1072] Diese Rationalisierung erfasst das STF, wenn dieses letzten Endes davon freigehalten wird, eine ständige Rechtsprechung immer wieder aufs Neue bestätigen zu müssen, und sein Verwaltungsapparat gar nicht erst in Gang gesetzt wird.

1070 Vgl. E. Arruda Alvim, RF 394 (2007), 45 (47, 52), und zusammenfassend R. de Camargo Mancuso, Divergência Jurisprudencial e Súmula Vinculante, 327 f.

1071 S.S. Shimura, Súmula Vinculante, in: T. Arruda Alvim Wambier u.a. (Hrsg.), Reforma do Judiciário, 761 (762); A. Mendes Lobo, A Reclamação Constitucional Coletiva, 82; J. Vasconcelos Viana, RNDJ 87 (2007), 31 (35); J.C. Barbosa Moreira, EMERJ 32 (2005), 31 (42).

1072 Zu diesen Vorschriften schon o. 1. Teil, E.III.4.a.

Auch die Rechtssicherheit und die Gleichheit in der Rechtsanwendung werden durch die mit einem Leitsatz bewirkte Vereinheitlichung der Rechtsprechung gefördert,[1073] da die gerichtliche Beurteilung von Rechtsfragen durch die Existenz bindender Leitsätze idealerweise weniger abhängig von einzelnen Richterpersönlichkeiten (und manchmal vielleicht auch von ihrer Stimmung, Tagesform und sonstigen subjektiven Befindlichkeiten) und damit – zumindest tendenziell und aus Sicht des Bürgers – weniger aleatorisch, sondern insgesamt berechenbarer wird,[1074] und dies in allen Teilen des großen Landes gleichermaßen. Durch die Festschreibung eines stetig wachsenden Kanons von Präzedenzfällen sollen vergleichbare Fälle auf lange Sicht analog entschieden werden. Genau wie schon durch die mit der ADC 1993 eingeführten Bindungswirkung für Instanzgerichte an Feststellungen des STF soll die Schaffung bindender Leitsätze das Dilemma divergierender und oft konträrer Gerichtsentscheidungen abmildern, das strukturell eine Konsequenz der diffusen Normverwerfungskompetenz in einer *Civil-Law*-Rechtsordnung ohne eine grundsätzliche Präjudizienbindung ist,[1075] die unterschiedliche Entscheidungen gleicher Sachverhalte grundsätzlich toleriert.[1076] Nebenbei helfen Maßnahmen zur Verhinderung sich widersprechender Entscheidungen auch bei der Verbesserung des Images der Staatsgewalt und damit der Zurückgewinnung von Vertrauen.[1077]

Auch über die Dritte Gewalt hinaus erlangen das Leitsatzverfahren und seine Produkte Bedeutung, denn die so beschlossenen Leitsatzformeln müssen von allen Behörden des Landes wie abstrakt-generell geltende Rechtsnormen befolgt werden. Ist öffentlich-rechtliches Handeln Gegenstand einer Leitsatzformel, so sind die Entlastungseffekte wegen oftmals einer Vielzahl gleichartiger Fälle (z. B. betreffend eine Verwaltungspraxis gegenüber dem Bürger etwa im Abgaben- oder Sozialrecht) besonders offenkundig. Vor der Einführung der Leitsatzbindung beklagte der ehemalige Präsident des STJ Costa Leite, dass 85 % der an seinem Gericht anhängigen Verfahren ein Organ der öffentlichen Verwaltung als Prozesspartei hätten und dass die Anhängigmachung von dieser oft trotz bekanntermaßen gegenteiliger Rechtsprechung erfolge und nur dazu benutzt werde, die Rechtskraft und damit die endgültige öffentliche Leistungsverpflichtung hinauszuzögern.[1078] Die Leitsatzbindung dient somit auch der verbesserten Grundrechtsdurchsetzung

1073 Vgl. statt aller M. Sifuentes, Súmula Vinculante, 265.
1074 Vgl. A. Ramos Tavares, Nova lei da súmula vinculante, 114: die SV helfe gegen die „Lotterie von divergierenden Rechtsgedanken bei den breit diskutierten Themen."
1075 Vgl. M. Cappelletti, O controle de constitucionalidade das leis no direito comparado, 77 f.
1076 E. Arruda Alvim, RF 394 (2007), 45 (51).
1077 A. Ramos Tavares, Curso de Direito Constitucional, 387.
1078 Costa Leite quer súmula vinculante contra excessos no STJ e STF, RCJ v. 22.10.2001; krit. auch F. Martins de Andrade, RIL 174 (2007), 49 (51 f.).

und verhindert z. B., dass jeder einzelne von vielen Adressaten verfassungswidriger Steuerbescheide „auf eigene Faust“ gerichtlich um sein Recht kämpfen muss.

Die Regelung stärkt das STF somit unzweifelhaft gegenüber den Instanzgerichten innerhalb der Judikative sowie gegenüber der Exekutive und führt einen nicht unbeträchtlichen Machtzuwachs des Gerichts herbei. So wird Art. 103-A CF von einer Minderheit aber aus verschiedenen Gründen für verfassungswidriges Verfassungsrecht oder zumindest für rechtspolitisch unangebracht gehalten. Er verletze die Grundsätze der Gewaltenteilung und der richterlichen Unabhängigkeit und führe zu einer Versteinerung der Rechtsprechung, zudem verfehle er sein Ziel der Entlastung wegen der ihm immanenten Beschwerderegelung.[1079]

d. Antragsberechtigung

Initiiert werden kann die Aufstellung eines allgemein verbindlichen Leitsatzes – ebenso wie dessen spätere Überprüfung oder Aufhebung – sowohl von Amts wegen als auch auf Antrag.

Der Antrag kann einerseits von den für die Direkte Verfassungswidrigkeitsklage Antragsberechtigten (Art. 103-A § 2 i.V.m. Art. 103 CF) gestellt werden.[1080]

Andererseits, durch die bereits angesprochene einfach-rechtliche Erweiterung in Art. 3 VI und XI G 11.417/2006, sind auch der *Defensor-Público-Geral* als Chef der Pflichtverteidigerbehörde des Bundes und zahlreiche dort genannte Kollegialgerichte (die oberen und die zweitinstanzlichen Gerichte) antragsberechtigt, nicht aber die erstinstanzlichen Richter und der Bürger. Für die ebenfalls nur einfachrechtlich für den Kreis der Antragsberechtigten berücksichtigten Kommunen gilt eine Besonderheit: Diese können nur inzident im Verlauf eines anhängigen Prozesses, in dem sie Streitpartei sind, allerdings ohne dass dieser ausgesetzt werden würde, den Erlass, die Überarbeitung oder die Aufhebung bindender Leitsatzformeln vorschlagen.[1081] Dazu muss die Norm, auf die sich der Leitsatz beziehen soll, dort Prozessgegenstand sein.

Eine thematische Zugehörigkeit bzw. Nähe des Vorschlags zum Wirkungsbereich oder der institutionellen Zielsetzung des Antragstellers (*pertinência temática* gemäß der Rechtsprechung des STF zu den Normenkontrollen) wird bei der Verweisung mitgedacht und daher analog der ADI, auf deren Regelung verwiesen wird, zu fordern sein.[1082] Kommunen können also z. B. nur Vorschläge bzgl. der von einem Leitsatz zu erfassenden oder schon betroffenen und in laufenden Pro-

1079 Auf diese Kritik wird u. (VI.1.h) noch i.E. eingegangen.

1080 S. die Ausführungen o. A.I.3.a.aa.

1081 Art. 3 § 1 G 11.417/2006; s. auch dessen Art. 6.

1082 A. Sormani/N.L. Santander, Súmula vinculante, 144. Das STF geht nun davon aus (erkennbar in der abweisenden Entscheidung in PSV 11/DF, DJe v. 21.5.2009).

zessen maßgeblichen Normen machen, nicht aber Vorschläge betreffend die Gesetze anderer Kommunen.[1083]

Eine Besonderheit gegenüber allen anderen Verfahren und an sich atypisch für judikatives Handeln ist das Initiativrecht des STF selbst. Dies könnte gegen die allgemeine prozessrechtliche Maxime „Wo kein Kläger, da kein Richter“[1084] für die Tätigkeit in der Rechtsprechenden Gewalt verstoßen. Die Relativierung dieser Maxime im Verfahren der bindenden Leitsätze liegt begründet in einer direkten Anknüpfung des Art. 103-A an den historischen Vorläufer, die einfachen, nichtverbindlichen Leitsätze des Gerichts, die ihrer Logik nach ebenfalls keinen Antrag von außen voraussetzten, jedoch, wie gezeigt, eine andere Rechtsnatur haben. Das Phänomen kann letztlich nur auf die vorher realisierten „wiederholten Entscheidungen“, für die derselbe Streitgegenstand an das Gericht von außen herangetragen wurde und deren Beachtung die Allgemeinverbindlicherklärung dient, und die der Rechtsfrage deshalb beigemessene objektive Bedeutung zurückgeführt werden.[1085] Unter den ersten Leitsatzverfahren ist ein solches Vorgehen *ex officio* auch mehrfach schon praktisch geworden.[1086] Ein besonderer Anwendungsfall für die Eigeninitiative wird auch schon durch den Gesetzgeber hervorgehoben: Wird nämlich ein Gesetz, auf das sich eine bindende Leitsatzformel bezieht, aufgehoben oder geändert, so nimmt das STF nötigenfalls von Amts wegen (aber auch auf Antrag, falls ein solcher gestellt werden sollte) eine Überarbeitung oder Aufhebung der Formel vor.[1087] Mit diesem Automatismus einer Überprüfung, nachdem sich die Legislative mit einem Regelungskomplex wieder befasst hat, wird die Gefahr einer Versteinerung des Leitsatzrechts abgemildert. Zu dieser obligatorischen Überprüfung ist es in der gerichtlichen Praxis bislang noch nicht gekommen.

Die einfach-gesetzlichen Antragsberechtigten und das STF selbst werden in der Praxis langfristig die meisten Verfahren einleiten, da die in Art. 103 CF aufgezählten Antragsberechtigten die über einen bindenden Leitsatz erreichbare Rechtswirkung auch und viel einfacher im Wege einer Normenkontrolle erreichen können (keine tatbestandlichen Hürden, geringeres Mehrheitserfordernis im STF).[1088]

1083 A. Ramos Tavares, Nova lei da súmula vinculante, 62 mit Fn. 22.
1084 „*Nullo actore, nullus iudex*“ oder „*ne procedat iudex ex officio*“.
1085 A. Mendes Lobo, a.a.O., 98 f.
1086 Um ein Beispiel zu nennen: Für SV Nr. 28 (PSV 37/DF, DJe v. 4.3.2010) haben die *Ministros* Joaquim Barbosa und Cezar Peluso den Vorschlag vorgebracht.
1087 Art. 5 G 11.417/2006. Dies müsste sich erst recht auch auf etwaige Änderungen der ausgelegten Verfassungsbestimmungen erstrecken.
1088 A. Ramos Tavares, Nova lei da súmula vinculante, 59 f.

e. Tatbestandliche Anforderungen an die Vorgeschichte eines bindenden Leitsatzes

Bevor das STF einen allgemein verbindlichen Leitsatz beschließen kann, müssen zunächst wiederholte Entscheidungen zu demselbem verfassungsrechtlichen Thema vorliegen. Die Entscheidungen können von Teilorganen des STF getroffen worden sein,[1089] müssen inhaltlich aber – dies stellen bereits die gerichtsinternen Vorlagepflichten bei Divergenzabsicht sicher – auf einer Linie liegen. Es muss sich also bereits um eine ständige Rechtsprechung handeln.

Das Erfordernis der „wiederholten Entscheidungen“ schließt zum einen Leitsätze unmittelbar zu neu erlassenen Normen aus. Zum anderen schließt es allgemein auch bei unveränderter Rechtslage unerwartete und überraschende Leitsatzbeschlüsse durch das STF aus, und sorgt für eine Berechenbarkeit aus Sicht der Rechtsunterworfenen und insbesondere der ggf. gebundenen staatlichen Stellen. Einem bindenden Leitsatz müssen – als direkte Konsequenz dieses Kriteriums – jeweils offene Debatten zumindest im Rahmen der einzelnen verfassungsgerichtlichen Prozesse vorangegangen sein. Das verfassungsrechtliche Thema ist zum Zeitpunkt des Leitsatzbeschlusses dann (idealerweise) auch in der Rechtslehre und der Gesellschaft bereits diskutiert worden. Insgesamt sollte damit eine hinreichende Entscheidungsreife für die Leitsatzwirkungen herbeigeführt worden sein. Liegt bereits ein einfacher Leitsatz aus älterer Zeit zu dem betreffenden verfassungsrechtlichen Thema vor, wird dieses Kriterium regelmäßig erfüllt sein; soweit die Kontroverse noch aktuell ist, bedarf es dann nur noch eines Antrags und der notwendigen Abstimmungsmehrheit. Jedenfalls sind *obiter dicta* in bindenden Leitsätzen, d.h. Regelungsinhalte, die nicht Gegenstand der wiederholten Entscheidungen waren, verfassungswidrig, da sich das STF damit sofort ungerechtfertigt in den Bereich der Normgebung begeben würde.[1090] Die bisherigen bindenden Leitsatzbeschlüsse konnten sich auf bis zu 17 vorangegangene höchstrichterliche Entscheidungen stützen, oftmals resultierend aus ausgewählten Außerordentlichen Rechtsmitteln massenhaft homogen aufgetretener Prozesse, z.T. aber auch aus ver-

1089 Anders A. Ramos Tavares, REDE 11 (2007), 10, der Plenarentscheidungen verlangt.
1090 R. Jansen, a.a.O., 210.

schiedenen Prozessklassen. Es liegt jedoch auch schon eine Ausnahme vor: SV Nr. 28 basiert lediglich auf einer Entscheidung.[1091]

Wiederholte Entscheidungen müssen ferner jeder Änderung und der Aufhebung eines Leitsatzes vorausgehen.[1092] Dazu kann es kommen, wenn der Leitsatz – aus welchen Gründen auch immer – es nicht vermag, ein verfassungsrechtliches Thema zu befrieden und Rechtssicherheit herzustellen.

Das Merkmal „verfassungsrechtliches Thema" führt dazu, dass das STF für Leitsatzbeschlüsse nicht auf jedwede vorangegangene Entscheidung von sich zurückgreifen darf. In der Fülle seiner Kompetenzen entscheidet es auch oftmals über infrakonstitutionelle Fragen, z. B. in Strafsachen, bei denen es wie jedes andere in Strafsachen fungierende Gericht prinzipiell auf der Grundlage von Strafgesetzbuch und Strafprozessordnung entscheidet. Auch bei Auslieferungen, bei manchen Sicherungsverfügungen und bei Klagen gegen den Nationalen Rat der Justiz sowie in föderativen Konflikten und solchen mit ausländischen Staaten oder internationalen Organisationen können ohne Weiteres einfach-gesetzliche Vorschriften streitentscheidend sein.

Dieser verfassungsrechtliche Streitgegenstand muss bestimmte Normen (und ihre „Gültigkeit, die Auslegung und die Wirkkraft") betreffen, um welche es gegenwärtige Kontroversen zwischen den Gerichten untereinander oder mit der öffentlichen Verwaltung gibt, die schwerwiegende Rechtsunsicherheit und eine wesentliche Vervielfachung von Rechtsstreitigkeiten über identische Rechtsfragen mit sich bringen. „Gültigkeit" (*validade*) bezeichnet die Vereinbarkeit der Norm mit der Bundesverfassung; mit „Auslegung" (*interpretação*) wird dem STF eine verfassungskonforme Bestimmung des Norminhalts und eine Eliminierung von einzelnen Bedeutungsgehalten (also eine verfassungskonforme Auslegung und Teilnichtigerklärung ohne Normtextreduzierung) ermöglicht. „Wirkkraft" oder „Wirksamkeit" (*eficácia*) bezieht sich auf die Effekte gültiger Normen und dürfte damit ein Unterfall der Auslegung sein. Gemeint sind unterverfassungsrechtliche Normen aller staatlichen Ebenen. Einzelakte können für sich genommen jedenfalls nicht Bezugspunkt einer Leitsatzformel sein. Die bezeichneten „Kontroversen"

1091 Im zugrunde liegenden PSV 37/DF, DJ v. 4.3.2010, kam es zur Ausdehnung eines Rechtsgedankens (hier: ungehinderter Zugang zur Justiz) einer einzigen Entscheidung (ADI 1.074, BE Eros Grau, DJ v. 25.5.2007) auf einen allgemeinen Leitsatz: Die Befreiung von einer Hinterlegung gemäß einem Bundesgesetz sollte damit symbolisch auf entsprechende gliedstaatliche und kommunale Gesetze erstreckt werden. Dabei handelte es sich jedoch um eine Normenkontrolle, bei der schon kraft Art. 102 § 2 CF eine Bindungswirkung für die weiteren föderalen Ebenen gegeben ist. Der Verabschiedung als bindender Leitsatz wird daher lediglich „pädagogischer" Charakter nachgesagt. Ähnliches gilt für den „Lotterie-und-Bingo-Leitsatz" (SV Nr. 2), dessen Grundlage auch Normenkontrollentscheidungen waren.

1092 So A. Ramos Tavares, Nova lei da súmula vinculante, 34 f., auch mit der Prognose, dass das STF für die Änderung/Aufhebung von SV keine so hohen tatbestandlichen Anforderungen stellen werde.

können gerade wegen der normalerweise nicht gegebenen Bindungswirkung von Entscheidungen des STF fortbestehen (auch wenn *inter partes* wirkende Entscheidungen des STF als oberstem Gericht des Landes, insbesondere wenn gut begründet, sicherlich faktisch nicht ohne Auswirkungen auf die Instanzgerichte sind und Kontroversen beruhigen können). Rein außergerichtliche Kontroversen, wie etwa in der Rechtslehre, in den Medien oder zwischen Verwaltungsbehörden untereinander sowie auch allein innerhalb des STF, und bereits befriedete (nicht mehr gegenwärtige) Meinungsverschiedenheiten genügen schon nach dem Wortlaut des Art. 103-A nicht. Soweit ersichtlich hat das STF allerdings das Merkmal „schwerwiegend" noch nicht betont, um von einer im System diffuser Normenkontrolle „normalen" Rechtsunsicherheit über Geltung und Bestand von Normen zu differenzieren und damit die Leitsatzbefugnis angemessen restriktiv auszulegen.[1093] Dies wird noch innerhalb von mehreren Jahren kasuistisch zu entwickeln sein. Was die „Vervielfachung von Rechtsstreitigkeiten" im Tatbestand betrifft, handelt es sich um die Prognose einer hypothetischen Entwicklung; die Vervielfachung soll gerade vermieden werden.

f. Verfahrensablauf und Leitsatzentscheidung

Die Vorschläge der Antragsberechtigten oder der *Ministros* des STF selbst auf Erlass, Änderung und Aufhebung bindender Leitsätze werden gemäß der Resolution Nr. 388 nach ihrer Registrierung im Sekretariat des STF auf der Website, wo sie auch über das Verfahren hinaus elektronisch verfügbar bleiben, und im DJe veröffentlicht. Für die darauffolgenden fünf Tage hat jedermann Gelegenheit, eine Stellungnahme zu den Vorschlägen einzureichen. Die ständige Rechtsprechungskommission des STF[1094] prüft die Vorschläge sogleich auf ihre formelle Tauglichkeit (Antragsberechtigung, Vorhandensein einer Begründung, Beifügung von Dokumenten, wiederholten Entscheidungen etc.), äußert sich ebenfalls binnen fünf weiterer Tage nach einer Voruntersuchung und leitet sie dann den Büros der Verfassungsrichter sowie dem *Procurador-Geral da República* zu. Die Rechtsprechungskommission kann und soll für sich allein keinesfalls einer vorzeitigen Erledigung des Verfahrens, sondern nur einer administrativen Vorbereitung der weiteren Verfahrensschritte dienen. D.h., selbst wenn sich das dreiköpfige Gremium einstimmig gegen die Verabschiedung eines Leitsatzes aus formellen Gründen manifestiert hatte, könnten die übrigen Richter theoretisch deren Einschätzung zu-

1093 Vgl. M. Jorge e Silva Neto, Curso de Direito Constitucional, 491.

1094 Drei vom Präsidenten des STF für die Dauer seiner Amtszeit bestimmte *Ministros* mit bestimmten administrativen Aufgaben nach Art. 26 ff. RISTF. Es muss mindestens ein Richter jedes Senats vertreten sein.

sammen noch überwinden. Nach der Handhabung des Binnenrechts des STF kommt es jedoch so weit nicht. Die Vorarbeit der Kommission wird vielmehr im Falle eines negativen Ergebnisses, also bei Fehlen formeller Voraussetzungen, zur prozessualen Entlastung des Gerichts als Ganzes ausgenutzt. So macht sich der Präsident eine solche negative Stellungnahme der Kommission regelmäßig zu eigen und bestimmt unmittelbar die Einstellung des Verfahrens, sobald sie ihm vorliegt.[1095] Nur andernfalls setzt er den Vorschlag schließlich auf die Tagesordnung eines anstehenden Verhandlungstermins des Plenums, an welchem dann der *Procurador-Geral* und ggf. interessierte Dritte vor der Entscheidung des STF angehört werden. Im Termin werden die wiederholten Entscheidungen im Hinblick darauf debattiert, die ihnen gemeinsamen Wesenszüge herauszuarbeiten und etwaige Fallbesonderheiten zu eliminieren. Die Formulierung der ursprünglichen Leitsatzvorschläge wird beraten und kann hier im Wortlaut noch abwandelt werden.

Der Vorsitzende der Rechtsprechungskommission wird regelmäßig als der „Berichterstatter“ des Verfahrens bezeichnet, da er die Vorbereitung koordiniert und die abschließende Stellungnahme ähnlich einem Sachbericht verfasst (der Unterschied zum normalen Berichterstatter ist aber die fehlende Auslosung, da die Kommissionsmitglieder geschäftsordnungsmäßig vom Gerichtspräsidenten eingesetzt werden, dem sie zuarbeiten). Als solcher ist er gesetzlich ermächtigt, nach Ermessen gemäß Art. 3 § 2 G 11.417 stets auch weitere verfahrensförderliche Stellungnahmen Dritter zuzulassen.

Laufende Prozesse, die die verfassungsrechtliche Frage aktuell zum Gegenstand haben, dürfen generell wegen der bloßen Anhängigkeit eines PSV keinesfalls ausgesetzt werden.[1096] Einstweilige Maßnahmen sind durch Entscheidung des einfachen Gesetzgebers – anders als bei anderen objektiven Verfahren – rechtlich nicht vorgesehen. Auch angesichts der unbestimmten Dauer der Verfahren vor dem STF sollte es nicht zu einer flächendeckenden Paralysierung von Prozessen kommen.[1097]

Für die Verabschiedung der bindenden Leitsätze ist eine Mehrheit von zwei Dritteln der Verfassungsrichter erforderlich. Selbst wenn sich eines der Mitglieder der Rechtsprechungskommission zunächst für die Unzulässigkeit des Vorschlags aus formellen Gründen ausgesprochen hatte, könnte es in der Phase der Votierung dennoch für die Annahme des Leitsatzes stimmen. Wie die Stimmenverhältnisse bei den zugrunde liegenden wiederholten Entscheidungen gewesen waren und ob die damals an den Entscheidungen mitwirkenden *Ministros* noch im Amt sind, ist unerheblich.[1098] Das qualifizierte Mehrheitserfordernis zur Frage der Bindungs-

1095 Beispiel: PSV 9, DJe v. 10.9.2009.
1096 Art. 6 G 11.417/2006.
1097 A. Ramos Tavares, Nova lei da súmula vinculante, 79.
1098 A. Ramos Tavares, REDE 11 (2007), 6.

wirkung hat aber zur Folge, dass mit knappem Stimmenverhältnis ergangene, nicht lange zurückliegende Entscheidungen selten bindenden Charakter erlangen werden, sondern nur solche, die von einem weitgehenden Konsens des Organs getragen sind.

Die beschlossene Leitsatzformel des STF ist binnen zehn Tagen in DJ und DOU zu veröffentlichen.[1099] Zusätzlich werden die Redebeiträge aus der Debatte im Verhandlungstermin im DJ veröffentlicht. Die Entscheidung wirkt grundsätzlich ab diesem Zeitpunkt.[1100]

Hinsichtlich der Entscheidungswirkung ist es dem STF ebenfalls mit Zweidrittelmehrheit „mit Blick auf Gründe der Rechtssicherheit oder außerordentliches öffentliches Interesse" gestattet, die Bindungswirkung für alle in Art. 103-A aufgezählten Stellen zu beschränken und damit wie bei den abstrakten Normenkontrollen eine zeitliche Anpassung vorzunehmen.[1101] Bei Zuerkennung einer Wirkung *pro futuro* kann es also passieren, dass ein „noch nicht bindender bindender Leitsatz" verabschiedet wird.[1102] Wegen der Rechtssicherheit und erleichterten Anwendbarkeit wird befürwortet, die Angabe eines vom Beschlussdatum abweichenden Geltungsbeginns, falls dieser Fall einmal eintritt, direkt in den Leitsatzwortlaut aufzunehmen.[1103] Einer Auslegung des Leitsatzes wäre dann auch zu entnehmen, ob die gebundenen Stellen im Interimszeitraum zwischen Verkündung und festgesetztem Wirkungsbeginn der Leitsatzaussage vom Gegenteil ausgehen müssen oder noch frei entscheiden können.[1104]

Bindend soll dann nur der konkret formulierte Leitsatz selbst sein, nicht aber die den Leitsatz in den konkreten zugrunde liegenden Fällen tragenden Entscheidungsgründe (wie gezeigt können diese schließlich einerseits in den verschiedenen Fällen und andererseits von Richter zu Richter, selbst wenn die Voten zum selben Ergebnis führten und die Entscheidung gar einstimmig erging, auch stark variieren).[1105] Spätere Verstöße gebundener Organe eröffnen eine Beschwerdemöglichkeit zum STF, dazu sogleich. Der Straftatbestand der Rechtsbeugung (*prevaricação*, Art. 319 CP) wird wegen seiner ausdrücklichen Bezogenheit auf das Gesetzesrecht hingegen nicht verwirklicht; das Ergebnis der eigenmächtigen Ausle-

1099 Art. 2 § 4 G 11.417/2006.
1100 E. Arruda Alvim, RF 394 (2007), 45 (55).
1101 Art. 4 G 11.417/2006. Obwohl der Wortlaut es zulassen würde, sind nur temporäre, nicht aber regionale und sonstige, etwa adressatenbezogene Geltungsbeschränkungen gemeint (A. Ramos Tavares, a.a.O., 72).
1102 Krit. dazu A. Ramos Tavares, Nova lei da súmula vinculante, 70 f.; für einen Verstoß gegen den Wortlaut des Art. 103-A CF wohl zurecht A. Mendes Lobo, a.a.O., 115.
1103 M. Jorge e Silva Neto, a.a.O., 495.
1104 Vgl. A. Ramos Tavares, Nova lei da súmula vinculante, 69 f.
1105 Vgl. zu den oft heterogenen Entscheidungsbegründungen o. 1. Teil, C.III.1.

gung des Rechtsanwenders ist daher nur aufhebbar, nicht aber als das teils befürchtete und oft zitierte „*crime de hermenêutica*“[1106] verpönt.

Anerkanntermaßen war mit der Regelung der Bindungsadressaten nicht beabsichtigt, den nicht genannten Bundesdistrikt von der Bindungswirkung auszunehmen, und zwar schon wegen des Homogenitätsprinzips (*princípio da simetria*) in der Föderation. Ein sachlicher Grund für eine unterschiedliche Behandlung existiert nicht.

Die Legislative – in ihrer ureigenen Funktion – ist schon rechtlich nicht unmittelbar an die Leitsätze gebunden; neue Gesetze sollen die Debatte über das durch Leitsätze determinierte Recht gerade wiederentfachen können.[1107] Das STF selbst kann eine Revision nur wieder im Wege des Verfahrens nach Art. 103-A unter Beachtung der Tatbestandsvoraussetzungen vornehmen.

Wenn der Leitsatz die Ungültigkeit einer Rechtsnorm zum Gegenstand hat, könnte gefragt werden, ob es nicht neben dem Regime des Art. 103-A CF noch einer eigenen Entschließung des Bundessenates gemäß Art. 52 X CF bedürfte, um die Norm letztendlich aus der Rechtsordnung zu entfernen. Dagegen spricht, dass das hier besprochene Verfahren gerade den Sinn hat, Richtersprüche in konkreten Einzelfällen in einem objektiven Verfahren zu einer abstrakt-generellen Gültigkeit zu überführen und zu Rechtsquellen zu machen.[1108] Art. 103-A verdrängt also Art. 52 X, dessen Existenz und unregelmäßige Handhabung durch den Bundessenat gerade für die fehlende Rechtsanwendungsgleichheit und Rechtssicherheit mitverantwortlich ist.[1109] Davon abgesehen geht die Tendenz, wie schon gezeigt wurde, dahin, in den Verfahren, in denen es zu einer inzidenten Normenkontrolle kommt, den Art. 52 X bei dessen Anwendung auf eine reine Publikationsfunktion zu beschränken.[1110]

1106 Ausdruck von Rui Barbosa zu einem Fall in der Zeit der Alten Republik, in dem ein von ihm verteidigter Richter außer Dienst gestellt wurde, der eine andere Verfassungsauslegung als das Obergericht angewandt hatte. Eine Strafbarkeit der von bindenden Leitsätzen abweichenden Richter, wie in einem Vorentwurf angedacht, wäre ein unverhältnismäßiger Eingriff in deren Statusrechte; dem Zweck der Leitsatzbindung kann mit der Aufhebbarkeit von gegenläufigen Entscheidungen vollends Rechnung getragen werden.

1107 A. Ramos Tavares, Nova lei da súmula vinculante, 40.

1108 Vgl. A. Ramos Tavares, Nova lei da súmula vinculante, 15 f.

1109 F. Martins de Andrade, RIL 174 (2007), 49 (61): „Ersatz des Senatsbeschlusses“. Dies verdeutlicht zugleich, dass ein Leitsatzbeschluss des STF an Erforderlichkeit verliert, sobald der Bundessenat den Vollzug einer vom STF im Einzelfall für ungültig erkannten Norm aussetzt.

1110 Zusammenfassend und im Ergebnis dafür A. Samartin de Gouveia, a.a.O., 162 ff. Die Frage der Reichweite des Art. 52 X CF ist auch innerhalb des STF streitig, wie die Voten im 2010 noch andauernden Prozess Rcl. 4.335/AC, BE Gilmar Mendes, zeigen. Vgl. o. A.I.2 mit Fn. 351 und A.V.1.a.ff.

g. Der Rechtsbehelf der Beschwerde

Wenn ein administrativer Akt[1111] oder eine Gerichtsentscheidung einem im konkreten Fall anzuwendenden Leitsatz zuwiderläuft oder ein – an sich nicht einschlägiger – Leitsatz von der Verwaltung oder von einem Gericht zu Unrecht angewandt wird, ist eine fristlose Beschwerde[1112] unmittelbar zum STF statthaft, das, im Falle der Begründetheit, den administrativen Akt für nichtig erklärt oder die Gerichtsentscheidung aufhebt und mit der Maßgabe zurückverweist, dass der Leitsatz, je nach Fall, anzuwenden oder nicht anzuwenden sei (Art. 103-A § 3 CF i.V.m. Art. 7 G 11.417). Damit wird die Wirksamkeit des neuen Artikels untermauert, denn bindende Leitsätze könnten leerlaufen, wenn für eine Durchsetzbarkeit ihrer Aussagen nicht gesorgt wäre. Die Beschwerde dient aber nicht nur der Durchsetzung des Leitsatzrechts gegen (böswillige) Nichtbefolgung, sondern auch dessen Verfeinerung: Immer wenn ein Leitsatz ungenau formuliert ist, Fragen offenlässt oder sich – wie es immer beim Umgang mit Sprache passieren kann – Missverständlichkeiten oder Doppeldeutigkeiten einstellen, kann dies im Wege der Beschwerde behoben werden.[1113]

Das Beschwerderecht greift von Verfassungs wegen bei Akten aller staatlichen Organe, die von der Bindungswirkung umfasst sind, unabhängig von der Ebene der Föderation. Es steht jedem Betroffenen bis zur Rechts- oder Bestandskraft des Aktes offen.[1114] Das einfache Recht differenziert jedoch in zweierlei Hinsicht zwischen judikativen und administrativen Leitsatzverstößen.

Zum einen hinsichtlich der Zulässigkeit: Die Beschwerde gegen eine Unterlassung oder eine Handlung der öffentlichen Verwaltung, die möglicherweise einen Leitsatzverstoß darstellt, ist erst nach einer Ausschöpfung verwaltungsrechtlicher

1111 Im G 11.417 heißt es „Akt der öffentlichen Verwaltung". Dies ist jedoch in verfassungskonformer Auslegung funktionell zu verstehen, er kann also auch in administrativem Handeln anderer Staatsgewalten als der Exekutive bestehen, vgl. nur G. Santos Fernandes Goés, Reclamação Constitucional, in: F. Didier Jr. (Hrsg.), Ações Constitucionais, 555 (569), zur insoweit bestehenden Diskrepanz zwischen Art. 103-A CF und dem G 11.417.

1112 Die Beschwerde hat vor dem STF auch über die Leitsatzbindung hinaus eine allgemeine Bedeutung als eine eigene Prozessklasse zum Zwecke der Wahrung der Autorität des Gerichts, zu dieser sogleich u. VI.2. Durch Art. 103-A hat sich ihr Anwendungsspektrum beträchtlich erweitert.

1113 A. Ramos Tavares, Curso de Direito Constitucional, 407.

1114 So Ls. 734. Darüber hinaus kann allenfalls eine Wiederaufnahmeklage, unter strengeren Voraussetzungen, eingelegt werden. Interessant ist, dass ein Leitsatzverstoß im Gegensatz zu einem Gesetzesverstoß nach Art. 485 CPC (noch) keinen Wiederaufnahmegrund darstellt; für eine Analogie spricht die Vergleichbarkeit wegen der abstrakt-generellen Geltung (A. Mendes Lobo, RDCPC 45 [2007], 77 [97]).

Vorverfahren zulässig.[1115] Naturgemäß entfällt eine solche Einschränkung bei judikativen Leitsatzbrüchen. Der Rechtsweg muss vor Anrufung des STF mit der Beschwerde hingegen nicht beschritten, geschweige denn erschöpft werden. In jedem Falle gilt, dass die Beschwerde eine nur zusätzliche Rechtsschutzalternative darstellt, von der man sich eine schnellere, Rechtssicherheit schaffende Klärung erhoffen kann. Sie lässt andere zulässige Rechtsbehelfe unberührt; es besteht daher für den Rechtsuchenden jedenfalls auch die Möglichkeit, den Rechtsweg zu beschreiten oder andere Maßnahmen zu ergreifen. Damit erhalten auch andere Organe als das STF die Gelegenheit, für die Unverletzlichkeit der bindenden Leitsatzformeln zu sorgen.[1116]

Zum zweiten gibt es eine Differenzierung hinsichtlich der Entscheidungsfolgen: Die Tenorierung des STF bei Leitsatzverstößen ist gegenüber Gerichten weitergehend als gegenüber der Verwaltung. Während Gerichtsentscheidungen bei begründeter Beschwerde aufgehoben werden und eine neue Entscheidung nach der Maßgabe der Einschätzung des STF getroffen werden muss, können Verwaltungsentscheidungen zunächst nur annulliert werden (womit für die Behörde u.U. auch die Option eines Nichthandelns verbleibt). Im Falle administrativer Verstöße werden Ausgangs- und Widerspruchsbehörde nach dem Prozess von der Beschwerdeentscheidung des STF jedoch gleichwohl in Kenntnis gesetzt, soweit sie nicht ohnehin prozessbeteiligt waren, und haben ihr zukünftiges Verhalten in vergleichbaren Fällen nach der Leitsatzformel im Einklang mit dem Verständnis des STF auszurichten; bei anschließender Zuwiderhandlung der Bediensteten, die i.Ü. zugleich einen Verstoß gegen die Grundsätze der öffentlichen Verwaltung aus Art. 37 CF darstellt, sollen diese zudem persönlich auf zivil-, verwaltungs- und strafrechtlicher Ebene in Haftung genommen werden können.[1117] Diese Folgen zukünftiger Zuwiderhandlung sind für Instanzrichter hingegen nicht vorgeschrieben.[1118]

1115 So Art. 7 § 1 G 11.417. In der Verfassung ist dies nicht vorgesehen, hat jedoch einen enormen Entlastungseffekt, der dem Rechtsgedanken der zugrunde liegenden Justizreform entspricht (gegen die Verfassungswidrigkeit A. Ramos Tavares, Nova lei da súmula vinculante, 87 f.). Nach Verwaltungsverfahrensrecht (Art. 56 § 3 und 64-A G 9.784/1999) muss die handelnde (oder untätige) Behörde auf einen Widerspruch hin selbst Abhilfe leisten oder die Akten der übergeordneten Behörde mit einer Begründung für die Anwendung oder Nichtanwendung des Leitsatzes vorlegen. Die Entscheidung der Widerspruchsbehörde muss dann – über das normale Begründungserfordernis hinaus – ebenfalls leitsatzbezogene Gründe, stets zur Schärfung des Bewusstseins für die Bedeutung des neuartigen Rechtsinstituts, enthalten. Vgl. o. V.1.b die Parallele zum HD-Verfahren, das ebenfalls verwaltungsrechtlicher Natur ist.

1116 G.S. Leite, Súmula vinculante e jurisdição constitucional brasileira, 183 f.; G. Santos Fernandes Goés, a.a.O., 570, sieht diese Verantwortungsteilung zwischen den Organen als Erfolgsgarant für die bindenden Leitsätze.

1117 So Art. 64-B G 9.784. In der Lehre wurde darüber hinaus auch eine Beförderungssperre vorgeschlagen, vgl. M. Reale Jr., Revista do Advogado 75 (2004), 78 (80).

1118 Nach dem allgemeinen Art. 133 I CPC haftet der Richter nur in extremen Fällen, namentlich bei Schädigungsvorsatz.

Schon um nicht mit Beschwerden wegen fehlerhaft angewandter Leitsätze überhäuft zu werden, empfiehlt es sich also für das Gericht sicherlich, die Leitsätze möglichst klar zu formulieren; werden unbestimmte Rechtsbegriffe verwendet, wird der Entlastungseffekt vermindert.[1119] Die Beschwerdeanfälligkeit hat natürlich auch viel mit der Größe des Kreises der (potenziellen) Adressaten des Leitsatzes zu tun.[1120]

h. Kritische Würdigung

Vertreten wird zwar auch, dass jede einzelne Entscheidung des STF von vornherein schon wegen seiner neuen verfassungsrechtlichen Stellung den umfassenden bindenden Charakter i.S. des Art. 102 § 2 CF haben sollte,[1121] oder dass die Fähigkeit auf alle Oberen Gerichte ausgedehnt werden sollte.[1122] Während ein großer Teil der Literatur, wohl die Mehrheitsauffassung, sie angesichts ihrer auf Entlastung, Rechtssicherheit und Rechtsanwendungsgleichheit gerichteten Zielsetzung als „notwendiges Übel“[1123] begreift, geht die hier besprochene Leitsatzbindung manchen Kritikern aber bereits zu weit.[1124] Art. 103-A CF hat viel Widerspruch hervorgerufen, der im Folgenden kurz zusammengefasst wird.[1125]

1119 Beispiele: Erfolglose Beschwerde zum „Handschellen-Leitsatz“ (SV Nr. 11, s. o. Fn. 1040), da im konkreten Fall kein Verstoß gegen den Leitsatztatbestand erkannt wurde: Die Handschellen konnten hier aus Sicherheitsgründen sehr wohl benutzt werden, weil nicht genügend Polizeibeamte anwesend waren und eine besondere Gefährlichkeit des Angezeigten dargelegt wurde; auch wenn eine Rufschädigung, deren Vermeidung das Handschellenverbot hauptsächlich dienen soll, von vornherein ausgeschlossen ist, müsse der Leitsatz nicht verletzt sein (STF, Rcl. 6.565/DF, BE Cármen Lúcia, DJe v. 27.10.2009). Erfolgreiche Beschwerde bei zu Unrecht angewandtem Leitsatz über die Entbehrlichkeit anwaltlicher Präsenz im Verwaltungsverfahren (SV Nr. 5) bei belastenden Verwaltungsakten im Strafvollstreckungsverfahren (Rcl. [MC] 9.143/SP, BE Cezar Peluso, DJe v. 18.3.2010).

1120 Geht es etwa schlicht um eine fehlende Gesetzgebungskompetenz der Bundesstaaten (z. B. SV Nr. 2), so erscheint bei einem derartigen Leitsatz nicht nur ein Auslegungsstreit kaum vorstellbar, sondern auch die Anzahl der möglichen Anwendungsfälle von vornherein überschaubar.

1121 Etwa M. Cama Proença Fernandes, a.a.O.; F. da Costa Tourinho Neto, RIL 128 (1995), 185 für die Einführung eines *stare decisis*. Bedeutsam wird hier i.Ü. erneut der Streit im Rahmen des Verfahrens STF, Rcl. 4.335, BE Gilmar Mendes (vgl. A.I.2 und insb. Fn. 351): Diejenigen, die dem Bundessenat nach einer inzidenten Verfassungswidrigerklärung durch das STF nurmehr eine deklaratorische Funktion ohne eigenes Aussetzungsermessen zugestehen wollen, verringern damit zugleich die Notwendigkeit von Verfahren nach Art. 103-A CF.

1122 C.M. da Silva Velloso, Poder Judiciário: Reforma. A Emenda Constitucional 45, de 08.12.2004, Revista da OAB 80 (2005), 23.

1123 U. Lammêgo Bulos, a.a.O., 1048.

1124 S. die grds. Kritik an einer Leitsatzbindung etwa bei D. de Abreu Dallari, O Poder dos Juízes, insb. 62 ff.

1125 Zusammenfassend auch J. Vasconcelos Viana, RNDJ 87 (2007), 31 (33 f.).

aa. Verfassungswidrigkeit der Leitsatzbindung?

Teile der Argumentation gegen die Leitsatzbindung zielen auf eine Verfassungswidrigkeit ab. Dann müsste Art. 103-A CF gegen die Ewigkeitsklausel des Art. 60 § 4 CF[1126] verstoßen. Mit der Annahme verfassungswidrigen Verfassungsrechts sollte man allerdings ob der großen demokratischen Legitimität einer Verfassungsänderung nie vorschnell bei der Hand sein, sondern, soweit es möglich ist, eine Lösung über Verfassungsinterpretation und Konkordanz zu den bestehenden Vorschriften finden.

(1) Einer der möglicherweise tragfähigen Ansatzpunkte für die Behauptung, es handele sich bei Art. 103-A CF um verfassungswidriges Verfassungsrecht (und damit insoweit um eine Nichtigkeit des Änderungsgesetzes Nr. 45 von 2004) ist zunächst das Prinzip der Harmonie zwischen den Staatsgewalten (vgl. Art. 2 CF). Dieses könnte durch die Befähigung des Gerichts zur Setzung abstrakt-genereller Regeln verletzt sein.[1127] Neben den normgleichen Rechtswirkungen der Leitsätze ergebe sich eine Verletzung aus aus der möglichen Eigeninitiative des Gerichts zur Erzielung dieser Wirkung. Die fehlende Kontrollierbarkeit des STF von außen steigert diese Bedenken.

Kern der Frage ist, ob das STF als Organ der Rechtsprechenden Gewalt über Art. 103-A CF in unverhältnismäßiger Weise in den Kernbereich gesetzgebender Tätigkeit eingreifen kann. Dem ist entgegenzuhalten: Das STF kann gerade nicht frei und mit Einschätzungsprärogative über die Art der Materie und Umfang der Regelung wie ein Gesetzgeber legiferieren; es ist an den Rahmen bestehender Normen gebunden, an denen sich seine Rechtsprechung in wiederholten Entscheidungen festgemacht. Es ist auch in der Initiative nicht gänzlich frei, da die zugrunde liegenden Prozesse vorher von Streitparteien an das Gericht herangetragen worden sein müssen. Zudem verliert der Normgeber seine Kompetenz in rechtlicher Hinsicht nicht und kann bis zu einem gewissen Punkt das Zustandekommen von Leitsätzen sogar selbst verhindern. Während der wiederholten, einem Leitsatz vorausgehenden Entscheidungen haben die normgebenden Organe ausreichende Gelegenheit, die Rechtssätze für die in Rede stehende Materie zu überdenken und selbst neue Rechtssätze aufzustellen. Dies bleibt ihnen i.Ü. rechtlich auch jederzeit nach einem Leitsatzbeschluss durch das STF unbenommen.[1128] Mit neuen Rechtssätzen kann der Normgeber die Verwirklichung des Merkmals der „wiederholten Entscheidungen" verhindern. Dem Gesetzgeber ist es ferner unbenommen, jederzeit die Verfassung zu ändern und damit den Spielraum für das STF zu verkleinern, da

1126 S. zu dieser o. Fn. 473.

1127 Vgl. die Kritik von S.N. Costa, RIL 155 (2002), 175 (180 ff.), und die Erörterung bei A. Sormani/N.L. Santander, Súmula vinculante, 92 ff. m.N.

1128 A. Sormani/N.L. Santander, Súmula vinculante, 105.

der Verfassungswortlaut für das Gericht bei der Leitsatzerstellung Grenze und Maßstab seiner Tätigkeit ist; diese Hürde (eine Dreifünftelmehrheit in beiden Kammern und weitere Voraussetzungen nach Art. 60 CF) ist allerdings hoch im Vergleich zum Leitsatzbeschluss durch bloße acht übereingekommene Verfassungsrichter.

Beziehen sich Leitsätze auf die Ungültigkeit von Rechtsnormen, wäre denkbar, eine Korrektur des Ungleichgewichts im Gewaltenverhältnis im Wege einer anderen Auslegung des Art. 52 X CF in Konkordanz mit Art. 103-A dahingehend zu erzielen, dass es in diesen Fällen noch auf den Bundessenat ankommen könnte, um die Norm allgemeinverbindlich aus der Rechtsordnung zu entfernen. Dem Bundessenat könnte diesbzgl. ein eigenes Ermessen zugestanden werden; er müsste dieses für sich in der Verfassungspraxis einfordern. Diese Auslegung ist allerdings schon dann nicht mehr möglich, wenn es im Leitsatz nicht um Ungültigkeit einer infrakonstitutionellen Rechtsnorm, sondern um diese oder jene Interpretation einer Verfassungsnorm oder aber um die Feststellung der Gültigkeit einer einfach-rechtlichen Norm (d.h. um alle anderen möglichen Inhalte von Leitsätzen) geht. Art. 52 X CF weit auszulegen, entspricht ferner nicht der aktuellen Verfassungspraxis, die die Bestimmung als Relikt aus der Zeit von vor 1965, vor der Einführung der abstrakten Normenkontrolle, betrachtet. Seiner Zielsetzung nach sollte Art. 103-A den Art. 52 X auch gerade zurückdrängen. Vorgeschlagen oder als geboten angesehen wird daher *de constitutione ferenda* vereinzelt eine entsprechende Ergänzung des Art. 52 CF, nach der der Bundessenat nach jedem einzelnen Leitsatzbeschluss die Allgemeinverbindlichkeit bestätigen muss.[1129] Damit wäre Art. 103-A CF zwar über jegliche Zweifel hinsichtlich der Gewaltenteilung erhaben, jedoch in seiner Effektivität stark eingeschränkt. Eine Änderung aber ist nicht absehbar, so dass davon ausgegangen werden muss, dass der Bundessenat nicht weiter am Verfahren der Leitsatzaufstellung nach Art. 103-A teilhat (abgesehen von einer möglichen Initiierung des Verfahrens vor dem STF). In den Fällen, in denen der Bundessenat nach einem Leitsatzbeschluss schon vom Verfassungswortlaut her nicht konstitutiv mitwirken kann, liegt nach derzeitiger Verfassungsrechtslage somit jedenfalls die große Verantwortung für eine hinreichend restriktive und weise Anwendung des Art. 103-A CF beim STF allein. In den Fällen, in denen eine Auslegung des Art. 52 X (als nicht von Art. 103-A verdrängt) dies ermöglichen würde, dem Bundessenat kein Ermessen zugestanden wird, wie sich dies im Moment in der Rechtsprechung des STF abzeichnet, gilt dies erst recht.

Jedenfalls sollte Art. 103-A nach Ansicht vieler als Teil der Verfassung so gehandhabt werden, dass auch der unabänderliche Art. 2 CF (mit dem Postulat der Harmonie zwischen den Staatsgewalten) seine größtmögliche praktische Wirk-

1129 L.L. Gomes de Almeida, JusNav Nr. 2.449 (2010).

samkeit behält und nicht in unverhältnismäßiger Weise zurückgedrängt wird. Der Wortlaut lässt dies zu, so dass eine Verfassungswidrigkeit der Vorschrift wegen Verletzung der Gewaltenharmonie abzulehnen ist.

(2) Gerügt wird ferner eine Verletzung der richterlichen Unabhängigkeit der Instanzrichter,[1130] die ihrerseits eng mit dem Prinzip der Harmonie der Staatsgewalten in Verbindung steht und zudem in Art. 10 der von Brasilien ratifizierten Allgemeinen Erklärung der Menschenrechte festgeschrieben ist. Sie betrifft jedoch auch, und hier insbesondere, die Verhältnisse innerhalb der rechtsprechenden Staatsgewalt, die durch Art. 103-A CF aus den Fugen geraten sein könnten. Durch die bindenden Leitsätze werde dem Richter (außerhalb des STF) ein Teil seiner Unabhängigkeit genommen; er werde mehr zur unkritischen Ausführungsstelle seiner Kollegen im Spitzenorgan. Bindende Leitsätze aus Gerichtsentscheidungen seien für die angemessene Würdigung von zeit-, personen- und umstandsabhängigen Einzelfällen durch die Instanzgerichte ungeeignet, zumal Rechtsprechung nicht mathematischen Formeln folge. Diese Machtverschiebung ist i.Ü. auch Ausdruck eines schwindenden Vertrauens in die Arbeit der Richter unterer Instanzen, die andererseits durch die im hybriden System der Verfassungskontrolle gegebene Normverwerfungskompetenz mit einem großen Vertrauensvorschuss ausgestattet sind, welcher den o.g. Zwecken der Leitsatzbindung entgegensteht.

Gegen eine Verletzung wird angeführt, dass auch detailreiche Gesetze die Bandbreite der legalen richterlichen Entscheidungen einschränkten und kein Grund bestehe, weshalb dies nicht auch durch die von der Verfassungsordnung gewollten verfassungsgerichtlichen Leitentscheidungen möglich sein soll, die als neue Rechtsquelle in der Rechtsordnung zugelassen wurden.[1131] Zudem darf nicht außer Acht gelassen werden, dass alle Gerichte solange die uneingeschränkte Möglichkeit zu völlig unabhängigen Entscheidungen haben, bis eine Rechtssache – in wiederholten Fällen – vor das STF gelangt und dort letztendlich bei Vorhandensein aller Voraussetzungen eine Leitsatzentscheidung getroffen wird,[1132] und dass das Leitsatzrecht im Gesamtkontext aller vom Richter heranzuziehenden Rechtsquellen nur einen geringen Bruchteil ausmacht. Außerdem verbleibe den Richtern die Entscheidung über der Ob der Anwendbarkeit eines Leitsatzes im konkreten Fall (mit der Prüfung der Einschlägigkeit wegen Vergleichbarkeit der Sachverhalte) und bei den z. T. stark interpretationsfähigen Leitsätzen auch die Entscheidung

1130 L.F. Borges D'Urso, Revista Bonijuris 491 (2004), 21; J.J. Calmon de Passos, REDE 9 (2007); S.N. Costa, RIL 155 (2002), 175 (194 f.) hält Leitsätze nur als Empfehlungen für zulässig; und schon die Verfassungsrichterin C.L. Antunes Rocha, RIL 133 (1997), 51 ff.; für eine Rechtsstaatswidrigkeit P. Silva Guimarães, RDCI 61 (2007), 247; eingehend, aber zugunsten der Verfassungsmäßigkeit, auch A. Sormani/N.L. Santander, Súmula vinculante, 107 ff.

1131 L.L. Gomes de Almeida, a.a.O.

1132 Vgl. A. Sormani/N.L. Santander, Súmula vinculante, 109.

über das Wie.[1133] Dadurch verbleibt der Instanzgerichtsbarkeit im Wesentlichen ihre Unabhängigkeit und ein immer noch großer Einfluss auf eine Entwicklung des Rechts. Da sich die bindenden Leitsätze auf verfassungsrechtliche Fragen beschränken müssen, verbleibt die vollständige Unabhängigkeit ferner im gesamten Bereich des einfachen Rechts.

Es wird schließlich argumentiert, dass sich die Instanzrichter in dem Bestreben, ihre Rechtsstreitigkeiten schnell und auf rationale Weise zu lösen, faktisch meist ohnehin an der Rechtsprechung der höchsten Gerichte orientierten, zumal anderenfalls auch falsche Hoffnungen geschürt werden würden.[1134] Deswegen sei es nicht einschneidend, wenn Leitsätze rechtlich verbindlich werden.

Selbst wenn ein Richter im Einzelfall aus Überzeugung entgegen einem Leitsatz entscheiden sollte, erleidet er (vor Erreichen der Schwelle der Rechtsbeugung) persönlich auch keine gravierenden nachteiligen Konsequenzen (anders als es bei renitenten Verwaltungsbediensteten der Fall ist), obwohl er damit die Verfassung verletzt. Er riskiert schlimmstenfalls, aber mit sehr hoher Wahrscheinlichkeit, eine Aufhebung seiner Entscheidung im Instanzenzug oder im Beschwerdeverfahren vor dem STF und hat dann letzten Endes vergebens einen vielleicht größeren Zeitaufwand mit der Begründung seiner abweichenden Entscheidung gehabt; bestenfalls – aus seiner Sicht – kann er sogar eine Änderung des Leitsatzes provozieren.

Im Blick zu behalten ist ferner, dass das STF mit den bindenden Leitsätzen nur eine Rechtsmacht bekommen hat, die Gerichte in *Common-Law*-Rechtsordnungen allein durch das Prinzip des *stare decisis* schon ohne die Erfüllung weiterer Voraussetzungen und ohne aktives Tätigwerden haben. Die weite Rechtsmacht, die die Instanzrichter in Brasilien mit ihrer ansonsten weitgehenden Unabhängigkeit auch vor höheren Gerichten und sogar einer umfassenden Normverwerfungskompetenz genießen, wird mit der Leitsatzbindung lediglich auf ein verglichen damit normales, angemessenes Maß zurückgefahren. In *Common-Law*-Rechtsordnungen ist es natürlich, dass höhere Gerichte die Tätigkeit niederer Gerichte beeinflussen. Auch dort, wo reine Verfassungsgerichte existieren, haben deren Aussprüche, ohne dass dies groß in Frage gestellt würde, allgemeine Bindungswirkung.

Das oberste Gericht Brasiliens, das bekanntlich die Verfassung zu hüten hat, kann mit der Fähigkeit zu allgemeinverbindlichen Aussprüchen konsequent zu der inhaltlich maßgeblichen Instanz werden, anstatt in jedem Einzelfall nur einfach das letzte entscheidende Gericht nach verschiedenen in völliger Unabhängigkeit gefällten Instanzurteilen zu bleiben. Dass das STF nun nicht mehr nur die zeitlich letzte Instanz ist, sondern auch eine wirkliche oberste Instanz mit nachhaltigem

1133 Diesen Umstand betonen viele, s. etwa: G. Peña de Moraes, Revista do MPRJ 25 (2007), 107 (111); A. Ramos Tavares, Nova lei da súmula vinculante, 113 f.; J. Coutinho Saiter Hertel, RBDP 17 (2007), 129 (141).

1134 C.M. da Silva Velloso, Interesse Público 26 (2004), 13 (17); F. da Costa Tourinho Neto, RIL 128 (1995), 185 (186); vgl. auch N.O. de Souza, AJURIS 99 (2005), 181 (186).

Einfluss auf das ganze System der Judikative wird, umschreibt der Begriff der „Vertikalisierung".[1135] Eine solche ist nach Art. 103-A CF, aber auch nach dem Gesamteindruck von der Stellung des STF in der Verfassung angestrebt. Wenn konzentrierte Verfassungsgerichtsbarkeit gewollt ist, und der Verfassungsgeber sich ausdrücklich dafür entscheidet, einem Gericht die damit verbundene Rechtsmacht anzuvertrauen, hat dies notwendige Konsequenzen für die Freiheit und Kreativität in der Verfassungsinterpretation anderer Organe.

(3) Ein weiterer Ansatzpunkt für eine mögliche Verfassungswidrigkeit ist die Beschränkung der vollen Justizgewährung und des rechtlichen Gehörs nach dem Individualrecht aus Art. 5 LV CF, weil Streitparteien ein Teil der prozessualen Argumentation abgeschnitten werde, nämlich diejenige, die die Interpretation oder Gültigkeit von Rechtsnormen betrifft, die bereits Gegenstand von bindenden Leitsätzen sind. Dies ist die individualrechtliche Kehrseite des soeben Erörterten. Jeder Vortrag bleibt den Parteien zwar nach wie vor unbenommen. Allein der Richter, der seine Würdigung stets anhand der gegebenen Rechtsquellen vorzunehmen hat, kann diese in den begrenzten Konstellationen, in denen er nicht mehr nur nach dem Recht der Legislative oder Exekutive entscheiden kann, sondern auch an Präzedenzfälle als Rechtsquellen gebunden ist, nicht mehr berücksichtigen. Zu Recht wird in der Lehre aber darauf hingewiesen, dass der Bürger durch die *súmula vinculante*, global betrachtet, nun sogar eine bessere Dienstleistung von der Justiz erhalte, da er bei erlittenen Belastungen in vorhersehbarer und zeitnaher Weise mit Abhilfe rechnen kann, statt einen mehrstufigen Rechtsweg ggf. bis zum STF durchlaufen zu müssen.[1136]

(4) Auch eine Verletzung des Art. 1 CF, einziger Paragraph, erscheint – jedenfalls auf den ersten Blick – denkbar: Alle Gewalt geht danach vom Volke aus, das sie durch gewählte Repräsentanten oder nach Maßgabe dieser Verfassung direkt ausübt. Damit ist das Prinzip der Demokratie angesprochen und die Frage nach der Legitimität der Organe, die abstrakt-generell geltende Regeln aufstellen können. Die Zusammensetzung der Parlamente entspringt direkten Wahlen durch das Volk; das STF hingegen ist nur in mittelbarer Weise demokratisch legitimiert. Direkt gewählte Organe, der Staatspräsident und der Bundessenat, wirken, wie oben beschrieben, bei seiner Konstituierung zusammen (wenn auch das präsidial dominierte Richterauswahlsystem in seiner gegenwärtigen Gestalt als dringend reformbedürftig[1137] empfunden wird). Würde man die Ausübung von Staatsgewalt aber stets nur den am direktesten legitimierten Organen zugestehen, dann hätte Verfassungsgerichtsbarkeit generell keine Daseinsberechtigung. Die CF 1988 bekennt sich aber wie keine Verfassung Brasiliens zuvor zu einer wirkungsvollen Verfas-

1135 S. o. Fn. 23.
1136 R. Jansen, RF 380 (2005), 189 (213).
1137 S. o. 1. Teil, B.I.b.

sungsgerichtsbarkeit. Der Rechtsstaat verlangt zudem Gewaltenteilung und damit hinreichende Spielräume auch für die Judikative.[1138] Diese muss sich lediglich wiederum der Verfassung und dem Gesetz unterordnen. Das STF hat sich, wie schon festgestellt, bei Art. 103-A CF nicht nur im Rahmen der Verfassung zu bewegen, sondern ist auch durch den vom Gesetzgeber vorgegebenen normativen Rahmen gebunden, innerhalb dessen es einen Leitsatz aufstellen kann.

Als mildernder Umstand mit Blick auf die Berührung des Demokratieprinzips ist zudem die Einbindung nichtverfahrensbeteiligter Dritter in den Entscheidungsprozess anzuführen. Diese kann bei Leitsatzbeschlüssen zum einen, wenn auch nur sehr kurzfristig, eigeninitiativ über die Internetplattform erfolgen; zum anderen bis zum Abschluss des Verfahrens, soweit der Berichterstatter Stellungnahmen noch zulassen will. Jeder, dem ein zur Verhandlung anstehendes Thema ein Anliegen ist, kann sich zumindest binnen der fünf allgemein freigegebenen Tage einbringen und mit seiner Meinung gehört werden. Schon die zugrunde liegenden Entscheidungen sind unter den Augen der Öffentlichkeit gefällt worden und publik, so dass Leitsätze nicht *ad hoc* zur Allgemeinverbindlicherklärung anstehen. Durch die Beteiligung der Bürger durch Information, Öffentlichkeit der Verfahrenshandlungen und Zugänglichkeit der Entscheidungen sowie Mitwirkungsrechte, hier insbesondere über das Internet, und durch die Zulassung von *Amici Curiae* wird der Prozess demokratisiert; Transparenz und Publizität fördern zudem die Rechtsstaatlichkeit. Dies ist auch dringend erforderlich: Der Bürger hat schließlich insofern ein Interesse an einem Mindestmaß an Einbindung, als es sich um Entscheidungen über eine Allgemeinverbindlichkeit handelt und er von einer Ungültigerklärung von Normen oder von einer bestimmten Interpretation einer abstrakt-generellen Vorschrift durchaus selbst betroffen sein kann. Das STF ist gedacht als Gericht im Dienste aller Bürger, zumal die Auslegung der Verfassung, die als *Bürger*-Verfassung mit dem Ziel umfassender Integration verabschiedet wurde, auch alle betrifft.

Jedenfalls die genauen Ausprägungen des Demokratieprinzips sind ferner nicht Teil der Ewigkeitsklausel des Art. 60 § 4 CF; für die Verletzung der Klausel müsste der Kernbereich eines Schutzguts angetastet sein (die Rede ist dort von Abschaffung, nicht von bloßen Veränderungen).

(5) Ergebnis: Von einer Abschaffung der Demokratie und der anderen vermeintlich durch Art. 103-A CF verletzten Vorschriften kann hier nicht die Rede sein. Bloße Verlagerungen im Gewaltenverhältnis verletzen die Ewigkeitsklausel noch nicht, ebensowenig partielle Einschränkungen von Individualrechten, deren Schutzbereich ansonsten und deren Wesensgehalt unberührt bleibt. I.Ü. gilt keiner von den als verletzt genannten Werten absolut; sie finden Schranken in anderen

1138 Hierzu R. Jansen, RF 380 (2005), 189 (216), der die Einschränkungen des Demokratieprinzips zurecht u.a. mit der Notwendigkeit von *checks and balances* rechtfertigt.

Verfassungswerten wie dem Beschleunigungsgebot (oder subjektiv formuliert: dem Recht auf eine angemessene Verfahrensdauer aus Art. 5 LXXVII CF), der Funktionsfähigkeit der Verfassungsrechtsprechung, der Rechtsanwendungsgleichheit und der Rechtssicherheit, denen die Bindung an Leitsätze des STF dient, und sind in Konkordanz mit diesen zu sehen. Angenommene Eingriffe können somit wohl verfassungsrechtlich gerechtfertigt werden, zumal die tatbestandlich festgeschriebenen Anforderungen an das Zustandekommen bindender Leitsätze nicht eben gering sind.

Im Ergebnis ist Art. 103-A CF daher gewiss nicht verfassungswidrig. Allenfalls seine Anwendung kann es sein, wenn der Tatbestand nicht ernstgenommen und die Vorschrift nicht in verhältnismäßiger Weise in Bezug auf die genannten kollidierenden Verfassungsbestimmungen interpretiert wird.

bb. Rechtspolitische Kritikpunkte

Weitere Argumente gegen die Leitsatzbindung können nur rechtspolitischer Natur sein. Sie betreffen nicht die herausragenden Schutzgüter der Ewigkeitsklausel des Art. 60 § 4 CF, sondern können nur auf eine erneute Verfassungsreform abzielen. Sie ändern nichts an der verfassungsrechtlichen Realität.

(1) Genannt wird die Gefahr einer „Versteinerung" der Rechtsprechung, da das Verfassungsrecht ohne großen Aufwand sehr durch das STF und seine Leitsätze geprägt werden kann, und entstandenes Leitsatzrecht nicht ohne Weiteres wieder „aus der Welt geschafft" werden kann.[1139] Der stetige Wandel tatsächlicher Verhältnisse steht einer übersteigerten Bindungswirkung an Urteile grundsätzlich entgegen.[1140] Mit der Leitsatzbindung und der damit verbundenen Auslegungsbeschränkung von Normen kommt es zu einer Lähmung der instanzrichterlichen Tätigkeit mit ihrer Relevanz für die Konstruktion künftiger Rechtsprechung und die Fortentwicklung des Rechts im Allgemeinen.[1141] Auch die anwaltliche Tätigkeit im Instanzenzug und der durch Rechtsanwälte geförderte Kampf der Rechtsmeinungen und Argumente, ebenfalls bedeutsam für die Rechtsentwicklung, wird eingeschränkt.[1142]

Mit den bindenden Leitsätzen würden, wie manche einwenden, bei verbindlicher Auslegung der Verfassung (hinsichtlich der unterverfassungsrechtlichen Normen)

1139 Krit. F. Soibelman, JusNav Nr. 618 (2005). Zu diesem Punkt vgl. A. Sormani/N.L. Santander, Súmula vinculante, 113 ff.

1140 A. Ramos Tavares, Nova lei da súmula vinculante, 113.

1141 J.T. de Almeida Melo, Direito Constitucional, 903, spricht von „Verarmung".

1142 N.O. de Souza, AJURIS 99 (2005), 181 (190), sieht eine überwiegende Ablehnung der *súmula vinculante* in der gesamten juristischen Klasse und macht diese an der Verkleinerung ihres Tätigkeitsfelds fest.

Rechtssätze geschaffen, die qualitativ Verfassungsnormen nahekommen.[1143] Dies ist zwar nicht rechtlich, aber doch faktisch der Fall, wenn man Verfassungsrecht durch einen Geltungsvorrang innerhalb der Rechtsordnung und eine erschwerte Änderbarkeit charakterisiert sieht:[1144] Hinsichtlich der Normenhierarchie entsteht ein faktischer Vorrang der bindenden Leitsätze vor dem Gesetz, da erstens kein nachfolgendes, von der Verfassungsinterpretation des STF abweichendes Gesetz Bestand haben würde (obwohl der Gesetzgeber nicht ausdrücklich Bindungsadressat ist, ist er doch jedenfalls – bei gleichbleibender Verfassungs- und Tatsachenlage – von der Auslegung des STF faktisch beeinflusst und würde keine Zeit mit dem Neubeschluss der Normen verschwenden, die der Auffassung des Gerichts zuwiderlaufen), und zweitens nach geltendem Verfassungsrecht der Richter in der diffusen Normenkontrolle Gesetze bei Überzeugung von deren Verfassungswidrigkeit unangewandt lassen kann, nicht aber die Aussagen eines bindenden Leitsatzes. Auch die erschwerte Abänderbarkeit (aus Sicht des Gesetzgebers für sich genommen) trifft zu, da nur eine verfassungsändernde Mehrheit i.S.v. Art. 60 CF etwas an der Auslegung durch das STF ändern könnte, namentlich durch Änderung der durch das STF ausgelegten Verfassungsvorschrift, soweit dies überhaupt von Art. 60 CF erlaubt ist, oder des Art. 103-A CF selbst. Ansonsten kann vom Gesetzgeber eine Änderung von Leitsatzrecht nur noch mithilfe des STF und nur abhängig von dessen Willen erwirkt werden. Zu dieser Rechtsnatur kommt erschwerend hinzu, dass das STF im Gegensatz zu anderen Gewalten auch keiner verbindlichen juristischen Kontrolle durch eine andere Staatsgewalt mehr unterliegt.

Trotz des normativen Charakters der bindenden Leitsätze ist zwar eine Normenkontrolle nach Art. 102 I a) CF unstatthaft, um diese aus der Welt zu schaffen, da Art. 103-A die *lex specialis* mit strengeren Mehrheitserfordernissen ist.[1145] Die Tatsache aber, dass schon in der Verfassung ein Verfahren zur Änderung und zur gänzlichen Aufhebung bindender Leitsätze vorgesehen ist, das durch eine Vielzahl von zulässigen Aktivlegitimierten betrieben werden kann, vermindert die Sorge um eine Zementierung des Rechts. Zudem wirkt Art. 5 G 11.417 einer Perpetuierung mittels einer Neubefassungspflicht des STF, falls die dem Leitsatzbeschluss zugrunde liegenden Normen geändert werden, entgegen. Art. 5 ordnet an, dass es bei jeder Änderung der Norm zu einem neuen PSV-Verfahren kommen muss: mit neuen öffentlichen richterlichen Diskussionen, evtl. schon mit einer neuen Besetzung des Gerichts, zu neuen Anhörungen von *Procurador-Geral da República* und interessierten Personen, vor dem Hintergrund der aktuellen tatsächlichen Verhält-

1143 R. Jansen, a.a.O., 207; L.F. Borges D'Urso, Revista Bonijuris 491 (2004), 21; auch J.T. de Almeida Melo, a.a.O., 901.

1144 Vgl. zu den Charakteristika für formelles Verfassungsrecht nur A. Hopfauf, in: Schmidt-Bleibtreu/Hofmann/Hopfauf (Hrsg.), GG, Einl. Rn. 87.

1145 A. Ramos Tavares, Nova lei da súmula vinculante, 32, entgegen F. Martins de Andrade, RIL 171 (2006), 177 (190).

nisse und unter Verwertung ggf. neuer wissenschaftlicher Erkenntnisse. Bei einer kompletten Aufhebung der zugrunde liegenden Norm verliert der Leitsatz seinen Anknüpfungspunkt und seine Wirkung für zukünftige Sachverhalte. Dies belegt wiederum, wie entfernt das Gericht von gesetzgeberischer Tätigkeit ist, und dass es zwar eine starke rechtliche Stellung eingeräumt bekommen hat, aber doch nur den Bahnen des Gesetzgebers folgt.

(2) Zudem kann man meinen, die Leitsatzbindung bewirke nicht die gewünschte und sie rechtfertigende Rechtssicherheit. Die Rechtssicherheit werde zum einen dann nicht erreicht, wenn man zugrunde legt, dass Richter die Leitsätze bei Überzeugung von ihrer Verfassungswidrigkeit auch unangewendet lassen können (dies wird vertreten, um zu vermeiden, dass Leitsätze sonst faktischen Verfassungsrang hätten, was aus Gründen der Bewahrung des Gewaltenteilungsgrundsatzes und des Art. 60 § 4 CF nicht in Betracht komme).[1146] Selbst wenn man dies nicht gestattet, können Richter bei der Anwendung von Leitsätzen je nach Auslegungsfähigkeit des Leitsatzes oder bei Unklarkeit über dessen Einschlägigkeit auch für gleiche Sachverhalte zu unterschiedlichen Ergebnissen kommen.[1147] Zudem wird die Gefahr gesehen, dass verschiedene Richter sie wegen eines unterschiedlichen Vorverständnisses oder unbedacht und ohne Kenntnis des Kontextes ihres Erlasses auf nur vermeintlich gleiche Fälle anwenden,[1148] zumal die für das *common law* typische Rechtstradition des differenzierenden Abgleichs mit Präjudizien wie in den U.S.A., Großbritannien, Neuseeland etc. eben in Brasilien nicht gegeben sei, stattdessen die Rechtstradition der schematischen Subsumtion unter abstrakte Begriffe in Rechtssätzen als „*bouche de la loi*" (Montesquieu). Durch eine zu schematische Anwendung bestehe dann auch die Gefahr einer Gleichbehandlung von wesentlich Ungleichem, was ebenso gegen den Gleichheitssatz verstoßen kann wie Ungleichbehandlungen von wesentlich Gleichem. Ob diese Gefahren und die eventuell verbleibende Unsicherheit jedoch ein Grund sein können, davon abzusehen, Maßnahmen zur Herstellung eines Minimums an Anwendungsgleichheit und Vorhersehbarkeit zu ergreifen, sei dahingestellt.

(3) Die Leitsatzbindung sei desweiteren nicht erforderlich für die Rechtssicherheit, da Entscheidungen aus sich selbst heraus überzeugen und damit eine „natür-

1146 In diesem Sinne S.N. Costa, RIL 155 (2002), 175 (195); Calmon de Passos, Súmula vinculante, REDE 9 (2007), 15. Jedenfalls bei unveränderter Sach- und Verfassungslage dürfte diese Ansicht jedoch nach dem Verfassungswortlaut kaum begründbar sein, nach dem die Richter eindeutig an Leitsätze nach Art. 103-A gebunden sind, während ein Anwendungszwang für Gesetze nicht festgeschrieben ist. Vergleichend mit dem amerikanischen Recht M.A. Botto Muscari, Revista da Escola Paulista da Magistratura 2 (2001), 135 (147), für eine Befugnis, eine SV nicht anzuwenden, wenn zwischenzeitlich neue Tatsachen eingetreten sind.

1147 V. Greco Filho, Direito Processual Civil Brasileiro II, 2008, 397; P. Cruz Bottini, RT 865 (2007), 20 (31).

1148 Vgl. R. Rodrigues Alencar, a.a.O., 173 ff.

liche Bindungswirkung"[1149] entwickeln könnten. Das bisherige System der einfachen Leitsätze i.V.m. der Gefahr der Aufhebbarkeit durch höhere Instanzen bei Abweichung reiche aus, zumal die Aussprüche der Oberen Gerichte ohnehin schon maßgebend von Richtern unterer Instanzen freiwillig für ihre eigenen Urteile verwendet werden.[1150] Außerdem existieren die verschiedenen Normenkontrollverfahren mit weitem Kreis von Aktivlegitimierten und dem großen verfassungsgerichtlichen Spielraum bei der Rechtsfolgengestaltung, die wegen Art. 102 § 2 CF auch eine Bindungswirkung und die damit verbundene Rechtssicherheit herbeiführen könnten. Schließlich wird auch ein System von Musterentscheidungen allein, wie es nun vor dem STJ mit Art. 543-C CPC eingeführt ist, oder ein Leitsatzsystem mit lediglich „Rechtsmittel verhindernder Wirkung", wie mit Art. 518, 557 CPC umgesetzt, als ein „milderes Mittel" für ausreichend angesehen.[1151] Dieses führt zu einer faktischen Achtung der Leitsätze des höheren Gerichts, da den Leitsätzen gegenläufige Rechtsmittel im Schnell-Verfahren durch den Berichterstatter abweisbar sind und für den Rechtsmittelkläger i.d.R. damit schon rein praktisch keinen Sinn haben (allenfalls ausnahmsweise, wenn sich nach dem Leitsatzbeschluss Änderungen in der Sach- oder der Verfassungsrechtslage ergeben haben).

Wenn diese Alternativlösungen des Vertrauens auf die Überzeugungskraft von Entscheidungen und der lediglich erleichterten Korrektur rechtlich möglicher instanzrichterlichen Abweichungen auch viel für sich haben, zwingt den Verfassungsgeber jedoch nichts, einen solchen Weg zu gehen. Er kann sich dafür entscheiden, durch bereits rechtliche Verbindlichkeit die Stellung des Obersten Gerichts im Staatsgefüge zu stärken und damit die Hierarchie auch symbolisch zu verdeutlichen. Er ist bei der Staatsorganisation nicht gehalten, den Instanzrichtern einen möglichst großen Freiraum zu belassen, sondern dazu, ein Funktionieren der Rechtspflege als Ganzes im Interesse aller sicherzustellen. Dies kann auf verschiedene Wege erreicht und von den herrschenden Mehrheiten im Einzelnen bestimmt werden. Gerade die vielfachen Streitigkeiten über Normen zeigen die Gefahren einer rechtlichen Unverbindlichkeit, da allein die Aussicht auf Abweichungen von höchstrichterlicher Rechtsprechung zu einer Inanspruchnahme der Justizapparates ermutigen kann – selbst wenn faktisch letztendlich zumeist im Sinne des hohen Gerichts entschieden wird.

(4) Ein anderer Kritikpunkt ist, dass eine Zeitersparnis bei den Gerichten nicht erreicht werde: Die Prüfung der Einschlägigkeit eines Leitsatzes brauche ebenfalls Zeit, eine Befreiung von der Begründungspflicht finde nicht statt,[1152] und wegen des möglichen und erwarteten Beschwerdeaufkommens (gerade angesichts der

1149 R. Rodrigues Alencar, a.a.O., 143.
1150 E. Lins e Silva, Revista Consulex, 31.5.1997, 43.
1151 A. Sormani/N.L. Santander, Súmula vinculante, 78.
1152 R. Rodrigues Alencar, a.a.O., 179.

breiten Aktivlegitimation) werde das Ziel verfehlt; die Krise der Rechtsmittelzahlen könnte zur Krise der Beschwerdezahlen werden.[1153] Gegen die Annahme einer Überflutung des STF mit Beschwerden spricht die Tatsache, dass diese nur eine von mehreren Optionen des Beschwerten ist. Auf dem ordentlichen Rechtsweg, wenn er diesen als Alternative wählt, kommt ihm die Bindung der Instanzgerichte an den Leitsatz und die darauf Bezug nehmende Beschleunigungsvorschrift des Art. 557 CPC,[1154] die zudem den Fortbestand der richterlichen Unabhängigkeit in unteren Instanzen gewährleistet, zugute. Dass es bisher zwar zu einer Erhöhung der Beschwerdezahlen, nicht aber zu einer exzessiven Beschwerdeflut, die die Dimensionen der Rechtsmittel erreichen würde, gekommen ist, liegt wohl neben dieser Kooperation der Rechtsprechungsorgane bei der Leitsatzdurchsetzung daran, dass die Leitsätze weitgehend von vornherein nicht anders als Gesetze befolgt und wenig hinterfragt werden. Das Beschwerdeverfahren beim STF ist ferner ein auf zügige Entscheidungen ausgelegter Prozess, bei dem anhand von durch den Beschwerdeführer einzureichenden Dokumenten, die den Leitsatzverstoß klar aufzeigen, und ohne wesentliche Ermittlungstätigkeit geurteilt wird (es lehnt sich insofern an das Verfahren der Sicherungsverfügung an). Selbstverständlich ist aber auch, dass das Beschwerdeaufkommen, wie die Statistik schon jetzt zeigt, wenn auch nicht um denselben Faktor, aber in etwa proportional mit dem Anwachsen des bisher noch geringen Leitsatzbestands wachsen wird. Wie bereits festgestellt, ist die Beschwerdeanfälligkeit auch stark abhängig von der Formulierung der Leitsätze (Einfachheit, Bestimmtheit, Verständlichkeit, Widerspruchslosigkeit, Klarheit schaffend in Bezug auf die zu lösende Materie?), die in der Verantwortung des Gerichts liegt.

(5) Ferner sei das Instrument nicht erforderlich für die Zeitersparnis, da der Staat als weitaus größter Nutzer von Rechtsmitteln bei Materien mit bereits gefestigter Rechtsprechung der Gerichte zurückhaltender werden und stattdessen die personelle und sachliche Ausstattung der Gerichte verbessern werden könnte.[1155]

(6) Kritikwürdig erscheint außerdem das Leitsatzverfahren. Die beim STF stattfindende Beratung für die Leitsatzaufstellung gemäß Art. 103-A CF einschließlich der Einigung über den Wirkungsbeginn ist nicht immer ausführlich genug. Die verfassungsrechtliche Frage ist aus den *leading cases*, die in sich auch Unterschiede aufweisen können, prägnant herauszuarbeiten und der Leitsatz abstrakt und generalisiert wie ein Rechtssatz zu formulieren. Auf seinen exakten Wortlaut kommt es nachfolgend maßgeblich an. Die Beratung beim STF ist aber selbstverständlich nicht mit einer parlamentarischen Vorbereitung (inklusive ministerielle Vorarbeit,

1153 So G. Ferreira Mendes/S. Meyer Pflug, a.a.O., 373; A. Ramos Tavares, Nova lei da súmula vinculante, 84, 115 („größte Schwäche“).
1154 S. dazu u. B.III.
1155 In diesem Sinne L.F. Borges D'Urso, Revista Bonijuris 491 (2004), 21.

Lesungen, Ausschüsse, pluralistische Beteiligung) für Gesetze und erst recht Verfassungsänderungen vergleichbar und kann dem auch nicht nahe kommen, da das STF dafür nicht ausreichend Personal und Zeit hat. Die Beteiligung von sachverständigen und interessierten Dritten erfolgt, nach der lediglich fünf Tage währenden Freigabe für Stellungnahmen, ganz zu Anfang und allein im Ermessen des Berichterstatters, was angesichts der den Leitsätzen beigemessenen weitreichenden Wirkung nicht hinreichend sein kann. Vorschläge für den Wortlaut wurden bereits innerhalb einer Sitzung abgeändert und unmittelbar in der abgeänderten Form beschlossen, obwohl hier eine Vertagung auf einen nachbereitenden Folgetermin sinnvoll wäre. Die entsprechende Beteiligungsvorschriften und Details der Verfahrensabläufe im Binnenrecht des STF können jedoch unschwer geändert werden; erfahrungsgemäß kommt es jedes Jahr auch mehrmals zu Nachjustierungen.

Zwar fehlt es nicht an der Publizität im Entstehungsprozess, da die Veröffentlichungen auf der Website des STF zufriedenstellend sind und dem STF nicht nur aus rechtswissenschaftlichen Kreisen, sondern auch von den Medien großes Interesse gezollt wird. Die Leitsatzbindung wird dennoch wegen eines überproportionalen oder möglicherweise einseitigen Impetus aktiver gesellschaftlicher Interessengruppen im ganzen Entstehungsprozess der Leitsatzentscheidungen des STF, die auch in Anbetracht der Aktivlegitimation politisch geprägt sind, als ein falscher Weg angesehen, der nicht zu Lösungen führe, die schließlich für jeden Einzelnen gerecht seien.[1156] Ob solche Kritik sich als wahr erweisen wird, bleibt allerdings noch zu beobachten, da die Entwicklung mit bisher lediglich 30 in Kraft befindlichen Leitsätzen erst am Anfang steht. Immerhin kann jeder Einzelne über Interessengruppen oder durch individuelle Stellungnahme im Zeitfenster Einfluss nehmen, und Bürger können über Parteien, Gewerkschaften, berufsständische Vereinigungen und Eingaben beim *Ministério Público* direkt oder indirekt auch auf eine Antragstellung auf den Beschluss, die Änderung oder die Aufhebung von Leitsätzen hinwirken.

i. Rechtsvergleich

1997 stellte Michael Reinhardt mit Blick auf die wachsende Bedeutung von Leitsätzen im Allgemeinen auch in Deutschland fest: „Der Richter als Gesetzgeber bewegt sich zwischen *legis executio* und *legis latio* in einem Überschneidungsbereich der gewaltenteilenden Ordnung“; Rechtsanwendung und Rechtsetzung könnten nicht zuverlässig unterschieden werden.[1157] Eine Ursache sei im modernen Sozial- und Industriestaat ein „neuartiger Regelungsbedarf… der mit dem herkömm-

1156 V. Greco Filho, Direito Processual Civil Brasileiro II, 2008, 397.
1157 Konsistente Jurisdiktion, 86.

lichen Apparat des Gesetzesrechtes allein kaum mehr annähernd befriedigt werden kann". Er verweist auf die „der richterlichen Tätigkeit immanente judikative Rechtsetzung" und die „notwendig begrenzten Kapazitäten der gesetzgebenden Körperschaften"[1158] sowie auf die „inzwischen nicht mehr zu übersehende, und wohlmöglich auch zwangsläufige, doch gleichwohl fatale Neigung gerade in der Praxis, die von den Gerichten formulierten Erkenntnisse und Maßstäbe oftmals ohne Weiteres als Recht zu begreifen und dabei die auf breitem Forum veröffentlichten und zumeist in rechtssatzgleicher Form publizierten Leitsätze wie von Parlamenten geschaffene Gesetze gleichsam zu konsumieren".[1159] Auch wegen der modernen Recherchearbeit in z.T. auf Leitsätze beschränkten Datenbanken gebe es eine „Tendenz zu einer Leitsatzjurisprudenz".[1160]

Die faktische Bedeutsamkeit von Aussprüchen der höheren Gerichte für die unteren Instanzen und eine faktisch sehr verbreitete Gefolgschaft – trotz Unabhängigkeit der Judikative[1161] und grundsätzlich fehlender Bindungskraft gerichtlicher Entscheidungen[1162] – sind insgesamt nicht zu verkennen.

Beim BVerfG hingegen besteht nicht lediglich faktische Verbindlichkeit: Nach § 31 BVerfGG binden alle (Sach-)Entscheidungen des BVerfG[1163] die anderen Verfassungsorgane des Bundes und der Länder sowie alle anderen Gerichte und alle Behörden. Diese schon von Gesetzes wegen weitreichende Wirkung umfasst über die materiellen Rechtskraftwirkungen ein Gebot der Selbstaufhebung und Rückabwicklung bzgl. zuwiderhandelnder Bindungsadressaten sowie Wiederho-

1158 M. Reinhardt, a.a.O., 88.

1159 M. Reinhardt, a.a.O., 87 m.w.N. und Zitat von den in BVerfGE 39, 1 (34) wie Rechtsnormen behandelten Grundsätzen zur Zustimmungsbedürftigkeit der Änderung von Zustimmungsgesetzen aus BVerfGE 37, 363.

1160 M. Reinhardt, a.a.O., Fn. 511.

1161 Art. 97 I GG, § 25 Deutsches Richtergesetz: „Die Richter sind unabhängig und nur dem Gesetz unterworfen."

1162 Entschiedene Fälle sind keine Rechtsquellen, sie eignen sich lediglich zur Orientierung (s. nur W. Meyer, in: von Münch/Kunig (Hrsg.), GG-Kommentar, Art. 97 Rn. 22 f., 25); etwa H.D. Jarass/B. Pieroth, GG, Art. 97 Rn. 7: „Richter dürfen von den Rechtsauffassungen übergeordneter Gerichte abweichen und ihre bisherige Rspr. ändern oder aufgeben"; ähnlich S. Detterbeck, in: Sachs, GG, Art. 97 Rn. 14 ff.; D. Hömig, GG, Art. 97 Rn. 4: „Entscheidungsfreiheit"; s. auch BVerwG, NJW 1996, 867. BVerfGE 87, 273 (278): „Es ist selbst dann nicht gehindert, eine eigene Rechtsauffassung zu vertreten und seinen Entscheidungen zugrunde zu legen, wenn alle anderen Gerichte – auch die im Rechtszug übergeordneten – den gegenteiligen Standpunkt einnehmen. Die Rechtspflege ist wegen der Unabhängigkeit der Richter *konstitutionell uneinheitlich.*" (Hervorhebung durch Verfasser).

1163 Einschließlich der stattgebenden Kammerentscheidungen (§ 93 c I 2 BVerfGG, dazu S. Rixen, NVwZ 2000, 1364 ff.), nicht aber Nichtannahmeentscheidungen und – angesichts ihrer Vorläufigkeit –nach wohl herrschender Meinung auch einstweilige Anordnungen nicht (A. Heusch, in: Umbach/Clemens/Dollinger [Hrsg.], BVerfGG, § 31 Rn. 55 f. m.w.N.; für die a.A. zu letzteren s. A. Hopfauf, in: Schmidt-Bleibtreu/Hofmann/Hopfauf [Hrsg.], GG, Art. 94 Rn. 60 m.w.N.).

lungs- und Nachahmungsverbote.[1164] In den jeweils rechtsnormbezogenen Fällen des § 13 Nr. 6, 6 a, 11, 12 und 14 (abstrakte und konkrete Normenkontrollentscheidungen, Normverikation, Normqualifikation als Bundesrecht) und bei Rechtssatzverfassungsbeschwerden hat die Entscheidung des BVerfG Gesetzeskraft; diese Wirkung hatte bereits das GG in Art. 94 II avisiert. Bei der Gesetzeskraft stellt sich aber die Frage, inwiefern diese über eine allgemeine Verbindlichkeit hinausgehen oder überhaupt ein *aliud* darstellen soll.[1165] Streitig ist noch immer der genaue Gegenstand der Verbindlichkeit, ob Gerichte nämlich neben dem Tenor des BVerfG auch an die tragenden Entscheidungsgründe gebunden sein sollen. Nach dem BVerfG soll dies der Fall sein, soweit diese „die Auslegung und Anwendung des Grundgesetzes betreffen".[1166] Die vom BVerfG für die Entscheidungen formulierten Leitsätze unterliegen der Wirkung des § 31 BVerfGG als solche nicht, sie und selbst enthaltene *obiter dicta* werden aufgrund der über Jahrzehnte gewachsenen überrechtlichen Autorität des Gerichts allerdings bereitwillig und bedingungslos befolgt, als ob sie rechtlich bindend wären.[1167]

Die *ipso jure* bestehende und ausgedehntere Bindungswirkung der Entscheidungen des BVerfG liegt in seiner Tradition als reines Verfassungsgericht, das immer die Normativität der Verfassung sichert, begründet,[1168] während das STF (einschließlich seiner Vorgängerinstitutionen) eine lange Geschichte als oberstes Rechtsmittelgericht mit verschiedenen, auch nicht verfassungsgerichtlichen Aufgaben hat, bei dem jede Form allgemein verbindlicher Entscheidungsmacht verpönt war. Art. 103-A CF mit der einzeln aktiv herzustellenden Verbindlichkeit seiner Aussprüche ist nun nur einer von mehreren Schritten für das STF in die Richtung eines Verfassungsgerichts nach kontinental-europäischem Modell.

Trotz der Annäherung der brasilianischen Leitsatzbindung an das Prinzip des *stare decisis* des *common law* bestehen auch zu diesem gravierende Unterschiede:[1169] Nicht eine Entscheidung mit der gesamten dahinterstehenden Fallgestaltung löst die Bindungswirkung aus, sondern der auf einen Rechtssatz reduzierte Kern aus mehreren Entscheidungen. Die Bindungswirkung entsteht in Brasilien nicht

1164 C. Pestalozza, Verfassungsprozeßrecht, § 20 Rn. 84 ff.; A. Hopfauf, in: Schmidt-Bleibtreu/Hofmann/Hopfauf (Hrsg.), GG, Art. 94 Rn. 53.

1165 Wegen der Erstreckung auf Private differenzierend A. Hopfauf, in: Schmidt-Bleibtreu/Hofmann/Hopfauf (Hrsg.), GG, Art. 94 Rn. 69; zur Fragwürdigkeit des Sinns hingegen C. Pestalozza, Verfassungsprozeßrecht, § 20 Rn. 98 ff., 105.

1166 BVerfGE 40, 88 (93 f.); dem Gericht folgend H. Bethge, in: Maunz/Schmidt-Bleibtreu/Klein/Bethge (Hrsg.), BVerfGG, § 31 Rn. 96 ff. Zur Kritik s. nur die Nachweise bei H. Lechner/R. Zuck, BVerfGG, § 31 Fn. 42.

1167 H. Bethge, in: Maunz/Schmidt-Bleibtreu/Klein/Bethge (Hrsg.), BVerfGG, § 31 Rn. 8; vgl. auch schon B. Schlink, Der Staat 28 (1989), 161 ff., mit seiner These vom „Bundesverfassungsgerichtspositivismus".

1168 Schon aus dem Geltungsvorrang der Verfassung folgt daher der Entscheidungsvorrang des BVerfG (vgl. H.H. Klein, in: Festschrift für Franz Klein, 524).

1169 Diese zusammenfassend R. Jansen, RF 380 (2005), 189 (194 ff.).

systembedingt und wird nicht automatisch durch jedes (höhere) Gericht geschaffen, sondern durch die aufgrund einer Verfassungsänderung ermöglichte gesonderte Beschlussfassung durch die Richter allein des STF.

j. Entlastungspotential

Die Leitsatzverfahren werden seit 2007 und mit seitdem sichtbar ansteigender Häufigkeit durchgeführt. Wie sie sich auf die Verfahrensbelastung allgemein auswirken, ist schwierig messbar. Es ist aber davon auszugehen, dass jeder einzelne zustande gekommene Leitsatz, freilich stark variierend nach seinem Inhalt und Adressatenkreis, enormes Entlastungspotential hat: Durch Leitsätze wird die vereinfachte Abweisung insbesondere von Rechtsmitteln, die gegen die so fixierte ständige Rechtsprechung des STF verstoßen, beim STF und auch in der sonstigen Gerichtsbarkeit deutlich erleichtert, und damit nachfolgend Begründungsaufwand eingespart. Wie viele (dementsprechend aussichtslose und lediglich die Justiz blockierende) Rechtsmittel aufgrund von SV aber gar nicht erst eingelegt werden, kann niemand sagen. Auch dies darf jedoch nicht unterschätzt werden.

Die Handhabung der Zulässigkeitsvoraussetzungen ist bei Art. 103-A CF in besonderem Maße eine Gratwanderung: Je großzügiger sich das STF in der Interpretation zeigt, desto mehr Leitsätze mit derartig positiver Auswirkung für die blockierte Justiz und die Rechtsmittelflut beim STF selbst werden passieren können. Es ist jedoch andererseits zur Restriktion gehalten, weil die Gewaltenharmonie ansonsten gefährdet ist.

2. Die Beschwerde

Die Beschwerde (*Reclamação*),[1170] festgeschrieben in Art. 102 I l) CF, kann beim STF erhoben werden, wenn eine andere Stelle in seine Zuständigkeiten übergreift, also z. B. ein anderes Gericht sich einer Rechtssache annimmt, die an sich dem STF

1170 Die Kompetenz ist nicht zu verwechseln mit der gleichnamigen Beschwerde zur bloßen Protokollberichtigung beim STF nach Art. 88 ff. RISTF (*Reclamação por erro*) oder der Klage des Arbeitnehmers im Arbeitsrecht (*Reclamação trabalhista*). Nebenbei bemerkt hat sie ebenfalls keine Ähnlichkeit mit der deutschen Verfassungsbeschwerde, die manchmal als *Reclamação* (z.T. auch: *Recurso*) *Constitucional* übersetzt wird.

zugewiesen ist. Damit leistet sie einen Schutz des Prinzips des gesetzlichen Richters (Art. 5 XXXVII i.V.m. LII CF), soweit das STF betroffen ist.[1171]

Das Recht zur Beschwerde dient weiterhin dazu, zurückliegenden Entscheidungen des STF unmittelbar zur Durchsetzung und praktischen Entfaltung ihrer Wirksamkeit zu verhelfen, wenn dafür Bedarf besteht. Hierzu kann Anlass bestehen, wenn Entscheidungen des STF entweder schlichtweg nicht befolgt werden, oder aber nicht so befolgt werden, wie es beabsichtigt war, unabhängig davon, ob dies aus Unverständnis oder vorsätzlich geschieht. Der soeben schon behandelte, 2004 in die Verfassung eingefügte Art. 103-A § 3 CF greift diese Idee auf und stellt einen herausgestellten Spezialfall der Beschwerde dar, der auf die Wirkkraft und Durchsetzung der Aussagen von bindenden Leitsätzen bezogen ist und ihren Anwendungsbereich beträchtlich erweitert.[1172] Mangels eigenen Vollzugspersonals ist das STF auf die Beschwerdezuständigkeit zur Klarstellung und Durchsetzung seiner Aussprüche angewiesen. Der erneute feststellende Ausspruch durch das STF im Beschwerdeverfahren kann dies erreichen. Die Nichtbefolgung wird zwar nicht finanziell sanktioniert; befolgt eine zuständige Stelle ein Urteil nicht, so kann dies aber ein folgenschweres Amtsvergehen der handelnden (oder eben nicht handelnden) Personen darstellen und u.U. auch Eingriffsrechte in Gebietskörperschaften (in Form der Bundes- oder bundesstaatlichen Intervention) begründen.[1173] Es kann ferner die Voraussetzung für eine Strafbarkeit handelnder Personen sein.[1174]

In beiden Varianten – also der der Zuständigkeitsverletzung (ohne vorliegende STF-Entscheidung) und der der Missachtung von (vorliegenden) Entscheidungen des STF – dient die Beschwerde dem Schutz der Autorität des Gerichts, indem es die Autorität entweder von vornherein wahrt oder nachträglich wiederherstellt. Vor dem Hintergrund, dass das STF mit seinen Aussprüchen Hüter der Verfassung ist,

1171 Für das STJ und seine Entscheidungen gilt eine entsprechende Kompetenz gemäß Art. 105 I f) CF; für das STM unter etwas anderen Zulässigkeitsvoraussetzungen gemäß Art. 584 ff. CPPM/Art. 6 I G 8.457/1992; für das TST Art. 69 I a) RITST; ebenso können die Bundesstaaten das Verfahren bei ihren TJ einrichten (so trotz an sich bundesrechtlicher Kompetenz für das Prozessrecht STF, ADI 2.212/CE, BE Ellen Gracie, DJ v. 14.11.2003, gestützt auf das „Prinzip der Effektivität von Gerichtsentscheidungen" und den „Schutz der Kompetenz der gliedstaatlichen TJ").

1172 Vor der Einführung des Art. 103-A war streitig, ob die Beschwerde gegen Verwaltungsentscheidungen überhaupt zulässig war oder ob sie auf Gerichtsentscheidungen zu beschränken war, vgl. A. Moreira Tavares dos Santos, RT 808 (2003), 121 (131 f.).

1173 Die Nichtbeachtung von Gerichtsentscheidungen bedeutet etwa für den Staatspräsidenten gemäß Art. 85 VII CF eine Amtspflichtverletzung. Vgl. Art. 34 VI und Art. 35 IV CF für die Eingriffsrechte. Bei der ADI durch Unterlassen hat die Nichtbefolgung von Entscheidungen des STF hingegen keine rechtlichen Konsequenzen; der untätige Normgeber kann nicht mit Zwangsmaßnahmen sanktioniert werden, sondern erleidet allenfalls politischen Schaden.

1174 Im Einzelfall kommen insb. die Straftatbestände des Ungehorsams (*desobediência*) und der Rechtsbeugung (*prevaricação*) in Betracht, vgl. A. Moreira Tavares dos Santos, RT 808 (2003), 121 (161). Nach a.A. soll die Beschwerdeentscheidung nur moralisches Gewicht besitzen.

hat das Gericht selbst die Beschwerde als eine „auf den Schutz der verfassungsmäßigen Ordnung als Ganzes gerichtete Verfassungsklage“ bezeichnet.[1175] Ihre Existenz sorgt für eine unmittelbare Disziplinierung aller öffentlichen Gewalt im Sinne des höchsten Gerichts in einem System, das die Fehlbarkeit handelnder Amtsträger und das durch die Nichtbeachtung von Entscheidungen bedingte Schwinden der Glaubwürdigkeit der Justiz erkannt hat.[1176] Die Korrektur der genannten Verletzungen der Autorität des STF soll, gerade weil es das Spitzenorgan der Judikative ist und Verletzungen bei diesem am wenigsten hinnehmbar sind, so zügig und effizient wie möglich und somit bewusst nicht nur in den Rechtszügen erfolgen.[1177]

Das Rechtsinstitut der Beschwerde ist eine ursprünglich prätorische Schöpfung, die ihre theoretische Begründung in der amerikanischen Lehre der *implied powers* fand, als zunächst ungeschriebene Kompetenz, die unabdingbar für die Ausübung der geschriebenen war.[1178] Bevor es in das Verfassungsrecht gelangte, erfolgte am 2.10.1957 eine Regelung im Geschäftsordnungsrecht des STF, unter demselbem Namen und mit denselben beiden Facetten, die die Beschwerde heute hat. In den Vorgängerverfassungen vor 1988 war die Beschwerde noch nicht erwähnt.

Mit dem durch die Beschwerde ermöglichten Instanzensprung werden zwar viele der an den STF (wieder) herangetragenen Streitfälle einer zeitigen Schlichtungsmöglichkeit durch die Fachgerichtsbarkeit entzogen, wodurch dem höchsten Gericht also zunächst eine Möglichkeit genommen scheint, entlastet zu werden. Soweit allerdings die letzte Güterabwägung ohnehin nach fachgerichtlicher Würdigung letztlich beim STF liegen würde, wie es faktisch meistens der Fall ist, bedeutet die Beschwerde für die Judikative insgesamt gesehen eine Entlastung durch den beschleunigten Klärungsprozess. Außerdem wird durch eine vorgezogene höchstrichterliche Bestätigung tendenziell weiteren Unachtsamkeiten anderer Stellen im Hinblick auf die Kompetenzen oder Verdikte des STF vorgebeugt.

1175 STF, Rcl. 3.014/SP, BE Ayres Britto, 8.8.2007, Inf. 475, woraus hervorgeht, dass das Gericht die Beschwerde als eigenständige originäre Klage ansieht. Die Rechtsnatur ist in der Lehre i.Ü. umstritten (vertreten wird eine Einordnung als Klage, als Rechtsmittel[-ersatz], als prozessinzidente Vorlage oder als formloser Antrag an das Gericht, eine Durchsetzungsmaßnahme zu ergreifen); diesbzgl. kann hier nur auf die Zusammenfassung des Meinungsstands etwa von A. Moreira Tavares dos Santos, Da Reclamação, RT 808 (2003), 121 (149 ff. m.w.N.), oder A. Mendes Lobo, A Reclamação Constitucional Coletiva, 123 ff. m.w.N., hingewiesen werden.

1176 L.L. Morato, RDCI 51 (2005), 171 (173 ff.): Die in einem System verfügbaren Instrumente seien „Reflexe auf die Erfordernisse der Gesellschaft“.

1177 Vgl. M.N. Ribeiro Dantas, Reclamação constitucional no direito brasileiro, 493.

1178 Nach der Begründung von STF, Rcl. 141, BE Rocha Lagôa, DJ v. 25.1.1952, wäre es sinnlos, über Rechtsmittel zu entscheiden, wenn das Gericht seine Äußerungen nicht auch durchsetzen könnte. Zur Entwicklung näher G.S. Leite, Súmula vinculante, 181 ff.; A. Mendes Lobo, a.a.O., 119 ff.; A. Moreira Tavares dos Santos, RT 808 (2003) 121 (123 ff.).

Unzweifelhaft geht mit der Einrichtung der Beschwerde eine fortgesetzte Stärkung der Konzentration in der Verfassungsgerichtsbarkeit einher. In einer Entwicklungslinie mit der Klage auf Feststellung der Verfassungsmäßigkeit und der einsetzenden Leitsatzbindung ist sie ein weiterer Faktor für die Verschiebung des Schwerpunkts im hybriden System der Verfassungskontrolle hin zur Konzentration von Entscheidungsmacht beim STF, da in der diffusen Kontrolle auftretende Divergenzen durch dieses Verfahren in vereinfachter Weise nivelliert werden können.

a. Zulässigkeit und Verfahren

Unterhalb der Verfassung regeln die Beschwerde die Art. 13–18 G 8.038/1990, die sich an die Stelle der Art. 156 ff. RISTF gesetzt haben.

Aktivlegitimiert ist danach, wer ein rechtliches Interesse an der Beschwerde nachweist, und das *Ministério Público*. Jedenfalls die Beteiligten in Verfahren vor Verwaltung und Gerichten haben ein Interesse daran geltend zu machen, dass ihre Angelegenheiten nicht von einer beliebigen Stelle, sondern der Zuständigkeitsordnung entsprechend bearbeitet werden. Auch die von Verdikten oder Leitsätzen des STF in irgendeiner Form Begünstigten haben grundsätzlich ein rechtliches Interesse, dass die Begünstigungen von den an sie gebundenen Organen respektiert werden.[1179] Hinsichtlich nicht beachteter allgemeingültiger Entscheidungen in der konzentrierten Normenkontrolle, die demnach theoretisch ein rechtliches Interesse jedes Gesetzesunterworfenen zur Folge haben können, hatte das STF die Beschwerdemöglichkeit zunächst ganz versagt[1180] und später die Aktivlegitimation für die Beschwerde auf die in dem objektiven Verfahren Antragsberechtigten limitiert (aber z. B. dem Bürger damit immer noch das Interesse abgesprochen).[1181] Es ist nunmehr jedoch, ausgelöst durch die Anerkennung der ADC im Jahre 1993, insoweit großzügiger, als dass es jeden, der einen Nachteil aufgrund einer der STF-Rechtsprechung zuwiderlaufenden (Verwaltungs- oder Gerichts-)Entscheidung nachweisen kann, für legitimiert hält.[1182]

1179 Zur kollektiven Erhebung A. Mendes Lobo, a.a.O., insb. 176 ff, 188 ff., 193 ff.

1180 So noch Rcl. (AgR) 354/DF, BE Celso de Mello, DJ v. 28.6.1991.

1181 Rcl. (MC-QO) 397/RJ, BE Celso de Mello, DJ v. 21.5.1993. Der durch eine abweichende Entscheidung beeinträchtigte Bürger war darauf verwiesen, den Rechtsweg zuende zu gehen, und bekam ggf. im Anschluss die Gelegenheit, das STF im Wege des Außerordentlichen Rechtsmittel (Art. 102 III CF, dazu s. u. B.V) anzurufen.

1182 S. in diesem Sinne das Votum v. BE Moreira Alves in STF, ADC (QO) 1/DF, DJ v. 27.10.1993, das nur auf die ADC bezogen ist, und später auch bzgl. ADI: Rcl. (AgR) 1.880, BE Maurício Corrêa, DJ v. 19.3.2004, mit ausdrücklicher „Erweiterung" des Berechtigtenbegriffs, der somit in Harmonie mit Art. 102 § 2 CF (Wirkung *erga omnes* von Normenkontrollentscheidungen) verstanden wird.

Ähnlich dem summarischen Verfahren der Sicherungsverfügung muss der Beschwerdeführer die Beweisdokumente, hier etwa Abschriften der angegriffenen Entscheidungen oder der Akte der vermeintlich nicht zuständigen Stelle, zusammen mit der Antragsschrift beibringen.[1183]

Eine Ausschlussfrist gibt es für den Beschwerdeführer nicht zu beachten. Ist der Streitgegenstand eine Gerichtsentscheidung, so kann die Beschwerde zum STF allerdings nur bis zu deren Rechtskraft erhoben werden.[1184] In die Rechtskraft kann das STF aus Gründen der Rechtssicherheit mit einer Aufhebung und der Anordnung, dass eine andere Entscheidung gefällt werde, nicht mehr eingreifen; es verbleibt dann nur die Möglichkeit der Wiederaufnahmeklage vor der unteren Instanz, wenn deren Voraussetzungen gegeben sind.[1185] Für bereits bestandskräftig gewordene administrative Entscheidungen kann nichts anderes gelten.

Die Rechtssache wird grundsätzlich[1186] an den Berichterstatter verteilt, der ggf. schon mit der Ursprungsentscheidung als solcher befasst war. Dieser fordert sogleich Auskunft von der (im Beschwerdeprozess passivlegitimierten) Stelle, welcher das angegriffene Verhalten vorgeworfen wird, die der Anforderung binnen zehn Tagen nachzukommen hat. Er kann zudem, wenn nötig, um einen irreparablen Schaden zu verhindern, die Aussetzung des Prozesses oder des angegriffenen Aktes anordnen, also eine Maßnahme zum einstweiligen Rechtsschutz treffen.[1187] Die Beteiligung rechtlich Interessierter als Streithelfer ist möglich; auch das *Ministério Público*, wenn es nicht selbst Beschwerdeführer ist, hat im Prozess Akteneinsicht, in dieser Verfahrensart binnen fünf Tagen nach Ablauf der o.g. Auskunftsfrist.[1188]

b. Begründetheit

Die Beschwerde ist begründet, wenn festgestellt wird, dass sich eine andere staatliche Stelle eine Kompetenz des STF angemaßt hat oder dass eine Entscheidung (oder mehrere, die zu einem Leitsatz verdichtet sind) des STF nicht beachtet worden ist.

1183 Vgl. Art. 13 G 8.038. Falls mehrere Entscheidungen mit nur einer Beschwerde angegriffen werden, müssen diese – eben wegen des summarischen, „zügigen und wirkungsvollen“ Charakters des Verfahrens – von demselben Organ stammen *und* identischen Inhalts sein (STF, Rcl. 5.470/PA, BE Gilmar Mendes, DJe v. 10.3.2008); s. auch A. Moreira Tavares dos Santos, RT 808 (2003), 121 (156); M.N. Ribeiro Dantas, Reclamação constitucional no direito brasileiro, 488.

1184 Ls. 734.

1185 G. Santos Fernandes Goés, a.a.O., 575.

1186 Ausnahmen werden bei Normenkontrollentscheidungen gemacht, die wegen der Breitenwirkung so zahlreiche Beschwerden provozieren, dass der BE unverhältnismäßig überlastet wäre (STF, Rcl. 5.470, a.a.O.).

1187 Art. 14 I, II G 8.038.

1188 Art. 15 f. G 8.038.

aa. Zuständigkeitsverletzung

Liegt eine Verletzung der Zuständigkeit des STF vor, so ergreift das Gericht eine „angemessene Maßnahme zur Wahrung seiner Kompetenz".[1189] Es kann einen Prozess von dem in seine Kompetenz übergreifenden Organ unmittelbar an sich ziehen und sofortige Übermittlung der Akten verlangen.[1190] Der Beschwerdeentscheidung ist in jedem Falle sofort nach Verkündung, nicht erst nach Zustellung des fertig verfassten Urteils des STF Folge zu leisten.[1191]

Die Beschwerdevariante der Zuständigkeitsverletzung hat dem STF von Beginn an zur Selbstdefinition seiner in Art. 102 CF aufgezählten Zuständigkeiten gedient, etwa schon mehrfach zur Klärung, wann eine föderative Streitigkeit nach lit. f) oder ein Fall des privilegierenden Gerichtsstands gegeben ist oder wie weit die Zuständigkeit für Auslieferungen reicht.[1192] Aus der Rechtsprechung des STF für diese Variante könnten zahllose weitere Beispiele angeführt werden: Wenn es eine untergeordnete Instanz nach einer Nichtzulassungsbeschwerde aus eigener Machtvollkommenheit etwa unterlässt, die Akten an das STF als Rechtsmittelgericht, das die Zulassungsentscheidung überprüfen darf, weiterzuleiten, liegt darin eine Vereitelung der Ausübung der Zuständigkeit des STF, die eine Beschwerde rechtfertigt.[1193] Ebenso darf die untergeordnete Instanz bei der Würdigung der Zulassungsfähigkeit eines Außerordentlichen Rechtsmittels niemals eine materielle Prüfung der „allgemeinen Auswirkungen" der verfassungsrechtlichen Frage vornehmen; es muss diese Prüfung nach Art. 102 § 3 CF dem STF überlassen.[1194] Ein bundesstaatliches TJ darf zwar eine abstrakte Normenkontrolle durchführen (Art. 125 CF), verfassungswidrig ist es aber, wenn es dafür als Maßstab die Bundesverfassung zugrunde legt. Dies ist allein dem STF vorbehalten, ebenfalls ein Umstand, der eine erfolgreiche Beschwerde verspricht.[1195] Wenn Untergerichte auf Klagen hin, die die Verfassung zum Schutz öffentlicher Interessen und „kollektiver", „diffuser" und „gleichartiger individueller" Rechte[1196] kennt (insbesondere Popular- und Öffentliche Zivilklage), eine *erga omnes* wirkende Normenkontrollentscheidung zu Bundesgesetzen treffen und eine entsprechende Absicht auch

1189 Art. 17 G 8.038 und 161 III RISTF i.V.m. dessen einzigem Paragraphen.

1190 Art. 161 I, II RISTF, s. auch den entsprechenden Art. 117 CPP für Strafsachen.

1191 Art. 18 G 8.038 und 162 RISTF. Wird auch der Beschwerdeentscheidung nicht Folge geleistet, soll dies i.Ü. keinesfalls zu einer weiteren Beschwerde berechtigen, sondern Zwangsmittel im Ermessen des Gerichts (Art. 14 CPC) nach sich ziehen.

1192 G. Ferreira Mendes, in: H. Lopes Meirelles/A. Wald/ders., Mandado de Segurança, 663 ff. m.N. zu Urteilen des STF; auch A. Mendes Lobo, A Reclamação Constitucional Coletiva, 138 ff.

1193 Vgl. STF, Rcl. 510/SP, BE Ilmar Galvão, DJ v. 5.5.1995.

1194 S. zu dieser Zuständigkeit u. B.V, insb. 2. Konkurrierend dürfte im Fall der Nichtzulassung die Nichtzulassungsbeschwerde (AI) sein.

1195 STF, Rcl. 595/SE, BE Sydney Sanches, DJ v. 23.5.2003.

1196 Vgl. o. Fn. 235.

aus dem Klageantrag hervorgeht, so greifen sie mit einer etwaigen Nichtigerklärung in die Kompetenz des STF über, das über diese Rechtsmacht allein verfügt.[1197]

Wenn das STF im Normenkontrollverfahren ein verfassungswidriges Gesetz aufhebt, das eine grundrechtliche Konfliktlage geregelt hatte, bedeutet dies allerdings nicht, dass das STF dann bis zum Erlass einen neuen Gesetzes zuständig zur Auflösung sämtlicher nachfolgender Konflikte in dem nun offenen Regelungsbereich des Gesetzes ist. Das STF hat daher – in einer couragierten Entscheidung der Versuchung widerstehend, seine Beschwerdekompetenz zulasten des Instanzenzugs weit auszulegen (um damit vielleicht den populären Forderungen nach pauschaler Gewährleistung von Grundrechtsschutz ohne Ansehung der staatlichen Zuständigkeitsverteilung nachzukommen) – über eine Beschwerde im Konflikt zwischen Pressefreiheit und Persönlichkeitsrecht nicht erkannt.[1198] Die Beschwerde wäre hingegen statthaft, wenn eine Stelle eine konkret aufgehobene Vorschrift weiter angewendet hätte.

bb. Nichtbeachtung von Äußerungen des STF

Ist die Beschwerde hingegen wegen Nichtbeachtung einer seiner Entscheidungen begründet, so hebt das STF (bzw. bei „gefestigter Rechtsprechung“ der Berichterstatter allein) den angegriffenen Akt auf. Zur Nichtbeachtung von Leitsätzen nach Art. 103-A CF gilt das bereits oben Gesagte. Die Natur der zu schützenden Entscheidung, ob sie vollstreckbar ist oder nur eine Feststellung traf, spielt keine Rolle mehr. Die für den Fehler verantwortlichen Gerichte haben unter Beachtung der STF-Entscheidung nach Zurückverweisung selbst erneut zu entscheiden. Niemals zieht das STF hingegen die Zuständigkeit für die Rechtssache insgesamt an sich.

Für die Frage der Befolgung von Entscheidungen ist wesentlich, was der Entscheidung für eine Wirkung zukommt, ob sie allgemeinverbindlich ist oder nur die Streitparteien und ggf. ihre Rechtsnachfolger im ursprünglichen Prozess bindet. Wenn das STF einen Prozess im Rahmen seiner Rechtsmittelzuständigkeit mit Wirkung nur *inter partes* entschieden hat, kann von Klägern in gleich gelagerten, nicht von der personell begrenzten Rechtskraft umfassten Fällen keine Beschwerde

1197 STF, Rcl. 1.017, BE Sepúlveda Pertence, DJ v. 3.6.2005; Rcl. 633/SP, BE Francisco Rezek, DJ v. 23.9.1996; s. auch AI (AgR) 189.601/GO, BE Carlos Velloso, DJ v. 3.10.1997. In derartigen Prozessen kann zur Vermeidung einer begründeten Beschwerde die Verfassungsmäßigkeit eines Bundesgesetzes allenfalls als Vorfrage inzident geprüft werden. Aus der Literatur dazu statt vieler beispielhaft nur H. Nigro Mazzilli, A Defesa dos Interesses Difusos em Juízo, 115 f.

1198 STF, Rcl. 9.428, BE Cezar Peluso, 10.12.2009, Inf. 571 (mit Bezug auf das von ihm aufgehobene Pressegesetz, ADPF 130/DF, BE Ayres Britto, DJe v. 6.11.2009), mit Stimmenverhältnis 6:3.

eingelegt werden, da diese insofern den vorgesehenen Instanzenzug für jeden Einzelnen nicht ersetzen kann. Allein die Streitparteien können die richtige Durchsetzung der Entscheidung und die ggf. durch das STF festgesetzte Art ihrer Vollstreckung erwirken.[1199] Eine überindividuelle Bedeutung können Entscheidungen des STF indes auch in Rechtsmittelzuständigkeit erlangen, nämlich dann, wenn sie in bindenden oder einfachen Leitsätzen verfestigt sind; wird deren Beachtung in Frage gestellt wird, gibt dies Anlass für eine Beschwerde durch jeden Betroffenen.[1200] Die Entscheidungen des STF mit Wirkung *erga omnes* sind das Hauptanwendungsfeld der Beschwerde. Dort kommt es auch wieder auf das Verständnis von der Rolle des Bundessenats in der inzidenten Normenkontrolle an, also darauf, ob dieser noch konstitutiv für eine Allgemeinverbindlichkeit einer Entscheidung notwendig ist.[1201] In dieser Hinsicht erfährt die Beschwerde eine ungeahnt weit reichende neue Relevanz für die Tragweite der Entscheidungen des Gerichts. Für die Beschwerde zu beachten sein sollen stets auch die für die Entscheidung des STF tragenden Gründe.[1202] Auch die Autorität bloßer einstweiliger Anordnungen wird geschützt; wenn diese über eine Wirkung *erga omnes* verfügen, auch auf eine Beschwerde von am Ursprungsprozess Nichtbeteiligten hin.[1203]

Bisher nur in der Rechtsprechung des STJ zu dessen eigener Beschwerdekompetenz anerkannt, aber sicherlich grundsätzlich auf die Kompetenz des STF übertragbar, sind die Fälle der erfolgreichen Beschwerde wegen einer Missachtung von Entscheidungen durch eine fortgesetzte Untätigkeit zuständiger Stellen.[1204] Hierbei existiert kein Akt, den das STF aufheben könnte. Auch das G 8.038 ist auf Unterlassen als Gegenstand nicht zugeschnitten. Eine erfolgreiche Beschwerde hat jedoch moralisches Gewicht auf nicht handelnde, aber durch das hohe Gericht verpflichtete Stellen, und kann zudem immer noch eine Feststellungswirkung für die oben erwähnten Verantwortungstatbestände auslösen.[1205]

1199 A. Mendes Lobo, A Reclamação Constitucional Coletiva, 144.

1200 Vgl. Art. 103-A § 3 CF einerseits (und dazu schon o. VI.1), und Art. 518 § 1 CPC für die „Rechtsmittel verhindernden Leitsätze" (o. 1. Teil, E.III.4.d) andererseits.

1201 Zur Tendenz in der „Abstraktion" der Wirkung von konkret-inzidenten Normenkontrollentscheidungen s. die Voten bei STF, Rcl. 4.335/AC, BE Gilmar Mendes, und dazu auch o. A.I.2 mit Fn. 351 und A.VI.1.f. sowie u. B.V.4 mit Fn. 1495.

1202 Vgl. STF, Rcl. 1.987/DF, BE Maurício Corrêa, DJ v. 21.5.2004, und die Differenzierung o. in Fn. 488.

1203 So etwa STF, Rcl. 1.652/RJ, BE Gilmar Mendes, DJ v. 22.8.2003, für eine Anordnung im Normenkontrollverfahren.

1204 S. G. Santos Fernandes Goés, a.a.O., 567 m.N.

1205 Krit. für normgeberische Verpflichtungen nach Art. 103 § 2 CF aber etwa A. Moreira Tavares dos Santos, RT 808 (2003), 121 (140 f.), demzufolge mit einer erneuten Feststellung durch das STF gegenüber dem säumigen Normgeber nichts gewonnen wäre.

c. Rechtsvergleich

Es besteht beim BVerfG keine ausdrückliche, der brasilianischen Beschwerde entsprechende Kompetenz. Zu unterscheiden ist zwischen dem Aspekt der Durchsetzung gefällter Entscheidungen und dem Aspekt der Sicherung eigener Zuständigkeiten.

Als teilweise funktionelles Äquivalent kommt für die Frage der Durchsetzung verfassungsgerichtlicher Entscheidungen § 35 BVerfGG in Betracht. Danach bestimmt das BVerfG in seinen Entscheidungen von Amts wegen und unanfechtbar, durch wen und auf welche Weise diese vollstreckt werden (dies kann das STF aber ohnehin ebenfalls tun). Ob beim BVerfG die Durchsetzung auch im Nachhinein durch gesonderte Beschlüsse sichergestellt werden kann, ist strittig.[1206] Es handelt sich bei § 35 um eine unbestimmte Vorschrift zur Durchsetzung von Aussprüchen, die je nach Verfahrensart unterschiedliche Maßnahmen rechtfertigen kann. Sie dient damit auch zur Sicherstellung der eigenen Autorität des BVerfG. Das BVerfG – anders als einige Vertreter der Rechtswissenschaft – versteht sie in einem weiten Sinne.[1207]

Übergriffe in den Kompetenzbereich des BVerfG werden auf dem Rechtsweg, nicht über einen direkten Rechtsbehelf zum BVerfG gelöst. Wenn es z. B. zur Nichtanwendung einer nachkonstitutionellen Rechtsnorm durch ein anderes Gericht entgegen dem Verwerfungsmonopol des BVerfG (Art. 100 I GG) kommen würde, kann gegen diese Entscheidung nur die nächste Instanz angerufen werden; verletzte Grundrechtsträger können dann schließlich nur als *ultima ratio* eine Urteilsverfassungsbeschwerde einlegen. Wird durch irgendeine staatliche Stelle das Recht auf den gesetzlichen Richter verletzt, kann zwar auch in Deutschland zur Zuständigkeitskorrektur eine Verfassungsbeschwerde eingelegt werden; Art. 101 I 2 GG ist ein wehrfähiges grundrechtsgleiches Recht. Das BVerfG verlangt hierfür jedoch über den bloßen Zuständigkeitsfehler hinausgehend einen Akt der Willkür, gerade um allgemeine Zuständigkeitsfragen nicht auf die Ebene des Verfassungsrechts zu heben.[1208]

1206 H. Bethge, in: Maunz/Schmidt-Bleibtreu/Klein/Bethge (Hrsg.), BVerfGG, § 35, Rn. 73; dagegen C. Pestalozza, Verfassungsprozeßrecht, § 19 Rn. 10, 15.

1207 Nach BVerfGE 6, 300 (303); 68, 132 (140) kann es alle Anordnungen treffen, die erforderlich sind, um seinen ein Verfahren abschließenden Sachentscheidungen Geltung zu verschaffen; s. zu einer krit. Würdigung nur H. Bethge, a.a.O., Rn. 2 ff.

1208 Mit Nachweisen zur Rspr. P. Kunig, in: von Münch/Kunig (Hrsg.), GG-Kommentar, Art. 101 Rn. 33 f.; R. Müller-Terpitz, in: Schmidt-Bleibtreu/Hofmann/Hopfauf (Hrsg.), GG, Art. 101 Rn. 20.

d. Verfahrensbelastung

Wie die Statistik zeigt, haben sich die Beschwerdezahlen beim STF seit den Neunziger Jahren stetig erhöht und seit 2007 besonders erkennbar auf derzeit über 2.000 pro Jahr. Für die Erhöhung ist zunächst die Rechtsprechungsänderung zur erweiterten Beschwerdeberechtigung ursächlich. Der jüngste Anstieg ist damit verbunden, dass die Beschwerde seit dem G 11.417/2006 mit der Durchsetzung von Leitsätzen einen beträchtlichen weiteren Anwendungsbereich hat. Hilfreich ist insoweit aber die Vorkehrung, dass man gegen eventuelle verwaltungsrechtliche Verstöße zunächst mit Rechtsbehelfen innerhalb der Verwaltung vorgehen muss, anstatt sich sogleich an das STF zu wenden.

3. Die Wiederaufnahmeklage

Die Wiederaufnahmeklage *(Ação Rescisória* – AR) hinsichtlich der eigenen Prozesse ist vor dem STF grundsätzlich unter denselben Voraussetzungen wie vor allen anderen Gerichten des Landes binnen zwei Jahren nach Eintritt der Rechtskraft zulässig. Sie ist seit 1934 Bestandteil des brasilianischen Verfassungsprozessrechts, auch vor dem Obersten Bundesgericht vorgesehen und heute in Art. 102 I l) CF genannt.[1209] Die Anzahl der Wiederaufnahmeklagen vor dem STF hat 2009 die Marke von 100 pro Jahr überschritten. Vor dem BVerfG hingegen ist eine Wiederaufnahme allein bei Richteranklagen gemäß § 61 BVerfGG i.V.m. §§ 359, 364, 368 ff. StPO möglich.

Die Tatsache, dass das STF nur in einziger oder letzter Instanz entscheidet, sollte der Möglichkeit der Herstellung von materieller Gerechtigkeit auch bei seinen Prozessen nicht Wege stehen, wenn die allgemeinen prozessualen Voraussetzungen dafür gegeben sind. Dann kann die Rechtskraft einer Entscheidung ausnahmsweise noch durchbrochen werden. Jedenfalls aber nach dem Ablauf der Frist von zwei Jahren wird die das Gut des Rechtsfriedens schützende Rechtskraft höher geachtet als das Interesse, auf falschen Tatsachen basierende Entscheidungen noch nachzuprüfen und ggf. zu korrigieren. Die einfach-rechtliche Regelung erfolgte in Art. 485 ff. CPC und speziell für das STF in Art. 259 ff. RISTF.

Neben der Wahrung der genannten Frist[1210] muss zumindest einer der neun Wiederaufnahmetatbestände aus Art. 485 CPC erfüllt sein, die die Grundlagen und den Vorgang der ursprünglichen Urteilsfindung betreffen. Dies sind Pflichtverletzungen, etwa die auch strafrechtlich relevante Erpressung oder Korruption, ein

1209 S. in den Vorgängerverfassungen Art. 76 Nr. 2) I CF 1934, Art. 101 II 1 CF 1937, Art. 101 I k) CF 1946, Art. 114 I m) CF 1967; Art. 119 I m) CF 1967/69.

1210 Gemäß Art. 495 CPC.

befangener oder absolut unzuständiger Richter, Arglist der obsiegenden Partei oder Kollusion beider Parteien zur Umgehung des Gesetzes, die Missachtung eines rechtskräftigen Urteils, die Verletzung ausdrücklicher Bestimmungen des Gesetzes,[1211] falsche Beweismittel, neu aufgetauchte Urkunden, eingetretene Nichtigkeitsgründe für zugrunde liegende Abreden, ein Irrtum über Tatsachen (Zugrundelegung falscher oder Nichtberücksichtigung wirklicher Fakten) im Prozess. Ersichtlich wird, dass die Wiederaufnahmegründe in der Sphäre des Gerichts oder in der Sphäre der Streitpartei(en) liegen können oder aber eine Vorwerfbarkeit für das fehlerhafte Urteil überhaupt nicht gegeben sein muss, ebenso dass die Fehlerhaftigkeit sowohl auf die tatsächlichen Grundlagen als auch die rechtliche Würdigung zurückzuführen sein kann. Hinsichtlich der Tatsachenlage gilt, dass diese „neu" sein muss, sie darf so also nicht schon während des ursprünglichen Prozesses vorgelegen haben und gewürdigt worden sein.[1212] Wenn einer der Gründe zutrifft, ist es auch unerheblich, ob vor der Rechtskraft alle der zahlreich möglichen Rechtsbehelfe ausgeschöpft worden waren oder nicht.[1213]

Die Klage ist grundsätzlich in allen Verfahrensarten in originärer und in Rechtsmittelzuständigkeit des STF und unabhängig davon statthaft, ob das STF als Plenum oder nur ein Teilorgan entschieden hatte oder ob dem Tenor bereits entsprochen wurde (im Erfolgsfalle wäre ein Vollzug rückgängig zu machen). Für die objektiven Verfahren der Normenkontrolle und der ADPF ist sie einfach-gesetzlich ausgeschlossen worden.[1214] Für seine Rechtsmittelzuständigkeit macht das STF in ständiger Rechtsprechung Art. 485 CPC entsprechend die wesentliche Einschränkung, dass das Rechtsmittel durch Sachurteil (aber egal mit welchem Resultat) entschieden worden sein muss.[1215] Wenn der Berichterstatter eine Abweisung *a limine* ausgesprochen hatte, muss er ebenfalls bereits die Begründetheit gewürdigt haben (d.h. keine Wiederaufnahmeklage, wenn die Abweisung als „offenkundig unzulässig" erfolgt war).[1216]

Klageberechtigt sind die Streitparteien des ursprünglichen Prozesses oder ihre Einzel- oder Gesamtrechtsnachfolger, Dritte, die ein rechtliches Interesse vorweisen können, und das *Ministério Público*, wenn es im Prozess pflichtwidrig nicht angehört wurde oder im Fall der Kollusion.[1217]

Der Kläger wird durch das Gesetz angehalten, sich diesen Rechtsbehelf vorher eingehend zu überlegen und ihn nicht leichtfertig einzulegen: Zusammen mit der

1211 Diesbzgl. hat das STF die Zulässigkeit für die Fälle abgelehnt, in denen sich die angegriffene Entscheidung auf einen Präzedenzfall des Plenums des STF stützt, AR (AgR) 1.686/BA, BE Eros Grau, DJ v. 28.4.2006.

1212 Art. 485 § 2 CPC.

1213 Ls. 514.

1214 Art. 26 G 9.868 und Art. 12 G 9.882.

1215 Statt vieler: AR 1.255/MG, BE Maurício Corrêa, DJ v. 13.6.2003.

1216 AR 1.352, BE Paulo Brossard, DJ v. 7.5.1993.

1217 Art. 487 CPC.

Einreichung der Klageschrift[1218] muss er einen Betrag in Höhe von 5 % des Gegenstandswert hinterlegen, der sich bei einstimmiger Entscheidung des Gerichts zu seinen Lasten in eine Geldbuße verwandelt, die einbehalten wird.[1219] Diese Voraussetzung soll das STF davor bewahren, dass die Wiederaufnahmeklage für einen jeden Unterlegenen als regulärer zusätzlicher Prozessschritt betrachtet wird, um sein Klageziel zu erreichen, und so das Prozessvolumen unnötig aufbläht. Auch der Beklagte, der noch nicht in den Genuss von Rechtsfrieden gekommen ist, wird durch die Regelung geschützt. Er ist es auch, dem der Hinterlegungsbetrag ggf. zufällt.[1220]

Für das Verfahren gelten folgende Besonderheiten:[1221] Der zu ladende Beklagte erhält vom Berichterstatter eine Erwiderungsfrist von bis zu 30 Tagen auf den Vortrag der Wiederaufnahmegründe. Eine ggf. erforderliche neue Beweisaufnahme kann auf lokale Richter mit Fristsetzung bis zu 90 Tagen delegiert werden. Der *Procurador-Geral* wird angehört; danach wird beiden Teilen erneut Akteneinsicht mit Äußerungsrecht binnen weiterer zehn Tage gewährt. Der Bearbeitung durch den Berichterstatter wird ein Revisor nachgeschaltet. Vor einem Hauptsacheurteil kann einstweiliger Rechtsschutz gewährt werden.[1222]

Ist die Klage begründet, hebt das Gericht das Urteil auf, erlässt eines neues Urteil und bestimmt die Rückerstattung des hinterlegten Betrages.[1223]

Zusammenfassend: Die Zulässigkeitsvorschriften (insbesondere Frist, Vortrag des Wiederaufnahmegrunds, Hinterlegung, Ausschlusstatbestände) sind streng, so dass die Verfahrensart keine wesentliche Belastung für das STF darstellt. Die Rechtskraft eigener Urteile wird also auch durch das STF nur in engsten Ausnahmefällen durchbrochen. Die Klage bietet aber eine geeignete Handhabe zur Korrektur nicht tolerabler Fehler in Urteilen.

1218 Für die formellen Anforderungen gelten die Art. 488, 490 I, 282 CPC; i.V.m. Art. 295 kommt hier wie in anderen Verfahren bei Mängeln eine Abweisung *a limine* in Betracht.

1219 Art. 488 CPC. S. dazu die Resolution des STF Nr. 129 v. 31.8.1995. Die Bestimmung ist jedoch nicht auf Klagen des Bundes, der Bundesstaaten, der Kommunen und des *Ministério Público* anzuwenden.

1220 Art. 494, 2. Hs., CPC.

1221 Art. 491–493 CPC, Art. 260–262 RISTF.

1222 Art. 489 CPC.

1223 Art. 494, 1. Hs., CPC.

4. Die Sachen von Interesse für die Gesamtheit der Richterschaft und das hilfsweise Eintreten bei Befangenheit oder Verhinderung eines Gerichts

Die originäre Zuweisung in Art. 102 I n) CF ist ein weiteres Novum in der Verfassung von 1988.[1224] In dem Kompetenztitel sind zwei verschiedene Verfahrenstypen, die beim STF in beiden Fällen schlicht als „originäre Klage"[1225] geführt werden, enthalten: Eine Zuständigkeit des STF besteht danach einerseits für jene Rechtssachen, in denen ein direktes oder indirektes Interesse der nationalen Richterschaft als Ganzer gegeben ist; eine andere besteht in den Fällen, in denen mehr als die Hälfte der Mitglieder des Spruchkörpers eines beliebigen Ausgangsgerichts ausgeschlossen ist oder ihrerseits ein direktes oder indirektes eigenes Interesse am Prozessausgang hat. Die beiden Alternativen vereint, dass sie einen Bezug zu Befindlichkeiten der Richter der untergeordneten Gerichte aufweisen und sie dem Zustandekommen sachlich fundierter, unbeeinflusster Entscheidungen dienen, für welche notfalls nur das STF vorgesehen wurde. In Deutschland sind entsprechende, bei der Verfassungsgerichtsbarkeit konzentrierte Verfahren nicht vorhanden.

Die Verfahren sind rein mengenmäßig seither mit zuletzt rund 50 Anträgen pro Jahr eher unbedeutend geblieben, und das STF hat hier durch eine sehr strikte Interpretation der Zulässigkeit sein Übriges für eine Minimierung seiner Belastung getan.

a. Erste Variante

Bezweckt wird mit dieser Kompetenz des STF in der ersten Variante die Sicherstellung unparteiischer judikativer Entscheidungen. Die Unparteilichkeit wird bezweifelt, wenn ein Richter über eine Rechtsfrage entscheiden muss, die zwingend auch ihn persönlich „interessiert". Dabei ist „Interesse" wie „rechtliche Betroffenheit" zu verstehen. Den an sich zuständigen erstinstanzlichen Gerichten im Land sollte daher im Jahre 1988 die Zuständigkeit entzogen und die jeweilige Materie zur Vermeidung von aus sachfremden Erwägungen entschiedenen Präzedenzfällen von vornherein höchstrichterlich vom STF als dann gesetzlichem Richter geklärt werden. Wegen der ausnahmsweisen und an sich systemfremden Konzentration solcher Klagen beim STF verfolgt dieses eine deutlich restriktive Interpretation des Kompetenztitels. Es muss ein spezifisches und exklusives Interesse gerade und allein der Richterschaft vorliegen; es genügen nicht Rechtsfragen, die unter ande-

1224 Vgl. zusammenfassend zu dieser Verfahrensart A.V. Ramos de Vasconcelos, RT 716 (1995), 9 ff.

1225 *Ação Originária* (im Aktenzeichen: AO, s. Art. 55 I RISTF).

rem *auch* von Interesse für die Richterschaft sind.[1226] Schon die Erstreckung auf den ganzen öffentlichen Dienst macht die Klage mit der Folge unzulässig, dass das STF an ein zuständiges Instanzgericht verweist. Die Richterschaft als Ganzes ist betroffen, wenn die Entscheidung einer Rechtssache zugunsten oder zulasten eines jeden Richters bereits aufgrund seiner bloßen Statusgruppenzugehörigkeit geht.[1227] Dies kann bei Steuerfragen, die an den Status geknüpft sind, oder bei Fragen betreffend den spezifischen Erwerb von Urlaubs- oder Entgeltfortzahlungsansprüchen der Fall sein.[1228] Haben nur abgegrenzte Teile der Richterschaft ein Interesse, ist die Klage bereits unzulässig.[1229]

b. Zweite Variante

In der zweiten Variante droht primär nicht nur eine sachfremde Entscheidung durch ein Instanzgericht, sondern der Ausfall des Gerichts wegen mehrheitlicher objektiver Hinderungsgründe, an der Entscheidung teilzunehmen, oder subjektiver Verstrickung in einen zu würdigenden Sachverhalt (wiederum eines eigenen „Interesses" der Richter, welches hier aber nicht global auf die Richterschaft als Ganze, sondern nur auf das konkrete Gericht bezogen gilt).

Die objektiven und subjektiven Gründe für die Unfähigkeit von Richtern, an Entscheidungen mitzuwirken, ergeben sich aus den für Richter sämtlicher Gerichte geltenden, allgemeinen Art. 134–137 CPC.[1230]

Danach ist es dem Richter verboten, seine Funktion in einem Prozessverhältnis auszuüben, an dem er selbst beteiligt ist, sei es als Streitpartei oder als Organ einer juristischen Person ist, die Streitpartei ist, sei es als Bevollmächtigter einer Partei, als Sachverständiger oder Zeuge, als Organ des *Ministério Público*. Gleiches gilt, wenn der Ehepartner des Richters oder ein in gerader Linie oder in Seitenlinie bis zum zweiten bzw. dritten Grad Verwandter oder Verschwägerter beteiligt ist oder als Rechtsanwalt Anträge stellt, oder wenn er bereits in dem Prozessverhältnis in der Vorinstanz am Urteil mitgewirkt hatte. Wenn zwei oder mehr der zuständigen Richter miteinander in gerader Linie oder zweiter Seitenlinie verwandt oder ver-

1226 St.Rspr., s. nur STF, AO (QO) 8/CE, BE Carlos Velloso, DJ v. 13.12.1991; AO 32-7/SP, BE Marco Aurélio/Francisco Rezek, DJ v. 2.4.1993, die mit Bezug auf die Verfahrensbelastung argumentieren. In AO 623/RS, BE Maurício Corrêa, DJ v. 3.3.2000, war jedoch für die Kompetenzverlagerung unschädlich, dass identische Normen Richterschaft und *Ministério Público* betrafen.

1227 Abgelehnt im Verfahren STF, AO (QO) 484/PB, BE Moreira Alves, DJ v. 12.12.1999, in dem nur die Richter erster Instanz ein Interesse hatten.

1228 S. zu letzterem den Ls. 731 v. 26.11.2003.

1229 S. STF, AO 587/DF, BE Ellen Gracie, DJ v. 30.6.2006, betreffend eine Wohnungsbeihilfe in Gerichtsorten, an denen für Richter keine Dienstwohnung zur Verfügung steht.

1230 Vergleichbare Befangenheitsregeln für den Strafprozess finden sich in Art. 252–256 CPP.

schwägert sind, kann nur der erste mit der Sache befasste Richter (etwa der Berichterstatter) über die Streitsache erkennen, der andere ist an der Mitwirkung gehindert. All dies sind objektive, nachprüfbare Gründe, bei derer Vorliegen der Richter von der Entscheidung „ausgeschlossen" ist.

Die subjektive und damit schwieriger zu verifizierende Befangenheit wegen einer Parteilichkeit des Richters wird nach den zivilprozessualen Bestimmungen angenommen, wenn er ein enger Freund einer der Streitparteien ist oder mit dieser in besonderer Feindschaft verbunden ist, wenn eine der Parteien Gläubiger oder Schuldner des Richters, seines Ehegatten oder von deren Verwandten in gerader Linie oder in Seitenlinie bis zum dritten Grad ist, wenn der Richter eine Erbschaft oder Schenkung von einer der Parteien zu erwarten hat oder deren Arbeitgeber ist, wenn er vor oder nach Prozessbeginn Zuwendungen empfangen hat, eine der Parteien hinsichtlich des Streitgegenstands berät oder für die Prozesskosten aufkommt sowie – allgemein – wenn er ein Eigeninteresse an einem Urteil zugunsten einer der Parteien hat. Der Richter kann sich ferner wegen innerer Gründe (*por motivo íntimo*), und ohne diese im Einzelnen offenlegen zu müssen, für befangen erklären. Verletzt ein Richter seine Pflicht, sich der Mitwirkung zu enthalten, oder erklärt sich nicht für befangen, kann er durch jede Streitpartei abgelehnt werden; ein Streit darüber wird ggf. gerichtsintern entschieden.

Auch in dieser Variante ist die Auslegung durch das STF eng: Handelt es sich um Akte nicht in Rechtsprechungsfunktion, sondern um solche der Justizverwaltung, muss gegen diese grundsätzlich – wenn keine weiteren Befangenheitsmomente hinzukommen – zunächst direkt beim betreffenden Gericht vorgegangen werden, auch wenn die kontrollierenden Richter bereits an dem administrativen Akt mitgewirkt haben.[1231] In manchen Fällen verlangt die Kompetenzordnung gerade, dass das vorher befasste Gericht zunächst erneut entscheiden soll und Rechtsbehelfe nur dorthin zu richten sind, etwa bei Intraorganakten.[1232] Naturgemäß kann die Wiederbefassung des betreffenden Gerichts allein dann kein Grund für eine Kompetenzverlagerung an das STF wegen Befangenheit sein.

Jedenfalls ist das STF zur Entscheidung nur dann berufen, wenn das Ausgangsgericht nach Ausschöpfung sämtlicher im Einzelfall zur Verfügung stehender Mit-

1231 Vgl. Ls. 623 v. 24.9.2003.

1232 Beispiel: In STF, AO 176/MS, BE Carlos Velloso, DJ v. 18.6.1993, wehrte sich ein Richter am TJMS im Wege eines Antrags auf Sicherungsverfügung gegen die Ernennung eines Konkurrenten zum Vizepräsidenten, die per Wahl durch das Gericht, anstatt, wie im LOMAN vorgesehen, nach Dienstalter erfolgt war. Gegen solches administratives, nicht judikatives Handeln des TJ als oberstem Gericht in einem Bundesstaat ist dieses nach der Verfassungsordnung zunächst selbst anzurufen; ein Eintreten des STF zur Bestimmung des Vizepräsidenten des TJ ist keinesfalls möglich.

tel personell nicht mehr zu einem prozessordnungsgemäßen Urteil in der Lage ist.[1233] In Betracht kommt primär insbesondere die Bestellung von Ersatzrichtern nach der jeweiligen Prozessordnung.[1234] Grundsätzlich maßt es sich ein Urteil in der Sache nicht an; vielmehr tritt es in eine Rechtssache erst ein, nachdem es die prozessrechtliche Entscheidungsunfähigkeit des Ausgangsgerichts selbst überprüft und bejaht hat.[1235] Die Prüfungsfolge des STF ist in dieser Variante daher zweistufig. Nur als *ultima ratio* kommt es zur Kompetenzverlagerung. Auf diese Weise kann das STF dann ggf. auch in Prozesse verschiedener Klagearten einrücken, mit denen es ansonsten nicht betraut ist, z. B. in die Prozesse der Popular- und der sog. Öffentlichen Zivilklage, und nach den jeweils einschlägigen prozessualen Vorschriften entscheiden.

5. Das Verfahren wegen der Wiederzuerkennung von Rechten

Das Verfahren nach Art. 9 ADCT wegen der Wiederzuerkennung von Rechten ist dem STF wegen seiner transitorischen Natur als einziges durch eine außerhalb des eigentlichen Verfassungskörpers stehenden Norm zugewiesen und deshalb auch als „originäre Sonderklage" klassifiziert.[1236] In den letzten zehn Jahren fiel diese Verfahrensart nur noch mit bis zu 3 Anträgen jährlich ins Gewicht. Sie dient wie die unter V.1.a–d) behandelten Verfahrensarten der Befriedigung individueller Rechtspositionen von Bürgern. Verletzer ist jedoch in diesem Fall nicht ein amtierendes Staatsorgan, das noch als Antragsgegner beteiligt sein könnte (ansonsten wäre bereits die Kompetenz aus Art. 102 I lit. d, 2. Hs., einschlägig). Die Klage richtet sich gegen den Bund, der aufgrund einer politischen Entscheidung bei der Verfassungsgebung im Rahmen eines Gesamtkonzepts von Amnestie und Wiedergutmachung/Folgenbeseitigung gemäß Art. 8 und 9 ADCT für Verletzungshandlungen während der Zeit der Militärdiktatur natürlichen Personen gegenüber

1233 Beispiel: STF, AO (QO) 58, BE Sepúlveda Pertence, DJ v. 8.5.1992. In AO 280/SC, BE Maurício Corrêa, DJ v. 24.11.1995, konnte das TJSP keine Entscheidung i.S. des Art. 97 CF fällen, so dass das STF an seiner Statt inzident die Verfassungswidrigkeit einer Norm feststellte und den lokalen Prozess damit abschloss.

1234 STF, AO (AgR) 1.135, BE Celso de Mello, DJ v. 24.11.2006: Keine Verlagerung der Zuständigkeit vom TSE, solange Substitutionsmöglichkeiten im Ausgangsgericht bestehen, die das Quorum sicherstellen können. In Rcl. 1004/AM, BE Ilmar Galvão, DJ v. 4.2.2000, war es nicht möglich, nachrückende Richter zu organisieren, so dass das STF in den Prozess eintrat.

1235 STF, Rcl. (AgR) 473, BE Néri da Silveira, DJ v. 24.8.2001; AO 1.303/MT, BE Joaquim Barbosa, DJ v. 28.10.2005.

1236 *Ação Originária Especial* (Abkürzung in Aktenzeichen: AOE, s. Art. 55 I RISTF).

nur unter bestimmten Umständen haften sollte.[1237] Nicht allgemein, sondern nur ausnahmsweise soll staatliches Unrecht aus dieser Epoche noch im Justizwege geltend gemacht werden können. Die Regelung der Wiedergutmachung der Art. 8, 9 ADCT ist wegen ihres Ausnahmecharakters auch einer Erweiterung durch gliedstaatliche Gesetzgebung nicht mehr zugänglich.[1238]

Personen, deren politische Rechte zwischen dem 15. Juli und dem 31. Dezember 1969 durch eine Handlung des damaligen Präsidenten der Republik[1239] mit ausschließlich politischer Zielrichtung aufgehoben oder suspendiert wurden,[1240] können nach Art. 9 ADCT vom STF die Wiederzuerkennung der Rechte und Vorteile verlangen, „die ihnen durch Strafmaßnahmen entgangen sind, soweit schwere Rechtsfehler bei diesen Maßnahmen nachgewiesen werden." Zu betonen ist sogleich, dass diese Norm schon seit dem Urteil der ersten originären Sonderklage von den Verfassungsrichtern einstimmig in ihrer Formulierung als missglückt angesehen worden ist.[1241] Nicht nur der Eingriff in die sog. „politischen" Rechte wie das aktive und passive Wahlrecht einschließlich der Ausübung erworbener Wahlmandate, sondern auch Eingriffsakte in andere ausgeübte öffentliche Funktionen, namentlich Laufbahnen in der Verwaltung, seien nach richtiger Auslegung vom Tatbestand erfasst. Unter Strafmaßnahmen sind in einem weiteren Sinne alle Sanktionen zu verstehen; strafrechtlicher Charakter ist nicht gemeint.

Die Regelung knüpft zeitlich und inhaltlich an Art. 6 § 1 des Institutionellen Akts Nr. 5 vom 13.12.1968 der Militärregierung an, mit dem der Präsident ermächtigt wurde, per Dekret (und ohne jegliche materielle Anforderung) staatliche Amtsträger und Angestellte von juristischen Personen des öffentlichen Rechts und öffentlich beherrschter Privatunternehmen zu entlassen, örtlich zu versetzen, in den Ruhestand (Militärangehörige auch in die Reserve) zu versetzen oder vorübergehend von ihren Pflichten zu entbinden. Die Regelung ist mithin zugeschnitten auf zwangsweise unterbrochene Laufbahnen von Regimegegnern, die ihren Status

1237 Vgl. für die (unterbleibende) strafrechtliche Folgenbewältigung das vom STF (ADPF 153, BE Eros Grau, 29.4.2010, Inf. 584) für verfassungsgemäß erklärte Amnestiegesetz (G Nr. 6.683/1979).

1238 STF, ADI 2.639/PR, BE Nelson Jobim, DJ v. 4.8.2006, zu einem verfassungsändernden Gesetz des Bundesstaates Paraná.

1239 In diese Zeitspanne fallen: das Ende der Präsidentschaft Artur da Costa e Silva (bis zum 31.8.1969), die provisorische Regierung durch eine Militärjunta bestehend aus den Ministern für das Heer, die Luftwaffe und die Marine (31.8.1969–30.10.1969) und der Beginn der Präsidentschaft von Emílio Garrastazu Médici. Maßgeblich sei die Ausübung des Präsidentenamtes der Sache nach (Staatsleitung, Führung von Regierung und Bundesverwaltung), weshalb Akte der Junta erfasst seien (STF, AOE 13/DF, BE Celso de Mello/Marco Aurélio, DJ v. 26.3.1993, S. 35–38). AOE (AgR) 20, BE Octavio Gallotti, DJ v. 6.2.1999: Es müsse sich zwingend um einen Akt des Präsidenten der Republik gehandelt haben, entsprechende Akte etwa von Gouverneuren der Bundesstaaten seien nicht erfasst.

1240 Wenn die Maßnahme nicht ausschließlich aus politischen Gründen verhängt worden ist, ist der Antrag unbegründet, dazu STF, AOE 12, BE Aldir Passarinho, DJ v. 10.8.1989.

1241 STF, AOE 1/RJ, BE Octavio Gallotti, DJ v. 8.2.1991.

verloren hatten und eine Wiedereinsetzung in die Laufbahn oder eine finanzielle Entschädigung bekommen sollten.

Der Begriff des „schweren Rechtsfehlers" (*vício grave*) wird extensiver ausgelegt und erfasst formelle und materielle Mängel, beispielsweise eine unzureichende Begründung, fehlendes rechtliches Gehör, Willkür, einen Verstoß gegen das Prinzip *ne bis in idem* oder den Fall, dass die Sanktion an die Verweigerung eines offenkundig rechtswidrigen Befehls geknüpft war.[1242]

Aus dem Art. 9 ADCT, einziger Paragraph, ergibt sich eine Bearbeitungsfrist für das STF von 180 Tagen nach Antragstellung. Das STF ermittelt nicht von Amts wegen; vielmehr liegt die Beweislast beim Antragsteller, d.h. der Verlust von Dokumenten geht zu seinen Lasten.[1243]

Die Form der Wiedergutmachung, die so weitgehend zu erfolgen hat, wie es nach dem Ausmaß des Zeitablaufs noch möglich ist, legt das STF nach Ermessen fest.[1244] Ersatz wegen eines rein immateriellen Schadens soll im Wege dieser Klage jedoch nicht gewährt werden können.[1245]

B. Die Verfahren in Rechtsmittelzuständigkeit

Die Rechtsmittelzuständigkeit des STF ergibt sich aus Art. 102 II und III CF. Nur bei Erfüllung von ordentlichen oder außerordentlichen Rechtsmitteltatbeständen unter Beachtung der diese ausgestaltenden Bestimmungen des einfachen Prozessrechts und des Geschäftsordnungsrecht kommt das STF in die Situation, über Rechtsmittel entscheiden zu können.

Zur Unterscheidung dieser beiden Typen: Über die ordentlichen Rechtsmittel (*recursos ordinários*) wird das STF in wenigen und einzeln bestimmten Fallgruppen als die letzte Instanz *innerhalb* des Instanzenzugs angerufen, namentlich für die Nachprüfung zuvor versagt gebliebenen Schutzes subjektiver Rechtspositionen und für die Überprüfung in einer einzigen Art von Strafprozess, nämlich dem wegen politischer Straftaten. Es findet jeweils eine vollständige Überprüfung in tatsächlicher und rechtlicher Hinsicht, also entsprechend der Berufung im deutschen Recht, statt. Diese ist an geringere und keinesfalls STF-spezifische Sachentschei-

1242 Zu dem Begriffsverständnis ausführlich STF, AOE 13/DF, BE Celso de Mello/Marco Aurélio, DJ v. 26.3.1993.

1243 STF, AOE 6, BE Moreira Alves, DJ v. 20.8.1993.

1244 In AOE 13, a.a.O., wurde z. B. entschieden, dass ein 1969 aus dem aktiven Dienst entlassener Hauptmann der Luftwaffe (neben einer finanziellen Entschädigung) auf eigenen Wunsch in die Generalität aufzunehmen ist, weil dieser hypothetische Werdegang zu erwarten gewesen wäre. Das STF sieht sich – so die Richtermehrheit – zu einem solchen Ausspruch befugt, obwohl normalerweise nur der Präsident der Republik nach Ermessen über die Aufnahme in die Generalität entscheidet.

1245 STF, AOE 16/RJ, BE Eros Grau, DJ v. 16.12.2005.

dungsvoraussetzungen geknüpft, nämlich ein vorheriges Unterliegen in einer der Fallgruppen (Beschwer), Form und Frist. Bei dem Außerordentlichen Rechtsmittel (*Recurso Extraordinário*) hingegen ist der Instanzenzug bereits komplett durchlaufen worden; das STF wird erst *im Anschluss* an diesen zu einer rein rechtlichen Revision[1246] angerufen, dies unabhängig davon, ob die Streitsache ihren Ursprung in der Bundes- oder der bundesstaatlichen Gerichtsbarkeit, in der ordentlichen oder der Fachgerichtsbarkeit hatte, und namentlich wenn eine Verletzung der Verfassung geltend gemacht wird oder es in der letzten Instanz zu einer Normverwerfung gekommen war oder bei inzidenter Kontrolle zumindest Streit um die Gültigkeit von Normen oder Einzelakten in den fixierten Fallgruppen geherrscht hatte. Die Zulässigkeitsvoraussetzungen sind hier STF-spezifisch und insgesamt wesentlich restriktiver; es wird gerade keine zusätzliche Instanz eröffnet.[1247] Während die Bezeichnung „ordentliches Rechtsmittel" auch für solche zu anderen Gerichten gebräuchlich ist (als ein Oberbegriff für jedes reguläre Voranschreiten im Instanzenzug),[1248] existiert das Außerordentliche Rechtsmittel ausschließlich beim STF.

Abzugrenzen von beiden ist das Besondere Rechtsmittel (*Recurso Especial*) gemäß Art. 105 III CF, für das nicht das STF, sondern das STJ zuständig ist, und das die Wahrung des nicht-verfassungsrechtlichen Bundesrechts – übrigens ebenfalls im Anschluss an den regulären Instanzenzug – sicherstellen soll.

I. Das Supremo Tribunal Federal als Rechtsmittelgericht in der Geschichte

Das STF hat seinen Werdegang als ein Rechtsmittelgericht begonnen. Auch seine Vorgängerinstitution im Kaiserreich war dies schon gewesen. Die Justizverfassung von 1824 kannte zwar bereits eine Revisionszuständigkeit des seinerzeitigen *Supremo Tribunal de Justiça*, überließ es aber zunächst noch in Gänze dem einfachen Gesetzesrecht, das Weitere und insbesondere die Fälle der Statthaftigkeit zu bestimmen.[1249] Die sog. „*Revista*" gegenüber Urteilen der nächst niedrigeren Gerichte (dies waren die „*Tribunais de Relação*" oder auch „*Relações*" der Provinzen) in Zivil- und Strafsachen war danach ausschließlich „bei „manifester Nichtigkeit

1246 In dieser Arbeit wird für die *recursos* des Art. 102 III CF die Übersetzung „Rechtsmittel" gewählt, die als Oberbegriff Berufung einerseits und Revision andererseits umfasst (wenngleich nicht verkannt wird, dass dieser Begriff nicht vollständig zutrifft, da der *Recurso Extraordinário* nicht durchgehend die nach deutschem Rechtsmittelverständnis geforderte aufschiebende Wirkung aufweist; der Begriff „Rechtsbehelf" beinhaltet zwar den Suspensiveffekt nicht, er umfasst jedoch inhaltlich wesentlich mehr als die hier behandelten *recursos* und würde zu größerer Unschärfe führen).

1247 O. Dias Corrêa, O STF, corte constitucional do Brasil, 38.

1248 S. etwa in der Verfassung auch Art. 105 II CF für das STJ. Die Berufung (*apelação*) nach Art. 513 ff. CPC ist i.Ü. das klassische ordentliche Rechtsmittel gegen Urteile aus erster Instanz.

1249 Art. 164 I CF 1824.

und bei augenfälliger Ungerechtigkeit" erfolgreich.[1250] Mangels jeglicher Bindungswirkung über den Einzelfall hinaus konnte es zunächst zu keiner nachhaltigen Uniformisierung der Rechtsprechung kommen; es sollte nur in Einzelfällen korrigiert und Gerechtigkeit hergestellt werden. Es herrschte kein Vorrang der Verfassung, den das Gericht hätte sicherstellen können; die Interpretation der vom Kaiser oktroyierten Verfassung in der Streitschlichtung unter den Staatsgewalten lag allein bei diesem als *poder moderador*.[1251]

Die erste Verfassung der Republik von 1891, mit der die diffuse Normenkontroll- und -verwerfungskompetenz ihren Anfang nahm und die auch die Unterscheidung von Bundes- und gliedstaatlicher Gerichtsbarkeit begründete, wurde demgegenüber mit Regelungen zum Revisionsrecht für das STF expliziter. Nach Art. 59 II, 60 CF 1891 wurde das STF schlechthin zur letzten Instanz für alle bundesgerichtlichen Entscheidungen vorgesehen; nach Art. 59 II, § 1 wurde es daneben als Rechtsmittelinstanz für letztinstanzliche Entscheidungen auch in den Bundesstaaten zuständig, wenn diese einen gewissen Bundesbezug aufwiesen.[1252] Daneben bekam es eine Revisionszuständigkeit in Strafsachen gemäß Art. 59 III.[1253] Schon seit dieser Verfassung existiert die durchgehend bis heute verfolgte Gesetzestechnik eines Tatbestandskatalogs, von denen einer für die Entscheidung in der Vorinstanz zutreffen muss, damit sich das Oberste Bundesgericht mit der Rechtssache befassen kann. Das grundsätzliche Vorbild für die Regelung des Art. 59 war der damalige *writ of error* zum *Supreme Court* gemäß der U.S.-amerikanischen Verfassung zur Durchsetzung des Vorrangs der Verfassung.[1254] Die Rechtsmittelzuständigkeit war über lange Zeit das einzige Vehikel zur Vornahme einer Verfassungsmäßigkeitskontrolle durch das Oberste Bundesgericht Brasiliens. Diese konnte nur innerhalb konkreter Streitfälle erfolgen, die auf Betreiben einer unterlegenen Streitpartei zu ihm aufstiegen. Die Bindungswirkung sollte jedoch keinesfalls über den Einzelfall hinausgehen. Normverwerfungskompetenz und *writ of error* wurden aus den U.S.A. übernommen, nicht aber das Prinzip des *stare decisis*.

In der Verfassungsordnung von 1934 wurde erstmals die bis heute geltende Unterscheidung zwischen den sog. ordentlichen und den außerordentlichen Rechtsmittelzuständigkeiten vor dem STF gemacht. Gegen von Bundesgerichten ent-

1250 S. das G v. 18.9.1828 und dazu ausführlich E. Kugelmas (Hrsg.), a.a.O., 426 ff.; zusammenfassend I. Gandra Martins Filho, RevJur 5 (1999).

1251 L.C. Martins Alves Jr., O STF nas Constituições Brasileiras, 130, 450 f.; A. Nobre Marques, RIL 170 (2006), 17 (18).

1252 Namentlich wenn die Entscheidungen in den Bundesstaaten a) Verträge oder Gesetze des Bundes als ungültig oder unanwendbar betrachteten oder b) Gesetze oder andere Akte der Bundesstaaten für verfassungs- und bundesgesetzgemäß hielten, dies aber im Prozess bestritten wurde.

1253 S. zur Revisionszuständigkeit in Strafsachen bereits o. A.V.2.g mit Fn. 986.

1254 Zu den amerikanischen Wurzeln etwa A. Ferreira Maciel, Renovar 27 (2003), 1 (2 ff.).

schiedene Rechtssachen im Allgemeinen „einschließlich Sicherungsverfügungen“ war das ordentliche Rechtsmittel gegeben,[1255] ebenso gegen bestimmte Entscheidungen des damaligen *Tribunal Superior de Justiça Eleitoral*[1256] (ebenfalls ein Gericht des Bundes), und immer dann, wenn in letzter oder einziger Instanz (hierbei egal, ob von Bundes- oder anderen Gerichten) Freilassungsverfügungen abgelehnt wurden.[1257] Das Außerordentliche Rechtsmittel war statthaft allein gegen Entscheidungen lokaler Gerichte (d.h. anderer als Bundesgerichte), die in einziger oder letzter Instanz entschieden hatten. Es diente der dem Bund obliegenden Wahrung des Bundesrechts im Anschluss an die lokalen Instanzenzüge, in die der Bund i.Ü. nicht zu interferieren hatte (daher rührt die Bezeichnung „außerordentlich“). 1934 war die „außerordentliche“ Befassung des Obersten Bundesgerichts namentlich zulässig a) bei einem Verstoß gegen die Buchstaben eines Vertrages oder Gesetzes des Bundes, deren Anwendbarkeit im Prozess streitig war, b) wenn die Verfassungsmäßigkeit eines Bundesgesetzes im Prozess in Frage gestellt und es vom Gericht nicht angewandt wurde, c) wenn lokale Gesetze oder Akte für verfassungs- und bundesgesetzgemäß gehalten wurden, dies aber im Prozess bestritten wurde, und schließlich d) bei einer Neuinterpretation von Bundesgesetzen durch die *Cortes de Apelação*[1258] in Relation zueinander oder zur *Corte Suprema* oder zu anderen Bundesgerichten.[1259] Die Tatbestände kennzeichnet, dass die *Corte Suprema* durch sie zum obersten Hüter der Verfassung *und* des Bundesrechts (einschließlich des aus völkerrechtlichen Verträgen resultierenden Bundesrechts) geworden ist. Mit dieser Verfassung ist auch der im Anschluss an das gerichtliche Urteil dem Bundessenat anheim gestellte Aussetzungsbeschluss zur Herbeiführung einer Wirkung *erga omnes* eingeführt worden, damals als der einzige Weg, um diese Wirkung zu erzielen.

Die Verfassungsordnung von 1937 führte an diesem Rechtsmittelsystem kaum materielle Änderungen herbei: Die Statthaftigkeit der ordentlichen Rechtsmittel wurde nur insoweit geändert, als sie nicht mehr über eine vorinstanzliche Zuständigkeit von Bundesgerichten, sondern über eine Beteiligung des Bundes an einer Rechtssache (sei es als Kläger, als Beklagter oder als Streithelfer) begründet wurde und als der zwischenzeitlich eliminierte Rechtsbehelf der Sicherungsverfügung auch hier bei der höchsten Instanz naturgemäß nicht mehr auftauchte. Die Tatbe-

1255 Dies unbeschadet der Zuweisungen an andere, zu schaffende Bundesgerichte, namentlich für die Revision in Strafsachen, für Kompetenzkonflikte und Verwaltungsstreitigkeiten mit dem Bund; bei Verfassungsfragen war aber wiederum ein Rechtsmittel zum Obersten Bundesgericht, der damals sog. *Corte Suprema*, gegeben (vgl. Art. 78, 79 CF 1934).

1256 Oberer Wahlgerichtshof. Vgl. i.E. Art. 76 II b) i.V.m. Art. 83 § 1 CF 1934.

1257 Vgl. Art. 76 Nr. 2 II CF 1934.

1258 Diese entsprechen den heutigen bundesstaatlichen TJ.

1259 Art. 76 Nr. 2) III CF 1934.

stände für Außerordentliche Rechtsmittel hingegen blieben der Sache nach dieselben.[1260]

Die demokratische Verfassung von 1946 nahm von der bisherigen grundsätzlichen Zuordnung der bundesgerichtlichen Streitigkeiten zu den ordentlichen Rechtsmitteln und der von gliedstaatlichen Gerichten herrührenden Streitigkeiten zum Außerordentlichen Rechtsmittel Abstand,[1261] was so bis heute gilt. So war das ordentliche Rechtsmittel statthaft, a) wenn eine Sicherungs- oder eine Freilassungsverfügung in letzter Instanz von Bundes- oder von lokalen Gerichten abgelehnt wurde, zudem b) wenn ein gewisser Auslandsbezug bestanden hat,[1262] und c) erstmals bei politischen Straftaten. Das Außerordentliche Rechtsmittel, war u.a. statthaft, wenn ein anderes Gericht, egal aus welcher staatlichen Sphäre, als letzte oder einzige Instanz gegen die Bundesverfassung oder einen Vertrag oder ein Gesetz des Bundes verstoßen hat. Neu war damit die zusätzliche Erwähnung der Verfassung in lit. a) als allgemeinem Maßstab, der für alle Rechtsakte gelten und auf den es nicht nur für die Überprüfung einer Verwerfung von Bundesgesetzen ankommen sollte. Ebenso wurde auf die Formulierung verzichtet, dass die bestimmte Verstöße schon zuvor im Prozess streitig gewesen sein müssen.[1263] Die übrigen drei Tatbestände entsprachen in der Sache den bisherigen Tatbeständen b) bis d).

Während der Militärdiktatur im Jahre 1965 trat erstmals die abstrakt-konzentrierte Normenkontrolle vor dem STF neben die Rechtsmittelzuständigkeit und die dort vorgenommene konkrete Kontrolle. An dieser Zweigleisigkeit (und damit dem hybriden System) wurde seitdem festgehalten. Bei den ordentlichen Rechtsmitteln wurden wenig später erneut, wie schon 1937, die Verfahren der Sicherungsverfügung gestrichen; der Ausdruck „politische Straftaten" wurde zudem in „Straftaten gegen die nationale Sicherheit und militärische Einrichtungen" geändert und erfasste vor dem STF zeitweilig nur von der Militärgerichtsbarkeit herrührende Delikte der Mitglieder der Regierungen der Bundesstaaten, aber keine entsprechenden Taten von anderen Bürgern (Zivilisten oder Militärs), die also nicht mehr dem STF, sondern einzig der Militärjustiz selbst unterlagen.[1264] Das Außerordentliche Rechtsmittel war gegeben bei einem Verstoß einer letztinstanzlichen Entscheidung eines beliebigen Gerichts gegen die Verfassung oder bei Nichtanwendung oder Verfassungswidrigerklärung von Gesetzen oder Verträgen des Bundes durch das

1260 S. Art. 101 II Nr. 2 bzw. III CF 1937.
1261 S. dort Art. 101 II und III.
1262 Namentlich gegen Entscheidungen lokaler Richter unter Anwendung von Abkommen oder Verträgen mit fremden Staaten oder in Sachen eines ausländischen Staates gegen eine inländische Person.
1263 Davon übrig ist aber bis heute die Zulässigkeitsvoraussetzung des *prequestionamento*, s. u. B.V.1.c.
1264 So Art. 114 II CF 1967 i.d.F. des Institutionellen Akts Nr. 6 v. 1.2.1969; schon bald darauf mit Art. 119 II i.V.m. Art. 129 CF 1967/69 wurde die Zuständigkeit wieder erweitert.

jeweilige Gericht; die außerordentlichen Rechtsmitteltatbestände i.Ü. (lit. c und d) blieben gegenüber den Vorgängerverfassungen ganz unverändert.[1265]

Die Verfassung von 1988 strukturierte die Rechtsmittelzuständigkeiten neu. Sie installierte das STJ und wies diesem zur Entlastung des STF im bereits genannten Art. 105 II CF einen Teil der Rechtsmittelaufgaben zu: Es wurde als ordentliche Rechtsmittelinstanz zuständig für die Überprüfung abgelehnter Freilassungsverfügungen der TRF und bundesstaatlicher Gerichte in letzter oder einziger Instanz sowie abgelehnter Sicherungsverfügungen der TRF und bundesstaatlicher Gerichte in einziger Instanz. Außerdem übernahm es in leicht abgewandelter Form die traditionelle höchstrichterliche Rechtsmittelkompetenz für bestimmte Streitigkeiten mit Auslandsbezug (genauer: solche ausländischer Staaten oder internationaler Organisationen gegen inländische Kommunen oder im Inland wohnhafte Personen), bei denen es nicht darauf ankommt, welche Partei zuvor obsiegt hatte.[1266] Anschließend an den Instanzenzug kann das STJ mit dem Besonderen Rechtsmittel nach Art. 105 III CF angerufen werden, wenn Entscheidungen der TRF oder Gerichte der föderalen Untergliederungen, die dort in einziger oder letzter Instanz getroffen wurden, einen von drei aufgezählten Rechtsmitteltatbeständen verwirklichen, die sämtlich nicht das Verfassungsrecht, sondern nur das einfache Bundesrecht betreffen: Rügefähig sind die Entscheidungen namentlich erstens, wenn sie einem völkerrechtlichen Vertrag oder einem Gesetz des Bundes zuwiderlaufen oder deren Gültigkeit verneinen, zweitens einen Akt einer lokalen Verwaltung, dessen Vereinbarkeit mit Bundesrecht im Streit gewesen ist, für gültig erachten oder drittens ein Bundesgesetz abweichend von der Auslegung eines anderen Gerichts auslegen. Das STJ wurde damit zum Hüter über das Bundesrecht.

II. Die Instanzenzüge nach heutigem Recht

Die Rechtsmittelzuständigkeit ist am besten vor dem Hintergrund des gesamten Systems der Instanzenzüge im heutigen brasilianischen Recht zu erörtern.[1267]

In Brasilien wird zunächst wie im deutschen System eine ordentliche Gerichtsbarkeit von bestimmten spezialisierten Fachgerichtsbarkeiten unterschieden. Die Fachgerichtsbarkeiten treten in Brasilien aber neben die Bundes- und die gliedstaatliche Gerichtsbarkeit; sie werden den Verbänden also weder als Ganzes noch

1265 Vgl. Art. 114 III CF 1967, Art. 119 III CF 1967/69.

1266 Im letzteren Fall gibt es also ausnahmsweise keine Berufung gegen ein Urteil eines erstinstanzlichen Bundesrichters (Art. 109 II CF) zum regional zuständigen TRF, sondern einen Sprung zum STJ.

1267 Vgl. auch J. Samtleben, RabelsZ 66 (2002), 250 (255, 257 ff.); A. Zimmermann, International Trade and Business Law Review 11 (2008), 179 ff.; W. Brugger/I.W. Sarlet, JöR 56 (2008), 613 (623 f.).

wie in Deutschland instanzenweise zugeordnet. Ein weiterer Unterschied zwischen Deutschland und Brasilien betrifft die Art der Fachgerichtsbarkeiten: In Brasilien sind dies Arbeits-, Wahl-, und Militärgerichtsbarkeit, deren jeweilige Zuständigkeiten im Einzelnen durch das einfache Recht festzulegen waren. Eine gesonderte Verwaltungsgerichtsbarkeit existiert nicht.

Mit dem deutschen System verbindet das brasilianische die Unterscheidung von einer Bundesgerichtsbarkeit und einer Gerichtsbarkeit der Gliedstaaten, und dass es jeweils keine Gerichte der kommunalen Einheiten gibt.[1268] Während in Deutschland jedoch nahezu in allen Fällen gerichtliche Rechtsstreitigkeiten in den ersten Instanzen vor Landesgerichten verhandelt werden und nur die Spitzeninstanzen der Gerichtsbarkeiten als verfassungsrechtliche Ausnahme zu Art. 30 GG dem Bund zugeordnet sind (oft als „Mischmodell" bezeichnet), erfolgt in Brasilien eine Aufteilung zwischen den beiden staatlichen Ebenen ab der ersten Instanz: Die Verfassung katalogisiert die Bundesmaterien, die sämtlich ein direktes Bundesinteresse kennzeichnet, in Art. 109 CF und belässt alle übrigen Streitsachen in der Residualkompetenz der Bundesstaaten (bzw. des Bundesdistrikts, der über eine analog zu den Bundesstaaten aufgebaute Justiz verfügt). Erste Instanz in den bundesrechtlichen Streitigkeiten ist stets der einzelne Bundesrichter vor Ort. Zweite (Tatsachen-)Instanz in Bundessachen sind mit den TRF fünf regional[1269] verteilte, im Kollegium entscheidende Bundesgerichte. In den übrigen Sachen ist ein Einzelrichter und darauffolgend als Kollegialgericht das TJ der jeweiligen föderalen Untergliederung zuständig. Bei beiden Rechtswegen können dann u.U. die Bundesgerichte STJ und/oder STF angerufen werden; insofern ist auch das brasilianische Modell kein reines „Trennungs-", sondern auch eine Form von „Mischmodell". Das STJ und das STF fungieren als eine dritte Instanz bzw. entscheidet das STF u.U. im Anschluss an das STJ sogar in vierter Instanz. Auf Bundes- sowie auf bundesstaatlicher Ebene sind daneben die *Juizados Especiais* für einfacher gelagerte Fälle vorgesehen.

In der Fachjustiz bestehen jeweils erstinstanzliche Spruchstellen vor Ort und ein Oberes Gericht auf Bundesebene in Brasília (TST, TSE und STM); nur im Falle der Arbeits- und der Wahljustiz gibt es dazwischen mit dem TRT bzw. dem TRE noch eine zweite Instanz auf regionaler Ebene.

Für das Prozessrecht der Gerichtsbarkeiten aller Ebenen und Zweige besteht nach Art. 22 I CF in jedem Fall eine ausschließliche Gesetzgebungskompetenz des Bundes, was jedoch eine Regelung von Detailfragen von ebenfalls prozessualer Natur im Rahmen der Gesetze durch gerichtliche Geschäftsordnungen in Wahr-

1268 Für Brasilien sind letztere nach Art. 31 § 4 CF verboten.

1269 Brasilien ist administrativ in fünf jeweils mehrere Bundesstaaten umfassende „Regionen" unterteilt (1. Mittlerer Westen, 2. Nordosten, 3. Norden, 4. Südosten, 5. Süden).

nehmung der Berechtigung aus Art. 96 I a) CF durch die Kollegialgerichte nicht verbietet.

III. Beschleunigte Entscheidungen im Rechtsmittelrecht und Einspruch

Dem Gedanken eines schon in der Plenarsitzung vom 13.12.1963 beschlossenen einfachen Leitsatzes des STF folgend können Verfahren unter gewissen Umständen, namentlich in Fällen handgreiflicher Unzulässigkeit von Anträgen, in beschleunigter Weise beendet werden.[1270] Dies findet – erweitert um andere Fallgruppen neben der manifesten Unzulässigkeit – mittlerweile auch in manchen, hier z.T. bereits angesprochenen Rechtsvorschriften, auch außerhalb der Rechtsmittelzuständigkeit des STF,[1271] Ausdruck und hat sich als unentbehrlich für das Gericht zum Schritthalten mit den Prozesseingangzahlen erwiesen. Für sämtliche Rechtsmittel, vor dem STF also sowohl für die ordentlichen als auch für die außerordentlichen, gilt insoweit speziell Art. 557 CPC, der den Berichterstatter zu Schnell-Entscheidungen ermächtigt, ohne an seine Kollegen Bericht erstatten zu müssen, und den Spruchkörper als Ganzes im Regelfall von einer Befassung freihält. Nur darin liegt die Beschleunigung; von dem Erfordernis, die Entscheidung schriftlich zu begründen (Art. 93 IX CF), wird keinesfalls eine Ausnahme gemacht. Die Schnell-Entscheidung kann nach Art. 557 CPC in einer beschleunigten Abweisung und einer beschleunigten Stattgabe bestehen.

Die „Schnell-Abweisung" erfolgt gemäß Art. 557, *caput*, CPC für Rechtsmittel, die offensichtlich unzulässig oder unbegründet sind, sich erledigt haben oder in Widerspruch zu einem Leitsatz[1272] oder zur herrschenden Rechtsprechung des STF[1273] oder eines der Oberen Gerichte stehen. Im Gegensatz zum Geschäftsordnungsrecht besteht nach dem CPC kein Rechtsfolgeermessen des Berichterstatters, gewiss aber bei der den Tatbestand betreffenden Einschätzung etwa wann die Schwelle der „Offensichtlichkeit" erreicht ist. Manche sehen die einzelrichterliche

1270 Zu Art. 557 M.B. Dias, AJURIS 83 (2001), 279; erhellend auch etwa N. Slaibi Filho, JusNav Nr. 62 (2003); s. auch den schon älteren Ls. 322, der sinngemäß lautet: „Vor dem STF werden offenkundig unstatthafte oder verfristet erhobene Anträge und Rechtsmittel verworfen."

1271 Wie etwa bei der abstrakten Normenkontrolle Art. 4 G 9.868/1999, bei der ADPF Art. 4 G 9.882/1999, bei *Habeas Data* Art. 10 G 9.507/1997, beim *Mandado de Segurança* Art. 10 G 12.016 und im Zivilprozess im Allgemeinen Art. 295 CPC. Vgl. für das Geschäftsordnungsrecht des STF auch Art. 21 §§ 1, 2 und ähnlich für das STJ Art. 34 XVIII RISTJ.

1272 Ausreichend ist der „nicht-bindende", d.h. einfache Leitsatz; der Begriff ist seit 1995 im Art. 557 CPC enthalten und stammt daher aus der Zeit vor Einfügung des Art. 103-A CF.

1273 Sogar noch nicht veröffentlichte Leitentscheidungen können zur Grundlage für die folgende Schnell-Entscheidung genommen werden (STF, RE [AgR] 310.008/SC, BE Ellen Gracie, DJ v. 21.2.2003).

Entscheidungskompetenz wohl aufgrund dieses Ermessens als eine „Art informelles *certiorari*".[1274]

Seit 1998 ist auch der umgekehrte Fall einer „Schnell-Stattgabe" positiviert, in Art. 557 § 1-A CPC: Wenn die mit dem Rechtsmittel angefochtene Entscheidung in offensichtlichem Widerspruch zu einem Leitsatz oder herrschender Rechtsprechung des STF oder eines Oberen Gerichts steht, kann der Berichterstatter dem Rechtsmittel stattgeben.[1275] Hier hat er also nach dem Wortlaut Rechtsfolgeermessen, das sich aber wegen des Justizgrundrechts auf angemessene Prozessdauer und zügige Bearbeitung (aus Art. 5 LXXVIII CF) bei wirklicher „Offensichtlichkeit" auf Null reduzieren dürfte. Die Stattgabe-Variante ist für den Berichterstatter tatbestandlich enger, da bei ihr nur der Abgleich mit der herrschenden Rechtsprechung der höchsten Gerichte des Landes, sei sie förmlich in einem Leitsatz verfestigt oder nicht, erfolgen kann; eine auch noch so offenkundige Zulässigkeit und Begründetheit des Rechtsmittels aufgrund von Rechtsvorschriften genügt für eine Schnell-Stattgabe solange nicht, wie sie sich nicht auf die genannte mehrfache gerichtliche Vorbefassung zurückführen lässt. An dem für alle Rechtsmittelgerichte geltenden Art. 557 CPC wird die Bedeutung von obergerichtlicher Rechtsprechung für untergeordnete Gerichte ersichtlich: Die Gerichte sind zwar rechtlich durch die obergerichtlichen Urteile nicht gebunden (anders nun nur bei Art. 103-A CF, der auch eine rechtliche Bindung auferlegt); eine faktische Gefolgschaft der Untergerichte wird jedoch durch die vereinfachte, zügige Aufhebbarkeit im Abweichungsfalle erreicht, die ihnen die geringe Sinnhaftigkeit und Bestandsfähigkeit von Sonderwegen vor Augen führt.

Gegen die Schnell-Entscheidung ist der Einspruch binnen fünf Tagen an das für das Rechtsmittelverfahren zuständige Organ des Gerichts (beim STF ist dies der Senat) statthaft, dem der Berichterstatter den Prozess mit Votum dem Kollegium unterbreitet, wenn er dem Einspruch nicht durch Selbstkorrektur abzuhelfen vermag.[1276] An dieser Stelle kann z. B. im Sinne eines *distinguishing* argumentiert werden, dass vorbestehende Rechtsprechungssätze den aktuell beurteilten Sachverhalt wegen darzulegender Unterschiede gar nicht erfassen. Nach Stattgabe des Einspruchs gegen eine Abweisung wird sogleich über den Erfolg des Rechtsmittels selbst verhandelt.

1274 So etwa M.P. Veríssimo, RDGV 4/2 (2008), 407 (420).

1275 Im Gesetz hat sich hier die Selbstverständlichkeit, dass die Zulässigkeitsvoraussetzungen für das Rechtsmittel (wie Berechtigung, Rechtsschutzinteresse, Rechtzeitigkeit, Zahlung der Gerichtskosten) sämtlich gegeben sein müssen und dass keine Erledigung eingetreten sein darf (Art. 462, 503 CPC), nicht niedergeschlagen (N. Slaibi Filho, a.a.O.).

1276 Art. 557 § 1 CPC (dieser Einspruch entspricht dem *Agravo Regimental*, wird hier aber selbstverständlich nicht so bezeichnet, da er durch Gesetz, nicht durch *Regimento Interno* [Geschäftsordnung] eröffnet wird; er wird *Agravo Interno* oder z.T. nur *Agravo* genannt).

Soweit der Berichterstatter sich zu einer Schnell-Entscheidung verpflichtet gesehen und den Fall wegen seiner Relevanz auch nicht im Rahmen einer *questão de ordem* oder mit dem Anliegen der Änderung eines förmlichen Leitsatzes dem Senat unterbreitet hat, ist jedenfalls im Wege dieses Einspruchs sichergestellt, dass die rechtlichen Maßnahmen nach Art. 557 CPC keine Versteinerung einer obergerichtlichen Rechtsprechung aus vergangenen Tagen bedeuten müssen. Zunächst abweichende untergerichtliche Entscheidungen haben insofern trotz Leitsatzsystem durchaus eine Aussicht auf Fortbestand in der höheren Instanz, und dann eventuell sogar darauf, einen Rechtsprechungswandel herbeizuführen – insbesondere, soweit sie gut zu begründen vermögen, weshalb eine bisherige herrschende Rechtsprechung etwa wegen eines Wandels in der Rechtswirklichkeit aktuell nicht mehr überzeugen kann. Ein solcher Rechtsprechungswandel kann gerade bei kontroversen Fragen, die im Gericht zu knappen Entscheidungen geführt hatten, durch einen zwischenzeitlichen Personalwechsel bei den höheren Gerichten begünstigt werden.

Im Bereich des Art. 557 CPC wurde weiterhin eine spezielle Vorkehrung dafür getroffen, dass Unterlegene nicht stets, gleichsam als Automatismus, Einsprüche einlegen und damit den Beschleunigungseffekt in sein Gegenteil verkehren würden: Wenn der Einspruch nämlich offenkundig unzulässig oder unbegründet ist, verurteilt das Gericht den Einspruchsführer zu einer Geldbuße in einer Höhe zwischen einem und zehn Prozent des Streitwerts, die letztlich der anderen Streitpartei zugute kommt.[1277] Bis zur Zahlung der Geldbuße ist der Einspruchsführer auch rechtlich gehindert, andere Rechtsbehelfe wie Berichtigungsanträge (*Embargos de Declaração*) einzulegen.[1278] Die Geldbuße fällt z. B. an, wenn der Einspruchsführer sich etwa darauf beschränkt zu beantragen, dass die Schnell-Entscheidung erneut gewürdigt werde, ohne sachliche Argumente anzuführen, obwohl der Berichterstatter in ihr bereits die ständige Rechtsprechung nachgewiesen hatte.[1279] Sie fällt ebenfalls an, wenn der Einspruchsführer nicht klarzumachen vermag, wogegen er sich eigentlich genau wehrt.[1280]

1277 Art. 557 § 2 CPC. Vgl. dazu i.E. die Resolution des Präsidenten des STF Nr. 186, DJ v. 29.11.1999.

1278 Tut er dies dennoch, verwirkt er eine *weitere* Geldbuße, STF, RE (AgR-ED) 421.118/AL, BE Sepúlveda Pertence, DJ v. 20.4.2006.

1279 S. statt vieler STF, AI (AgR) 318.221/MG, BE Cezar Peluso, DJ v. 18.12.2009, mit den Passagen im Votum: „...ohne neue Begründung kann nur als ein Missbrauch der Rechtsmittelsmöglichkeit angesehen werden", „Rechtsmittel wie dieses rauben dem bereits notorisch überlasteten Gericht wertvolle Zeit, die es für die wichtigen Fragen braucht."

1280 Der BE Ricardo Lewandowski verhängte in AI (AgR-AgR) 610.363/RJ, DJe v. 14.11.2008, eine Geldbuße in Höhe von 10 % des Gegenstandswerts unter Zugrundelegung des Ls. 287 („Ein Einspruch wird abgewiesen, wenn seine Begründung oder die des Außerordentlichen Rechtsmittels ein genaues Verständnis des Streitigen nicht ermöglicht.").

Das STF macht schon jetzt mehr als nur vereinzelt von der Befugnis zu beschleunigten Entscheidungen in ihren beiden Varianten nach Art. 557 CPC Gebrauch,[1281] und die Tendenz wird weiter steigend sein, da der Fundus an Rechtsprechung, auf die sie gestützt werden können, wöchentlich anwächst.

IV. Ordentliche Rechtsmittel

Die Verfassung kennt zwei Tatbestände für ordentliche Rechtsmittel vor dem STF: Das Gericht überprüft auf diesem Wege nur *writs* zum Schutz von Rechtspositionen und politische Strafsachen. Ein Gericht kann grundsätzlich nur im Wege eines ordentlichen Rechtsmittels eine Überprüfung der Vorinstanz in rechtlicher *und* tatsächlicher Hinsicht vornehmen.[1282] Da vor dem STF aber die erstgenannten von der Natur der Verfahren her durch Klarheit in tatsächlicher Hinsicht gekennzeichnet sind, hat dies vor allem für letztere Bedeutung.

1. Schutz von Rechtspositionen

Zum einen ist das STF gemäß Art. 102 II a) CF zur Nachprüfung von Entscheidungen der Oberen Gerichte berufen, wenn diese in vorerst einziger Instanz (d.h. in ihrerseits originärer Zuständigkeit) in bestimmten, summarischen Rechtsschutzverfahren eine ablehnende Entscheidung getroffen haben, namentlich eine beantragte Freilassungs-, Datenschutz- oder Sicherungsverfügung oder eine Injunktion verweigert haben.[1283] Für herkömmliche Klageverfahren ist das ordentliche Rechtsmittel als weitere Instanz hingegen nicht eröffnet.

Das Rechtsmittel dient nur dem Schutz subjektiver Rechte; das STF ist dann insofern die zweite Instanz beim Schutz der verfassungsrechtlichen Freiheiten Privater.[1284] Jedoch auch unterverfassungsrechtliche Fragen können, wie bei den einzelnen Rechtsbehelfen schon angesprochen, zum Gegenstand des Rechtsmittels

1281 Gab man am 11.1.2010 in die Suchmaske der Rechtsprechungsdatenbank auf der Website des STF „Art. 557 CPC" ein, so bekam man 12.446 Einzelrichter- und 3.786 Kollegial-Entscheidungen des Gerichts ausgeworfen, in denen die Vorschrift schon eine Rolle gespielt hat. Zu beachten ist dabei, dass der 1973 in Kraft getretene CPC im Grundgerüst des Art. 557 nur die Abweisungsvariante kannte, die bis 1995 zudem tatbestandlich wesentlich restriktiver war.

1282 V. Greco Filho, Direito Processual Civil Brasileiro II, 2008, 369.

1283 Art. 539 f. CPC und etwa für das STM Art. 563 b) CPPM. Je nach ursprünglicher Verfahrensart werden Rechtsmittel unter den Aktenzeichen RHC, RHD, RMS und RMI, keinesfalls gemeinsam unter RO geführt. S. zu diesen Verfahrensarten ausführlicher bereits o. A.V.1.

1284 J.A. da Silva, Comentário contextual à Constituição, Art. 102 Anm. 8.

werden.[1285] Auch dieser Punkt unterscheidet das ordentliche vom Außerordentlichen Rechtsmittel.

Schutz der subjektiven Rechte bedeutet, dass staatlicherseits nicht zum STF rekurriert werden kann: Wenn der Berechtigte bereits zuvor den Schutz seiner Rechte zugesprochen bekommen hatte, ist dies rechtskräftig. Nur wenn der Individualrechtsschutz versagt worden war, kann das STF befasst werden. Die Ablehnung kann dabei aus prozessualen oder aus Sachgründen erfolgt sein.[1286] Wird nur noch um Fragen der Kostenlast in der Vorinstanz gestritten, ist das Rechtsmittel zum STF ausgeschlossen, da der unmittelbare Bezug zur geschützten Rechtsposition fehlt.[1287]

Die Oberen Gerichte, gegen deren erstinstanzliche Entscheidung das ordentliche Rechtsmittel in den genannten Verfahrensarten eingelegt werden kann, sind das STJ, das TST, das TSE und das STM. Eine Erweiterung seiner Zuständigkeit um Rechtsmittel vom neueren Zweig der *Juizados Especiais* hat das STF wie beim originären *Habeas Corpus* abgelehnt.[1288]

Die ordentliche Rechtsmittelzuständigkeit des STF findet dabei rechtlich und praktisch hauptsächlich auf vom STJ herrührende Prozesse Anwendung. Von den Oberen Gerichten hat auch nur das STJ eine direkt verfassungsrechtlich determinierte originäre Zuständigkeit, nämlich in den in Art. 105 I CF genannten Verfahrensarten, erhalten. Das STJ kann danach originär über Freilassungsverfügungen zugunsten der und gegen die folgenden gerichtsstandsprivilegierten Organe und Organwalter entscheiden: die Gouverneure der Bundesstaaten und des Bundesdistrikts, die Richter der TJ, TRF, TRT und TRE, die Mitglieder der Rechnungshöfe der Bundesstaaten und des Bundesdistrikts, der Rechnungshöfe und -räte der Kommunen und die des *Ministério Público* auf Bundesebene, soweit diese Aufgaben bei Gericht wahrnehmen; ebenfalls gegen die Bundesminister und die Befehlshaber von Marine, Heer oder Luftstreitkräften, soweit nicht die Wahlgerichtsbarkeit zuständig ist. Es kann ferner originär über Datenschutz- und Sicherungsverfügungen gegen Akte von Bundesministern, den Befehlshabern von Marine, Heer und Luftstreitkräften und des STJ selbst entscheiden sowie über Injunktionen – insoweit in

1285 STF, RMS 20.976, BE Sepúlveda Pertence, DJ v. 16.2.1990.

1286 S. aber STF, RMS 22.180/DF, BE Eros Grau, DJ v. 12.8.2005; RMS 26.959, BE Eros Grau/Menezes Direito, DJe v. 15.5.2009: Der allgemein für die Berufung geltende Art. 515 § 3 CPC (Befugnis zur erstmaligen Entscheidung über die Begründetheit durch das Rechtsmittelgericht nach einem bloßen Prozessurteil in der Vorinstanz) sei in den Verfahren HC, HD, MS und MI nicht anwendbar, da die sachliche Zuständigkeit bestimmter Gerichte durch die Verfassung vorgegeben sei. Für eine etwaige erstmalige Würdigung der Begründetheit erfolge daher eine Zurückverweisung an das von der Verfassungsordnung definierte originäre Gericht.

1287 So Ls. 395 für die Fortbewegungsfreiheit, s. entsprechend für MS-Verfahren schon o. A.V. 1.c.bb.

1288 RMS (AgR) 26.058, BE Sepúlveda Pertence, 2.3.2007, Inf. 457; krit. G. de Souza Nucci, CPP Comentado, 1009 f.

Auffangzuständigkeit – gegen alle Stellen, die nicht unter die Kompetenz des STF aus Art 102 I q) CF oder anderer Gerichte fallen. Die aufgezählten gerichtsstandsprivilegierten Stellen könnte man als „Privilegierte zweiten Ranges" bezeichnen, da ihre Angelegenheiten zwar nicht ausschließlich vor dem STF behandelt werden, sie aber immerhin das STJ als Eingangsinstanz haben. Stellt das STF bei der Prüfung des Rechtsmittels das Fehlen der Privilegierungseigenschaft vor dem STJ fest, verweist es die Sache umgehend zurück.[1289]

Für die anderen Oberen Gerichte TST, TSE und STM wird in Art. 113 f., 121 und 124 CF hinsichtlich auch der originären Zuständigkeiten auf eine Bestimmung jeweils durch Ergänzungs- bzw. einfaches Gesetz verwiesen. Die in Art. 102 II a) CF aufgezählten Rechtsschutzverfahren *Habeas Corpus* und *Data*, *Mandado de Segurança* und *Injunção* sind diesen Fachgerichten jedoch nur in verhältnismäßig begrenztem Maße zugewiesen worden; das *Habeas-Data*-Gesetz von 1997 etwa nennt in seiner Kompetenzvorschrift Art. 20 keines der oberen Fachgerichte bei der Aufzählung der originären Zuständigkeiten für diese Verfahrensart.

Nach dem Militär-Gerichtsverfassungsgesetz ist das STM originär zuständig zur Entscheidung über die Verfahren der Sicherungsverfügungen gegen Akte der ihm untergeordneten Militärjustiz sowie über Anträge auf Freilassungs- und Datenschutzverfügung, die letzten beiden allerdings in noch offen gelassenen, gesetzlich zu gestattenden Fällen aus dem Bereich der Militärjustiz (wobei für Militär*disziplinar*angelegenheiten *Habeas Corpus* bereits durch Art. 142 CF ausgeschlossen ist). Die weiteren originären Zuständigkeiten des STM haben mit den von Art. 102 II a) angesprochenen summarischen Rechtsschutzverfahren nichts zu tun.[1290]

Das TST gliedert sich in zwei Abteilungen (*seções*), von denen eine für kollektives und die andere für individuelles Arbeitsrecht zuständig ist und die auf ihrem Gebiet jeweils originäre und Rechtsmittelkompetenzen innehaben. Die originäre Zuständigkeit der ersten Abteilung umfasst (neben denjenigen kollektiven Auseinandersetzungen und tarifvertragsrechtlichen Einigungen, die die Gerichtsbarkeit eines TRT übersteigen, und Kompetenzkonflikten der TRT untereinander) auch Sicherungsverfügungen gegen einzelne Mitglieder des Gerichts selbst; die der zweiten Abteilung ist weniger ausdifferenziert und umfasst nur die Kompetenzkonflikte der TRT, soweit sie auf individualarbeitsrechtliche Streitigkeiten bezo-

1289 RMS 22.496, BE Sydney Sanches, DJ v. 25.4.1997.

1290 Nur am Rande angemerkt: Weiterhin ist das STM originär zuständig als privilegierender Strafgerichtsstand für gesetzlich bestimmte Militärstrafsachen von Generalsdienstgraden, für die Beschwerde zur Sicherung der Autorität eigener Entscheidungen, für die Verwaltungsverfahren wegen Amtsverlustes, Außerdienststellung, Versetzung von Angehörigen der Militärjustiz, für die Anträge zur Aberkennung der Offizierswürde und für alle Anträge „im Interesse der Militärjustiz" als Ganzes seitens des *Ministério Público* der Militärjustiz, des Rates der Justiz, untergeordneter Militärrichter und von Rechtsanwälten (vgl. Art. 6 I Militär-Gerichtsverfassungsgesetz = G 8.457/1992).

gen sind.[1291] Es sind also beim TST insgesamt weder *Habeas Corpus* noch *Habeas Data* noch Injunktionen gesetzlich vorgesehen, die zum STF führen könnten.

Noch extremer ist es bei der Wahljustiz: Obwohl die Verfassung es ermöglichen würde, begründet nach derzeitiger Gesetzeslage, soweit ersichtlich, keines der originären Verfahren beim TSE eine ordentliche Rechtsmittelzuständigkeit zum STF.[1292]

Das STF fordert über den Wortlaut hinaus, dass beim STJ, TST, TSE und STM ein Kollegialorgan befasst gewesen sein muss.[1293] Hat die Zurückweisung eines Rechtsschutzantrags dort nur durch den Berichterstatter stattgefunden, wäre der Rechtsmittelkläger zunächst auf einen innergerichtlichen Rechtsbehelf (Einspruch nach Geschäftsordnung) verwiesen.

Für die allgemeinen Sachentscheidungsvoraussetzungen und für das Verfahren in der Rechtsmittelinstanz sind im Wesentlichen die allgemeinen Vorschriften über die Berufung anzuwenden, ergänzt durch die Geschäftsordnung.[1294] Danach hat die Einlegung des ordentlichen Rechtsmittels, wie es im brasilianischen Rechtsmittelrecht die allgemeine Regel darstellt, neben dem Devolutiveffekt auch Suspensiveffekt.[1295] Die Frist zur Einreichung der Rechtsmittelschrift einschließlich schlüssiger Begründung,[1296] die i.Ü. beim Gericht *a quo* zu erfolgen hat, beträgt für den in der Vorstinstanz Unterlegenen i.d.R. 15 Tage nach Verkündung der ablehnenden Entscheidung der Vorinstanz,[1297] bei *Habeas Corpus* nur fünf Tage.[1298] Im Gegensatz zu den Außerordentlichen Rechtsmitteln (dazu sogleich un-

1291 S. Art. 2 I bzw. 3 I G 7.701/1988, als *lex posterior* zur CLT.

1292 Nach dem Wahlgesetzbuch (G 4.737/1965, dort Art. 22 I) ist das TSE originär für die Registrierung von politischen Parteien und Kandidaten für die Präsidentschaftwahl zuständig und deren Streichung aus dem Register, ebenso für Kompetenzkonflikte der untergeordneten Wahlgerichtsbarkeit, wahlrechtliche Straftaten seiner Mitglieder und derjenigen der TRE, für Beschwerden politischer Parteien mit Bezug auf ihre Verpflichtung zu Rechnungslegung und Rechenschaft über die Herkunft ihrer Mittel, für Einwendungen gegen das Wahlergebnis und die Ernennung von Gewählten, für von den TRE vorgelegte Rechtssachen, für Beschwerden wegen Untätigkeit eigener Richter sowie für eine Wiederaufnahmeklage binnen 120 Tagen.

1293 RMS (QO) 24.237, BE Celso de Mello, DJ v. 3.5.2002.

1294 Art. 540 i.V.m. 513 ff. CPC. Die Geschäftsordnung des STF geht auf die ordentliche Rechtsmittelzuständigkeit als solche allerdings nur sehr punktuell ein: Soweit es um das Verfahren in Sachen HC geht, wird im Wesentlichen auf die entsprechenden Vorschriften bei der originären Zuständigkeit verwiesen (Art. 312 i.V.m. 188 ff. RISTF); zu MS existieren nur Vorschriften für die originäre Zuständigkeit (Art. 200 ff. RISTF); HD und MI werden noch gar nicht erwähnt.

1295 S. aber die eng umgrenzten Ausnahmen nach Art. 520 CPC.

1296 Dazu STF, RMS 21.597/RJ, BE Celso de Mello, DJ v. 30.9.1994.

1297 Art. 508 CPC (vor dem CPC 1973 belief sich die Frist nach st.Rspr. [Ls. 319] bei HC und MS auf nur fünf Tage).

1298 Art. 310 RISTF. Besonderheiten können hier nach den älteren Prozessordnungen der Fachgerichte in Wahlrechts- und Militärstrafsachen gelten, von denen die Rechtsmittel

ten) gibt es ansonsten keine über den verfassungsrechtlichen Tatbestand hinausgehenden, verschärfenden Zulässigkeitsvoraussetzungen. Zwar ermöglicht die Natur der Berufung eigentlich eine volle Überprüfung in tatsächlicher Hinsicht; die Natur der Verfahrensarten, mit denen das STF hier aber befasst werden kann (HC, HD, MS, MI), sieht jedoch vertiefende Tatsachenermittlung und Beweisaufnahmen nicht vor.[1299]

2. Verhandlung politischer Straftaten

Zum anderen ist das STF gemäß Art. 102 II b) CF zwingend das zweit- und letztinstanzliche Strafgericht bzgl. aller politischen Straftaten, die wegen ihrer Bedeutung für das Gemeinwesen, wie in Deutschland die Staatsschutzdelikte bei den OLG (§ 120 GVG), aus dem regelmäßigen Instanzenzug hochgezont wurden. Es handelt sich dabei nunmehr um eine reine Bundesmaterie nach Art. 109 IV CF, d.h. bereits in erster Instanz ist der einzelne Bundesrichter vor Ort zuständig, nur findet ausnahmsweise anstelle der ansonsten üblichen Berufung zum betreffenden regionalen TRF mit dem ordentlichen Rechtsmittel in Strafsachen (sog. *recurso crime*) ein Instanzensprung direkt zum STF statt. Dieser Instanzenzug wird allerdings durch bestehende Privilegien kraft Amtes für besondere Gerichtsstände, wie sie oben auch schon erörtert wurden,[1300] verdrängt.

Bislang haben sich Literatur und Rechtsprechung nicht auf eine Definition der politischen Straftaten geeinigt.[1301] Der unbestimmte Begriff wird gewiss auch immer für kasuistische Wertungen anfällig sein. Er ist inhaltlich wohl ähnlich, aber nicht gleich wie in Art. 5 LII i.V.m. 102 I g) CF (zum Verfahren der Auslieferung),[1302] da hier etwa mangels Auslandsbezug kein Grund ersichtlich ist, terroristische Akte herausfallen zu lassen. Nach denjenigen, die ihn rein formell verstehen, soll er nur die im Gesetz als „Straftaten gegen die nationale Sicherheit" überschriebenen Taten einschließen. Nach materiellem Verständnis sollen die innere und die äußere Sicherheit als Schutzgut erfasst sein, wobei die innere Sicherheit den Bestand und die Unversehrtheit der höchsten Staatsorgane und die Unverletzlichkeit des geltenden politischen Systems beinhalten solle und die äußere Sicherheit die Fortexistenz, Unabhängigkeit und Unversehrheit des Staates als sol-

zum STF aufsteigen, soweit diese noch einschlägige Regelungen treffen: vgl. Art. 281 Wahlgesetzbuch (Gesetz Nr. 4.737/1965): drei Tage, bezogen nur auf HC und MS; Art. 563 ff. CPPM (Dekret-Gesetz Nr. 1.002/1969): nur bei HC, drei Tage ab Zustellung des Urteils. Die CLT hält für die arbeitsgerichtlichen Prozesse hingegen keine abweichenden Sonderregelungen bereit.

1299 Vgl. STF, RMS 21.597/RJ, BE Celso de Mello, DJ v. 30.9.1994.

1300 S. o. A.V.2 mit Fn. 922.

1301 S. auch E.J.G. de Aragão, a.a.O., 343, dort Fn. 1015.

1302 S. o. A.IV.2.b mit Fn. 656 ff.

chem,[1303] andere schließen als Schutzgut die staatsbürgerlichen Rechte des Bürger ein.[1304] Es muss um die nationale Sicherheit des Staates Brasilien gehen (auch insofern ist ein Unterschied zum Begriff der politischen Straftat nach Art. 5 LII CF festzuhalten, der auf im Ausland verfolgte Taten durch Ausländer gemünzt ist).[1305] Im Fokus steht damit jedenfalls vor allem das G 7.170/1983 (Gesetz über die Verbrechen gegen die nationale Sicherheit und die politische und soziale Ordnung) mit einigen Straftatbeständen (dort Art 8–29).[1306] Zu dessen Art. 12, der illegale Handlungen mit Rüstungsgütern im ausschließlichen Gebrauch der Streitkräfte unter Strafe stellt, hat das STF entschieden, dass für den Begriff der politischen Straftat neben der entsprechenden „Motivation und den politischen Zielen des Täters ein tatsächlicher oder potenzieller Schaden an den Rechtsgütern des Art. 1 des genannten Gesetzes [… I – territoriale Integrität und nationale Souveränität, II – das repräsentative demokratische System, die Bundesstaatlichkeit und der Rechtsstaat, III – die Führungspersonen der Staatsgewalten des Bundes] erforderlich" sei.[1307] Mit anderen Worten, es scheidet nach der höchstrichterlichen Rechtsprechung eine Verurteilung aus, wenn der Eintritt eines derartigen Schadens gar nicht denkbar gewesen ist. Zur Verwirklichung der politischen Straftat gehört also nicht nur stets ein besonderer Vorsatz, sondern auch ein besonders qualifiziertes objektives Verhalten (wenn auch nicht immer mit einem tatsächlich eingetretenen Erfolgsunrecht).

Hervorzuheben ist i.Ü. aber Folgendes: Auch wenn der Bundesrichter erster Instanz rechtsirrtümlich ein Delikt nach G 7.170/1983 bejaht oder eine Tat nach einem anderen Strafgesetz als „politisch" eingeordnet hat, bleibt es bei der Berufungszuständigkeit des STF, das in die Sachprüfung einsteigen und die Strafe dann immer noch aufheben kann.[1308] Maßgeblich ist für die Zuständigkeit des STF also, weswegen der Angeklagte im erstinstanzlichen Urteil verurteilt wurde. Sieht das

1303 H.C. Fragoso, Advocacia da Liberdade, 228 f.

1304 Nach U. Lammêgo Bulos, Constituição Federal Anotada, 1014.

1305 Vgl. STF, RE 160.841/SP, BE Sepúlveda Pertence, DJ v. 22.9.1995.

1306 Strafbewehrt sind dort in verschiedenen Tatmodalitäten beispielsweise der Hochverrat (z. B. in Form der Beteiligung an der Vorbereitung eines Krieges gegen Brasilien oder Handlungen zur Sezession eines Teils des Landes), die Einfuhr, die Herstellung oder der Verkauf von Kriegswaffen, der Verrat oder die Ausspähung von Staatsgeheimnissen, die Mitgliedschaft in paramilitärischen oder bereits verbotenen Gruppen oder solchen, die auf einen gewaltsamen Umsturz oder die Abschaffung des Rechtsstaats gerichtet sind, die Behinderung der freien Amtsausübung der Staatsgewalten im Bund und in den Bundesstaaten, die Entführung von Massentransportmitteln, politisch motivierte Akte des Terrorismus oder zur Finanzierung subversiver Organisationen, Propagandadelikte, Volksverhetzung, Anstachelung von sozialer Aufruhr, die Verletzung von Ehre, körperlicher Unversehrtheit, Freiheit und Leben der Amtswalter bestimmter oberster Verfassungsorgane. Nicht ausgeschlossen ist, dass auch andere Strafgesetze außerhalb des G 7.170 jetzt oder in der Zukunft politische Straftaten enthalten, und dass innerhalb des G 7.170 eine Tat im Einzelfall keine politische Natur hat.

1307 STF, RC 1.470/PR, BE Carlos Velloso, DJ v. 19.4.2002.

1308 STF, RC 1.468/RJ, BE Ilmar Galvão/Maurício Corrêa, DJ v. 16.8.2000.

STF statt dem politischen ein allgemeines oder ein der Militärjustiz unterliegendes Delikt verwirklicht, verweist es zurück, damit unter Zugrundelegung seiner Rechtsauffassung erneut entschieden werde. Dies hat dann zur Folge, dass der Bundesrichter sich, wenn kein Fall des Art. 109 CF vorliegt, für unzuständig erklären muss, so dass die Tat anderswo anzuklagen ist.

Im umgekehrten Fall, also wenn in erster Instanz rechtsirrig keine politische Straftat angenommen wurde und infolgedessen zweitinstanzlich zu einem anderen Gericht als dem STF rekurriert wird, steht der Rechtsbehelf der Beschwerde zum STF wegen Usurpation von dessen Kompetenzbereich zur Verfügung.[1309]

Für das Verfahren ist nur auf den CPP, dort insbesondere die Art. 574 ff. für Rechtsmittel, zurückzugreifen:[1310] Das Rechtsmittel kann danach durch den Verurteilten, seinen Repräsentanten oder das *Ministério Público* eingelegt werden.[1311] Die Frist beträgt dafür fünf Tage, berechnet ab der Verkündung der Einzelrichterentscheidung.[1312] Es darf nicht zu einer *reformatio in peius* kommen, wenn nur der Verurteilte das Rechtsmittel erhebt; anders, wenn (zumindest auch) das MP das Rechtsmittel einlegt.[1313]

3. Verfahrensbelastung

Das STF wird durch die ordentlichen Rechtsmittel als zweite Instanz in geringerem Maße in Anspruch genommen. Zum Schutz von Rechtspositionen wurden in den letzten zehn Jahren bis mittlerweile regelmäßig über 200 Anträge jährlich gestellt, wobei ähnlich der originären Zuständigkeit des STF hinsichtlich der Ausgangsverfahren HC, HD, MS, MI deutliche Diskrepanzen zu sehen sind: Fast ausschließlich handelt es sich um Rechtsmittel in Sachen HC und MS; HD- und MI-Rechtsmittel finden hingegen nahezu nicht statt. Dies dürfte vor allem an den begrenzten erstinstanzlichen Zuständigkeiten der Obergerichte liegen. Auch in politischen Strafsachen, bei denen ein Tatsachenprozess zu führen ist, ist es in diesem Zeitraum nur zu 0–2 Verfahren pro Jahr gekommen.

1309 Vgl. o. A.VI.2.

1310 Art. 307 ff. RISTF sind nicht mehr anwendbar, da sie auf die alte Verfassung und nur auf die damalige Vorinstanz STM bezogen sind.

1311 Art. 577 CPP.

1312 Vgl. Art. 593 I CPP.

1313 Art. 617 CPP.

V. Das Außerordentliche Rechtsmittel und die damit verbundenen Kompetenzen des Supremo Tribunal Federal

Die Außerordentlichen Rechtsmittel (*Recursos Extraordinários* – RE) nach Art. 102 III CF – und die damit verbundenen Kompetenzen des STF, die sich aus der Lektüre der Verfassung allein nicht erschließen – beschäftigen das STF zahlenmäßig mit Abstand am meisten.[1314]

Das Instrument des Außerordentlichen Rechtsmittels dient dazu, eine Überprüfung von eventuellen Verfassungsverstößen in gerichtlichen Entscheidungen nach Maßgabe der Tatbestände in den Buchstaben a–d), die in „letzter oder einziger Instanz“ ergangen sind, durch das STF sicherzustellen. Das STF fungiert damit als letzte und maßgebende Autorität bzgl. der Feststellungen in der diffusen Verfassungskontrolle durch die Gerichte des Landes. Es ist mithin auch die verbreitetste Möglichkeit für den ansonsten in die Prozesse vor dem STF weniger eingebundenen einzelnen einfachen Bürger, eine verfassungsgerichtliche Kontrolle zu erwirken.[1315]

Das Außerordentliche Rechtsmittel ist dem vorher zu erschöpfenden Rechtsweg im eigentlichen Sinne nachgeordnet und hat nur einen Devolutiv-,[1316] im Gegensatz zu den ordentlichen Rechtsmitteln – außer im Strafrecht – nicht aber einen Suspensiveffekt.[1317]

Es handelt sich ferner im Ausgangspunkt um ein im Ansatz subjektives Rechtsschutzverfahren; die Dispositionsbefugnis über den Streitgegenstand verbleibt bei den Streitparteien.[1318] Eine Tendenz zur Objektivierung ist hier – dies ebenfalls im Gegensatz zum ordentlichen Rechtsmittel – gleichwohl durch die Beschränkung

1314 Zusammen mit der dazugehörigen Nichtzulassungsbeschwerde machten sie seit 1991 über 90 % des Prozessaufkommens aus. Erst seit 2008 wird wegen des Greifens von Reformmaßnahmen ein Rückgang verzeichnet, im Jahr 2009 lag der Anteil noch bei 76,4 % aller Prozesse (Quelle: STF, http://www.stf.jus.br/portal/cms/verTexto.asp?servico=estatistica&pagina=REAIProcessoDistribuido, 1.8.2010).

1315 A. Ramos Tavares, Curso de Direito Constitucional, 328 f.

1316 Gemäß Art. 542 § 2 CPC.

1317 Art. 497 CPC, Art. 893 § 2 CLT, Art. 321 § 4 RISTF: Eine (vorläufige) Vollstreckung aus dem angefochtenen Urteil ist daher bereits während des Prozesses vor dem STF möglich. Für Strafsachen galt nach Art. 637 CPP dasselbe, diese Vorschrift soll nun aber durch die Unschuldsvermutung bis zur Rechtskraft (Art. 5 LVII CF) verdrängt sein, so dass ein Verurteilter im Grundsatz während der Würdigung des RE in Freiheit bleibt (vgl. STF, HC 98.212/RJ, BE Eros Grau, DJe v. 19.2.2010; anders noch HC 85.886/RJ, BE Ellen Gracie, 6.9.2005, Inf. 400).

1318 Vgl. Art. 501 f. CPC zu Rücknahme und Verzicht. STF, AI (AgR) 653.846, BE Marco Aurélio, DJe v. 24.4.2009: „Der Rechtsmittelbeklagte (*recorrido*) hat kein Interesse, sich der Rücknahme zu widersetzen.“

des Gegenstands auf bestimmte verfassungsrechtliche Tatbestände und im Rahmen dieser auf Fragen mit allgemeinen Auswirkungen gegeben.[1319]

Die besonderen Zulässigkeits- und Verfahrensregelungen mit Bezug auf das Außerordentliche Rechtsmittel finden sich außer in Art. 102 III, § 3 CF in den Art. 541–565 CPC,[1320] Art. 321–329 RISTF. In Art. 638 CPP begnügt sich die Strafprozessordnung für die Außerordentlichen Rechtsmittel in Strafsachen mit einer dynamischen Verweisung auf die Geschäftsordnung des Gerichts.

1. Zulässigkeit

a. Antragsberechtigung

Die Antragsberechtigung für das Außerordentliche Rechtsmittel ist nicht in der Verfassung, sondern im einfachen Prozessrecht geregelt (Art. 499 CPC). Antragsberechtigt sind danach die Parteien des ursprünglichen instanzgerichtlichen Rechtsstreits, soweit sie unterlegen sind, aber auch nachteilig durch das Urteil betroffene Dritte (am Prozess nicht Beteiligte);[1321] unbeschränkt antragsberechtigt ist ferner das *Ministério Público*.[1322]

b. Verfassungsrechtliche Tatbestände des Art. 102 III CF

aa. Abschließend „entschiedene Sachen“

Das Außerordentliche Rechtsmittel ist statthaft nach „in der einzigen oder in letzter Instanz entschiedenen Sachen“. Damit wird die vorherige Erschöpfung des oben geschilderten ordentlichen oder fachgerichtlichen Rechtsweges, wie auch immer

1319 Ein Gesetzentwurf (Nr. 1.535 aus 2007), der eine Annahme von Klagen zur Entscheidung durch das Gericht bei Vorhandensein „allgemeiner Auswirkungen“ trotz fehlender Zulässigkeitsvoraussetzungen ermöglichen sollte, hatte im Parlament allerdings keinen Erfolg. Also blieb es an dieser Stelle bei der Dispositionsmaxime vor dem STF. Vgl. insoweit den Unterschied zum U.S. *Supreme Court*, der auch bei Vorliegen eines *good cause* einen verfristeten *writ* annehmen kann; für eine entsprechende objektivierte Handhabung S.J.C. Martins, RDDP 50 (2007), 95 (102); auch nach M.L. Volkmer de Castilho, RP 151 [2007], 99 (102), habe das Verfahren keinen subjektiven Rechtsschutzcharakter, sondern diene der „Stabilisierung der Rechtsprechung, dem Schutz der Gesetze und der Verfassung und der Klärung der Auslegung zum Nutzen von Rechtssicherheit und -frieden“.

1320 Zu beachten ist auch hier, dass Prozessordnungen der Fachgerichtsbarkeit, von der die Rechtsmittel aufsteigen, diese (im Wesentlichen aber in gleicher Weise) behandeln: vgl. Art. 570–583 CPPM; Art. 12 Gesetz Nr. 6.055/1974 i.V.m. Art. 278 f. Wahlgesetzbuch.

1321 Art. 499 § 1 CPC: „Dem Dritten obliegt es, den Zusammenhang seines Interesses mit dem vom Gericht gewürdigten Streitverhältnis aufzuzeigen.“

1322 STF, RE 208.103/RN, BE Octavio Gallotti, DJ v. 22.8.1997. Vgl. Art. 499 § 2 CPC.

dieser im konkreten Fall nach einfachem Prozessrecht geartet sein mag, festgeschrieben.[1323] Dies bedeutet zugleich, dass, wenn ein ordentliches Rechtsmittel an das STF noch statthaft ist, das Außerordentliche unzulässig ist.[1324] Ebenso verhält es sich, wenn ein möglicherweise zur Abhilfe fähiger Berichtigungsantrag über einen im angegriffenen Urteil unklaren, widersprüchlichen oder ausgelassenen Gesichtspunkt ggf. noch nicht eingelegt wurde.[1325] Eine über die Erschöpfung der Möglichkeiten des Rechtswegs hinausgehende Subsidiarität in einem breiteren Sinne wird nicht postuliert.[1326]

„Entschiedene Sache" bedeutet, dass sich das Außerordentliche Rechtsmittel nicht gegen richterliche Verfügungen, sondern nur – ganz oder teilweise – gegen instanzabschließende Urteile der streitigen Gerichtsbarkeit wenden kann.[1327] Es ist dabei nunmehr egal, ob ein Kollegialgericht oder ein Einzelrichter entschieden hatte, und ebenfalls, ob es sich um ein Prozess- oder um ein Sachurteil handelte.[1328] Zwischenentscheidungen können als solche hingegen aus Gründen der Prozessökonomie nicht mehr eigenständig angegriffen werden, sondern nach Abwarten der möglicherweise lange Zeit später ergehenden Endentscheidung des Instanzgerichts und dann nur mit dieser zusammen; so lange wird die Bearbeitung eines – also auch schon vor dem Beginn der Rechtsmittelfrist eingelegten – Außerordentlichen Rechtsmittels zurückgehalten.[1329] Damit werden zahlreiche Einzelprozesse, die aus ein und demselbem Streitverhältnis hervorgehen, unterbunden und zusammengefasst.

1323 S. dazu statt vieler beispielsweise: STF, RE (ED) 589.404, BE Celso de Mello, DJe v. 3.10.2008, das RE gegen Entscheidungen des TRE ablehnte, da zuvor stets das TSE als Oberes Gericht der Wahljustiz angerufen werden kann. Dass für Rechtssachen tatsächlich nur eine einzige Instanz eröffnet ist, ist insgesamt die Ausnahme (s. schon o. B.IV.1 zu den Tatbeständen bei den Oberen Gerichten). Es muss nicht mehr, wie noch unter der vorigen Verfassung, zwingend ein Kollegialgericht (*tribunal*) entschieden haben (STF, RE 590.409, BE Ricardo Lewandowski, DJe v. 29.10.2009). Ls. 727 zur Statthaftigkeit auch nach dem Rechtsweg vor den *Juizados Especiais* für geringwertige Sachen, bei denen letztinstanzlich ein „Sonderorgan" (*órgão especial*) entscheidet; dazu ablehnend C.M. da Silva Velloso, RDA 231 (2003), 297 (306). Einzig das Besondere Rechtsmittel zum STJ kann parallel eingelegt werden, da es – ebenfalls als Ausnahmerechtsbehelf – nicht zum Rechtsweg gehört.

1324 So Ls. 281. Nach Ls. 272 soll wegen ihrer Wesensverschiedenheit auch eine Umdeutung und Umwandlung *ex officio* eines bei abgelehntem MS eingelegten RE in das eigentlich statthafte RMS ausscheiden. S. aber auch den noch nicht widerrufenen Ls. 299 unter der CF 1946, nach dem beim MS- oder HC-Verfahren eine gemeinsame Behandlung von gleichzeitig eingelegten RO und RE erfolgen soll.

1325 Ls. 356. Zu weiteren vorrangigen Rechtsbehelfen C.B. Horbach, Revista Jurídica 312 (2003), 51 (53 f. m.N.).

1326 A. Ramos Tavares, Curso de Direito Constitucional, 334 f.

1327 Art. 504 f. CPC.

1328 H. Alves de Assumpção, Revista do MPRJ 26 (2007), 127 (135); A. Ramos Tavares, Curso de Direito Constitucional, 333.

1329 Art. 542 § 3 CPC, eingefügt durch das CPC-Reformgesetz Nr. 9.756/1998. S. V. Greco Filho, Direito Processual Civil Brasileiro II, 2008, 397 ff. zu einer einschränkenden Aus-

In ständiger Rechtsprechung schließt das STF ferner ausnahmslos das Außerordentliche Rechtsmittel gegen die Stattgabe einstweiliger Anordnungen aus,[1330] weil „die Rechtssache" als ganze noch nicht entschieden wurde. Mit diesen Anordnungen würden keine endgültigen, sondern nur vorläufige Aussagen getroffen werden, die noch nicht an der Verfassung gemessen werden könnten; wegen der Möglichkeit der Selbstkorrektur in der Hauptsache sei noch kein Anlass gegeben, den Vorrang der Verfassung zu sichern.

bb. Die Tatbestände a–d)

Es muss einer der Rechtsmitteltatbestände des Art. 102 III CF verwirklicht sein.[1331] Dies ist der Fall, wenn die angegriffene Entscheidung a) einer Bestimmung der Bundesverfassung zuwiderläuft,[1332] b) die Verfassungswidrigkeit eines völkerrechtlichen Vertrages oder Bundesgesetzes feststellt, c) ein lokales Gesetz oder einen lokalen Verwaltungsakt, dessen Verfassungsmäßigkeit im Streit gewesen ist, für gültig erachtet, oder d) ein lokales Gesetz, dessen Vereinbarkeit mit Bundesrecht im Streit gewesen ist, für gültig erachtet. Der Tatbestand muss in der Rechtsmittelschrift klar bezeichnet sein.[1333] Stützt sich ein Rechtsmittel auf einen der Tatbestände, ist das Gericht allerdings frei, bei der Begründetheitsprüfung auch einen der anderen Tatbestände anzuwenden.[1334]

Nach dem Tatbestandskatalog kann in keinem Fall die Verletzung von gliedstaatlichem oder kommunalem Recht mit dem Außerordentlichen Rechtsmittel geltend gemacht werden.[1335] Dies zu überprüfen, verbleibt die Aufgabe der TJ der Bundesstaaten. Auch wenn der politisch-administrative Bereich der Bundesstaaten durch eine angegriffene Entscheidung im Kern berührt wird, wie z. B. bei deren Intervention in eigenen Gemeinden gemäß Art. 35 CF,[1336] verbietet sich eine Letztkontrolle durch das STF.

legung der Vorschrift für drei Fallgruppen aus Gründen des subjektiven Rechtsschutzes, der Prozessökonomie bzw. dem öffentlichen Interesse: 1) wenn kein Endurteil erwartet wird, das Gegenstand des RE werden könnte, 2) wenn es um die Feststellung eines Prozesshindernisses geht, 3) bei Dringlichkeit oder einem öffentlichen oder Parteiinteresse an der Entscheidung.

1330 Ls. 735.

1331 Zu diesen eingehend C.B. Horbach, Revista Jurídica 312 (2003), 51 (67 ff.).

1332 In Bezug auf Entscheidungen des TSE wird die Aussage des lit. a) in Art. 121 § 3 CF wiederholt.

1333 Ls. 284. Er kann sich zwar auch aus dem Zusammenhang ergeben, sobald jedoch Zweifel über den Gegenstand bestehen, weist das STF das Rechtsmittel ab (vgl. C.B. Horbach, Revista Jurídica 312 (2003), 51 (66 m.N.).

1334 Ls. 292 schon zur CF 1946, jedoch nicht widerrufen.

1335 St.Rspr. (schon Ls. 280 zur CF 1946).

1336 STF, Ls. 637 und AI (AgR) 597.466, BE Joaquim Barbosa, DJe v. 1.2.2008.

Es fällt auf, dass keine Zuständigkeit mehr wie noch in früheren Verfassungen durch eine bloße Rechtsprechungsdivergenz (der angegriffenen untergerichtlichen Entscheidung zu der eines anderen Gerichts) begründet wird. Außerdem bestehen – dies der Tradition entsprechend – keine Wertgrenzen, so dass auch Bagatellsachen die höchsten Gerichte erreichen können.[1337]

Nun zu den Tatbeständen im Einzelnen: Der Tatbestand gemäß lit. a) erscheint nach dem Wortlaut als der weiteste. Der Kläger muss hierbei jedoch die verletzte Verfassungsvorschrift genau benennen.[1338] Er muss zudem eine „direkte" Verletzung der Verfassung vortragen; dem STF genügt eine als bloßer „Rechtsreflex" zu qualifizierende Verfassungsverletzung, ebenso wie es auch schon für die Direkte Verfassungswidrigkeitsklage festgestellt wurde,[1339] nicht.[1340] Dies ist z. B. der Fall, wenn nachrangiges Recht verletzt wird und damit gleichzeitig, bei Gelegenheit, zudem eine (Verfassungs-)Verletzung der Prinzipien des Rechtsstaats, des Vorrangs des Gesetzes, der Legalität gerügt wird. Zwar liegt eine solche dann auch vor. Würde das STF aber über derartige Rechtsmittel erkennen, dann könnte das Außerordentliche Rechtsmittel immer erhoben werden, und das Gericht wäre mehr als nur der Hüter der Verfassung, es wäre allgemeiner Hüter über „Legalität". Die Verfassung hat dies ersichtlich nicht gewollt, sondern vielmehr eine Arbeitsteilung insbesondere mit dem STJ im Blick gehabt. Daher siebt das STF diese Fälle der bloßen reflexhaften Verfassungsverletzungen in der Zulässigkeit aus.

Ferner ist hier einschränkend der in wechselnder Intensität angewandte Ls. 400 zu berücksichtigen:[1341] Danach soll das Außerordentliche Rechtsmittel unzulässig sein, wenn die letzte Instanz zu einer „vernünftigen" Interpretation der Verfassung gelangt ist, selbst wenn diese auch aus Sicht des STF „nicht die beste ist". Ein derartiger Leitsatz, sofern er noch herangezogen wird, belegt ein Verfassungsverständnis, nach dem nicht nur eine einzige richtige Entscheidung in Konfliktfällen als verfassungsgemäß anzuerkennen ist, sondern u.U. mehrere, im Rahmen von verfassungsrechtlichen Eckpfeilern, und belässt den sachnahen Instanz- und Fachgerichten ein größeres eigenes Wirkungsfeld, in dem sie für rechtskräftige Entscheidungen sorgen.

1337 Krit. zur Tatsache, dass geringwertige Sachen STF und STJ im Rechtsmittelwege erreichen, etwa R. de Camargo Mancuso, Processo e Constituição, 1074, auch vergleichend zum *Supreme Court* der U.S.A. Das STF hat aber RE auch schon bei insignifikanter Höhe des Streitwerts mangels Rechtsschutzinteresses zurückgewiesen (z. B. in RE 241.017/SP, BE Sepúlveda Pertence, DJ v. 12.2.1999).

1338 V. Greco Filho, Direito Processual Civil Brasileiro II, 2008, 376. Die Vorschrift muss selbstverständlich dem gegenwärtigen Korpus des Verfassungsrechts angehören (M.L. Volkmer de Castilho, RP 151 [2007], 99 [105 f.]).

1339 S. o. Fn. 403 bei A.I.3.a.bb sowie Fn. 470.

1340 Ls. 636.

1341 S. zu dessen wechselhafter Anwendung A. Ramos Tavares, Curso de Direito Constitucional, 358 ff.

Der Tatbestand lit. a) ist der einzige, in dem die ansonsten strenggenommene Unterscheidung von Zulässigkeit („*admissibilidade*") und Begründetheit („*procedência*", „*conhecer do mérito*") zu verwischen droht. Die Folge der Feststellung einer Verfassungsverletzung durch das Gericht wird unterschiedlich beurteilt. Die Rechtsprechung des STF war uneinheitlich. Zuletzt hat es den Parteivortrag einer Verfassungsverletzung für die Zulässigkeit des Rechtsmittels genügen lassen und erst die Begründetheit abgelehnt. Eine „Möglichkeitstheorie" mit zumindest einem geringfügigen materiellen Prüfungsumfang in der Zulässigkeit wird somit nicht angewandt; das Gericht prüft in diesem Punkt nur, ob die Antragsschrift formell ordnungsgemäß ist.[1342]

Lit. b) korrespondiert mit der 1891 von den U.S.A. übernommenen Normverwerfungskompetenz der Gerichte; als Ausgleich für diese soll die Rechtsmittelkompetenz des STF für Rechtsanwendungsgleichheit und damit Rechtssicherheit sorgen, wenn Bundesnormen vereinzelt unter zwingender Befolgung des Art. 97 CF unangewendet geblieben sind, weil Gerichte diese für verfassungswidrig gehalten hatten. Den Gesetzesbegriff hat das STF hier im materiellen Sinne verstanden, was nicht angewandte Normen der Exekutive einschließt. Die Befassungsmöglichkeit des STF führt diesbzgl. zu einer Uniformisierung, soweit das Gericht angerufen wird.

Diese Anforderung steht im Zusammenhang mit den oben erörterten Normenkontrollklagen in originärer Zuständigkeit des STF. Wurde zuvor bereits die Verfassungsmäßigkeit einer Rechtsnorm in abstrakter Normenkontrolle festgestellt, kann deren Verfassungsmäßigkeit nicht mehr in Frage gestellt werden; das Bundesgesetz ist immun geworden und für Rechtsmittel nach lit. b) entfallen die Anlässe. Dies zeigt, dass die Ausweitung der abstrakten Normenkontrolle einen unmittelbaren positiven Einfluss auf die Rechtsmittelzahlen hat.[1343]

Die bloße Feststellung der Nicht-Rezeption einer älteren Vorschrift durch die CF 1988 (und eine Nicht-Anwendung aus diesem Grunde) durch ein Instanzgericht soll für eine Nachprüfbarkeit vor dem STF nicht genügen.[1344] D.h., insoweit bleiben die anderen Gerichte zur uneinheitlichen Anwendung frei.

1342 So auch H. Alves de Assumpção, Revista do MPRJ 26 (2007), 127 (146); vgl. andererseits M.F.U. Nagib, RDE 7 (2007), 141 (153 ff., mit der Auffassung, dass die Verfassungsverletzung dann vollen Umfangs eine Zulässigkeitsfrage sei).

1343 Wurde das Gesetz dennoch nicht angewandt, ist neben dem Außerordentlichen Rechtsmittel auch die Beschwerde statthaft.

1344 STF, RE (AgR) 289.533, BE Ayres Britto, DJ v. 11.2.2005.

Die gesonderte Nennung der Verträge ist wohl deklaratorischer Natur, da auch sie für eine Geltung im Inland stets durch gesetzgeberischen Akt in die nationale Rechtsordnung inkorporiert worden sein müssen.[1345]

Bei lit. c) ist „lokal“ im Sinne eines Oberbegriffs für „gliedstaatlich“ und „kommunal“, d.h. zur Abgrenzung nur von der Bundesebene, zu verstehen. Sämtliche Akte der Bundesstaaten oder der Kommunen, unabhängig davon, ob normativ oder konkret-individuell, die in der letzten Instanz streitig waren, letztendlich der Entscheidung aber als gültig zugrunde gelegt worden sind, begründen eine Überprüfbarkeit durch das STF. Dafür genügt, dass die Bundesverfassungswidrigkeit inzident zum Prozessgegenstand gemacht wurde. Sind die streitigen Akte hingegen als ungültig behandelt worden, muss sich das STF nicht mit der Sache befassen. Für die Sicherstellung des Fortbestands lokaler Rechtsakte ist es nicht zuständig. Geschützt wird die Integrität der Bundesverfassung. Ist ein Akt zwar, wie der Tatbestand verlangt, als gültig behandelt worden, war dieser Punkt aber unter den Parteien unstreitig, darf das STF, wenn ein Rechtsmittel aus einem anderen Grund eingelegt wird, eine Überprüfung des Aktes ebenfalls nicht vornehmen.

Im Umkehrschluss aus lit. b) und c) wird insgesamt ersichtlich, dass das Außerordentliche Rechtsmittel nicht statthaft ist, wenn Bundesgesetze durch die letzte Instanz als gültig behandelt und angewandt worden sind, selbst wenn dies im Prozess streitig gewesen war. Dies entspricht der Vermutung für deren Verfassungsmäßigkeit. Das STF muss die Anwendung der als verfassungsgemäß vermuteten und tatsächlich angewandten Gesetze nicht mehr sicherstellen. Wurde ein Bundesgesetz als gültig angewandt, kommt für den Unterlegenen jedoch noch der weiteste Rechtsmitteltatbestand des lit. a) mit der Rüge in Betracht, dass die Anwendung die Verfassung verletzt.

Zu lit. d): Diese letzte Alternative wurde dem STF erst mit der Verfassungsänderung Nr. 45/2004 vom STJ übertragen, zu dessen Aufgabenbereich sie an sich besser zu passen scheint, da der Prüfungsmaßstab hier im Gegensatz zu den anderen Tatbeständen der Nr. III nicht die Verfassung, sondern das Bundesrecht ist, als dessen Hüter sich nach der Systematik der Art. 102/105 CF das STJ darstellt. Für das Entlastungsbestreben ist diese Umschichtung ein gewiss kontraproduktiver Ansatz, zumal das STJ auch personell besser ausgestattet ist. Die Übertragung wird jedoch von dem Argument getragen, dass hier das verfassungsrechtlich relevante Verhältnis zwischen Bund und Bundesstaaten berührt sei, da es um die Reichweite lokaler Gesetzgebungskompetenzen in Abgrenzung zu Bundeskompetenzen gehe. Ob das lokale Gesetz neben dem Bundesgesetz gelten kann, ist eine verfassungs-

1345 Sei es in Form des *decreto legislativo* oder – Menschenrechtsabkommen betreffend – durch verfassungsändernde Mehrheit im Parlament nach Art. 5 § 2 CF für eine Geltung als Verfassungsrecht. Vgl. A. Ramos Tavares, Curso de Direito Constitucional, 350; R. Poletti, Constituição Anotada, 336.

rechtliche Frage, die durch eine Auslegung der umfangreichen Kompetenzkataloge der Art. 22 ff. CF zu beantworten ist.[1346] Zudem vermag Bundesrecht lokales Recht auch allenfalls dann zu brechen, wenn es seinerseits formell und materiell mit der Verfassung vereinbar ist.

c. Prequestionamento – vorhergehender verfassungsrechtlicher Vortrag?

Von praktischer Relevanz ist zudem die seit 1891 zumeist aus den Verfassungsnormen zum Rechtsmittelrecht vor dem obersten Bundesgericht herausgelesene und mittlerweile seit Jahrzehnten in Leitsätzen fixierte, für alle Tatbestände geltende Sachentscheidungsvoraussetzung, dass die streitigen und für das Rechtsmittel fundamentalen Rechtsfragen – dies betraf zunächst die bundesrechtlichen und später auch die verfassungsrechtlichen Streitfragen – bereits im Instanzenzug thematisiert worden sein müssen (sog. *prequestionamento*).[1347] Die deutlichste Bestätigung im Verfassungstext findet sich seit 2004 nunmehr im Art. 102 § 3, der eine Zulassungsentscheidung von „im Fall erörterten verfassungsrechtlichen Fragen" abhängig macht.[1348]

Wer heute in einem instanzgerichtlichen Prozess die nachfolgende Einlegung eines Außerordentlichen Rechtsmittels beim STF nicht ausschließen will, hat somit die Obliegenheit, sich zeitig seiner durch die Verfassung garantierten Rechte zu vergewissern, bereits dort die Rüge ihrer Verletzung aktenkundig zu machen und so dafür Sorge zu tragen, dass sich das Instanzgericht in seiner Entscheidung mit dem Vortrag auseinandersetzt. Man könnte diese Voraussetzung vor dem STF als eine Steigerung der Rechtsmittelbefugnis einordnen: Der Rechtsmittelkläger muss nicht nur sein Recht geltend machen können und begründen,[1349] er muss auch aufzeigen, dass er die die Statthaftigkeit des Außerordentlichen Rechtsmittels ausmachenden Fragen schon dem Ausgangsgericht unterbreitet und somit einer Vorklärung zugeführt hat.

1346 L.M. Gomes Jr., RDCPC 34 (2005), 140 (143 f., m.w.N.)

1347 Ls. 282: „Ein RE ist unzulässig, wenn die bundesrechtliche Streitfrage in der angegriffenen Entscheidung nicht aufgeworfen worden ist." Dasselbe Erfordernis gilt auch für das Besondere Rechtsmittel zum STJ (s. den Ls. des STJ Nr. 211). Ausführlich zu beiden J.M. Garcia Medina, Prequestionamento nos Recursos Extraordinário e Especial. Die Anforderung ist inhaltlich zwischen verschiedenen Gerichten und innerhalb dieser unter manchen Gesichtspunkten umstritten (s. auch C. Scarpinella Bueno, JusNav Nr. 57 [2002]); diese Arbeit beschränkt sich darauf, das aktuell von der herrschenden Strömung im STF angewandte Verständnis auf das Wesentliche zusammengefasst darzustellen.

1348 J. Vasconcelos Viana, RDDP 30 (2005), 72 (83). Nach G. de Souza Nucci, CPP Comentado, 979, wohne das Erfordernis der Vorbefassung schon dem Begriff „Rechtsmittel", nach C.B. Horbach, Revista Jurídica 312 (2003), 51 (57), dem Begriff der „entschiedenen Sache" inne.

1349 Art. 541 CPC.

Diese Anforderung dient augenscheinlich der Entlastung des STF, da es bei einer Nichtbefolgung durch einen Rechtsmittelkläger ein weniger aufwändiges Prozessurteil sprechen kann und bei ihrer Befolgung einen vorher aufbereiteten Rechtsstoff in den Akten zur erleichterten Würdigung vorfindet. Dabei ist die vorherige Aufbereitung – und insbesondere die Behandlung des verfassungsrechtlichen Vortrags in der instanzgerichtlichen Entscheidung – der zentrale Gesichtspunkt.

Nötigenfalls, wenn erst das Ausgangsgericht die Verfassungsnorm verletzt oder das Ausgangsgericht im Urteil auf die (schon vorher aufzuwerfende) Frage nicht eingegangen ist, hat der Rechtsmittelkläger die Befassung des Instanzgerichts im Wege von Berichtigungsanträgen sicherzustellen,[1350] welche statthaft sind, weil das Urteil dann insoweit eine Auslassung oder Unklarkeit enthält. Durch diese Anträge wird der Effekt herbeigeführt, dass sich das Ausgangsgericht mit der Streitfrage auseinandersetzt und das Ergebnis seiner Meinungsbildung dem STF mit der gebotenen Begründung vorlegt. Das *prequestionamento* dient nebenbei auch der erleichterten Zuordnung zu einem der Rechtsmitteltatbestände und ermöglicht dem Antragsgegner eine sachgerechte Erwiderung. Kritiker sehen in der Anforderung einen Verstoß gegen das Rechtsprechungsprinzip *iura novit curia* (das das STF ausdrücklich für sich nicht gelten lässt)[1351] und eine verfassungsrechtlich nicht vorgesehene Rechtsschutzverkürzung.[1352]

Der genannten Zwecksetzung folgend reicht es beim STF in jedem Fall aus, wenn die maßgebliche Verfassungsvorschrift ausdrücklich im Rahmen der angefochtenen Entscheidung genannt wird (dies sogar unabhängig vom schriftlichen oder mündlichen Parteivortrag), ebenso wenn die Vorschrift in dieser Entscheidung zwar nicht genannt wird, aber die Streitfrage dennoch der Sache nach einer Lösung zugeführt wird.[1353] Hingegen genügt es nicht, wenn die Vorschrift lediglich in Antragsschrift oder folgenden Schriftsätzen angegeben wurde, aber es in der Entscheidung unterlassen wurde, den um sie entstandenen Streit in irgendeiner Weise aufzulösen.[1354] Es soll ferner nicht ausreichen, wenn sich einzig und allein ein Sondervotum in der angegriffenen Entscheidung mit der Streitfrage beschäftigt.[1355]

1350 Ls. 356. Vgl. A. de Moraes, Direito Constitucional, 2003, 474; M.C. da Rosa Martinez, Revista Jurídica 345 (2006), 57.

1351 S. u.a. AI (AgR) 141.873, BE Celso de Mello, DJ v. 7.5.1993.

1352 Mit diesem Tenor A. de Mendonça Lima, RT 692 (1993), 197; G. Lacerda, CDCCP 29 (1999), 251. Nach M.L. Volkmer de Castilho, RP 151 (2007), 99 (101) widerspreche das Merkmal dem Charakter des RE als objektivem Verfahren.

1353 STF, AI (AgR) 297.742, BE Sepúlveda Pertence, DJ v. 10.8.2007.

1354 St.Rspr., z. B. STF, RE (AgR) 349.711/SC, BE Ellen Gracie, DJe v. 22.5.2009, m.w.N.: kein „implizites“ *prequestionamento*.

1355 STF, RE 118.479/SP, BE Sepúlveda Pertence, DJ v. 4.8.2000.

Die Voraussetzung ist also primär auf die vorhergehende Entscheidung bezogen, und nur mittelbar auf ein Verhalten der Beteiligten.[1356] Fehlt die Befassung des Ausgangsgerichts mit der vom Rechtsmittelkläger vorgebrachten Streitfrage in der Ausgangsentscheidung aus irgendeinem Grunde, ist der Zweck des *prequestionamento* nicht erfüllt, so dass das STF über das Rechtsmittel nicht entscheidet.

Eine Ausnahme dazu wird gemacht, wenn der Kläger, dem ein insoweit handwerklich mangelhaftes Instanzurteil nicht vor dem STF zum Nachteil gereichen soll, in der Vorinstanz alles seinerseits Erforderliche getan hat, also dort eben auch einen fruchtlosen Berichtigungsantrag (Art. 535 CPC) eingelegt hat, damit die Frage noch behandelt werde.[1357] Auch in den Fällen, in denen das Rechtsmittel ein in der Vorinstanz nicht am Streit beteiligter Dritter erhebt (z. B. ein nur potenzieller, aber nicht beigetretener Streitgenosse, für den das Urteil negative Folgen hat; dies erlaubt Art. 499 CPC), sollte das *prequestionamento* verzichtbar sein.[1358] Seit kürzerer Zeit wird schließlich dafür plädiert, aus Gründen der Rechtssicherheit und Rechtsanwendungsgleichheit auf das Erfordernis dann zu verzichten, wenn bereits eine Plenarentscheidung des STF, und zwar egal in welcher Verfahrensart, zu der streitigen Frage vorliegt;[1359] dem Zweck des *prequestionamento* würde durch diese Lockerung zumindest nicht geschadet, auch wenn damit mehr Prozesse in die Phase der Sachentscheidung übergehen würden.

1356 Nach STF, AI (AgR) 277.229/RJ, BE Marco Aurélio, DJ v. 18.5.2001, ist Voraussetzung nur eine „vorherige Debatte und Entscheidung“ über das Thema durch das Ausgangsgericht; in diesem Sinne aus der Literatur u.a. auch H. Theodoro Jr., Curso de direito processual civil I, 562. Früher hat das STF (AI [AgR] 133.690/SP, BE Celso de Mello, DJ v. 3.8.1990) allerdings auch schon das kumulative Vorliegen von einschlägigem Parteivortrag und instanzgerichtlicher Auseinandersetzung über die Streitfrage gefordert. Nach a.A. (vgl. etwa F. da Costa Tourinho Filho, Manual de Processo Penal, 408) gebe es allein eine Darlegungslast des Rechtsmittelklägers, nicht aber darüber hinaus eine Anforderung an den Inhalt der Entscheidung des Ausgangsgerichts, das die verfassungsrechtliche Streitfrage nicht in seiner Argumentation abarbeiten müsse. S. auch die Darstellung der Rspr. und des Meinungsbilds zu verschiedenen Streitständen bei A.C. de Carvalho Ramos, JusNav Nr. 2.383 (2010).

1357 Sog. „fiktives“ *prequestionamento*, das noch immer umstritten ist. S. dafür STF, RE 210.638/SP, BE Sepúlveda Pertence, DJ v. 19.6.1998; AI (AgR) 753.634, BE Cármen Lúcia, DJe v. 18.9.2009 (das STJ lässt dies i.Ü. in seinem Zuständigkeitsbereich nicht gelten, s. STJ, AI [AgR] 1.113.494/SP, BE Castro Meira, DJe [STJ] v. 29.05.2009).

1358 So auch das STF, RE 91.405/RJ, BE Décio Miranda, DJ v. 20.2.1981, und ihm folgend das STJ, REsp. 18.550/SP, BE Antônio de Pádua Ribeiro, DJ v. 22.11.1993; A. Brotto, JusNav Nr. 1.463 (2007). Beim STF existiert in diesem Punkt aber, soweit ersichtlich, noch keine kontinuierliche Rechtsprechung. Das STJ tendiert nunmehr zur a.A. und ist dazu übergegangen, ein *prequestionamento* bei Drittrechtsmitteln zu verlangen (REsp. 248.089/PR, BE Menezes Direito, DJ v. 28.5.2001). Die a.A. (aus der Literatur etwa F. Didier Jr., Recurso de Terceiro, 69) stellt den Dritten der Partei damit absolut gleich und verweist ihn darauf, das *prequestionamento* in dem ihn betreffenden Prozess durch Beitritt oder eigene Berichtigungsanträge herbeizuführen.

1359 A.C. de Carvalho Ramos, a.a.O.; so auch schon das BE-Votum von Ellen Gracie in STF, AI (AgR) 375.011/RS, DJ v. 28.10.2004.

d. Weitere Zulässigkeitsvoraussetzungen (Form, Kostenzahlung, Frist, Rechtsschutzbedürfnis, Bearbeitungsvorrang des Besonderen Rechtsmittels)

Das Rechtsmittel wird beim Präsidenten oder Vizepräsidenten des Ausgangsgerichts (*iudex a quo*) eingelegt, mit einer Antragsschrift, die die Darstellung der Sach- und Rechtslage und eine Begründung für die Statthaftigkeit und die begehrte Änderung der Ausgangsentscheidung enthält sowie ggf. den Nachweis einer Abweichung von vorheriger Rechtsprechung.[1360] Zwingend ist ferner eine Darlegung, dass die aufgeworfenen verfassungsrechtlichen Fragen „allgemeine Auswirkungen" haben (dazu i.E. sogleich).[1361]

In formeller Hinsicht ist weiter die Angabe des einschlägigen Tatbestand des Art. 102 III CF erforderlich. Gemäß ständiger Rechtsprechung[1362] ist das Rechtsmittel unzulässig, wenn Mängel in der Begründung die zugrunde liegende Streitfrage nicht exakt erkennen lassen; Unklarheiten gehen insofern zulasten des Rechtsmittelklägers. Das angegriffene Urteil muss grundsätzlich miteingereicht werden.[1363]

Die vorherige Einzahlung der Gerichtskosten, die ebenfalls beim Ausgangsgericht zu erfolgen hat, ist nachzuweisen.[1364]

Die Rechtsmittelfrist beträgt im Zivilprozess 15 Tage,[1365] im Strafprozess gemäß ständiger Rechtsprechung zehn Tage,[1366] im Militärstrafprozess vom STM ebenso,[1367] in Wahlrechtssachen vom TSE hingegen nur drei Tage.[1368] Die Rechtsmittelfrist berechnet sich ab der Verlesung des anzufechtenden Urteils in der Verhandlung und bei anderen als Stuhlurteilen ab der Zustellung an die Parteien oder ab Bekanntmachung des Urteilstenors im offiziellen Verkündungsorgan; bei Rechtsnachfolge oder höherer Gewalt kann sich dies nach hinten verschieben; die Entscheidung über etwa zulässige Rechtsbehelfe wegen Nichteinstimmigkeit (*Embargos Infringentes*) in der Vorinstanz muss ggf. für den Fristbeginn abgewartet werden, da dadurch noch Abhilfe ohne eine Befassung des höheren Gerichts in

1360 Art. 541 CPC.

1361 Art. 543-A § 2 CPC.

1362 Ls. 284 f.

1363 Vgl. STF, RE (AgR) 196.752/MG, BE Sepúlveda Pertence, 22.4.2010, Inf. 583 (nicht abgeschlossen), wo eine Ausnahme für den Fall streitig war, dass die zugrunde liegende Rechtsfrage bereits höchstrichterlich geklärt war.

1364 Art. 511 CPC i.V.m. Art. 59 I RISTF.

1365 S. Art. 508 und Art. 188 CPC (für das *Ministério Público* verdoppeln sich die Fristen grds.).

1366 Mangels einer Rechtsvorschrift in CPP und RISTF Ls. 602; STF, RE 83.278, Votum BE Moreira Alves, 7.5.1976: Regeln des „neuen CPC" sollten gerade nicht auch für das Strafrecht gelten.

1367 Art. 571 CPPM.

1368 Art. 12 des Gesetzes Nr. 6.055/1974; Art. 281 Wahlgesetzbuch.

Betracht kommt.[1369] Die Einlegung eines unzulässigen Rechtsmittels bewirkt keine Fristhemmung.[1370]

Das Rechtsmittel ist mangels Rechtsschutzbedürfnis ausgeschlossen, wenn eine unterlegene Streitpartei das angefochtene Urteil bereits in irgendeiner Form, ausdrücklich oder stillschweigend, akzeptiert hat.[1371] Das Rechtsmittel muss zudem vom Begründungsansatz her geeignet sein, die Instanzentscheidung zu erschüttern. Stützt sich die angegriffene Entscheidung auf mehrere alternativ hinreichende Gründe, muss sich das Außerordentliche Rechtsmittel daher auf alle beziehen.[1372]

Das Außerordentliche kann innerhalb derselben Frist gleichzeitig mit dem Besonderen Rechtsmittel zum STJ eingelegt werden, da die beiden Gerichte Prüfungsmaßstäbe unterschiedlicher Tatbestände zugrunde legen.[1373] Vereinfacht gesprochen prüft das STF die Verletzung von Verfassungsrecht und das STJ die Verletzung von sonstigem Bundesrecht. Bei gleichzeitiger Einlegung ist vorrangig das Besondere Rechtsmittel beim STJ zu behandeln; das STF wird dann also zunächst nicht tätig und darf – unter dem Gesichtspunkt eigener Entlastung – darauf hoffen, dass das STJ dem Rechtsmittelkläger Befriedigung verschafft und dass somit Erledigung eintritt.[1374] Die Rechtsmittel stehen ansonsten unabhängig nebeneinander, so dass etwa ein Verzicht auf das Besondere Rechtsmittel nicht das Rechtsschutzbedürfnis für ein aufrechterhaltenes Außerordentliches Rechtsmittel entzieht. Das Nebeneinander bestätigte das STF auch, indem es sich außerstande zeigte, eine Ablehnung eines Besonderen Rechtsmittels durch das STJ nach Art. 105 III a) CF im Anschluss noch zu überprüfen; das STJ hat insoweit sein eigenes, abgegrenztes Tätigkeitsfeld behalten.[1375]

2. Allgemeine Auswirkungen

Nach Art. 102 § 3 CF kann das Gericht auf Dafürhalten einer Mehrheit von zwei Dritteln seiner Mitglieder das Außerordentliche Rechtsmittel nunmehr mangels allgemeiner Auswirkungen (*repercussão geral*) der aufgeworfenen verfassungsrechtlichen Fragen ablehnen.

1369 Art. 506 f., 498 CPC.
1370 STF, AI (AgR) 749.031, BE Cármen Lúcia, DJe v. 29.10.2009.
1371 Art. 503 CPC.
1372 St.Rspr. (Ls. 283).
1373 Zu dieser Dualität s. schon J. Samtleben, RabelsZ 66 (2002), 250 (260 f.).
1374 S. Art. 543, 544 § 4 CPC. Der Berichterstatter beim STJ kann dem STF jedoch die Akten zur vorrangigen Entscheidung vorlegen, wenn das RE nach seiner Auffassung eine Erledigung herbeiführt; der Berichterstatter des STF kann dies wiederum letztverbindlich revidieren und zurückverweisen.
1375 STF, AI (AgR) 139.810/MG, BE Carlos Velloso, DJ v. 1.10.1993.

Bei der Einführung des Merkmals der „allgemeinen Auswirkungen" wurde mit der Verfassungsreform von 2004 kein neuer Artikel geschaffen. Sie wurde als § 3 an den Kompetenzartikel 102 CF angehängt, der bereits in seinem Absatz 3 das Außerordentliche Rechtsmittel zum STF anspricht. Für dessen Zulassung[1376] allein, und für keine andere Verfahrensart, werden die allgemeinen Auswirkungen gefordert.

Die einzige vergleichbare Vorgängerregelung hatte von der Verfassungsänderung Nr. 7/1977 in Art. 119 § 1 CF 1969 bis zum Inkrafttreten der aktuellen Bundesverfassung 1988 gegolten.[1377] Hier kam es bereits auf eine „Bedeutung" der mit dem Rechtsmittel aufgeworfenen gesamtstaatlichen Fragen an. Die Formulierung lautete: „*relevância da questão federal*". Gemäß der damaligen, den U.S.-amerikanischen *writ of certiorari* widerspiegelnden Regelung im RISTF wurde diese „Bedeutung" anders als nach der heutigen nicht vermutet, sondern war stets im Einzelfall positiv festzustellen. Dies konnte noch ohne Begründung und nicht-öffentlich geschehen. Die in Verruf geratene und deshalb 1988 nicht aufgegriffene Regelung wies deutliche Unterschiede zur heutigen *repercussão geral* auf.[1378] 16 Jahre lang, bis 2004, hatte es überhaupt keine vergleichbare Regelung im brasilianischen Recht gegeben.

a. Ziel und Regelungsort

Bisher konnte grundsätzlich jede einzelne Streitigkeit, und sei es erst im Wege der Beschwerde oder der Nichtzulassungsbeschwerde, ohne wirksame Zugangsbeschränkung bis vor das STF gelangen.[1379] Dieser Zustand war insbesondere der Abwesenheit von Wertgrenzen und der hohen Dichte der Konstitutionalisierung geschuldet, die Streitigkeiten flächendeckend (auch) zu verfassungsrechtlichen Streitigkeiten werden lässt.[1380] Wegen der Regelungsdichte der Verfassung in Ver-

1376 Ob es sich um eine Vorfrage (Zulassung) oder eine zusätzliche Sachentscheidungsvoraussetzung handelt, ist akademisch streitig, aber im Ergebnis ohne Erheblichkeit. Das RISTF behandelt das Merkmal offensichtlich als eine Zulässigkeitsvoraussetzung, die aber einem gesonderten Prüfungsverfahren unterliegt (vgl. Art. 323).

1377 S. schon o. 1. Teil, E.III.1.

1378 Vgl. E.H. de Oliveira Yoshikawa, RDDP 53 (2007), 44 (50 f.); vergleichend auch H.E. Magro Corrêa Urbano, RDDP 47 (2007), 61 ff.; A. Brawerman, RBDC 10 (2007), 143 (150 ff.). Wohl auch deshalb verzichtete man zur Abgrenzung schon sprachlich auf die Wiederverwendung des Begriffs der „Relevanz" oder „Bedeutung" und wählte den im Recht neuen Begriff der „Auswirkungen".

1379 J.T. de Almeida Melo, Direito Constitucional, 886; L.M. Gomes Jr., RDCPC 34 (2005), 140 (141, 145); A. Brawerman, RBDC 10 (2007), 143 (147).

1380 Vgl. C.A. de Assis, RDDP 54 (2007), 32 (33); W.C. Prillaman, The Judiciary and Democratic Decay in Latin America, 92, 166, nennt beispielsweise Nachbarschaftsstreitigkeiten, Kneipenschlägereien, Ehescheidungsvereinbarungen.

bindung mit dem weiten Rechtsmitteltatbestand des Art. 102 III lit. a CF (Vortrag jedweder Verfassungsverletzung durch die letzte Instanz), erschien für das STF der Begriff der „Superrevisionsinstanz“ passend.

Das Korrektiv der allgemeinen Auswirkungen, eingeführt zum Zeitpunkt der erstickendsten Überlastung des STF, die seine Rolle als Hüter der Verfassung in unerträglicher Weise gefährdete,[1381] bezweckt es, durch ein weiteres Aussieben von Prozessen Kapazitäten freizusetzen und den *Ministros* eine angemessene Vertiefung in die „wesentlichen“ Fragen des Verfassungsrechts und mithin weitblickende, abgewogene Urteile zu ermöglichen, statt weiterhin bei alltäglicher kleinteiliger Akkordarbeit zu verharren.[1382] Das Gericht brauche gerade wegen seines Einflusses auf die übrige Judikative und die Gesamtverfassungsordnung Zeit für Abwägung, Reflexion und Diskussion. Mit der neuen Anforderung dient das Verfahren nun nicht mehr nur subjektiven Rechtsschutzinteressen, sondern wird in verstärkter Weise auch auf die Wahrung des objektiven Verfassungsrechts zugespitzt.[1383] Nicht nur laut dem STF liegt darin ein „vielversprechender“ Schritt auf dem Wege des Gerichts, in die „typische Rolle eines echten Verfassungsgerichts“ hineinzuwachsen.[1384] Das „denaturierte“ Außerordentliche Rechtsmittel soll im Zuge dessen wieder auf seinen schon aus der Namensgebung hervorgehenden Ausnahmecharakter zurückgeführt werden.[1385]

Durch Einbau dieses weiteren Filtermechanismus und seine gesetzliche Konkretisierung wird die Prozessdauer der letztlich zugelassenen Verfahren kürzer, womit auch der zeitgleich konzipierte Art. 5 LXXVII CF effektiviert wird. Dass andere Gerichte als das STF nun vermehrt letztinstanzliche, in Rechtskraft erwachsende Entscheidungen treffen und deren Verantwortung somit zunimmt, wird notwendigerweise hingenommen.

Die näheren Bestimmungen zum Art. 102 § 3 CF bleiben einem einfachen Gesetz vorbehalten. Das Gesetz Nr. 11.418 vom 19.12.2006 fügte in seinem wesent-

1381 Die damals pessimistischere Sicht auf die Justizfunktion als Ganzes wird deutlich bei W.C. Prillaman, The Judiciary and Democratic Decay in Latin America, 82 ff.

1382 Vgl. J.C. Barbosa Moreira, Comentários ao CPC V, 615; M. Reale Jr., Revista do Advogado 75 (2004), 78 (80); gegen eine „Banalisierung“ des Tätigkeitsfelds des Spitzenorgans der Judikative auch Arruda Alvim, O RE e o instituto da repercussão geral, in: R.O. Berizonce/C. Hitters/E. Oteiza (Hrsg.), El papel de los Tribunales Superiores, 308.

1383 S. ausdrücklich STF, AI (MC) 685.066/BA, BE Gilmar Mendes, DJe v. 21.11.2007; N.R. Netto, RDDP 49 (2007), 112 (118).

1384 Vgl. den Beitrag des STF, República Federativa do Brasil, in: Suprema Corte de Justicia de México (Hrsg.), Estructura y Atribuciones de los Tribunales y Salas, 161 (197); s. auch U. Schwarz Viana, Repercussão geral sob a ótica da teoria dos sistemas de Niklas Luhmann, 23 ff.; M. Jorge e Silva Neto, Curso de Direito Constitucional, 488. Eine Tendenz zur Abkehr vom subjektiven Rechtsschutzverfahren hatte sich schon vorher in der Rspr. des STF gezeigt; deutlich etwa das BE-Votum von Gilmar Mendes in RE (MC) 376.852/SC, DJ v. 13.6.2003.

1385 G. Beux Nassif Azem, Repercussão geral da questão constitucional no recurso extraordinário, 28 f.

lichen Inhalt aufgrund der Verfassungsnorm zwei Bestimmungen in die Zivilprozessordnung ein, Art. 543-A und 543-B, die Verfahrensregelungen zur neuen Rechtsfigur vorsehen. Obwohl lediglich Änderungen in der Zivilprozessordnung, nicht aber in der Strafprozessordnung erfolgt sind, gilt das Erfordernis der allgemeinen Auswirkungen auch für strafrechtliche Außerordentliche Rechtsmittel, zumal die Verfassung diese Unterscheidung nicht macht.[1386] Dem STF wurde wiederum nach Art. 3 G 11.418 zugestanden, in seiner Geschäftsordnung die zur Ausführung dieses Gesetzes notwendigen Normen aufzustellen, was 2007 im Kapitel über das Außerordentliche Rechtsmittel (Art. 321 ff. RISTF) geschehen ist. Das Regime gilt nunmehr für Rechtsmittel ab dem Stichtag 3.5.2007, dem Tag der Bekanntmachung der Anpassung der Geschäftsordnung[1387] mit den für die Anwendung unentbehrlichen Verfahrensbestimmungen.

b. Der Begriff der „allgemeinen Auswirkungen"

Das STF entscheidet nach Art. 102 § 3 CF/Art. 543-A CPC, über ein Außerordentliches Rechtsmittel nicht zu erkennen, wenn es den aufgeworfenen verfassungsrechtlichen Fragen an „allgemeinen Auswirkungen" fehlt. Die Verfassung entschied sich gegen ein absolut freies Annahmeermessen und für eine Tatbestandsgebundenheit.[1388] Der tatbestandliche Rahmen ist jedoch breit gesteckt. Bei dem zentralen Merkmal der „allgemeinen Auswirkungen" handelt es sich um einen unbestimmten Rechtsbegriff, der auszulegen ist.[1389] Es existieren jedoch Parameter zu dessen Konturierung, ohne die einer unbefriedigenden willkürlichen Annahmepraxis Vorschub geleistet wäre.

Hinsichtlich der allgemeinen Auswirkungen ist nach der einfach-rechtlichen Auslegungshilfe gemäß Art. 543-A § 1 CPC darauf abzustellen, ob die streitgegenständlichen Fragen aus wirtschaftlicher, politischer, sozialer oder rechtlicher Sicht wesentlich sind und über die Interessen des Einzelnen am Fall hinaus transzendieren.[1390] Die Verfassung selbst, welche insoweit deutlich expliziter als das GG ist, kann dabei etwa durch ihre Abschnitte über die Wirtschafts-, Sozial- und politische Ordnung Hinweise zu der Wesentlichkeit einer Frage liefern. Die Transzendenz charakterisiert, dass an der Frage ein größeres Interesse außerhalb des Prozessrechtsverhältnisses besteht als innerhalb. Die Merkmale der Wesentlichkeit und der Transzendenz dürften bei der Beurteilung wohl in den meisten Fällen mit-

1386 STF, AI (QO) 664.567/RS, BE Ellen Gracie, DJ v. 6.9.2007.
1387 Geschäftsordnungsänderung Nr. 21 v. 30.4.2007.
1388 H. Theodoro Jr., Revista Magister de Direito 14 (2007), 79 (84 ff.).
1389 J.R. Cruz e Tucci, RP 145 (2007), 151 ff.
1390 Auch Art. 322 RISTF. Insofern wird begrifflich an das ältere, bereits angesprochene arbeitsprozessuale Transzendenzprinzip angeknüpft (s. o. 1. Teil, E.III.4.b).

einander einhergehen und können schwerlich getrennt geprüft werden: Was über den Einzelfall hinausgeht, wird tendenziell „wesentlich“; und Sachverhalte, die in einem der beispielhaft genannten Segmente eine gewisse Wesentlichkeit erreichen, finden das rechtliche Interesse von mehr Personen als nur den Streitparteien.

Der Wunsch nach Greifbarkeit und Vorhersehbarkeit dessen, was das oberste Gericht würdigen wird und was nicht, ist verständlich. Von der Lehre wurden Indizienkataloge für die Wesentlichkeit in den verschiedenen genannten Bereichen herausgearbeitet:[1391]

Im Bereich der Wirtschaft seien Indizien die Berührung der Prinzipien des Art. 170 CF in der Wirtschaftsverfassung (genannt sind dort die Wertschätzung menschlicher Arbeit, die freie Initiative, der freie Wettbewerb, das Privateigentum, die soziale Funktion des Eigentums, der Verbraucherschutz, das Streben nach Vollbeschäftigung, die Beseitigung regionaler und sozialer Ungleichheiten, die Beachtung des Umweltschutzes und die Wahrung der nationalen Selbstbestimmung), ein möglicher Multiplikationseffekt und Nachahmungstendenzen sowie das Ausmaß der Betroffenheit der öffentlichen Finanzen und öffentlicher Dienstleister.

Zum Begriff des politisch Wesentlichen könne eine Sache umso eher gezählt werden, je mehr die föderale Staatsform, die Kompetenzverteilung nach der Bundesverfassung, die Staatsorganisation, die staatsbürgerlichen Rechte oder die politischen Parteien berührt seien, ebenso das Verhältnis zu ausländischen Staaten und internationalen Organisationen.

Zur Beurteilung des Begriffs „sozial“ seien die Minderheitenrechte, die sozialen Grundrechte (Art. 6 ff. CF), die Abschnitte in der Verfassung über Gesundheit, Vorsorge und Bildung (Art. 196 ff., 201, ff., 205 ff. CF) mit dem Ausmaß ihrer Berührung und die gesamtgesellschaftliche Relevanz in den Blick zu nehmen.[1392] Die letztere könne auch darin zum Ausdruck kommen, dass die mit dem Rechtsmittel angegriffene Entscheidung auf eine Kollektivklage ergangen war.

Der wohl weiteste Begriff der „juristischen Wesentlichkeit“ soll die Tatbestände des Art. 102 III CF weiter einengen. Der bloße Verfassungsverstoß, wie dort etwa in lit. a gefordert, genügt seit der Einführung der allgemeinen Auswirkungen nicht mehr für eine Befassung des STF. „Juristische Wesentlichkeit“ soll erst vorliegen, wenn grundlegende Rechtsinstitute und deren Umfang diskutiert werden oder wenn

1391 Vgl. etwa G. Beux Nassif Azem, a.a.O., 67 f.; H. Theodoro Jr., Revista Magister de Direito 14 (2007), 79 (88 f.); B. Mattos e Silva, RBDPro 62 (2008), 39 (42 f.); Arruda Alvim, Renovar 31 (2005), 75 (117 ff.), führt beispielgebend auch die für das Annahmeverfahren nach § 93 a BVerfGG entwickelten Positiv- und Negativindikatoren und die *Rules* des U.S. *Supreme Court* ins Feld.

1392 Nach A. Brawerman, RBDC 10 (2007), 143 (154 ff.), bestehe Deckungsgleichheit mit den auf gesellschaftliche Interessen gerichteten Aufgaben des *Ministério Público*. Danach steht diesem i.d.R. der Weg zur Nachprüfung vor dem STF offen.

die zum Rechtsmittel Anlass gebende Entscheidung wegen mangelnder Ausführungen Rechtsunsicherheiten hinterlässt, also in Fällen, in denen die Erforderlichkeit zu einer Weiterentwicklung des Rechts erblickt wird, zudem bei einer deutlichen Divergenz der letztinstanzlichen Entscheidung zur Rechtsprechung des STF[1393] oder bei offenkundig „irrigen oder absurden" Entscheidungen.[1394] Plädiert wird auch dafür, dass „direkte und frontale" Grundrechtseingriffe stets einer Überprüfung durch das STF unterzogen werden sollten.[1395]

Die erwähnten Bereiche Wirtschaft, Gesellschaft, Politik und Recht sind miteinander verwoben, und Auswirkungen treffen wohl selten nur einen dieser Bereiche allein.

Es ist gewiss sinnvoll, bei der Beurteilung der Merkmale generell sowohl qualitative als auch rein quantitative Erwägungen anzustellen.[1396] Wenn massenweise gleichartige Anträge vorgebracht werden (und dies kann in Brasilien eine vieltausendfache Antragstellung bedeuten), können allgemeine Auswirkungen kaum von der Hand gewiesen werden. Darin liegt ein willkommener objektivierender Beurteilungsfaktor.[1397] Die Vorgehensweise im Fall massenhaft gleicher Anträge ist in Art. 543-B CPC, dazu sogleich, speziell geregelt. Wenn Außerordentliche Rechtsmittel nach Kollektivprozessen (Popularklage, Öffentliche Zivilklage, kollektive Sicherungsverfügung) eingelegt werden, dürfte schon aufgrund der dahinterstehenden Personenmehrheiten eine Entscheidung des STF meist ebenfalls unumgänglich sein.[1398]

Gesetze als Streitgegenstand und ihre Gültigkeit, insbesondere wegen ihres abstrakt-generellen Charakters, sind grundsätzlich von allgemeinem Interesse. Anderes wird nur dann gelten, wenn es sich ausnahmsweise um Gesetze mit Einzelfallmaßnahmen oder um nur kurze Zeit gültige Gesetze, die keine Gelegenheit zur Beeinflussung vieler Personen hatten, handelt.

Weitere Ablehnungsindizien sind die Abwesenheit einer gesellschaftlichen Diskussion über ein Thema oder die fehlende Ersichtlichkeit von Parallelfällen. Wenn ein angefochtenes Urteil im Einklang mit bestehenden Präzedenzfällen des STF steht, sollte auch dies ein adäquater Anlass für die Ablehnung allgemeiner Auswirkungen sein.

1393 Letzteres mindere die normative Kraft der Verfassung und sei mit der Rolle des STF als deren Hüter nicht vereinbar (STF, RE [ED] 227.001, BE Gilmar Mendes, DJ v. 5.10.2007).

1394 L.M. Gomes Jr., RDCPC 34 (2005), 140 (149).

1395 G. Beux Nassif Azem, a.a.O., 76 ff., insb. zumal schon bei der ADPF die Gewährung eines Antragsrechts zugunsten des Bürgers unterblieben war; S.J.C. Martins, RDDP 50 (2007), 95 (101).

1396 L.G. Marinoni/D. Mitidiero, Repercussão Geral no Recurso Extraordinário, 37; E. Talamini, RDDP 54 (2007), 56 (58).

1397 C.A. de Assis, RDDP 54 (2007), 32 (43).

1398 So auch A. Ramos Tavares, Curso de Direito Constitucional, 341.

Auch mit der Wendung des § 1 bleibt jedoch noch immer eine Unbestimmtheit, die dem Verfassungsrichter breiten Raum für ein subjektives Verständnis lässt; sie gibt dem Gericht, das ja jedwede Entscheidung zu begründen hat, allerdings wertvolle Anknüpfungspunkte für eine Argumentation an die Hand und trägt somit zumindest zur Nachvollziehbarkeit und Objektivierung bei. Der ausdrückliche Verweis auf die Wirtschaft, die Politik etc. verdeutlicht die notwendige „Kommunikation“ zwischen den verschiedenen funktionellen gesellschaftlichen Systemen, aber nicht nur der aufgezählten, hinsichtlich derer das STF für seine Zulassungsentscheidung jeweils etwaige positive oder negative Folgen abzuschätzen hat.[1399] Die verbleibende Unbestimmtheit hat für das Gericht den Vorteil, dass es bei seiner Anwendung sehr flexibel auf die Dynamik der äußeren Umstände reagieren kann. Weniger elastische Begriffe könnten zudem wohl kaum der Vielzahl und Vielgestaltigkeit der vor das STF gelangenden Lebenssachverhalte und einem sozialen Wandel gerecht werden.[1400]

Hilfreich ist desweiteren die Fiktion des Art. 543-A § 3 CPC. Danach sind allgemeine Auswirkungen objektiv stets dann gegeben, wenn das Rechtsmittel eine Entscheidung angreift, die der herrschenden Rechtsprechung oder einer Leitsatzformel des Gerichts zuwiderläuft.[1401] In diesem Fall erscheint es immer geboten, dass das STF korrigierend eingreift.[1402] An dieser Stelle wird deutlich, wie das im Aufbau befindliche Leitsatzsystem des STF und sein Annahmeverfahren zusammenhängen: Das letztere sichert durch Art. 543-A § 3 die Durchsetzung bestehender Leitsätze. Es beeinflusst aber auch schon die Entstehung von Leitsätzen, da es mangels Annahme nicht zu den dort geforderten „wiederholten Entscheidungen“ kommen kann. Je mehr Rechtsmitteln die Annahme verweigert wird, umso langsamer wächst der Leitsatzbestand. Umgekehrt werden die allgemeinen Auswirkungen umso eher zu verneinen sein, je eingehender die aufgeworfenen verfassungsrechtliche Fragen schon im Leitsatzrecht beantwortet sind. Je mehr Leitsätze existieren, desto besser ist die Orientation der Instanzgerichte mit der Folge einer verminderten Notwendigkeit einer Annahme und Behandlung vor dem STF.[1403] Das Annahmeverfahren und das Leitsatzsystem stehen also in einer mehrschichtigen Wechselwirkung zueinander.[1404]

1399 Dazu die eingehende Betrachtung unter dem Blickwinkel der Systemtheorie U. Schwarz Viana, Repercussão Geral sob a ótica da Teoria dos Sistemas de Niklas Luhmann.
1400 Zutreffend G. Beux Nassif Azem, a.a.O., 74, 135; Arruda Alvim, Renovar 31 (2005), 75 (93, 121 ff.).
1401 Vgl. auch Art. 323 § 1 RISTF.
1402 Der Berichterstatter *kann* in diesen Fällen dem Rechtsmittel auch *vor* Einleitung des Annahmeverfahrens stattgeben (Art. 557 § 1-A CPC), s. o. B.III.
1403 A. Ramos Tavares, Curso de Direito Constitucional, 348.
1404 Dazu auch J.H. Mouta Araújo, RDDP 50 (2007), 60 (64 ff.).

c. Verfahrensgang im Allgemeinen

Dass die in einem Falle erörterten verfassungsrechtlichen Fragen allgemeine Auswirkungen haben, muss der Rechtsmittelkläger, wie schon bei den Formanforderungen festgestellt wurde, bereits für die Einleitung der gerichtlichen Untersuchung der Zulassung selbst und in substanziierter Weise aufzeigen.[1405] Rechtsmittel sind beim Ausgangsgericht einzulegen. Das Ausgangsgericht prüft die Zulassungsfähigkeit komplett, ist verfassungsrechtlich allerdings gehindert, schon eine inhaltliche Prüfung der Frage der allgemeinen Auswirkungen vorzunehmen, weil Art. 102 § 3 CF diese Entscheidung dem STF allein vorbehält. Das Ausgangsgericht kann und muss aber – nach einer rein formalen Prüfung – Rechtsmittelschriften, die auf diese Frage gar nicht eingehen, vorab aussortieren.[1406] Auch dann, wenn dieselbe Frage bereits in einem Präzedenzfall durch das STF mit negativem Ergebnis geklärt wurde, kann es das Rechtsmittel unmittelbar selbst abschlägig bescheiden (Art. 543-A § 5 CPC, dazu u. in diesem Abschnitt). Im Fall einer Anordnung des Ruhenlassens unterlässt es jegliche Bearbeitung und kann allein den Ausspruch des STF abwarten (Art. 543-B CPC, dazu u. 2.e).

Trotz Darlegung durch den Rechtsmittelkläger bleibt es dem Berichterstatter beim STF anschließend bei der Untersuchung der allgemeinen Auswirkungen selbstverständlich unbenommen, ebenfalls zu ermitteln und Stellungnahmen Dritter (*amici curiae*) – nach Gegenzeichnung eines hierzu befähigten Staatsanwalts und nach Maßgabe der Geschäftsordnung des STF – zuzulassen.[1407] Das Einfließen von Meinungen Dritter wirkt als positive Pluralisierung der Debatte, da sie den subjektiven Charakter der Entscheidung über die Zulassung des Rechtsmittels abmildern und diese objektivieren kann; die Beteiligung steht aber gänzlich im Ermessen des Berichterstatters. Letztendlich kann das STF allgemeine Auswirkungen also auf andere Fundamente, als sie vom Rechtsmittelkläger dargelegt wurden, stützen.

Ist der Darlegungslast Genüge getan worden, so wird das Vorhandensein von allgemeinen Auswirkungen vom Grundsatz her vermutet. Die Vermutung findet ihre Rechtfertigung in der Verwirklichung des verfassungsrechtlichen Rechtsmitteltatbestands in Art. 102 III und der übrigen Sachentscheidungsvoraussetzungen.

1405 Der Darlegungslast gilt Art. 543-A § 2 CPC.

1406 Es darf dabei allerdings nicht zu formalistisch vorgehen und etwa Rechtsmittel schon wegen unzutreffender Wortwahl aussortieren, vgl. E. Talamini, a.a.O., 58; L.G. Marinoni/D. Mitidiero, a.a.O., 41. Es gibt Autoren, die es dem STF entgegen den Vorschriften gerade wegen der Tendenz zur Ausrichtung des Verfahrens auf das objektive Interesse zugestehen wollen, RE bei Vorliegen allgemeiner Auswirkungen selbst ohne Vorbringen des Klägers zu würdigen (S.J.C. Martins, o. Fn. 1319). Es ist gut vorstellbar, dass das STF ebenfalls in diese Richtung gehen wird.

1407 Art. 543-A § 6 CPC. Die Zulassung ist nach Art. 323 § 2 RISTF unanfechtbar.

Nach der Systematik nur ausnahmsweise kann das Merkmal der allgemeinen Auswirkungen mit den Stimmen von zwei Dritteln der Mitglieder des STF, d.h. acht Verfassungsrichtern, verneint und damit die Vermutung widerlegt werden. Dieses Mehrheitserfordernis geht über die Kapazität der für Rechtsmittel kompetenten Senate, in denen jeweils fünf Richter sitzen, hinaus. Damit durch diese Regelung aber nicht automatisch alle Senatssachen gleichsam zu Plenarsachen werden (mit der damit verbundenen unerwünschten Verzögerung), dispensiert Art. 543-A § 4 CPC von einer Vorlage an das Plenum, falls der zuständige Senat sich bereits mit mindestens vier Richtern für das Vorhandensein allgemeiner Auswirkungen ausspricht. In diesem Fall, in dem das Postulat der Verfassung für das Fehlen der allgemeinen Auswirkungen rechnerisch nicht mehr erfüllt werden kann, wird der Verfahrensschritt der Befassung des Plenums eingespart. Die Voraussetzung „allgemeine Auswirkungen" muss dann im Senat zugrunde gelegt werden, und die weitere Prüfung des Rechtsmittels ist eröffnet.

Seit der Geschäftsordnungsänderung Nr. 21 von 2007[1408] wird die Entscheidung über die Existenz allgemeiner Auswirkungen zur Beschleunigung nun zwingend im sog. „virtuellen Plenum" gefasst (Art. 323 f. RISTF), wenn hinsichtlich der Rechtsfrage nicht schon eine vorherige Entscheidung über das Ob der allgemeinen Auswirkungen vorliegt[1409] oder bereits die erwähnte Fiktion des Art. 543-A § 3 CPC eingreift.[1410] Es handelt sich dabei um eine Internet-Plattform, die eigens und bislang[1411] nur für den Zweck dieses neuen Verfahrensschritts eingerichtet worden ist. Es erfolgt dort eine allgemein zugängliche Veröffentlichung der Rechtssachen mit noch ausstehender Klärung der Frage der allgemeinen Auswirkungen nebst begründetem Sachbericht des Berichterstatters (egal, welcher Auffassung dieser ist) bis alle für eine Entscheidung erforderlichen Verfassungsrichter mit ihrem bejahenden „*Há*" oder dem verneinenden „*Não há*" in der Liste eingetragen sind oder die notwendige Stimmenzahl nach Art. 102 § 3 CF/543-A § 4 CPC erreicht ist.[1412] Ist nach 20 Tagen die für eine Ablehnung erforderliche Mehrheit nicht er-

1408 Vgl. auch das grundlegende G 11.419/2006 zur Informatisierung in der Judikative.

1409 Art. 323 § 1 RISTF. War bereits negativ über allgemeine Auswirkungen derselben Frage entschieden worden, kann das Rechtsmittel bereits der Präsident des Gerichts (oder nach Geschäftsverteilung der Berichterstatter) gemäß Art. 543-A § 5 CPC *a limine* abweisen. War bereits positiv entschieden worden, kann unmittelbar zur weiteren Prüfung der Erfolgsaussichten des Rechtsmittels übergegangen werden.

1410 Ein Beispiel für letztgenannte Fallgruppe, die ebenfalls in Art. 323 § 1 RISTF Erwähnung findet, ist STF, RE 569.047/RS, DJe v. 12.11.2007: BE Cármen Lúcia entschied allein unter Annahme allgemeiner Auswirkungen und mit Zitierung von Rspr. des STF, gegen die das angefochtene Urteil verstieß.

1411 Im Gericht wurde bereits eine notfalls elektronische Votenabgabe diskutiert, die im Falle der Ortsabwesenheit eines Richters und etwa drohender Verjährung in Strafsachen sinnvoll sein könnte. Die Ausweitung des Virtuellen Plenum wurde aber letztlich abgelehnt. Voten können nur durch Verlesung vor Ort eingebracht werden.

1412 Nach G. Beux Nassif Azem, a.a.O., 95, wurde die der Prozessökonomie dienende Norm des Art. 543-A § 4 CPC mit der elektronischen Befassung des Plenums obsolet.

reicht, so wird fiktiv von allgemeinen Auswirkungen ausgegangen.[1413] Schweigen gilt daher als ein positives Bekenntnis i.S. der Vermutung. Die Rechtssache wird sodann vollständig – nicht nur hinsichtlich einer Teilfrage, die allgemeine Auswirkungen hat, sondern einschließlich sämtlicher verfassungsrechtlicher und unterverfassungsrechtlicher Teilaspekte – vor dem STF verhandelt (was aber nicht ausschließt, dass sie letztendlich nicht oder nur teilweise erfolgreich sein kann). Eine Umkehr der Fiktion der allgemeinen Auswirkungen nach den genannten 20 Tagen findet nun statt, wenn der Berichterstatter, bevor er die Sache ins virtuelle Plenum einstellt, ihr ausdrücklich insgesamt schon den verfassungsrechtlichen Charakter abspricht; dann (und nur dann) gilt: „im Zweifel keine allgemeinen Auswirkungen".[1414]

Die Befassung des virtuellen Plenum ist unter bestimmten Voraussetzungen verzichtbar: Zumal die Geschäftsordnung des STF die Prüfung der allgemeinen Auswirkung der Zulässigkeitsprüfung *nachordnet*,[1415] können eine Verfristung, ein unterbliebenes *prequestionamento*, fehlende Antragsberechtigung, Statthaftigkeit, Formanforderungen etc. schon zu einer vorherigen, einzelrichterlichen Abweisung durch das Präsidium bzw., nach Geschäftsverteilung, durch den Berichterstatter führen.[1416] Diese Reihenfolge ist vom Gedanken der schnellstmöglichen Erledigung von Rechtsmitteln getragen.

Der Schritt, das virtuelle Plenum zu beschäftigen, ist auch dann verzichtbar, wenn über die allgemeinen Auswirkungen derselben Rechtsfrage vom STF in der Vergangenheit schon entschieden wurde oder wenn ein Verstoß der angegriffenen Entscheidung gegen herrschende Rechtsprechung oder einen Leitsatz des STF vorliegt. Dies sind beides Vorkommnisse, die aller Logik nach tendenziell immer häufiger werden. Die Geschäftsordnung gestaltet diese Fälle als Vermutung aus. Es ist allerdings nicht zu verkennen, dass die Auswirkungen einer Rechtsfrage in einem sich wandelnden Bereich zu einem späteren Zeitpunkt andere sein können und eine neue Beurteilung geboten sein kann. Auch herrschende Rechtsprechung und Leitsätze sind, wie in dieser Arbeit schon deutlich wurde, nicht unbedingt für alle Ewigkeit zementiert.

Wird das Vorhandensein allgemeiner Auswirkungen abgelehnt, so gilt diese Entscheidung gemäß Art. 543-A § 5 CPC auch für alle später behandelten Rechts-

1413 Art. 324 § 1 RISTF. Da die Frist rein gerichtsintern ist, kann jedoch jeder Richter ohne Weiteres um eine Verlängerung ersuchen.

1414 So Art. 324 § 2 RISTF, eingefügt durch die nachträgliche Geschäftsordnungsänderung Nr. 31/2009.

1415 Art. 323 RISTF, *caput*: „... wenn kein Fall der Unzulässigkeit der Rechtsmittel aus einem anderen Grunde gegeben ist". Der Aufbau dieser Arbeit hat sich dem angepasst.

1416 Dementsprechend auf eine Vorlage verzichtend wegen fehlender verfassungsrechtlicher Begründung des Rechtsmittels STF, RE 565.739/SP, BE Cármen Lúcia, DJ v. 21.11.2007. Hierin liegt ein Unterschied zur „*argüição de relevância*" unter der Vorgängerverfassung, die als strikte Vorbedingung für den Prozess konzipiert war.

mittel mit gleichartigem Gegenstand,[1417] die sodann, falls das letztinstanzliche Gericht dennoch eine positive Zulassungsentscheidung treffen sollte, beim STF *a limine* verworfen werden können, erneut entweder schon vor der Geschäftsverteilung durch das Präsidium oder durch den anschließend bearbeitenden Berichterstatter.[1418] Dies gilt solange, bis sich das Gericht eine andere Einschätzung über die fehlenden allgemeinen Auswirkungen der streitgegenständlichen Frage bildet, die jederzeit im Rahmen eines neuerlichen Rechtsmittels erfolgen kann. Eine Bindung an eine einmal gefundene Einschätzung besteht also keinesfalls. Die Revision der Erkenntnis auf Vorlage von Präsidium oder Berichterstatter erfolgt ebenfalls nach Maßgabe des Art. 102 § 3 CF: Findet sich dann keine Zweidrittelmehrheit für die Ablehnung mehr, ist nachfolgend wieder von allgemeinen Auswirkungen auszugehen.

Die ablehnende Entscheidung über die allgemeinen Auswirkungen ist unanfechtbar[1419] und wird, wie alle gerichtlichen Entscheidungen, gesondert begründet. Die Begründungspflicht folgt aus Art. 93 IX CF und dient der Vorbeugung gegen richterliche Sorglosigkeit oder gar Willkür mit dem Instrument der Annahmeverfahrens, aber auch als Ansatzmöglichkeit für die Rechtswissenschaft für Kritik und für etwaige nachfolgende gesetzgeberische Korrekturen des Verfahrensregimes. Die Ausführlichkeit der Begründung hängt immer von den Besonderheiten des Falles ab: Liegen massenhaft identische Rechtsmittel oder ein Verstoß gegen das Leitsatzrecht des STF vor, sind die allgemeinen Auswirkungen so offenkundig, dass sie nur knapp festgestellt werden müssen; je atypischer ein Fall ist, desto mehr Erläuterung bedürfen die Gedankengänge.

Die Äußerung des Gerichts über die allgemeinen Auswirkungen wird Bestandteil des Sitzungsprotokolls, das im *Diário Oficial* (Gesetzblatt) des Bundes bekanntgegeben wird und „wie ein Urteil" gilt.[1420] Die Zwischenentscheidung ist, wenn allgemeine Auswirkung festgestellt worden sind, in die endgültige Entschei-

1417 Dies nennen manche eine Wirkung *erga omnes* (S.R. de Arruda Fernandes, EMERJ 38 [2007], 53 [60]), man könnte auch von einer widerruflichen Feststellungswirkung für zukünftige Sachverhalte sprechen. Das einfache Recht geht damit jedenfalls über die verfassungsrechtlichen Aussagen des Art. 102 § 3 CF beträchtlich hinaus.

1418 Hierbei greift schon Art. 557 CPC (s. o. B.III mit Fn. 1272 f.). Im Einzelnen bemisst sich das Verfahren nach Maßgabe der Geschäftsordnung des STF: Vgl. Art. 327, nach dem bei monokratischer Abweisung nachfolgender Rechtsmittel wegen des Präzedenzfalls jedoch ein Einspruch an den jeweiligen Senat statthaft ist. Wird das Rechtsmittel nicht in diesem Wege abgewiesen, eröffnet sich die Möglichkeit für eine Überprüfung der vorigen Einschätzung über die allgemeinen Auswirkungen durch das Gericht.

1419 Art. 326 RISTF. An der Anfechtung einer bejahenden Entscheidung dürfte hingegen kaum jemand ein Interesse haben. Von der Unanfechtbarkeit ausgenommen sind die stets statthaften Berichtigungsanträge (G. Beux Nassif Azem, a.a.O., 126), die Richter zu Genauigkeit, Gründlichkeit und Vollständigkeit bei der Abfassung von Entscheidungen anhalten sollen.

1420 Art. 543-A § 7 CPC.

dung über das Rechtsmittel aufzunehmen.[1421] Die Veröffentlichung, die dem Präsidenten des STF obliegt, erfolgt auch im wöchentlichen elektronischen Informationsrundschreiben. Auf der Website des STF werden, neben der Tätigkeit des virtuellen Plenums, der Einschätzung des Berichterstatters über die allgemeinen Auswirkungen und den statistischen Angaben, zudem all jene Rechtsthemen in einer aktuell zu haltenden Datenbank aufgelistet, denen seit der Einführung des Rechtsinstituts allgemeine Auswirkungen attestiert wurde.[1422] Eine solche Publizität erleichtert die Orientation der Rechtsuchenden und zielt auf die Vereinfachung der späteren Entscheidungsfindung bei den dem STF vorgelagerten Instanzen.

d. Zur praktischen Handhabung durch das STF

Betrachtet man die Rechtsprechungstätigkeit des STF im Hinblick auf die allgemeinen Auswirkungen näher,[1423] sieht man, dass es üblich ist, den Bericht über Sach- und Streitstand und etwaige Vorbefassung des STF mit dem Thema in das Entscheidungsdokument aufzunehmen sowie das Stimmverhalten der Richter festzuhalten. Die Begründung ist insgesamt meist recht kurz.

In der Begründung des Berichterstatters ist bei den positiven Entscheidungen über die allgemeinen Auswirkungen quantitativ argumentiert worden: Viele Betroffene, etwa wenn es um die Verfassungsmäßigkeit des Erfordernisses des Rechtsanwaltsexamens zur Ausübung des Anwaltsberufs ging, bedeuteten allgemeine Auswirkungen. Ging es um die Antragsberechtigung des *Ministério Público* für eine Öffentliche Zivilklage zur Medikamentebereitstellung, wurde die verfassungsrechtliche Verankerung des Gesundheitsschutzes der Bevölkerung (Art. 196 CF) als Begründungselement herangezogen. Als es um die nächtliche Beschlagnahme von Beweismitteln für ein Drogendelikt ohne Durchsuchungsbefehl ging, wurde die Grundrechtswesentlichkeit zur Begründung angeführt. Die Merkmale des Art. 543-A CPC sind auch ausdrücklich verwendet worden, es wurde unter den Gesetzeswortlaut subsumiert. Obwohl nach den beschriebenen Vermutungsregelungen auch ein Nicht-Eintrag im virtuellen Plenum Aussagekraft besitzt, ziehen es die übrigen *Ministros* dem stichprobenartigen Anschein nach eindeutig vor, sich in der einen oder anderen Weise zu äußern, wenngleich nur wenige, in

1421 Art. 325 RISTF, einziger Paragraph.

1422 Vgl. Art. 329 RISTF.

1423 Hier erfolgte dies insbesondere im ersten Halbjahr 2010: Einer näheren Analyse unterzogen wurde eine zufällig stichprobenartige Auswahl von drei Entscheidungen *für* eine Annahme (RE 603.583/RS, BE Marco Aurélio, DJe v. 16.4.2010; RE 605.533/MG, BE Marco Aurélio, DJe v. 30.4.2010; RE 603.616, BE Gilmar Mendes, 28.5.2010) und drei Entscheidungen *gegen* die Annahme von allgemeinen Auswirkungen (RE 598.365/MG, BE Ayres Britto, DJe v. 26.3.2010; RE 605.933/RJ, BE Dias Toffoli, DJe v. 30.4.2010; RE 609.448, BE Ellen Gracie, DJe v. 4.6.2010).

aller Regel nur der Berichterstatter, Gründe (eine sog. *manifestação*) für ihre Entscheidung im virtuellen Plenum verfügbar machen. Es äußern sich trotz der gesetzlichen „*rule of four*“ des Art. 543-A § 4 auch i.d.R. (fast) alle Richter, nicht nur oder vorrangig die Mitglieder des Senats des Berichterstatters.

Die negativen Entscheidungen betrafen Außerordentliche Rechtsmittel zur Zulässigkeit eines Antrags vor dem TST, zur Anpassung von Energielieferungspreisen und zu einem geltend gemachten Gratifikationanspruch für Bedienstete im Ruhestand. Es wurde bei der Ablehnungsentscheidung vor allem auf vorhandene Urteile des STF beider Senate, mit denen die Ausgangsentscheidungen im Einklang stehen, auf die Lösbarkeit anhand des einfachen Rechts, insbesondere wenn dessen Gültigkeit auch schon durch Urteile des STF bestätigt wurde, oder auf die Abwesenheit einer Kontroverse hingewiesen. Ersichtlich wird, dass es sich hierbei oft um Fälle handeln kann, die der Berichterstatter auch schon vorher nach Art. 557 CPC allein hätte abweisen können. Dies muss er jedoch nicht tun; er kann sich bei verbleibenden Bedenken immer die legitimatorische Absicherung vom Plenum einholen.

Die Einlassung über die allgemeinen Auswirkungen erfordert insbesondere vom Berichterstatter eine Reflexion über den Sachverhalt mit Blick auf die Tatbestandsmerkmale im Art. 543-A und die bisherige Rechtsprechung des Gerichts, auch vor dem Hintergrund der bisher vorgenommenen Annahmepraxis. Der Begründungsaufwand muss nicht besonders hoch sein. Da sich die Muster für Annahme und Ablehnung allgemeiner Auswirkungen regelmäßig wiederholen, werden, wie sich auch jetzt schon abzeichnet, dieselben Schablonen wiederholt auftauchen. Der Aufwand für die übrigen Richter ist in Anbetracht der knappen Aufbereitung durch den Berichterstatter, die dem Anschein nach selten über drei bis fünf Seiten hinausgeht, und der Möglichkeit zur einsilbigen elektronischen Äußerung gering.

Ein verbleibender subjektiver Charakter der richterlichen Einschätzungen ist wegen der weiten Tatbestandsmerkmale zwar nicht zu leugnen, deren Vorliegen oder Nichtvorliegen bisweilen (notwendigerweise) schlicht festgestellt wird. Er wird jedoch in rechtlich abgesicherter Form durch dieses Verfahren erkennbar in Grenzen gehalten. Bei Annahmeverfahren, gerade wenn auf unbestimmten Rechtsbegriffen basierend, besteht grundsätzlich die Herausforderung, den Eindruck von Willkür bei der Annahme oder Nichtannahme zu vermeiden. Durch mehrere Entscheidungen in jeder Sitzungswoche kann sukzessiv eine zunehmende Konturierung dessen, was allgemeine Auswirkungen ausmacht, erfolgen. Auch die Lehre war von vornherein dabei, positive und negative Indikatoren zu erarbeiten, die sich in der Praxis wiederfinden. Anhand der großen Zahl der publik werdenden Entscheidungen bleibt weiterzuverfolgen, ob sich im Laufe der nächsten Jahre mit einem wachsenden Katalog von Anwendungsfällen nach und nach eine konsistente und vorhersehbare Verfassungspraxis zur Rechtsfigur der allgemeinen Auswirkungen herauskristalliert,[1424] die Einfluss auf den individuellen Entschluss, ein Rechtsmittel überhaupt einzulegen, hat.[1425] Auch die Begründungspflicht ist dabei hilfreich.

e. Verfahrensgang zur Bewältigung massenhaft identischer Verfahren

Wenn eine Vielzahl von Rechtsmitteln auf der Grundlage derselben Kontroverse zur gleichen Zeit vorliegt (z. B. den Verbraucherschutz betreffend oder wenn Bürger sich gegen eine bestimmte allgemeine Verwaltungspraxis wehren),[1426] bemisst sich der Ablauf der Untersuchung der allgemeinen Auswirkungen nach der Geschäftsordnung des STF und den Bestimmungen in Art. 543-B CPC, der wohl effektivsten Neuerung zur Entlastung des STF.[1427] Eine Erkenntnis des STF kann damit eine unmittelbare Breitenwirkung erlangen.

Nach Art. 543-B § 1 obliegt es dem Ausgangsgericht, ein oder mehrere für die Streitfrage repräsentative Rechtsmittel[1428] auszuwählen und an das STF zu leiten (sog. „*leading cases*", Musterprozesse),[1429] während die weiteren identischen Rechtsmittel zunächst bis zu der endgültigen Äußerung des STF ruhen gelassen werden.[1430] Wird das Aufkommen der Vielzahl gleichartiger Rechtsmittel erst beim STF registriert, etwa wenn sie von einigen unterschiedlichen Gerichten kom-

1424 N. Pinto, in: A.C. Marcato (Hrsg.), CPC interpretado, 1842; H. Theodoro Jr., Revista Magister de Direito 14 (2007), 79 (87).

1425 S.M. Kozikoski, RF 391 (2007), 239 (249), spricht von lobenswerten pädagogischen Kriterien für die Rechtsmittelnutzung.

1426 Eine Auflistung der Fälle seit Einführung des Art. 543-B CPC befindet sich im Portal des STF unter http://www.stf.jus.br/portal/cms/verTexto.asp?servico=jurisprudenciaRepercussaoGeralRepresentativo (Stand: 12.8.2010). Bisher kam es 24 Mal zur Anwendung.

1427 Vorher schon konnten Prozesse desselben Gegenstands beim STF freilich miteinander verbunden werden, anstatt sie einzeln abzuarbeiten (sog. „*julgamento em bloco*" oder „*em listas*", welche allerdings bis 2010 von einer der *Turmas* abgelehnt werden). Dies hat allerdings wesentlich schwieriger zu handhabende Massenverfahren beim Gericht zur Folge gehabt (im Jahr 2007 wurden etwa einmal 4.908 Prozesse über dieselbe sozialversicherungsrechtliche Frage verbunden).

1428 Sog. *recursos representativos da controvérsia*.

1429 J.C. Barbosa Moreira, Comentários ao CPC, 619: „*recurso extraordinário por amostragem*". Nach G. Beux Nassif Azem, a.a.O., 116, dürften i.d.R. um die drei Rechtsmittel ausgewählt werden, um die Streitfrage völlig zu erfassen.

1430 Das Ruhenlassen erfasst auch die noch am Ausgangsgericht anhängigen Nichtzulassungsbeschwerden (zu diesen sogleich u.), welche noch vor Weiterleitung an das STF stehen. Wird ein Rechtsmittel oder eine Nichtzulassungsbeschwerde wegen mangelnder Identität des Streitgegenstands zu Unrecht ruhen gelassen, ist eine Beschwerde zum STF statthaft (G. Beux Nassif Azem, a.a.O., 117); das STF hat mangels Regelung eines Rechtsbehelfs für diesen Fall aber auch schon andere Rechtsschutzformen zugelassen (vgl. S.R. de Arruda Fernandes, EMERJ 38 [2007], 53 [61]). Bzgl. ruhender Verfahren kann beim STF freilich immer die einstweilige Aussetzung der Vollstreckbarkeit beantragt werden.

men, kommt es bis auf die Musterfälle zu einer Zurückverweisung durch das STF mit der Aufforderung an die Gerichte, dass nach Art. 543-B CPC zu verfahren sei.[1431] Die Gerichte stehen mit dem STF über einen eigenen Kanal auf der Website des STF zum Informationsaustausch über die gleichartigen Prozesse in Kontakt.[1432]

Einer Zulassung von parallel einlegbaren Besonderen Rechtsmitteln an das STJ durch das Ausgangsgericht steht das Verfahren des Art. 543-B i.Ü. nicht entgegen; diese sind, wie schon festgestellt, unabhängig von den Außerordentlichen Rechtsmitteln, und können sogar im Erfolgsfalle vor dem STJ zu einer Erledigung der Beschwer führen.[1433]

Erkennt das STF dann in einem Musterprozess ein Vorhandensein allgemeiner Auswirkungen nicht, gelten die ruhenden Rechtsmittel automatisch als abgewiesen (Art. 543-B § 2 CPC). Auf diese Weise bleibt das STF davon verschont, dass ihn massenhaft Rechtsmittel, bei denen es im Kern um identische Fragestellungen geht, überhaupt erreichen. Schon diese Verlagerung des Akts der Erkenntnis über die Identität auf das Ausgangsgericht ist mit einer großen Entlastung des STF verbunden: Die Vielzahl der Rechtsmittel muss dort nicht protokolliert, verteilt und bearbeitet werden. Dies ist nicht nur für das Gericht, sondern wegen schnellerer Resultate auch für die Prozessbeteiligten günstiger. Zudem garantiert diese Vorgehensweise als Nebenfolge eine unmittelbar gleiche Behandlung gleicher Sachverhalte.

Der Regelfall ist dennoch die Annahme der allgemeinen Auswirkungen im Musterprozess. Dies liegt nicht nur an der rechtlich fixierten widerleglichen Vermutung in Art. 102 § 3 CF für diese Annahme, sondern auch an der im Tatbestand des Art. 543-B CPC vorausgesetzten große Menge der Prozesse an sich, die schon allgemeine Auswirkungen allein wegen des quantitativen Faktors deutlich impliziert.[1434]

1431 Die Geschäftsordnung des STF weist den „Verfassungsrichtern, den Senaten und anderen Organen", wie Art. 543-B § 5 CPC gestattet, ihre Kompetenzen bei der Untersuchung der allgemeinen Auswirkungen zu und sorgt für eine Regelung i.E.: Nach Art. 328 f. RISTF teilen es das Präsidium des STF (vor Geschäftsverteilung) oder der Berichterstatter (danach) den direkt untergeordneten Gerichten von Amts wegen oder auf Antrag mit, wenn ein großes Aufkommen gleichartiger Rechtsmittel absehbar wird, „damit diese den Art. 543-B CPC beachten" und alle bisherigen und bis zur Entscheidung des STF noch eingehenden Rechtsmittel ruhen lassen. Das STF kann bei diesen Gerichten auch Auskünfte zu den Rechtssachen verlangen, die diese binnen fünf Tagen zu erteilen haben. Gleichartige Rechtsmittel, die ihren Weg bereits zum STF gefunden haben, werden, bis auf die Musterfälle, an die Ausgangsgerichte zurückverwiesen.

1432 R.L. Benucci, RDDP 63 (2008), 116 (124 f.).

1433 So S.R. de Arruda Fernandes, EMERJ 38 (2007), 53 (62) zu dem praktisch häufigen Fall der gleichzeitigen Einlegung von RE und Besonderem Rechtsmittel. Vgl. o. 1. Teil, E.III. 4.a, dazu, dass nun auch vor dem STJ bei massenhaft identischen Prozessen nur repräsentative Musterprozesse mit ähnlicher Wirkung wie bei Art. 543-B entschieden werden.

1434 G. Beux Nassif Azem, a.a.O., 76 ff.

Wird also der Regelfall angenommen und ist dort durch das STF über die Begründetheit des Außerordentlichen Rechtsmittels entschieden worden, können die ruhenden Rechtsmittelverfahren durch die für die Zulassungsentscheidung zuständigen Ausgangsgerichte gewürdigt werden (Art. 543-B § 3). Für diese ergeben sich sodann nach §§ 3 und 4 drei Entscheidungsmöglichkeiten: Hält das STF das Rechtsmittel im Musterprozess namentlich für erfolglos (dies ist trotz der vorherigen Annahme allgemeiner Auswirkungen der Sache denkbar!), so können die Ausgangsgerichte die Rechtsmittel schlechterdings für erledigt erklären.[1435] Die ausgangsgerichtliche Entscheidung wird dann ohne Befassung des STF rechtskräftig.[1436] Erachtet das STF das Rechtsmittel im Musterprozess jedoch als erfolgreich, so können die Ausgangsgerichte ihre vorhergehende, zu den Rechtsmitteln Anlass gebende Entscheidung abändern und den vielfachen Rechtsmittelklägern somit – insoweit also ebenfalls ohne weitere Befassung des STF – zum Erfolg verhelfen. Die Rechtsmittel erledigen sich auch. Wie § 4 verdeutlicht, ist es den Gerichten schließlich drittens möglich, in letzterem Fall ihre Entscheidung – der Einschätzung des STF zum Trotz – aufrechtzuerhalten. Dies ist ein Tribut an die richterliche Unabhängigkeit in den Instanzgerichten. Die Rechtsmittel bleiben dann fortbestehen. Werden sie zur Entscheidung durch das STF zugelassen, ist jedoch auch in dieser Situation zumindest eine vereinfachte Entscheidung des STF – namentlich eine einzelrichterliche Abweisung *a limine* nach Maßgabe der Geschäftsordnung[1437] – möglich.[1438]

f. Kritische Würdigung

Derzeit ist eine Direkte Verfassungswidrigkeitsklage wegen angeblicher Verletzung des Art. 102, *caput* und III CF durch Beschränkung der Kompetenz des STF anhängig, die die Einführung des Instituts der Allgemeinen Auswirkungen (genauer: Art. 102 § 3 CF und Art. 543-A CPC) zum Gegenstand hat.[1439] Das Gericht dürfe nach der Klageschrift keinesfalls vom Wächteramt über die Verfassung entbunden werden. Jede Streitigkeit über Verfassungsrecht habe zudem schon typi-

1435 S.R. de Arruda Fernandes, EMERJ 38 (2007), 53 (64).

1436 Eine Nichtzulassungsbeschwerde (AI) ist in diesem Falle gerade wegen des auf Entlastung des STF und Rationalisierung gerichteten Telos des Art. 543-B CPC nicht mehr zulässig; gegen die Erledigt-Erklärung kann jedoch noch ein Einspruch nach Geschäftsordnung (AgR) vor dem Ausgangsgericht statthaft sein (so STF, AI [QO] 760.358/SE, BE Gilmar Mendes, 19.11.2009, Inf. 568).

1437 Gemeint sein können nur die allgemeinen Art. 13 V c) und Art. 21 § 1 RISTF (Schnell-Abweisung durch Präsidenten bzw. Berichterstatter).

1438 Dies erhöht wiederum die faktische Verbindlichkeit der Musterentscheidung des STF, vgl. V.R. Lírio do Valle, EMERJ 40 (2007), 129 (147 ff.).

1439 ADI 4.371, BE Eros Grau.

scherweise allgemeine Auswirkungen.[1440] Andere Kritiker sehen im Rechtsinstitut der allgemeinen Auswirkungen wegen der immer noch subjektiv geprägten Zulassungsentscheidung durch das für politisch-ideologische Besetzung anfällige STF eine Rückkehr zu den autoritären Verhältnissen von vor 1988.[1441] Die Klage erscheint allerdings nach Lage der Dinge wohl wenig aussichtsreich.

Bis zum Jahresende 2009 wurden bei Außerordentlichen Rechtsmitteln allgemeine Auswirkungen 177 mal bejaht und 62 mal verneint.[1442] Zwar überwiegt, ganz dem Verfassungskonzept entsprechend, die Zahl der Annahmen allgemeiner Auswirkungen die der Ablehnungen. Die Verneinung hatte aber bereits Folgen für eine exponentiell größere Zahl weiterer Verfahren, die so beendet werden konnten, großen Teils schon ohne dem STF zugeleitet worden zu sein.

In der Literatur ist daher eine grundsätzliche Zustimmung zum Institut der allgemeinen Auswirkungen als angemessene Reaktion auf die Verfahrenszahlen zu verzeichnen,[1443] z.T. wird sogar eine Ausweitung der Ablehnungsbefugnis hin zu einem freiem Ermessen wie in den U.S.A. oder wenigstens zu einer Wiederumkehr des Regel-Ausnahme-Verhältnisses für die Annahme propagiert.[1444]

Es wird anerkannt, dass, wie in vielen anderen Rechtsordnungen auch, ein unlimitierter Zugang zu einem obersten Gericht, zumal mit wachsenden verfassungsgerichtlichen Funktionen, nicht praktikabel ist. Zwar mag die Rechtsweggarantie („Zugang zu den Gerichten" gemäß Art. 5 XXXV CF)[1445] auch eine Nachprüfungsmöglichkeit in der Rechtsmittelinstanz einschließen, sie erfasst aber nicht notwendig ein Erreichen des STF mit dem persönlichen Anliegen.[1446] Der Garantie ist kein Anspruch auf Würdigung und Bescheidung noch durch die oberste Instanz zu entnehmen. Ermessen bei der Annahme sei gerade auch deswegen hinnehmbar, weil eine „immense Mehrheit der Fälle" bereits die „doppelte gerichtliche Kontrolle", die bei der Beteiligung von Hoheitsträgern i.d.R. schon zwingend ist, durchlaufen habe und der Zugang kein absolutes subjektives Recht sei.[1447]

1440 So auch M. Guedes Berti, Revista Bonijuris 529 (2007), 9 (11).

1441 Leidenschaftlich die Kritik („archaisch", „diktatorisch", „politisches Institut") diesbzgl. bei L. de Faria Beraldo, RDCPC 35 (2005), 139 ff.; vgl. auch J. Vasconcelos Viana, RDDP 30 (2005), 72 (75); F. Soibelman, JusNav Nr. 619 (2005); s. zu den Unterschieden zur *„argüição de relevância"* hingegen schon die Nachweise o. Fn. 1378.

1442 Quelle: Nachrichtenportal des STF, Repercussão Geral tem 177 matérias reconhecidas, 24.12.2009.

1443 H. Theodoro Jr., Revista Magister de Direito 14 (2007), 79; G. Beux Nassif Azem, a.a.O., passim; L.G. Marinoni/D. Mitidiero, a.a.O., 17; Arruda Alvim, A EC 45 e o Instituto da Repercussão Geral, in: T. Arruda Alvim Wambier u.a. (Hrsg.), Reforma do Judiciário, 63 (90); A. Zimmermann, International Trade and Business Law Review 11 (2008), 179 (Teil 7.c.); S.M. Kozikoski, RF 391 (2007), 239; L.M. Gomes Jr., RDCPC 34 (2005), 140.

1444 E.H. de Oliveira Yoshikawa, RDDP 53 (2007), 44 (53 ff.).

1445 Diesen sieht A.I. Aurelli, RP 151 (2007), 140, durch die Neuregelung als verletzt an.

1446 Vgl. A. Ramos Tavares, Nova lei da súmula vinculante, 88; R.L. Benucci, RDDP 63 (2008), 116 (117).

1447 O. Vilhena Vieira, USP Estudos Avançados 51 (2004), 202.

Die Idee des in die Verfassung eingefügten Art. 102 § 3 war ein vielversprechender Ansatz, die unterverfassungsrechtliche Ausgestaltung – insbesondere durch die wesentlich weiter gehenden Regeln der Art. 543-A § 5, 543-B CPC und Art. 323 f. RISTF– ist es umso mehr. Durch die Erhöhung der Regelungsdichte gegenüber der Vorgängerregelung, durch den öffentlichen Charakter der Entscheidung und die Begründungspflicht wird auch einem freien Ermessen und einem willkürlichen Verfahren des Gerichts eine klare Absage erteilt.

Gerügt wird allerdings eine u.U. eintretende Verletzung des Gleichheitsprinzips: Würden die allgemeinen Auswirkungen einer verfassungsrechtlichen Frage vom STF abgelehnt, sei die Folge, dass die zweite Instanz, ggf. regional oder in den Bundesstaaten differierend letztverbindlich und rechtskräftig entscheiden könne, gerade wenn auch das STJ wegen des verfassungsrechtlichen Charakters nicht entscheiden dürfe, das seinerseits keine generalklauselartige Zuständigkeit hat (geschehen ist dies z. B. im Abgabenrecht). In solchen Fällen besteht jedoch eine Aussicht auf Korrektur, sei es in einem weiteren Rechtsmittel mit Plädoyer für eine höchstrichterliche Änderung der Einschätzung zu den allgemeinen Auswirkungen (vgl. Art. 543-A § 5 CPC), sei es im Rahmen einer ADPF.

Eingeschränkt wird auch das rechtliche Gehör (Art. 5 LV CF) insbesondere der Rechtsmittelkläger in massenweisen Verfahren nach Art. 543-B CPC, deren Verfahren ausgesetzt wurde, da über ihren Fall im Wesentlichen ohne eigene Äußerungsmöglichkeit entschieden wird und sie die Konsequenzen aus dem repräsentativen Musterprozess erdulden müssen. Auch das Recht auf rechtliches Gehör begründet jedoch keinen Rechtsanspruch, vor das STF zu gelangen, dem die Zuständigkeit für die ruhenden Verfahren eben nicht zugewachsen ist. Rechtliches Gehör findet vor der zuständigen Stelle statt. Dies sind die Instanzgerichte. Bei einem ungerechtfertigten Ruhenlassen, etwa wegen mangelnder Identität der Sache mit dem Musterprozess, stehen Rechtsbehelfe offen, die das STF würdigt. Im Zusammenhang mit dem rechtlichen Gehör ist i.Ü. Art. 543-A § 6 zu sehen, der dem Berichterstatter beim STF im Verfahren über die allgemeinen Auswirkungen der verfassungsrechtlichen Fragen einer Rechtssache anheim stellt, auch Dritte anzuhören. Die Einbeziehung erfolgt zwar nach Ermessen; diejenigen, die einen gleichartigen, aber ruhenden Prozess führen, können jedoch prädestiniert für zweckdienliche Argumente sein.

Das Hauptargument zur Rechtfertigung dürfte jedoch insgesamt im Beschleunigungsgrundsatz aus Art. 5 LXXVIII CF und in der verfassungsrechtlichen Aufgabenstellung des STF nach Art. 102, *caput*, CF liegen. Zwar werden im einzelnen Fall vor dem STF über das virtuelle Plenum alle Verfassungsrichter an der Rechtsmittelentscheidung beteiligt, die vorher beim agileren Senat allein lag. Die Beteiligung im virtuellen Plenum ist jedoch unaufwändig und eine Entscheidung kann wegen Art. 543-A § 5 viele zukünftige und wegen Art. 543-B CPC viele gleichartige Prozesse am Aufstieg zum STF hindern.

Insgesamt erscheint der Komplex der allgemeinen Auswirkungen *de jure* als ausgewogener Kompromiss im Konfliktfeld zwischen der Arbeitsfähigkeit der Verfassungsgerichtsbarkeit und dem Bedürfnis an Rechtsschutz, an verfassungsgerichtlicher Rechtsprechungsvereinheitlichung und der Weiterentwicklung des objektiven Verfassungsrechts.

Hervorzuheben ist das virtuelle Plenum. Dieses stellt einen lobenswerten Einsatz heute verfügbarer und ohne größere Schwierigkeiten zu implementierender Technologie dar, die genutzt wird, um Transparenz und damit Rechtsstaatlichkeit zu fördern. Dies ist bereits deshalb wichtig, weil es um die Verfassungsauslegung durch ein letztverbindlich entscheidendes Organ geht. Der Bürger hat umso mehr ein Interesse an einem Einblick, als die immer noch zahlreichen Entscheidungen über Außerordentliche Rechtsmittel nun verstärkt objektiv-verfassungsrechtlichen, über Einzelfälle hinaus relevanten Inhalt haben werden. Was das Gericht entscheiden wird, wird ihn somit in immer mehr Fällen auch zumindest mittelbar selbst betreffen. Er muss zudem sein zukünftiges prozessuales Verhalten an der Rechtsprechungspraxis des Gerichts ausrichten können: Ein potenzieller Kläger wird auf ein Rechtsmittel eher verzichten, wenn er die angelegten Maßstäbe und die Erfolgsaussichten beurteilen kann; wäre dies nicht möglich, würde er das Rechtsmittel im Zweifel einlegen und das Gericht wieder beschäftigen. Transparenz kann insgesamt auch schon wegen der Notwendigkeit des Vertrauens in die staatlichen Organe nicht hoch genug eingeschätzt werden.

g. Rechtsvergleich

In einigen Ländern mit ähnlicher Problemlage haben sich Annahmeverfahren durchgesetzt. In Deutschland erfüllt das in Art. 94 II GG angelegte und mehrfach reformierte Annahmeverfahren nach §§ 93 a ff. BVerfGG eine ähnliche Filterfunktion. Auch dieses bezieht sich ausschließlich auf die deutlich am häufigsten genutzte Verfahrensart und ökonomisiert die Beanspruchung der gerichtlichen Ressourcen.[1448]

Der doppelte Schutzzweck der Verfassungsbeschwerde vor dem BVerfG, der sowohl subjektive Rechte als auch objektives Verfassungsrecht im Interesse der gesamten Rechtsgemeinschaft beinhaltet, spiegelt sich in den Annahmekriterien wider, die auf die objektive und die subjektive Bedeutung des Einzelfalls gerichtet sind. Es besteht wie in Brasilien kein freies Annahmeermessen der dreiköpfigen

1448 Vgl. R. Wahl/J. Wieland, JZ 1996, 1137.

Kammer bzw. des Senates, sondern es gibt rechtliche Kriterien; jedoch sind die tatbestandlichen Spielräume ausnehmend weit: Angenommen wird die Verfassungsbeschwerde bei „grundsätzlicher Bedeutung“ oder einem Angezeigtsein für die Durchsetzung der Grundrechte und grundrechtsgleichen Rechte. Diese rechtlich nicht weiter eingegrenzten Merkmale befähigen das Gericht zu einer weitgehenden Selbststeuerung hinsichtlich seines Kontrollgegenstands[1449] und sind im Allgemeinen leichter und zwangloser zu klären als die davon klar getrennten Rechtsfragen der Zulässigkeit und Begründetheit. Eine „grundsätzliche Bedeutung“ liege nach einem Grundsatzbeschluss dem BVerfG von 1994 dann vor, wenn die Verfassungsbeschwerde eine verfassungsrechtliche Frage aufwerfe, „die sich nicht ohne weiteres aus dem Grundgesetz beantworten läßt und noch nicht durch die verfassungsgerichtliche Rechtsprechung geklärt oder die durch veränderte Verhältnisse erneut klärungsbedürftig geworden ist.“ „Anhaltspunkt...kann sein, daß die Frage in der Fachliteratur kontrovers diskutiert oder in der Rechtsprechung der Fachgerichte unterschiedlich beantwortet wird. An ihrer Klärung muß zudem ein über den Einzelfall hinausgehendes Interesse bestehen.“[1450] Die Grundrechtsdurchsetzung kann angezeigt sein, wenn dem Beschwerdeführer durch die Versagung der Entscheidung zur Sache ein besonders schwerer Nachteil entstehen würde (dies ein gesetzlicher Beispielsfall für ein subjektives Interesse) oder wenn einer grundrechtswidrigen allgemeinen Praxis von Behörden und Gerichten entgegengewirkt werden soll (dieses Beispiel für ein über das Subjekt hinausgehendes Interesse erwähnt das Merkblatt des BVerfG).[1451] Das BVerfG hat seine Auffassung von der Enge dieses Tatbestands etwas konkreter dargelegt und für eine besondere Schwere folgende Fallbeispiele angeführt: eine Betroffenheit „in existenzieller Weise“, Hinweise auf „eine generelle Vernachlässigung von Grundrechten“, die Eignung, „von der Ausübung von Grundrechten abzuhalten“, die grobe Verkennung des Schutzgehalts eines Grundrechts, den „geradezu leichtfertigen Umgang mit grundrechtlich geschützten Positionen“ oder die krasse Verletzung rechtsstaatlicher Grundsätze.[1452]

Obwohl die Merkmale für eine Annahmefähigkeit in Brasilien rechtlich gründlicher ausdifferenziert sind, verbleiben hier wie dort weite tatbestandliche Spielräume. Insbesondere zwischen den brasilianischen „allgemeinen Auswirkungen“ und der deutschen „grundsätzlichen Bedeutung“ sind die Parallelen bei der jeweiligen Konkretisierung unverkennbar. Für beide Wendungen ist die Transzendenz maßgeblich. Während Brasilien aber daneben die „Wesentlichkeit“ betont, legt die deutsche Rechtsprechung auf die fehlende verfassungsgerichtliche Vorklärung den

1449 Vgl. P. Kunig, VVDStRL 61 (2002), 34 (49 ff. m.w.N., 66).
1450 BVerfGE 90, 22 (24 f.).
1451 http://www.bundesverfassungsgericht.de/organisation/vb_merkblatt.html (9.7.2010).
1452 BVerfGE 90, 22 (25 f.).

Schwerpunkt. Dies kann, muss sich aber nicht decken. Ein anderer Unterschied besteht möglicherweise hinsichtlich der Grundrechtsdurchsetzung: Nach der deutschen Definition kann ein Einzelschicksal (bei „existenzieller" Betroffenheit) genügen, in Brasilien nur, wenn man zugleich generelle Züge der Verletzung, Nachahmungseffekte oder Signalwirkungen für andere Fälle erblickt (und so zur geforderten Wesentlichkeit *und* Transzendenz gelangt).

In Deutschland geht der wesentliche Entlastungseffekt jedoch neben diesem faktisch ein kaum begrenztes Ermessen ermöglichenden Entscheidungsprogramm von der primären Zuweisung an die Kammern aus, wo schon ein kleinerer, bald eingespielter Richterkreis eine zügigere Erledigung verspricht.[1453] Es genügt eine einstimmige Kammerentscheidung; drei von acht Richtern sind i.Ü. auch für eine Annahme im Senat ausreichend.[1454]

Im Gegensatz zum brasilianischen Recht überwiegt die Zahl der Nichtannahmen eben wegen der festgeschriebenen geringeren Mehrheitserfordernisse die der Annahmen eklatant. Eine Nichtannahme hat jedoch in Brasilien von Gesetzes wegen eine übergreifende Wirkung auf gleichzeitige identische und auf nachfolgende Prozesse, die dieselbe verfassungsrechtliche Frage zum Gegenstand haben, und erzielt deswegen im Rahmen der Rechtsmittelzuständigkeit einen beträchtlichen bezifferbaren Entlastungserfolg.

Die – gleichfalls unanfechtbare – Entscheidung fällt in Deutschland anders als in Brasilien ohne mündliche Verhandlung; eine Begründung für eine Ablehnung ist nicht unbedingt anzufügen,[1455] eine solche unterbleibt auch regelmäßig.[1456] In Anbetracht der brasilianischen Publizität und Begründungspraxis sowie der besseren, weil exakteren, rechtlichen Fixierung in inhaltlicher und verfahrensrechtlicher Hinsicht erscheint es empfehlenswert, das deutsche Annahmeverfahren zu überdenken.

Eine 1996 mit dem Ziel der Entlastung des BVerfG eingesetzte Kommission hatte Alternativmodelle verworfen[1457] und die Annäherung an das U.S.-amerika-

1453 P. Kunig, VVDStRL 61 (2002), 34 (67).

1454 Der Senat entscheidet über Verfassungsbeschwerden nur noch in einem minimalen Bruchteil der Fälle, namentlich wenn in der Kammer die erforderliche Einstimmigkeit nicht erzielt werden konnte (§ 93 d III BVerfGG), die Begründetheit der Verfassungsbeschwerde nicht offensichtlich i.S. des § 93 c I 1 BVerfGG ist oder eine grundsätzliche verfassungsrechtliche Bedeutung i.S. des § 93 a II a) BVerfGG gesehen wird.

1455 Krit. etwa M. Kau, United States Supreme Court und BVerfG, 446: „einem modernen Verfassungsstaat ... nicht angemessen"; H. Lechner/R. Zuck, BVerfGG, vor § 93 a Rn. 44, sehen einen „Ansehensverlust" des Gerichts; für die Verfassungsmäßigkeit aber etwa K. Graßhof in: Maunz/Schmidt-Bleibtreu/Klein/Bethge (Hrsg.), BVerfGG, § 93 d Rn. 8; K. Barley, in: Pieroth/Silberkuhl, Verfassungsbeschwerde, § 93 d Rn. 4 ff.

1456 O. Klein/C. Sennekamp, NJW 2007, 945 (945).

1457 Erwogen wurde etwa die Einrichtung einer Verfassungsanwaltschaft als Behörde zur Vorprüfung (Aufwand und Kosten waren jedoch zu hoch) oder eine Verlagerung auf die Landesverfassungsgerichtsbarkeit (die Bedeutung der Bundeseinheitlichkeit sprach jedoch dagegen).

nische Verfahren des *writ of certiorari* empfohlen,[1458] das auch andere Länder zum Vorbild genommen haben.[1459] Den U.S. *Supreme Court* erreichen jährlich rund 10.000 Anträge, von denen letztlich nur rund 100 zu einer mündlichen Verhandlung gelangen.[1460] Dort müssen nach der sog. „*rule of four*“ vier der neun *Supreme Court Justices* ein substanzielles öffentliches Interesse befürworten (insofern sieht man eine gewisse Ähnlichkeit zum brasilianischen Art. 543-A § 4 CPC, welcher aber durch das virtuelle Plenum an Relevanz eingebüßt hat), nachdem Mitarbeiter (*Law Clerks*) der *Justices* in einem gemeinsamen sog. *cert pool* eine Vorbearbeitung vorgenommen und Memoranden zur Beurteilung durch die Richter gefertigt haben. Der Kläger kann dazu vortragen und der Beklagte Stellung nehmen.[1461] Raum für subjektiv-rechtliche Verfahren am *Supreme Court* hat es als Resultat praktischer Zwänge immer weniger gegeben; niemand hat nunmehr einen Rechtsanspruch auf Annahme und Würdigung durch das höchste Gericht des Landes. Die Richter haben freies Ermessen. Ermessenslenkend wirken jedoch die *Rules of the Supreme Court*. Ein „*special and important reason*“ (gemäß Nr. 10 der *Rules*) liegt danach beispielhaft vor, wenn mindestens zwei U.S. *Courts of Appeals* oder ein solcher und ein Gericht eines Bundesstaates letzter Instanz unterschiedlich zu identischen Rechtsfragen entscheiden, bei Feststellung einer Entfernung von den üblichen prozessualen Abläufen oder wenn eine wichtige Frage von U.S. *Courts of Appeals* oder *State Courts* behandelt wurde, zu der sich der *Supreme Court* noch nicht oder abweichend geäußert hatte. Eine Begründung durch das Gericht ist auch beim *Supreme Court* nicht erforderlich.

3. Zulassung oder Nichtzulassungsbeschwerde

Die Bearbeitung des Außerordentlichen Rechtsmittels durch das STF bedarf einer Zulassungsentscheidung durch das jeweilige Ausgangsgericht (eben der in Art. 102 III CF bezeichneten „einzige oder letzte Instanz“), bei dessen Präsidium es einzulegen ist. Das Ausgangsgericht prüft die oben genannten Zulässigkeitsvorausset-

1458 Bundesministerium der Justiz (Hrsg.), 32 ff., 54 f.; ebenso und zur Überlastung des BVerfG etwa E.-W. Böckenförde, Zeitschrift für Rechtspolitik 1996, 281 ff.; m.N. zum derzeitigen Meinungsstand A. Hopfauf, in: Schmidt-Bleibtreu/Hofmann/Hopfauf (Hrsg.), GG, Art. 94 Rn. 83. Die Diskussion über Reformen hält freilich an, vgl. B. Gehle, in: Umbach/ Clemens/Dollinger (Hrsg.), BVerfGG, vor § 93 a Rn. 2 ff.; K. Schlaich/S. Korioth, Das BVerfG, Rn. 197 ff.

1459 So z. B. Art. 280 des argentinischen Codigo Procesal Civil y Comercial de la Nación (mit der Wendung der „*sana discreción*“ [gesundes Ermessen], darauf eingehend R.O. Berizonce, Sobrecarga, Misión Institucional de los Tribunales Superiores y Desahogo del Sistema Judicial, in: ders./C. Hitters/E. Oteiza (Hrsg.), El papel de los Tribunales Superiores, 435 ff., und L.E. Palacio, Simplificación de los Recursos Extraordinarios, ebd., 297 ff.).

1460 http://www.supremecourt.gov/about/justicecaseload.aspx (9.7.2010).

1461 Zum Verfahren etwa G. Stone u.a., Constitutional Law, 160 f.

zungen, abgesehen von einer sich neu stellenden Frage der allgemeinen Auswirkungen, die in materieller Hinsicht von Verfassungs wegen nur das STF selbst beantworten kann, und dient dem höchsten Gericht somit als vorgeschaltete externe Filterungsstelle. Im Falle einer Ablehnung der Zulassung, die stets mit Gründen zu versehen ist, kann der Rechtsmittelkläger jedoch eine Fortführung des Rechtsstreits noch durch eine erfolgreiche Nichtzulassungsbeschwerde (*Agravo de Instrumento* – AI) erreichen.[1462] Diese stellt vor dem STF (noch) eine eigenständige Prozessklasse dar.[1463] In der Vergangenheit und bis heute sind rechtstatsächlich stets ähnlich viele Außerordentliche Rechtsmittelprozesse im Wege der Nichtzulassungsbeschwerde vor das STF gelangt wie auf eine positive Zulassungsentscheidung des Ausgangsgerichts hin.

Art. 544 f. CPC sind die Sonderregelung für Nichtzulassungsbeschwerden zum STF (ebenso zum STJ) gegenüber den Art. 524 ff. CPC, die allgemeine und hier größtenteils verdrängte Regeln für den Rechtsbehelf des *Agravo* in seinen viel reformierten und verschiedenen Erscheinungsarten gegen nicht-instanzabschließende gerichtliche Entscheidungen wie Verfügungen, Zwischenentscheidungen und eben die Zulassung von Rechtsmitteln beinhalten.

Wurde das Außerordentliche Rechtsmittel nicht zugelassen,[1464] ist die Nichtzulassungsbeschwerde zum STF grundsätzlich binnen einer Frist von zehn Tagen statthaft.[1465] Wenn das Ausgangsgericht es nicht vermag, binnen 30 Tagen nach Einlegung des Rechtsmittels über die Zulassung zu entscheiden, ist die Nichtzulassungsbeschwerde schon aufgrund dieser Untätigkeit ebenfalls statthaft.[1466] Adressat der Nichtzulassungsbeschwerde, für die weitere Kosten i.Ü. nicht zu entrichten sind, ist zunächst wieder das Präsidium beim Ausgangsgericht.[1467]

Der Beschwerdeführer hat mit dieser die Zulässigkeit des Rechtsmittels darzulegen. Die Nichtzulassungsbeschwerde wird zurückgewiesen, wenn die für das Verständnis des Rechtsstreits wesentlichen Unterlagen nicht eingereicht werden, dies sind etwa das angegriffene Urteil, die Rechtsmittelantragsschrift und die

1462 Der AI ist der einzige hier statthafte Rechtsbehelf gegen die Nichtzulassung; der Rechtsmittelkläger kann – wegen der Systematik des Art. 543-A CPC – keine Beschwerde an das STF mit der Begründung erheben, dass allgemeine Auswirkungen gegeben seien; deren Existenz wird erst beim STF verifiziert (STF, Rcl. 7.569/SP, BE Ellen Gracie, DJe v. 11.12.2009).

1463 Insoweit ist jedoch gegenwärtig ein Reformprojekt (PLC 192/09) im Nationalkongress anhängig, demzufolge es keine Trennung der Akten der Nichtzulassungsbeschwerde (die dann – in Übereinstimmung mit dem zurzeit reformierten CPC – nur *Agravo* heißt) vom RE-Verfahren mehr geben soll.

1464 Art. 542 § 1 CPC verlangt theoretisch eine Entscheidung des Ausgangsgericht binnen 15 Tagen nach Anhörung der Gegenseite.

1465 Art. 544 CPC; Art. 313 II RISTF. Vor dem TSE ist die Frist mit lediglich drei Tagen abermals kürzer (Art. 282 i.V.m. 279 Wahlgesetzbuch [G 4.737/1965]), der bei Fristversäumnis sogar eine Geldbuße vorsieht).

1466 Art. 313 III RISTF (Fiktion der Nichtzulassung).

1467 Dazu und zu den folgenden Verfahrensschritten s. Art. 544 § 2 CPC.

Nichtzulassungsentscheidung des Ausgangsgerichts.[1468] Um der Zurückweisung aus diesem Grund vorzubeugen, kann der Beschwerdeführer dem Antrag fakultativ weitere für nützlich erachtete Schriftstücke beifügen.[1469]

Der Beschwerdegegner bekommt die Gelegenheit zur Erwiderung binnen zehn Tagen nach der Nichtzulassung. Anhand der beiderseitigen Schriftsätze kann der Präsident des Ausgangsgerichts doch noch die Zulassung des Rechtsmittels erklären (was praktisch seltener vorkommt). Ansonsten werden im Anschluss daran die Akten dem STF zugeleitet,[1470] welches bei der Behandlung der Nichtzulassungsbeschwerde nach Geschäftsordnung zu verfahren hat. Einzige Ausnahme für die Pflicht zur Weiterleitung ist Art. 543-B CPC, der nach Auswahl repräsentativer Rechtsmittel durch das Ausgangsgericht gerade das Ruhenlassen der weiteren Rechtsmittel anordnet.

Die Nichtzulassungsbeschwerde hat – wie schon das Rechtsmittel selbst, dem sie dient – keinen Suspensiveffekt;[1471] die vorläufige Vollstreckung kann also im Regelfall bereits in Gang gesetzt werden. Allerdings kann (bzw. „muss" im Falle der Ermessensreduzierung auf Null) der Berichterstatter auf Antrag in begründeten Fällen eines drohenden schwerwiegenden oder schwer reparablen Schadens die aufschiebende Wirkung der Beschwerde bis zur endgültigen Entscheidung des Senats anordnen (i.Ü. auch wieder aufheben) oder den Anspruchsinhalt in vorweggenommenem Rechtsschutz bereits ganz oder teilweise zusprechen.[1472]

Beim STF untersucht der Berichterstatter anhand der Unterlagen die Zulassungsfähigkeit (es kommt also stets zu einer doppelten Prüfung) und eine eventuelle zwischenzeitliche Erledigung, er nimmt die Stellungnahme des *Procurador-Geral da República* entgegen und kann einzelrichterlich über den Aufstieg des Rechtsmittels in die höhere Instanz, zum Spruchkörper des STF als *iudex ad quem*, entscheiden.[1473]

Allein in zwei „Extremfällen" – kongruent zur Regelung für das eigentliche Rechtsmittel in Art. 557 CPC und vor dem Hintergrund des Art. 21 §§ 1, 2 RISTF – ist der Berichterstatter auch im Rahmen der Nichtzulassungsbeschwerde befugt, den gesamten Prozess bereits zu diesem Zeitpunkt zu beenden: Falls er offenkundige Mängel in der Zulässigkeit oder der Begründetheit oder einen Verstoß des

1468 Ls. 288 und 639. Vgl. Art. 544 § 1 CPC für die notwendigen Dokumenten und Art. 524 CPC für die Angaben in der Beschwerdeschrift; zur Formstrenge auch P. Moreira Reis, Consulex 226 (2006), 63 ff. m.N.

1469 Art. 525 II CPC.

1470 Unterbleibt die Weiterleitung, wird damit die Kompetenzausübung des STF verhindert, so dass eine Beschwerde nach Art. 100 I l) CF Aussicht auf Erfolg hat (entschieden in einem sinngemäßen Fall für das Besondere Rechtsmittel durch STJ, Rcl. 1236/RS, BE Asfor Rocha, DJ v. 17.12.2004).

1471 Art. 497, 2. Hs., CPC.

1472 Art. 527 i.V.m. Art. 558 bzw. 273 CPC.

1473 Interne Zuständigkeit und Verfahren gemäß Art. 21 VI und 315 RISTF.

Rechtsmittels gegen ständige Rechtsprechung oder einen förmlichen Leitsatz des STF erblickt, kann er es endgültig zurückweisen.[1474] Wenn hingegen das angefochtene Urteil ständiger Rechtsprechung des STF oder einem Leitsatz zuwiderläuft, kann der Berichterstatter nicht nur über die Nichtzulassungsbeschwerde erkennen, sondern auch, wenn der Antrag den für die Beurteilung der Begründetheit erforderlichen Inhalt aufweist, sogleich dem Außerordentlichen Rechtsmittel selbst stattgeben.[1475] Diese Art der Schnell-Entscheidung durch den Berichterstatter, der von sich aus die Nichtzulassungsbeschwerde als unzulässig oder unbegründet abweist oder das angefochtene Urteil ändert, ist jedoch ausgeschlossen, wenn gleichzeitig ein Besonderes Rechtsmittel vor dem STJ gegen die Ausgangsentscheidung anhängig ist, da dieses zwingend vorrangig zu bescheiden ist. Kommt es zu einer Schnell-Entscheidung, ist in jedem Fall wie üblich der Einspruch binnen fünf Tagen an für das Rechtsmittelverfahren zuständige Organ, also den Senat im STF, statthaft.[1476]

Ansonsten bleibt dem Berichterstatter nur, die Umwandlung der Nichtzulassungsbeschwerde zum Außerordentlichen Rechtsmittel zu bestimmen[1477] und damit über den effektiven Aufstieg zum höchsten Gericht zu entscheiden, so dass ab diesem Zeitpunkt das Verfahren über das Außerordentliche Rechtsmittel zu beachten ist, genauso so als hätte das Ausgangsgericht von vornherein eine positive Zulassungsentscheidung getroffen. Er bleibt auch für das anschließende Verfahren des Außerordentlichen Rechtsmittels in der Funktion des Berichterstatters,[1478] da eine Neuverteilung wenig Sinn machen würde. Die Entscheidung über den Aufstieg des Rechtsmittels beendet zwar den Prozess des AI, bedarf aber keines *acórdãos*,[1479] also der sonst üblichen Form, in der Prozesse unter Beteiligung mehrerer Richter beendet werden, da die Umwandlung ersichtlich nur einen Zwischenschritt in der Rechtsfindung darstellt. Die Stattgabe der Nichtzulassungsbeschwerde bedeutet ausdrücklich keinesfalls eine positive Präjudizierung für die Frage nach dem Erfolg des Außerordentlichen Rechtsmittels;[1480] denn im Rahmen jener Beschwerde konnten eben nur die genannten extremeren, „offenkundigen“ Fälle eine Prozessbeendigung zur Folge haben.

1474 Art. 21 § 1 RISTF, dessen Geltung für den AI das Gesetzesrecht voraussetzt (vgl. Art. 545 CPC).

1475 Art. 544 § 3, 4 CPC, Art. 21 § 2 RISTF.

1476 Art. 545 CPC (sog. *Agravo Interno*). Dabei sind die Bestimmungen in Art. 557 §§ 1 und 2 CPC (Regelung für die Berichterstatter-Entscheidungen bei Rechtsmitteln allgemein) zu beachten, s. dazu eingehend bereits o. B.III.

1477 Anders *de lege ferenda* nach dem anhängigen Reformvorhaben PLC 192/09 (o. Fn. 1463), wonach die Nichtzulassungsbeschwerde ohnehin Teil einheitlichen RE-Verfahrens ist.

1478 So Art. 69 RISTF.

1479 Art. 93 § 1 RISTF.

1480 Deutlich Art. 21 VI (Bestimmung des Aufstiegs durch den BE „zur besseren Prüfung“) und 316 RISTF („Der Erfolg der Nichtzulassungsbeschwerde … beeinträchtigt nicht die Untersuchung und Beurteilung des nicht zugelassenen Rechtsmittels zur gegebenen Zeit“).

4. Verfahren und Entscheidung

Beim STF prüft der Berichterstatter für den Senat die Zulässigkeit des Rechtsmittels erneut, auch wenn diese schon in der Zulassungsentscheidung durch das Ausgangsgericht vorgeprüft wurde (wegen der weithin als unnötig empfundenen Doppelung wird bisweilen auch die Abschaffung des vorgeschalteten Zulassungsverfahrens vor dem Ausgangsgericht und des Art. 544 CPC gefordert), sowie die Begründetheit, um möglichenfalls eine Schnell-Entscheidung nach Art. 557 CPC zu treffen. In dem oben beschriebenen Verfahren ist die Frage der allgemeinen Auswirkungen zu klären.

Dem Rechtsmittelbeklagten wird eine Frist von 15 Tagen zur Erwiderung gewährt.[1481] Einreichung und Zustellung prozessualer Schriften erfolgen nunmehr ganz im Wege des „elektronischen Prozesses".[1482]

Umfasst die mit dem Rechtsmittel angegriffene Entscheidung verschiedene voneinander unabhängige Teile, kann das STF i.Ü. die gesamte Entscheidung überprüfen, auch wenn das Ausgangsgericht nur einzelne Teile zugelassen hat.[1483] Aufgrund des umfassenden Devolutiveffekts entscheidet es den gesamten Rechtsstreit selbst, grundsätzlich nicht lediglich einzelne Rechtsfragen unter Zurückverweisung an das Ausgangsgericht i.Ü.[1484]

Zu einer erneuten Tatsachenuntersuchung durch das STF kommt es hingegen keinesfalls.[1485] Die tatrichterlichen Erkenntnisse werden als gegeben hingenommen; die Aktenlage kann allenfalls auf neue Weise rechtlich gewürdigt werden. Es ist sogar so, dass schon der Berichterstatter das Außerordentliche Rechtsmittel wegen offensichtlicher Unbegründetheit beschleunigt nach Art. 557 CPC allein abweisen kann, wenn auf diesem Wege dem Vorbringen nach lediglich eine Neubetrachtung der Tatsachenlage angestrebt wird. Auf einen entsprechenden Einspruch der Partei hin kann der Berichterstatter dann auch eine Geldbuße verhängen.[1486]

Das Verfahren des Außerordentlichen Rechtsmittels ist dasjenige, in welchem es beim STF auch am häufigsten zu einer (inzidenten) Normenkontrolle kommt.[1487] Es hat in der Rechtsmittelzuständigkeit nicht nur von den behandelten

1481 Art. 508 CPC.

1482 Vgl. schon STF (Hrsg.), Planejamento Estratégico 2009–2013, 17 mit Ziel einer Umsetzung bis Dezember 2009 und die Resolution Nr. 417 v. 20.10.2009 über das sog. „e-STF".

1483 Ls. 528.

1484 Ls. 456; M.F.U. Nagib, RDE 7 (2007), 141 (145 ff. unter Angabe von Ausnahmen zu diesem Leitsatz, in denen das STF für eine nachfolgende Tatsachenwürdigung zurückverwiesen hat).

1485 A. de Moraes, Direito Constitucional, 2003, 473. Ls. 279: „Ein RE ist nicht statthaft für die schlichte erneute Prüfung von Beweisen."

1486 Das STF verhängte z. B. in RE (AgR) 345.010/MG, BE Marco Aurélio, DJe v. 13.2.2009, z. B. 5 % des Gegenstandswerts.

1487 G. Cardoso Jeveaux/E. Ferreira Pepino, in: Faculdade de Direito de Vitória, Anúario 2005, 74 (107 f.).

Gegenständen her, sondern auch verfahrensrechtlich eine Objektivierung und eine Annäherung an das Prozedere der abstrakte Normenkontrolle stattgefunden: Auch hier werden nun neben dem *Ministério Público* die normerlassende Stelle und weitere interessierte Organe und Körperschaften angehört sowie auf Wunsch und per Schriftsatz die weiteren in Art. 103 CF aufgezählten Antragsberechtigten.[1488] Die Normenkontrollfragen übersteigen die Kompetenz des Senates: Für eine Entscheidung auf Verfassungswidrigkeit einer Rechtsnorm gilt der oben bereits erwähnte Plenarvorbehalt gemäß Art. 97 CF. Eine Ausnahme wird davon gemacht, wenn sich bereits vorhergehend das Plenum des STF zu der Verfassungsfrage geäußert hatte.[1489] Das STF hatte entschieden, dass es eine inzidente Normenkontrollen grundsätzlich nicht *ex officio* vornimmt, wenn die Parteien beide von der Gültigkeit ausgehen und sich nur über die Rechtsanwendung streiten;[1490] es ist hiervon aber auch schon abgewichen.[1491]

Grundsätzlich sind für verfassungswidrig erkannte Normen mit Wirkung *ex tunc* nichtig. Wie in anderen Verfahren,[1492] in denen eine konkrete Verfassungskontrolle stattfinden kann, wurde dies jedoch in letzter Zeit, insbesondere seit der Existenz und vermehrten Anwendung des Art. 27 G 9.868/1999 in der abstrakten Normenkontrolle, vom STF nicht mehr kategorisch so gesehen und öfter eine zeitliche Modifikation vorgenommen.[1493]

Die Entscheidung wirkt grundsätzlich nur *inter partes* und bindet niemand anderen als die Parteien des Rechtsstreits. Das STF, wie alle anderen Gerichte des

1488 Art. 482 CPC, eingefügt durch das NormenkontrollG 9.868/1999; vgl. B. Mattos e Silva, RBDPro 62 (2008), 39 (45 f.).

1489 Art. 481 CPC i.d.F. seit 1998; STF, AI (AgR) 168.149, BE Marco Aurélio, DJ v. 4.8.1995. Eine Verkündung des Urteils muss dafür noch nicht erfolgt sein (RE [AgR] 212.852/SP, BE Moreira Alves, DJ v. 26.6.1998).

1490 RE 117.805/PR, BE Sepúlveda Pertence, DJ v. 27.8.1993.

1491 Vgl. RE 219.934 ED/SP, BE Ellen Gracie, DJ v. 26.11.2004, wo es eine Norm *ex officio* für verfassungswidrig erklärt hat, auf die es inzident ankam.

1492 Z. B. in den Verfahren der Freilassungs- und der Sicherungsverfügung (etwa HC 82.959, BE Marco Aurélio, DJ v. 1.9.2006 bzw. MS 26.602, BE Eros Grau, DJe v. 17.10.2008, die jeweils Zeitpunkte für das Wirksamwerden des Entschiedenen festsetzten).

1493 Eine analoge Anwendung der Varianten des Art. 27 G 9.868/99, der dem STF die Rechtsmacht verleiht, den Wirkungszeitpunkt nach Ermessen zu bestimmen, ist streitig, setzt sich jedoch durch. Im Fall „Mira Estrela" – es ging um die Verringerung der kommunalgesetzlichen Anzahl von Kommunalverordneten auf eine zur Einwohnerzahl proportionale Anzahl nach Maßgabe des Art. 29 CF (STF, RE 197.917/SP, BE Maurício Corrêa, DJ v. 7.5.2004) – ordnete das STF eine Wirkung *pro futuro* an und begründete dies mit dem Prinzip der Rechtssicherheit, da die lokalen Parlamente bereits gewählt waren: Es liege eine „außergewöhnliche Situation" vor, „bei der die Nichtigerklärung mit ihrer normalen Wirkung *ex tunc* zu einer schwerwiegenden Bedrohung des ganzen geltenden Gesetzgebungssystems führen würde". Ebenso schon vor Inkrafttreten des Art. 27 in RE 122.202/MG, BE Francisco Rezek, DJ v. 8.4.1994, wo eine retroaktive Rückzahlungspflicht von Gratifikationen aufgrund eines verfassungswidrigen Gesetzes verneint wurde. Ohne sich wörtlich auf Art. 27 zu beziehen, nähert das STF damit abstrakte und konkrete Normenkontrolle einander an.

Landes, kann als verfassungswidrig erkannte Rechtsnormen unabhängig von ihrer Urheberschaft aus eigener Machtvollkommenheit im Rahmen der Inzidentkontrolle nicht allgemeingültig für nichtig erklären;[1494] die Verfassung verlangt in Art. 52 X CF vielmehr, wie oben ebenfalls bereits angesprochen, dass der Bundessenat die Wirkung der Rechtsnorm – nach Mitteilung durch das STF – noch durch Beschluss aussetzt, damit ein Effekt *erga omnes* herbeigeführt werde, wobei derzeit ein Prozess anhängig ist, in dem nunmehr diskutiert wird, ob der Bundessenat noch ein eigenes Ermessen hat oder vom STF lediglich als „Publikationsstelle" eingestuft werden soll.[1495] Die Aussetzung mit Allgemeinverbindlichkeit durch den Bundessenat wirkte bislang stets *ex nunc*.[1496] Ob daran für jeden Fall festgehalten wird, wenn eine Allgemeinverbindlichkeit der Ausspruchs über die Norm schon seitens STF reklamiert wird, ist angesichts von dessen i.Ü. angenommenen Modifikationsbefugnissen, die für Einzelfallgerechtigkeit sorgen sollen, zu bezweifeln. Traditionell hat jedenfalls vor dem Tätigwerden des Bundessenats, dass viele Monate auf sich warten lassen konnte, auch die Verwaltung die Rechtsnorm weiter anzuwenden. Eine einmal getroffene Aussetzungsentscheidung soll der Bundessenat später nicht durch erneuten Beschluss widerrufen können;[1497] er könnte allenfalls – was aber bei unveränderter Sach- und Verfassungslage wohl nur ein theoretischer Gedanke ist – in ein neues Gesetzgebungsverfahren zur selben Materie eintreten.

Wendet das STF eine Norm an und zeigt damit, dass es sie nach inzidenter Kontrolle für verfassungsgemäß hält, bindet dies die anderen Gerichte rechtlich nicht, wie dies bei Entscheidungen im Bereich der ADC der Fall wäre. Eine faktische Bindung ist jedoch nicht zu leugnen, da widersprechende Urteile von ihnen – wieder vorausgesetzt, die Sach- und Verfassungsrechtslage bleibt unverändert – keine Aussicht auf Fortbestand im Rechtsweg hätten. Es sind dann auch Auswirkungen auf die abstrakte Normenkontrolle gegeben: Ein Antrag in einem nachfolgenden Verfahren der ADI kann in Bezug auf die betreffende Norm wegen offen-

1494 Allein bei völkerrechtlichen Verträgen i.S. des Art. 102 III b) CF i.Ü. kann die Folge der Verfassungswidrigkeit freilich niemals deren Nichtigkeit sein, vielmehr ist deren Anwendung lediglich auf nationaler Ebene auszusetzen (A. Ramos Tavares, Curso de Direito Constitucional, a.a.O., 350).

1495 S. dazu die Voten in STF, Rcl. 4.335/AC, BE Gilmar Mendes, 19.4.2007, Inf. 463 (nicht abgeschlossen); a.A. Votum Gilmar Mendes, 1.2.2007, Inf. 454. Für die a.A. spricht die – durch das 2007 ins Werk gesetzte Erfordernis der allgemeinen Auswirkungen – erreichte Objektivierung des Verfahrens und die Stellung des STF als Hüter der Verfassung (eine schon hieraus folgende Pflicht der übrigen Gerichte, sich am STF zu orientieren, unterstreicht auch AI 461.289, BE Gilmar Mendes, DJ v. 2.9.2003), ebenso das Anliegen, multiple Prozesse zu verhindern. Zu einer Wirkung *erga omnes* ohne Zwischenschaltung des Bundessenats krit. G.S. Leite, OJC Jg. 2 (2008/09), der wie der *Ministro* Joaquim Barbosa in dessen Votum zu Recht auch auf die verbleibende Option des STF verweist, einen bindenden Leitsatz zu verabschieden (S. 20 ff.). S. zur Rolle des Senats schon o. A.I.2 mit Fn. 351 und A.VI.1.f.

1496 A. Ramos Tavares, Curso de Direito Constitucional, 373; P. Lenza, a.a.O., 113.

1497 STF, MS 16.512, BE Oswaldo Trigueiro, DJ v. 31.8.1966.

sichtlicher Unbegründetheit *a limine* nach Art. 4 G 9.868 abgewiesen werden,[1498] mit einen Antrag im Verfahren der ADC hingegen kann mit hohen Erfolgsaussichten eine auch rechtliche Verbindlichkeit i.S. des Art. 102 § 2 CF erwirkt werden.

Nach Art. 546 CPC sind (die gemäß der Geschäftsordnung zu behandelnden und daher binnen 15 Tagen zulässigen) Anträge von Beteiligten wegen Divergenz zulässig, wenn die Entscheidung von einer Entscheidung des anderen Senats oder des Plenums abweicht.

5. Der einstweilige Rechtsschutz im Rahmen der Rechtsmittelzuständigkeit des Supremo Tribunal Federal

Das STF kann im Rahmen seiner Rechtsmittelzuständigkeit – neben dem besprochenen Antrag aus Art. 558 CPC innerhalb des Verfahrens der Nichtzulassungsbeschwerde – auch in gesonderten Verfahren zur Erlangung einstweiligen Rechtsschutzes angerufen werden.

a. Die Einstweilige Rechtsschutzklage

Einstweilige Anordnungen können, wie schon bei den Verfahren zum Schutz subjektiver Rechtspositionen deutlich wurde, vor dem STF auch in anderen als nur den von Art. 102 I p) CF erwähnten Normenkontrollklagen beantragt werden.[1499] Beim *Mandado de Segurança* können etwa erforderliche einstweilige Sicherungsmaßnahmen, wie gezeigt, innerhalb desselben Verfahrens ergehen, ebenso innerhalb desselben Verfahrens können bei der *Reclamação* vor anderen Gerichten anhängige Prozesse einstweilen ausgesetzt werden, in denen Zuständigkeiten oder Entscheidungen des STF missachtet zu werden scheinen, und bei Kompetenzkonflikten kann z. B. eine einstweilige Zuweisung einer Streitsache an ein Gericht erfolgen.[1500] Auch im Rahmen der Rechtsmittelzuständigkeit des STF besteht zum Zwecke des effektiven Rechtsschutzes fraglos ein Bedürfnis an einem Eilverfahren. Dieser wird im Rahmen einer eigenständigen Klage erreicht. Deren Zulässigkeit ergibt sich auch hier aus der allgemeinen richterlichen Befugnis zu einstweilen Anordnungen im Prozess und ist von der Geschäftsordnung anerkannt.[1501] Im Prinzip enthalten die Art. 796 ff. CPC im allgemeinen Zivilprozessrecht die an-

1498 So STF, ADI (AgR) 4.071, BE Menezes Direito, DJe v. 16.10.2009.

1499 Die Entscheidung wird dann jeweils im Aktenzeichen mit dem Zusatz MC (*medida cautelar* – einstweilige Maßnahme) gekennzeichnet.

1500 S. für diese Fälle Art. 7 III G 12.016/2009 und 158, 166 RISTF.

1501 A. Ramos Tavares, Curso de Direito Constitucional, 369, und schon Art. 304 RISTF.

wendbaren Rechtsgedanken, auch wenn das STF diese Vorschriften nicht unmittelbar anwendet.[1502]

Bei der einstweiligen Rechtsschutzklage (AC – *Ação Cautelar*) handelt es sich zwar um eine eigene Klageart; diese hat aber einen akzessorischem Bezug zu einem Hauptsacheprozess,[1503] dessen Streitgegenstand sie präventiv zu wahren bestimmt ist und dessen Durchführung sie damit vorläufig sicherstellen soll. Sie dient nicht der endgültigen Befriedigung materieller Rechte und beantwortet die Frage der Begründetheit von Ansprüchen nicht.

Die AC hat große praktische Relevanz insbesondere im Rahmen der Zuständigkeit für die Außerordentlichen Rechtsmittel, deren Einlegung eben, wie gezeigt, keinen Suspensiveffekt zugunsten des Rechtsmittelklägers hervorruft. Die ordentlichen Rechtsmittel sind hingegen, wie festgestellt, i.d.R. bereits *ex lege* mit Suspensiveffekt ausgestattet. Die Nichtzulassungsbeschwerde schiebt den Fortgang des Prozesses als solche ebenfalls grundsätzlich nicht zugunsten des Beschwerdeführers auf;[1504] der Berichterstatter kann allenfalls nach der Geschäftsverteilung einer Nichtzulassungsbeschwerde von Fall zu Fall aufschiebende Wirkung nach Maßgabe des erwähnten Art. 558 CPC verleihen. Auch bei einer Anordnung des Ruhenlassens von Rechtsmitteln nach Art. 543-B CPC bei massenhaft identischen Verfahren ist eine Vollstreckung durch den bis dorthin obsiegenden Teil zunächst weiterhin erlaubt.

Nach dem STF ist „die Zuerkennung von Suspensiveffekt für das Außerordentliche Rechtsmittel […] eine ausnahmsweise Maßnahme, die sich wegen des Risikos einer Ineffizienz der Justizgewährung und durch eine hohe Plausibilität des Rechtsmittelvorbringens rechtfertigt".[1505] Dem Rechtsmittelkläger ist i.d.R. damit gedient, dass das von ihm angefochtene und ihn belastende Urteil einstweilen keine Wirkungen zeitigt und die im Instanzenzug obsiegende Partei keine Vollstreckung betreiben kann. Das Klageziel bei der Einstweiligen Rechtsschutzklage muss aber nicht die Anordnung aufschiebender Wirkung sein, sondern kann darüber hinausgehend auch in anderen angemessenen gerichtlichen Maßnahmen bestehen, und zwar in allen, die „notwendig [sind] zum Schutz des Rechts vor schwerem Schaden, dessen Reparatur unsicher ist, oder zur Sicherstellung der Wirksamkeit der Hauptsacheentscheidung".[1506] Dahinter stehen jeweils allgemein die Rechtsgedanken der Eilbedürftigkeit und der hinreichenden Anspruchswahrscheinlichkeit.

1502 Vgl. Pet. (QO) 2.851, BE Moreira Alves, DJ v. 7.3.2003.

1503 Art. 796 CPC. Der Hauptsacheprozess muss danach jedoch noch nicht notwendigerweise anhängig gemacht worden sein; neben der prozessinzidenten Variante (*Ação Cautelar incidente*) existiert auch die Figur der vorbereitenden einstweiligen Rechtsschutzklage (*Ação Cautelar preparatória*). Bei letzterer ist die Hauptsacheklage zur Vermeidung einer Verfahrenseinstellung zwingend binnen 30 Tagen einzulegen (Art. 806 CPC).

1504 Vgl. o. B.V.3.

1505 AC (MC-AgR) 2.277, BE Joaquim Barbosa, DJ v. 1.7.2009.

1506 Art. 21 IV RISTF. S. auch Art. 798 CPC.

Das Gericht der Hauptsache ist stets auch für das Eilverfahren zuständig.[1507] Die innergerichtliche Zuständigkeit beim STF folgt ebenfalls jener der Hauptsache; sie kann also grundsätzlich beim Plenum liegen, liegt aber jedenfalls in den Rechtsmittelsachen ursprünglich bei einem Senat.[1508] Dem Plenum kann die Sache durch den Berichterstatter (der derselbe wie ggf. in der Hauptsache ist) vorgelegt werden. Bei gesteigerter Eilbedürftigkeit kann der Berichterstatter die erforderliche Rechtsschutzmaßnahme zunächst auch selbst bestimmen.[1509] Letzterenfalls obliegt dem Kollegialorgan die nachfolgende Ratifikation oder eine Korrektur der Maßnahme des Berichterstatters.

Voraussetzungen für den Erfolg eines Antrags sind die folgenden: die positive Zulassungsentscheidung für das Rechtsmittel durch das Gericht *a quo* oder u.U. eine erhobene Nichtzulassungsbeschwerde (ab diesem Zeitpunkt nämlich wird das STF zum Gericht der Hauptsache), die Zulässigkeit des Rechtsmittels sowie eine schlüssige Glaubhaftmachung der Existenz des materiellen Rechts (sog. *fumus boni iuris*) und der Nachweis der Dringlichkeit (Gefahr im Verzug, sog. *periculum in mora*).[1510] Zu einer Folgenabwägung, wie sie durch das BVerfG für eine einstweilige Anordnung gemäß § 32 BVerfGG praktiziert wird, kommt es also nicht.

Im Eilrechtsschutz müssen die Anforderungen zur Feststellung allgemeiner Auswirkungen wegen des einstweiligen Charakters nicht befolgt werden. Das Wesen des Eilrechtsschutzes würde dem entgegenstehen, ebenso die gerade in Art. 102 § 3 CF zum Ausdruck kommende Vermutung für das Vorhandensein allgemeiner Auswirkungen.[1511]

Solange keine Zulassungsentscheidung über das Außerordentliche Rechtsmittel durch das Gericht *a quo* erfolgt ist, ist es im Grundsatz nicht statthaft, einstweiligen Rechtsschutz schon beim STF zu beantragen;[1512] ein Antrag wäre bis dahin an das Gericht *a quo* zu richten, in dessen instanziellen Zuständigkeitsbereich das STF

1507 Art. 800 CPC.
1508 Art. 8 I RISTF.
1509 Art. 21 IV, V RISTF.
1510 So in einem Obersatz zusammengefasst etwa in STF, AC (MC-QO) 2.177, BE Ellen Gracie, DJe v. 12.2.2009; s. auch C.B. Horbach, Revista Jurídica 312 (2003), 51 (71 f.). Für die Eilbedürftigkeit s. Art. 798 CPC. In Pet. (QO) 2.851, BE Moreira Alves, DJ v. 7.3.2003, wurde i.Ü. bereits das durch einen *Ministro* gestellte Begehren der vertiefenden Einsichtnahme in die Akten (und die damit verbundene Verlängerung des Hauptsacheprozesses) für den Berichterstatter als hinreichend für einen einstweiligen Anordnungsgrund angesehen.
1511 G. Beux Nassif Azem, a.a.O., 98 f.
1512 Ls. 634 f.

nicht vorschnell von oben eingreifen darf.[1513] Nach positiver Zulassungsentscheidung ist das STF der richtige Adressat. Dann kann es auch in der Vorinstanz gewährten einstweiligen Rechtsschutz nach eigener Neubeurteilung der Voraussetzungen aufheben.[1514] Nur ausnahmsweise wird diese Aufteilung durchbrochen, nämlich wenn die Zulassungsentscheidung durch den Präsidenten des Ausgangsgerichts so verzögert wird, dass das Rechtsschutzziel ansonsten nicht mehr erreicht werden kann,[1515] oder im Falle des Art. 543-B § 1 CPC, wenn das Ausgangsgericht massenhaft auftretende Rechtsmittel zunächst ruhen lassen muss, bis das STF über das Bestehen allgemeiner Auswirkungen entschieden hat.[1516] Dann erlangt das STF die Sachherrschaft. Das Gericht kann nach eigener Rechtsprechung zudem nach einer negativen Zulassungsentscheidung angerufen werden, wenn bei ihm schon eine Nichtzulassungsbeschwerde anhängig ist, irreparabler Schaden droht und die angegriffene Entscheidung gegen eine ständige Rechtsprechung des STF verstößt.[1517]

Der Gegner bekommt eine Erwiderungsfrist von fünf Tagen; wenn es zur Wirksamkeit des Rechtsschutzes geboten ist, kann auf die Anhörung verzichtet werden, dann aber hat der Begünstigte eine Kaution zur Sicherung möglicherweise entstehender Schadensersatzforderungen zu hinterlegen.[1518]

Die Anordnung hat während des Prozesses Bestand, ist aber jederzeit widerruflich und endet auch, wenn die Klage ohne Anhängigmachung eines Hauptprozesses – also vor dem STF das Außerordentliche Rechtsmittel – erfolgt war, spätestens nach 30 Tagen.[1519]

1513 Eine Gewährung von einstweiligem Rechtsschutz durch das Ausgangsgericht kann i.Ü. keinerlei Aussage über die spätere Annahmefähigkeit des Rechtsmittels beim STF und das Bestehen allgemeiner Auswirkungen treffen. Es darf die Erfolgsaussichten – ebenfalls wegen der rechtlichen Vermutung für allgemeine Auswirkungen – komplett würdigen. Diese Arbeitsteilung ist praktisch und wahrt die Kompetenzordnung (a.A. M.L. Volkmer de Castilho, RP 151 [2007], 99 [114]). Wegen Art. 543-A § 5 CPC kann das Ausgangsgericht nach Ablehnung allgemeiner Auswirkungen in einem entsprechenden Sachverhalt allerdings keinen einstweiligen Rechtsschutz mehr zusprechen.

1514 STF, AC (QO) 1.775, BE Gilmar Mendes, DJ v. 23.11.2007.

1515 STF, AC (QO) 1.810, BE Celso de Mello, DJ v. 31.10.2007; Voraussetzungen abgelehnt in AC (MC-AgR) 1.338, BE Joaquim Barbosa, DJe v. 20.6.2008.

1516 STF, AC (MC-Plenum) 2.168, BE Celso de Mello, 4.11.2008, Inf. 527. Schon vor Inkrafttreten des Art. 543-B CPC hatte das STF bei massenhaft gleichartigen Verfahren die Suspendierungswirkung nach einem Antrag in einem Verfahren auf alle anderen ausgedehnt (AC [MC] 272/RJ, BE Ellen Gracie, DJ v. 25.2.2005, betreffend über 1 Mio. Steuerzahler).

1517 AC (QO) 1.770, BE Gilmar Mendes, DJ v. 19.10.2007; AC (QO) 1.641, BE Celso de Mello, DJe v. 12.12.2008.

1518 Art. 803 f. CPC.

1519 Art. 807 f. CPC.

b. Der einstweilige Rechtsschutz zugunsten der öffentlichen Gewalt durch Aussetzung der Vollziehung von Eilentscheidungen anderer Gerichte

aa. Einordnung und Grundlagen der Verfahrensart

Das STF ist ferner unter bestimmten Umständen zuständig für die Gewährung von einstweiligem Rechtsschutz zugunsten der öffentlichen Gewalt in laufenden Prozessen vor den ihm direkt untergeordneten Gerichten, in denen ein Beteiligter seinerseits durch das jeweilige Gericht einstweiligen Rechtsschutz erlangt hat.[1520] Es kann die sofortige Vollziehung einer einstweiligen Rechtsschutzmaßnahme eines untergeordneten Gerichts wieder aussetzen und damit den dortigen Ursprungsprozess wieder in die Lage zurückversetzen, in der er sich ohne die einstweilige Anordnung befand. Man könnte somit von „einstweiligem Rechtsschutz gegen einstweiligen Rechtsschutz" sprechen.[1521]

Der Präsident des STF, bei Verhinderung vertreten durch den Vizepräsidenten und dieser wiederum ggf. vertreten gemäß der Dienstalterfolge im Gericht,[1522] hat die ausschließliche Organkompetenz. Er fungiert dabei wohlgemerkt nicht als Berichterstatter für den Spruchkörper *ad referendum*, sondern entscheidet in diesem Verfahren allein.

Es handelt sich vor dem STF um ein reines Aussetzungsverfahren: Der einstweilige Rechtsschutz durch den Gerichtspräsidenten kann auf diesem Wege allein durch eine Aussetzung der sofortigen Vollziehung, nicht etwa durch die Anordnung positiver Maßnahmen wie oben erfolgen.[1523]

Der Eingriff durch das STF erfolgt ausschließlich in Wahrnehmung des öffentlichen Interesses, welchem grundsätzlich der Vorzug vor individuellen Interessen eingeräumt ist. Das Gericht soll mit dieser in untere Instanzen eingreifenden Aussetzungskompetenz nur den Staat, seine Handlungsfähigkeit und die Durchführung seiner Politiken, nicht aber Individualinteressen schützen.

Seiner Art nach ist dies kein exklusives, typisches Vorrecht des STF, denn auch jedes andere Gericht, zu dem Rechtsmittel eröffnet sind, d.h. von der zweiten Instanz aufwärts, ist damit prozessordnungsgemäß in Relation zu den ihm untergeordneten Spruchstellen ausgestattet. Das jeweilige Gerichtspräsidium kann damit – auf Antrag und vorbehaltlich der Erfüllung von engen Tatbestandsvoraussetzungen – in laufende Prozesse der nächst niedrigeren Instanz intervenieren und eine Aussetzung von Eilmaßnahmen vornehmen. Bezüglich von Eilrechtsschutzmaß-

1520 Ausführlicher zu diesem in der Lehre sonst nur in geringerem Maße behandelten Rechtsinstitut C.R. Dinamarco, RF 363 (2002), 17 ff.

1521 L.J. Carneira da Cunha, A Fazenda Pública em juízo, 470: „*contracautela*".

1522 Art. 37 RISTF.

1523 Den umgekehrten Fall ausschließend STF, Pet. (AgR) 810/DF, BE Octavio Gallotti, DJ v. 8.4.1994.

nahmen durch die Bundesrichter erster Instanz (Art. 109 CF) z. B. liegt die Aussetzungskompetenz beim Präsidenten des regional zuständigen TRF. Gewährt letzterer eine positive einstweilige Rechtsschutzmaßnahme oder erhält er eine solche Maßnahme des Bundesrichters erster Instanz aufrecht, kann deren Suspendierung anschließend beim STJ und/oder STF beantragt werden, je nachdem, ob das in Betracht kommende Rechtsmittel vor dem einen oder vor dem anderen Gericht statthaft ist (was sich wiederum danach richtet, ob verfassungs- oder einfache bundesrechtliche Rechtsfragen streitig sind).

In der Verfassung ist das Rechtsinstitut der Aussetzung der sofortigen Vollziehung nicht explizit angesprochen. Auch in den Vorgängerverfassungen geschah dies nicht.[1524] Es gehört jedoch traditionell[1525] zu dem für die geltende Verfassung vorfindlichen Recht des einstweiligen Rechtsschutzes und der Rechtsmittel und betrifft damit auch das STF als oberste Rechtsmittelinstanz des Landes. Bereits die Zuweisung von Rechtsmittelkompetenzen an das STF und die damit verbundene Eingliederung des STF in den Instanzenzug, in dem ein derartiger Verfahrensablauf traditionell verankert ist, schließt diese Suspendierungskompetenz als Inzidenzprozess[1526] anerkanntermaßen[1527] ein. Das STF hat das Rechtsinstitut nicht nur konkludent durch hundertfache Anwendung bestätigt, sondern auch ausdrücklich für verfassungsgemäß befunden.[1528]

1524 Hinzuweisen wäre auch in diesem Zusammenhang aber wieder auf die in dieselbe Richtung gehende, nur wesentlich durchgreifendere Kompetenzzuweisung in Art. 119 I o) CF 1967/69, die sog. *Avocatória*, an der für die Verfassung von 1988 nicht festgehalten wurde (s. schon o. A.I.4). Anhand dieser konnte das STF u.U. Rechtssachen an sich zuständiger untergeordneter Gerichte in der Hauptsache entscheiden, nicht lediglich den von diesen gewährten einstweiligen Rechtsschutz suspendieren.

1525 Seit dem Gesetz Nr. 191 v. 1936, das erstmalig das *Mandado de Segurança* regelte.

1526 C.R. Dinamarco, RF 363 (2002), 17 (19).

1527 Dies wird in der ständigen gerichtlichen Anwendungspraxis deutlich. A.A. aber (bezogen auf das Verfahren SS) z. B. C. Scarpinella Bueno, Mandado de Segurança, 179): Die Aussetzungskompetenz sei verfassungswidrig, da sie die Garantie der Sicherungsverfügung gemäß Art. 5 CF einschränke und dies verfassungsrechtlich nicht vorgesehen sei und dem Rechtsschutzsuchenden kein hinreichendes rechtliches Gehör gewährt werde (einseitige Entscheidung) und schließlich eine Anhörung des MP nicht garantiert sei. Rechtfertigen kann man die Kompetenz jedoch insb., wenn man die Aussetzungsanlässe mit Respekt vor der Fachgerichtsbarkeit eng auslegt und auf das öffentliche Interesse stützt, in dem sich seinerseits Verfassungswerte konkretisieren müssen.

1528 S. dazu die Stellungnahme in SS (AgR) 1.149, BE Sepúlveda Pertence, DJ v. 9.5.1997, in der die Vorläufigkeit (Gültigkeit nur bis zur Rechtsmittelentscheidung) betont wird. Verfassungsmäßigkeit bestehe, soweit keine politischen Motive bei der Aussetzungsentscheidung zugrunde gelegt würden; eine „Überordnung der Staatsräson über die Bürgerrechte" sei unvereinbar mit Rechtsstaat und Justizgewährungspflicht. Hieraus wird eine gewisse Selbstbeschränkung des Gerichts in der beabsichtigten Anwendung deutlich. Die Pflicht zur schriftlichen Begründung der Entscheidung ermöglicht insoweit auch eine Kontrolle durch die Öffentlichkeit und eine Nachvollziehbarkeit der Treue des Gerichts zum gesetzlichen Tatbestand, was ebenfalls für die Verfassungsmäßigkeit anzuführen ist.

Die ausdrückliche normative Grundlage für das Institut der Aussetzung der sofortigen Vollziehung durch das STF wurzelt in den einfachen Gesetzen Nr. 12.016/2009 (über die Sicherungsverfügung, s. dort Art. 15), 8.437/1992 (über den einstweiligen Rechtsschutz gegen die öffentliche Gewalt im Allgemeinen) und 9.494/1997 (zum Rechtsschutz gegen die Finanzverwaltung) sowie Art. 297 der Geschäftsordnung.[1529] Die Vorschriften sind sich im Wortlaut untereinander sehr ähnlich.[1530]

Bei den einstweiligen Maßnahmen aus der Vorinstanz, also dem Gegenstand einer Aussetzung durch das STF, werden drei Fallgruppen gemäß den drei genannten Gesetzen unterschieden, die hier (und in der Übersicht zum Prozessaufkommen im Anhang I) aber wegen ihrer Ähnlichkeit zusammengefasst werden: Es kann sich erstens um einstweilige Rechtsschutzmaßnahmen in Verfahren der oben beschriebenen Sicherungsverfügung handeln, die auch vorläufig bereits vor einer Hauptsacheentscheidung gewährt werden können. Dann nennt sich die Prozessklasse beim STF „Aussetzung der Sicherungsmaßnahme".[1531] Dem Kläger in der unteren Instanz geht es hier darum, etwas Unerwünschtes, nämlich einen Eingriff in seine Rechtspositionen, von sich fernzuhalten. Dies ist vergleichbar mit der Situation des deutschen § 935 ZPO. Die zweite Fallgruppe betrifft einstweilige Sicherungsmaßnahmen des Streitgegenstands für die Hauptsacheentscheidung durch Gerichte in sonstigen Verfahren gegen die öffentliche Gewalt, also außerhalb des zügigeren *Mandado de Segurança*. Die Prozessklasse beim STF lautet dann ganz allgemein: „Aussetzung einstweiliger Anordnungen".[1532] Drittens kann es sich um gerichtlich gewährte Regelungs- oder Leistungsanordnungen handeln, die dem Kläger in der unteren Instanz angesichts langer Prozessdauer bereits das in der Hauptsache Beantragte in antizipierender Weise zusprechen, um so dem Anspruch auf Justizgewährung nachzukommen; auch diese Gewährungen kann das Rechtsmittelgericht zum Schutz der o.g. Rechtsgüter aussetzen. Die Prozessklasse beim

1529 Vergleichbare Regelungen sind auch in Art. 12 des Gesetzes über die Öffentliche Zivilklage (G 7.347), Art. 16 des Gesetz über die Datenschutzverfügung (G 9.507) und (nur bezogen auf das STJ) in Art. 25 G 8.038 zu finden. Die Regelung ist ferner auf Popularklagen anwendbar (s. Art. 4 § 1 G 8.437 i.V.m. G 4.717). Im Anhang abgedruckt ist hier lediglich das G 12.016 über die Sicherungsverfügung.

1530 Die Ähnlichkeit ergibt sich nicht nur deutlich aus dem Wortlaut der Gesetze, auch das STF nennt regelmäßig alle drei Gesetze (und die Geschäftsordnung, die i.Ü. zwei der Fallgruppen abdeckt) gemeinsam als Rechtsgrundlage für jede der Fallgruppen. Zur Rezeption des Art. 297 RISTF durch die Verfassung von 1988 explizit STF, SL (AgR) 32, Maurício Corrêa, DJ v. 30.4.2004.

1531 „*Suspensão de Segurança*" (SS).

1532 „*Suspensão de liminar*" (SL).

STF heißt in diesen Fällen „Aussetzung des vorweggenommenen Rechtsschutzes".[1533] Hier ist es das Begehren des Klägers, auf schnellstmöglichem Wege etwas Erwünschtes, seine Klageforderung, zu erhalten.[1534] Dies ist vergleichbar mit der Situation der deutschen Regelungs- und Leistungsverfügung nach § 940 ZPO (analog). In allen drei Fallgruppen sieht die Rechtsordnung potenzielle Gefahren für die öffentliche Hand und setzte eventuell zu großzügigen Gerichten das hier zu erörternde Aussetzungsverfahren bei den jeweils höheren Gerichten entgegen.

1533 „*Suspensão de tutela antecipada*" (STA). Beispiele aus jüngerer Zeit: Im Fall STF, STA 244/PR, Gilmar Mendes, DJ v. 24.9.2009, begehrte ein Kläger in erster Instanz im Bundesstaat Paraná aufgrund des verfassungsrechtlich verbürgten Gesundheitsschutzes die Versorgung mit einem in Brasilien offiziell noch nicht im Gesundheitssystem zugelassenen und teuren Medikament mit einem Antrag auf vorweggenommenen Rechtsschutz, dem stattgegeben wurde. Der Bundesstaat beantragte daraufhin mit Blick auf den Gesundheitsschutz wegen angeblich fehlender Marktreife und die hohen Kosten (und den erwarteten Multiplikationseffekt einer erfolgreichen Klage) zunächst erfolglos beim TJPR eine Aussetzung der Vollziehung und wandte sich anschließend an das STF als Rechtsmittelgericht des TJPR mit demselben Begehren. Das STF gab dem Antrag von Paraná nicht statt, da im Rahmen einer öffentlichen Anhörung die Zulassungsfähigkeit des Medikaments ermittelt worden sei und die Kosten *per se* kein Grund für eine Verweigerung von Medikamenten sein dürften, wenn andere, approbierte Mittel nicht wirkten. Diese Entscheidung, die den Gesundheitsschutz nicht nur programmatisch und nicht als Worthülse begreift, sondern ihn als unmittelbar geltendes Recht heranzieht, ist insofern auch ein gutes Beispiel für die Justizialisierung der Politik. Zwar betont die Entscheidung, dass die Rechtsprechung einer bestehenden Gesundheitspolitik der anderen Staatsgewalten (namentlich dem *Sistema Único de Saúde*) grds. zu folgen habe, jedoch könne stets eine Ungeeignetheit im Einzelfall geltend gemacht werden. Zur Medikamenteversorgung waren mehrere ähnlich gelagerte Anträge anhängig, s. etwa auch STA (AgR) 175/CE, BE Gilmar Mendes, 17.3.2010, Inf. 579. In STA (AgR) 389, BE Gilmar Mendes, 3.12.2009, Inf. 570, suspendierte das STF eine vor einem TRF, dessen Rechtsmittelgericht es bei den der Bundesgerichtsbarkeit unterliegenden Materien ist, erwirkte Regelungsverfügung zugunsten von Schülern jüdischen Glaubens mit dem Inhalt, dass schulische Prüfungstermine nicht auf jüdische Feiertage gelegt werden dürfen. Hier ist das Spannungsverhältnis zwischen der Religionsfreiheit in der Schule und Organisation des Schulwesens betroffen. Das STF stützte die Suspendierung auf das Neutralitätsgebot des Staates und die Funktionsfähigkeit des Prüfungswesens, die in Frage gestellt sei, wenn stets auf alle Feiertage und Besonderheiten aller religiösen Gemeinschaften Rücksicht zu nehmen sei.

1534 Durch den antizipierten Rechtsschutz kann es gemäß Art. 273 CPC (seit der Einführung 1994) zu einer einstweiligen Gewährung des Anspruchsinhalts nach summarischer Prüfung bei klarer Beweislage und Überzeugung von der Wahrscheinlichkeit des Bestehens der Klageforderung kommen, wenn bei Abwarten der Hauptsacheentscheidung ein nicht oder nur schwierig reparierbarer Schaden droht *oder* – in dieser Variante ohne die sonst für einstweiligen Rechtsschutz charakteristische Eilbedürftigkeit – auf der Beklagtenseite ein Rechtsmissbrauch und eine bloße Verzögerungsabsicht erblickt wird. Ausgeschlossen ist der antizipierte Rechtsschutz, wenn dadurch irreversible Tatsachen geschaffen werden und somit die Hauptsache obsolet wird. Er ist jederzeit widerruflich und modifizierbar.

bb. Voraussetzungen für ein Eingreifen des STF

Die Zulässigkeit von Anträgen ist insgesamt weniger durch Rechtsnormen denn durch Rechtsprechung geprägt: Nach dem Text des Art. 15 G 12.016 (ebenso: Art. 4 G 8.437, auf das auch das G 9.494 verweist) sind antragsberechtigt betroffene juristische Personen des öffentlichen Rechts oder das *Ministério Público*.[1535] Das STF hat allerdings bereits öffentliche Unternehmen in privater Rechtsform, die Aufgaben der öffentlichen Daseinsvorsorge und damit der mittelbaren Staatsverwaltung übernehmen, als antragsberechtigt anerkannt, soweit ihr Aufgabenbereich betroffen ist,[1536] und wie beim *Mandado de Segurança* auch nicht rechtsfähige staatliche Organe.[1537]

Durch die gesetzlichen Sonderregelungen soll der Antragsteller implizit gerade davon entbunden sein, zunächst in der Vorinstanz den sonst erforderlichen Einspruch nach Geschäftsordnung gegen die einstweilige Rechtsschutzmaßnahme einzulegen. Er könne sich vielmehr sofort an das Rechtsmittelgericht wenden, ohne dass sein Rechtsschutzbedürfnis entfiele.[1538] Das Rechtsschutzbedürfnis fällt hingegen wegen Erledigung fort, wenn die Maßnahme in der Vorinstanz aus irgendeinem Grunde aufgehoben wird.[1539] Eine Antragsfrist gilt für das Aussetzungsverfahren vor dem STF nicht.

Die genannten einfach-rechtlichen Rechtsgrundlagen erlauben dem Präsidium eines Rechtsmittelgerichts wie dem STF in materieller Hinsicht, in der Vorinstanz gewährte einstweilige Maßnahmen einstweilen mit dem Ziel zu suspendieren, einen „schwerwiegenden Schaden für die öffentliche Ordnung, Gesundheit, Sicherheit oder Wirtschaft“ abzuwenden. Das Gericht ist sich bewusst, dass die Aussetzung von Gerichtsentscheidungen in Verfahren der Vorinstanz nur eine strikt fall-

1535 S. dazu Art. 9 G 12.016: Wird eine einstweilige Rechtsschutzmaßnahme im MS-Verfahren erlassen, müssen die den Zwang ausübenden Behörden ihre übergeordneten Stellen und die gerichtlichen Vertreter (wie den AGU auf Bundesebene) informieren, damit diese die Möglichkeit eines Antrags auf Suspendierung prüfen können.

1536 SS (AgR) 202/DF, BE Rafael Mayer, DJ v. 5.2.1988 (Antragsberechtigung örtlicher Wasserwerke); Ablehnung der Berechtigung unter Anwendung derselben Formel in SL 111/DF, BE Ellen Gracie, DJ v. 2.8.2006 (bzgl. öffentlichem Personenbeförderungsunternehmen). E. Venturi, Suspensão de liminares e sentenças contrárias ao Poder Público, 83 ff., verteidigt die These, dass auch alle weiteren, zur Öffentlichen Zivilklage berechtigten juristischen Personen wie etablierte privatrechtliche Verbände und gemischt-wirtschaftliche Unternehmen (Art. 5 G 7.347) erfasst sein müssten. Jedenfalls würde es Sinn machen, alle potenziellen Antragsgegner im MS-Verfahren gleichermaßen zuzulassen (so auch H. Lopes Meirelles/A. Wald/G. Ferreira Mendes, a.a.O., 94).

1537 So z. B. im Verfahren des abgesetzten Präsidenten der Abgeordnetenkammer des DF, das jedoch durch Rücknahme endete (SL 382, Gilmar Mendes, DJe v. 17.3.2010).

1538 Klargestellt in STF, Pet. (AgR) 2.455/PA, BE Marco Aurélio/Gilmar Mendes, DJ v. 1.10.2004.

1539 Vgl. STF, Pet. (AgR-QO) 1.318, BE Celso de Mello, DJ v. 17.6.2005, das die strenge Akzessorietät zwischen der konkreten einstweiligen Rechtsschutzmaßnahme und dem Verfahren ihrer Aussetzung aufzeigt.

bezogen zu würdigende Ausnahmemaßnahme sein kann, die nur proportional zum Schutz der in den Rechtsgrundlagen aufgezählten Rechtsgüter, die unbestritten verfassungsrechtliche Werte darstellen, angewandt werden darf.[1540] Die Drastik dieser Zuständigkeit verbietet zur Eindämmung ihres ohnehin schon tendenziell politischen Charakters eine erweiternde Auslegung auf andere als die legislativ besonders geschützten öffentlichen Rechtsgüter, selbst wenn es sich um Verfassungswerte handeln sollte. Der Schutz anderer Rechtsgüter kann und muss die Obliegenheit der unteren Gerichte im Rahmen ihrer Abwägungsentscheidung über den einstweiligen Rechtsschutz bleiben; außerdem kann und muss ihm im Hauptsacheverfahren und ggf. nach Abschluss der Instanz durch das Rechtsmittelgericht Rechnung getragen werden.[1541] Dem Gerichtspräsidenten verbleibt aber dennoch ein sehr weitreichendes Tatbestands- (Wo beginnt der „schwerwiegende" Schaden?) und Rechtsfolgeermessen.

Im Art. 4 G 8.437, der sich auf einstweilige Anordnungen gegen die öffentliche Gewalt im Allgemeinen bezieht, existiert ein weiteres Tatbestandsmerkmal: Die Aussetzung darf nur „in Fällen von offenkundigem öffentlichen Interesse oder auf der Hand liegender Unrechtmäßigkeit" der vorinstanzlichen Maßnahme ergehen, so dass in diesem Verfahren der Präsident des Rechtsmittelgerichts ggf. auch die Zulässigkeit und Begründetheit des Antrags auf einstweiligen Rechtsschutz summarisch in den Blick nehmen muss, und für die Suspendierungsentscheidung nicht allein auf eine davon losgelöste Prüfung der Schädigung der öffentlichen Schutzgüter beschränkt ist. D.h., auch wenn kein offenkundiges (sondern vielleicht nur ein eventuelles, durchschnittliches oder schwaches) öffentliches Interesse gegeben ist, aber der einstweilige Rechtsschutz klar rechtswidrig erteilt wurde, kann ein Aussetzungsantrag beim STF Erfolg haben. Bei Sicherungsverfügungen (Art. 15 G 12.016) steht dieses zusätzliche Merkmal hingegen nicht im Gesetz, so dass es hier allein auf die Abwendung der Gefahr für die genannten Rechtsgüter ankommen könnte. Doch wertet der Präsident des STF nunmehr über den Tatbestand der Rechtsgrundlage hinaus in „oberflächlicher Analyse" z.T. die Erfolgsaussichten

1540 S. STF, SS (AgR) 1.149, BE Sepúlveda Pertence, DJ v. 9.5.1997; STA 138/RN, Ellen Gracie, DJ 19.9.2007. Dies gilt insb., als das einfache Recht allein nicht in der Lage sein kann, die verfassungsrechtlichen Rechtsschutzgarantien wie den *Mandado de Segurança* zu schmälern.

1541 A.A.: H. Lopes Meirelles/A. Wald/G. Ferreira Mendes, Mandado de Segurança, 94, die zwar von einer Ausnahmeregelung sprechen, aber „jedes andere Interesse der Gemeinschaft" zur Rechtfertigung erlauben wollen.

des in der Vorinstanz Beantragten,[1542] so dass dann letztlich in allen Fallgruppen des Aussetzungsverfahrens einheitlich dieselben Kriterien angelegt werden.

Nach gefestigter Rechtsprechung des STF wird dessen Kompetenz insbesondere durch die weitere Anforderung gerechtfertigt, dass es sich bei der streitigen Frage um eine verfassungsrechtliche Frage handeln muss,[1543] zumal das STF ansonsten auch nicht die zuständige Rechtsmittelinstanz sein kann. Bei nicht-verfassungsrechtlichen Fragen kann allenfalls das STJ zuständig sein, dessen Präsident in sonstigen bundesrechtlichen Fragen zur Entscheidung berufen ist.[1544]

Bei dem Ausgangsprozess muss es sich ferner um einen subjektiven Rechtsschutzprozess handeln. Das STF sieht sich aufgrund von Art. 125 CF nicht befugt, eine Eilentscheidung eines TJ in einer Normenkontrolle (gegen die das Außerordentliche Rechtsmittel zum STF durchaus zulässig sein kann) einstweilen auszusetzen.[1545]

cc. Verfahren und Entscheidung

Festzuhalten bleibt i.Ü., dass sämtliche Rechtsgrundlagen für das Aussetzungsverfahren, wie zurecht behauptet wird,[1546] technisch Defizite aufweisen, wie etwa den weitgehenden Mangel an prozessualen Vorschriften. Dies betrifft inbesondere die Anforderungen an die Antragsschrift und das rechtliche Gehör. Vor dem STF *kann* nach Art. 297 § 1 RISTF binnen fünf Tagen eine Anhörung des Antragstellers und des *Procurador-Geral* stattfinden; von dem durch die einstweilige Rechtsschutzmaßnahme in der Vorinstanz Begünstigten ist hingegen nicht die Rede. Äußerungen Dritter werden nicht zugelassen.[1547] Was die Antragsschrift betrifft, ist durch Rechtsprechung herausgearbeitet worden, dass der Antragsteller hier die

1542 S. etwa STF, SS (AgR) 2.295/SP, BE Maurício Corrêa, DJ v. 14.5.2004, mit der einleuchtenden Begründung, dass es als Rechtsmittelinstanz ohnehin schon für die eigene Zuständigkeit im Aussetzungsverfahren inhaltlich prüfen müsse, ob es als solche in Frage komme, dafür dürfe zumindest der Anordnungsanspruch nicht offenkundig fehlen; anders aber in SS (AgR) 472, BE Sydney Sanches, DJ v. 4.6.1993, und SS (AgR) 3.273, BE Ellen Gracie, DJe v. 20.6.2008, nach denen die Erfolgsaussichten in der Vorinstanz unter keinen Umständen zu prüfen seien; C.R. Dinamarco, RF 363 (2002), 17 (22).

1543 Vgl. STF, STA 244/PR, Gilmar Mendes, DJ v. 24.9.2009 – „Medikamenteversorgung".

1544 STF, Rcl. 353/DF, BE Sydney Sanches, DJ v. 4.9.1992, 719; und abgelehnt mangels verfassungsrechtlicher Frage in Rcl. 543/RJ, BE Sepúlveda Pertence, DJ v. 29.9.1995, 31901. Für das STJ gilt dann Art. 25 G 8.038/1990.

1545 Pet. (MC) 1.120/SP, DJ v. 7.3.1996.

1546 M. Abelha Rodrigues, Suspensão de Segurança, 236.

1547 STF, SS (AgR) 3.457, BE Ellen Gracie, DJe 19.2.2008: keine Übertragung der *Amicus-Curiae*-Vorschrift von der abstrakten Normenkontrolle, da es hier um subjektive Verfahren gehe.

Tatbestandsvoraussetzungen, insbesondere für den jeweiligen „schwerwiegenden Schaden", unzweifelhaft nachzuweisen hat.[1548]

Im Rahmen des Verfahrens kann der Präsident dem Antrag des Hoheitsträgers auch aufschiebende Wirkung verleihen, wenn er die Glaubhaftigkeit des geltend gemachten Rechtes und eine Dringlichkeit der Maßnahme zugunsten der Schutzgüter feststellt, so dass der Vorteil des Klägers in der unteren Instanz, mit dem eine Schädigung der relevanten öffentlichen Rechtsgüter einhergeht, also sogar schon für den Zeitraum der beim Rechtsmittelgericht anhängigen Prüfung beseitigt werden kann.[1549]

Der Präsident kann nur eine Aussetzung, nicht aber Aufhebung oder Modifikation der Eilmaßnahme der untergeordneten Instanz vornehmen.[1550] Die Konsequenzen der Anordnung sind folgende: Die Aussetzung der Vollziehung bleibt gültig bis zum Eintritt der Rechtskraft in der Hauptsache, wenn in der höchstrichterlichen Anordnung nichts anderes bestimmt wird.[1551] Im Ermessen des Gerichtspräsidenten steht weiterhin die Anordnung einer Rechtskrafterstreckung in subjektiver und zeitlicher Hinsicht, d.h. einerseits auf gegenwärtig anhängige „identische" und andererseits auf „nachfolgende" einstweilige Anordnungen vor den Untergerichten.[1552] Der Prozess vor dem Ausgangsgericht der untergeordneten Instanz in der Hauptsache läuft bei diesem i.Ü. normal weiter; eine Verlagerung hin zum STF findet nicht statt.[1553] Wegen des Charakters der Einzelrichterentscheidung ist ein Einspruch nach Geschäftsordnung[1554] gegen die Entscheidung des Präsidenten des STF binnen fünf Tagen an das gesamte Kollegium statthaft, und zwar nicht nur bei stattgegebener Aussetzung der Vollziehung, sondern auch durch den Hoheitsträger, wenn der Gerichtspräsident die Aussetzung abgelehnt hat.[1555]

1548 Vgl. das BE-Votum v. Gilmar Mendes in STF, SS (AgR) 3.458, DJe v. 9.10.2009.

1549 Art. 15 § 4 G 12.016.

1550 C.R. Dinamarco, RF 363 (2002), 17 (22).

1551 Vgl. Ls. 626 (st.Rspr. für das Verfahren der Aussetzung der Sicherungsverfügung), Art. 297 § 3 RISTF. Die Aussetzung einer Sicherungsverfügung durch das STF darf auch nicht von einem lokalen Gericht durch eine neue einstweilige Rechtsschutzmaßnahme in einem ordentlichen Zivilprozess mit identischem Gegenstand untergraben werden (STF, Rcl. [AgR] 655/ES, BE Sepúlveda Pertence, DJ v. 27.6.1997).

1552 Art. 15 § 5 G 12.016.

1553 So ausdrücklich STF, SS 265/ES, Néri da Silveira, DJ v. 26.6.1990, 6062.

1554 Art. 297 § 2 RISTF, aufgegriffen in Art. 15, *caput*, G 12.016.

1555 So STF, SS (AgR-AgR-AgR-QO) 1.945/AL, BE Marco Aurélio/Gilmar Mendes, DJ v. 1.8.2003, unter Aufgabe des Ls. 506, nach dem (außer im Verfahren SL, wo dies Art. 4 § 3 G 8.437 ausdrücklich zulässt) der Einspruch des Hoheitsträgers bei abgelehnter Aussetzung nicht statthaft sein sollte.

6. Rechtsvergleichende Bemerkungen und Verfahrensbelastung

Das BVerfG hat keine Rechtsmittelzuständigkeit und sieht sich insbesondere in seiner Zuständigkeit für Verfassungsbeschwerden, vor deren Einlegung ggf. der Rechtsweg erschöpft worden sein muss, nicht als „Superrevisionsinstanz".[1556] Es grenzt seine Zuständigkeit über die Kategorie des „spezifischen Verfassungsrechts" gerade von der Fach- und ordentlichen Gerichtsbarkeit ab.[1557] Weil diese Abgrenzung nicht eindeutig und vorhersehbar ist,[1558] werden von den im Rechtsweg Unterlegenen dennoch nicht selten anschließende Verfassungsbeschwerden erhoben, die jedoch in der überwältigenden Mehrzahl schon am angesprochenen Annahmeverfahren des BVerfG scheitern. In den U.S.A. ist der *Supreme Court* als Rechtsmittelgericht nicht auf Verfassungsrecht beschränkt,[1559] hat jedoch mit dem *writ of certiorari* freie Hand, über eine Annahme von Anträgen zu entscheiden, und verringert damit seine Belastung in ganz selbständiger Steuerung.

Das Außerordentliche Rechtsmittel Brasiliens könnte man – bei aller Unterschiedlichkeit[1560] – verglichen mit dem BVerfG und seinen Zuständigkeiten am ehesten als eine Art „erweiterte Urteilsverfassungsbeschwerde" bezeichnen, die jede im vorgeschalteten Instanzenzug unterlegene Person, auch Nicht-Grundrechtsträger (Hoheitsträger), und das *Ministério Público* als taugliche Antragssteller erfasst, und mit der somit jede Bestimmung des Verfassungsrechts – sofern die Verletzung, wie gezeigt, nicht nur „reflexhaft" erfolgt ist – wehrfähig gestellt ist. Es schützt den Vorrang der kompletten Verfassung und sichert nicht nur ihren Individualrechtsteil. Staatliche Stellen können es einlegen und machen davon regen Gebrauch. Außer Verfassungsverletzungen können auch weitere, aber praktisch weniger ins Gewicht fallende Tatbestände geltend gemacht werden, die mit positiven oder negativen Aussagen der Instanzgerichte über die Gültigkeit von Bundesgesetzen und lokalen Rechtsakten zu tun haben, über die das STF das letzte

1556 BVerfGE 7, 198 (207) – „Lüth". Gleichwohl ist auch P. Häberle, Europäische Grundrechte-Zeitschrift 2005, 685 (687), zuzustimmen, wenn er meint, Karlsruhe sei „aus Sicht des Bürgers die letzte Instanz".

1557 BVerfGE 18, 85 (92 f.) mit der Heck'schen Formel als Kernaussage, die für ein Eingreifen des BVerfG eine grundsätzlich unrichtige Anschauung von der Bedeutung eines Grundrechts verlangt.

1558 Vgl. hierzu P. Kunig, VVDStRL 61 (2002), 34 (38, 48 f., 68 f.): Gefundene Abgrenzungsformeln würden es wegen ihrer Unschärfe in vielen Fällen sogar gestatten, gegenläufige Ergebnisse gleichermaßen *lege artis* zu begründen. Zwar könne jeder Sachverhalt, insb. infolge der Judikatur zur Art. 2 I, 3 I GG und dem allgegenwärtigen Grundsatz der Verhältnismäßigkeit, auch verfassungsgerichtlich bewertet werden, zu empfehlen sei aber eine diszipliniertere Selbstbeschränkung des BVerfG aus Respekt vor der Funktion der Fachgerichtsbarkeit, die das GG der Verfassungsgerichtsbarkeit eben nicht hierarchisch unterordne.

1559 M. Kau, United States Supreme Court und BVerfG, 266: „*court of general jurisdiction*".

1560 Vgl. L. Martins, Introdução à Jurisprudência do Tribunal Constitucional Federal Alemão, 33 (60).

Wort haben soll. Im Rahmen des Außerordentlichen Rechtsmittels erfolgt damit auch der hauptsächliche und der letztverbindliche Teil der konkreten Normenkontrolle in Brasilien, für die das Land keine richterliche Vorlagepflicht kennt, weil das STF anders als das BVerfG kein Normverwerfungsmonopol innehat. Im Rahmen des Rechtsmittels können grundsätzlich alle – normative und nicht normative – Verfassungsverletzungen inzident zum Gegenstand werden. Antragsberechtigung/-befugnis und Prüfungsgegenstand sind nach allem gegenüber der deutschen Urteilsverfassungsbeschwerde erweitert.

Die in Brasilien also zunächst weit erscheinende Zulässigkeit wird auf verschiedene Weise teils schon lange, teils erst seit kürzerer Zeit eingeschränkt: So ist die Einlegungsfrist gegenüber der Monatsfrist des § 93 I BVerfGG recht knapp bemessen (je nach prozessualer Herkunft höchstens 15 Tage). Die rigorose vorhergehende Rügeobliegenheit „*prequestionamento*" in der Vorinstanz ist ein traditioneller wirkungsvoller Filter, bei dem jeder „Filtrationsrückstand" das STF nicht mehr belastet und der nebenbei die Beurteilung des „Filtrates" entscheidend erleichtern und beschleunigen kann. Dies kann auch als Ausprägung des Rechtsschutzinteresses gesehen werden: Wer nicht alles daran setzt, dass sich die Vorinstanz mit den maßgeblichen Fragen auseinandersetzt, begibt sich schon deshalb des Rechts auf Würdigung durch das STF. Ein derartiger Filter ist bei der Verfassungsbeschwerde nicht gesetzlich vorgeschrieben und wird auch von der Rechtsprechung nicht derart kategorisch verlangt;[1561] nach dem BVerfG kann eine unterlassene verfassungsrechtliche Geltendmachung in der ordentlichen oder Fachgerichtsbarkeit in bestimmten Fallgruppen, die in der Tat auch nicht unbedeutend sind, wegen der Subsidiarität der Verfassungsbeschwerde aber auch zur Abweisung führen.[1562] Hier besteht noch einiger Klärungsbedarf durch die Rechtsprechung.

1561 Nach schwankender und insb. oft gegenteiliger Kammer-Rspr. stellte der Zweite Senat des BVerfG (E 112, 50 [60 f.]) am 9.11.2004 fest: „Grundsätzlich genügen ein Sachvortrag und gegebenenfalls die Angabe von Beweismitteln den prozessrechtlichen Pflichten und Obliegenheiten; die rechtliche Würdigung und die Anwendung des geltenden Rechts auf den Sachverhalt sind Sache des Richters. Diese Anforderungen werden auch nicht durch das verfassungsprozessrechtliche Erfordernis der Erschöpfung des Rechtswegs verschärft." So werde „eine von der Sache her nicht gebotene ‚Konstitutionalisierung' des fachgerichtlichen Verfahrens und dessen Überfrachtung vermieden". Fachgerichtliche Prozesse müssten nicht als Verfassungsprozess geführt werden (vgl. auch P. Sperlich, in: Umbach/Clemens/Dollinger [Hrsg.], BVerfGG, § 90 Rn. 147; M. Bender, NJW 1988, 808 ff.; krit. auch H. Bethge, in: Maunz/Schmidt-Bleibtreu/Klein/Bethge [Hrsg.], BVerfGG, § 90 Rn. 419 ff.; ausführlich auch Lübbe-Wolff, Europäische Grundrechte-Zeitschrift 2004, 669 ff., 673 ff. mit umfangreichen Nachweisen aus der Rspr.).

1562 In den von BVerfGE 112, 50 (*obiter dictum* auf S. 62) eruierten Ausnahmefällen (beispielhaft genannt werden folgende: „soweit der Ausgang des Verfahrens von der Verfassungswidrigkeit einer Vorschrift abhängt", soweit „eine bestimmte Normauslegung angestrebt wird, die ohne verfassungsrechtliche Erwägungen nicht begründbar ist" und wenn das fachgerichtliche Verfahrensrecht es verlangt) ist kaum denkbar, dass ein Beschwerdeführer, zumal spätestens wenn Anwaltszwang besteht, den verfassungsrechtlichen Vor-

Der Rechtsweg muss in beiden Ländern zuvor erschöpft worden sein. Darüber hinausgehend spielt ein Subsidiaritätsgedanke in Brasilien i.d.R. keine Rolle, klingt aber etwa an, wenn das Gericht Außerordentliche Rechtsmittel gegen Eilentscheidungen kategorisch abweist und damit einer Korrekturmöglichkeit in der instanzgerichtlichen Hauptsache den Vorrang einräumt. Die gesetzgeberische Ausgestaltung des vorher zu beschreitenden Rechtswegs ist eine für die Verfahrensbelastung eines obersten Gerichts wesentliche Frage – anderweitige Möglichkeiten der Befriedung von Streitigkeiten (sowie auch dortige Zulässigkeitshürden) wirken sich direkt aus. So wurden in Deutschland – um ein besonderes Beispiel herauszuheben – durch das Anhörungsrügengesetz von 2004 etwa § 321 a ZPO und entsprechende Vorschriften in anderen Fachprozessordnungen eingeführt, über die vorgetragene Verstöße gegen Art. 103 I GG unmittelbar beim handelnden Instanzgericht selbst geltend zu machen sind, wodurch Verfassungsbeschwerden in vielen Fällen (bei dortiger Abhilfe) entbehrlich oder (bei Versäumnis der Rüge) unzulässig werden.[1563] In Brasilien bleibt zwar das Instanzgericht nicht für derartige Rügen ohne Devolutiveffekt zuständig, es werden jedoch gesonderte Außerordentliche Rechtsmittel für alle innerprozessualen Vorgänge ausgeschlossen; eine etwaige Beschwer durch eine Zwischenentscheidung kann dann grundsätzlich nur zusammen mit der abschließenden Entscheidung angegriffen werden (Art. 542 § 3 CPC). Art. 543-B CPC sorgt dafür, dass bei massenhaft gleichartigen Prozessen das STF nicht mehr letzte Instanz ist, sondern dass diese – abgesehen von den wenigen Musterverfahren – abschließlich beim Instanzgericht behandelt werden. Umgestaltungen der Instanzenzüge, insbesondere eine Stärkung des STJ, um dem STF weitere Arbeit abzunehmen, werden rechtspolitisch immer wieder eingefordert.

In beiden Rechtsordnungen bestehen Vorkehrungen zu einer beschleunigten Entscheidung durch Teilorgane (in „klaren Fällen" bzw. bei geringerer Bedeutung der Sache): Art. 38 G 8.038 und deutlicher Art. 557 CPC ermächtigen den Berichterstatter allein u.U. zu einzelrichterlichen Schnell-Abweisungen bzw. Schnell-Stattgaben, jedoch nicht ohne Begründungspflicht und die Statthaftigkeit eines Rechtsbehelfs an den Gesamtspruchkörper. In Deutschland ist dazu keinesfalls ein einzelner Richter ermächtigt; ein einstimmiger Kammerbeschluss nach §§ 93 a und 93 b BVerfGG kann jedoch eine Nichtannahme herbeiführen oder einer Verfassungsbeschwerde nach § 93 c BVerfGG – bei einem Angezeigtsein für die Grundrechtsdurchsetzung, vorheriger Klärung der Rechtsfrage durch das BVerfG und offensichtlicher Begründetheit – stattgeben.

trag unterlassen würde (vgl. K. Schlaich/S. Korioth, Das BVerfG, Rn. 249). Nach H. Lechner/R. Zuck, BVerfGG, § 90 Rn. 162, läuft angesichts der Ausnahmen die „Freistellung vom Verfassungsrechtsvortrag vor den Instanzgerichten weitgehend leer"; krit. zu deren Weite auch T. Linke, NJW 2005, 2190 ff.

1563 Vgl. etwa O. Klein/C. Sennekamp, NJW 2007, 945 (950 f.).

Das Erfordernis des Vortrags allgemeiner Auswirkungen, in Brasilien kombiniert mit der Beschränkung des STF auf die Bescheidung von Musterprozessen bei massenhaft identischen Rechtsmitteln, bewirkt trotz der nur durch acht Richter umkehrbaren Vermutungsregelung zugunsten der Zulässigkeit eine drastische Reduzierung der Verfahrenszahlen, so wie es in Deutschland das Annahmeverfahren nach §§ 93 a ff. BVerfGG bewerkstelligt.

Aufgrund dieser verschärften Sachentscheidungsvoraussetzungen kann auch in Brasilien nicht mehr von einer allgemeinen dritten (bzw. nach Befassung des STJ, wenn diesem eine Verfassungsverletzung vorgeworfen wird, sogar vierten) Instanz zur Revision für alle denkbaren Verfassungsverletzungen gesprochen werden. Insbesondere durch die Erhöhung der Zugangshürden in jüngerer Zeit ist es zu einer Verlagerung weg vom subjektiven Rechtsschutz einer Prozesspartei und hin zum Schutz des objektiven Verfassungsrechts im Interesse der ganzen Rechtsgemeinschaft gekommen. Ein Anspruch einer Prozesspartei auf eine Bescheidung ihrer Angelegenheit durch das oberste Gericht ist nicht gegeben. Die geringere praktische Bedeutung der ordentlichen Rechtsmittel in Verbindung mit der Zuspitzung des bedeutsamen Außerordentlichen Rechtsmittels auf das Interesse des objektiven Verfassungsrechts bestätigt die fortschreitende (aber nicht vollendete und bestimmt auch nicht zwingend zu vollendende) Entwicklung zu einem reinen Verfassungsgericht in Brasilien, das nur noch wenig mit dem *Supremo Tribunal de Justiça* aus dem 19. Jahrhundert und mit dem reinen Rechtsmittelgericht zu tun hat, als das es gegründet worden war.

Der Rückgang der Verfahrenszahlen im Rechtsmittelbereich beim STF (vor allem bei RE und AI) ist augenfällig. Er hat sich seit den nach der Jahrtausendwende erreichten Höchstständen bisher in etwa halbiert. Das Aufkommen an Verfassungsbeschwerden hat in Deutschland eine erkennbar steigende Tendenz und lag in den vergangenen Jahren bei über 6.000 pro Jahr. Es lag damit aber im Jahr 2009 immer noch nur bei etwa einem Viertel des Rechtsmittelaufkommens vor dem STF.

Einstweiliger Rechtsschutz wird vor BVerfG gemäß dem für alle Verfahrensarten geltenden, in den allgemeinen Teil gezogenen § 32 BVerfGG gewährt und stellt so dort mit nun regelmäßig über 100 Anträgen pro Jahr eine zahlenmäßig nennenswerte Kategorie dar, kommt aber noch nicht an Zahl der allein für das Außerordentliche Rechtsmittel einschlägigen Einstweiligen Rechtsschutzklage heran (diese hängt von der Zahl der Außerordentlichen Rechtsmittel ab und verringerte sich mit diesen von schon deutlich über 400 im Jahr 2005 auf zuletzt noch 248). Die Aussetzung der Vollziehung von Eilentscheidungen, die zulasten der öffentlichen Gewalt ergangen sind, betrifft ebenfalls mehrere hundert Fälle pro Jahr (diese ohne signifikanten Rückgang, weil sie von den entlastenden Reformen nicht betroffen sind) und erweitert die ausgeübte Eilkompetenz des STF rechtstatsächlich somit beträchtlich.

C. Fehlende Zuständigkeiten?

Zur Vervollständigung des Zuständigkeitsvergleichs mit dem BVerfG ist es abschließend geboten herauszustellen, inwiefern dem BVerfG Kompetenzen für verfassungsgerichtliche Verfahrensarten zugewiesen sind, für die das STF *keine* Zuständigkeit hat, und ob und auf welche andere Weise diese überschießenden Bereiche in Brasilien bewältigt werden.

Ein direktes Vorgehen von natürlichen Personen als Trägern von Individualrechten gegen bestehende Rechtsnormen – entsprechend einer Rechtssatzverfassungsbeschwerde – ist in Brasilien nicht möglich (dafür kann dort im Wege des Injunktionsverfahrens relativ mühelos das Fehlen von Rechtsnormen zu einem guten Teil direkt beim STF angemahnt werden). Die ADPF ist entgegen dem Willen des Parlaments wegen eines Vetos des Staatspräsidenten dazu nicht ausgebaut worden, wenngleich der Verfassungswortlaut es ermöglicht hätte. Ein solches Verfahren hätte angesichts der Vielzahl von Rechtsnormen auf drei staatlichen Ebenen und einer Vielzahl von betroffenen Bürgern in einem bevölkerungsreichen Land trotz zugangsbeschränkender Sachurteilsvoraussetzungen eine wohl dauerhafte Prozesslawine zur Folge. Gegen Rechtssätze kann somit nur im Wege der verschiedenen Normenkontrollverfahren vorgegangen werden, die den Bürger nicht als Aktivlegitimierten vorsehen. Er ist dennoch hinreichend gegen Belastungen durch verfassungswidrige Normen geschützt. Er kann in den objektiven Verfahren auf verschiedene Weise als Beteiligter Einfluss nehmen (durch politische, gewerkschaftliche oder berufsständische Organisationen, durch die er mittelbar zu einer Antragsberechtigung oder einer sonstigen Verfahrensbeteiligung gelangt). Er ist ferner im Wege der diffusen Normenkontrolle geschützt, indem er in jedem Gerichtsverfahren vortragen kann, eine entscheidungserhebliche Rechtsnorm sei verfassungswidrig und vom Gericht daher nicht anzuwenden. Über den Rechtsweg kann er in einem Streit über Rechtsnormen – der nach dem oben Festgestellten i.d.R. allgemeine Auswirkungen hat – zwar nach langer Zeit, aber doch auch bis vor das STF gelangen. Davon abgesehen gehört es zum Aufgabenbereich des unabhängigen *Ministério Público* (an das sich der Einzelne auch wenden kann), im Interesse der Gesellschaft abstrakte Normenkontrollen auf Bundes- oder Bundesstaatenebene herbeizuführen, gerade um langwierige instanzgerichtliche Streitigkeiten, insbesondere solche, die verfassungsrechtlich zweifelhafte Normen zum Gegenstand haben, zu verhindern.

Was das Bundesorganstreitverfahren betrifft, ist für das STF zwar keine ausdrückliche Kompetenz entsprechend Art. 93 I Nr. 1 GG geschaffen worden. Der Sache nach können Bundesorgane ihre Wahrnehmungsberechtigungen jedoch, wie gezeigt, über das Verfahren der Sicherungsverfügung gegeneinander behaupten.

Zur Verwirkung von Grundrechten, deren Erklärung in Deutschland dem BVerfG nach Art. 18 GG vorbehalten ist, ist im Zuständigkeitskatalog des Art. 102 CF für das STF keine Entsprechung enthalten. Wegen des *numerus clausus* der Zuständigkeiten in der Verfassung und dem historischen Argument, dass ein solches Verfahren beim STF noch in der letzten Verfassung ausdrücklich vorgesehen war,[1564] muss heute wohl auf die Nicht-Existenz geschlossen werden. Die Verfassung erkennt jedoch eine – zunächst vor anderen Gerichten als dem STF feststellbare – Aberkennung von Grundrechten grundsätzlich an: Art. 5 VIII CF schreibt fest, dass Individualrechte nicht wegen religiöser, weltanschaulicher oder politischer Überzeugungen aberkannt werden dürfen, es sei denn, jemand beruft sich auf diese, um sich einer gesetzlichen, für jedermann gleichermaßen bestehenden Verpflichtung zu entziehen (z. B. Abgaben, Wehrdienst), und verweigert auch die ggf. gesetzlich fixierte Ersatzleistung. Hinsichtlich der staatsbürgerlichen Rechte des Art. 14 GG (insbesondere Beteiligung an Wahlen, Volksinitiativen und -abstimmungen) verbietet Art. 15 CF eine Aufhebung grundsätzlich, benennt aber ebenfalls Fälle, in denen ein Verlust oder eine Aufhebung ausnahmsweise möglich sind: die rechtskräftige Aufhebung einer Einbürgerung, der Eintritt absoluter Geschäftsunfähigkeit, eine Suspendierungsanordnung während der Vollstreckung eines Strafurteils, die Verweigerung einer für jedermann gleichermaßen bestehenden Verpflichtung sowie ein unredliches Verhalten in der Verwaltung gemäß Art. 37 § 4 CF. Für Amts- und Mandatsträger ist der Verlust staatsbürgerlicher Rechte nach Amtspflichtverletzungen als Rechtsfolge denkbar, die je nach Rang der Privilegierung des Amtsträgers auch vor dem STF im Verfahren nach Art. 102 I c) CF zu verhandeln sein können.

Ein eigenes Beschwerdeverfahren für Kommunen zur Verteidigung ihrer Autonomie – wie in Art. 93 I Nr. 4 b) GG geregelt – existiert vor dem STF ebenfalls nicht. Ihren verfassungsrechtlichen Status als dritte Ebene der Staatsverwaltung können sie jedenfalls nicht in einer föderativen Streitigkeit nach Art. 102 I f) CF verteidigen. Die kommunalen Organe können sich jedoch auch des Verfahrens der Sicherungsverfügung bedienen. Die gerichtliche Zuständigkeit richtet sich nach der Identität des Antragsgegners, kann also u.U. auch beim STF liegen, wenn Art. 102 I d) CF einschlägig ist, bei anderen sie beschränkenden Antragsgegnern

1564 Art. 154, *caput*, der CF 1967/69 lautete: „Der Missbrauch individueller oder politischer Rechte zu dem Zweck, das demokratische Regime umzustürzen, oder zum Zwecke der Korruption, führt zur Suspendierung dieser Rechte von zwei bis zehn Jahren, die das *Supremo Tribunal Federal* auf Antrag des *Procurador-Geral da República* erklärt, dies unbeschadet ggf. der Zivil- und Strafklage und unter Sicherstellung des rechtlichen Gehörs.“ Einziger Paragraph: „Bei Inhabern von Wahlmandaten hängt der Prozess nicht von einer Einwilligung des Gesetzgebungsorgans, dem er angehört, ab.“ Für diese war das STF nach Art. 119 I j) CF 1967/69 zuständig; s. ebenso schon Art. 114 I j) CF 1967. Der darauf bezogene Art. 276 RISTF ist mit Inkrafttreten der aktuellen Verfassung am 5.10.1988 gegenstandslos geworden.

kann sie bei anderen Gerichten liegen. Erst nach einem letztinstanzlichen Urteil kann dann ein Außerordentliches Rechtsmittel zum STF zulässig sein.

Das Parteiverbots- (Art. 21 II 2 GG) und das Wahlprüfungsverfahren (Art. 41 II GG) werden in Brasilien nicht vom STF, sondern der Sache nach, aber in modifizierter Form vom fachlich spezialisierten, jedoch z. T. auch mit *Ministros* des STF besetzten Spitzenorgan der Wahlgerichtsbarkeit, dem TSE, bei Präsidentschaftswahlen bzw. den untergeordneten Wahlgerichten bei den Wahlen zum Nationalkongress und den bundesstaateninternen Wahlen wahrgenommen. Eine anschließende Überprüfbarkeit durch das STF im Wege seiner Rechtsmittelzuständigkeit bleibt unberührt.

Die Klage zur Anfechtung von Wahlmandaten[1565] ist verfassungsrechtlich in Art. 14 §§ 10, 11 CF bestimmt: Binnen einer Frist von 15 Tagen ab der Ausgabe der Urkunde, die die Mitgliedschaft im Legislativorgan ausweist, sind Beweise des Missbrauchs ökonomischer Macht, der Korruption oder des Betrug einzureichen.[1566] Danach ist Rechtssicherheit im Interesse der Arbeit der Gewählten gewünscht. Vertreter des Wahlvolkes sind für das Verfahren nicht antragsberechtigt,[1567] lediglich die Parteien, die anderen Kandidaten und Vertreter des *Ministério Público Eleitoral*. Das Verfahren (nicht: die abschließende Votierung) findet ausnahmsweise geheim statt, damit die Integrität von Gewählten als Beklagten bei eventuell falschen Anschuldigungen nicht leidet; der Kläger hat sich insofern bei Bösgläubigkeit auch zu verantworten. Rechtsfolge im Falle der Begründetheit soll lediglich die Aberkennung des durch die Wahl erlangten Status, nicht aber die weitere Ineligibilität des Gewählten sein. Der zweitplazierte Kandidat für das Mandat rückt an dessen Stelle. Entgegen einer Minderauffassung soll es keinesfalls zu Neuwahlen kommen können. Für andere Verletzungen von Rechten beim Wahlvorgang als die von Art. 14 §§ 10, 11 CF genannten kann abermals die subsidiäre Sicherungsverfügung in Betracht kommen.

Politische Parteien haben sich nach Erlangung zivilrechtlicher Rechtspersönlichkeit und somit rechtlicher Existenz beim TSE mit ihrer Satzung registrieren zu lassen. Dies ist Voraussetzung für die Teilnahme an Wahlen, für staatliche Parteienfinanzierung und für die Zuteilung von Sendezeiten im Wahlkampf. Art. 28 des Parteiengesetzes sieht die Möglichkeit einer Streichung durch das TSE aus dem Register vor, welche sich in ihren Wirkungen einem Verbot annähert. Das Gericht

1565 *Ação de Impugnação de Mandato Eletivo* – abgekürzt AIME. Dazu ausführlicher E. Barbosa, AIME, in: F. Didier Jr. (Hrsg.), Ações Constitucionais, 585 ff. Eine Mandatssperre für einen bestimmten Zeitraum in der Zukunft kann dagegen nach wohl herrschender Ansicht nur bei Strafbarkeit oder einem Amtsvergehen die Folge sein, die jedoch nur in einem gesonderten Strafverfahren festgestellt werden können.

1566 Das Sonderdelikt des Stimmenkaufs nach Art. 41-A G 9.504/1997 ist z. B. ein Unterfall des Wahlbetrugs, unerlaubte Wahlwerbung fällt unter den Machtmissbrauch.

1567 TSE, *Recurso Especial Eleitoral* (Besonderes Rechtsmittel in der Wahljustiz) 11.835, BE Torquato Jardim, DJ v. 27.9.1994.

bestimmt die Löschung der Eintragung und der Satzung einer Partei, wenn erwiesen ist, dass sie finanzielle Mittel ausländischer Herkunft erhält oder erhalten hat, unter dem Einfluss einer ausländischen juristischen Person oder Regierung steht, der Wahlgerichtsbarkeit gegenüber nicht dem Parteiengesetz entsprechend Rechenschaft abgelegt hat oder eine paramilitärische Organisation unterhält. Das Löschungsverfahren wird durch das Gericht auf die jederzeit zulässige Anzeige eines Wählers, des Vertreters einer politischen Partei oder auf Antrag des *Procurador-Geral Eleitoral* eingeleitet.

Insofern ist in der brasilianischen Verfassungsgerichtsbarkeit durchaus eine gewisse Streuung von Zuständigkeiten zu registrieren, die trotz aller weitergehenden Forderungen nach Umschichtungen von Kompetenzen weg vom STF in der vergleichenden Betrachtung nicht zu vernachlässigen ist. Insbesondere das TSE mit den wahl- und parteienbezogenen Streitigkeiten und die ordentliche Gerichtsbarkeit mit ihren Aufgaben in der Normenkontrolle und mit Sicherungsverfügungen erfüllen wesentliche auch verfassungsgerichtliche Aufgaben. Es gibt jedoch keinen Bereich, in dem grundsätzlich die Arbeit anderer Gerichte nicht noch durch das STF auf ein Außerordentliches Rechtsmittel hin schließlich überprüft werden könnte. Daher ist die Bedeutung der Sachentscheidungsvoraussetzungen für eben dieses und ihrer Auslegung durch das STF so groß.

Ergebnisse in Thesen

Es lassen sich die folgenden Haupterkenntnisse festhalten:

1. Das Verfassungsprozessrecht Brasiliens ist in keinem einheitlichen Kodex geregelt, sondern findet sich verstreut auf alle Ebenen der Normenhierarchie von der Verfassung über ein knappes Dutzend prozessrelevante einfache Gesetze bis zur – bereinigungsbedürftigen – Geschäftsordnung des *Supremo Tribunal Federal* (STF). Manche Verfahrensarten entbehren gesetzlicher und geschäftsordnungsrechtlicher Regelungen noch ganz. Die allenthalben (ausschließlich oder subsidiär) maßgeblichen allgemeinen Vorschriften in Zivil- und Strafprozessordnung werden derzeit grundlegend überarbeitet. Die zahlreichen grundlegenden und punktuellen Änderungen der letzten Jahre und die noch ausstehenden Regelungen belegen, dass sich das STF und der Verfassungsprozess in Brasilien derzeit noch immer in einer Umbruchphase befinden.

2. Die Auswahl der bis zum 70. Lebensjahr zur Amtsausübung berechtigten Verfassungsrichter (*Ministros*) erfolgt rechtlich ähnlich wie in den U.S.A., ist jedoch durch das Rollenverständnis des Bundessenats praktisch defizitär. Trotz vieler Reformvorschläge bleiben der maßgebliche Einfluss und das weitgehende Auswahlermessen des Staatspräsidenten unverändert. Nach Amtsantritt genießen die Richter rechtliche Statusgarantien, die ihre auch *de facto* nicht zu bestreitende Unabhängigkeit sichern und eine Beeinflussbarkeit minimieren.

3. Das STF ist in der geltenden Verfassungsordnung Brasiliens ausdrücklich „Hüter der Verfassung" und als Gericht mit verfassungsgerichtlichen und darüber hinausgehenden Funktionen, als privilegierender Sondergerichtsstand für hohe Amts- und Mandatsträger bei Straftaten und Amtspflichtverletzungen und – ursprünglich, aber zuletzt eingeschränkt – als eine weitgehende „Superrevisionsinstanz" für alle letztinstanzlichen Gerichtsverfahren des Landes angelegt worden.

4. Das elfköpfige Plenum des STF entscheidet beim Gros der originären Zuständigkeiten, die Senate (*Turmas*) i.d.R. in der Rechtsmittelzuständigkeit des STF. Die jeweiligen zufällig und ohne Spezialgebiete zugelosten Berichterstatter spielen eine tragende und heute in der großen Mehrheit der Fälle entscheidende prozessuale Rolle. Sie treten deutlicher als die Verfassungsrichter des BVerfG

als Individuen in Erscheinung. Der außerhalb der beiden Senate stehende, im Zwei-Jahres-Turnus wechselnde Gerichtspräsident sticht durch einen gesonderten Aufgabenbereich hervor.

5. Das STF ist in funktioneller Hinsicht Verfassungsgericht, trotz zusätzlicher nicht verfassungsgerichtlicher Zuständigkeiten und ungeachtet auch anderweitig erfolgender Normenkontrolle und Normenverwerfung im Lande. War es noch bei seiner Gründung genauso wie seine Vorgängerinstitution im 19. Jahrhundert ein „reines" oberstes Rechtsmittelgericht, so hat es seitdem in einem langsam fortschreitenden Konzentrationsprozess immer weitergehende verfassungsgerichtliche Zuständigkeiten erhalten. Zu vermerken ist eine (nicht abgeschlossene und sicher auch nicht notwendigerweise weiterzuführende) Entwicklung in die Richtung auf ein reines Verfassungsgericht, das der Verfassungsgeber von 1988 aber noch abgelehnt hatte.

6. Historisch hat sich insbesondere eine schrittweise Verschiebung im System der Verfassungskontrolle vom diffusen Modell der U.S.A. hin zum kontinentaleuropäischen Verfassungsgerichtstypus mit folgenden Stationen vollzogen: Eine abstrakte Kontrolle von Normen begann 1934 zaghaft im Rahmen der Bundesintervention, wurde 1965 etwas und 1988 schließlich beträchtlich ausgeweitet, so dass man, da die konkret-diffuse Normenkontrolle fortbesteht, von einem hybriden System der Verfassungskontrolle sprechen kann. 1993 folgte die Klage auf allgemein verbindliche Normbestätigung durch das STF; 1999 wurde das Rügeverfahren wegen Nichtbefolgung einer grundlegenden Vorschrift (ADPF) zum Zwecke weitergehender verbindlicher Aussagen des STF zu Normgültigkeit und Normauslegung nutzbar gemacht. Mittlerweile wird sogar eine konstitutiv wirkende Allgemeinverbindlichkeit von lediglich inzidenten Normenkontrollerkenntnissen des STF propagiert; die dabei nach traditionellem Verfassungsverständnis bestehende Rolle des Bundessenates wird in Frage gestellt. Damit hat in Brasilien eine „Vertikalisierung der Justiz", d.h. eine fortschreitende Hierarchisierung, ein wachsender Einfluss des obersten Gerichts auf die übrigen Gerichte zulasten von deren Entscheidungsfreiheit, stattgefunden. Dieses Phänomen wird durch das Institut der Beschwerde zum STF, durch die Kompetenz des STF zur Aussetzung untergerichtlicher einstweiliger Rechtsschutzmaßnahmen und durch die steigende Relevanz von Leitsätzen höherer Gerichte, insbesondere solcher des STF, noch verstärkt.

7. Der Einfluss und die Macht des STF im Staatsganzen ist unter der Verfassung von 1988 gewachsen. Die Verschiebung des STF im Koordinatensystem der Staatsgewalten und innerhalb der Judikative ist von der Verfassung selbst und

vom Gesetzgeber beabsichtigt, die dem Organ Zuständigkeiten und wirkungsvolle Entscheidungsbefugnisse zugewiesen haben. Das Gericht nimmt diese Rolle selbstbewusst an.

8. Gegenüber der Legislative hat sich sein Wirkungskreis insgesamt am deutlichsten ausgedehnt: Zunächst kann es in großem Stil „negative" Gesetzgebung ausüben, da bei ihm aufgrund der breit gefächerten Antragsberechtigung jährlich Hunderte von Normenkontrollanträgen eingehen. Es bedient sich dabei wie das BVerfG eines Kanons von Entscheidungsvarianten, die weit über eine bloße Nichtigerklärung hinausgehen, nimmt Modifikationen des Wirkungsbeginns vor und hat eine umfassende Rechtsmacht, einstweilige Anordnungen hinsichtlich der Anwendung von Normen zu erlassen. Zur abstrakten Normenkontrolle hinzu kommt die schon absehbare Entmachtung des Bundessenats bei der allgemeinen Außervollzugsetzung von Rechtsnormen nach inzidenter Normenkontrolle. Das STF hat zudem partielle eigene normative Gewalt durch die Erweiterung der Leitsatzbindung erhalten; eine Abstraktion/Generalisierung der Aussprüche in einzelnen Fällen kann dabei auf eigenen Entschluss hin und ebenfalls mit eigener Bestimmung des Geltungsbeginns geschehen. Auch bei der Injunktion, die die Verfassung zur Durchsetzung ihrer Aussagen zugunsten der Bürger eingeführt hatte, ist die Rechtsprechung seit 2007 zu einer aktiven Setzung abstrakt-genereller Regelungen übergegangen. Sowohl hinsichtlich der Leitsatz- als auch hinsichtlich der Injunktionsentscheidungen verbleibt dem Gesetzgeber gleichwohl die verfassungsrechtliche Möglichkeit, das STF und dessen normative Regelungen durch ein Tätigwerden wieder zurückzudrängen. Der Einfluss des STF auf die Legislative äußert sich ferner durch verstärkte Kontrolltätigkeit verfassungsrechtlicher Abläufe in deren ureigensten Bereichen, etwa durch Sicherungsverfügungen während eines Impeachments und im Anschluss an ein solches, während des Gesetzgebungsverfahrens und durch Regeln für den Mandatsverlust von Abgeordneten.

9. Gegenüber der Exekutive behauptet sich das STF, indem es Individualrechten etwa über *Habeas Corpus* zur Durchsetzung verhilft (*garantismo*) und vermehrt auch programmatische Zielbestimmungen der Verfassung ins Feld führt, um eine aus seiner Sicht unzureichende Politik zu korrigieren. Es hat sich aber an anderer Stelle auch selbst beschränkt und der Exekutive – etwa in Sachen Auslieferung oder bei Provisorischen Maßnahmen – Spielräume belassen.

10. Das STF begegnet der allgemeinen *counter-majoritarian difficulty* von Verfassungsgerichtsbarkeit in der Demokratie, indem es von sich aus besonderen Wert auf Information und auf eine umfassende Öffentlichkeit und mediale Ver-

fügbarkeit seiner Handlungen legt. Zur besseren Nachvollziehbarkeit verlangt schon die Verfassung die Öffentlichkeit und die Begründung jedes Entscheidungsvorgangs. Auf der Basis gesetzlicher Vorgaben etabliert sich zudem eine legitimations- und akzeptanzsichernde Verfahrensbeteiligung Dritter.

11. Das STF ist einer extremen Prozessbelastung ausgesetzt, die auf sein weites Aufgabenspektrum zurückzuführen ist, aber auch vielfältige Ursachen in der Justiz insgesamt hat, die sich in den Rechtsmittelzahlen niederschlagen. Die außerordentliche Rechtsmittelzuständigkeit, unmittelbar und auf Nichtzulassungsbeschwerde gleichermaßen, macht die Belastung des Gerichts im Wesentlichen aus. Die Antragszahlen konnten jedoch spürbar seit der Justizreform Nr. 45 von 2004 auf ein noch immer hohes, aber erträglicheres Maß reduziert werden.

12. Ursächlich für die jüngste Entlastung ist vor allem der Reformansatz bei dem für die Belastung hauptsächlich verantwortlichen Außerordentlichen Rechtsmittel, für dessen Prüfung nun nach Art. 102 § 3 CF „allgemeine Auswirkungen" (*repercussão geral*) der verfassungsrechtlichen Frage gefordert werden, über die in einem zügigen, elektronisch unterstützten und offenen Verfahren entschieden wird. Die einfach-rechtlichen Regeln in der Zivilprozessordnung geben bereits eine Orientierung über die Annahmefähigkeit; für eine weiter differenzierende Fallgruppenbildung bleibt die erst am Anfang stehende Rechtsprechung zu verfolgen, die in der Pflicht ist, für Vorhersehbarkeit und Rechtsklarheit zu sorgen. Zivilprozessuale Regelungen führen ferner zu einer Vervielfachung des Entlastungseffekts im Hinblick auf gegenwärtige und nachfolgende Rechtsmittel zu gleichartigen Fragen. Das neue Annahmeerfordernis markiert beim Außerordentlichen Rechtsmittel einen Übergang vom subjektiven Rechtsschutz in einer weiteren Instanz hin zu einem Verfahren zum Schutz des objektiven Verfassungsrechts. Es stellt sich als gelungener Kompromiss im Spannungsfeld zwischen der Arbeitsfähigkeit von Verfassungsgerichtsbarkeit und dem Bedürfnis an Rechtsschutz, Rechtsprechungsvereinheitlichung und einer Weiterentwicklung des objektiven Verfassungsrechts dar.

13. Am Beispiel Brasilien kann man insgesamt sehen, wie die Arbeitsbelastung eines Gerichts nicht nur durch strukturelle Gegebenheiten, sondern auch durch Verfahrensabläufe, Zulässigkeitsvoraussetzungen und die Rechtsauslegung beeinflusst werden kann. Für die einzelnen Verfahrensarten bietet sich insofern ein differenziertes Bild.

14. Die abstrakten Normenkontrollen und die föderativen Streitigkeiten sind von einer rechtlich weit gesteckten Zulässigkeit und Begrenzungstendenzen durch das STF geprägt. Beim Rügeverfahren wegen Nichtbefolgung einer grundlegenden Vorschrift (ADPF) hatte das STF Raum für eine eigene Definition seines Wirkungsbereichs im Kontext anderer Verfahrensarten.

15. Die summarischen Verfahren („*writs*") sind ohnehin und auch beim STF durch einen zügigeren Ablauf und Klarheit in tatsächlicher Hinsicht gekennzeichnet. Die Beantragung von *Habeas Corpus* als häufigstem *writ* ist an verhältnismäßig geringe Zulässigkeitshürden geknüpft, zudem begründet die weite Interpretation des STF vielfache Rechtsschutzhoffnungen. Das *Mandado de Segurança* ist ein befristeter, auch kollektiv einlegbarer, weiter Auffangsrechtsbehelf gegen Einzelakte der bezeichneten staatlichen Organe zum Schutz jeder nachgewiesenen Rechtsposition zugunsten von Privatpersonen, aber auch von Hoheitsträgern und sogar von bloßen Organen/Organteilen, der allerdings hinter anderen Rechtsschutzformen zurücktritt. *Habeas Data* hat hingegen von vornherein einen begrenzten und wenig nachgefragten Anwendungsbereich.

16. Einigen Verfahrensarten, auch solchen, die in originärer Zuständigkeit beim STF konzentriert sind, ist der Subsidiaritätsgedanke immanent. So existiert, jeweils aufgrund einfachen Gesetzesrechts, ein administratives Vorverfahren bei *Habeas Data* seit 1997 und bei der Beschwerde wegen Leitsatzverstoßes durch die Verwaltung seit 2006; der ADPF und dem *Mandado de Segurança* sind für das Rechtsschutzziel andere, ebenso geeignete Rechtsbehelfe vorrangig. Beim Außerordentlichen Rechtsmittel ist eine vorherige Rechtswegerschöpfung schon verfassungsrechtlich festgeschrieben. Die Verfahrensbelastung beim STF hängt damit auch mit der Organisation und der Vorleistung anderer Stellen zusammen, die Streitigkeiten schon im Vorfeld des obersten Gerichts beenden können.

17. Straf- und Amtspflichtverletzungssachen beim STF können besonders langwierig sein, was letztlich unter Umständen die Straflosigkeit zur Folge haben kann. Bei über die Jahre stabilen Prozesseingangszahlen hat das STF aber auch selbst – komplementär zu dem gesetzlich eingeführten Einsatz von Hilfsrichtern – ansatzweise Vorkehrungen zur Beschleunigung der Verfahren ergriffen. Die fest in der Verfassungstradition Brasiliens verankerten Gerichtsstandsprivilegien beim obersten Gericht (und bei anderen Gerichten) sind aus verschiedenen Gründen schon im Grundsatz kritikwürdig.

18. Für die Außerordentlichen Rechtsmittel gelten rigide Zulässigkeitsanforderungen, die teils durch Rechtsnormen und teils durch Rechtsprechung des STF aufgestellt wurden, die aber insgesamt zu leicht überwindbar waren, als dass sie das STF von einer großen Antragsflut hätten freihalten können. Erst das neue Erfordernis der „allgemeinen Auswirkungen" und seine bis dato immer wieder verfeinerte Verfahrensgestaltung konnten eine Veränderung herbeiführen. Die Nichtzulassungsbeschwerde hingegen bringt kaum Entlastung, sondern führt vielmehr zu einer Aufwandsvermehrung.

19. Andere Gerichte wie das *Superior Tribunal de Justiça* und das *Tribunal Superior Eleitoral* nehmen dem STF durchaus unter manchen Gesichtspunkten Arbeit ab; auch wurde die Justiz als Ganzes durch die Einrichtung der Regionalen Bundesgerichte und diverser *Juizados Especiais* entlastet. Alle Streitigkeiten können jedoch nach wie vor im Wege des Außerordentlichen Rechtsmittels u.U. schließlich zum STF gelangen.

20. Eine beschleunigte Bearbeitung von Anträgen wird über die Verfahrensgestaltung gefördert: Es verlagern sich die Entscheidungsbefugnisse zunehmend auf den Einzelrichter (den Berichterstatter oder z.T. auch den Präsidenten des Gerichts), da die Prozessgesetze und die Geschäftsordnung in fast allen Verfahrensarten entsprechende Kompetenzen vorsehen und unter bestimmten Voraussetzungen *A-Limine*-Abweisungen, bei Rechtsmitteln sogar eine Schnell-Stattgabe ermöglichen. Mittlerweile bedient man sich auch weitgehend computerisierter Abläufe. Die kurzfristigen und fachlich-qualifizierten Stellungnahmen des *Ministério Público* in nahezu jedem Verfahren und des *Advogado-Geral da União* in der Normenkontrolle sind genauso eine Erleichterung wie der Einsatz von Assessoren am Gericht und die neu eingeführte Befugnis, Aufgaben an externe Hilfsrichter zu delegieren. Verlangsamend wirken neben der Tradition des *pedido de vista* und der Pflicht zur Begründung jeder Entscheidung demgegenüber die Vielzahl von Rechtsbehelfen wie die sich an einzelrichterliche Entscheidungen anschließende Einspruchsmöglichkeit, die häufigen Berichtigungsanträge und Anträge wegen Senatsdivergenz. Gegen rechtsmissbräuchlich gestellte Anträge stehen jedoch verschiedene Geldbußetatbestände zur Verfügung.

21. Es bestehen Wechselwirkungen zwischen den originären Zuständigkeiten und der Rechtsmittelzuständigkeit des STF. Die abstrakten Normenkontrollen ADI und ADC sowie die ADPF dienen angesichts unzähliger umstrittener Rechtsnormen dazu, nicht nur die Judikative als Ganze zu entlasten, sondern schließ-

lich auch die eigene Belastung des Gerichts mit Rechtsmitteln zu verringern. Die seit Neuerem praktizierte Aufstellung allgemein verbindlicher Leitsätze (*súmulas vinculantes*) gemäß Art. 103-A CF hat denselben Effekt, setzt aber bei den übrigen Entscheidungen außerhalb der Normenkontrolle an, die an sich nicht *erga omnes* wirken. Auch Injunktionen infolge unterlassener Rechtsnormen wird nun eine abstrakt-generelle Bedeutung zuerkannt. Diese fünf Verfahrensarten vereint die durch sie herbeigeführte Bindung aller anderen Gerichte und Behörden, welche für Rechtssicherheit und Rechtsanwendungsgleichheit sorgt. Derartige Entscheidungen des STF sind geeignet, eine Vielzahl von Streitigkeiten in der Justiz mit einem Mal zu befrieden. Der resultierende Wegfall von Rechtsmitteln setzt wiederum Kapazitäten beim STF für seine wesentlichen verfassungsgerichtlichen Aufgaben frei.

22. Mit den neuen, an verschiedene tatbestandliche Anforderungen geknüpften Leitsätzen des STF von allgemeiner Verbindlichkeit wird die *Civil-Law*-Rechtstradition Brasiliens langfristig einem *Case-Law*-System angenähert, ohne dass dadurch im Grundsatz die Unabhängigkeit der Gerichte auch von den Entscheidungen höherer Gerichte und die Rechtsfindung anhand der Subsumtion unter Rechtsnormen entfiele. Die nun zunehmende Bindung an die Verdikte des obersten Gerichts ist (ebenso wie Teilaspekte des Verfahrensrechts) zwar auch manchen Bedenken ausgesetzt, sie erscheint aber insbesondere deshalb erforderlich, weil die unabhängige inzidente Normverwerfungskompetenz aller Gerichte zu Ungleichheit, Rechtsunsicherheit und damit notwendig zu einem vermehrten Prozessaufkommen von unteren Instanzen bis hoch zum STF führt. Dies kann durch ein funktionierendes Leitsatzsystem eingedämmt werden. Auch die rechtlich *nicht* allgemein verbindliche übrige Jurisprudenz des STF und anderer höherer Gerichte hat gegenüber dem Gesetzesrecht an Bedeutung gewonnen; sie wurde an verschiedenen Stellen in der Rechtsordnung Anknüpfungspunkt für eine prozessrechtlich erleichterte Nichtzulassung, beschleunigte Abweisung oder Stattgabe von Rechtsmitteln; ihr wird auch faktisch von den Instanzen weitgehend gefolgt. Die brasilianische Rechtsordnung ist damit auf dem Weg zu einem Mischsystem zwischen *civil law* und *case law*.

Hauptgebäude des Supremo Tribunal Federal aus der Perspektive des Nationalkongresses

Anhang I: Tabellen zum Prozessaufkommen

Prozessaufkommen vor dem *Supremo Tribunal Federal*

Verfahrensart	Az./Abk.	Kompetenzzuweisung[1]	Anzahl der an BE verteilten Verfahren[2]									
			1990	1995	2000	2003	2004	2005	2006	2007	2008	2009
Abstrakte Normenkontrollverfahren												
Direktklage wegen Verfassungswidrigkeit[3]	ADI	102 I a), p)	267	207	257	306	285	258	192	158	182	176
Klage auf Feststellung der Verfassungsmäßigkeit	ADC	102 I a), p)	0	0	0	0	1	1	3	5	1	4
ADPF												
Rüge der Nichtbefolgung grundlegender Vorschriften	ADPF	102 § 1	0	0	10	10	16	24	20	21	31	43
Föderative und internationale Streitigkeiten												
Originäre Zivilklage (Föderative u. internat. Streitigkeiten)	ACO	102 I e), f)	23	15	23	44	55	76	133	137	195	184
Bundesintervention[4]	IF	34 VII, 36 III	0	23	673	394	83	296	81	38	32	35
Auslieferung[5]	Extr.	102 I g)	26	31	30	46	49	65	46	39	48	21
Schutz von Rechtspositionen												
Freilassungsverfügung	HC	102 I d), i)	630	1.271	608	1.024	1.284	2.027	2.348	2.911	3.561	4.468
Datenschutzverfügung	HD	102 I d)	2	3	0	2	13	3	2	3	9	3
Sicherungsverfügung	MS	102 I d)	202	132	179	246	336	493	444	631	605	574
Injunktion	MI	102 I q)	93	49	17	14	17	16	17	48	135	1.365

1 Unbezeichnete Normen sind solche der Bundesverfassung.

2 Quelle der hier dargestellten und Grundlage der errechneten Zahlenangaben zu den verteilten Prozessen ist die Rubrik „*Pesquisa por Classe*“ unter dem Menupunkt „*Estatistica*“ der Website des STF http://www.stf.jus.br/portal/cms/verTexto.asp?servico=estatistica&pagina=pesquisaClasse (Stand: 5.5.2010). Die Zahl der protokollierten Verfahrenseingänge kann in einem Bemessungszeitraum (Kalenderjahr) höher liegen, da Verfahren erst verteilt werden, wenn die Kosten – soweit solche erhoben werden – eingezahlt wurden und nur, wenn dies binnen zehn Tagen geschieht (Art. 57 ff., 107 RISTF). Soweit Verfahren nach innerprozessualen Einreden auf der Website gesondert ausgewiesen werden (z. B. Befangenheitsrügen, andere Zwischenverfahren), bleiben diese in der Tabelle außer Betracht. Die Tabelle zeigt ferner nur solche Verfahren an, die dem STF nach heutigem Recht noch immer zugewiesen sind, keine Altverfahren nach nicht mehr bestehenden Zuständigkeiten.

3 Inklusive Direktklage wegen Verfassungswidrigkeit durch Unterlassen.

4 Zuständigkeit des Präsidiums des STF. Da es hier zu keiner Verteilung an einen BE kommt, entsprechen die Zahlen den protokollierten Eingängen.

5 Ohne die Haftsachen zum Zwecke der Auslieferung.

Verfahrensart	Az./Abk.	Kompetenz-zuweisung	Anzahl der an BE verteilten Verfahren									
			1990	1995	2000	2003	2004	2005	2006	2007	2008	2009
Strafverfahren												
Strafverfahren[6]	Inq., AP, QC, RC, RVC	102 I b), c)	100	234	119	254	137	104	187	288	150	129
Sonstige Verfahren in originärer Zuständigkeit												
Kompetenzkonflikt (Rspr.)	CC	102 I o)	15	19	15	22	24	105	171	83	100	40
Wiederaufnahmeklage	AR	102 I j)	11	9	79	50	43	29	57	81	70	103
Beschwerde	Rcl.	102 I l)	20	49	522	275	491	933	837	868	1.625	2.208
Vorschlag bzgl. eines bindenden Leitsatzes[7]	PSV	103-A	0	0	0	0	0	0	0	0	11	40
Originäre Klage[8]	AO, AOE	102 I n) CF, 9 ADCT	28	88	132	83	83	249	45	62	50	40
Rechtsmittelzuständigkeit												
Ordentliches Rechtsmittel (ohne Strafsachen)	RHC, RMI, RMS, RHD	102 II	39	138	135	173	197	245	306	202	217	248
Außerordentliches Rechtsmittel	RE	102 III	10.780	11.195	29.196	44.478	26.540	29.483	54.575	49.708	21.531	8.348
Nichtzulassungs-beschwerde	AI	zu 102 III	2.465	11.803	59.236	62.519	38.938	44.691	56.141	56.909	37.783	24.301
Anordnung aufschiebender Wirkung[9]	STA, SS, SL	zu 102 III	21	240	223	147	344	326	288	588	411	531
Einstweilige Rechtsschutzklagen												
Einstweilige Rechtsschutzklagen[10]	AC	akzessorisch zu 102 III	0	0	0	145	412	466	433	383	313	248
Sonstige Anträge	Pet.[11]	–	53	93	246	222	218	249	225	373	245	216
SUMME			**14.775**	**25.599**	**91.700**	**110.454**	**69.566**	**80.139**	**116.551**	**113.536**	**67.305**	**43.325**

6 Zusammenfassung von Ermittlungsverfahren, Strafklage, Privatklage, ordentlichem Rechtsmittel in Strafsachen, Revision.

7 Im Verfahren PSV kommt es nicht zu einer Verteilung an einen BE, sondern zu einer Vorprüfung durch ein dreiköpfiges Richtergremiun (Rechtsprechungskommission).

8 Unter diesem Begriff werden die „sonstigen" originären Zuständigkeiten gefasst. Dies sind die Sachen von Interesse für die gesamte Richterschaft, das hilfsweise Eintreten bei Befangenheit/Verhinderung von Gerichten und die Klage wegen der Wiedergutmachung bestimmter Folgen der Militärdiktatur.

9 Zuständigkeit des Präsidiums des STF. Da es hier zu keiner Verteilung an einen BE kommt, entsprechen die Zahlen den protokollierten Eingängen.

10 Die Einstweiligen Rechtsschutzklagen (*ações cautelares*) sind akzessorisch zu den Hauptsacheverfahren und nicht lediglich in den von Art. 102 I p) CF genannten Normenkontrollen zulässig.

11 Unter den Begriff „*Petição*" können z. B. Anträge auf Ausübung des Initiativrechts des STF nach Art. 34 VI/36 II CF und solche fallen, bei denen die Verfahrenszuordnung unklar ist oder bei den eindeutig keine Kompetenz des STF gegeben ist

Prozessaufkommen vor dem Bundesverfassungsgericht

Verfahrensart	Kompetenz-zuweisung[12]	Verfahrenseingänge[13]									
		1990	**1995**	**2000**	**2003**	**2004**	**2005**	**2006**	**2007**	**2008**	**2009**
Bundesorganstreit	93 I Nr. 1	14	5	2	1	3	10	5	6	6	2
Föderale Streitigkeit	93 I Nr. 3, 84 IV	0	4	2	0	2	3	0	0	0	0
Grundrechtsverwirkung	18	0	0	0	0	0	0	0	0	0	0
Normenkontrolle (abstrakt)	93 I Nr. 2	4	2	1	4	1	8	1	1	0	2
Normenkontrolle (konkret)	100 I	31	52	26	15	25	26	74	27	33	47
Normverikation	100 II	0	0	0	9	0	0	3	1	0	0
Parteiverbot	21 II	0	0	0	0	0	0	0	0	0	0
Präsidentenanklage	61	0	0	0	0	0	0	0	0	0	0
Richteranklage	98 II, V	0	0	0	0	0	0	0	0	0	0
Verfassungsbeschwerde	93 I Nr. 4a, b	3.309	5.766	4.705	5.055	5.434	4.967	5.918	6.005	6.245	6.308
Vorlage LVerfG	100 III	0	1	0	0	0	0	0	0	0	0
Wahlprüfungsbeschwerde	41 II	2	0	6	7	12	3	6	11	1	1
Einstweilige Anordnung	§ 32 BVerfGG	35	72	88	108	110	88	108	102	93	148
Sonstige	93 I Nr. 4, 99	5	0	1	1	2	0	0	1	0	0
GESAMTSUMME		**3.400**	**5.902**	**4.831**	**5.200**	**5.589**	**5.105**	**6.115**	**6.154**	**6.378**	**6.508**

12 Unbezeichnete Normen sind Artikel des GG.

13 Quelle: Jahresstatistik 2009 auf der Website des BVerfG http://www.bundesverfassungsgericht.de/organisation/statistik_2009.html (Stand: 5.5.2010). Die eingegangenen Verfahrensanträge werden vor dem BVerfG unabhängig von einer Kostendeckung verteilt (§ 34 I BVerfGG).

Anhang II:
Bisherige allgemein verbindliche Leitsätze

Nr.	Datum	Inhalt des Leitsatzes	CF-Art.	Rspr.*
1	30.5.2007	Gebot der Berücksichtigung der Bestandskraft von Vereinbarungen (im Recht der Arbeitgeber-Sozialabgaben)	5 XXXVI	3 RE
2	30.5.2007	Bundeskompetenz für Glücksspielgesetze	22 XX	6 ADI
3	30.5.2007	Rechtliches Gehör grds. auch vor dem Bundesrechnungshof	5 LIV, LV; 71 III	4 MS
4	30.4.2008	Gesetzliches Mindestgehalt als Referenzgröße nur in verfassungsrechtlich vorgesehenen Fällen	7 IV, XXIII; 39 § 1, 3; 42 § 1; 142 § 3 X	7 RE
5	7.5.2008	Rechtsanwaltliche Vertretung im Disziplinarverfahren verfassungsrechtlich nicht geboten	5 LV	1 MS, 2 RE, 1 AI
6	7.5.2008	Gesetzliches Mindestgehalt kann im Grundwehrdienst unterschritten werden	1 III; 5 *caput*; 7 IV; 142 § 3 VIII a.F.; 143 *caput*, § 1, 2	12 RE
7	11.6.2008	Anwendung des Zinslimits von 12 % setzte unter Art. 192 § 3 CF a.F. (bis 2003) eine Regelung in Ergänzungsgesetz voraus	192 § 3 a.F.	1 ADI, 6 RE, 1 AI
8	12.6.2008	Verfassungswidrigkeit von Vorschriften, die eine Verjährbarkeit von Ansprüchen auf Guthaben im Abgabenrecht vorsahen	146 III	6 RE
9	12.6.2008	Rezeption des Art. 127 des vorkonstitutionellen Strafvollstreckungsgesetzes (Strafresterlass und dessen Verlust) ohne eine Fristbestimmung	5 XXXVI, XLVI	3 HC, 1 RE, 2 AI
10	18.6.2008	Plenarvorbehalt: Keine Nichtanwendung eines Gesetzes oder normativen Aktes ohne einen ausdrücklichen Plenarbeschluss über die Verfassungswidrigkeit	97	4 RE, 1 AI

Nr.	Datum	Inhalt des Leitsatzes	CF-Art.	Rspr.*
11	13.8.2008	Handschellengebrauch nur ausnahmsweise zulässig (bei Widerstand, begründeter Gefahr der Flucht oder für die körperliche Unversehrtheit), ansonsten Haftung der Verantwortlichen und des Staates	1 III; 5 III, X, XLIX	3 HC, 1 RHC
12	13.8.2008	Verbot von Studiengebühren an öffentlichen Universitäten	206 IV	12 RE
13	21.8.2008	Nepotismusverbot auf allen staatlichen Ebenen in allen Staatsgewalten (keine Ernennung des Ehe- und Lebenspartners und Verwandter bis zum dritten Grad)	37 *caput*	1 ADI, 2 ADC, 1 MS, 1 RE
14	2.2.2009	Voller Zugang des Strafverteidigers zu den in den Ermittlungsakten dokumentierten Beweismitteln	1 III; 5 XXXIII, LIV, LV	7 HC
15	25.6.2009	Aufschlag zum Erreichen des Mindestgehalts im öffentlichen Dienst nicht für Gratifikationen anzusetzen	7 IV	8 RE
16	25.6.2009	Volles Gehalt als Referenzgröße für Gratifikationen im öffentlichen Dienst	7 IV a.F.; 39 § 2, 3 a.F.	4 RE, 2 AI
17	29.10.2009	Ausschluss von Verzugszinsen bei gerichtlichen Zahlungstiteln gegen die öffentliche Hand (*precatórios*) während der Zahlungsfrist (Haushaltsjahr)	100 § 1	8 RE
18	29.10.2009	Inelegibilität auch von Ex-Ehegatten der Inhaber von Wahlämtern	14 § 7	3 RE
19	29.10.2009	Erhebung von Gebühren zur Müllabfuhr und Abfallbeseitigung kein Verstoß gegen Finanzverfassung	145 II	11 RE, 6 AI
20	29.10.2009	Festsetzung der Höhe einer branchenspezifischen Gratifikation für bestimmte öffentlicher Dienstkräfte im Ruhestand	40 § 8	3 RE
21	29.10.2009	Verfassungswidrigkeit des Erfordernisses der vorherigen Hinterlegung von Geld oder Sachgütern für Rechtsbehelfe im Verwaltungsrecht	5 XXXIV a), LV	1 ADI, 6 RE, 7 AI, 1 AC
22	2.12.2009	Arbeitsgerichtlicher Rechtsweg für materielle und immaterielle Schäden aus Arbeitsunfällen	7 XXVIII, 109 I ,114	2 AI, 1 CC, 1 AC
23	2.12.2009	Arbeitsgerichtlicher Rechtsweg für possessorische Klagen aufgrund einer Ausübung des privatrechtlichen Streikrechts	114 II	4 RE, 2 AI, 1 CJ

Nr.	Datum	Inhalt des Leitsatzes	CF-Art.	Rspr.*
24	2.12.2009	Keine Verwirklichung einer Steuerstraftat vor dem endgültigen Inkrafttreten des Steuergesetzes	5 LV, 129 I	6 HC
25	16.12.2009	Ausschluss zivilrechtlicher Haft des untreuen Verwahrers	5 XLVII	3 RE, 8 HC
26	16.12.2009	Verfassungswidrigkeit des Verbots einer Erleichterung des Strafvollzugs bei Schwerverbrechen und Verweis der Vollstreckungsgerichte auf Bewertung anhand kriminologischer Gutachten	5 XLVI, XLVII (Modalitäten der Strafe)	5 HC, 1 RHC, 3 AI
27	18.12.2009	Zuständigkeit der gliedstaatlichen Justiz für Streitigkeiten über öffentliche Telekommunikationsdienstleistungen, soweit Regulierungsbehörde (ANATEL) nicht beteiligt ist	98 I, 109 I	4 RE, 6 AI
28	3.2.2010	Verfassungswidrigkeit des Erfordernisses einer vorherigen Hinterlegung für eine Klage im Steuerrecht	5 XXXV, LV	1 ADI
29	3.2.2010	Verfassungsmäßigkeit der Anlehnung einer Gebührenbemessung an eine bestimmte Steuer	145 § 2	7 RE, 1 AI, 1 ADI
30		[*wegen verfassungsrechtlicher Bedenken nach Beschluss vor Verkündung ausgesetzt*]		
31	4.2.2010	Verfassungswidrigkeit einer kommunalen Dienstleistungssteuer ISS bezogen auf bewegliche Güter	156 III	6 RE, 3 AI

S. eine aktuell gehaltene Auflistung der beschlossenen allgemein verbindlichen Leitsätze in ihrem Originalwortlaut und mit Links zu Aktenauszügen der zugrunde liegenden Prozesse unter http://www.stf.jus.br/portal/cms/verTexto.asp?servico=jurisprudenciaSumulaVinculante (zuletzt aufgerufen 31.7.2010).

* Anzahl und Art der dem bindenden Leitsatz vorangehenden Verfahren, in denen das STF zu einer entsprechenden Entscheidung gelangt ist.

Anhang III: Übersetzte Rechtstexte

(Stand: 1.9.2010)

Verfassung der Föderativen Republik Brasilien

vom 5.10.1988, zuletzt geändert am 13.7.2010 (Auszüge)[1]

Titel I – Grundprinzipien

Art. 2. Die Legislative, die Exekutive und die Judikative sind die voneinander unabhängigen und miteinander harmonischen Staatsgewalten des Bundes.

Titel II – Grundrechte und -garantien

Kapitel I – Die individuellen und kollektiven Rechte und Pflichten

Art. 5. Alle, ohne jeden Unterschied, sind vor dem Gesetz gleich; den Brasilianern und den im Lande wohnhaften Ausländern wird die Unverletzlichkeit des Rechtes auf Leben, Freiheit, Gleichheit, Sicherheit und Eigentum gemäß den folgenden Bestimmungen garantiert: [...]

XXXV – das Gesetz darf die gerichtliche Würdigung von Rechtsverletzungen oder -gefährdungen nicht ausschließen;

LI – kein Brasilianer wird ausgeliefert, mit Ausnahme des Eingebürgerten im Falle einer vor der Einbürgerung begangenen Straftat oder der erwiesenen Beteiligung an unerlaubtem Handel mit Betäubungsmitteln; das Nähere regelt ein Gesetz;

LII – die Auslieferung von Ausländern wegen politischer Straftaten oder aufgrund von Meinungsäußerungen wird nicht gestattet; [...]

LV – Streitparteien in Gerichts- und Verwaltungsverfahren und Angeklagten im Allgemeinen werden rechtliches Gehör und umfassende Verteidigung [*contraditório e ampla defesa*] mit den dazugehörigen Mitteln und Rechtsbehelfen zugesichert;

LXVIII – es wird eine gerichtliche Freilassungsverfügung immer dann erteilt, wenn jemand mit Gewalt oder Zwang rechtswidrig oder durch den Missbrauch von Macht in seiner Fortbewegungsfreiheit betroffen wird oder zu werden droht;

LXIX – es wird eine gerichtliche Sicherungsverfügung gewährt, um einen eindeutigen und nachgewiesenen Rechtsanspruch zu schützen, der nicht in den Anwendungsbereich der Freilassungs- oder Datenschutzverfügung fällt, wenn eine Behörde oder ein Bediensteter einer juristischen Person in Ausübung öffentlicher Gewalt für ein rechtswidriges Verhalten oder den Missbrauch von Macht verantwortlich ist;

LXX – die kollektive gerichtliche Sicherungsverfügung kann beantragt werden von:

a) einer im Nationalkongress vertretenen politischen Partei;
b) einer gewerkschaftlichen Organisation, einem berufsständischen Verband oder einer rechtmäßig gegründeten, bereits über einen längeren Zeitraum als ein Jahr tätigen Vereinigung, jeweils zur Wahrnehmung der Interessen ihrer Mitglieder;

LXXI – es wird eine gerichtliche Injunktion immer dann erteilt, wenn durch das Fehlen einer Ausführungsbestimmung die Ausübung von verfassungsrechtlichen Rechten und Freiheiten und den der Staatsangehörigkeit, Souveränität und Staatsbürgerschaft innewohnenden Vorrechten unmöglich gemacht wird;

1 S. ergänzend die Übersetzung von W. Paul, Die brasilianische Verfassung von 1988, Ihre Bedeutung für Rechtsordnung und Gerichtsverfassung Brasiliens, Frankfurt am Main, 1989, Anhang zur damaligen Fassung, an der sich die hier vorliegende an vielen Stellen orientiert hat, und die auch weitere Passagen abdeckt.

LXXII – es wird eine gerichtliche Datenschutzverfügung erteilt:

a) zur Kenntniserlangung über die auf die Person des Antragstellers bezogenen Informationen in Registern oder Datenbanken von Regierungsorganen oder in solchen mit öffentlichem Charakter;
b) zur Richtigstellung von Daten, falls dies nicht im Wege vertraulicher gerichtlicher oder behördlicher Verfahren erfolgen soll;

[…]

LXXVII – die Klagen auf Freilassungs- und Datenschutzverfügungen und, nach Maßgabe des Gesetzes, die zur Ausübung der Staatsbürgerschaft notwendigen Handlungen sind kostenfrei;

LXXVIII – es werden jedem vor Gericht und vor der Verwaltung eine angemessene Verfahrensdauer und Vorkehrungen für zügige Bearbeitungsabläufe zugesichert. […]

Kapitel III – Die Staatsangehörigkeit

Art. 12. […] § 3. Gebürtigen Brasilianern vorbehalten sind die Ämter: […]

IV – Richter am *Supremo Tribunal Federal*; […]

Kapitel IV – Die politischen Rechte

Art. 14. [*Bestimmungen zum Wahlrecht*] […]

§ 9. Ein Ergänzungsgesetz legt weitere Fälle und die Fristen der Ineligibilität fest zu dem Zweck, die Redlichkeit in der Verwaltung, die Moral bei der Ausübung von Mandaten in Anbetracht des Vorlebens der Kandidaten und die Ordnungs- und Rechtmäßigkeit der Wahlen vor Beeinflussung durch Wirtschaftsmacht oder Amtsmissbrauch in der mittelbaren und unmittelbaren Verwaltung zu schützen.

§ 10. Wahlmandate können vor der Wahlgerichtsbarkeit binnen 15 Tagen, gerechnet ab der Ausstellung der Urkunde, angefochten werden; mit der Klage ist Beweis für einen Missbrauch wirtschaftlicher Macht, Korruption oder Betrug anzutreten.

§ 11. Die Klage zur Anfechtung eines Mandats wird unter Geheimhaltung behandelt; der Kläger hat sich nach Maßgabe des Gesetzes zu verantworten, wenn sie nicht fundiert oder offensichtlich böswillig ist.

Art. 15. Die Aufhebung politischer Rechte ist verboten; ihr Verlust oder ihre Aussetzung tritt nur ein im Falle:

I – der Aufhebung einer Einbürgerung durch rechtskräftiges Urteil;

II – der absoluten zivilrechtlichen Geschäftsunfähigkeit;

III – einer rechtskräftigen strafrechtlichen Verurteilung, solange deren Wirkungen andauern;

IV – einer Verweigerung, für jedermann geltende Verpflichtungen zu erfüllen oder einen Ersatz zu leisten, nach Maßgabe des Art. 5 VIII [*Rechtfertigung von Eingriffen in Religions-, Weltanschauungs- und Meinungsfreiheit und diesbzgl. Gesetzesvorbehalt*];

V – der Unredlichkeit in der Verwaltung nach Maßgabe des Art. 37 § 4 [*Folgen unredlichen Verhaltens in der Verwaltung und diesbzgl. Gesetzesvorbehalt*].

Titel III – Die Staatsorganisation

Kapitel VI – Die Intervention

Art. 34. Der Bund interveniert nicht in den Bundesstaaten oder dem Bundesdistrikt, es sei denn, um:

I – die nationale Integrität aufrechtzuerhalten;

II – eine Invasion von außen oder von einer föderalen Untergliederung in eine andere abzuwehren;

III – schwerwiegende Beeinträchtigungen der öffentlichen Ordnung zu beenden;

IV – die freie Kompetenzausübung der Staatsgewalten in den föderalen Untergliederungen sicherzustellen;

V – die Finanzen einer föderalen Untergliederung neu zu ordnen, die

a) die Zahlung einer bestehenden Schuld mehr als zwei Jahre aussetzt, außer bei höherer Gewalt;
b) es unterlässt, den Kommunen innerhalb der gesetzlich bestimmten Frist Steuereinnahmen wie in dieser Verfassung festgelegt zuzuführen;

VI – für die Ausführung von Bundesgesetzen und gerichtlichen Anordnungen und Entscheidungen zu sorgen;

VII – die Beachtung der folgenden Verfassungsprinzipien sicherzustellen:

a) die republikanische Staatsform und das System der repräsentativen Demokratie;
b) die Menschenrechte;
c) die kommunale Selbstverwaltung;

d) die Rechenschaftspflicht der unmittelbaren und mittelbaren öffentlichen Verwaltung;
e) die Verwendung eines bestimmten Mindestbetrags der bundesstaatlichen Steuereinnahmen, Ausgleichszahlungen eingeschlossen, für die Aufrechterhaltung und die Entwicklung des Bildungswesens und für Leistungen und Dienste im öffentlichen Gesundheitswesen.

Art. 35. [*betrifft die Intervention von Bundesstaaten in Kommunen*]

Art. 36. Die Anordnung der Intervention hängt ab von:

I – im Falle des Art. 34 IV, einem Antrag des jeweils genötigten oder an der Kompetenzausübung gehinderten Legislativ- oder Exekutivorgans, oder dem Verlangen des *Supremo Tribunal Federal*, wenn eine Nötigung gegenüber der Judikative erfolgte;

II – im Falle der Nichtbeachtung einer gerichtlichen Anordnung oder Entscheidung, dem Verlangen des *Supremo Tribunal Federal*, des *Superior Tribunal de Justiça* oder des *Tribunal Superior Eleitoral*;

III – in den Fällen des Art. 34 VII und der Nichtausführung eines Bundesgesetzes, der stattgebenden Entscheidung des *Supremo Tribunal Federal* auf Vorlage des *Procurador-Geral da República*.

§ 1. Die Anordnung der Intervention, die den Umfang, die Dauer und die Art und Weise ihrer Ausführung sowie die Person des Intervenierenden im Einzelnen bezeichnen muss, unterliegt der Überprüfung durch den Nationalkongress [...] binnen 24 Stunden.

§ 2. Falls sich der Nationalkongress [...] in der sitzungsfreien Zeit befindet, wird er außerplanmäßig binnen 24 Stunden zusammentreten.

§ 3. In den Fällen des Art. 34 VI und VII [...] beschränkt sich die Anordnung darauf, den streitgegenständlichen Akt außer Kraft zu setzen, wenn dies zur Wiederherstellung des Normalzustandes genügt; der Überprüfung durch den Nationalkongress bedarf es dann nicht.

§ 4. Liegen die Gründe für die Intervention nicht mehr vor, nehmen die suspendierten Stellen ihre Amtsausübung wieder auf, wenn dies rechtlich nicht ausgeschlossen ist.

Kapitel VII – Die Öffentliche Verwaltung

Abschnitt I – Allgemeine Bestimmungen

Art. 37. Die unmittelbare und mittelbare Öffentliche Verwaltung in allen Staatsgewalten auf Ebene des Bundes, der Bundesstaaten, des Bundesdistrikts und der Kommunen gehorcht den Grundsätzen der Gesetzmäßigkeit, der Unpersönlichkeit, der Moral, der Publizität und der Effizienz und auch Folgendem: [...]

XI – die Vergütung und die Besoldung der Inhaber von öffentlichen Ämtern, Funktionen und Stellen in der unmittelbaren Staatsverwaltung und in öffentlich-rechtlichen Körperschaften und Stiftungen, der Mitglieder jeder Staatsgewalt in Bund, Bundesstaaten, Bundesdistrikt und Kommunen, der Mandatsträger und anderer politischer Amtsträger sowie die Honorare, Pensionen oder andere Formen von Vergütung dürfen nicht die monatliche Besoldung der Richter des *Supremo Tribunal Federal* überschreiten [...], als Grenze innerhalb der Judikative der Bundesstaaten gilt die Besoldung der Richter an den bundesstaatlichen *Tribunais de Justiça*, die ihrerseits begrenzt ist auf 90,25 % der monatlichen Besoldung der Richter des *Supremo Tribunal Federal*; diese Begrenzung im Bereich der Judikative ist anwendbar auf die Mitglieder des *Ministério Público*, Staatsanwälte und Pflichtverteidiger; [...]

Titel IV – Die Organisation der Staatsgewalten

Kapitel I – Die legislative Gewalt

Abschnitt II – Die Aufgaben des Nationalkongresses

Art. 48. Dem Nationalkongress steht es zu, mit Sanktionierung durch den Präsidenten der Republik [...] in den Sachgebieten der Bundeskompetenz Regelungen zu treffen, insbesondere über: [...]

XV – die Festsetzung der Bezüge der Richter des *Supremo Tribunal Federal* unter Beachtung der Vorschriften der Art. 39 § 4 [*Zusammensetzung der Bezüge öffentlich Bediensteter*], 150 II [*Gleichbehandlung*] und 153 III, § 2 I [*Grundsätze der Besteuerung*]. [...]

Abschnitt III – Die Abgeordnetenkammer

Art. 51. Ausschließlich der Abgeordnetenkammer obliegt es:

I – mit der Mehrheit von zwei Dritteln ihrer Mitglieder die Einleitung eines Prozesses gegen den Präsidenten und den Vizepräsidenten der Republik und die Bundesminister zu genehmigen; [...]

Abschnitt IV – Der Bundessenat

Art. 52. Ausschließlich dem Bundessenat obliegt es:

I – zu verhandeln und zu entscheiden in den Verfahren gegen den Präsidenten und den Vizepräsidenten der Republik wegen Amtspflichtverletzung sowie gegen Bundesminister und die Befehlshaber von Marine, Heer und Luftstreitkräften wegen damit zusammenhängender Amtspflichtverletzungen;

II – zu verhandeln und zu entscheiden über die Amtspflichtverletzungen der Richter des *Supremo Tribunal Federal*, die Mitglieder des Nationalen Rates der Justiz und des Nationalen Rates des *Ministério Público*, des *Procurador-Geral da República* und des *Advogado-Geral* des Bundes;

III – in geheimer Wahl nach öffentlicher Anhörung die Auswahl

a) von Richtern in den von dieser Verfassung bestimmten Fällen zu bestätigen; [...]

X – den Vollzug eines endgültig vom *Supremo Tribunal Federal* für verfassungswidrig erklärten Gesetzes ganz oder teilweise auszusetzen; [...]

Einziger Paragraph. In den von den Absätzen I und II vorgesehenen Fällen hat der Präsident des *Supremo Tribunal Federal* den Vorsitz inne; die Verurteilung kann nur mit Zweidrittelmehrheit im Bundessenat ergehen und ist beschränkt auf die Feststellung des Amtsverlustes und der Unfähigkeit des Angeklagten, in den folgenden acht Jahren öffentliche Ämter zu bekleiden; ansonsten statthafte gerichtliche Maßnahmen bleiben unberührt.

Abschnitt V – Abgeordnete und Senatoren

Art. 53. Die Abgeordneten und Senatoren sind zivil- und strafrechtlich hinsichtlich ihrer Meinungen, Äußerungen und ihres Stimmverhaltens unverletzlich.

§ 1. Die Abgeordneten und Senatoren unterliegen ab Ausstellung ihrer Urkunde der Gerichtsbarkeit des *Supremo Tribunal Federal.*

§ 2. Von der Ausstellung ihrer Urkunde an können die Mitglieder des Nationalkongresses nicht festgenommen werden, es sei denn, sie werden auf frischer Tat bei einem nicht kautionsfähigen Verbrechen betroffen. In diesem Falle werden die Akten binnen 24 Stunden der betreffenden Gesetzgebungskammer zugeleitet, damit diese über die Haft mit der Mehrheit der Stimmen ihrer Mitglieder Beschluss fassen kann.

§ 3. Wenn das *Supremo Tribunal Federal* eine Anzeige gegen einen Senator oder Abgeordneten wegen eines Verbrechens während seines Mandates erhalten hat, setzt es die betreffende Gesetzgebungskammer in Kenntnis, die auf Antrag einer in der Kammer vertretenen politischen Partei und mit der Mehrheit ihrer Mitglieder den Prozess bis zur endgültigen Entscheidung einstellen kann.

§ 4. Der Einstellungsantrag muss binnen einer nicht verlängerbaren Frist von 45 Tagen ab Eingang beim Präsidium der betreffenden Kammer behandelt werden.

§ 5. [*Verjährungshemmung*]

§ 6. [*Zeugnisverweigerungsrecht*]

§ 7. [*Einziehung in die Streitkräfte*]

§ 8. [*Immunität im Ausnahmezustand*]

Abschnitt VIII – Das Gesetzgebungsverfahren

Art. 61. Die Initiative zu Ergänzungsgesetzen und einfachen Gesetzen steht jedem Mitglied oder Ausschuss von Abgeordnetenkammer, Bundessenat oder Nationalkongress, dem Präsidenten der Republik, dem *Supremo Tribunal Federal*, den Oberen Gerichten, dem *Procurador-Geral da República* und den Bürgern nach Maßgabe dieser Verfassung zu. [...]

Art. 64. Die Lesungen und die Abstimmung zu Gesetzentwürfen auf Initiative des Präsidenten der Republik, des *Supremo Tribunal Federal* und der Oberen Gerichte erfolgen zunächst in der Abgeordnetenkammer. [...]

Kapitel II – Die exekutive Gewalt

Abschnitt I – Der Präsident und der Vizepräsident der Republik

Art. 80. Im Falle der Verhinderung des Präsidenten und des Vizepräsidenten oder der Vakanz dieser Ämter werden nacheinander zunächst der Präsident der Abgeordnetenkammer, dann der Präsident des Bundessenats, dann der Präsident des *Supremo Tribunal Federal* zur Wahrnehmung der Präsidentschaft berufen.

Abschnitt II – Die Aufgaben des Präsidenten der Republik

Art. 84. Ausschließlich dem Präsidenten der Republik obliegt es: [...]

X – die Bundesintervention anzuordnen und auszuführen; [...]

XIV – die Richter des *Supremo Tribunal Federal* und der Oberen Gerichte, die Gouverneure der Territorien, den *Procurador-Geral da República*, den Präsidenten und die Direktoren der Zentralbank zu ernennen sowie sonstige Bedienstete, wenn das Gesetz dies bestimmt;

XVI – Richter in den von dieser Verfassung vorgesehenen Fällen sowie den *Advogado-Geral* des Bundes zu ernennen, [...]

Abschnitt III – Verantwortlichkeit des Präsidenten der Republik

Art. 85. Handlungen des Präsidenten der Republik, die sich gegen die Bundesverfassung richten, hat dieser als Amtspflichtverletzung zu verantworten, insbesondere sind dies Handlungen gegen:

I – den Bestand des Bundes;

II – die freie Kompetenzausübung der Legislative, der Judikative, des *Ministério Público* und der verfassungsmäßigen Staatsgewalten der föderalen Untergliederungen;

III – die Ausübung der individuellen, politischen und sozialen Rechte;

IV – die innere Sicherheit des Landes;

V – die Rechtschaffenheit in der Verwaltung;

VI – das Haushaltsgesetz;

VII – den Vollzug von Gesetzen und Gerichtsentscheidungen.

Einziger Paragraph. Diese Tatbestände werden in einem Spezialgesetz definiert werden, das Regelungen zu Verfahren und Urteil trifft.

Art. 86. Nach dem Beschluss der Erhebung einer Anklage gegen den Präsidenten der Republik mit einer Zweidrittelmehrheit in der Abgeordnetenkammer, wird er, wenn es sich um Straftaten handelt, dem Urteil des *Supremo Tribunal Federal* und, wenn es sich um Amtspflichtverletzungen gemäß Art. 85 handelt, dem Urteil des Bundessenats unterworfen.

§ 1. Der Präsident wird von seinen Aufgaben suspendiert:

I – bei Straftaten, wenn die Strafanzeige oder der Strafantrag beim *Supremo Tribunal Federal* eingegangen sind;

II – bei Amtspflichtverletzungen nach Art. 85 nach Einleitung des Verfahrens durch den Bundessenat.

§ 2. Falls nach Ablauf einer Frist von 180 Tagen die Urteilsfindung nicht abgeschlossen ist, endet die Suspendierung des Präsidenten; die Weiterführung des Prozesses bleibt unberührt.

§ 3. Solange er nicht wegen einer allgemeinen Straftat verurteilt wird, kann dem Präsidenten der Republik die Freiheit nicht entzogen werden.

§ 4. Der Präsident der Republik kann, solange sein Mandat andauert, nicht für außerdienstliche Handlungen zur Verantwortung gezogen werden.

Kapitel III – Die judikative Gewalt

Abschnitt I – Allgemeine Vorschriften

Art. 92. Organe der Rechtsprechenden Gewalt sind:

I – das *Supremo Tribunal Federal*;

I-A – der Nationale Rat der Justiz;

II – das *Superior Tribunal de Justiça*;

III – die *Tribunais Regionais Federais* und die Bundesrichter;

IV – die Arbeitsgerichte und -richter;

V – die Wahlgerichte und -richter;

VI – die Militärgerichte und -richter;

VII – die Gerichte und Richter der Bundesstaaten, des Bundesdistrikts und der Territorien.

§ 1. Das *Supremo Tribunal Federal*, der Nationale Rat der Justiz und die Oberen Gerichte haben ihren Sitz in der Bundeshauptstadt.

§ 2. Die Gerichtsbarkeit des *Supremo Tribunal Federal* und der Oberen Gerichte erstreckt sich auf das gesamte Staatsgebiet.

Art. 93. Auf Initiative des *Supremo Tribunal Federal* wird das Gesetz über die Richterschaft in der Form eines Ergänzungsgesetzes unter Beachtung der folgenden Grundsätze geregelt: [...]

V – die Bezüge der Richter der Oberen Gerichte entsprechen 95 % derer der Richter am *Supremo Tribunal Federal*, und die Bezüge der weiteren Richter werden durch Gesetz geregelt und gemäß der nationalen Gerichtsstruktur in Bund und Bundesstaaten gestaffelt [*Es folgen weitere Vorgaben zum Modus der Bemessung.*];

VI – [*obligatorische Pensionierung mit dem 70. Lebensjahr in Anlehnung an den übrigen öffentlichen Dienst gemäß Art. 40 § II*] [...]

IX – zur Vermeidung der Nichtigkeit sind alle Urteile der Organe der Rechtsprechenden Gewalt öffentlich, alle Entscheidungen werden begründet; das Gesetz kann die Öffentlichkeit in bestimmten Fällen auf die Parteien und ihre Anwälte beschränken [...];

[*Der Katalog enthält ferner Grundsätze zum Eintritt in die Laufbahn, zur Beförderung, zum Aufstieg in höhere Gerichte, zu Fortbildungen, zu Ruhestand und Versorgung, Residenzpflicht, Versetzung, zum Disziplinarrecht, zur Einrichtung von Organen in Gerichten für administrative und vom Plenum delegierte judikative Aufgaben, zum beschränkten Verbot von Gerichtsferien, zur Bemessung der Anzahl der Richterstellen, zur Delegation von Justizverwaltungstätigkeit und zur unverzüglichen Geschäftsverteilung.*]

Art. 94. Ein Fünftel der Richterstellen an den *Tribunais Regionais Federais* und den *Tribunais de Justiça* der Bundesstaaten, des Bundesdistrikts und der Territorien wird von Mitgliedern des *Ministério Público* mit mehr als zehn Laufbahnjahren und Rechtsanwälten mit bemerkenswertem juristischen Wissen, makelloser Reputation und mehr als zehnjähriger effektiver Berufstätigkeit gestellt; die jeweiligen berufsständischen Vertretungsorgane bilden eine Liste mit sechs Vorschlägen je Richterstelle.

Einziger Paragraph. Nach Eingang der Vorschläge beim Gericht übersendet dieses eine Liste mit drei der Vorgeschlagenen an die Exekutive, welche binnen 20 Tagen einen davon zur Ernennung auswählt.

Art. 95. Die Richter genießen die folgenden Garantien:

I – Stellung auf Lebenszeit, die in der ersten Instanz erst nach zwei Jahren der Amtsausübung erworben wird; für den Verlust des Amtes bedarf es während dieser Zeit eines einfachen Beschlusses des Gerichts, dem der Richter zugeordnet ist, im Übrigen einer rechtskräftigen Verurteilung;

II – Unversetzbarkeit, außer aufgrund öffentlichen Interesses nach Maßgabe des Art. 93 VIII;

III – Unverminderbarkeit der Dienstbezüge, unbeschadet der Vorschriften in Art. 37 X [*gesetzliche Festsetzung, jährliche Überprüfung*], XI, 39 § 4 [*Zusammensetzung der Bezüge öffentlich Bediensteter*], 150 II [*Gleichbehandlung*] und 153 III, § 2 I [*Grundsätze der Besteuerung*].

Einziger Paragraph. Den Richtern ist es untersagt:

I – auch bei Bereitschaftsdienst ein anderes Amt oder eine andere Funktion auszuüben, ausgenommen Lehrtätigkeit;

II – aus irgendeinem Grund oder Anlass die Zahlung von Kosten oder einer Beteiligung anzunehmen;

III – sich parteipolitisch zu betätigen;

IV – aus irgendeinem Grund oder mit irgendeinem Vorwand Vorteile oder Beiträge von natürlichen Personen oder öffentlich- oder privatrechtlichen Körperschaften entgegenzunehmen, unbeschadet gesetzlich vorgesehener Ausnahmen;

V – nach Pensionierung oder Entlassung aus der Richtertätigkeit binnen drei Jahren vor seinem Gericht als Rechtsanwalt zu praktizieren.

Art. 96. Es obliegt ausschließlich

I – den Kollegialgerichten:

a) ihre Leitungsorgane zu wählen und ihre Geschäftsordnungen unter Beachtung des Prozessrechts und der prozessualen Rechte der Parteien, mit Regelungen zu den Zuständigkeiten und Geschäftsabläufen ihrer jeweiligen judikativen und administrativen Unterorgane auszuarbeiten;
b) ihre Geschäftsstellen und Hilfsdienste und die der ihnen zugeordneten Spruchstellen einzurichten und die jeweilige Dienstaufsicht zu besorgen;
c) nach Maßgabe dieser Verfassung Ämter für Berufsrichter vorzusehen;
d) die Schaffung neuer Richterstellen erster Instanz vorzuschlagen;
e) die notwendigen Ämter der Justizverwaltung, die nach öffentlichem Auswahlverfahren durch Prüfungen oder auf der Grundlage von Befähigungsnachweisen und der Bestimmung des Art. 169 [*Deckelung für Personalkosten im öffentlichen Dienst*] gehorchend vergeben werden, vorzusehen;
f) ihren Mitglieder und den ihnen unmittelbar zugeordneten Richtern und Bediensteten Dienstbefreiung, Urlaub und sonstige Freistellungen zu gewähren;

II – dem *Supremo Tribunal Federal*, den Oberen Gerichten und den *Tribunais de Justiça* der Bundesstaaten, dem jeweiligen Gesetzgeber unter Beachtung der Bestimmung des

Art. 169 [*Deckelung für Personalkosten im öffentlichen Dienst*] vorzuschlagen:

a) die Änderung der Mitgliederanzahl untergeordneter Gerichte;
b) die Schaffung, die Abschaffung und die Besoldung von Ämtern bei ihren Hilfsdiensten und den ihnen zugeordneten Spruchstellen sowie die Festsetzung der Bezüge ihrer Mitglieder und der Richter, gegebenenfalls einschließlich derjenigen von untergeordneten Gerichten;
c) die Schaffung und die Abschaffung von untergeordneten Gerichten;
d) die Änderung der Organisation und Gliederung der Gerichte;

III – den *Tribunais de Justiça* der Bundesstaaten, des Bundesdistrikts und der Territorien die jeweiligen Richter dieser föderalen Untergliederungen sowie die Mitglieder des *Ministério Público* in allgemeinen Strafsachen und wegen Amtspflichtverletzungen zu verurteilen; die Zuständigkeit der Wahlgerichtsbarkeit bleibt unberührt.

Art. 97. Die Verfassungswidrigkeit eines Gesetzes oder normativen Aktes der öffentlichen Gewalt kann von einem Gericht nur mit den Stimmen der absoluten Mehrheit seiner Mitglieder oder der Mitglieder eines besonderen Organs festgestellt werden.

Art. 98. [*Spezialgerichte „Juizados Especiais" für weniger komplexe und Bagatellsachen; Friedensgerichtsbarkeit für Eheschließungen, Schlichtungsverfahren u.a.*]

Art. 99. Der Rechtsprechenden Gewalt wird die administrative und finanzielle Selbständigkeit gewährleistet.

§ 1. Die Gerichte erarbeiten ihre Haushaltsvorschläge innerhalb der gemeinsam mit den anderen Staatsgewalten im Gesetz über die Haushaltsrichtlinien festgesetzten Grenzen.

§ 2. Die Einreichung des Vorschlags obliegt nach Anhörung der anderen beteiligten Gerichte:

I – auf Bundesebene den Präsidenten des *Supremo Tribunal Federal* und des *Superior Tribunal de Justiça* nach Annahme durch ihr jeweiliges Gericht;

II – auf der Ebene der Bundesstaaten, des Bundesdistrikts und der Territorien den Präsidenten der jeweiligen *Tribunais de Justiça* nach Annahme durch ihren Gerichtshof.

§ 3. Falls die in § 2 genannten Organe die Haushaltsvorschläge nicht innerhalb der durch das Gesetz über die Haushaltsrichtlinien aufgestellten Frist einreichen, zieht die Exekutive zur Konsolidierung ihrer Vorlage zum jährlichen Haushaltsgesetz die Werte des in Kraft befindlichen Haushaltsgesetzes, unter Berücksichtigung der gemäß § 1 festgesetzten Grenzen, in Betracht.

§ 4. Falls die Haushaltsvorschläge im Sinne dieses Artikels die gemäß § 1 festgesetzten Grenzen überschreiten, nimmt die Exekutive die notwendigen Anpassungen zur Konsolidierung ihrer jährlichen Vorlage zum Haushaltsgesetz vor.

§ 5. [*Verbot der Überschreitung des Haushalts mit nicht vorher gesetzlich festgelegten Ausgaben*]

Art. 100. [*Behandlung von Zahlungspflichten der öffentlichen Hand aufgrund von Gerichtsurteilen*]

Abschnitt II – Das *Supremo Tribunal Federal*

Art. 101. Das *Supremo Tribunal Federal* setzt sich aus elf Verfassungsrichtern zusammen, gewählt unter Bürgern zwischen 35 und 65 Lebensjahren mit bemerkenswertem juristischen Wissen und makelloser Reputation.

Einziger Paragraph. Die Richter des *Supremo Tribunal Federal* werden vom Präsidenten der Republik ernannt, nachdem ihre Auswahl mit absoluter Mehrheit im Bundessenat angenommen wurde.

Art. 102. Das *Supremo Tribunal Federal* ist zuvörderst zur Wahrung der Verfassung berufen, ihm obliegt es:

I – in originärer Zuständigkeit zu verhandeln und zu entscheiden:

a) über die Direkte Klage wegen Verfassungswidrigkeit eines Gesetzes oder normativen Aktes des Bundes oder eines Bundesstaates und die Klage auf Feststellung der Verfassungsmäßigkeit eines Gesetzes oder normativen Aktes des Bundes;
b) in den allgemeinen Strafsachen gegen den Präsidenten der Republik, den Vizepräsidenten, die Mitglieder des Nationalkongresses, seine eigenen Richter und den *Procurador-Geral da República*;
c) in den allgemeinen Strafsachen und den Verfahren wegen Amtspflichtverletzung gegen Bundesminister und die Befehlshaber von Marine, Heer und Luftstreitkräften vorbehaltlich der Regelung in Art. 52 I, die Mitglieder der Oberen Gerichte und des Bundesrechnungshofes und die Leiter der ständigen diplomatischen Vertretungen;

d) über Anträge der unter den Buchstaben b) und c) bezeichneten Personen im Verfahren der Freilassungsverfügung;
in den Verfahren der Sicherungs- und der Datenschutzverfügung gegen Akte des Präsidenten der Republik, der Präsidien von Abgeordnetenkammer und Bundessenat, des Bundesrechnungshofes, des *Procurador-Geral da República* und des *Supremo Tribunal Federal* selbst;
e) in Rechtsstreitigkeiten zwischen einem ausländischen Staat oder einer internationalen Organisation und dem Bund, einem Bundesstaat, dem Bundesdistrikt oder einem Territorium;
f) in Streitsachen und Konflikten zwischen dem Bund und den Bundesstaaten, dem Bund und dem Bundesdistrikt und den föderalen Untergliederungen untereinander, einschließlich der jeweiligen Körperschaften der mittelbaren Staatsverwaltung;
g) über von ausländischen Staaten beantragte Auslieferungen;
h) [*Zuständigkeit des STF aufgehoben und dem STJ im Art. 105 I i) zugewiesen; betraf die Anerkennung ausländischer Urteile und die Gewährung des Exequatur für Rechtshilfeersuchen*]
i) im Verfahren der Freilassungsverfügung gegen Entscheidungen der Oberen Gerichte;
oder wenn der Betroffene oder der Antragsgegner eine Stelle oder ein Amtsträger ist, deren Akte unmittelbar der Gerichtsbarkeit des *Supremo Tribunal Federal* unterliegen, oder wenn eine Straftat vorliegt, die ebendieser Gerichtsbarkeit in einziger Instanz unterliegt;
j) über die Revision in Strafsachen und die Wiederaufnahmeklage betreffend seine eigenen Urteile;
l) über Beschwerden zum Schutz seiner Kompetenzen und zur Sicherstellung der Autorität seiner Entscheidungen;
m) über den Vollzug der Urteile in den Sachen seiner originären Zuständigkeit; die Delegierung von Befugnissen zu Verfahrenshandlungen bleibt unbenommen;
n) in Rechtssachen, an denen alle Angehörigen der Richterschaft ein unmittelbares oder mittelbares Interesse haben,
und solche in denen mehr als die Hälfte der Mitglieder des [*an sich zuständigen*] Ausgangsgerichts ausgeschlossen ist oder ein unmittelbares oder mittelbares Interesse hat;
o) in Kompetenzkonflikten zwischen dem *Superior Tribunal de Justiça* und anderen Gerichten, zwischen den Oberen Gerichten untereinander oder mit anderen Gerichten;
p) über Anträge auf einstweilige Anordnungen im Rahmen von Direkten Verfassungswidrigkeitsklagen;
q) im Verfahren der Injunktion, wenn die Setzung der regelnden Norm Aufgabe des Präsidenten der Republik, des Nationalkongresses, der Abgeordnetenkammer, des Bundessenats, der Präsidien eines dieser Gesetzgebungsorgane, des Bundesrechnungshofs, eines der Oberen Gerichte oder des *Supremo Tribunal Federal* selbst ist;
r) Klagen gegen den Nationalen Rat der Justiz und den National Rat des *Ministério Público*;

II – als ordentliche Rechtsmittelsinstanz zu entscheiden:
a) in den Verfahren der Freilassungs-, der Sicherungs- und der Datenschutzverfügung und der Injunktion, welche in einziger Instanz durch ein Oberes Gericht entschieden worden und erfolglos geblieben sind;
b) über politische Straftaten;

III – auf Außerordentliches Rechtsmittel hin über jene Sachen zu richten, die in der einzigen oder in letzter Instanz entschieden worden sind, wenn die angegriffene Entscheidung:
a) einer Bestimmung dieser Verfassung zuwiderläuft,
b) die Verfassungswidrigkeit eines völkerrechtlichen Vertrages oder Bundesgesetzes feststellt,
c) ein lokales Gesetz oder einen Akt einer lokalen Regierung, dessen Verfassungsmäßigkeit im Streit gewesen ist, für gültig erachtet,
d) ein lokales Gesetz, dessen Vereinbarkeit mit Bundesrecht im Streit gewesen ist, für gültig erachtet.

§ 1. Die Rüge der Nichtbefolgung einer grundlegenden Vorschrift dieser Verfassung wird vom *Supremo Tribunal Federal* gewürdigt; das Nähere bestimmt das Gesetz.

§ 2. Die Hauptsacheentscheidungen des *Supremo Tribunal Federal* in den Verfahren der Normenkontrolle sind gegenüber jedermann wirksam und entfalten Bindungswirkung für die weiteren Organe der Rechtsprechenden Gewalt und die unmittelbare und mittelbare öffentliche Verwaltung auf Bundes-, Bundesstaaten- und kommunaler Ebene.

§ 3. Beim Außerordentlichen Rechtsmittel muss der Kläger für die gerichtliche Untersuchung der Zulassung aufzeigen, dass die in dem Fall erörterten verfassungsrechtlichen Fragen allgemeine Auswirkungen haben, und nur auf Dafürhalten einer Mehrheit von zwei Dritteln seiner Mitglieder kann das Gericht das Rechtsmittel ablehnen; das Nähere bestimmt ein Gesetz.

Art. 103. Die Direkte Verfassungswidrigkeitsklage und die Verfassungsmäßigkeitsfeststellungsklage können einlegen:

I – der Präsident der Republik;

II – das Präsidium des Bundessenats;

III – das Präsidium der Abgeordnetenkammer;

IV – die Präsidien der Gesetzgebungsorgane der Bundesstaaten und der Gesetzgebungskammer des Bundesdistrikts;

V – die Gouverneure der Bundesstaaten und des Bundesdistrikts;

VI – der *Procurador-Geral da República*;

VII – der Rat der Brasilianischen Rechtsanwaltskammer auf Bundesebene;

VIII – im Nationalkongress vertretene politische Parteien;

IX – gewerkschaftliche Verbände und landesweit tätige berufsständische Vereinigungen.

§ 1. Der *Procurador-Geral da República* ist bei Verfassungswidrigkeitsklagen sowie in allen Prozessen in Zuständigkeit des *Supremo Tribunal Federal* vorab anzuhören.

§ 2. Wird die Verfassungswidrigkeit des Unterlassens einer für die Wirksamkeit einer Verfassungsnorm erforderlichen Maßnahme erklärt, so wird die zuständige Staatsgewalt davon in Kenntnis gesetzt, damit sie die erforderlichen Vorkehrungen treffe und, sofern es sich um ein Organ der Verwaltung handelt, dies binnen 30 Tagen besorge.

§ 3. Wenn das *Supremo Tribunal Federal* die Verfassungsmäßigkeit eines Gesetzes oder normativen Aktes überprüft, lädt es zuvor den *Advogado-Geral* des Bundes, der den angegriffenen Akt verteidigt.

Art. 103-A. Das *Supremo Tribunal Federal* kann von Amts wegen oder auf Antrag mit einer Mehrheit von zwei Dritteln seiner Mitglieder nach wiederholten Entscheidungen zu einem verfassungsrechtlichen Thema einen Leitsatz beschließen, der nach seiner Veröffentlichung im offiziellen Verkündungsorgan Bindungswirkung für die weiteren Organe der Rechtsprechenden Gewalt und die unmittelbare und mittelbare öffentliche Verwaltung auf Bundes-, Bundesstaaten- und kommunaler Ebene entfaltet, sowie Überarbeitungen an Leitsätzen vornehmen und diese aufheben; das Nähere regelt das Gesetz.

§ 1. Der Leitsatz betrifft die Gültigkeit, die Auslegung und die Wirkkraft bestimmter Normen, um die es gegenwärtig Kontroversen zwischen den Gerichten oder zwischen diesen und der öffentlichen Verwaltung gibt, die schwerwiegende Rechtsunsicherheit und eine wesentliche Vervielfachung von Rechtsstreitigkeiten über identische Rechtsfragen mit sich bringen.

§ 2. Unbeschadet der gesetzlichen Regelung kann ein Antrag auf Beschluss, Überarbeitung oder Aufhebung eines Leitsatzes von den für die Direkte Verfassungswidrigkeitsklage Antragsberechtigten gestellt werden.

§ 3. Wenn ein administrativer Akt oder eine Gerichtsentscheidung einem anwendbaren Leitsatz widerspricht oder darin ein Leitsatz zu Unrecht angewandt wird, ist eine Beschwerde zum *Supremo Tribunal Federal* statthaft, das, im Falle der Begründetheit, den administrativen Akt für nichtig erklärt oder die Gerichtsentscheidung aufhebt und mit der Maßgabe zurückverweist, dass der Leitsatz, je nach Fall, anzuwenden oder nicht anzuwenden sei.

Art. 103-B. Der Nationale Rat der Justiz setzt sich aus 15 Mitgliedern zusammen, die ein Mandat von zwei Jahren mit einmaliger Verlängerungsmöglichkeit haben; dies sind:

I – der Präsident des *Supremo Tribunal Federal*;

II – ein vom *Superior Tribunal de Justiça* gestellter Richter;

III – ein vom *Tribunal Superior do Trabalho* gestellter Richter;

IV – ein vom *Supremo Tribunal Federal* vorgeschlagener Richter eines bundesstaatlichen *Tribunal de Justiça*;

V – ein vom *Supremo Tribunal Federal* vorgeschlagener erstinstanzlicher Richter eines Bundesstaats;

VI – ein vom *Superior Tribunal de Justiça* vorgeschlagener Richter eines *Tribunal Regional Federal*;

VII – ein vom *Superior Tribunal de Justiça* vorgeschlagener Bundesrichter erster Instanz;

VIII – ein vom *Tribunal Superior do Trabalho* vorgeschlagener Richter eines *Tribunal Regional do Trabalho*;

IX – ein vom *Tribunal Superior do Trabalho* vorgeschlagener Arbeitsrichter eines Bundesstaats;

X – ein vom *Procurador-Geral da República* vorgeschlagenes Mitglied des *Ministério Público* auf Bundesebene;

XI – ein Mitglied eines bundesstaatlichen *Ministério Público*, ausgewählt vom *Procurador-Geral da República* unter den von der zuständigen Stelle in den bundesstaatlichen Einrichtungen vorgeschlagenen Namen;

XII – zwei vom Rat der Brasilianischen Rechtsanwaltskammer auf Bundesebene vorgeschlagene Rechtsanwälte;

XIII – zwei Bürger mit bemerkenswertem juristischen Wissen und makelloser Reputation, der eine vorgeschlagen von der Abgeordnetenkammer und der andere vom Bundessenat.

§ 1. Den Vorsitz im Rat führt der Präsident des *Supremo Tribunal Federal* und bei dessen Abwesenheit oder Verhinderung der Vizepräsident des *Supremo Tribunal Federal.*

§ 2. Die weiteren Mitglieder des Rates werden durch den Präsidenten der Republik ernannt, nachdem ihre Auswahl mit absoluter Mehrheit im Bundessenat angenommen wurde.

§ 3. Wird die in diesem Artikel vorgesehene Auswahl nicht innerhalb der gesetzlichen Frist durchgeführt, obliegt sie dem *Supremo Tribunal Federal.*

§ 4. Der Rat ist zuständig für die Kontrolle des Verwaltungshandelns und der Finanzen der Judikative und der Erfüllung der richterlichen Amtspflichten, und neben anderen Zuweisungen im Richtergesetz obliegt es ihm:

I – über die Autonomie der Rechtsprechenden Gewalt und über die Einhaltung des Richtergesetzes zu wachen; dabei ist er befugt, im Rahmen seiner Zuständigkeit Regelungen zu erlassen und Maßnahmen zu empfehlen;

II – über die Einhaltung des Art. 37 [*Grundsätze für die Öffentliche Verwaltung*] zu wachen und von Amts wegen oder auf Antrag die Rechtmäßigkeit des Verwaltungshandelns von Mitgliedern oder Organen der Rechtsprechenden Gewalt zu beurteilen; dabei ist er, unbeschadet der Zuständigkeit des Bundesrechnungshofes, befugt, Verwaltungsakte aufzuheben oder nachzubessern oder eine Frist zu setzen, damit die notwendigen Vorkehrungen für die genaue Einhaltung des Gesetzes getroffen werden;

III – Beschwerden gegen Mitglieder oder Organe der Rechtsprechenden Gewalt, einschließlich ihres Hilfspersonals und der Organe, die mit übertragener Hoheitsgewalt Notar- und Registeraufgaben erfüllen, entgegenzunehmen und über sie zu erkennen, unbeschadet der Disziplinar- und Aufsichtszuständigkeit der Gerichte; er kann laufende Disziplinarverfahren an sich ziehen und unter Beachtung des Rechts auf umfassende Verteidigung die Versetzung, die Verfügungsbereitschaft oder die Versetzung in den Ruhestand unter Fortzahlung des Gehalts oder von anteiligen Bezügen entsprechend der Dienstzeit anordnen oder andere Ordnungsmaßnahmen anwenden;

IV – Fälle von Straftaten gegen die öffentliche Verwaltung und Machtmissbrauch dem *Ministério Público* vorzulegen;

V – von Amts wegen oder auf Antrag Disziplinarverfahren gegen Richter binnen eines Jahres nachzuprüfen;

VI – halbjährlich einen statistischen Bericht über Prozesse und erlassene Urteile der verschiedenen Rechtsprechungsorgane, nach föderalen Einheiten gegliedert, zu erarbeiten;

VII – einen Jahresbericht über die Lage der Rechtsprechenden Gewalt im Lande und die Tätigkeit des Rates zu erarbeiten mit Vorschlägen von Vorkehrungen, die er für notwendig erachtet; er ist einzubeziehen in die Nachricht des Präsidenten des *Supremo Tribunal Federal* an den Nationalkongress anlässlich der Eröffnung der Sitzungsperiode;

§ 5. Der Richter des *Superior Tribunal de Justiça* übt die Funktion des Revisors aus und bleibt von der Geschäftsverteilung im Gerichtshof ausgeschlossen; neben den ihm durch das Richtergesetz verliehenen Befugnissen obliegen ihm die folgenden:

I – Beschwerden und Anzeigen in Bezug auf Richter und die Dienste der Rechtsprechung von jedermann entgegenzunehmen;

II –exekutive Funktionen des Rates, Inspektionen und allgemeine Überprüfungen auszuführen;

III – Richter anzufordern, ihnen Aufgaben zuzuweisen und Befugnisse zu übertragen, und Justizbedienstete anzufordern, auch in den Bundesstaaten, dem Bundesdistrikt und den Territorien.

§ 6. Der *Procurador-Geral da República* und der Präsident des Rates der Brasilianischen Rechtsanwaltskammer auf Bundesebene treten offiziell gemeinsam mit dem Rat auf.

§ 7. Der Bund schafft, auch im Bundesdistrikt und den Territorien, Anhörungsstellen der Justiz, die zuständig für die Entgegennahme von Beschwerden und Anzeigen von jedermann gegen Mitglieder oder Organe der Rechtsprechenden Gewalt oder ihre Hilfsdienste sind; die Anhörungsstellen legen die Beschwerden und Anzeigen unmittelbar dem Nationalen Rat der Justiz vor.

Abschnitt III – Das *Superior Tribunal de Justiça*

Art. 104. Das *Superior Tribunal de Justiça* setzt sich aus mindestens 33 Richtern zusammen.

Einziger Paragraph. Die Richter des *Superior Tribunal de Justiça*, ausgewählt unter Brasilianern zwischen 35 und 65 Lebensjahren mit bemerkenswertem juristischen Wissen und makelloser Reputation, werden vom Präsidenten der Republik ernannt, nachdem ihre Auswahl mit absoluter Mehrheit im Bundessenat angenommen wurde; von ihnen kommt:

I – ein Drittel aus dem Kreis der *Tribunais Regionais Federais* und ein Drittel aus dem Kreis der bundesstaatlichen *Tribunais de Justiça*; das *Superior Tribunal de Justiça* selbst erarbeitet eine Liste mit drei Vorschlägen je Stelle mit Kandidaten aus diesen Kreisen;

II – ein Drittel zu gleichen Teilen aus der Rechtsanwaltschaft und Mitgliedern des *Ministério Público* des Bundes, eines Bundesstaates, des Bundesdistrikts und der Territorien, abwechselnd vorgeschlagen in der in Art. 94 beschriebenen Weise.

Art. 105. Dem *Superior Tribunal de Justiça* obliegt es:

I – in originärer Zuständigkeit zu verhandeln und zu entscheiden:

a) in allgemeinen Strafsachen gegen die Gouverneure der Bundesstaaten und des Bundesdistrikts, in allgemeinen Strafsachen und in den Verfahren wegen Amtspflichtverletzung gegen Richter der *Tribunais de Justiça* der Bundesstaaten und des Bundesdistrikts, gegen die Mitglieder der Rechnungshöfe der Bundesstaaten und des Bundesdistrikts, die der Regionalen Bundes-, Wahl- und Arbeitsgerichte, die Mitglieder der Rechnungshöfe und -räte der Kommunen und die des *Ministério Público* auf Bundesebene, die Aufgaben bei Gericht wahrnehmen;

b) in den Verfahren der Sicherungs- und der Datenschutzverfügung gegen Akte von Bundesministern, den Befehlshabern von Marine, Heer und Luftstreitkräften oder des *Superior Tribunal de Justiça* selbst;

c) im Verfahren der Freilassungsverfügung, wenn der Antragsteller oder der Antragsgegner eine der unter lit. a) erwähnten Personen ist;

oder gegen ein Gericht, das seiner Gerichtsbarkeit unterliegt, gegen einen Bundesminister oder einen Befehlshaber von Marine, Heer oder Luftstreitkräften, wenn nicht die Wahlgerichtsbarkeit zuständig ist;

d) in Kompetenzkonflikten zwischen Gerichten mit Ausnahme der Fälle des Art. 102 I o) sowie zwischen Gerichten und diesen nicht zugeordneten Einzelrichtern und zwischen Richtern unterschiedlicher Gerichte;

e) über die Revision in Strafsachen und die Wiederaufnahmeklage betreffend seine eigenen Urteile;

f) über Beschwerden zur Sicherstellung seiner Kompetenz und der Autorität seiner Entscheidungen;

g) über Zuständigkeitskonflikte zwischen Verwaltungs- und Justizbehörden des Bundes oder zwischen Justizbehörden eines Bundesstaates und Verwaltungsbehörden eines anderen oder des Bundesdistrikts oder zwischen denen des letzteren und dem Bund;

h) im Verfahren der Injunktion, wenn die Setzung der regelnden Norm Aufgabe eines Organs, einer Körperschaft oder Behörde der mittelbaren oder unmittelbaren Bundesverwaltung ist, mit Ausnahme der dem *Supremo Tribunal Federal*, der Militär-, Wahl- und Arbeitsgerichtsbarkeit und der Bundesgerichtsbarkeit zugewiesenen Fälle;

i) über die Anerkennung ausländischer Urteile und die Gewährung des Exequatur für Rechtshilfeersuchen;

II – als ordentliche Rechtsmittelsinstanz zu entscheiden:

a) in Verfahren der Freilassungsverfügung, welche in einziger oder letzter Instanz von *Tribunais Regionais Federais* oder Gerichten der Bundesstaaten, des Bundesdistrikts oder der Territorien entschieden worden und erfolglos geblieben sind;

b) in Verfahren der Sicherungsverfügung, welche in einziger Instanz von *Tribunais Regionais Federais* oder Gerichten der Bundesstaaten, des Bundesdistrikts oder der Territorien entschieden worden und erfolglos geblieben sind;

c) in Rechtssachen von ausländischen Staaten oder internationalen Organisationen auf der einen Seite gegen Kommunen oder im Inland wohnhafte Personen auf der anderen;

III – auf Besonderes Rechtsmittel hin über jene Sachen zu richten, die in einziger oder letzter Instanz von den *Tribunais Regionais Fe-*

derais oder Gerichten der Bundesstaaten, des Bundesdistrikts oder der Territorien entschieden worden sind, wenn die angegriffene Entscheidung:

a) einem völkerrechtlichen Vertrag oder einem Gesetz des Bundes zuwiderläuft oder deren Gültigkeit verneint;
b) einen Akt einer lokalen Verwaltung, dessen Vereinbarkeit mit Bundesrecht im Streit gewesen ist, für gültig erachtet;
c) ein Bundesgesetz abweichend von der Auslegung eines anderen Gerichts auslegt.

§ 1. Beim *Superior Tribunal de Justiça* angesiedelt sind:

I – die Nationale Schule zur Aus- und Weiterbildung von Richtern, der es, unter anderem, obliegt, die offiziellen Kurse für den Eintritt in die Laufbahn und Beförderungen zu reglementieren;

II – der Rat der Bundesjustiz, dem es obliegt, nach Maßgabe des Gesetzes als zentrales Organ mit Korrekturbefugnis die Aufsicht über das Verwaltungshandeln und die Finanzen der Bundesgerichtsbarkeit erster und zweiter Instanz auszuüben, und dessen Entscheidungen bindenden Charakter haben.

Abschnitt IV – Die *Tribunais Regionais Federais* und die Bundesrichter

Art. 106. Die Organe der Bundesgerichtsbarkeit sind:

I – die *Tribunais Regionais Federais*;

II – die Bundesrichter.

Art. 107. Die *Tribunais Regionais Federais* bestehen aus mindestens sieben Richtern, soweit möglich aus der jeweiligen Region und ausgewählt unter Brasilianern zwischen 30 und 65 Lebensjahren, die durch den Präsidenten der Republik ernannt werden, von ihnen kommen:

I – ein Fünftel aus der Rechtsanwaltschaft mit mehr als zehn Jahren effektiver Berufstätigkeit und aus dem Kreis der Mitglieder des *Ministério Público Federal* mit mehr als zehn Laufbahnjahren;

II – die weiteren aus dem Kreis der Bundesrichter mit mehr als fünf Jahren Berufserfahrung, im Wege der Beförderung unter abwechselnder Berücksichtigung von Dienstalter und Leistung.

§ 1. Das Gesetz regelt die Versetzung und den Austausch von Richter zwischen *Tribunais Regionais Federais*, und legt ihre Gerichtsbarkeit und ihren Sitz fest.

§ 2. Die *Tribunais Regionais Federais* richten eine mobile Justiz ein, die innerhalb der Grenzen der jeweiligen Region Verhandlungen und weitere Rechtsprechungsaufgaben ausführt und sich öffentlicher und gemeinschaftlicher Einrichtungen bedient.

§ 3. Die *Tribunais Regionais Federais* können dezentral arbeiten und regionale Kammern bilden, um für die Rechtsuchenden einen umfassenden Zugang zu den Gerichten in allen Prozessabschnitten sicherzustellen.

Art. 108. Den *Tribunais Regionais Federais* obliegt es:

I – in originärer Zuständigkeit zu verhandeln und zu entscheiden:

a) in allgemeinen Strafsachen und den Verfahren wegen Amtspflichtverletzung gegen Bundesrichter des Gebietes ihrer jeweiligen Region, inklusive jene der Militär- und Arbeitsgerichtsbarkeit, und Mitglieder des *Ministério Público* auf Bundesebene; die Zuständigkeit der Wahlgerichtsbarkeit bleibt unberührt;
b) über die Revision in Strafsachen und die Wiederaufnahmeklage betreffend seine eigenen Urteile und die der Bundesrichter der Region;
c) in den Verfahren der Sicherungs- und Datenschutzverfügung gegen Akte des *Tribunal Regional Federal* selbst oder eines Bundesrichters;
d) im Verfahren der Freilassungsverfügung, wenn Antragsgegner ein Bundesrichter ist;
e) in Kompetenzkonflikten zwischen den dem *Tribunal Regional Federal* zugeordneten Bundesrichtern.

II – in Rechtsmittelzuständigkeit zu richten über die von Bundesrichtern oder von bundesstaatlichen Richtern in Ausübung von Bundeskompetenzen auf dem Gebiet der jeweiligen Region entschiedenen Rechtssachen.

Art. 109. Die Bundesrichter sind zuständig, zu verhandeln und zu entscheiden:

I – in Rechtssachen, in denen der Bund, eine selbständige Körperschaft oder ein öffentliches Unternehmen des Bundes in der Eigenschaft als Kläger, Beklagter, Streithelfer [...] beteiligt sind, ausgenommen Insolvenzsachen, Verfahren wegen Arbeitsunfällen und jene, die der Wahl- und Arbeitsgerichtsbarkeit unterliegen;

II – in Rechtssachen von ausländischen Staaten oder internationalen Organisationen gegen Kommunen oder im Inland wohnhafte Personen;

III – in Rechtsstreitigkeiten, die in völkerrechtlichen Verträgen des Bundes mit ausländischen Staaten oder internationalen Organisationen begründet sind;

IV – über politische Straftaten und Strafsachen gegen Güter, Dienste oder das Interesse des Bundes oder seiner selbständigen Körperschaften oder öffentlichen Unternehmen, ausgenommen Ordnungswidrigkeiten und vorbehaltlich der Kompetenzen der Militär- und Wahlgerichtsbarkeit;

V – bei in völkerrechtlichen Verträgen und internationalen Konventionen vorgesehenen Straftatbeständen, wenn deren Ausführung im Inland begonnen wurde und der Erfolg im Ausland eingetreten ist oder hätte eintreten sollen, und umgekehrt.

V-A – in Streitsachen mit Bezug zu den Menschenrechten im Sinne des Art. 5;

VI – über Straftaten gegen die Arbeitsordnung und, in den gesetzlich vorgesehenen Fällen, gegen das Finanzsystem und die Finanz- und Wirtschaftsordnung;

VII – im Verfahren der Freilassungsverfügung in eigenen Strafsachen oder wenn der Zwang von einer Stelle ausgeht, die nicht unmittelbar einer anderen Gerichtsbarkeit unterliegt;

VIII – in den Verfahren der Sicherungs- und Datenschutzverfügung gegen Akte von Bundesbehörden, außer in den Fällen der Zuständigkeit der Bundesgerichte;

IX – über Straftaten, die an Bord von Schiffen und Luftfahrzeugen verübt wurden, vorbehaltlich der Kompetenzen der Militärgerichtsbarkeit;

X – über die Straftaten der unrechtmäßigen Einreise und des unrechtmäßigen Aufenthalts von Ausländern, über die Vollstreckung von Rechtshilfeersuchen nach dem Exequatur und von ausländischen Urteilen nach deren Anerkennung, über Staatsangehörigkeitssachen, einschließlich diesbezüglicher Wahlrechte, und die Einbürgerung;

XI – in Streitigkeiten über die Rechte von Indios [*vgl. hierzu auch Titel VIII, Kapitel VIII*].

§ 1. Rechtssachen, in denen Kläger der Bund ist, werden im Gerichtsbezirk am Sitz des Klagegegners anhängig gemacht.

§ 2. Rechtssachen gegen den Bund können im Gerichtsbezirk am Sitz des Klägers, an dem Ort, an welchem die streitgegenständliche Handlung oder Tatsache geschehen oder die Sache belegen ist oder auch im Bundesdistrikt anhängig gemacht werden.

§ 3, 4. [*Rückgriff auf die bundesstaatliche Justiz*]

§ 5. In Fällen schwerwiegender Menschenrechtsverletzungen kann der *Procurador-Geral da República* mit dem Ziel, die Einhaltung von Verpflichtungen aus internationalen Menschenrechtsverträgen sicherzustellen, an denen Brasilien beteiligt ist, beim *Superior Tribunal de Justiça* in jeder Phase der Ermittlungen oder des Prozesses eine Kompetenzverlagerung zur Bundesgerichtsbarkeit erwirken.

Art. 110. Jeder Bundesstaat und der Bundesdistrikt bauen eine Judikative mit Sitz in der jeweiligen Hauptstadt und Richterämtern an gesetzlich bestimmten Orten auf.

Einziger Paragraph. In den Bundesterritorien nehmen die örtlichen Richter nach Maßgabe des Gesetzes Gerichtsbarkeit und Zuständigkeiten der Bundesrichter wahr.

Abschnitt V – Die Arbeitsgerichte und Arbeitsrichter

Art. 111. Organe der Arbeitsgerichtsbarkeit sind:

I – das *Tribunal Superior do Trabalho*;

II – die *Tribunais Regionais do Trabalho*;

III – Arbeitsrichter.

Art. 111-A. [*Zusammensetzung und Organisation des Tribunal Superior do Trabalho; Nationale Schule für die Aus- und Weiterbildung von Arbeitsrichtern; Hoher Rat der Arbeitsgerichtsbarkeit*]

Art. 112, 113. [*Gesetzesvorbehalte für die Schaffung der einzelnen Spruchkörper und ihre Arbeitsweise und Kompetenzen*]

Art. 114. [*Zuständigkeiten der Arbeitsgerichtsbarkeit*]

Art. 115. [*Zusammensetzung und Organisation der Tribunais Regionais do Trabalho*]

Abschnitt VI – Die Wahlgerichte und Wahlrichter

Art. 118. Organe der Wahlgerichtsbarkeit sind:

I – das *Tribunal Superior Eleitoral*;

II – die *Tribunais Regionais Eleitorais*;

III – die Wahlrichter;

IV – die Wahlausschüsse.

Art. 119. Das *Tribunal Superior Eleitoral* setzt sich aus mindestens sieben Mitgliedern zusammen, davon werden bestimmt:

I – durch geheime Wahl

a) unter den Verfassungsrichtern des *Supremo Tribunal Federal* drei Richter;

b) unter den Richtern des *Superior Tribunal de Justiça* zwei Richter;

II – durch Ernennung vom Präsidenten der Republik zwei Richter, ausgewählt unter sechs vom *Supremo Tribunal Federal* vorgeschlagenen Rechtsanwälten mit bemerkenswertem juristischen Wissen und moralischer Eignung.

Einziger Paragraph. Das *Tribunal Superior Eleitoral* wählt seinen Präsidenten und stellvertretenden Präsidenten aus den Verfassungsrichtern des *Supremo Tribunal Federal* und einen Wahlrevisor aus den Richtern des *Superior Tribunal de Justiça.*

Art. 120. [*Zusammensetzung der Tribunais Regionais Eleitorais*]

Art. 121. [*Vorbehalt eines Ergänzungsgesetzes für die Organisation und Kompetenzen der Wahlgerichtsbarkeit; zum Amt des Richters und zu den Rechtszügen in der Wahlgerichtsbarkeit*] [...]

§ 3. Die Entscheidungen des *Tribunal Superior Eleitoral* sind unanfechtbar, außer diejenigen, die dieser Verfassung zuwiderlaufen und diejenigen, die eine Freilassungs- oder Sicherungsverfügung ablehnen. [...]

Art. VII – Die Militärgerichte und Militärrichter

Art. 122. Organe der Militärgerichtsbarkeit sind:

I – das *Superior Tribunal Militar*;

II – die durch Gesetz errichteten Militärgerichte und -richter.

Art. 123. [*Zusammensetzung des Superior Tribunal Militar*]

Art. 124. Die Militärgerichtsbarkeit ist zuständig, über die gesetzlich bestimmten Militärstraftaten zu verhandeln und zu richten.

Einziger Paragraph. Das Gesetz regelt die Organisation, Arbeitsweise und Kompetenz der Militärgerichtsbarkeit.

Abschnitt VIII – Gerichte und Richter der Bundesstaaten

Art. 125. Die Bundesstaaten organisieren ihre Justiz unter Beachtung der in dieser Verfassung aufgestellten Grundsätze.

§ 1. Die Zuständigkeit der Gerichte wird durch die bundesstaatliche Verfassung festgelegt; die Initiative für das Gerichtsverfassungsgesetz liegt bei dem bundesstaatlichen *Tribunal de Justiça.*

§ 2. Den Bundesstaaten steht es zu, ein gerichtliches Verfahren wegen Verfassungswidrigkeit von Gesetzen oder normativen Akten des Bundesstaats oder seiner Kommunen, gemessen an der Verfassung des Bundesstaates, einzurichten; die Antragsbefugnis darf nicht lediglich einem einzigen Organ zugewiesen werden.

§ 3–5. [*Schaffung, Organisation und Kompetenzen einer bundesstaatlichen Militärjustiz*]

§ 6. Das bundesstaatliche *Tribunal de Justiça* kann dezentral arbeiten und regionale Kammern bilden, um für die Rechtsuchenden einen umfassenden Zugang zu den Gerichten in allen Prozessabschnitten sicherzustellen.

§ 7. Das bundesstaatliche *Tribunal de Justiça* richtet eine mobile Justiz ein, die innerhalb der Grenzen des Bundesstaats Verhandlungen und weitere Rechtsprechungsaufgaben ausführt und sich öffentlicher und gemeinschaftlicher Einrichtungen bedient.

Art. 126. [*Errichtung spezieller Spruchkörper für Agrarsachen*]

Kapitel IV – Die für die Justiz wesentlichen Funktionsträger

Abschnitt I – Das *Ministério Público*

Art. 127. Das *Ministério Público* ist eine dauerhafte, für die Justizfunktion des Staates wesentliche Einrichtung, dessen Auftrag die Verteidigung der Rechtsordnung, des demokratischen Systems und der unveräußerlichen sozialen und individuellen Interessen ist.

§ 1. Die institutionellen Prinzipien des *Ministério Público* sind die Einheit, die Unteilbarkeit und die funktionelle Unabhängigkeit.

§ 2. Dem *Ministério Público* sind funktionelle und administrative Selbständigkeit gewährleistet; es kann der Legislativen Gewalt unter Beachtung der Bestimmung des Art. 169 [*Deckelung für Personalkosten im öffentlichen Dienst*] die Schaffung und Streichung seiner Ämter und Hilfsdienste vorschlagen und diese durch öffentliches Auswahlverfahren auf der Grundlage von Prüfungen oder Prüfungen und Befähigungsnachweisen besetzen; das Gesetz regelt seine Organisation und Arbeitsweise.

§ 3–5. [*Vorschriften zum Haushalt*]

Art. 128. Das *Ministério Público* umfasst:

I – das *Ministério Público* des Bundes, zu dem gehören:

a) das *Ministério Público Federal*;
b) das *Ministério Público* für Arbeit;
c) das *Ministério Público* für das Militär;
d) das *Ministério Público* des Bundesdistrikts und der Territorien.

II – die *Ministérios Públicos* der Bundesstaaten.

§ 1. Dem *Ministério Público* des Bundes steht der *Procurador-Geral da República* als Leiter vor, welcher durch den Präsidenten der Republik aus dem Kreise der Laufbahnangehörigen mit mehr als 35 Lebensjahren ausgewählt und, nach Annahme durch den Bundessenat mit absoluter Mehrheit der Mitglieder für eine Amtszeit von zwei Jahren, mit der Möglichkeit der Wiederwahl, ernannt wird.

§ 2. Die Entlassung des *Procurador-Geral da República* auf Initiative des Präsidenten der Republik bedarf der vorhergehenden Genehmigung des Bundessenats mit absoluter Mehrheit.

§ 3. Die *Ministérios Públicos* der Bundesstaaten und des Bundesdistrikts und der Territorien bilden nach Maßgabe der jeweiligen gesetzlichen Grundlage eine Liste mit drei Vorschlägen aus dem Kreis ihrer Laufbahnangehörigen zur Wahl des *Procurador-Geral*, der vom Leiter der Exekutiven Gewalt für eine Amtszeit von zwei Jahren, mit der Möglichkeit einer Wiederwahl, ernannt wird.

§ 4. Die *Procuradores-Gerais* der Bundesstaaten und des Bundesdistrikts und der Territorien können nach Maßgabe des jeweiligen Ergänzungsgesetzes durch Beschlussfassung in der Legislativen Gewalt mit absoluter Mehrheit entlassen werden.

§ 5. Ergänzungsgesetze des Bundes und der Bundesstaaten, für die das Initiativrecht bei den jeweiligen *Procuradores-Gerais* liegt, legen die Organisation, die Kompetenzzuweisungen und das Statut des jeweiligen *Ministério Público* fest; hinsichtlich ihrer Mitglieder sind dabei zu beachten:

I – die folgenden Garantien:

a) Stellung auf Lebenszeit nach zweijähriger Ausübung des Amtes; der Verlust des Amtes ist lediglich bei rechtskräftiger Verurteilung möglich;
b) Unversetzbarkeit, außer aufgrund eines öffentlichen Interesses durch Entscheidung eines hierfür zuständigen Kollegialorgans des *Ministério Público* mit der absoluten Mehrheit seiner Mitglieder und unter Gewährung rechtlichen Gehörs;
c) Unverminderbarkeit der Dienstbezüge [...];

II – die folgenden Verbote:

a) aus irgendeinem Grund oder mit irgendeinem Vorwand die Zahlung von Honoraren, prozentualen Beteiligungen oder Kosten für den Prozess anzunehmen;
b) den Rechtsanwaltsberuf auszuüben;
c) sich an einer kommerziellen Gesellschaft zu beteiligen, außer nach Maßgabe des Gesetzes;
d) auch bei Bereitschaftsdienst eine andere öffentliche Funktion auszuüben, ausgenommen Lehrtätigkeit;
e) parteipolitische Tätigkeiten auszuüben;
f) aus irgendeinem Grund oder mit irgendeinem Vorwand Vorteile oder Beiträge von natürlichen Personen oder öffentlich- oder privatrechtlichen Körperschaften entgegenzunehmen, unbeschadet gesetzlich vorgesehener Ausnahmen.

§ 6. Auf die Mitglieder des *Ministério Público* findet Art. 95 § 1 V Anwendung.

Art. 129. Die institutionellen Aufgaben des *Ministério Público* sind:

I – die öffentliche Strafanklage zu erheben;

II – darüber zu wachen, dass die öffentliche Gewalt und die für die Öffentlichkeit relevanten Dienste die in dieser Verfassung garantierten Rechte achten, und die für ihre Gewährleistung erforderlichen Maßnahmen zu betreiben;

III – die öffentliche Zivilklage zum Schutz des öffentlichen und gesellschaftlichen Vermögens, der Umwelt und anderer diffuser und kollektiver Interessen und das dazugehörige Untersuchungsverfahren zu betreiben;

IV – in den in dieser Verfassung vorgesehenen Fällen die Klage wegen Verfassungswidrigkeit zu erheben oder den Antrag zur Intervention des Bundes oder eines Bundesstaates zu stellen;

V – gerichtlich die Rechte und Interessen der indigenen Bevölkerung zu verteidigen;

VI – in den Verwaltungsverfahren seiner Zuständigkeit nach Maßgabe der jeweiligen Ergänzungsgesetze zur Vorbereitung Auskünfte und Dokumente anzufordern;

VII – nach Maßgabe des im vorangehenden Artikel genannten Ergänzungsgesetzes die externe Kontrolle über polizeiliche Tätigkeit auszuüben;

VIII – Untersuchungsmaßnahmen und die Einleitung polizeilicher Ermittlungstätigkeit zu beantragen, wobei sein prozessuales Vorbringen rechtlich zu begründen ist;

IX – sonstige ihm übertragene Aufgaben auszuführen, soweit diese mit der Zielsetzung des *Ministério Público* vereinbar sind; die gerichtliche Vertretung und die juristische Beratung öffentlicher Körperschaften sind ihm untersagt;

§ 1. Die Antragsbefugnis für Zivilklagen im Sinne dieses Artikels schließt nicht aus, dass auch Dritte diese innehaben können, unter denselben Voraussetzungen nach Maßgabe dieser Verfassung und des Gesetzes.

§ 2. Die Aufgaben des *Ministério Público* können nur durch Laufbahnangehörige ausgeübt werden; diese müssen vorbehaltlich einer Genehmigung durch den Leiter der Einrichtung ihren Wohnsitz im Bezirk ihrer Verwendung haben.

§ 3. Das Eintreten in die Laufbahn beim *Ministério Público* erfolgt über ein öffentliches Auswahlverfahren auf der Grundlage von Prüfungen und Befähigungsnachweisen unter Beteiligung der Brasilianischen Rechtsanwaltskammer; erforderlich sind ein rechtswissenschaftlicher Bachelor-Abschluss und mindestens drei Jahre juristischer Tätigkeit; bei Ernennung ist die Rangfolge der Qualifikation einzuhalten.

§ 4. Auf das *Ministério Público* finden, soweit einschlägig, die Bestimmungen des Art. 93 Anwendung.

§ 5. Die Geschäftsverteilung im *Ministério Público* erfolgt unverzüglich.

Art. 130. Auf die Mitglieder des *Ministério Público* bei den Rechnungshöfen sind die Regelungen dieses Abschnitts über Rechte, Verbote und die Art und Weise der Amtseinsetzung anwendbar.

Art. 130-A. Der Nationale Rat des *Ministério Público* setzt sich aus 14 Mitgliedern zusammen, die vom Präsidenten der Republik für eine Amtszeit von zwei Jahren mit der Möglichkeit einer Wiederwahl ernannt werden, nachdem ihre Auswahl mit absoluter Mehrheit im Bundessenat angenommen wurde, darunter:

I – der *Procurador-Geral da República*, der dem Rat vorsitzt;

II – vier Mitglieder des *Ministério Público* des Bundes, davon je eines aus jedem Laufbahnzweig;

III – drei Mitglieder der *Ministério Público* der Bundesstaaten;

IV – zwei Richter, einer davon vorgeschlagen vom *Supremo Tribunal Federal*, der andere vom *Superior Tribunal de Justiça*;

V – zwei Rechtsanwälte, vorgeschlagen vom Rat der Brasilianischen Rechtsanwaltskammer auf Bundesebene;

VI – zwei Bürger mit bemerkenswertem juristischen Wissen und makelloser Reputation, einer davon vorgeschlagen von der Abgeordnetenkammer, der andere vom Bundessenat.

§ 1. Die vom *Ministério Público* stammenden Mitglieder des Rates werden nach Maßgabe des Gesetzes von den jeweiligen *Ministérios Públicos* vorgeschlagen.

§ 2. Der Nationale Rat des *Ministério Público* ist zuständig für die Kontrolle des Verwaltungshandelns und der Finanzen des *Ministério Público* und der Erfüllung der Amtspflichten seiner Mitglieder, und es obliegt ihm:

I – über die funktionelle und administrative Autonomie des *Ministério Público* zu wachen; dabei ist er befugt, im Rahmen seiner Zuständigkeit Regelungen zu erlassen und Maßnahmen zu empfehlen;

II – über die Einhaltung des Art. 37 [*Grundsätze für die Öffentliche Verwaltung*] zu wachen und von Amts wegen oder auf Antrag die Rechtmäßigkeit des Verwaltungshandelns von Mitgliedern oder Organen des *Ministério Público* des Bundes oder der Bundesstaaten zu beurteilen; dabei ist er, unbeschadet der Zuständigkeit der Rechnungshöfe, befugt, Verwaltungsakte aufzuheben oder nachzubessern oder eine Frist zu setzen, damit die notwendigen Vorkehrungen für die genaue Einhaltung des Gesetzes getroffen werden;

III – Beschwerden gegen Mitglieder oder Organe des *Ministério Público* des Bundes oder der Bundesstaaten, einschließlich ihrer Hilfsdienste, entgegenzunehmen und über sie zu erkennen, unbeschadet der Disziplinar- und Aufsichtszuständigkeit der jeweiligen Einrichtung; er kann laufende Disziplinarverfahren an sich ziehen und unter Beachtung des Rechts auf umfassende Verteidigung die Versetzung, die Verfügbarkeit oder die Versetzung in den Ruhestand unter Fortzahlung des Gehalts oder von anteiligen Bezügen entsprechend der Dienstzeit anordnen oder andere Ordnungsmaßnahmen anwenden;

IV – von Amts wegen oder auf Antrag Disziplinarverfahren gegen Mitglieder des *Ministério Público* des Bundes oder der Bundesstaaten binnen eines Jahres nachzuprüfen;

V – einen Jahresbericht zu erarbeiten mit Vorschlägen von Vorkehrungen, die er für notwendig erachtet hinsichtlich der Stellung des *Ministério Público* im Lande und der Tätigkeit des Rates; der Bericht ist einzubeziehen in die

Nachricht im Sinne des Art. 84 XI [*Rede des Präsidenten der Republik zur Lage der Nation*];

§ 3. Der Rat wählt in geheimer Abstimmung, ohne die Möglichkeit der Wiederwahl einer Person, aus den Ratsmitgliedern, die dem *Ministério Público* angehören, einen nationalen Revisor, dem neben gesetzlich übertragenen Zuständigkeiten Folgendes obliegt:

I – Beschwerden und Anzeigen in Bezug auf Mitglieder des *Ministério Público* und seiner Hilfsdienste von jedermann entgegenzunehmen;

II – exekutive Funktionen des Rates, Inspektionen und allgemeine Überprüfungen auszuführen;

III – Mitglieder des *Ministério Público* anzufordern, ihnen Aufgaben zuzuweisen und Befugnisse zu übertragen und Bedienstete einzelner Organe des *Ministério Público* anzufordern.

§ 4. Der Präsident des Rates der Brasilianischen Rechtsanwaltskammer auf Bundesebene tritt öffentlich gemeinsam mit dem Rat auf.

§ 5. Gesetze des Bundes und der Bundesstaaten schaffen Anhörungsstellen des *Ministério Público*, die zuständig für die Entgegennahme von Beschwerden und Anzeigen von jedermann gegen Mitglieder oder Organe des *Ministério Público* und seiner Hilfsdienste sind; die Anhörungsstellen legen die Beschwerden und Anzeigen unmittelbar dem Nationalen Rat des *Ministério Público* vor.

Abschnitt II – Die *Advocacia Pública*

Art. 131. Die *Advocacia-Geral* des Bundes ist eine Einrichtung, die den Bund gerichtlich und außergerichtlich unmittelbar oder durch ihr zugeordnete Organe vertritt, und der nach Maßgabe eines Ergänzungsgesetzes, das ihre Organisation und Arbeitsweise regelt, die juristische Beratung der Exekutiven Gewalt obliegt.

§ 1. Der *Advocacia-Geral* des Bundes steht der *Advogado-Geral* des Bundes als Leiter vor; er wird durch den Präsidenten der Republik frei unter Bürgern mit über 35 Lebensjahren und bemerkenswertem juristischen Wissen und makelloser Reputation ausgewählt und ernannt.

§ 2. Der Eintritt in die Laufbahn der Einrichtung im Sinne dieses Artikels erfolgt über ein öffentliches Auswahlverfahren auf der Grundlage von Prüfungen und Befähigungsnachweisen.

§ 3. Bei der Vollstreckung von Schulden steuerrechtlicher Art obliegt die Vertretung des Bundes nach Maßgabe des Gesetzes der *Procuradoria-Geral* der *Fazenda Nacional*.

Art. 132. Die *Procuradores* der Bundesstaaten und des Bundesdistrikts besorgen die gerichtliche Vertretung und die juristische Beratung der jeweiligen föderalen Untergliederungen; diese Behörden sind in Laufbahnen organisiert, zu denen der Eintritt von öffentlichen Auswahlverfahren, unter Beteiligung der Brasilianischen Rechtsanwaltskammer in allen Verfahrensabschnitten, auf der Grundlage von Prüfungen und Befähigungsnachweisen abhängt.

Einziger Paragraph. Den *Procuradores* im Sinne dieses Artikels wird nach drei Jahren effektiver Dienstausübung, Leistungsbewertung vor gesonderten Organen und detailliertem Bericht durch die Aufsichtsstelle Stabilität im Amt gewährleistet.

Abschnitt III – Die Anwaltschaft und die *Defensória Pública*

Art. 133. Der Rechtsanwalt ist unerlässlich für die Rechtspflege; er ist hinsichtlich seiner Handlungen und Äußerungen in Ausübung des Berufes im Rahmen der Gesetze unverletzlich.

Art. 134. Die *Defensória Pública* ist eine für die Justizfunktion des Staates wesentliche Einrichtung, deren Auftrag die juristische Beratung und Verteidigung von Bedürftigen in allen Instanzen im Sinne des Art. 5 LXXIV [*Individualrecht nachweislich Mitteloser auf umfassende und kostenlose juristische Hilfe*] ist.

§ 1. Durch Ergänzungsgesetz werden die *Defensória Pública* des Bundes und des Bundesdistrikts und der Territorien organisiert und allgemeine Normen für ihre Organisation in den Bundesstaaten vorgeschrieben, mit Laufbahnämtern, die in der Eingangsstufe über öffentliche Auswahlverfahren auf der Grundlage von Prüfungen und Befähigungsnachweisen besetzt werden; ihren Angehörigen wird Unversetzbarkeit garantiert und die Ausübung des Anwaltsberufs außerhalb der Tätigkeit für die Einrichtung untersagt.

§ 2. Den bundesstaatlichen *Defensórias Públicas* werden eine funktionelle und administrative Selbständigkeit und die Initiative zu Vorschlägen für ihren Haushalt im Rahmen des Haushaltsgrundsätzegesetzes und des Art. 99 § 2 gewährleistet.

Art. 135. Die Bediensteten der Laufbahnen im Sinne der Abschnitte II und III werden nach Maßgabe des Art. 39 § 4 [*Zusammensetzung der Bezüge im Öffentlichen Dienst*] besoldet.

Verfassungsrechtliche Übergangsbestimmungen vom 5.10.1988 (Auszug)

Art. 9. Diejenigen, deren politische Rechte aus ausschließlich politischen Gründen zwischen dem 15. Juli und dem 31. Dezember 1969 durch eine Handlung des damaligen Präsidenten der Republik aufgehoben oder suspendiert wurden, können vom *Supremo Tribunal Federal* die Wiederzuerkennung der Rechte und Vorteile verlangen, die ihnen durch Strafmaßnahmen entgangen sind, soweit schwere Rechtsfehler bei diesen nachgewiesen werden.

Einziger Paragraph. Das *Supremo Tribunal Federal* wird binnen 180 Tagen nach Antragstellung eine Entscheidung fällen.

Zivilprozessordnung

(CPC – Gesetz Nr. 5.869 vom 11.1.1973, Auszüge)

Buch I – Das Erkenntnisverfahren

Titel II – Die Prozessparteien und ihre Bevollmächtigten

Kapitel II – Die Pflichten der Prozessparteien und ihrer Bevollmächtigten

Abschnitt II – Die Verantwortlichkeit der Parteien für prozessualen Schaden

Art. 17. Als bösgläubig wird ein Prozessführender betrachtet, der:

I – einen Anspruch oder eine Einwendung entgegen dem ausdrücklichen Gesetzestext oder unstreitigen Tatsachen herleitet;

II – unwahre Tatsachen behauptet;

III – den Prozess benutzt, um ein rechtswidriges Ziel zu verfolgen;

IV – sich ungerechtfertigt dem Fortgang des Prozesses widersetzt;

V – bei Zwischenstreitigkeiten oder Prozesshandlungen mutwillig vorgeht;

VI – offenkundig haltlose Zwischenstreitigkeiten provoziert;

VII – einen Rechtsbehelf offenkundig mit Verzögerungsabsicht einlegt.

Art. 18. Das Gericht verurteilt einen bösgläubig Prozessführenden von Amts wegen oder auf Antrag dazu, eine Geldbuße von bis zu 1 % des Streitwerts zu zahlen und die Gegenseite wegen erlittener Nachteile, Rechtsanwaltskosten und aller erfolgten Ausgaben zu entschädigen. […]

§ 2. Die Entschädigung wird durch das Gericht sofort in einer Höhe von bis zu 20 % des Streitwerts festgesetzt oder im Rahmen einer Schlichtung beglichen.

Titel IV – Die Rechtsprechungsorgane und das Hilfspersonal der Justiz

Kapitel IV – Der Richter

Abschnitt II – Die Verhinderung und die Befangenheit

Art. 134. Dem Richter ist es verboten, seine Funktionen in einem Prozess der streitigen oder freiwilligen Gerichtsbarkeit auszuüben,

I – in dem er Streitpartei ist;

II – in den er als Bevollmächtigter einer Partei, als Sachverständiger, als Organ des *Ministério Público* oder Zeuge eingegriffen hat;

III – über den er in erster Instanz erkannt und geurteilt hat;

IV – in dem sein Ehegatte oder in gerader Linie oder in Seitenlinie bis zum zweiten Grad Verwandte oder Verschwägerte als Rechtsanwalt Anträge stellen;

V – wenn er Ehegatte einer Partei oder mit dieser in gerader Linie oder in Seitenlinie bis zum dritten Grad verwandt oder verschwägert ist;

VI – wenn er Leitungs- oder Verwaltungsorgan einer juristischen Person ist, die Streitpartei ist.

Einziger Paragraph. Im Fall der Nr. IV ist Befangenheit nur festzustellen, wenn der Rechtsanwalt bereits [*Anm.: vor der Befassung des Richters*] das Mandat ausgeübt hatte; der Rechtsanwalt darf jedoch keinesfalls Anträge mit dem Ziel stellen, die Befangenheit zu bewirken.

Art. 135. Eine Befangenheit wegen Parteilichkeit des Richters wird angenommen, wenn:

I – er ein enger Freund oder Erzfeind einer der Streitparteien ist;

II – eine der Parteien Gläubiger oder Schuldner des Richters, seines Ehegatten oder von deren Verwandten in gerader Linie oder in Seitenlinie bis zum dritten Grad ist;

III – er präsumptiver Erbe, Beschenkter oder Arbeitgeber einer der Parteien ist;

IV – er vor oder nach Prozessbeginn Zuwendungen empfängt, eine der Parteien hinsichtlich des Streitgegenstands berät oder für die Prozesskosten aufkommt;

V – er ein Interesse an einem Urteil zugunsten einer der Parteien hat.

Einziger Paragraph. Der Richter kann sich ferner wegen innerer Gründe [*por motivo íntimo*] für befangen erklären.

Art. 136. Wenn zwei oder mehr Richter miteinander in gerader Linie oder zweiter Seitenlinie verwandt oder verschwägert sind, kann nur der erste über die Streitsache erkennen, der andere ist daran gehindert […].

Art. 137. Die Befangenheitsgründe sind auf die Richter aller Gerichte anzuwenden. Verletzt ein Richter seine Pflicht, sich der Mitwirkung zu enthalten, oder erklärt sich nicht für befangen, kann er durch jede Streitpartei abgelehnt werden […].

Titel VII – Der Prozess und das Verfahren

Kapitel I – Allgemeine Bestimmungen

Art. 273. Das Gericht kann auf Antrag einer Streitpartei die in der Klageschrift beantragten Klageziele ganz oder teilweise vorwegnehmen, soweit es von der Wahrscheinlichkeit des Vorbringens angesichts unverkennbarer Beweise überzeugt ist und:

I – die begründete Besorgnis eines nicht oder nur schwierig reparablen Schadens gegeben ist oder

II – auf der Beklagtenseite ein Missbrauch des Rechts der Verteidigung und eine offenkundige Verzögerungsabsicht erblickt wird.

§ 1. In der Entscheidung, den Rechtsschutz vorwegzunehmen, gibt das Gericht deutlich und präzise die Gründe für seine Überzeugung an.

§ 2. Eine Vorwegnahme des Rechtsschutzes wird nicht gewährt, wenn die Gefahr einer Unumkehrbarkeit der vorweggenommenen Entscheidung besteht.

§ 3. [*Inbezugnahme von Art. 461, 461-A über die Möglichkeiten, eine Geldbuße bei Zuwiderhandlung des Schuldners zu verhängen und eine Erfüllungsfrist zu bestimmen*]

§ 4. Der vorweggenommene Rechtsschutz kann jederzeit mit begründeter Entscheidung aufgehoben oder modifiziert werden.

§ 5. Ob vorweggenommener Rechtsschutz gewährt wird oder nicht, der Prozess wird bis zum Endurteil weitergeführt. […]

Titel VIII – Der ordentliche Prozess

Kapitel I – Die Klageschrift

Abschnitt I – Die Anforderungen an die Klageschrift

Art. 285-A. Wenn lediglich Rechtsfragen streitig sind und bei dem Gericht in anderen, identischen Fällen Urteile bereits die vollständige Unbegründetheit festgestellt haben, kann von einer Ladung abgesehen und ein Urteil gesprochen werden, in dem der Tenor der zuvor gefällten Urteile wiedergegeben wird.

§ 1. Wenn der Kläger Berufung einlegt, ist es dem Richter freigestellt, binnen fünf Tagen darauf zu entscheiden, das Urteil nicht aufrechtzuerhalten und den Fortgang des Prozesses anzuordnen.

§ 2. Falls das Urteil aufrechterhalten wird, wird der Beklagte zur Erwiderung auf das Rechtsmittel geladen.

Abschnitt III – Die Zurückweisung einer Klageschrift

Art. 295. Die Klageschrift wird zurückgewiesen

I – wenn sie untauglich ist;

II – wenn die Streitpartei offenkundig nicht legitimiert ist;

III – wenn es dem Kläger am Rechtsschutzinteresse fehlt;

IV – wenn der Richter sogleich den Fortfall oder die Verjährung des Anspruchs [...] feststellt;

V – wenn die Art der Rechtssache nicht der vom Kläger gewählten Verfahrensart entspricht [...] und eine Anpassung nicht in Betracht kommt;

VI – [*Missachtung formeller Anforderungen an die Klageschrift nach Art. 39, 284 trotz Nachbesserungsfrist*];

Einziger Paragraph. Eine Klageschrift ist als untauglich zu betrachten, wenn

I – ihr Antrag oder Rechtsgrund fehlen;

II – die Schilderung der Tatsachen logisch nicht schlüssig ist;

III – der Antrag rechtlich unmöglich ist;

IV – sie miteinander unvereinbare Anträge enthält.

Kapitel VIII – Das Urteil und die Rechtskraft

Art. 462. Falls nach Klageerhebung anspruchsbegründende, -ändernde oder -ausschließende Tatsachen die Beurteilung des Streits beeinflussen, obliegt es dem Richter diese von Amts wegen oder auf Antrag einer Partei im Urteil zu berücksichtigen.

Art. 475. Der doppelten gerichtlichen Kontrolle, in dem Sinne, dass sie erst nach Bestätigung durch ein Kollegialgericht wirksam werden, unterliegen Urteile

I – gegen den Bund, einen Bundesstaat, den Bundesdistrikt, eine Kommune und die jeweiligen selbständigen Körperschaften und Stiftungen öffentlichen Rechts;

II – [*betrifft Urteile, die der Vollstreckung durch die Finanzverwaltung entgegenstehen*]

§ 1. In den Fällen im Sinne dieses Artikel ordnet der Richter die Vorlage der Akten an das Kollegialgericht an, unabhängig davon, ob Berufung eingelegt worden ist; ansonsten zieht der Präsident des Kollegialgerichts sie an sich.

§ 2. Die Bestimmung in diesem Artikel wird immer dann nicht angewandt, wenn die Verurteilung, das streitige Recht oder Schuld bei Vollstreckungsgegenklagen den Wert von 60 [*gesetzlich definierten*] Mindestgehältern nicht überschreitet.

§ 3. Dieser Artikel wird auch nicht angewandt, wenn das Urteil auf Rechtsprechung des Plenums des *Supremo Tribunal Federal* oder auf einer Leitsatzformel dieses Gerichts oder des zuständigen Oberen [*Bundes-*]Gerichts gründet.

Kapitel X – Die Erfüllung des Urteils

Art. 475-L.[1] Eine Anfechtung [*der Vollstreckung*] kommt nur in Betracht, wenn [...]

II – aus dem Titel nichts gefordert werden kann; [...]

§ 1. Unter Nr. II fallen auch jene gerichtlichen Titel, die auf ein Gesetz oder einen normativen Akt gestützt sind, dessen Verfassungswidrigkeit durch das *Supremo Tribunal Federal* festgestellt wurde, oder auf eine Auslegung oder Anwendung eines Gesetzes oder normativen Aktes, die vom *Supremo Tribunal Federal* für unvereinbar mit der Bundesverfassung gehalten wurde.

Titel IX – Der Prozess bei Kollegialgerichten

Kapitel II – Die Erklärung der Verfassungswidrigkeit

Art. 480. Wird die Verfassungswidrigkeit eines Gesetzes oder normativen Aktes der öf-

1 Ebenso Art. 741 CPC für die Vollstreckung gegen die öffentliche Hand.

fentlichen Gewalt geltend gemacht, legt der Berichterstatter nach Anhörung des *Ministério Público* die Frage dem Senat oder der Kammer vor, der die Erkenntnis über den Prozess zufällt.

Art. 481. Wenn die Geltendmachung zurückgewiesen wird, wird das Verfahren fortgesetzt; wird ihr stattgegeben, wird das Urteil verfasst, um die Frage dem Plenum des Gerichts vorzulegen.

Einziger Paragraph. Die Teilorgane von Gerichten legen dem Plenum oder einem Sonderorgan die Rügen der Verfassungswidrigkeit nicht vor, wenn diese oder das *Supremo Tribunal Federal* sich bereits zu der Frage geäußert haben.

Art. 482. Nach Vorlage von Abschriften des Urteils an sämtliche Richter beraumt der Präsident des Gericht die Sitzung zur Entscheidung an.

§ 1. Das *Ministério Público* und die juristischen Personen des öffentlichen Rechts, die für den Erlass des streitigen Akts verantwortlich sind, sind berechtigt, sich zur Verfassungswidrigkeit nach Maßgabe der Fristen in der Geschäftsordnung des Gerichts zu äußern.

§ 2. Die gemäß Art. 103 der Verfassung Antragsberechtigten können sich schriftlich zur streitgegenständlichen verfassungsrechtlichen Frage äußern sowie Aufzeichnungen einreichen und Dokumente beifügen.

§ 3. Der Berichterstatter kann in Anbetracht der Bedeutung der Materie und der Repräsentativität des Ersuchenden mit unanfechtbarer Verfügung eine Stellungnahme anderer Organe oder Körperschaften zulassen.

Kapitel IV – Die Wiederaufnahmeklage

Art. 485. Das rechtskräftige Sachurteil unterliegt der Wiederaufnahme, wenn:

I – festgestellt wird, dass es aufgrund einer Pflichtverletzung, Erpressung oder Korruption des Richters erlassen wurde;

II – von einem befangenen oder absolut unzuständigen Richter gefällt wurde;

III – es auf Arglist der obsiegenden Partei oder auf Kollusion beider Parteien zur Umgehung des Gesetzes beruht;

IV – es ein rechtskräftiges Urteil missachtet;

V – es eine ausdrückliche Bestimmung des Gesetzes verletzt;

VI – es sich auf Beweismittel gründet, die sich in einem Strafprozess als falsch herausgestellt haben oder sich im Wiederaufnahmeprozess selbst als falsch erweisen;

VII – der Kläger nach dem Urteil eine neue Urkunde erlangt, von deren Existenz er nicht gewusst hatte oder die er nicht hatte vorlegen können, und die ihm ein Urteil zu seinen Gunsten ermöglicht;

VIII – Gründe vorliegen, die ein Geständnis, einen Verzicht oder eine Übereinkunft, auf die sich das Urteil stützt, ungültig machen;

IX – es auf einen tatsächlichen Fehler bei einer Handlung oder in den Unterlagen der Streitsache begründet ist.

§ 1. Ein Fehler liegt vor, wenn das Urteil nicht gegebene Tatsachen zugrundelegt oder tatsächliche Gegebenheiten als nicht gegeben ansieht.

§ 2. In beiden Fällen ist es erforderlich, dass die Tatsache weder im Streit stand noch gerichtlich gewürdigt wurde.

Art. 486. [*betrifft die Wiederaufnahme bei sonstigen Handlungen eines Gerichts*]

Art. 487. Klageberechtigt sind:

I – die Streitpartei des ursprünglichen Prozesses oder ihre Einzel- oder Gesamtrechtsnachfolger;

II – Dritte mit rechtlichem Interesse;

III – das *Ministério Público*:

a) wenn es im Prozess nicht angehört wurde, obwohl seine Mitwirkung obligatorisch war;

b) wenn das Urteil auf Kollusion beider Parteien zur Umgehung des Gesetzes beruht.

Art. 488. Die Klageschrift muss die wesentlichen Anforderungen des Art. 282 erfüllen; der Kläger muss:

I – den Wiederaufnahmeantrag und gegebenenfalls den Antrag des neuen Verfahrens stellen;

II – den Betrag von 5 % des Streitwerts als Geldbuße hinterlegen, falls die Klage einstimmig für unzulässig oder unbegründet befunden wird.

Einziger Paragraph. Die Bestimmung der Nr. II ist nicht auf den Bund, auf Bundesstaaten, Kommunen und das *Ministério Público* anzuwenden.

Art. 489. Die Wiederaufnahmeklage steht der Erfüllung des angegriffenen Urteils nicht entgegen; unbeschadet bleibt der Erlass einstweiliger Anordnungen und vorbeugenden Rechtsschutzes, falls erforderlich und unter den gesetzlichen Voraussetzungen.

Art. 490. Die Klage wird abgewiesen:

I – in den Fällen des Art. 295 [*untaugliche Klageschrift (d.h. ohne Antrag und Rechtsgrund, bei unschlüssigem Tatsachenvortrag, rechtlicher Unmöglichkeit, widersprüchlichen Anträgen), fehlende Antragsberechtigung, kein*

Rechtsschutzinteresse, Verjährung, fehlende Statthaftigkeit, keine ladungsfähige Anschrift];

II – wenn die in Art. 488 II geforderte Zahlung nicht hinterlegt wurde.

Art. 491. Der Berichterstatter lässt den Beklagten laden und gewährt ihm eine Erwiderungfrist von zwischen 15 und 30 Tagen. Nach Ablauf der Frist sind mit oder ohne Erwiderung die Bestimmungen des Buch I, Titel VIII, Kapitel IV und V einzuhalten.

Art. 492. Wenn behauptete Tatsachen des Beweises bedürfen, delegiert der Berichterstatter die Kompetenz an einen Einzelrichter in dem Bezirk, in dem die Beweise zu erheben sind, und legt eine Frist von zwischen 45 und 90 Tagen für die Rückgabe der Akten fest.

Art. 493. Nach der Prozessvorbereitung erhalten der Kläger und der Beklagte Akteneinsicht, um binnen zehn Tagen letzte Begründungen einzureichen. Anschließend gehen die Akten an den Berichterstatter zur Urteilsfindung

I – beim *Supremo Tribunal Federal* [...], nach den Regeln der Geschäftsordnung;

II – in den Bundesstaaten, nach den Regeln der jeweiligen Gerichtsverfassung .

Art. 494. Ist die Klage begründet, hebt das Gericht das Urteil auf, erlässt eines neues und bestimmt die Rückerstattung der Einlage; wird die Unzulässigkeit oder Unbegründetheit der Klage festgestellt, fällt der Betrag an den Beklagten, unbeschadet der Bestimmung des Art. 20 [*allgemeine Kostenvorschrift*].

Art. 495. Das Recht, eine Wiederaufnahmeklage einzulegen, erlischt zwei Jahre nach Eintreten der Rechtskraft.

Titel X – Die Rechtsmittel

Kapitel I – Allgemeine Bestimmungen

Art. 497. Das Außerordentliche Rechtsmittel und das Besondere Rechtsmittel stehen der Vollstreckung eines Urteils nicht entgegen; die Einlegung der Nichtzulassungsbeschwerde hindert den Fortgang des Prozesses nicht, vorbehaltlich der Bestimmung in Art. 558 dieses Gesetzes.

Art. 498. Wenn das Urteil eine mit Stimmenmehrheit und eine einstimmig ergangene Entscheidung enthält und ein Rechtsbehelf wegen Nichteinstimmigkeit [*embargo infringente*] eingelegt wird, bleibt die Frist für das Außerordentliche Rechtsmittel [...] bis zur Zustellung der Entscheidung über den Rechtsbehelf ausgesetzt. [...]

Art. 499. Das Rechtsmittel kann von der unterlegenen Streitpartei, einem geschädigten Dritten und vom *Ministério Público* eingelegt werden.

§ 1. Dem Dritten obliegt es, den Zusammenhang seines Interesses mit dem vom Gericht gewürdigten Streitverhältnis aufzuzeigen.

§ 2. Das *Ministério Público* ist sowohl zum Rechtsmittel berechtigt, wenn es Streitpartei ist, als auch, wenn es in seiner gesetzlichen Kontrollfunktion am Streit beteiligt war.

Art. 500. [*Rechtsmittel bei teilweisem Unterliegen beider Parteien*]

Art. 501. Der Rechtsmittelkläger kann jederzeit ohne Zustimmung des Beklagten oder Streitgenossen vom Rechtsmittel zurücktreten.

Art. 502. Der Verzicht auf das Recht, ein Rechtsmittel einzulegen, bedarf nicht der Einwilligung des anderen Teils.

Art. 503. Eine Streitpartei, die ausdrücklich oder stillschweigend ein Urteil oder eine Entscheidung akzeptiert, kann kein Rechtsmittel einlegen. [...]

Art. 504. Gegen Verfügungen ist kein Rechtsmittel statthaft.

Art. 505. Urteile können ganz oder teilweise angefochten werden.

Art. 506. Die Rechtsmittelfrist berechnet sich [...] ab dem Datum der

I – Verlesung des Urteils in der Verhandlung;

II – Zustellung an die Parteien, bei anderen als Stuhlurteilen;

III – Bekanntmachung des Urteilstenors im offiziellen Verkündungsorgan.

Art. 507. [*Fristneubeginn bei Rechtsnachfolge oder höherer Gewalt*]

Art. 508. Bei der Berufung, den Rechtsbehelfen wegen Nichteinstimmigkeit [*embargo infringente*] und Rechtsprechungsdivergenz [*embargo de divergência*] und dem Besonderen und Außerordentlichen Rechtsmittel beträgt die Frist zur Einlegung und zur Erwiderung 15 Tage.

Art. 511. [*Zwingender Gerichtskostennachweis mit der Einlegung des Rechtsmittels; Befreiungen*]

Art. 512. Die Entscheidung des Rechtsmittelgerichts ersetzt im Hinblick auf den Gegenstand des Rechtsmittels jene des Ausgangsgerichts.

Kapitel II – Die Berufung

Art. 513. Gegen das Urteil ist die Berufung statthaft.

Art. 514. [*Berufungsschrift*]

Art. 515. [*Vorlage an das Kollegialgericht zur erneuten Würdigung aller Streitfragen*]

Art. 516. [*Würdigung auch der in der Vorinstanz noch nicht entschiedenen Fragen*]

Art. 517. [*Tatsachenbeurteilung nur, soweit dies wegen höherer Gewalt unterblieben war*]

Art. 518. Ist Berufung eingelegt worden, gibt das Gericht [...] dem Beklagten Kenntnis und Gelegenheit zur Erwiderung.

§ 1. Das Gericht nimmt das Rechtsmittel der Berufung nicht an, wenn das Urteil mit einem Leitsatz des *Superior Tribunal de Justiça* oder des *Supremo Tribunal Federal* im Einklang ist. [...]

Art. 519. [*Prozessförderungpflicht*]

Art. 520. [*Devolutiveffekt; Grds. des Suspensiveffekts mit numerus clausus von Ausnahmen, z. B. Verurteilungen zu Grenzberichtigungen, Unterhaltsleistungen, zur Durchführung von Schlichtungsverfahren, Urteile über einstweilige Rechtsschutzklagen, Urteile, die bereits Einsprüche gegen die Vollstreckung abweisen oder solche, die vorweggenommenen Rechtsschutz bestätigen*]

Art. 521. [*Vorläufige Vollstreckbarkeit, wenn kein Suspensiveffekt*]

Kapitel III – Einspruch und Nichtzulassungsbeschwerde (*agravos*)[2]

Art. 524. Die Nichtzulassungsbeschwerde ist unmittelbar an das zuständige Gericht [*ad quem*] zu richten, durch Antragsschrift mit folgenden Anforderungen:

I – einer Darstellung in tatsächlicher und rechtlicher Hinsicht;

II – Gründen für den Antrag, die Entscheidung zu ändern;

III – vollständigen Namen und Anschriften der Rechtsanwälte im Prozess.

Art. 525. Der Antragsschrift der Nichtzulassungsbeschwerde sind beizufügen:

I – zwingend Kopien der angefochtenen Entscheidung, der Ladung und der Anwaltsvollmachten der Beteiligten;

II – fakultativ andere Schriftstücke, die der Beschwerdeführer für nützlich erachtet.

Art. 527. Nach Eingang der Nichtzulassungsbeschwerde bei Gericht und unverzüglicher Geschäftsverteilung an den Berichterstatter

I – weist dieser sie in den Fällen des Art. 557 *a limine* zurück; [...]

III – kann dieser dem Rechtsbehelf aufschiebende Wirkung beigeben (Art. 558) oder in vorweggenommenem Rechtsschutz den Anspruchsinhalt ganz oder teilweise gewähren; dies ist dem Ausgangsgericht mitzuteilen; [...]

VI – [*anschließende Äußerungsfrist für das Ministério Público binnen zehn Tagen*]

Einziger Paragraph. Die Entscheidung im einstweiligen Rechtsschutz in den Fällen der Nr. II und III kann nur durch Entscheidung über die Nichtzulassungsbeschwerde geändert werden, außer der Berichterstatter selbst widerruft sie.

Art. 528. [*Festsetzung des Urteilstermins binnen 30 Tagen ab Ladung des Antragsgegners*]

Kapitel IV – Der Rechtsbehelf bei nichteinstimmiger Entscheidung

Art. 530. Rechtsbehelfe bei nichteinstimmiger Entscheidung [*embargos infringentes*] sind statthaft, wenn ein stattgebendes Urteil in der Berufung oder die Stattgabe einer Wiederaufnahmeklage nicht einstimmig ergeht. Betrifft die Meinungsverschiedenheit nur einen Teil, ist der Rechtsbehelf auf diesen Teil beschränkt.

Kapitel V – Die Berichtigungsanträge

Art. 535. Berichtigungsanträge [*embargos de declaração*] sind statthaft, wenn:

I – es in einem Urteil Unklarheiten oder Widersprüchlichkeiten gibt;

II – ein Gesichtspunkt ausgelassen wurde, zu dem sich das Gericht hätte äußern müssen.

Art. 536. Die Anträge sind binnen fünf Tagen durch Antragsschrift an den Richter oder Berichterstatter unter Angabe der unklaren, widersprüchlichen oder ausgelassenen Gesichtspunkte einzulegen und gerichtskostenfrei.

Art. 537. [...]; in den Kollegialgerichten stellt der Berichterstatter die Anträge in der folgenden Sitzung auf die Tagesordnung und gibt ein Votum ab.

Art. 538. Berichtigungsanträge unterbrechen die Frist für andere Rechtsbehelfe der Streitparteien.

Einziger Paragraph. Dient ein Antrag offenkundig der Verzögerung, kann das Gericht dies feststellen und den Antragsteller verurteilen, dem Antragsgegner ein Bußgeld von bis zu 1 % des Streitwerts zu zahlen. Im Wiederholungsfalle kann das Bußgeld auf bis zu 10 %

2 Rechtsbehelfe gegen Zwischenentscheidungen und Verfügungen (Nicht-Urteile).

angehoben werden, und bis zur Zahlung kann er keine anderen Rechtsbehelfe einlegen.

Kapitel VI – Die Rechtsmittel vor dem *Supremo Tribunal Federal* und dem *Superior Tribunal de Justiça*

Abschnitt I – Die ordentlichen Rechtsmittel

Art. 539. Im Verfahren des ordentlichen Rechtsmittels entscheidet

I – das *Supremo Tribunal Federal* über Sicherungs- und Datenschutzverfügungen und Injunktionen, welche in einziger Instanz von den Oberen [*Bundes-*]Gerichten abgelehnt worden sind; [...]

Art. 540. Auf die im vorigen Artikel erwähnten Rechtsmittel sind hinsichtlich der Zulässigkeitsvoraussetzungen und des Verfahrens vor dem Ausgangsgericht die Bestimmungen der Kapitel II und III dieses Titels unter Beachtung der Geschäftsordnungen des *Supremo Tribunal Federal* und des *Superior Tribunal de Justiça* anzuwenden.

Abschnitt II – Das Außerordentliche Rechtsmittel und das Besondere Rechtsmittel

Art. 541. Das Außerordentliche Rechtsmittel und das Besondere Rechtsmittel werden in den von der Bundesverfassung vorgesehenen Fällen beim Präsidenten oder Vizepräsidenten des Ausgangsgerichts durch gesonderte Antragsschriften eingelegt; diese enthalten:

I – eine tatsächliche und rechtliche Darstellung;

II – eine Darlegung der Statthaftigkeit des Rechtsmittels;

III – die Gründe für den Antrag auf Änderung der Ausgangsentscheidung.

Einziger Paragraph. [*zum Nachweis divergierender Rechtsprechung durch den Kläger mittels Kopien oder Fundstellenangaben*]

Art. 542. Nach Eingang der Antragsschrift im Sekretariat des Gerichts wird sie dem Beklagten mit der Ladung zur Kenntnis gegeben, damit dieser eine Gegenargumentation vorbringen kann.

§ 1. Nach Ablauf der Frist werden die Akten geschlossen, und binnen 15 Tagen wird mit Begründung über die Annahme entschieden.

§ 2. Das Außerordentliche und das Besondere Rechtsmittel haben Devolutiveffekt.

§ 3. Das Außerordentliche Rechtsmittel oder das Besondere Rechtsmittel, wenn sie gegen eine Zwischenentscheidung im Erkenntnis- oder Vollstreckungsverfahren oder im einstweiligen Rechtsschutz eingelegt worden sind, wird zurückgehalten und erst dann bearbeitet, wenn die Streitpartei es nach der Endentscheidung fristgerecht wiederholt.

Art. 543. Werden beide Rechtsmittel zugelassen, wird die Sache dem *Superior Tribunal de Justiça* vorgelegt.

§ 1. Ist die Beurteilung des Besonderen Rechtsmittels abgeschlossen, wird die Sache dem *Supremo Tribunal Federal* zur Würdigung des Außerordentlichen Rechtsmittels vorgelegt, wenn sich dieses nicht erledigt hat.

§ 2. Hält der Berichterstatter des Besonderen Rechtsmittels das Außerordentliche Rechtsmittel für [*die Sache insgesamt*] erledigend, so kann er mit unanfechtbarer Entscheidung das Verfahren aussetzen und die Akten dem *Supremo Tribunal Federal* zur Entscheidung über das Außerordentliche Rechtsmittel vorlegen.

§ 3. Falls der Berichterstatter des Außerordentlichen Rechtsmittels in den Fällen des vorhergehenden Paragraphen es nicht für [*die Sache insgesamt*] erledigend hält, verweist er mit unanfechtbarer Entscheidung die Akten an das *Superior Tribunal de Justiça* zur Entscheidung über das Besondere Rechtsmittel zurück.

Art. 543-A. Das *Supremo Tribunal Federal* trifft die Entscheidung, über ein Außerordentliches Rechtsmittel nicht zu erkennen, wenn die aufgeworfenen verfassungsrechtlichen Fragen keine allgemeinen Auswirkungen haben; diese Entscheidung ist unanfechtbar.

§ 1. Hinsichtlich der allgemeinen Auswirkungen ist in den Blick zu nehmen, ob die Fragen aus wirtschaftlicher, politischer, sozialer oder rechtlicher Sicht wesentlich sind und über die Interessen des Einzelnen am Fall hinausgehen.

§ 2. Der Kläger muss im Rechtsmittelverfahren einleitend das Vorhandensein der allgemeinen Auswirkungen zur ausschließlichen Würdigung durch das *Supremo Tribunal Federal* darlegen.

§ 3. Allgemeine Auswirkungen sind stets gegeben, wenn das Rechtsmittel eine Entscheidung angreift, die der herrschenden Rechtsprechung oder einer Leitsatzformel des Gerichts zuwiderläuft.

§ 4. Falls ein Senat sich mit mindestens vier Richtern für das Vorhandensein allgemeiner Auswirkungen ausspricht, ist eine Vorlage an das Plenum nicht erforderlich.

§ 5. Wird das Vorhandensein allgemeiner Auswirkungen abgelehnt, so gilt diese Entscheidung für alle Rechtsmittel mit gleichartigem Gegenstand, die *a limine* verworfen werden, ausgenommen bei nachträglicher Revidierung der Einschätzung [*über die fehlenden allgemeinen Auswirkungen*]; all dies nach Maßgabe der Geschäftsordnung des *Supremo Tribunal Federal.*

§ 6. Der Berichterstatter bei der Untersuchung der allgemeinen Auswirkungen kann Stellungnahmen Dritter nach Gegenzeichnung eines befähigten Staatsanwalts und nach Maßgabe der Geschäftsordnung des *Supremo Tribunal Federal* zulassen.

§ 7. Der Leitsatz über die allgemeinen Auswirkungen wird Bestandteil des Sitzungsprotokolls, das im *Diário Oficial* bekanntgegeben wird und wie ein Urteil gilt.

Art. 543-B. Wenn eine Vielzahl von Rechtsmitteln auf der Grundlage derselben Kontroverse vorliegt, bemisst sich die Untersuchung der allgemeinen Auswirkungen nach der Geschäftsordnung des *Supremo Tribunal Federal* und den Bestimmungen in diesem Artikel.

§ 1. Dem Ausgangsgericht obliegt es, ein oder mehrere für die Streitfrage repräsentative Rechtsmittel auszuwählen und an das *Supremo Tribunal Federal* zu leiten, während die weiteren Rechtsmittel bis zu der endgültigen Äußerung des *Supremo Tribunal Federal* ruhen gelassen werden.

§ 2. Wird das Vorhandensein allgemeiner Auswirkungen nicht erkannt, gelten die ruhenden Rechtsmittel automatisch als abgewiesen.

§ 3. Ist über die Begründetheit des Außerordentlichen Rechtsmittels entschieden worden, werden die ruhenden Rechtsmittelverfahren durch die [*für die Zulassungsentscheidung zuständigen*] Ausgangsgerichte gewürdigt, die die Rechtsmittel für erledigt erklären oder ihre vorhergehende Entscheidung abändern können.

§ 4. Wird die Entscheidung aufrechterhalten und das Rechtsmittel zugelassen, kann das *Supremo Tribunal Federal* nach Maßgabe der Geschäftsordnung ein seiner Einschätzung zuwiderlaufendes Urteil *a limine* aufheben oder ändern.

§ 5. Die Geschäftsordnung des *Supremo Tribunal Federal* weist den Verfassungsrichtern, den Senaten und anderen Organen ihre Kompetenzen bei der Untersuchung der allgemeinen Auswirkungen zu.

Art. 543-C. Wenn eine Vielzahl von Rechtsmitteln auf der Grundlage derselben Rechtsfrage vorliegt, wird beim Besonderen Rechtsmittel nach Maßgabe dieses Artikels verfahren.

§ 1. Dem Präsidenten des Ausgangsgerichts obliegt es, ein oder mehrere für die Streitfrage repräsentative Rechtsmittel zuzulassen und an das *Superior Tribunal de Justiça* zu leiten, während die weiteren Besonderen Rechtsmittel bis zu der endgültigen Äußerung des *Superior Tribunal de Justiça* ausgesetzt werden.

§ 2. Sind Vorkehrungen im Sinne des § 1 nicht ergriffen worden, kann der Berichterstatter im *Superior Tribunal de Justiça*, wenn zu der Streitfrage bereits eine ständige Rechtsprechung oder eine Befassung des Kollegiums vorliegt, die Aussetzung der betreffenden Rechtsmittelverfahren bei den zweitinstanzlichen Gerichten bestimmen.

§ 3. Der Berichterstatter kann Bundes- oder bundesstaatliche Gerichte bezüglich der Streitfrage um Auskünfte ersuchen, die binnen 15 Tagen zu erteilen sind.

§ 4. Der Berichterstatter kann nach Maßgabe der Geschäftsordnung des *Superior Tribunal de Justiça* und je nach Relevanz der Materie Stellungnahmen von Personen, Organen und Körperschaften mit Interesse an der Streitfrage zulassen.

§ 5. Nach Auskunftserteilung und gegebenenfalls nach Erfüllung des § 4 dieses Artikels erhält das *Ministério Público* für 15 Tage Akteneinsicht.

§ 6. Nach Ablauf der Frist für das *Ministério Público* und Vorlage des Votums an die weiteren Richter wird der Prozess auf die Liste der Verhandlungen der Abteilung [*Seção = Unterorgan des Gerichtshofs*] gesetzt und ist mit Vorrang, außer vor Haft- und Freilassungsverfügungssachen, zu behandeln.

§ 7. Nach Bekanntmachung der Entscheidung werden die beim Ausgangsgericht ruhenden Rechtsmittel:

I – zurückgewiesen, falls das mit dem Rechtsmittel angefochtene Urteil mit der Auffassung des *Superior Tribunal de Justiça* übereinstimmt; oder

II – erneut durch das Ausgangsgericht beurteilt, falls das mit dem Rechtsmittel angefochtene Urteil von der Auffassung des *Superior Tribunal de Justiça* abweicht.

§ 8. Wird die abweichende Entscheidung im Falle des § 7 II dieses Artikels vom Ausgangsgericht aufrechterhalten, erfolgt die Prüfung der Zulässigkeit des Besonderen Rechtsmittels.

§ 9. Das *Superior Tribunal de Justiça* und die zweitinstanzlichen Gerichte regeln in ihrem Zuständigkeitsbereich Verfahren und Urteilsfindung für das Besondere Rechtsmittel in den Fällen dieses Artikels.

Art. 544. Wurde das Außerordentliche Rechtsmittel oder das Besondere Rechtsmittel nicht zugelassen, ist die Nichtzulassungsbeschwerde binnen einer Frist von zehn Tagen zum *Supremo Tribunal Federal* beziehungsweise zum *Superior Tribunal de Justiça* statthaft.

§ 1. Der Nichtzulassungsbeschwerde sind notwendigerweise die von den Parteien eingereichten Dokumente wie Kopien des angefochtenen Urteils, Ladungsbescheinigungen, die Antragsschrift zum abgewiesenen Rechtsmittel, die gegnerische Argumentation, die Entscheidung über die Nichtzulassung und Anwaltsvollmachten beizufügen, ansonsten wird über sie nicht erkannt. [...] [*zur Beglaubigung von Kopien*]

§ 2. Die Antragsschrift ist an den Präsidenten des Ausgangsgerichts zu richten und hängt nicht von der Zahlung von Kosten ab. Der Beschwerdegegner ist unverzüglich aufzufordern, binnen zehn Tagen zu erwidern; er kann ihm geeignet erscheinende Dokumente beifügen. Im Anschluss wird die Nichtzulassungsbeschwerde dem höheren Gericht zugeleitet, das gemäß Geschäftsordnung verfährt.

§ 3. Wenn das angefochtene Urteil gegen einen Leitsatz oder ständige Rechtsprechung des *Superior Tribunal de Justiça* verstößt, kann der Berichterstatter über die Beschwerde erkennen und dem Besonderen Rechtsmittel selbst stattgeben; er kann weiterhin, wenn der Antrag den für die Beurteilung der Begründetheit erforderlichen Inhalt aufweist, die Umwandlung bestimmen, so dass ab diesem Zeitpunkt das Verfahren über das Besondere Rechtsmittel zu beachten ist.

§ 4. Die Bestimmung des vorigen Artikel ist auch auf die Beschwerde wegen Nichtzulassung eines Außerordentlichen Rechtsmittels anzuwenden, außer wenn in derselben Sache ein Besonderes Rechtsmittel eingelegt wurde, das zuerst beschieden werden muss.

Art. 545. Gegen eine Entscheidung des Berichterstatters, die die Nichtzulassungsbeschwerde als unzulässig oder unbegründet abweist oder das angefochtene Urteil ändert, ist der Einspruch binnen fünf Tagen an für das Rechtsmittelverfahren zuständige Organ unter Beachtung der Bestimmungen in Art. 557 §§ 1 und 2 statthaft.

Art. 546. Einsprüche wegen Divergenz können gegen Senatsentscheidungen eingelegt werden, die:

I – [*Divergenz bei Besonderem Rechtsmittel zwischen den Organen des STJ*]

II – beim Außerordentlichen Rechtsmittel von einer Entscheidung des anderen Senats oder des Plenums abweichen.

Einziger Paragraph. Bezüglich der Divergenzeinsprüche ist das Verfahren gemäß der Geschäftsordnung zu beachten.

Kapitel VII – Der Prozessablauf bei Kollegialgerichten

Art. 547. [*Protokollierung der Prozesseingänge*]

Art. 548, 549. [*Geschäftsverteilung nach den Vorschriften der Geschäftsordnung und Öffentlichkeitsgrundsatz, Prinzipien der Alternativität und der Auslosung; Bearbeitung durch Berichterstatter*]

Art. 550. Über die Rechtsmittel, die im summarischen Verfahren eingelegt werden, muss binnen 40 Tagen entschieden werden.

Art. 551. In den Verfahren der Berufung, des Rechtsbehelfs wegen Nichteinstimmigkeit [*embargo infringente*] und der Wiederaufnahmeklage werden die Akten abschließend dem Revisor zugeleitet.

§ 1. Revisor ist der Richter, der in der Abfolge des Dienstalter als Nächster unter dem Berichterstatter steht.

§ 2. [*Anberaumung des Urteilstermins*]

§ 3. [*Kein Revisor in summarischen Verfahren und bei Abweisung a limine*]

Art. 552. [*Vorlage an Präsidenten, Anberaumung des Urteilstermin und Bekanntmachung der Liste der Verhandlungen; Teilnahme von Berichterstatter und Revisor*] [...]

Art. 554. [*Einführung in Sach- und Streitstand, Redezeit für die Streitparteien*]

Art. 555. Die Entscheidung über Berufung und Einspruch wird in der Kammer oder im Senat mit den Stimmen von drei Richtern getroffen.

§ 1. [*Entscheidung durch Kollegialorgan nach Geschäftsordnung bei bedeutender Rechtsfrage auf Vorschlag des Berichterstatters*]

§ 2. Sieht sich ein Richter nicht in der Lage, alsbald ein Votum abzuliefern, ist es ihm freigestellt, für eine Frist von zehn Tagen ab Übergabe Akteneinsicht zu verlangen; das Verfahren wird in der ersten ordentlichen Sitzung nach der Rückgabe der Akten ohne erneute Bekanntmachung fortgesetzt.

§ 3. Wurden die Akten im Fall des § 2 dieses Artikels nicht fristgemäß zurückgegeben und nicht ausdrücklich um eine Verlängerung ersucht, kann der Präsident des Spruchkörpers den Prozess anfordern und das Verfahren in der folgenden ordentlichen Sitzung unter Bekanntmachung in der Liste der Verhandlungen wiedereröffnen.

Art. 556. Nach Erstellung der Voten verkündet der Präsident deren Ergebnis und überlässt die Redaktion des Urteils dem Berichterstatter oder, falls dieser der Stimmenminderheit angehört, dem Verfasser des ersten obsiegenden Votums.

Einziger Paragraph. [*Elekronische Archivierung von Voten, Urteilen, prozessualen Akten*]

Art. 557. Der Berichterstatter weist ein Rechtsmittel zurück, das offensichtlich unzulässig, unbegründet oder erledigt ist oder in Widerspruch zu einem Leitsatz oder zur ständigen Rechtsprechung des betreffenden Gerichts, des *Supremo Tribunal Federal* oder eines Oberen Gerichts steht.

§ 1-A. Wenn die Ausgangsentscheidung in offensichtlichem Widerspruch zu einem Leitsatz oder ständiger Rechtsprechung des *Supremo Tribunal Federal* oder eines Oberen Gerichts steht, kann der Berichterstatter dem Rechtsmittel stattgeben.

§ 1. Gegen die Entscheidung ist der Einspruch [*agravo*] binnen fünf Tagen an das für das Rechtsmittelverfahren zuständige Organ statthaft, und der Berichterstatter legt den Prozess mit Votum dem Kollegium vor, wenn er dem Einspruch nicht abhilft; nach Stattgabe des Einspruchs wird über das Rechtsmittel verhandelt.

§ 2. Wenn der Einspruch offenkundig unzulässig oder unbegründet ist, verurteilt das Gericht den Einspruchsführer zu einer Geldbuße in einer Höhe zwischen 1 und 10 % des berichtigten Streitwerts zugunsten der anderen Streitpartei; bis zur Hinterlegung kann dieser keine anderen Rechtsbehelfe einlegen.

Art. 558. Der Berichterstatter kann auf Verlangen des Einspruchsführers in begründeten Fällen des persönlichen Arrests […] und anderen Fällen, die zu einem schwerwiegenden oder schwer reparablen Schaden führen können, die aufschiebende Wirkung der Entscheidung bis endgültigen Entscheidung des Senats […] anordnen.

Einziger Paragraph. Die Bestimmung dieses Artikels ist auf die Fälle des Art. 520 anzuwenden [*Fälle des Ausschlusses des Suspensiveffekts im Berufungsverfahren, z.B. bei Unterhaltsleistungen*]. […]

Art. 563. Jedes Urteil enthält eine stichwortartige Zusammenfassung [*ementa*].

Art. 564. Nach Abfassung des Urteils wird sein Tenor im offiziellen Verkündungsorgan binnen zehn Tagen veröffentlicht. […]

Buch III – Das einstweilige Rechtsschutzverfahren

Einziger Titel – Einstweilige Anordnungen

Kapitel I – Allgemeine Bestimmungen

Art. 796. Das einstweilige Rechtsschutzverfahren kann im Vorfeld oder während eines Hauptsacheprozesses eingeleitet werden und ist von diesem immer abhängig.

Art. 797. Nur in gesetzlich bestimmten Ausnahmefällen kann der Richter einstweilige Anordnungen ohne Anhörung der Parteien erlassen.

Art. 798. Unbeschadet der besonderen einstweiligen Rechtsschutzverfahren des Kapitels II dieses Buches kann der Richter die vorläufigen Maßnahmen, die er für angemessen hält, bestimmen, wenn die begründete Sorge besteht, dass eine Partei vor dem Prozessausgang dem Recht der anderen einen schwerwiegenden und schwer reparablen Schaden zufügt.

Art. 799. [*Anordnungsinhalte im Fall des Art. 798: Verbot oder Gebot bestimmter Handlungen, gerichtlicher Schutz, Hinterlegung, Kautionsleistung*]

Art. 800. [*Zuständigkeit des Hauptsachegerichts*]

Einziger Paragraph. Wurde ein Rechtsmittel eingelegt, wird die einstweilige Anordnung unmittelbar beim Rechtsmittelgericht beantragt.

Art. 801. [*Inhalt der Klageschrift*]

Art. 802. [*Zustellung einer Ladung an den Beklagten binnen fünf Tagen*]

Art. 803. [*Wahrunterstellung, wenn keine Erwiderung erfolgt; Entscheidung binnen fünf Tagen*]

Einziger Paragraph. Wenn der Beklagte binnen der gesetzlichen Frist widerspricht, beraumt der Richter eine mündliche Verhandlung mit Beweisaufnahme an.

Art. 804. [*Entbehrlichkeit der vorherigen Anhörung des Beklagten bei Sicherheitsleistung, wenn ansonsten die Anordnung wirkungslos würde*]
Art. 805. Die einstweilige Anordnung kann von Amts wegen oder auf Antrag einer der Parteien durch Kaution oder eine andere für den Beklagten weniger einschneidende Sicherheitsleistung ersetzt werden, soweit diese angemessen und hinreichend ist, um den Schaden zu vermeiden oder vollständig zu beseitigen.
Art. 806. Der Partei obliegt es bei im Vorfeld einer Hauptsache gewährten einstweiligen Anordnungen, binnen 30 Tagen ab der Stattgabe Klage zu erheben.
Art. 807. Einstweilige Anordnungen bleiben binnen der Frist des vorherigen Artikels und während der Anhängigkeit der Hauptsache in Kraft; sie können jedoch jederzeit aufgehoben oder geändert werden. [...]
Art. 808. Die Wirkung der einstweiligen Anordnung endet, wenn

I – die Partei keine Klage binnen der Frist des Art. 806 beabsichtigt;

II – nicht binnen 30 Tagen vollstreckt wird;

III – der Richter, ob mit oder ohne Sachurteil, den Prozess beendet.

Einziger Paragraph. Wenn die Maßnahme aus irgendeinem Grund endigt, ist es der Partei untersagt, den Antrag auf derselben Grundlage zu wiederholen.
Art. 809. [*Zusammenführung der Akten von einstweiligem Rechtsschutz und Hauptsache*]
Art. 810. Die Abweisung der Anordnung steht der Klage nicht entgegen und hat auch keinen Einfluss auf deren Beurteilung, es sei denn, es wurde der Fortfall oder die Verjährung des klägerischen Anspruchs festgestellt.
Art. 811. [*Schadenersatzpflicht bei Vollstreckung aus ungerechtfertigter Anordnung*]

Strafprozessordnung

(CPP – Dekret-Gesetz Nr. 3.689 vom 3.10.1941, Auszüge)

Buch I – Der Prozess im Allgemeinen

Titel II – Das polizeiliche Ermittlungsverfahren (Art. 4–23)

Titel III – Die Strafklage

Art. 24. [*Anzeige durch Ministério Público*]
Art. 41. Die Strafanzeige oder Privatklage beinhaltet die Darstellung der strafbaren Tatsachen im Einzelnen, die Benennung des Beschuldigten oder Erläuterungen, anhand derer dieser identifiziert werden kann, die Zuordnung zu einem Straftatbestand und, wenn erforderlich, die Aufzählung von Zeugen.

Titel VI – Inzidente Angelegenheiten

Kapitel II – Die Einwendungen

Art. 98–101, 103 [Verfahren bei Befangenheit eines Richters am STF]

Titel VII – Der Beweis

Kapitel VI – Die Zeugen

Art. 221. Der Präsident und der Vizepräsident der Republik, Senatoren und Abgeordnete des Bundes, Bundesminister, Gouverneure der Bundesstaaten [...], bundesstaatliche Minister, die Bürgermeister des Bundesdistrikts[1] und der Kommunen, Abgeordnete der bundesstaatlichen Gesetzgebungskammern, die Mitglieder der Rechtsprechenden Gewalt [...] werden an einem vorher mit dem Richter vereinbarten Ort und Termin vernommen.

§ 1. Der Präsident und der Vizepräsident der Republik sowie die Präsidenten der Abgeordnetenkammer und des Bundessenats und des *Supremo Tribunal Federal* können dafür optieren, ihre Aussagen schriftlich zu leisten; in diesem Fall werden ihnen die von den Streitparteien formulierten und vom Richter zugelassenen Fragen von Amts wegen übermittelt. [...]

1 Seit der Verfassungsänderung v. 17.10.1969 hat der Bundesdistrikt wie die Bundesstaaten einen Gouverneur.

Buch II – Die Prozesse im Einzelnen

Titel I – Der gewöhnliche Prozess

Kapitel I – Die Einleitung des Strafprozesses

Art. 395. [*Ablehnungsgründe von Anzeige und Strafantrag: offenkundige Untauglichkeit, Fehlen einer prozessualen Voraussetzung oder eines berechtigten Grundes*]

Buch III – Nichtigkeit und Rechtsmittel

Titel II – Die Rechtsmittel im Allgemeinen

Kapitel VII – Die Revision

Art. 624. Die Revision in Strafsachen wird verhandelt und entschieden:

I – durch das *Supremo Tribunal Federal*, betreffend die von ihm erlassenen Verurteilungen; [...]

§ 1. Beim *Supremo Tribunal Federal* [...] richten sich das Verfahren und die Entscheidung nach der betreffenden Geschäftsordnung.

Kapitel VIII – Außerordentliche Rechtsmittel

Art. 637. Das Außerordentliche Rechtsmittel hat keine aufschiebende Wirkung, und nach Einlassung des Rechtsmittelbeklagten werden die Originale für die Vollstreckung an die erste Instanz zurückverwiesen.

Art. 638. Das Außerordentliche Rechtsmittel wird bearbeitet und entschieden nach den Regeln der betreffenden Geschäftsordnung.

Kapitel X – Die Freilassungsverfügung und ihr Verfahren

Art. 647. Eine Freilassungsverfügung wird immer dann gewährt, wenn jemand eine Verletzung oder rechtswidrigen Zwang im Schutzbereich seiner Fortbewegungfreiheit erleidet oder dies bevorsteht, außer im Falle von Disziplinarmaßnahmen.

Art. 648. Zwang ist als rechtswidrig anzusehen, wenn:

I – er ohne rechtlichen Grund erfolgt;

II – jemand länger in Haft ist, als vom Gesetz bestimmt ist;

III – der den Zwang Anordnende dafür nicht zuständig ist;

IV – der Grund, der die Haft ermöglichte, weggefallen ist;

V – in den Fällen, in denen das Gesetz zu Kautionsleistungen berechtigt, jemand dafür nicht zugelassen wurde;

VI – ein offenkundiges Prozesshindernis besteht;

VII – die Strafbarkeit aufgehoben ist.

Art. 649. Das Gericht erlässt die Anordnung im Rahmen seiner örtlichen Zuständigkeit sofort, sofern statthaft, gleichgültig, von welcher Stelle der Zwang ausging.

Art. 650. In originärer Zuständigkeit über Freilassungsverfügungen zu erkennen obliegt:

I – dem *Supremo Tribunal Federal*, in den in Art. 101 I g) der Verfassung vorgesehenen Fällen [*bezogen auf die Bundesverfassung von 1937, der Artikel ist dem heutigen Art. 102 I i) vergleichbar*]; [...]

§ 1. Die Zuständigkeit eines Gerichts endet dann, wenn die Verletzung oder der Zwang von einem in der Rechtsprechungshierarchie gleich- oder übergeordneten Gericht ausgeht.

§ 2. Gegen aktuelle oder drohende Administrativhaft von Personen, die der Finanzverwaltung auf Geld oder Geldwerte haften, verschuldet sind oder Abgaben in den gesetzlichen Fristen unterlassen haben, sind Anträge auf Freilassungsverfügung nicht statthaft, es sei denn, dem Antrag sind Belege für eine Erfüllung oder Hinterlegung des geprüften Fehlbetrags beigefügt oder wenn die Haft die gesetzliche Dauer überschreitet.

Art. 651. Die Gewährung einer Freilassungsverfügung hindert oder beendet den Prozess nicht, soweit dieser nicht mit den Grundlagen der Verfügung in Konflikt steht.

Art. 652. Wenn die Freilassungsverfügung wegen eines Prozesshindernisses gewährt wird, ist der Prozess zu wiederholen.

Art. 653. Nach Freilassung des Antragstellers aufgrund der Freilassungsverfügung wird die Stelle, die den Zwang bestimmt hat, bei Bösgläubigkeit oder offensichtlichem Machtmissbrauch in die Kosten verurteilt.

Einziger Paragraph. In diesem Fall werden dem *Ministério Público* Abschriften der notwendigen Urkunden vorgelegt, damit die Behörde zur Verantwortung gezogen wird.

Art. 654. Die Freilassungsverfügung kann von jedermann zu eigenen oder fremden Gunsten sowie durch das *Ministério Público* beantragt werden.

§ 1. Die Antragsschrift muss enthalten:

a) den Namen der Person, die eine Verletzung oder Zwang erleidet oder der dies droht, und die Bezeichnung dessen, der die Verletzung, den Zwang oder die Drohung ausübt;

b) eine Erklärung über die Art des Zwanges oder, im Falle der einfachen Bedrohung, die Gründe, auf die sich die Furcht stützt;

c) die Unterschrift des Antragstellers oder auf seinen Wunsch eines Dritten, wenn er nicht schreiben kann, und die Angabe der jeweiligen Adresse.

§ 2. Die Gerichte haben die Zuständigkeit, von Amts wegen eine Freilassungsverfügung auszusprechen, wenn sie im Laufe eines Prozesses feststellen, dass jemand rechtswidrigen Zwang erleidet oder dies bevorsteht.

Art. 655. [...] justizielle oder polizeiliche Stellen, die die Erteilung von Freilassungsverfügungen oder Auskünften über den Grund der Haft, die Vorführung oder die Freilassung des Betroffenen behindern oder verzögern, werden mit einer Geldbuße [...] belegt, unbeschadet der Strafen, denen sie unterliegen. Die Geldbuße wird durch das Gericht verhängt, das über die Freilassungsverfügung entscheidet; wenn es sich um eine Justizbehörde handelt, obliegt die Verhängung der Geldbuße dem *Supremo Tribunal Federal* oder dem Berufungsgericht.

Art. 656. Nach Erhalt der Antragsschrift lässt der Richter den Festgehaltenen unverzüglich zu einem bestimmten Termin vorführen, wenn er es für erforderlich hält.

Einziger Paragraph. Im Fall der Nichtbefolgung wird ein Haftbefehl gegen die festhaltende Stelle ausgefertigt, der nach Maßgabe des Gesetzes der Prozess zu machen ist; das Gericht trifft Vorkehrungen, damit der Betroffene aus der Haft genommen und vorgeführt wird.

Art. 657. Wenn der Betroffene in Haft ist, kann keinesfalls von seiner Vorführung abgesehen werden, außer:

I – bei schwerer Krankheit des Betroffenen;

II – er ist nicht im Gewahrsam der Person, die ihn vermeintlich festhält;

III – wenn sein Erscheinen nicht durch ein Gericht angeordnet wurde.

Einziger Paragraph. Das Gericht kann sich zum Aufenthaltsort des Festgehaltenen begeben, wenn er wegen Krankheit nicht vorgeführt werden kann.

Art. 658. Die festhaltende Stelle erklärt auf Anfrage, von wem der Betroffene festgenommen wurde.

Art. 659. Wenn das Gericht feststellt, dass die Verletzung oder der Zwang bereits beendet sind, erklärt es den Antrag für erledigt.

Art. 660. Nach den Ermittlungen und der Vernehmung des Betroffenen entscheidet das Gericht mit Begründung binnen 24 Stunden.

§ 1. Wenn die Entscheidung zugunsten des Betroffenen ausfällt, wird er sogleich in Freiheit gesetzt, es sei denn, die Haft muss aus anderen Gründen fortbestehen.

§ 2. Wenn die der Antragsschrift beiliegenden Dokumente auf rechtswidrigen Zwang hindeuten, ordnet das Gericht dessen sofortige Beendigung an.

§ 3. Liegt die Rechtswidrigkeit darin, dass für den Betroffenen eine Kautionsleistung nicht zugelassen wurde, legt das Gericht deren Wert fest, der an selbiges geleistet werden kann [...].

§ 4. Wenn die Freilassungsverfügung zur Vermeidung von Verletzungen oder rechtswidrigem Zwang gewährt wurde, bekommt der Betroffene durch das Gericht freies Geleit.

§ 5. Eine Abschrift der Entscheidung wird unverzüglich an die Behörde versandt, die die Haft angeordnet hat oder den Betroffenen in ihrer Gewalt hat, damit diese den Prozessakten hinzufügt wird.

§ 6. [*Freilassungsverfügung auf Distanz durch Telegraphie oder Post*]

Art. 661. Im Fall der originären Zuständigkeit des Berufungsgerichts wird die Antragsschrift beim Sekretariat eingereicht und sofort an den Präsidenten geleitet, oder den Vorsitzenden des Senats oder der Strafkammer, die versammelt ist oder als nächstes zusammentritt.

Art. 662. Wenn die Antragsschrift die Anforderungen des Art. 654 § 1 erfüllt und wenn erforderlich, verlangt der Präsident von der angegebenen Behörde schriftlich Auskünfte. Fehlen jedoch Angaben, lässt der Präsident diese ergänzen, sobald ihm die Antragsschrift zugeleitet wird.

Art. 663. Die Schritte des vorigen Artikels werden nicht angeordnet, wenn der Präsident der Ansicht ist, die Freilassungsverfügung sei *a limine* zurückzuweisen. In diesem Fall legt er die Antragsschrift dem Gericht, der Kammer oder dem Senat vor, damit diese dazu eine Entscheidung treffen.

Art. 664. Nach der Erteilung der Auskünfte, oder wenn diese nicht nötig sind, wird über die Freilassungsverfügung in der ersten Sitzung entschieden; die Entscheidung kann jedoch in die darauf folgende verschoben werden.

Einziger Paragraph. Die Entscheidung wird mit der Mehrheit der Stimmen getroffen. Bei

Stimmengleichheit, wenn der Präsident nicht teilgenommen hat, gibt er eine Stimme zur Entscheidung ab; anderenfalls gilt die für den Betroffenen günstigste Entscheidung.

Art. 665. Das Sekretariat des Gerichts verfasst die Verfügung, welche vom Präsidenten oder Vorsitzenden des Senats oder der Kammer unterschrieben wird und durch amtliches Schreiben oder Telegramm an die Stelle, von der der Zwang ausgeht oder auszugehen droht, gerichtet wird. [...]

Art. 666. [*Verfahren vor den Berufungsgerichten i. Ü. nach den Geschäftsordnungen*]

Art. 667. Zum Verfahren und zur Entscheidung in den Sachen der Freilassungsverfügung in originärer Zuständigkeit des *Supremo Tribunal Federal* sowie in Rechtsmittelzuständigkeit nach ablehnenden Entscheidungen in letzter oder einziger Instanz sind die vorhergehenden Artikel anzuwenden, und die Geschäftsordnung des Gerichts hat ergänzende Regelungen zu treffen.

Ausländergesetz

(Gesetz Nr. 6.815 vom 19.8.1980, Auszug)

Titel IX – Auslieferung

Art. 76. Eine Auslieferung kann gewährt werden, wenn die ersuchende Regierung sich auf einen völkerrechtlichen Vertrag stützt oder sie Brasilien Reziprozität verspricht.

Art. 77. Die Auslieferung wird nicht gewährt, wenn:

I – es sich um einen Brasilianer handelt, außer, falls die Annahme der Staatsangehörigkeit nach dem Sachverhalt, der das Ersuchen begründet, erfolgt ist;

II – der Sachverhalt, der das Ersuchen begründet, in Brasilien oder im ersuchenden Staat keine Straftat verwirklicht;

III – Brasilien gemäß seiner Gesetze zuständig ist, die Tat des Beschuldigten zu verfolgen;

IV – das brasilianische Recht für die Tat eine Strafe von einem Jahr Gefängnis oder weniger auferlegt;

V – der Beschuldigte wegen der Tat, auf die sich das Ersuchen stützt, in Brasilien bereits verurteilt oder freigesprochen wurde;

VI – eine Strafbarkeit wegen Verjährung gemäß brasilianischem Recht oder dem Recht des ersuchenden Staates ausgeschlossen ist;

VII – es sich um eine politische Straftat handelt;

VIII – der Beschuldigte sich im ersuchenden Staat vor einem Ausnahmegericht verantworten müsste.

§ 1. Die Ausnahme der Nr. VII steht einer Auslieferung nicht entgegen, wenn durch den Sachverhalt hauptsächlich eine Tat des allgemeinen Strafrechts verwirklicht wird, oder wenn eine allgemeine Straftat, die mit der politischen verbunden ist, die Hauptsache darstellt.

§ 2. Die Würdigung des Charakters der Tat obliegt ausschließlich dem *Supremo Tribunal Federal*.

§ 3. Das *Supremo Tribunal Federal* kann davon absehen, Anschläge gegen Staatschefs oder Behörden sowie Akte des Anarchismus, Terrorismus, der Sabotage, Entführung oder Kriegs- oder Gewaltpropaganda zur Untergrabung der politischen oder sozialen Ordnung als politische Straftaten zu betrachten.

Art. 78. Bedingungen für die Gewährung der Auslieferung sind:

I – die Tat wurde auf dem Territorium des ersuchenden Staates begangen oder das Strafrecht des Staates ist auf den Beschuldigten anwendbar;

II – eine abschließende Verurteilung zu einer Freiheitsstrafe oder eine Haftanordnung durch ein zuständiges Gericht im ersuchenden Staat liegt vor, außer im Fall des Art. 82;

Art. 79. [*Verfahren bei mehr als einem Auslieferungsersuchen für dieselbe Person wegen desselben Sachverhalts*]

Art. 80. Die Auslieferung wird auf diplomatischem Wege beantragt oder, bei Fehlen diplomatischen Personals des ersuchenden Staates, unmittelbar von Regierung zu Regierung; eine beglaubigte Kopie oder Bescheinigung des Urteils oder Haftbefehls, ausgestellt von einem Richter oder einer zuständigen Behörde, ist beizufügen. Dieses Dokument oder ein anderes, welches dem Antrag beizufügen ist, muss genaue Angaben über Ort, Datum, Natur und Umstände der strafbaren Handlung, die Identität des Auszuliefernden und die Rechtstexte über die Straftat, Strafe und seine Verjährung enthalten.

§ 1. Die Zuleitung auf diplomatischem Wege verleiht den Dokumenten öffentlichen Glauben.

§ 2. Wenn nicht ein völkerrechtlicher Vertrag etwas anderes bestimmt, muss den Dokumenten im Sinne dieses Artikels eine Version in portugiesischer Sprache beiliegen.

Art. 81. Der Außenminister legt den Antrag dem Justizminister vor, welcher die Haft des Beschuldigten anordnet und diesen dem *Supremo Tribunal Federal* zur Verfügung überstellt.

Art. 82. In dringlichen Fällen kann eine vorbeugende Haft des Beschuldigten angeordnet werden, wenn dies über ein beliebiges geeignetes Kommunikationsmittel durch die zuständige Behörde, diplomatische oder konsularische Beamte beantragt wird.

§ 1. Der Antrag muss über die Straftat Auskunft geben und sich auf eine Verurteilung, vorläufige Festnahme auf frischer Tat oder auch Flucht des Angezeigten gründen.

§ 2. Nach der Verhaftung muss der ersuchende Staat den förmlichen Antrag binnen 90 Tagen gemäß Art. 80 nachholen.

§ 3. Auf der Grundlage dieses Artikel und ohne einen förmlichen Auslieferungsantrag wird die Haft nicht über die im vorhergehenden Paragraphen genannte Frist hinaus aufrechterhalten, auch nicht, wenn wegen des Sachverhalts ein neuer Antrag gestellt wird.

Art. 83. Keine Auslieferung wird gewährt ohne einen vorhergehenden Ausspruch des Plenums des *Supremo Tribunal Federal* über ihre Rechtmäßigkeit und Begründetheit; die Entscheidung ist unanfechtbar.

Art. 84. Nach der Verhaftung (Art. 81) wird der Antrag an das *Supremo Tribunal Federal* weitergeleitet.

Einziger Paragraph. Die Haft dauert bis zum abschließenden Urteil des *Supremo Tribunal Federal* fort; nicht gestattet werden Freigang, Hausarrest und offener Vollzug.

Art. 85. Wenn der Berichterstatter den Antrag erhält, bestimmt er einen Termin für die Vernehmung des Beschuldigten und bestellt ihm, je nach Fall, einen Pfleger oder Rechtsanwalt, wenn dieser keinen hat; nach der Vernehmung läuft eine Frist von zehn Tagen für die Verteidigung.

§ 1. Die Verteidigung prüft die Identität der Person des Beschuldigten, etwaige Formmängel der Dokumente und die Rechtswidrigkeit der Auslieferung.

§ 2. Wird der Prozess nicht ordnungsgemäß vorbereitet, kann das Gericht auf Antrag des *Procurador-Geral da República* Schritte einleiten, um die Fehler binnen einer nicht verlängerbaren Frist von 60 Tagen zu beheben; danach wird der Antrag unabhängig der Fehlerbehebung beschieden.

§ 3. Die im vorhergehenden Paragraphen genannte Frist läuft ab dem Datum der Benachrichtigung des Außenministeriums an die Auslandsvertretung des ersuchenden Staates.

Art. 86. Wird die Auslieferung gewährt, teilt das Außenministerium dies der Auslandsvertretung des ersuchenden Staates mit, der binnen einer Frist von 60 Tagen nach der Mitteilung des Auszuliefernden vom Staatsgebiet abholen muss.

Art. 87. Wenn der ersuchende Staat den Auszuliefernden nicht vom Staatsgebiet binnen der im vorhergehenden Artikel genannten Frist abholt, wird er freigelassen, unbeschadet eines Abschiebungsverfahrens, wenn der Grund für die Auslieferung dieses nahelegt.

Art. 88. Wird die Auslieferung abgelehnt, wird ein erneuter Antrag wegen desselben Sachverhalts nicht zugelassen.

Art. 89. Wenn gegen den Auszuliefernden in Brasilien ein Strafprozess anhängig ist oder ein Strafurteil mit Freiheitsstrafe verhängt wurde, wird die Auslieferung erst nach dem Abschluss des Prozesses oder dem Abbüßen der Strafe ausgeführt; die Bestimmung in Artikel 67 [*Abschiebung bei nationalem Interesse*] bleibt jedoch unberührt.

Einziger Paragraph. Die Überstellung des Auszuliefernden wird ebenfalls verschoben, falls die Durchführung der Maßnahme nach amtsärztlicher Einschätzung wegen eines schlechten Gesundheitszustands sein Leben gefährdet.

Art. 90. Die Regierung kann den Auszuliefernden auch überstellen, wenn ein Prozess oder eine Verurteilung wegen einer Ordnungswidrigkeit vorliegt.

Art. 91. Eine Überstellung findet nicht statt, wenn sich der ersuchende Staat nicht verpflichtet:

I – dass der Auszuliefernde nicht in Haft genommen oder angeklagt wird wegen vor dem Antrag liegender Sachverhalte;

II – die Haftzeit in Brasilien im Auslieferungsverfahren anzurechnen;

III – eine körperliche Strafe oder die Todesstrafe in eine Freiheitsstrafe umzuwandeln, außer, hinsichtlich der Letzteren, in Fällen, in denen das brasilianische Recht ihre Anwendung erlaubt;

IV – dass der Auszuliefernde nur mit Einwilligung Brasiliens an einen anderen Staat, der dies verlangt, überstellt wird;

V – von einer Erhöhung der Strafe aus politischen Gründen abzusehen.

Art. 92. Die Überstellung des Auszuliefernden erfolgt, im Einklang mit den brasilianischen Gesetzen mit Rücksicht auf die Rechte von Dritten, zusammen mit dem Gegenstand der Tat und den Tatwerkzeugen, die bei ihm gefunden wurden.

Einziger Paragraph. Die in diesem Artikel genannten Gegenstände und Werkzeuge können unabhängig von der Überstellung herausgegeben werden.

Art. 93. Ausgelieferte, die sich nach ihrer Überstellung an den ersuchenden Staat der Justiz entziehen und in Brasilien verbergen oder durch Brasilien durchreisen, werden nach einem Antrag auf diplomatischem Wege festgenommen und ohne weitere Förmlichkeiten erneut überstellt.

Art. 94. [*Genehmigung des Transports der Ausgelieferten innerhalb Brasiliens durch den Justizminister*]

Umsetzung der Genfer Flüchtlingskonvention

von 1951 einschließlich des Protokolls von 1967

(Gesetz Nr. 9.474/1997, Auszug)

Titel III – Das CONARE[1]

Kapitel I – Kompetenz

Art. 12. Dem CONARE obliegt es, im Einklang mit der Konvention über die Rechtsstellung von Flüchtlingen von 1951, mit dem Protokoll [...] von 1967 und den weiteren internationalen Quellen des Flüchtlingsrechts:

I – [...] in erster Instanz, die Anerkennung der Rechtsstellung als Flüchtling zu erklären;

II – *ex officio* oder auf Ersuchen der zuständigen Behörde, in erster Instanz über die Beendigung des Flüchtlingsstatus zu entscheiden;

III – in erster Instanz den Verlust des Flüchtlingsstatus zu bestimmen; [...].

Titel IV – Das Flüchtlingsverfahren

Kapitel V – Rechtsmittel

Art. 29. Im Falle einer negativen Entscheidung, die im Bescheid an den Antragsteller zu begründen ist, ist binnen 15 Tagen ab Zugang des Bescheids ein Rechtsbehelf an den Bundesjustizminister statthaft.

Art. 30. Während der Bearbeitung des Rechtsbehelfs ist es dem Antragsteller und seiner Familie gestattet, auf dem Staatsgebiet zu verbleiben [...].

Art. 31. Gegen die Entscheidung des Bundesjustizministers, die dem CONARE [...] sowie der Bundespolizei für die notwendigen Vorkehrung mitzuteilen ist, ist kein Rechtsbehelf gegeben.

Art. 32. Im Falle der endgültigen Ablehnung der Zuflucht unterliegt der Antragsteller dem Ausländerrecht.

1 *Comitê Nacional para os Refugiados* (Nationales Flüchtlingskomitee).

Titel V – Die Auswirkungen des Flüchtlingsstatus auf die Auslieferung und die Abschiebung

Kapitel I – Auslieferung

Art. 33. Die Anerkennung der Rechtsstellung als Flüchtling steht der Stattgabe von Auslieferungsersuchen wegen der dem Flüchtlingsstatus zugrundeliegenden Tatsachen entgegen.

Art. 34. Bis zur endgültigen Bescheidung des Flüchtlingsersuchens bleiben Auslieferungsverfahren, die vor der Verwaltung oder der Justiz wegen der dem Flüchtlingsersuchen zugrundeliegenden Tatsachen anhängig sind, suspendiert.

Art. 35. Zur Einhaltung der Art. 33 und 34 dieses Gesetzes ist das Ersuchen auf Anerkennung des Flüchtlingsstatus dem Organ, das den Auslieferungsprozess durchführt, mitzuteilen. [...]

Verfahrensvorschriften für das STF und das STJ

(Gesetz Nr. 8.038 vom 28.5.1990)

Titel I – Verfahren in originärer Zuständigkeit

Kapitel I – Originäre Strafklage

Art. 1. Bei Verbrechen, wegen derer die öffentliche Strafklage statthaft ist, hat das *Ministério Público* eine Frist von 15 Tagen, um Anzeige zu erstatten oder die Einstellung der Ermittlungen zu verlangen.

§ 1. Ergänzende Ermittlungen können durch den Berichterstatter genehmigt werden; durch die Genehmigung wird die Frist nach diesem Artikel unterbrochen.

§ 2. Wenn der Angeklagte in Haft ist,

a) beträgt die Frist zur Erstattung der Anzeige fünf Tage;

b) unterbrechen die ergänzenden Ermittlungen die Frist nicht, es sei denn, dass der Berichterstatter gleichzeitig Hafterleichterung gewährt.

Art. 2. Der geschäftsordnungsmäßig bestimmte Berichterstatter nimmt die Funktion des Ermittlungsrichters gemäß diesem Kapitel, der Strafprozessordnung, und soweit anwendbar, der Geschäftsordnung des Gerichts wahr.

Einziger Paragraph. Der Berichterstatter hat die Kompetenzen, die die Prozessgesetze Einzelrichtern verleihen.

Art. 3. Dem Berichterstatter obliegt es:

I – die Einstellung einer Untersuchung zu bestimmen, wenn das *Ministério Público* es verlangt, oder das Einstellungsverlangen dem Gericht zur Entscheidung vorzulegen;

II – in den gesetzlich vorgesehenen Fällen die Aufhebung der Strafbarkeit zu verfügen;

III – für die Durchführung von Vernehmungen und anderen ermittlungsrichterlichen Handlungen am Gerichtsort oder am Ort der vorzunehmenden Handlung, Richter von Strafsenaten der *Tribunais de Justiça* oder der *Tribunais Regionais Federais* ebenso wie andere Strafrichter von Gerichten der Bundesstaaten oder des Bundes für sechs Monate, verlängerbar jeweils um dieselbe Zeitspanne bis zu höchstens zwei Jahren, heranzuziehen.

Art. 4. Nach dem Einreichen der Anzeige oder des Strafantrags wird der Angeklagte benachrichtigt, um binnen 15 Tagen zu erwidern.

§ 1. Mit der Benachrichtigung werden dem Angeklagten eine Abschrift der Anzeige oder des Strafantrags, der Verfügung des Berichterstatters und von diesem bestimmte Dokumente ausgehändigt.

§ 2. [*öffentliche Zustellung*]

Art. 5. Wenn mit der Erwiderung neue Dokumente eingereicht werden, wird die Gegenseite [*Ankläger bzw. ggf. Privatkläger*] aufgefordert, binnen fünf Tagen Stellung zu nehmen.

Einziger Paragraph. Bei einer privaten Strafklage wird das *Ministério Público* binnen gleicher Frist angehört.

Art. 6. Nachfolgend beraumt der Berichterstatter einen Termin an, damit das Gericht über die Annahme oder Verwerfung der Anzeige oder des Strafantrags oder die Unbegründetheit der Anschuldigung entscheidet, wenn diese Entscheidung nicht von weiteren Beweisen abhängt.

§ 1. Für die Entscheidung im Sinne dieses Artikels wird zuerst der Anklage, dann der Verteidigung ein mündlicher Vortrag von 15 Minuten zugestanden.

§ 2. Nach den Vorträgen und der Bestimmung des Gerichtspräsidenten, welche Personen im Saal verbleiben dürfen, entscheidet das Gericht unter Beachtung des Art. 12 II dieses Gesetzes.

Art. 7. Nach Annahme der Anzeige oder des Strafantrags legt der Berichterstatter einen Vernehmungstermin fest und lässt den Angeklagten und den Vertreter des *Ministério Público* sowie gegebenfalls Privat- und Nebenkläger laden.

Art. 8. Die Frist für die erste Verteidigung beträgt fünf Tage ab der Vernehmung oder der Ladung des Pflichtverteidigers.

Art. 9. Die Verhandlung folgt, soweit anwendbar, dem allgemeinen Verfahren nach der Strafprozessordnung.

§ 1. Der Berichterstatter kann die Durchführung der Vernehmung oder anderer Schritte [...] delegieren.

§ 2. [*Form der Ladung*]

Art. 10. Nach der Zeugenbefragung werden Anklage und Verteidigung aufgefordert, binnen fünf Tagen Ermittlungen zu beantragen.

Art. 11. Nach den etwaigen Ermittlungen erhalten Anklage und Verteidigung eine Schriftsatzfrist von nacheinander jeweils 15 Tagen.

§ 1. Dieselbe Frist wird dem Nebenkläger sowie Mitangeklagten gewährt.

§ 2. Bei privaten Strafklagen erhält das *Ministério Público* anschließend für denselben Zeitraum Akteneinsicht.

§ 3. Der Berichterstatter kann nach den schriftlichen Vorträgen von Amts wegen die Erhebung von für die Urteilsfindung unentbehrlichen Beweisen bestimmen.

Art. 12. Nach der Verhandlung wird das Urteil nach Maßgabe der Geschäftsordnung unter Beachtung des Folgenden gesprochen:

I – [*Reihenfolge und Dauer der mündlichen Vorträge von Anklage und Verteidigung bis zu einer Stunde sowie Nebenklägern bis zu 15 Minuten*]

II – [*Möglichkeit der Beschränkung der Öffentlichkeit durch den Gerichtspräsidenten*]

Kapitel II – Beschwerde

Art. 13. Um die Zuständigkeiten des Gerichts zu bewahren und die Autorität seiner Entscheidungen sicherzustellen, ist eine Beschwerde desjenigen, der ein Interesse hat, und des *Ministério Público* statthaft.

Einziger Paragraph. Die Beschwerde wird zusammen mit Beweisdokumenten an den Gerichtspräsidenten gerichtet, protokolliert und, wenn möglich, an den Berichterstatter der Hauptsache verteilt.

Art. 14. Der Berichterstatter

I – fordert Auskunft von der Behörde, welcher das angegriffene Verhalten vorgeworfen wird, die der Anforderung binnen zehn Tagen nachkommen muss;

II – ordnet, wenn nötig, um einen irreparablen Schaden zu verhindern, die Aussetzung des Prozesses oder des angegriffenen Aktes an.

Art. 15. Jeder, der ein Interesse daran hat, kann den Antrag des Beschwerdeführers anfechten.

Art. 16. Das *Ministério Público*, wenn es nicht selbst Beschwerdeführer ist, hat im Prozess Akteneinsicht binnen fünf Tagen nach Ablauf der Auskunftsfrist.

Art. 17. Ist die Beschwerde begründet, hebt das Gericht den kompetenzüberschreitenden Akt auf oder ergreift eine angemessene Maßnahme zur Wahrung seiner Kompetenz.

Art. 18. Der Gerichtspräsident bestimmt die sofortige Befolgung der Entscheidung; das Urteil wird anschließend abgefasst.

Kapitel III – Intervention des Bundes

Art. 19. Die Bundesintervention im Sinne des Art. 36 II und IV der Bundesverfassung wird eingeleitet

I – von Amts wegen oder auf Antrag des Präsidenten eines bundesstaatlichen *Tribunal de Justiça* oder eines Bundesgerichts, wenn es sich um die Durchsetzung einer gerichtlichen Anordnung oder Entscheidung handelt, mit Ausnahme derjenigen des *Supremo Tribunal Federal* und des *Tribunal Superior Eleitoral*;

II – von Amts wegen oder auf Antrag desjenigen, der ein Interesse hat, wenn es sich um die Durchsetzung einer Anordnung oder Entscheidung des *Superior Tribunal de Justiça* handelt;

III – auf Antrag des *Procurador-Geral da República*, wenn es sich um die Ausführung von Bundesrecht handelt.

Art. 20. Nach Eingang des Antrags kann der Präsident

I – Vorkehrungen treffen, die ihm angemessen erscheinen, um die Ursache des Antrags administrativ zu beseitigen;

II – diesen verwerfen, wenn er offenkundig unbegründet ist; hiergegen ist der Einspruch nach Geschäftsordnung [*agravo regimental*] statthaft.

Art. 21. Nach dem in Nr. 1 des vorigen Artikels vorgesehenen Verfahren, einem Auskunftsersuchen bei der bundesstaatlichen Behörde und einer Anhörung des *Procurador-Geral da República*, wird der Antrag einem Berichterstatter zugeteilt.

Einziger Paragraph. [*Beschränkte Öffentlichkeit*]

Art. 22. Ist der Antrag begründet, teilt der Präsident des *Superior Tribunal de Justiça* diese Entscheidung den betroffenen Organen der öffentlichen Gewalt sofort mit und verlangt die Intervention vom Präsidenten der Republik.

Kapitel IV – Freilassungsverfügung

Art. 23. [*Verfahren der Freilassungsverfügung vor dem Superior Tribunal de Justiça gemäß Buch II, Titel II, Kapitel X der Strafprozessordnung*]

Kapitel V – Andere Verfahren

Art. 24. Bei der Wiederaufnahmeklage, den Kompetenzkonflikten, der Revision in Strafsachen und der Sicherungsverfügung ist das geltende Prozessrecht anzuwenden.

Einziger Paragraph. Die Verfahren der Injunktion und der Freilassungsverfügung richten sich, soweit anwendbar, nach den Normen zur Sicherungsverfügung, solange keine spezifische Gesetzgebung vorliegt.

Art. 25. [*Aussetzung von einstweiligen Anordnungen und Sicherungsverfügungen der Tribunais Regionais Federais und der Tribunais de Justiça der Bundesstaaten und des Bundesdistrikts durch den Präsidenten des Superior Tribunal de Justiça in Streitigkeiten nicht verfassungsrechtlicher Art*]

Titel II – Rechtsmittel

Kapitel I – Außerordentliches Rechtsmittel und Besonderes Rechtsmittel

Art. 26–29. [*überholt durch §§ 541–546 der Zivilprozessordnung*]

Kapitel II–IV [*Rechtsmittelverfahren vor dem Superior Tribunal de Justiça*]

Titel III – Allgemeine Bestimmungen

Art. 38. Der Berichterstatter des *Supremo Tribunal Federal* oder des *Superior Tribunal de Justiça* entscheidet über Anträge oder Rechtsmittel, die gegenstandslos geworden sind, und weist jene ab, die offenkundig verfristet, unstatthaft oder unbegründet sind oder die in einer rechtlichen Frage einem Leitsatz des jeweiligen Gerichts zuwiderlaufen.

Art. 39. Gegen die Entscheidung des Gerichtspräsidenten, einer Abteilung, eines Senats oder des Berichterstatters ist der Einspruch nach Geschäftsordnung binnen fünf Tagen statthaft.

[...]

Habeas-Data-Gesetz

(Gesetz Nr. 9.507 vom 12.11.1997)

Art. 1. [*durch Veto des Präsidenten gemäß Art. 66 § 1 CF blockiert*]

Einziger Paragraph. Als öffentlich gelten alle Register oder Datenbanken, die Informationen enthalten, die an Dritte weitergegeben werden oder werden können oder die nicht dem ausschließlichen Gebrauch der Organe oder Körperschaften dienen, welche die Informationen zusammenstellen oder verwahren.

Art. 2. Das Ersuchen wird bei dem Organ oder der Körperschaft, die im Besitz des Registers oder der Datenbank sind, eingereicht und wird binnen 48 Stunden beschieden.

Einziger Paragraph. Die Entscheidung wird dem Ersuchenden binnen 24 Stunden bekanntgegeben.

Art. 3. Wird dem Antrag stattgeben, legt der Besitzer des Registers oder der Datenbank einen Termin zur Einsichtnahme in die Informationen durch den Ersuchenden fest.

Einziger Paragraph. [*Veto*]

Art. 4. Behauptet jemand die Unrichtigkeit von ihn selbst betreffenden Daten, kann er mit einem Antrag unter Vorlage von Urkunden zum Beweis die Richtigstellung verlangen.

§ 1. Die Richtigstellung muss binnen zehn Tagen nach Eingang des Ersuchens erfolgen, und der Betroffene ist durch den Besitzer des Registers oder der Information in Kenntnis zu setzen.

§ 2. Wenn sich eine Unrichtigkeit von Daten nicht feststellen lässt, aber von interessierter Seite eine Erläuterung oder ein Bestreiten zu einem Eintrag zur Begründung eines möglichen Schwebezustands dargelegt wird, ist eine solche Erläuterung bei dem Eintrag zu vermerken.

Art. 5 und **6.** [*Veto*]

Art. 7. Eine Datenschutzverfügung ist zu gewähren,

I – um die Kenntnis von auf die Person des Antragstellers bezogenen Informationen zu gewährleisten, die in Registern oder Datenbanken von Körperschaften der Regierung oder öffentlichen Charakters enthalten sind;

II – zur Richtigstellung von Daten, wenn es nicht vorgezogen wird, dies in einem vertraulichen Verfahren vor Gericht oder der Verwaltung zu erreichen;

III – für einen Vermerk in den Einträgen über den Antragsteller zum Bestreiten oder zur Erläuterung von richtigen, beweisbaren Daten, die sich gerichtlich oder außergerichtlich in Streit befinden.

Art. 8. Die Antragsschrift muss die Anforderungen der Art. 282–285 der Zivilprozessordnung erfüllen und ist in zwei Ausfertigungen mit Dokumenten und Kopien einzureichen.

Einziger Paragraph. Der Antragsschrift beizufügen ist ein Nachweis

I – der Verweigerung des Zugangs zu den Informationen oder des Ablaufs von mehr als zehn Tagen ohne Bescheidung;

II – der Verweigerung der Richtigstellung oder des Ablaufs von mehr als 15 Tagen ohne Bescheidung; oder

III – der Verweigerung eines Vermerks im Sinne des Art. 4 § 2 oder des Ablaufs von mehr als 15 Tagen ohne Bescheidung.

Art. 9. Der Richter ordnet an, dass der Antragsgegner über den Inhalt des Antrags benachrichtigt und ihm die zweite, vom Antragsteller eingereichte Ausfertigung mit Kopien der Dokumente ausgehändigt werde, damit er binnen zehn Tagen die Auskünfte geben kann, die er für erforderlich hält.

Art. 10. Die Antragsschrift wird *a limine* zurückgewiesen, wenn es sich nicht um einen Fall der Datenschutzverfügung handelt oder es an einer der Voraussetzungen nach diesem Gesetz fehlt.

Einziger Paragraph. Gegen die Zurückweisung ist das Rechtsmittel gemäß Art. 15 statthaft.

Art. 11. Ist die Benachrichtigung des Antragsgegners erfolgt, nimmt der mit der Sache befasste Justizbeamte eine beglaubigte Kopie des Benachrichtigungsschreibens ebenso wie den Nachweis des Empfangs oder der Annahmeverweigerung zu den Akten.

Art. 12. Nach Ablauf der Frist des Art. 9 und nach Anhörung des Vertreters des *Ministério Público* binnen fünf Tagen werden die Akten beim Gericht geschlossen, und die Entscheidung ist binnen fünf Tagen zu fällen.

Art. 13. Wird der Antrag für begründet befunden, bestimmt der Richter einen Termin, an dem der Antragsgegner

I – dem Antragsteller die ihn betreffenden Informationen aus Registern oder Datenbanken offenlegt; oder

II – vor Gericht einen Beweis für die Richtigstellung oder den Vermerk in den Einträgen über den Antragsteller erbringt.

Art. 14. [*Form der Bekanntgabe an den Antragsgegner*]

Art. 15. Gegen das abweisende und das stattgebende Urteil über die Datenschutzverfügung ist die Berufung statthaft.

Einziger Paragraph. Wenn die Verfügung gewährt wird, hat das Rechtsmittel lediglich Devolutiveffekt.

Art. 16. Wenn die Datenschutzverfügung gewährt wird und der Präsident des Gerichts, das für die Entscheidung über ein Rechtsmittel zuständig ist, die Aussetzung der Vollstreckung anordnet, ist dagegen der Einspruch an das Rechtsmittelgericht statthaft.

Art. 17. In den Fällen der Zuständigkeit des *Supremo Tribunal Federal* [...] obliegt die Prozessvorbereitung dem Berichterstatter.

Art. 18. Der Antrag auf Datenschutzverfügung kann wiederholt werden, wenn er ohne Würdigung in der Sache abgewiesen wurde.

Art. 19. Datenschutzklagen haben Vorrang vor allen gerichtlichen Verfahren mit Ausnahme von Freilassungs- und Sicherungsverfügungen. In der oberen Instanz sind sie in der ersten Sitzung, nachdem die Akten beim zugewiesenen Berichterstatter geschlossen wurden, einem Urteil zuzuführen.

Einziger Paragraph. Die Dauer für den Abschluss darf 24 Stunden ab der Geschäftsverteilung nicht überschreiten.

Art. 20. Die Entscheidung über die Datenschutzverfügung obliegt:

I – in originärer Zuständigkeit

a) dem *Supremo Tribunal Federal* gegen Akte des Präsidenten der Republik, der Präsidien von Abgeordnetenkammer und Bundessenat, des Bundesrechnungshofs, des *Procurador-Geral da República* und des *Supremo Tribunal Federal* selbst; [...]

II – in Rechtsmittelzuständigkeit

a) dem *Supremo Tribunal Federal*, wenn ein Oberes Gericht die Verfügung in einziger Instanz abgelehnt hat; [...]

III – im Wege des Außerordentlichen Rechtsmittels dem *Supremo Tribunal Federal* in den von der Verfassung vorgesehenen Fällen.

Art. 21. Das Verwaltungsverfahren zum Zugang zu Informationen, zur Richtigstellung von Daten und zum Erläuterungsvermerk sowie die Datenschutzklage sind kostenlos.

Normenkontrollengesetz

(Gesetz Nr. 9.868 vom 10.11.1999)

Kapitel I – Die Direktklage wegen Verfassungswidrigkeit und die Klage auf Feststellung der Verfassungsmäßigkeit

Art. 1. Dieses Gesetz regelt das Verfahren und die Entscheidung der Direktklage wegen Verfassungswidrigkeit und der Klage auf Feststellung der Verfassungsmäßigkeit vor dem Obersten Bundesgericht.

Kapitel II – Die Direktklage wegen Verfassungswidrigkeit

Abschnitt I – Die Zulässigkeit und das Verfahren der Direktklage wegen Verfassungswidrigkeit

Art. 2. [*Antragberechtigung wie in Art. 103 CF*]

Einziger Paragraph. [*durch Veto des Präsidenten gemäß Art. 66 § 1 CF blockiert*]

Art. 3. Die Antragsschrift muss angeben:

I – die angegriffene Bestimmung im Gesetz oder im normativen Akt und die rechtlichen Gründe des Antrags bezogen auf jede einzelne der angegriffenen Normen;

II – einen im Einzelnen spezifizierten Antrag.

Einziger Paragraph. Die Antragsschrift nebst anwaltlicher Prozessvollmacht wird in zwei Ausfertigungen eingereicht; sie muss Kopien des angegriffenen Gesetzes oder normativen Aktes und der zum Nachweis der Anfechtung erforderlichen Dokumente enthalten.

Art. 4. Eine untaugliche, nicht mit Begründung versehene oder offensichtlich unbegründete Antragsschrift wird durch den Berichterstatter *a limine* zurückgewiesen.

Einziger Paragraph. Gegen die Zurückweisung der Antragsschrift ist ein Einspruch statthaft.

Art. 5. Eine Rücknahme der Direktklage ist nicht zuzulassen.

Einziger Paragraph. [*Veto*]

Art. 6. Der Berichterstatter ersucht die Organe oder Behörden, von denen das Gesetz oder der normative Akt herrührt, um Information.

Einziger Paragraph. Binnen einer Frist von 30 Tagen nach dem Zugang wird dem Informationsersuchen Folge geleistet.

Art. 7. Eine Intervention Dritter im Prozess der Direkten Klage wegen Verfassungswidrigkeit ist nicht zulässig.

§ 1. [*Veto; sah eine allgemeine Äußerungsberechtigung aller nach Art. 2 Legitimierten binnen der 30-tägigen Informationsfrist vor*]

§ 2. Der Berichterstatter kann in Anbetracht der Bedeutung der Materie und der Repräsentativität des Ersuchenden unter Beachtung der im vorhergehenden Paragraphen bestimmten Frist mit unanfechtbarer Verfügung eine Stellungnahme anderer Organe oder Körperschaften zulassen.

Art. 8. Nach Ablauf der Informationsfrist werden nacheinander der *Advogado-Geral da União* und der *Procurador-Geral da República* angehört, die jeweils binnen einer Frist von 15 Tagen Stellung nehmen müssen.

Art. 9. Nach Ablauf der Fristen des vorhergehenden Artikels erstellt der Berichterstatter seinen Sachbericht mit Abschriften für alle Verfassungsrichter und beraumt einen Termin für die Urteilsfindung an.

§ 1. Falls Aufklärung der Materie oder der tatsächlichen Umstände erforderlich ist oder die in den Akten vorhandenen Informationen offensichtlich unzureichend sind, kann der Berichterstatter zusätzliche Informationen anfordern, Sachverständige zur Begutachtung einsetzen oder einen Termin für Aussagen in einer öffentlichen Anhörung von Personen mit Erfahrung und Ansehen im betreffenden Bereich festsetzen.

§ 2. Der Berichterstatter kann ferner bei den Oberen Gerichten und anderen Gerichten des Bundes und der Bundesstaaten um Auskünfte darüber nachsuchen, wie diese die angegriffene Norm in ihrem Zuständigkeitsbereich angewandt haben.

§ 3. Die Erteilung der Auskünfte, die Erstattung der Sachverständigengutachten und die Anhörungen im Sinne der vorhergehenden Paragraphen erfolgen binnen einer Frist von 30 Tagen, gerechnet ab dem Ersuchen des Berichterstatters.

Abschnitt II – Die einstweilige Anordnung im Verfahren der Direktklage wegen Verfassungswidrigkeit

Art. 10. Außer in den Gerichtsferien wird eine einstweilige Anordnung im Verfahren der Direktklage durch Entscheidung der absoluten Mitgliedermehrheit im Gericht gewährt, unbeschadet der Regelung in Art. 22 und nach Anhörung der Organe oder Behörden, von denen das Gesetz oder der normative Akt herrührt, die sich binnen einer Frist von fünf Tagen äußern müssen.

§ 1. Der Berichterstatter hört den *Advogado-Geral da União* und den *Procurador-Geral da República* binnen einer Frist von drei Tagen an, wenn er dies für unabdingbar hält.

§ 2. Im Verfahren über die einstweilige Anordnung ist den Prozessvertretern des Antragstellers und der Behörden oder Organe, die für den Erlass des Aktes verantwortlich sind, der mündliche Vortrag gemäß der Geschäftsordnung des Gerichts freigestellt.

§ 3. Im Falle außerordentlicher Dringlichkeit kann das Gericht die einstweilige Anordnung ohne Anhörung der Organe oder Behörden, von denen das angegriffene Gesetz oder der normative Akt herrührt, erlassen.

Art. 11. Wurde eine einstweilige Anordnung gewährt, gibt das *Supremo Tribunal Federal* den verfügenden Teil der Entscheidung in einem gesonderten Abschnitt des *Diário da Justiça* und des *Diário Oficial da União* binnen einer Frist von zehn Tagen bekannt und ersucht unter Beachtung des Verfahrens nach Abschnitt I dieses Kapitels, soweit anwendbar, die Organe oder Behörden, von denen Rechtsakt herrührt, um Information.

§ 1. Die gegenüber jedermann wirksame einstweilige Anordnung wird mit Wirkung *ex nunc* gewährt, außer wenn das Gericht der Anordnung Rückwirkung zuerkennt.

§ 2. Die Gewährung einer einstweiligen Anordnung macht, soweit vorhanden, die vorher bestehende Gesetzeslage anwendbar, außer bei ausdrücklicher Äußerung im gegenteiligen Sinne.

Art. 12. Liegt ein Antrag auf einstweilige Anordnung vor, kann der Berichterstatter angesichts der Relevanz der Materie und ihrer Bedeutung für die gesellschaftliche Ordnung und die Rechtssicherheit nach Erteilung von Auskünften binnen zehn Tagen und den Stellungnahmen von *Advogado-Geral da União* und *Procurador-Geral da República* nacheinander jeweils binnen fünf Tagen den Prozess unmittelbar dem Gericht [*Plenum*] unterbreiten, das die Klage in der Hauptsache entscheiden kann.

Kapitel II-A – Die Direktklage wegen Verfassungswidrigkeit durch Unterlassen

Abschnitt I – Die Zulässigkeit und das Verfahren der Direktklage wegen Verfassungswidrigkeit durch Unterlassen

Art. 12-A. [*Antragsberechtigung entsprechend ADI und ADC*]

Art. 12-B. Die Antragsschrift muss angeben:

I – die verfassungswidrige vollständige oder teilweise Unterlassung in Bezug auf die Einhaltung einer verfassungsrechtlichen Pflicht zur Gesetzgebung oder in Bezug auf die Vornahme von Handlungen verwaltungsrechtlicher Art;

II – einen im Einzelnen spezifizierten Antrag.

Einziger Paragraph. Die Antragsschrift, ggf. nebst anwaltlicher Prozessvollmacht, wird in zwei Ausfertigungen eingereicht; sie muss Kopien der erforderlichen Dokumente zum Nachweis der Unterlassung enthalten.

Art. 12-C. Untaugliche, nicht mit Begründung versehene und offenkundig unbegründete Antragsschriften werden durch den Berichterstatter *a limine* zurückgewiesen.

Einziger Paragraph. Gegen die Zurückweisung der Antragsschrift ist ein Einspruch statthaft.

Art. 12-D. Eine Rücknahme der Direktklage wegen Verfassungswidrigkeit durch Unterlassen ist nicht zuzulassen.

Art. 12-E. Auf das Verfahren der Direktklage wegen Verfassungswidrigkeit durch Unterlassen sind, soweit übertragbar, die in Kapitel II Abschnitt I enthaltenen Bestimmungen anzuwenden.

§ 1. Die weiteren in Art. 2 dieses Gesetzes genannten Berechtigten können sich innerhalb der Informationsfrist schriftlich zum Klagegegenstand äußern und die Einbeziehung von für die Prüfung nützlich erscheinenden Dokumenten beantragen sowie Eingaben vorbringen.

§ 2. Der Berichterstatter kann den *Advogado-Geral da União* um eine Stellungnahme ersuchen, die dieser binnen 15 Tagen zu erbringen hat.

§ 3. Der *Procurador-Geral da República* hat bei Klagen, in denen er nicht Kläger ist, für 15 Tage nach dem Ablauf der Informationsfrist das Recht zur Akteneinsicht.

Abschnitt II – Die einstweilige Anordnung im Verfahren der Direktklage wegen Verfassungswidrigkeit durch Unterlassen

Art. 12-F. Im Falle außerordentlicher Dringlichkeit und Bedeutung der Materie kann das Gericht mit der absoluter Mehrheit seiner Mitglieder unter Beachtung des Art. 22 nach Anhörung der für die verfassungswidrige Unterlassung verantwortlichen Organe oder Behörden, die sich binnen fünf Tagen äußern müssen, eine einstweilige Anordnung erlassen.

§ 1. Die einstweilige Anordnung kann im Falle einer teilweisen Unterlassung in der Suspendierung des Gesetzes oder normativen Aktes bestehen sowie in der Suspendierung gerichtlicher Prozesse oder Verwaltungsverfahren oder auch in anderen vom Gericht festzusetzenden Maßnahmen.

§ 2. Der Berichterstatter kann, wenn er es für unerlässlich hält, den *Procurador-Geral da República* binnen drei Tagen anhören.

§ 3. Im Verfahren über die einstweilige Anordnung ist den Prozessvertretern des Antragstellers und der Behörden oder Organe, die für die verfassungswidrige Unterlassung verantwortlich sind, der mündliche Vortrag gemäß der Geschäftsordnung des Gerichts freigestellt.

Art. 12-G. [*dem Art. 11 entsprechende Regelung*]

Abschnitt III – Die Entscheidung im Verfahren der Direktklage wegen Verfassungswidrigkeit durch Unterlassen

Art. 12-H. Wurde die Verfassungswidrigkeit durch Unterlassen unter Beachtung des Art. 22 erklärt, wird die zuständige Staatsgewalt in Kenntnis gesetzt, damit sie die erforderlichen Vorkehrungen treffen kann.

§ 1. Im Falle von Unterlassungen durch Verwaltungsbehörden müssen die Vorkehrungen binnen 30 Tagen getroffen werden; das Gericht kann ausnahmsweise im Hinblick auf besondere Umstände des Falles und das öffentliche Interesse eine angemessene Frist vorsehen.

§ 2. Auf die Entscheidung bei der Direktklage wegen Verfassungswidrigkeit durch Unterlassen ist das Kapitel IV dieses Gesetzes entsprechend anzuwenden.

Kapitel III – Die Klage auf Feststellung der Verfassungsmäßigkeit

Abschnitt I – Die Zulässigkeit und das Verfahren der Klage auf Feststellung der Verfassungsmäßigkeit

Art. 13. [*überholt durch den mit Verfassungsänderung Nr. 45/2004 geänderten Art. 103 CF*]

Art. 14. Die Antragsschrift muss angeben:

I – die in Frage stehende Bestimmung im Gesetz oder im normativen Akt und die rechtlichen Gründe des Antrags;

II – einen im Einzelnen spezifizierten Antrag;

III – das Vorhandensein rechtlichen Meinungsverschiedenheiten über die Anwendung der streitgegenständlichen Bestimmung.

Einziger Paragraph. Die Antragsschrift nebst anwaltlicher Prozessvollmacht wird in zwei Ausfertigungen eingereicht; sie muss Kopien des fraglichen normativen Aktes und der erforderlichen Dokumente zum Nachweis der Begründetheit des Antrags auf Feststellung der Verfassungsmäßigkeit enthalten.

Art. 15. Untaugliche, nicht mit Begründung versehene und offenkundig unbegründete Antragsschriften werden durch den Berichterstatter *a limine* zurückgewiesen.

Einziger Paragraph. Gegen die Zurückweisung der Antragsschrift ist ein Einspruch statthaft.

Art. 16. Eine Rücknahme der Feststellungsklage ist nicht zuzulassen.

Art. 17. [*Veto*]

Art. 18. Eine Intervention Dritter im Prozess der Klage auf Feststellung der Verfassungsmäßigkeit ist nicht zulässig.

§§ 1 und 2. [*Veto; sah Äußerungsberechtigungen entsprechend Art. 7 vor*]

Art. 19. Nach Ablauf der Frist des vorhergehenden Artikels erhält der *Procurador-Geral da República* Akteneinsicht und muss binnen einer Frist von 15 Tagen Stellung nehmen.

Art. 20. Ist die Frist des vorhergehenden Artikels abgelaufen, erstellt der Berichterstatter seinen Sachbericht mit Abschriften für alle Verfassungsrichter und und beraumt einen Termin für die Urteilsfindung an.

§ 1. Falls Aufklärung der Materie oder der tatsächlichen Umstände erforderlich ist oder die in den Akten vorhandenen Informationen offensichtlich unzureichend sind, kann der Berichterstatter zusätzliche Informationen anfordern, Sachverständige zur Begutachtung einsetzen oder einen Termin für Aussagen in einer öffentlichen Anhörung von Personen mit Erfahrung und Ansehen im betreffenden Bereich festsetzen.

§ 2. Der Berichterstatter kann ferner bei den Oberen Gerichten und anderen Gerichten des Bundes und der Bundesstaaten um Auskünfte darüber nachsuchen, wie diese die angegriffene Norm in ihrem Zuständigkeitsbereich angewandt haben.

§ 3. Die Erteilung der Auskünfte, die Erstattung der Sachverständigengutachten und die Anhörungen im Sinne der vorhergehenden Paragraphen erfolgen binnen einer Frist von 30 Tagen, gerechnet ab dem Ersuchen des Berichterstatters.

Abschnitt II – Die einstweilige Anordnung im Verfahren der Klage auf Feststellung der Verfassungsmäßigkeit

Art. 21. Das *Supremo Tribunal Federal* kann durch Entscheidung der absoluten Mehrheit seiner Mitglieder einem Antrag auf einstweilige Anordnung im Verfahren der Klage auf Feststellung der Verfassungsmäßigkeit stattgeben, die darin besteht, dass Gerichte Prozesse, in denen die Anwendung des streitigen Gesetzes oder normativen Aktes erheblich ist, bis zur Entscheidung in der Hauptsache aussetzen.

Einziger Paragraph. Wurde eine einstweilige Anordnung gewährt, gibt das *Supremo Tribunal Federal* den verfügenden Teil der Entscheidung in einem gesonderten Abschnitt des *Diário Oficial da União* binnen einer Frist von zehn Tagen bekannt; die Anordnung verliert ihre Wirksamkeit, wenn das Gericht nicht binnen einer Frist von 180 Tagen zum Urteil in der Hauptsache schreitet.

Kapitel IV – Die Entscheidung in den Verfahren der Direktklage wegen Verfassungswidrigkeit und der Klage auf Feststellung der Verfassungsmäßigkeit

Art. 22. Die Entscheidung über die Verfassungsmäßigkeit oder Verfassungswidrigkeit eines Gesetzes oder normativen Aktes kann nur bei Anwesenheit von mindestens acht Verfassungsrichtern in der Sitzung getroffen werden.

Art. 23. Nach der Urteilsfindung durch die Richter wird die Verfassungsmäßigkeit oder Verfassungswidrigkeit der angegriffenen Bestimmung oder Norm verkündet, wenn sich mindestens sechs Verfassungsrichter in diesem Sinne aussprechen, dies sowohl bei der Direkten Klage wegen Verfassungswidrigkeit als auch bei der Klage auf Feststellung der Verfassungsmäßigkeit.

Einziger Paragraph. Wird die erforderliche Mehrheit für die Feststellung von Verfassungsmäßigkeit oder Verfassungswidrigkeit wegen Abwesenheit von Verfassungsrichtern nicht erreicht, weil Verfassungsrichter in einer Zahl, die das Urteil beeinflussen kann, abwesend sind, wird das Verfahren ausgesetzt, um das Erscheinen abwesender Verfassungsrichter abzuwarten, bis die für eine Entscheidung in dem einen oder anderen Sinne erforderliche Zahl erreicht ist.

Art. 24. Wird auf Verfassungsmäßigkeit entschieden, ist die Direktklage [*ADI*] unbegründet oder eine etwaige Feststellungsklage [*ADC*] begründet; und wird auf Verfassungswidrigkeit entschieden, ist die Direktklage begründet oder eine etwaige Feststellungsklage unbegründet.

Art. 25. Nach der Entscheidung über die Klage, wird den Behörden oder Organen, die für den Erlass des Rechtsaktes verantwortlich sind, Mitteilung gemacht.

Art. 26. Die Entscheidung im Verfahren der Direktklage oder der Feststellungsklage, mit der die Verfassungsmäßigkeit oder die Verfassungswidrigkeit des Gesetzes oder normativen Aktes festgestellt wird, ist, abgesehen von Berichtigungsanträgen, unanfechtbar; sie kann ferner nicht Gegenstand einer Wiederaufnahmeklage sein.

Art. 27. Wird die Verfassungswidrigkeit des Gesetzes oder normativen Aktes festgestellt, kann das *Supremo Tribunal Federal* mit Blick auf Gründe der Rechtssicherheit und besonderes gesellschaftliches Interesse mit der Mehrheit von zwei Dritteln seiner Mitglieder die Wirkung dieser Feststellung beschränken oder entscheiden, dass die Wirkung erst ab der Rechtskraft des Urteils oder einem anderen festzulegenden Zeitpunkt eintritt.

Art. 28. Binnen einer Frist von zehn Tagen nach Rechtskraft der Entscheidung gibt das *Supremo Tribunal Federal* ihren verfügenden Teil in einem gesonderten Abschnitt des *Diário da Justiça* und des *Diário Oficial da União* bekannt.

Einziger Paragraph. Die Feststellung der Verfassungsmäßigkeit oder der Verfassungswidrigkeit, einer verfassungskonformen Auslegung und einer teilweisen Verfassungswidrigkeit ohne Textreduzierung ist gegenüber jedermann wirksam und entfaltet Bindungswirkung für die Organe der Rechtsprechenden Gewalt und die öffentliche Verwaltung auf Bundes-, Bundesstaaten- und kommunaler Ebene.

Kapitel V – Allgemeine und Schlussbestimmungen

Art. 29. [*Änderung des Art. 482 der Zivilprozessordnung, s. dort*]

Art. 30. [*Änderung des Art. 8 des Gesetzes Nr. 8.185 zur Organisation der Rechtsprechenden Gewalt im Bundesdistrikt und den Territorien, welches inzwischen durch das Gesetz Nr. 11.697/2008 abgelöst wurde; nach Art. 8 I n) und o) dieses Gesetzes ist der Gerichtshof des Bundesdistrikts für Direktklagen wegen Verfassungswidrigkeit und Klagen auf Feststellung der Verfassungsmäßigkeit im Hinblick auf Rechtsnormen des Bundesdistrikts zuständig, die er am Maßstab von dessen Grundordnung, der „Lei Orgânica do Distrito Federal", zu messen hat.*]

Art. 31. Dieses Gesetz tritt am Tage seiner Verkündung in Kraft.

ADPF-Gesetz

(Gesetz Nr. 9.882 vom 3.12.1999)

Art. 1. Die in Art. 102 § 1 der Bundesverfassung vorgesehene Rüge wird vor dem *Supremo Tribunal Federal* geltend gemacht; sie hat zum Gegenstand, die Verletzung grundlegender Vorschriften durch Akte der öffentlichen Gewalt zu verhindern oder wieder rückgängig zu machen.

Einziger Paragraph. Die Rüge der Nichtbefolgung einer grundlegenden Vorschrift ist zudem statthaft:

I – bei erheblichen verfassungsrechtlichen Meinungsverschiedenheiten über ein Gesetz oder einen normativen Akt des Bundes, eines Bundesstaates oder einer Kommune, einschließlich solcher von vor dem Inkrafttreten der Verfassung;

II – [*durch Veto des Präsidenten gemäß Art. 66 § 1 CF blockiert*]

Art. 2. Die Rüge der Nichtbefolgung einer grundlegenden Vorschrift können geltend machen:

I – die Antragsberechtigten der Direktklage wegen Verfassungswidrigkeit ;

II – [*Veto; sah eine Antragsberechtigung des Bürgers vor*]

§ 1. Im Fall der Nr. II steht es denjenigen, die ein Interesse haben, frei, formell eine Geltendmachung der Rüge der Nichtbefolgung einer grundlegenden Vorschrift beim *Procurador-Geral da República* zu beantragen, der nach Prüfung der rechtlichen Gründe des Antrags über eine [*eigene*] Prozesseinleitung entscheidet.

§ 2. [*Veto*]

Art. 3. Die Antragsschrift muss enthalten:

I – die Angabe der grundlegenden Vorschrift, die für verletzt gehalten wird;

II – die Angabe des streitigen Aktes;

III – den Nachweis der Verletzung der grundlegenden Vorschrift;

IV – einen im Einzelnen spezifizierten Antrag;

V – gegebenenfalls einen Nachweis für das Vorhandensein relevanter rechtlicher Meinungsverschiedenheiten über die Anwendung einer grundlegenden Vorschrift, die für verletzt gehalten wird.

Einziger Paragraph. Die Antragsschrift, gegebenenfalls mit Prozessvollmacht, wird in zwei Ausfertigungen eingereicht; sie muss Kopien des streitigen Aktes und der zum Nachweis der Anfechtung erforderlichen Dokumente enthalten.

Art. 4. Die Antragsschrift wird durch den Berichterstatter *a limine* zurückgewiesen, wenn es sich nicht um einen Fall der Rüge der Nichtbefolgung einer grundlegenden Vorschrift handelt, wenn eine der Anforderungen dieses Gesetzes nicht gegeben ist oder wenn sie untauglich ist.

§ 1. Die Rüge der Nichtbefolgung einer grundlegenden Vorschrift wird nicht zugelassen, wenn ein anderes wirksames Mittel zur Abwendung der Verletzung gegeben ist.

§ 2. Gegen die Zurückweisung der Antragsschrift ist ein Einspruch binnen fünf Tagen statthaft.

Art. 5. Das *Supremo Tribunal Federal* kann durch Entscheidung der absoluten Mehrheit seiner Mitglieder einem Antrag auf einstweilige Anordnung im Rügeverfahren wegen Nichtbefolgung einer grundlegenden Vorschrift stattgeben.

§ 1. Im Falle außerordentlicher Dringlichkeit oder der Gefahr eines schweren Schadens sowie auch in den Gerichtsferien kann der Berichterstatter eine einstweilige Anordnung erlassen, *ad referendum* an das Plenum.

§ 2. Der Berichterstatter kann die Organe oder Behörden, die für den Erlass des streitigen Aktes verantwortlich sind, ebenso wie den *Advogado-Geral da União* oder den *Procurador-Geral da República* binnen einer für alle geltenden Frist von fünf Tagen anhören.

§ 3. Die einstweilige Anordnung kann darin bestehen, dass Gerichte laufende Prozesse oder die Wirkungen von Gerichtsentscheidungen aussetzen, oder in jeder anderen Maßnahme im Zusammenhang mit dem Gegenstand der Rüge der Nichtbefolgung einer grundlegenden Vorschrift; rechtskräftige Entscheidungen bleiben unberührt.

§ 4. [*Veto*]

Art. 6. Nach Würdigung des Antrags auf eine einstweilige Anordnung ersucht der Berichterstatter die für die streitige Handlung verantwortliche Stelle mit einer Frist von zehn Tagen um Information.

§ 1. Wenn er es für erforderlich hält, kann der Berichterstatter die Parteien der Prozesse, die den Anlass für die Rüge der Nichtbefolgung einer grundlegenden Vorschrift gaben, anhören, Sachverständige zur Begutachtung einsetzen oder einen Termin für Erklärungen in einer öffentlichen Anhörung von Personen mit Erfahrung und Ansehen im betreffenden Bereich festsetzen.

§ 2. Auf Verlangen von Personen, die am Prozess ein Interesse haben, kann der Berichterstatter nach Ermessen mündliche Einlassungen und Aufzeichnungen zulassen.

Art. 7. Nach Ablauf der Informationsfrist erstellt der Berichterstatter seinen Sachbericht mit Abschriften für alle Verfassungsrichter und beraumt einen Termin für die Urteilsfindung an.

Einziger Paragraph. Das *Ministério Público* erhält, wenn es die Rüge nicht selbst geltend gemacht hat, für fünf Tage nach dem Ablauf der Informationsfrist Akteneinsicht.

Art. 8. Die Entscheidung über die Rüge der Nichtbefolgung einer grundlegenden Vorschrift kann nur getroffen werden, wenn mindestens zwei Drittel der Verfassungsrichter bei der Sitzung anwesend sind.

§ 1 und 2. [*Veto*]

Art. 9. [*Veto*]

Art. 10. Nach der Entscheidung über die Klage wird den Behörden oder Organen, die für den streitigen Akt verantwortlich sind, unter Festlegung der Voraussetzungen und der Art und Weise der Auslegung und Anwendung der grundlegenden Vorschrift Mitteilung gemacht.

§ 1. Der Präsident des Gerichts bestimmt die sofortige Befolgung der Entscheidung; das Urteil wird anschließend abgefasst.

§ 2. Binnen einer Frist von zehn Tagen ab dem Eintreten der Rechtskraft der Entscheidung wird ihr verfügender Teil in einem gesonderten Abschnitt des *Diário da Justiça* und des *Diário Oficial da União* bekanntgegeben.

§ 3. Die Entscheidung ist gegenüber jedermann wirksam und entfaltet Bindungswirkung für die weiteren Organe der öffentlichen Gewalt.

Art. 11. Wird die Verfassungswidrigkeit des Gesetzes oder normativen Aktes im Verfahren der Rüge der Nichtbefolgung einer grundlegenden Vorschrift festgestellt, kann das *Supremo Tribunal Federal* mit Blick auf Gründe der Rechtssicherheit und besonderes gesellschaftliches Interesse mit der Mehrheit von zwei Dritteln seiner Mitglieder die Wirkung dieser Feststellung beschränken oder entscheiden, dass die Wirkung erst ab der Rechtskraft des Urteils oder einem anderen festzulegenden Zeitpunkt eintritt.

Art. 12. Die Entscheidung über die Begründetheit der Rüge der Nichtbefolgung einer grundlegenden Vorschrift ist unanfechtbar und kann nicht Gegenstand einer Wiederaufnahmeklage sein.

Art. 13. Bei Nichtbefolgung der Entscheidung des *Supremo Tribunal Federal* ist die Beschwerde nach Maßgabe seiner Geschäftsordnung statthaft.

Art. 14. Dieses Gesetz am Tage seiner Verkündung in Kraft.

Gesetz über die allgemein verbindlichen Leitsätze

(Gesetz Nr. 11.417 vom 19.12.2006)

Art. 1. Dieses Gesetz regelt den Erlass, die Überarbeitung und die Aufhebung bindender Leitsatzformeln durch das *Supremo Tribunal Federal* und trifft andere Vorkehrungen.

Art. 2. Das *Supremo Tribunal Federal* kann, nach Maßgabe dieses Gesetzes, von Amts wegen oder auf Antrag nach wiederholten Entscheidungen zu einem verfassungsrechtlichen Thema eine Leitsatzformel beschließen, die nach ihrer Veröffentlichung im offiziellen Verkündungsorgan Bindungswirkung für die weiteren Organe der Rechtsprechenden Gewalt und die unmittelbare und mittelbare öffentliche Verwaltung auf Bundes-, Bundesstaaten- und kommunaler Ebene entfaltet, sowie Überarbeitungen an diesen Leitsätzen vornehmen und diese aufheben.

§ 1. Die Leitsatzformel kann die Gültigkeit, die Auslegung und die Wirksamkeit bestimmter Normen zum Gegenstand haben, um die es zwischen Organen der Rechtspflege oder diesen und der öffentlichen Verwaltung gegenwärtig Meinungsverschiedenheiten gibt, die schwerwiegende Rechtsunsicherheit und eine wesentliche Vervielfachung von Rechtsstreitigkeiten über identische Fragen mit sich bringen.

§ 2. Der *Procurador-Geral da República* gibt zu den Vorschläge anderer Antragsberechtigter auf Erlass, Überarbeitung oder Aufhebung von bindenden Leitsatzformeln eine vorherige Stellungnahme ab.

§ 3. Der Erlass, die Überarbeitung und die Aufhebung von Leitsatzformeln mit Bindungswirkung bedarf einer Entscheidung von zwei Dritteln der Mitglieder des *Supremo Tribunal Federal* in einer Sitzung des Plenums.

§ 4. Binnen einer Frist von zehn Tagen nach der Sitzung, in der eine Leitsatzformel mit Bindungswirkung erlassen, überarbeitet oder aufgehoben wurde, verkündet das *Supremo Tribunal Federal* die jeweilige Formel in einem gesonderten Abschnitt von *Diário da Justiça* und *Diário Oficial da União.*

Art. 3. Vorschlagsberechtigt für den Erlass, die Überarbeitung oder die Aufhebung von Leitsatzformeln mit Bindungswirkung sind:

I – der Staatspräsident;

II – das Präsidium des Bundessenats;

III – das Präsidium der Abgeordnetenkammer;

IV – der *Procurador-Geral da República*;

V – der Rat der Brasilianischen Rechtsanwaltskammer auf Bundesebene;

VI – der *Defensor Público-Geral* des Bundes;

VII – im Nationalkongress vertretene politische Parteien;

VIII – gewerkschaftliche Verbände oder landesweit tätige berufsständische Vereinigungen;

IX – das Präsidium der Gesetzgebenden Versammlungen [*der Bundesstaaten*] oder der Gesetzgebenden Kammer des Bundesdistrikts;

X – die Gouverneure der Bundesstaaten und des Bundesdistrikts;

XI – die Oberen Gerichte, die Gerichtshöfe der Bundesstaaten und des Bundesdistrikts und der Territorien, die Regionalen Bundesgerichte, die Regionalen Arbeits- und Wahlgerichte und die Militärgerichte.

§ 1. Kommunen können im Verlauf eines anhängigen Prozesses, in dem sie Streitpartei sind, inzident den Erlass, die Überarbeitung oder die Aufhebung bindender Leitsatzformeln vorschlagen; dies berechtigt nicht zu einer Aussetzung des Prozesses.

§ 2. Im Verfahren über den Erlass, die Überarbeitung oder die Aufhebung von bindenden Leitsatzformeln kann der Berichterstatter mit unanfechtbarer Entscheidung nach Maßgabe der Geschäftsordnung des *Supremo Tribunal Federal* die Stellungnahme von Dritten zulassen.

Art. 4. Der Leitsatz mit Bindungswirkung wird sofort wirksam, jedoch kann das *Supremo Tribunal Federal* durch Entscheidung von zwei Dritteln seiner Mitglieder die bindenden Wirkungen beschränken oder mit Blick auf Gründe der Rechtssicherheit oder außerordentliches öffentliches Interesse entscheiden, dass sie erst ab einem anderen Zeitpunkt eintreten.

Art. 5. Wird ein Gesetz, auf das sich die bindende Leitsatzformel bezieht, aufgehoben oder geändert, so nimmt das *Supremo Tribunal Federal* von Amts wegen oder auf Antrag eine Überarbeitung oder Aufhebung der Formel vor.

Art. 6. Der Vorschlag auf Erlass, Überarbeitung oder Aufhebung einer bindenden Leitsatzformel berechtigt nicht zur Aussetzung derjenigen Prozesse, die dieselbe Frage zum Streitgegenstand haben.

Art. 7. Gegen gerichtliche Entscheidungen oder Akte der Verwaltung, die einer bindenden Leitsatzformel zuwiderlaufen, ihre Geltung bestreiten oder sie unrichtig anwenden, ist die Beschwerde zum *Supremo Tribunal Federal* statthaft; die anderen zulässigen Rechtsbehelfe bleiben hiervon unberührt.

§ 1. Gegen eine Unterlassung oder eine Handlung der öffentlichen Verwaltung ist die Beschwerde erst nach Ausschöpfung verwaltungsrechtlicher Vorverfahren zulässig.

§ 2. Ist die Beschwerde begründet, so erklärt das *Supremo Tribunal Federal* den Akt der Verwaltung für nichtig oder hebt die gerichtliche Entscheidung mit der Maßgabe auf, dass eine andere Entscheidung, je nach Fall mit oder ohne Anwendung des Leitsatzes, ergehen möge.

Art. 8. An Art. 56 des Gesetzes Nr. 9.784 v. 29.1.1999 wird folgender § 3 angefügt:

"Art. 56. […]

§ 3. Wenn der Widerspruchsführer vorbringt, dass eine Verwaltungsentscheidung einer bindenden Leitsatzformel zuwiderläuft, obliegt es der Behörde, die die angegriffene Entscheidung getroffen hat, wenn sie dem Widerspruch nicht abhilft, je nach Fall, die Gründe für die Anwendbarkeit oder Nichtanwendbarkeit des Leitsatzes darzulegen, bevor der Rechtsbehelf der übergeordneten Behörde vorgelegt wird."

Art. 9. An das Gesetz Nr. 9.784 v. 29.1.1999 werden die folgenden Art. 64-A und 64-B angefügt:

"Art. 64-A. Bringt der Widerspruchsführer die Verletzung einer bindenden Leitsatzformel vor, muss die zuständige Widerspruchsbehörde, je nach Fall, die Gründe für die Anwendbarkeit oder Nichtanwendbarkeit des Leitsatzes darlegen."

"Art. 64-B. Wird einer auf die Verletzung einer bindenden Leitsatzformel gestützten Beschwerde stattgegeben, so werden die Behörde, die die angegriffene Entscheidung getroffen hat, und die Widerspruchsbehörde in Kenntnis gesetzt, die ihre zukünftigen Entscheidungen in vergleichbaren Fällen nach der Formel auszurichten haben; bei Zuwiderhandlung der Bediensteten werden diese persönlich auf zivil-, verwaltungs- und strafrechtlicher Ebene verantwortlich gemacht."

Art. 10. Hilfsweise sind für das Verfahren über den Erlass, die Überarbeitung oder die Aufhebung von Leitsatzformeln mit Bindungswirkung die Bestimmungen der Geschäftsordnung des *Supremo Tribunal Federal* maßgeblich.

Art. 11. Dieses Gesetz tritt drei Monate nach seiner Verkündung in Kraft.

Gesetz über die Sicherungsverfügung

(Gesetz Nr. 12.016 vom 7.8.2009)

Art. 1. Eine Sicherungsverfügung zum Schutz eindeutiger und nachgewiesener Rechte, die nicht in den Anwendungsbereich der Freilassungs- oder der Datenschutzverfügung fallen, wird immer gewährt, wenn eine natürliche oder juristische Person rechtswidrig oder wegen Machtmissbrauchs eine Rechtsverletzung durch eine Behörde erleidet oder dies befürchten muss, unabhängig von der Art der Behörde und den von dieser ausgeübten Funktionen.

§ 1. Den Behörden im Sinne dieses Gesetzes gleichgestellt sind die Vertreter oder Organe politischer Parteien und die Angehörigen selbständiger Körperschaften sowie die Leiter juristischer Personen und natürliche Personen, die Aufgaben der öffentlichen Gewalt ausüben, soweit diese Aufgaben betroffen sind.

§ 2. Eine Sicherungsverfügung ist nicht statthaft gegen geschäftsführerische Handlungen von Angehörigen von öffentlichen, gemischtwirtschaftlichen oder zu öffentlichen Dienstleistungen lizenzierten Unternehmen.

§ 3. Wenn das bedrohte oder verletzte Recht mehreren Personen zusteht, kann jede von ihnen eine Sicherungsverfügung beantragen.

Art. 2. Eine Behörde wird als Bundesbehörde betrachtet, wenn die Vermögensfolgen ihrer Handlung, gegen die sich die Verfügung richtet, vom Bund oder einer von ihm kontrollierten Körperschaft zu tragen sind.

Art. 3. Der Inhaber eines eindeutigen und nachgewiesenen Rechtsanspruchs, der von einem ebensolchen Anspruch eines Dritten hergeleitet wird, kann eine Sicherungsverfügung zugunsten des originären Rechts beantragen, wenn sein Inhaber dies trotz einer Benachrichtigung auf dem Gerichtswege nicht binnen einer Frist von 30 Tagen macht.

Einziger Paragraph. Die Ausübung des in diesem Artikel vorgesehenen Rechtes unterliegt der Frist des Art. 23 gerechnet ab dem Zeitpunkt der Benachrichtigung.

Art. 4. In dringlichen Fällen ist es unter Einhaltung der gesetzlichen Vorschriften gestattet, die Sicherungsverfügung per Telegramm, Funk, Fax oder einem anderen elektronischen Mittel mit Nachweis der Echtheit zu beantragen.

§ 1. Der Richter kann die Behörde in dringlichen Fällen durch Telegramm, Funk oder ein anderes elektronisches Mittel, das die Echtheit des Dokuments und die sofortige Kenntnisnahme durch die Behörde gewährleistet, benachrichtigen.

§ 2. Der Originaltext der Antragsschrift muss binnen fünf Werktagen vorgelegt werden.

§ 3. [*Beachtung der Standards für die Sicherheit elektronischer Dokumente der „Infra-Estrutura de Chaves Públicas Brasileira"*]

Art. 5. Eine Sicherungsverfügung wird nicht erteilt, wenn es sich handelt um:

I – einen Akt, gegen den ein verwaltungsrechtlicher Rechtsbehelf mit kautionsunabhängiger aufschiebender Wirkung statthaft ist;

II – eine gerichtliche Entscheidung, gegen die ein Rechtsmittel mit aufschiebender Wirkung statthaft ist;

III – eine in Rechtskraft erwachsene gerichtliche Entscheidung.

Einziger Paragraph. [*Veto*]

Art. 6. Die Antragsschrift muss die prozessgesetzlichen Anforderungen erfüllen und ist in zwei Ausfertigungen einzureichen, eine mit originalen Dokumenten, die andere mit Abschriften, und hat die handelnde Behörde und die juristische Person anzugeben, zu der die Behörde gehört oder deren Aufgaben sie wahrnimmt.

§ 1. Falls sich das für den Beweis des Vorbringens erforderliche Dokument auf einem Amt, in einer öffentlichen Einrichtung oder im Besitz der Behörde befindet, die eine Bescheinigung darüber verweigert, oder im Besitz eines Dritten ist, ordnet der Richter als erstes von Amts wegen die Herausgabe des Dokuments im Original oder in beglaubigter Kopie binnen zehn Tagen an. [...]

§ 2. Handelt es sich bei der Behörde um den Antragsgegner, erfolgt die Anordnung mit der Benachrichtigung vom Verfahren.

§ 3. Antragsgegner ist die Behörde, die den Zwang ausübt oder von der die Anordnung für die Zwangsausübung kommt.

§ 4. [*Veto*]

§ 5. In den Fällen des Art. 267 der Zivilprozessordnung [*Katalog der Prozesshindernisse*] wird eine Sicherungsverfügung abgewiesen.

§ 6. Anträge auf Sicherungsverfügung können innerhalb der Verjährungsfrist erneut gestellt werden, wenn sie nicht durch eine Entscheidung in der Sache abgewiesen wurden.

Art. 7. Nach Erhalt der Antragsschrift ordnet der Richter an:

I – dass die handelnde Behörde über den Inhalt des Antrags benachrichtigt und ihr die zweite Ausfertigung mit den beigefügten Abschriften ausgehändigt werde, damit sie binnen 10 Tagen Auskünfte erteilen kann;

II – dass dem Organ, das die betroffene juristische Person gerichtlich vertritt, durch Zusendung einer Kopie der Antragsschrift vom Prozess Kenntnis gegeben wird, damit es sich am Prozess beteiligen kann;

III – dass der Akt, der den Anlass für den Antrag gegeben hat, ausgesetzt werde, wenn eine hinreichende Grundlage besteht und die endgültige Stattgabe der Sicherungsverfügung ansonsten wirkungslos wäre; dabei ist es ihm freigestellt, vom Antragsteller eine Kaution oder Hinterlegung zu fordern mit dem Ziel, die Befriedigung der juristischen Person sicherzustellen.

§ 1. Gegen die stattgebende und die abweisende Entscheidung des Richters erster Instanz im einstweiligen Rechtsschutz ist ein Einspruch nach den Vorschriften der Zivilprozessordnung statthaft [*Art. 522ff. CPC zum Vorgehen gegen Zwischenentscheidungen im Prozess*].

§ 2. [*Ausschluss von einstweiligem Rechtsschutz im Steuerrecht, zur Herausgabe sichergestellter Importgüter, im öffentlichen Dienst in Einstufungsfragen und für jede Art der Erhöhung und Ausdehnung von Vorteilen und Zahlungen*]

§ 3. Der einstweilige Rechtsschutz dauert, wenn er nicht aufgehoben wurde, in seinen Wirkungen bis zum Endurteil fort.

§ 4. Wurde einstweiliger Rechtsschutz gewährt, ist der weitere Prozess mit Vorrang zu behandeln.

§ 5. [*Erstreckung der obigen Ausschlussgründe auf Regeln zum einstweiligen Rechtsschutz nach CPC*]

Art. 8. Wenn der Antragsteller den normalen Fortgang des Prozesses behindert oder für mehr als drei Werktage ihm obliegende Handlungen unterlässt, wird von Amts wegen oder auf Antrag des *Ministério Público* die Verwirkung oder der Verfall der einstweiligen Rechtsschutzmaßnahme erklärt.

Art. 9. Verwaltungsbehörden legen binnen 48 Stunden nach ihrer Benachrichtigung von der einstweiligen Rechtsschutzmaßnahme ihrem Ministerium oder dem ihnen übergeordneten Organ und dem *Advogado-Geral da União* oder dem gerichtlichen Vertreter des Bundes, des Bundesstaates, der Kommune oder der Körperschaft, die als Antragsgegner bezeichnet ist, eine beglaubigte Kopie der Verfügungsbenachrichtigung vor, ebenso Hinweise und anderes Erforderliche, um Vorkehrungen für eine etwaige Suspendierung der [*einstweiligen Rechtsschutz-*]Maßnahme und zur Verteidigung der als rechtswidrig oder machtmissbräuchlich bezeichneten Handlung zu treffen.

Art. 10. Die Antragsschrift wird *a limine* mit Begründung zurückgewiesen, wenn es sich nicht um einen Fall der Sicherungsverfügung handelt oder es an einer der gesetzlichen Voraussetzungen fehlt oder wenn die gesetzliche Antragsfrist abgelaufen ist.

§ 1. Gegen die Zurückweisung durch den Richter erster Instanz ist die Berufung und, wenn die Zuständigkeit für die Sicherungsverfügung bei einem der Kollegialgerichte liegt und der Berichterstatter entscheidet, der Einspruch an dessen Spruchkörper statthaft.

§ 2. Ein Beitreten aktiver Streitgenossen wird nach der ersten Verfügung über die Antragsschrift nicht mehr zugelassen.

Art. 11. Im Anschluss an die Benachrichtigungen nimmt der mit der Sache befasste Justizbeamte beglaubigte Kopien der Benachrichtigungsschreiben an die Behörde und die Prozessvertreter der betroffenen juristischen Person ebenso wie die Bestätigung des Empfangs oder eine Annahmeverweigerung oder einen Nachweis in den Fällen des Art. 4 zu den Akten.

Art. 12. Nach Ablauf der Frist des Art. 7 I hört der Richter den Vertreter des *Ministério Público* an, der binnen einer unverlängerbaren Frist von zehn Tagen Stellung nimmt.

Einziger Paragraph. Mit oder ohne Stellungnahme des *Ministério Público* werden die Akten beim Gericht geschlossen; die Entscheidung ist zwingend binnen 30 Tagen zu fällen.

Art. 13. Wird die Sicherungsverfügung gewährt, übermittelt der Richter das vollständige Urteil durch amtliches Schreiben, vermittelt durch Gerichtsbeamten, per Post gegen Empfangsbestätigung an die den Zwang ausübende Behörde und die betroffene juristische Person.

Einziger Paragraph. In dringlichen Fällen darf der Richter Art. 4 dieses Gesetzes anwenden.

Art. 14. Gegen die abweisende und die stattgebende Entscheidung ist die Berufung statthaft.

§ 1. Das stattgebende Urteil unterliegt zwingend der doppelten gerichtlichen Kontrolle [*s. Art. 475 der Zivilprozessordnung*].

§ 2. Die den Zwang ausübende Behörde ist ebenfalls zu Rechtsmitteln berechtigt.

§ 3. Das stattgebende Urteil kann vorläufig vollstreckt werden, außer in den Fällen, in denen die Gewährung einstweiligen Rechtsschutzes ausgeschlossen ist.

§ 4. Die Verurteilung zur Zahlung von Bezügen und geldwerten Vorteilen an einen öffentlich Bediensteten in der unmittelbaren oder mittelbaren Staatsverwaltung des Bundes, eines Bundesstaates oder einer Kommune im Wege der Sicherungsverfügung erfolgt nur hinsichtlich von Leistungen ab dem Datum der Anhängigmachung der Antragsschrift.

Art. 15. Wenn auf Verlangen einer betroffenen juristischen Person des öffentlichen Rechts oder des *Ministério Público* und zur Abwendung eines schweren Schadens für die öffentliche Ordnung, Gesundheit, Sicherheit oder Wirtschaft der Präsident des Rechtsmittelgerichts die Vollziehung einer einstweiligen Anordnung oder eines Urteils durch eine mit Gründen zu versehene Entscheidung aussetzt, ist gegen diese Entscheidung binnen fünf Tagen ein Einspruch ohne aufschiebende Wirkung statthaft, über den in der auf die Einlegung folgenden Sitzung verhandelt wird.

§ 1. Wird der Aussetzungsantrag abgewiesen oder hat der im Kopf dieses Artikels genannte Einspruch Erfolg, ist ein neuer Aussetzungsantrag an den Präsidenten des für eventuelle Außerordentliche oder Besondere Rechtsmittel zuständigen Gerichts statthaft.

§ 2. Der Aussetzungsantrag gemäß § 1 ist auch statthaft, wenn ein Einspruch [*i.S.d. Art. 7 § 1*] gegen die einstweilige Anordnung im Sinne dieses Artikels keinen Erfolg gehabt hat.

§ 3. Die Einlegung eines Einspruchs gegen einstweilige Anordnungen in Klagen gegen die öffentliche Gewalt und ihre Bediensteten ist weder Hindernis noch Bedingung für eine Entscheidung über den Aussetzungsantrag.

§ 4. Der Präsident des Gerichts kann dem [*Aussetzungs-*]Antrag nach vorläufiger Einschätzung aufschiebende Wirkung beigeben, wenn er Glaubhaftigkeit des geltend gemachten Rechtes und Dringlichkeit der Maßnahme feststellt.

§ 5. Einstweilige Anordnungen, deren Gegenstand identisch ist, können durch eine einzige Entscheidung ausgesetzt werden; der Präsident kann die Aussetzung auf nachfolgende einstweilige Anordnungen auf einen einfachen Zusatz im ursprünglichen Antrag hin erstrecken.

Art. 16. Wenn Kollegialgerichte zuständig sind, obliegt die Prozessvorbereitung dem Berichterstatter; die mündliche Verteidigung in der Sitzung ist gewährleistet.

Einziger Paragraph. Gegen die stattgebende oder abweisende Entscheidung des Berichterstatters im einstweiligen Rechtsschutz ist der Einspruch an dessen Spruchkörper statthaft.

Art. 17. Bei Entscheidungen im Verfahren der Sicherungsverfügung und den dazugehörigen Rechtsmitteln, die nicht binnen 30 Tagen verkündet werden, wird das Urteil durch das stenographische Protokoll unabhängig von einer Überprüfung ersetzt.

Art. 18. Gegen Entscheidungen im Verfahren der Sicherungsverfügung in einziger Instanz durch Kollegialgerichte sind das Besondere und das Außerordentliche Rechtsmittel in den gesetzlich vorgesehenen Fällen und das Ordentliche Rechtsmittel bei abweisenden Entscheidungen statthaft.

Art. 19. Eine abweisende Entscheidung über die Sicherungsverfügung aus prozessualen Gründen hindert nicht, dass der Antragsteller im Klagewege seine Rechte und vermögensrechtlichen Nachteile geltend macht.

Art. 20. Die Prozesse der Sicherungsverfügung und die entsprechenden Rechtsmittel haben Vorrang vor allen gerichtlichen Handlungen mit Ausnahme von Freilassungsverfügungen.

§ 1. In der oberen Instanz sind sie in der ersten Sitzung, nachdem die Akten beim Berichterstatter geschlossen wurden, einem Urteil zuzuführen.

§ 2. Die Frist bis zum Schluss der Akten darf fünf Tage nicht übersteigen.

Art. 21. Die kollektive Sicherungsverfügung kann beantragt werden von im Nationalkongress vertretenen Parteien zur Verteidigung der legitimen Interessen ihrer Mitglieder oder ihrer Zielsetzung als Partei und von gewerkschaftlichen Organisationen, berufsständischen Körperschaften und rechtmäßig entstandenen und seit mindestens einem Jahr bestehenden Vereinigungen zur Verteidigung eindeutiger und nachgewiesener Rechte, die ihren Mitgliedern als Gesamtheit oder zum Teil zustehen, gemäß ihren Statuten und soweit es ihrer Zielsetzung oder einer besonderen Genehmigung entspricht.

Einziger Paragraph. Die folgenden Rechte können durch eine kollektive Sicherungsverfügung geschützt werden:

I – kollektive Rechte, im Sinne dieses Gesetzes verstanden als überindividuelle Rechte von unteilbarer Natur, deren Inhaber eine Gruppe oder Kategorie von untereinander verbundenen oder mit dem Antragsgegner in einem Rechtsverhältnis stehenden Personen ist;

II – gleichartige individuelle Rechte, im Sinne dieses Gesetzes verstanden als Rechte, die aus einem gemeinsamen Ursprung oder einer spezifischen Tätigkeit oder Situation der Mitglieder des Antragstellers als Gesamtheit oder zum Teil resultieren.

Art. 22. Bei der kollektiven Sicherungsverfügung wirkt die Rechtskraft des Urteils ausschließlich für die Mitglieder der durch den Antragsteller repräsentierten Gruppe oder Kategorie.

§ 1. Die kollektive Sicherungsverfügung bewirkt keine Anhängigkeit für die individuellen Klagen, aber die Wirkungen der Rechtskraft kommen dem individuellen Antragsteller nicht zugute, wenn dieser seinen Antrag auf Sicherungsverfügung nicht binnen 30 Tagen nach erwiesener Kenntnis von dem kollektiven Antrag zurücknimmt.

§ 2. Bei der kollektiven Sicherungsverfügung kann einstweiliger Rechtsschutz nur nach Anhörung des Prozessvertreters der juristischen Person des öffentlichen Rechts, der sich binnen 72 Stunden äußern muss, gewährt werden.

Art. 23. Das Recht, eine Sicherungsverfügung zu beantragen, erlischt für mögliche Antragsteller 120 Tage nach Kenntniserlangung vom streitigen Akt.

Art. 24. Auf die Sicherungsverfügung sind die Art. 46–49 CPC [*Streitgenossenschaft*] anzuwenden.

Art. 25. Im Prozess der Sicherungsverfügung gibt es keine Rechtsbehelfe wegen Nichteinstimmigkeit und keine Verurteilung zur Zahlung von Rechtsanwaltskosten; Sanktionen im Falle mutwilliger Prozessführung bleiben unberührt.

Art. 26. Entscheidungen über Sicherungsverfügungen nicht Folge zu leisten, verwirklicht das Verbrechen des Ungehorsams gemäß Art. 330 des Strafgesetzbuchs, unbeschadet administrativer Sanktionen und der Anwendung des Gesetzes Nr. 1.079/1950 [*Gesetz über Amtspflichtverletzungen*], soweit anwendbar.

Art. 27–29. [*Anpassungspflicht für Geschäftsordnungen und Organisationsrecht*; *Inkrafttreten; Aufhebung alter Gesetze*]

Wahlgesetzbuch

(*Código Eleitoral* – Gesetz Nr. 4.737 vom 15.7.1965, Auszug)

Teil II – Die Organe der Wahlgerichtsbarkeit

Titel I – Das *Tribunal Superior Eleitoral*

Art. 22. Dem *Tribunal Superior Eleitoral* obliegt es:

I – in originärer Zuständigkeit zu verhandeln und zu entscheiden über:

a) die Eintragung und die Löschung der Eintragung von politischen Parteien im Parteienregister, ihrer Bundesvorsitzenden und von Kandidaten für die Präsidentschaft und Vizepräsidentschaft; [...]

f) Beschwerden bezüglich der den Parteien durch das Gesetz auferlegten Verpflichtungen zur Rechnungslegung und Klärung über Herkunft ihrer Mittel;

g) Anfechtungen zur Klärung des Gesamtergebnisses, Verkündung der Gewählten und Aushändigung der Ernennungsurkunden bei der Wahl des Präsidenten und Vizepräsidenten der Republik; [...]

Teil V – Verschiedene Bestimmungen

Titel III – Die Rechtsmittel

Kapitel IV – Die Rechtsmittel beim *Tribunal Superior Eleitoral*

Art. 281. Die Entscheidungen des *Tribunal Superior Eleitoral* sind unanfechtbar, mit Ausnahme derjenigen, die ein Gesetz oder einen Akt für verfassungswidrig erklären und diejenigen, die eine Freilassungs- oder Sicherungsverfügung ablehnen; gegen diese ist das Ordentliche Rechtsmittel zum *Supremo Tribunal Federal* statthaft und binnen drei Tagen einzulegen.

§ 1. Gemeinsam mit dem Zulassungsantrag werden die Akten binnen 48 Stunden dem Präsidenten des *Tribunal Superior Eleitoral* unterbreitet, der innerhalb derselben Frist eine begründete Entscheidung über die Zulassung verfügt.

§ 2. Wird das Rechtsmittel zugelassen, wird dem Beklagten Akteneinsicht gewährt, damit dieser binnen drei Tagen eine Erwiderung einreiche.

§ 3. Nach Ablauf dieser Frist werden die Akten dem *Supremo Tribunal Federal* vorgelegt.

Art. 282. Wird das Rechtsmittel abgelehnt, kann der Kläger binnen drei Tagen unter Beachtung der Bestimmung in Art. 279 und ihrer Paragraphen *[§ 1: Pflichtinhalt des Beschwerdeantrags, § 2: Übermittlung der Ausgangsentscheidung, § 3: Ladung des Beklagten, § 4: Vorlage an das Rechtsmittelgericht, § 5: Verbot einer Entscheidung des Ausgangsgerichts, § 6: Geldbuße bei Fristversäumung, § 7: Zusammenfügung ähnlicher Prozesse*] eine Nichtzulassungsbeschwerde einlegen, wobei die Geldbuße im Sinne des § 6 vom *Supremo Tribunal Federal* verhängt wird.

Wahlgesetz

(Gesetz Nr. 9.504 vom 30.9.1997, Auszug)

Art. 4. An den Wahlen teilnehmen können Parteien, die ihre Satzung mindestens ein Jahr vor dem Wahlgang nach Maßgabe des Gesetzes beim *Tribunal Superior Eleitoral* registriert haben [...].

Parteiengesetz

(Gesetz Nr. 9.096 vom 19.9.1995, Auszug)

Titel I – Eingangsbestimmungen

Art. 7. Politische Parteien registrieren ihre Satzung beim *Tribunal Superior Eleitoral*, nachdem sie Rechtspersönlichkeit gemäß dem Zivilrecht erlangt haben.

§ 1. [*Registrierung nur bei bundesweitem Wirken der Partei, welches bei bestimmten Stimmenanteilen in vorhergehenden Wahlen zur Abgeordnetenkammer vermutet wird*]

§ 2. Nur die Parteien, die ihre Satzung beim *Tribunal Superior Eleitoral* registriert haben, können an Wahlen teilnehmen, Mittel aus der staatlichen Parteienfinanzierung und kostenfreien Zugang zum Rundfunk gemäß den gesetzlichen Bestimmungen erhalten.

§ 3. [*Schutz des Namens, der Abkürzung und der Symbole der Partei durch die Registrierung*]

Titel II, Kapitel VI – Zusammenschluss, Inkorporation und Löschung politischer Parteien

Art. 28. Das *Tribunal Superior Eleitoral* bestimmt nach rechtskräftiger Entscheidung die Löschung der Eintragung und der Satzung einer Partei, wenn erwiesen ist, dass sie:

I – finanzielle Mittel ausländischer Herkunft erhält oder erhalten hat;

II – unter dem Einfluss einer ausländischen juristischen Person oder Regierung steht;

III – der Wahlgerichtsbarkeit gegenüber nicht diesem Gesetz entsprechend Rechenschaft abgelegt hat;

IV – eine paramilitärische Organisation unterhält.

§ 1. Der gerichtlichen Entscheidung im Sinne dieses Artikels muss ein ordnungsgemäßer Prozess unter Sicherstellung einer umfassenden Verteidigung vorausgegangen sein.

§ 2. Das Löschungsverfahren wird durch das Gericht auf eine Anzeige eines Wählers, Vertreters einer Partei oder durch Antrag des *Procurador-Geral Eleitoral* eingeleitet. [...]

Literaturverzeichnis

ABELHA RODRIGUES, Marcelo. Ação Civil Pública, in: F. Didier Jr. (Hrsg.), Ações Constitucionais, Salvador, 3. Aufl. 2008, 327.

_____. Suspensão de Segurança: Sustação da eficácia de decisão judicial proferida contra o Poder Público, São Paulo, 2000.

ABREU DALLARI, Adilson. Controle compartilhado da Administração da Justiça, REDE 2 (2005)

ABREU DALLARI, Dalmo de. O vedetismo judiciário, Observatório da Imprensa v. 2.2.2010, abrufbar unter http://www.observatoriodaimprensa.com.br (6.6.2010).

_____. O Poder dos Juízes, São Paulo, 1996.

AGRÍCOLA BARBI, Celso. Evolução do controle de constitucionalidade das leis no Brasil, RDP 4 (1968), 34.

ALBUQUERQUE MARTINS, Tahinah. Audiência Pública na ADI 3.510/DF, OJC Jg. 1 (2007/08).

ALMEIDA MELO, José Tarcízio de. Direito Constitucional do Brasil, Belo Horizonte, 2008.

ALVES DE ASSUMPÇÃO, Helcio. Recurso Extraordinário: Requisitos constitucionais de Admissibilidade, Revista do MPRJ 26 (2007), 127.

ANDRADE DE BRIDA, Nério. A (in)constitucionalidade da súmula impeditiva de recursos, RP 151 (2007), 185.

ANDRADE SANTOS FERRAZ DE SAMPAIO, Ana Lucia. Mandado de Segurança, RDCI 62 (2008), 27.

ANTUNES ROCHA, Carmen Lúcia. Sobre a súmula vinculante, RIL 133 (1997), 51.

ARAGÃO, José Guilherme de Aragão. Strategien zur Durchsetzung der völkerrechtlichen Verpflichtung zur Strafverfolgung der Folter am Beispiel Brasiliens, Berlin, 2007.

ARAÚJO CASTRO. A nova Constituição brasileira, Rio de Janeiro, 1935.

ARAÚJO E SILVA, Samuelson Wagner de. Processo eletrônico: O impacto da Lei n° 11.419/2006 na mitigação da morosidade processual na prestação jurisdicional brasileira, JusNav Nr. 2.553 (2010).

ARAÚJO JR., João Marcelo de. Extradição – Alguns aspectos fundamentais, RF 326 (1994), 61.

ARRUDA ALVIM. O recurso extraordinário e o instituto da repercussão geral, in: R.O. Berizonce/C. Hitters/E. Oteiza (Hrsg.), El papel de los Tribunales Superiores, Buenos Aires, 2006.

_____. A EC 45 e o Instituto da Repercussão Geral, in: T. Arruda Alvim Wambier u.a. (Hrsg.), Reforma do Judiciário: Primeiros ensaios críticos sobre a EC n. 45/2004, São Paulo, 2005, 63 (= Revista de Direito Renovar 31 [2005], 75).

ARRUDA ALVIM, Eduardo. Do cabimento de reclamação pelo descumprimento de súmula vinculante à luz da Lei n° 11.417/2006, RF 394 (2007), 45.

ARRUDA FERNANDES, Sérgio Ricardo de. A Lei 11.418, de 19/12/2006, e o Novo Requisito de Admissibilidade do Recurso Extraordinário: Repercussão, Revista da EMERJ 38 (2007), 53.

ASSIS, Carlos Augusto de. Repercussão Geral como Requisito de Admissibilidade do Recurso Extraordinário (Lei 11.418/2006), RDDP 54 (2007), 32.

ASSIS RODRIGUES, Geisa de. Ação Popular, in: F. Didier Jr. (Hrsg.), Ações Constitucionais, Salvador, 3. Aufl. 2008, 275.

ATALIBA, Geraldo. Ação Declaratória de Constitucionalidade, RIL 121 (1994), 33.

AURELLI, Arlete Inês. Repercussão geral como requisito de admissibilidade do recurso extraordinário, RP 151 (2007), 140.

BALEEIRO, Aliomar. O Supremo Tribunal Federal, êsse outro desconhecido, Rio de Janeiro, 1968.

BANDEIRA DE MELLO, Celso Antonio. Curso de direito administrativo, São Paulo, 22. Aufl. 2007.

BARBOSA, Edmilson. Ação de Impugnação ao Mandato Eletivo (AIME), in: F. Didier Jr. (Hrsg.), Ações Constitucionais, Salvador, 3. Aufl. 2008, 585.

BARBOSA GOMES, Joaquim Benedito. La Cour Suprême dans le Système Politique Brésilien, Paris, 1994.

BARBOSA MOREIRA, José Carlos. Comentários ao Código de Processo Civil, Band V, Rio de Janeiro, 14. Aufl. 2008.

_____. Reflexos da Emenda Constitucional n° 45, de 2004, no Processo Civil, Revista da EMERJ 32 (2005), 31.

_____. O habeas data e sua lei regulamentadora, in: T. Arruda Alvim Wambier (Hrsg.), Habeas Data, São Paulo, 1998 (= RIL 138 [1998], 89).

BARROSO, Luís Roberto. Controle de Constitucionalidade no Direito Brasileiro, São Paulo, 4. Aufl. 2009.

_____. Lula terá última palavra sobre extradição de Battisti, RCJ v. 17.11.2009.

_____. Neoconstitucionalismo e Constitucionalização do Direito, Revista Eletrônica sobre a Reforma do Estado 9 (2007).

_____. Constituição Anotada, São Paulo, 5. Aufl. 2006.

_____. Impeachment – Crime de Responsabilidade – Exoneração do Cargo, RDA 212 (1998), 161.

_____. Dez anos da Constituição de 1988, Revista Trimestral de Direito Público 20 (1997), 29.

BENDER, Michael. Vortrag vor den Gerichten und Verfassungsbeschwerde, NJW 1988, 808.

BENUCCI, Renato Luís. A Repercussão Geral no Recurso Extraordinário como Instrumento de Gestão Judiciária, RDDP 63 (2008), 116.

BERIZONCE, Roberto Omar. Sobrecarga, Misión Institucional de los Tribunales Superiores y Desahogo del Sistema Judicial, in: ders./C. Hitters/E. Oteiza (Hrsg.), El papel de los Tribunales Superiores, Buenos Aires, 2006.

BEULKE, Werner. Strafprozessrecht, Heidelberg, 10. Aufl. 2008.

BEUX NASSIF AZEM, Guilherme. Repercussão geral da questão constitucional no recurso extraordinário, Porto Alegre, 2009.

BINENBOJM, Gustavo. A Dimensão do Amicus Curie no Processo Constitucional Brasileiro: requisitos, poderes processuais e aplicabilidade no âmbito estadual, REDE 1 (2004).

BLUM JR., João Conrado. Relevância da Advocacia-Geral da União como Instrumento para a Satisfação do Interesse Público, RDA 234 (2003), 289.

BOECHAT RODRIGUES, Lêda. História do Supremo Tribunal Federal: Defesa das Liberdades civis, Rio de Janeiro, 2. Aufl. 1991.

BÖCKENFÖRDE, Ernst-Wolfgang. Die Überlastung des Bundesverfassungsgerichts, Zeitschrift für Rechtspolitik 1996, 281.

_____. Verfassungsgerichtsbarkeit: Strukturfragen, Organisation, Legitimation, NJW 1999, 9.

BONAVIDES, Paulo. Curso de direito constitucional, São Paulo, 21. Aufl. 2007.

_____. Do País Constitucional ao País Neocolonial, São Paulo, 1999.

BORGES DE CARVALHO, Lucas. Jurisdição Constitucional e democracia – integridade e pragmatismo nas decisões do Supremo Tribunal Federal, Curitiba, 2007.

BORGES D'URSO, Luiz Flávio. Súmula Vinculante é Retrocesso, Revista Bonijuris 491 (2004), 21.

BOTTO MUSCARI, Marco Antonio. Reflexões sobre a Súmula Vinculante e o Estudo do Direito, Revista da Escola Paulista da Magistratura 2 (2001), 135.

BRAWERMAN, André. Recurso Extraordinário, Repercussão Geral E A Advocacia Pública, RBDC 10 (2007), 143.

_____. Ação Declaratória de Inconstitucionalidade – Análise da Jurisprudência, RDCI 51 (2005), 199.

BROSSARD, Paulo. O Senado e as leis inconstitucionais, RIL 1976, 55.

BROTTO, Alexia. Recursos especial e extraordinário: o prequestionamento no recurso de terceiro, JusNav Nr. 1.463 (2007).

BRUGGER, Winfried/SARLET, Ingo Wolfgang. Moderner Konstitutionalismus am Beispiel der US-Verfassung, des Grundgesetzes und der brasilianischen Verfassung: eine rechtsvergleichende Perspektive, JöR 56 (2008), 613.

BUENO FILHO, Edgard Silveira. Amicus Curiae – A Democratização do Debate nos Processos de Controle da Constitucionalidade, RDJ 14 (2002).

BUNDESMINISTERIUM DER JUSTIZ (Hrsg.), Bericht der Kommission zur Entlastung des BVerfG, 1998.

BUZAID, Alfredo. A ação direta de declaração de inconstitucinalidade no direito brasileiro, São Paulo, 1958.

CABRAL DE SOUZA LIMA, Elias. Verticalização de jurisprudência e cerceamento de defesa, JusNav Nr. 2.048 (2009).

CALMON DE PASSOS, José Joaquim. As Razões da Crise de nosso Sistema Recursal, Estudos em homenagem ao Professor José Carlos Barbosa Moreira, Rio de Janeiro, 2007.

_____. Súmula vinculante, REDE 9 (2007).

_____. Da argüição de relevância no recurso extraordinário, RF 259 (1977), 11.

CAMA PROENÇA FERNANDES, Marcelo. A Transcendência dos Fundamentos Determinantes das Decisões Proferidas pelo STF na Fiscalização Abstrata de Constitucionalidade, OJC Jg. 3 (2009/2010).

CAMANHO DE ASSIS, Arnoldo. Liminares no Mandado de Injunção, OJC Jg. 3 (2009/2010).

CAMARGO MANCUSO, Rodolfo de. Divergência Jurisprudencial e Súmula Vinculante, São Paulo, 2007.

_____. Processo e Constituição, Estudos em homenagem ao Professor José Carlos Barbosa Moreira, São Paulo, 2006.

_____. Recurso extraordinário e recurso especial, São Paulo, 6. Aufl. 2000.

CAMILO DE OLIVEIRA, Renata. Verfassungsgerichtsbarkeit in Brasilien, Saarbrücken, 2008.

CANÊDO PINTO, Denise. Argüição de descumprimento de preceito fundamental: Ênfase ao Conceito de Preceito Fundamental, Revista do IAMG 12 (2006), 691.

CAPPELLETTI, Mauro. O controle de constitucionalidade das leis no direito comparado, Porto Alegre, 1984.

CARDOSO JEVEAUX, Geovany/FERREIRA PEPINO, Elsa. Suspensão, pelo Senado, de Leis Proclamadas Inconstitucionais pelo STF, in: Pesquisas e Pesquisadores da Faculdade de Direito de Vitória, Anuário 2005, 74.

CARMO MADEIRA, Jansen Amadeu do/PINHEIRO MADEIRA, José Maria. Aspectos relevantes da Reforma do Judiciário (EC N° 45/04), Revista da EMERJ 31 (2005), 208.

CARNEIRA DA CUNHA, Leonardo José. A Fazenda Pública em juízo, São Paulo, 6. Aufl. 2008.

CARNEIRO, Athos Gusmão. O mandado de segurança coletivo e suas características básicas, RF 316 (1991), 35.

CARVALHO NETO, Inácio de. Ação Declaratória de Constitucionalidade, Curitiba, 4. Aufl. 2009.

CARVALHO LEAL, Augusto Cesar de. O processo judicial telemático enquanto ferramenta de gestão do conhecimento, das causas e dos tribunais, JusNav Nr. 1.266 (2006).

CARVALHO RAMOS, Alan Clécio de. Flexibilização do prequestionamento, JusNav Nr. 2.383 (2010).

CAVALCANTE LOBATO, Anderson. Para uma nova Compreensão do Sistema misto de Controle de Constitucionalidade: A Aceitação do Controle Preventivo, RIL 124 (1994), 169.

CLÈVE, Clèmerson Merlin. A Fiscalização Abstrata de Constitucionalidade no Direito Brasileiro, São Paulo, 2. Aufl. 2000.

CLÈVE, Clèmerson Merlin/STRECK, Lênio Luiz/RAMOS TAVARES, André/SARLET, Ingo Wolfgang. E não é para cumprir a Constituição?, RCJ v. 18.5.2009.

CORDEIRO DE MELLO, Augusto. O Processo do Supremo Tribunal Federal I, Rio de Janeiro, 1964.

COSTA, Sílvio Nazareno. A inconstitucionalidade material da súmula vinculante, RIL 155 (2002), 175.

COSTA DE ARAÚJO, Alexandre. O inconstitucional artigo 285-A do CPC, JusNav Nr. 2.371 (2009).

COSTA FORTES, Rafael. Informatização do Judiciário e o processo eletrônico, JusNav Nr. 2.374 (2009).

COSTA TOURINHO FILHO, Fernando da. Processo Penal IV, São Paulo, 30. Aufl. 2008.

_____. Manual de Processo Penal, São Paulo, 6. Aufl. 2004.

COSTA TOURINHO NETO, Fernando da. Efeito vinculante das decisões do Supremo Tribunal Federal: uma solução para o Judiciário, RIL 128 (1995), 185.

COUTINHO SAITER HERTEL, Jaqueline. A súmula vinculante e a súmula impeditiva de recurso, RBDP 17 (2007), 129.

CRETELLA JR., José. O novo e inócuo „*writ*“ constitucional: o „*habeas data*“, RF 304 (1988), 99.

CRUZ BOTTINI, Pierpaolo. Mecanismos de Uniformização Jurisprudencial e a Aplicação da Súmula Vinculante, RT 865 (2007), 20.

CRUZ E TUCCI, José Rogério. Anotações sobre a repercussão geral como pressuposto de admissibilidade do recurso extraordinário (Lei 11.418/2006), RP 145 (2007), 151.

CUNHA FERRAZ, Anna Cândida da. O acesso à justiça e sua projeção no controle jurisdicional de constitucionalidade no Brasil, Revista Acadêmica Direitos Fundamentais 1 (2007), 50.

_____. Notas sobre o controle preventivo de constitucionalidade, RIL 142 (1999) 279.

CUNHA JR., Dirley da. Argüição de Descumprimento de Preceito Fundamental, in: F. Didier Jr. (Hrsg.), Ações Constitucionais, Salvador, 3. Aufl. 2008, 491.

DALL'AGNOL JR., Antonio Janyr. Embargos de Declaração, Revista Jurídica 275 (2000), 73.

DEL ANTONIO, Juliano. Breves apontamentos acerca dos institutos da extradição e do refúgio político, JusNav 2.333 (2009).

DEMATTÉ, Flávio. O caráter subsidiário da ADPF: uma aplicação constitucionalmente adequada do art. 4°, § 1°, da Lei 9.882/1999, OJC Jg. 3 (2009/10).

DIAS, Maria Berenice. As decisões monocráticas do art. 557 do CPC, AJURIS 83 (2001), 279.

DIAS CORRÊA, Oscar. O Supremo Tribunal Federal, corte constitucional do Brasil, Rio de Janeiro, 1987.

_____. A missão atual do STF e a Constituinte, RDA 160 (1985), 1.

DIAS MENEZES DE ALMEIDA, Fernando. Súmula do Supremo Tribunal Federal: Natureza e Interpretação, RDCI 57 (2006), 223.

DIDIER JR., Fredie. Recurso de Terceiro: Juízo de admissibilidade, São Paulo, 2002.

DIDIER JR., Fredie/SARNO BRAGA, Paula/OLIVEIRA Rafael. Aspectos Processuais da ADI e da ADC, in: F. Didier Jr. (Hrsg.), Ações Constitucionais, Salvador, 3. Aufl. 2008, 405.

DIMOULIS, Dimitri. Argüição de Descumprimento de Preceito Fundamental: Problemas de Concretização e Limitação, RT 832 (2005), 11.

DINAMARCO, Cândido Rangel. Instituições de Direito Processual Civil III, São Paulo, 6. Aufl. 2009.

_____. Suspensão em mandado de segurança pelo presidente do tribunal, RF 363 (2002), 17.

ELESBÃO, Mário. Regimento Interno do Supremo Tribunal Federal Comentado: Abordagem Constitucional e Regimental da Suprema Corte, Brasília, 2008.

EPPING, Volker/HILLGRUBER, Christian (Hrsg.). Beck'scher Online-Kommentar GG, 7. Edition 2010.

ESPÍNOLA FILHO, Eduardo. Código de Processo Penal Brasileiro Anotado IV, Rio de Janeiro, 6. Aufl. 1980.

FABBRINI MIRABETE, Julio. Manual de Direito Penal I, São Paulo, 22. Aufl. 2005.

FARIA BERALDO, Leonardo de. Recurso Extraordinário e a EC n° 45/2004, RDCPC 35 (2005), 139.

FARIAS MESQUITA, Adriana. Considerações acerca da súmula impeditiva de apelação (art. 518, § 1°, CPC), JusNav Nr. 2.398 (2010).

FAVOREU, Louis. Rapport Général Introductif, Cours Constitutionnelles Européennes et Droits Fundamentaux, Paris, 1982.

FELIPE, Arley César. A Advocacia-Geral da União na Constituição de 1988, Revista Curso de Direito Universidade Federal de Uberlândia 34 (2006), 107.

FERNÁNDEZ SEGADO, Francisco. Del control político al control jurisdiccional – Evolución y aportes a la Justicia Constitucional en América Latina, Revista Pensamiento Constitucional 12 (2007), 119.

FERREIRA DE FREITAS, José. O Supremo Tribunal Federal como Suprema Corte Constitucional, RDCI 31 (2000), 156.

FERREIRA LEONCY, Léo. Controle de Constitucionalidade Estadual: As normas de observância obrigatória e a defesa abstrata da Constituição de Estado-membro, São Paulo, 2007.

FERREIRA MACIEL, Adhemar. Restrição à Admissibilidade de Recursos na Suprema Corte dos Estados Unidos e no Supremo Tribunal Federal do Brasil, Revista CEJ 33 (2006), 30.

_____. Recurso Extraordinário: Raízes, Revista de Direito Renovar 27 (2003), 1.

FERREIRA MENDES, Gilmar. O Mandado de Injunção e a necessidade de sua regulação legislativa, OJC Jg. 3 (2009/10).

_____. Mandado de Injunção, DP Nr. 19 (2008), 126.

_____. A Declaração de Inconstitucionalidade sem a Pronúncia da Nulidade e a Declaração de Inconstitucionalidade de Caráter Restritivo ou Limitativo no Direito Brasileiro, REDE 13 (2008).

_____. Ação declaratória de constitucionalidade no âmbito estadual, REDE 12 (2007), 1.

_____. A representação interventiva, DP 9 (2005), 5.

_____. Jurisdição Constitucional: o controle abstrato de normas no Brasil e na Alemanha, São Paulo, 5. Aufl. 2005.

_____. O Controle Incidental de Normas no Direito Brasileiro, Caderno Virtual 8 (2004), abrufbar unter http://ojs.idp.edu.br/index.php/cadernovirtual/issue/view/11 (9.7.2010).

_____. A ação declaratória de constitucionalidade: a inovação da emenda constitucional n. 3 de 1993, in: I. Gandra da Silva Martins/G. Ferreira Mendes (Hrsg.), A Ação Declaratória de Constitucionalidade, São Paulo, 3. Aufl. 1996.

_____. Evolução do Direito Constitucional brasileiro e o controle de constitucionalidade da lei, RIL 126 (1995), 87.

_____. Die abstrakte Normenkontrolle vor dem Bundesverfassungsgericht und vor dem brasilianischen Supremo Tribunal Federal, Berlin, 1991.

FERREIRA MENDES, Gilmar/MÁRTIRES COELHO, Inocêncio/GONET BRANCO, Paulo Gustavo. Curso de Direito Constitucional, São Paulo, 2. Aufl. 2008.

FERREIRA MENDES, Gilmar/MEYER PFLUG, Samantha. Passado e futuro da súmula vinculante: Considerações à luz da Emenda Constitucional no 45, de 2004, in: S. Rabello Tamm Renault/P. Bottini (Hrsg.), Reforma do Judiciário, São Paulo, 2005, 327.

FERREIRA MENDES, Gilmar/RUFINO DO VALE, André. O pensamento de Peter Häberle na jurisprudência do Supremo Tribunal Federal, OJC Jg. 2 (2008/09).

FERREIRA SOBRINHO, José Wilson. Por um tribunal constitucional, RIL 128 (1995), 149.

FIGUEIREDO, Marcelo. A ação declaratória de constitucionalidade: inovação infeliz e inconstitucional, in: I. Gandra da Silva Martins/G. Ferreira Mendes (Hrsg.), A Ação Declaratória de Constitucionalidade, São Paulo, 3. Aufl. 1996.

FRAGOSO, Heleno Cláudio. Advocacia da Liberdade, Rio de Janeiro, 1984.

FRANÇA JR., Fausto F. A coisa julgada inconstitucional e seu controle por meio de ADPF, DP 10 (2005), 69.

FREITAS CÂMARA, Alexandre. Lições de Direito Processual Civil I, Rio de Janeiro, 17. Aufl. 2008.

FRIESENHAHN, Ernst. Handbuch des Deutschen Staatsrechts II, Tübingen, 1932.

GANDRA DA SILVA MARTINS FILHO, Ives. O critério de transcendência no Recurso de Revista na Justiça do Trabalho – constitucionalidade da MP n. 2.226/2001, in: I. Gandra da Silva Martins (Hrsg.), As vertentes do direito constitucional contemporâneo, Rio de Janeiro, 2002, 404.

_____. Evolução Histórica da Estrutura Judiciária Brasileira, RevJur 5 (1999).

GARCIA, José Ailton. STF brasileiro: análise da forma de escolha de seus ministros, RDCI 61 (2007), 123.

GARCIA MEDINA, José Miguel. Prequestionamento nos Recursos Extraordinário e Especial, São Paulo, 3. Aufl. 2002.

GARRIDO DA SILVA, Alexandre u.a. Os fundamentos teóricos e práticos do garantismo no STF, Custos Legis 1 (2009).

GOMES DE ALMEIDA, Leilah L. Aplicação das súmulas vinculantes e a divisão de poderes no Brasil, JusNav Nr. 2.449 (2010).

GOMES JR., Luiz Manoel. A Repercussão Geral da Questão Constitucional no Recurso Extraordinário, RDCPC 34 (2005), 140.

GONÇALVES DE CASTRO MENDES, Aluisio. Judikative in Brasilien: Probleme und Reform, Zeitschrift für Zivilprozess International (ZZPInt) 2005, 431.

GONÇALVES FERREIRA FILHO, Manoel. Curso de direito constitucional, São Paulo, 35. Aufl. 2009.

_____. O sistema constitucional brasileiro e as recentes inovações no controle de constitucionalidade, RDA 220 (2000), 14.

_____. Direitos humanos fundamentais, São Paulo, 1995.

GORAIEB, Elizabeth. A Extradição no Direito Brasileiro, Rio de Janeiro, 1999.

GÖTTEMS, Cláudinei J./BORGES, Rodrigo Lanzi de M. Súmula Vinculante: A influência da common Law no sistema jurídico brasileiro, Prim@ Facie (Universidade Federal da Paraíba), 2007, 91.

GRAF, Jürgen Peter (Hrsg.). Beck'scher Online-Kommentar StPO, 6. Edition, 2010.

GRECO FILHO, Vicente. Direito Processual Civil Brasileiro II, São Paulo, 20. Aufl. 2009.

_____. Direito Processual Civil Brasileiro II, São Paulo, 19. Aufl. 2008.

_____. Tutela Constitucional das Liberdades, São Paulo, 1989.

GROBA BANDEIRA, Regina Maria. Reforma do Judiciário: Aspectos Relevantes em Discussão no Congresso Nacional (Relatório Especial da Câmara dos Deputados), Brasília, 2003.

GUEDES BERTI, Marcio. A Repercussão Geral como Requisito de Admissibilidade do Recurso Extraordinário, Revista Bonijuris 529 (2007), 9.

GUERRA FILHO, Willis Santiago. Teoria Processual da Constituiçao, São Paulo, 2000.

GURGEL DE FARIA, Luiz Alberto. Mandado de Injunção e Ação Direta de Inconstitucionalidade por Omissão: Aspectos Distintivos, RF 322 (1993), 45.

HÄBERLE, Peter. Funktion und Bedeutung der Verfassungsgerichte in vergleichender Perspektive, Europäische Grundrechte-Zeitschrift 2005, 685.

_____. Die Entwicklungsländer im Prozess der Textstufendifferenzierung des Verfassungsstaates, VRÜ 1990, 225.

_____. Grundrechtsgeltung und Grundrechtsinterpretation im Verfassungsstaat. Zugleich zur Rechtsvergleichung als „fünfter" Auslegungsmethode, JZ 1989, 913.

_____. Die offene Gesellschaft der Verfassungsinterpreten, JZ 1975, 297.

HAGE, Jorge. O projeto de lei que regulamenta o Mandado de Injunção – uma iniciativa mais que oportuna, OJC Jg. 3 (2009/10).

HARADA, Kiyoshi. Intervenção Federal nos Estados para por termo a grave comprometimento da ordem pública, Revista do IASP 10 (2002), 94.

HARGER, Marcelo. Ação Declaratória de Constitucionalidade, CDCCP 26 (1999), 193.

HÖMIG, Dieter (Hrsg.). Grundgesetz für die Bundesrepublik Deutschland, Kommentar, Baden-Baden, 7. Aufl. 2007.

HORBACH, Carlos Bastide. Recurso Extraordinário: Aspectos Práticos, Revista Jurídica 312 (2003), 51.

HUF, Peter Michael. Die Entwicklung des bundesstaatlichen Systems in Brasilien, Frankfurt am Main, 1991.

JANSEN, Rodrigo. A súmula vinculante como norma jurídica, RF 380 (2005), 189.

JARASS, Hans D./PIEROTH, Bodo. Grundgesetz für die Bundesrepublik Deutschland, München, 8. Aufl. 2006.

JESUS, Damásio Evangelista de. Direito Penal, Parte Geral, São Paulo, 29. Aufl. 2008.

JORGE E SILVA NETO, Manoel. Curso de Direito Constitucional, Rio de Janeiro, 3. Aufl. 2008.

KAU, Marcel. United States Supreme Court und Bundesverfassungsgericht: Die Bedeutung des United States Supreme Court für die Errichtung und Fortentwicklung des Bundesverfassungsgerichts, Berlin/Heidelberg/New York, 2007.

KAUFMANN, Erich. Die Gleichheit vor dem Gesetz im Sinne des Art. 109 der Reichsverfassung, VVDStRL 3 (1927), 2.

KELSEN, Hans. Wesen und Entwicklung des Staatsgerichtsbarkeit, VVDStRL 5 (1929), 30.

KLEIN, Hans Hugo. Verfassungsgerichtsbarkeit und Verfassungsstruktur. Vom Rechtsstaat zum Verfassungsstaat, in: P. Kirchhof/K. Offerhaus/H. Schöberle (Hrsg.), Festschrift für Franz Klein, Köln, 1994, 511.

KLEIN, Oliver/SENNEKAMP, Christoph. Aktuelle Zulässigkeitsprobleme der Verfassungsbeschwerde, NJW 2007, 945.

KOZIKOSKI, Sandro Marcelo. A repercussão geral das questões constitucionais e o juízo de admissibilidade do recurso extraordinário (Lei n° 11.418/2006), RF 391 (2007), 239.

KRELL, Andreas. 10 Jahre brasilianische Bundesverfassung; Rechtsdogmatische und rechtssoziologische Aspekte der Entwicklung des Grundrechtsschutzes, VRÜ 1999, 8.

KUGELMAS, Eduardo (Hrsg.). José Antonio Pimenta Buena, Marquês de São Vicente, São Paulo, 2002.

KUNIG, Philip. Selbstentlastung durch Rechtsprechungsänderung. Ein deutsches und ein europäisches Beispiel und ihr Zusammenhang, in: H.-J. Birk/P. Kunig/W. Sailer (Hrsg.), Zwischen Abgabenrecht und Verfassungsrecht. Hans-Joachim Driehaus zum 65. Geburtstag, Herne, 2005, 528.

_____. Verfassungsrecht und einfaches Recht – Verfassungsgerichtsbarkeit und Fachgerichtsbarkeit, VVDStRL 61 (2002), 34.

LACERDA, Galeno. Considerações críticas sobre o prequestionamento, CDCCP 29 (1999), 251.

LACOMBE CAMARGO, Margarida Maria. O STF e a Interpretação da Constituição de 1988, 20 anos depois de promulgada, in: J. Ribas Vieira (Hrsg.), 20 anos da Constituição cidadã: efetivação ou impasse institucional?, Rio de Janeiro, 2008, 1.

_____. O STF e a República, Revista da AJUFE 69 (2002), 179.

LAMMÊGO BULOS, Uadi. Constituição Federal Anotada, São Paulo, 7. Aufl. 2007.

LARA NOGUEIRA, Luciano de. Mandado de Segurança (Breve Estudo sobre a Figura do Mando de Segurança no Ordenamento Jurídico nacional e internacional), CDCCP, 14 (1996), 161.

LAURIA TUCCI, Rogério/CRUZ E TUCCI, José Rogério. Constituição de 1988 e processo: Regramentos e Garantias Constitucionais do Processo, São Paulo, 1989.

LECHNER, Hans/ZUCK, Rüdiger. Bundesverfassungsgerichtsgesetz, Kommentar, München, 5. Aufl. 2006.

LEITE, Glauco Salomão. A Extensão da Eficácia *erga omnes* e do Efeito Vinculante às Decisões de Inconstitucionalidade em Controle Difuso pelo Supremo Tribunal Federal: Hipótese de mutação (in)constitucional, OJC Jg. 2 (2008/2009).

_____. Súmula vinculante e jurisdição constitucional brasileira, Rio de Janeiro, 2007.

LENZA, Pedro. Direito Constitucional Esquematizado, São Paulo, 10. Aufl. 2006.

LESSA, Pedro. Poder Judiciário, Rio de Janeiro, 1915.

LEWANDOWSKI, Enrique Ricardo. Pressupostos materiais e formais da intervenção federal no Brasil, São Paulo, 1994.

LIMA LOPES, José Reinaldo de (Hrsg.). O Judiciário e o Império do Brasil: o Supremo Tribunal de Justiça (1828–1889), São Paulo, 2010.

LIMA PITMAN, Mildred. O papel do Senado Federal no controle difuso de constitucionalidade, JusNav Nr. 2.325 (2009).

_____. A Repercussão Geral como Requisito de Admissibilidade do Recurso Extraordnário, RDDP 42 (2006), 126.

LINS E SILVA, Evandro. Crime de Hermenêutica e Súmula Vinculante, Revista Consulex, 31.5.1997.

_____. O Recurso Extraordinário e a Relevância da Questão Federal, RT 485 (1976), 11.

LINKE, Tobias. Revolutionäres zur Subsidiarität der Verfassungsbeschwerde?, NJW 2005, 2190.

LÍRIO DO VALLE, Vanice Regina. Repercussão Geral: Um Passo a mais na Difícil Trilha de Construção da Vinculatividade das Decisões Judiciais, Revista da EMERJ 40 (2007), 129.

LÍRIO DO VALLE, Vanice Regina u.a. (Hrsg.). Ativismo Jurisdicional e o Supremo Tribunal Federal, Curitiba, 2009.

LOPES MEIRELLES, Hely/WALD, Arnoldo/FERREIRA MENDES, Gilmar. Mandado de segurança, ação popular, ação civil pública, mandado de injunção, „habeas data", ação direta de inconstitucionalidade, ação declaratória de constitucionalidade e argüição de descumprimento de preceito fundamental, São Paulo, 31. Aufl. 2008.

LORZ, Ralph Alexander. Interorganrespekt im Verfassungsrecht, Tübingen, 2001.

LOSEKANN, Luciano André. A Reforma do Poder Judiciário: A Composição do Supremo Tribunal Federal e a Forma de Nomeação de seus Ministros, AJURIS 90 (2003), 199.

LÖSING, Norbert. Die Verfassungsgerichtsbarkeit in Lateinamerika, Baden-Baden, 2001.

LÜBBE-WOLFF, Gertrude. Substantiierung und Subsidiarität der Verfassungsbeschwerde, Europäische Grundrechte-Zeitschrift 2004, 669.

LUCHI DEMO, Roberto Luís. As „medidas provisórias" do Poder Judiciário, Revista do Centro de Estudos Judiciários 35 (2006), 35.

MACHADO, Agapito. A nova Reforma do Poder Judiciário: PEC n. 45/2004, Revista CEJ 28 (2005), 64.

MAGRO CORRÊA URBANO, Hugo Evo. Da Argüição de Relevância à Repercussão Geral das Questões Constitucionais no Recurso Extraordinário, RDDP 47 (2007), 61.

MALHEIROS FIUZA, Ricardo A. Eleição direta para o STF?!, Revista da EMERJ 18 (2002), 245.

MARCATO, Antonio Carlos (Hrsg.). Código de Processo Civil interpretado, São Paulo, 3. Aufl. 2008.

MARINONI, Luiz Guilherme/MITIDIERO, Daniel. Repercussão Geral no Recurso Extraordinário, São Paulo, 2007.

MARQUES DE LIMA, Francisco Gérson. O Supremo Tribunal Federal na crise institucional brasileira, Fortaleza, 2001.

MARTINEZ DAL COL, Helder. O Significado da Expressão "Preceito Fundamental" no Âmbito da Argüição de Descumprimento de Preceito Fundamental prevista no Art. 102, § 1°, da CF, RDCI 39 (2002), 171.

MARTINS, Leonardo. Introdução à Jurisprudência do Tribunal Constitucional Federal Alemão, in: Konrad-Adenauer-Stiftung (Hrsg.), Cinqüenta Anos de Jurisprudência do Tribunal Constitucional Federal Alemão, Montevideo, 2005, 33.

MARTINS, Samir José Caetano. A Repercussão Geral da Questão Constitucional, RDDP 50 (2007), 95.

MARTINS ALVES JR., Luis Carlos. O Supremo Tribunal Federal nas Constituições Brasileiras, Belo Horizonte, 2004.

MARTINS DE ANDRADE, Fábio. O Poder Judiciário e a governabilidade: Comprometimento ou independência?, JusNav Nr. 2.375 (2009).

_____. Comentários sobre a regulamentação da súmula com efeito vinculante (EC n° 45/2004 e Lei n° 11.417, de 19.12.2006, RIL 174 (2007), 49.

_____. Reforma do Poder Judiciário: Aspectos gerais, o sistema de controle de constitucionalidade das leis e a regulamentação da súmula vinculante, RIL 171 (2006), 177.

MÁRTIRES COELHO, Inocêncio. O mandado de injunção aos vinte anos de idade, OJC Jg. 3 (2009/10).

_____. As idéias de Peter Häberle e a abertura da interpretação constitucional no direito brasileiro, RIL 137 (1998), 157.

MATTIOLI, Maria Cristina. Transcendência: uma resposta política à morosidade da justiça, Revista do TST 67 (2001), 129.

MATTOS E SILVA, Bruno. Normatização da "repercussão geral" no recurso extraordinário, RBDPro 62 (2008), 39.

MAUNZ, Theodor/DÜRIG, Günter. Grundgesetz, Loseblatt-Kommentar, München, 57. Aufl. 2010

MAUNZ, Theodor/SCHMIDT-BLEIBTREU, Bruno/KLEIN, Franz/BETHGE, Herbert (Hrsg.). Bundesverfassungsgerichtsgesetz, Loseblatt-Kommentar, München, Stand: 31. EL 2009.

MAURMANN XIMENES, Julia. A crise do Supremo Tribunal Federal sob uma ótica democrática, RDCI 47 (2004), 269.

MEDINA, Damares. Amicus Curiae – Amigo da Corte ou Amigo da Parte?, São Paulo, 2010.

MELO CROSARA, Daniela de. Argüição de descumprimento de preceito fundamental, Revista do IAMG 12 (2006), 243.

MELLO DO AMARAL JR., José Levi. Processo Constitucional no Brasil: Nova Composição do STF e Mutação Constitucional, RDCI 57 (2006), 100.

_____. Processo de Escolha dos Ministros do Supremo Tribunal Federal, Repertório de Jurisprudência IOB: Tributário, Constitucional e Administrativo, 2004, 448.

MENDES LOBO, Arthur. A Reclamação Constitucional Coletiva, São Paulo, 2010 (erscheint demnächst, hier zitiert aus der Internetversion, abgerufen unter http://www.unaerp.br/index2.php?option=com_docman&task=doc_view&gid=323&Itemid=1, 9.7.2010).

_____. Breves Comentários sobre a Regulamentação da Súmula Vinculante, RDCPC 45 (2007), 77.

MENDES LOBO, Arthur/GALVÃO, Heveraldo. A ADPF e a coisa julgada, RP 145 (2007), 106.

MENDES MANDELLI JR., Roberto. Argüição de Descumprimento de Preceito Fundamental: Instrumento de Proteção dos Direitos Fundamentais e da Constituição, São Paulo, 2003.

MENDES MEDEIROS, Fabrício Juliano. O Supremo Tribunal Federal e a primeira audiência pública na sua história, RevJur 84 (2007), 41.

MENDONÇA LIMA, Alcides de. Prequestionamento, RT 692 (1993), 197.

MILÍCIO, Gláucia. Supremo pode fazer análise prévia do novo CPC, RCJ v. 3.12.2009.

MINISTÉRIO DA CULTURA E DA EDUCAÇÃO (Hrsg.). Obras Completas de Rui Barbosa, XLI (1914), Band 3.

MITIDIERO, Daniel. Processo Civil e Estado Constitucional, Porto Alegre, 2007.

MONT'ALVERNE BARRETO LIMA, Martonio. Staat und Justiz in Brasilien: Zur historischen Entwicklung der Justizfunktion in Brasilien: Kolonialgerichtsbarkeit in Bahia, Richterschaft im Kaiserreich und Verfassungsgerichtsbarkeit in der Republik, Frankfurt am Main, 1999.

MONTE ALEGRE, José Sérgio. Controle de constitucionalidade das leis e demais atos normativos na jurisprudência do Supremo Tribunal Federal, RBDP 18 (2007), 9.

_____. O mandado de segurança na atual jurisprudência do Supremo Tribunal Federal, Interesse Público 40 (2006), 71.

MORAES, Alexandre de. Direito Constitucional, São Paulo, 24. Aufl. 2009.

_____. Constituição do Brasil Interpretada, São Paulo, 6. Aufl. 2006.

_____. Direito Constitucional, São Paulo, 13. Aufl. 2003.

_____. Comentários à Lei n.º 9.882/99 – ADPF, in: A. Ramos Tavares/W.C. Rothenburg (Hrsg.), Argüição de Descumprimento de Preceito Fundamental: Análises à Luz da Lei nº 9.882/99, São Paulo, 2001.

MORAES SALLES, José Carlos de. Súmula Vinculante: Solução ou Retrocesso?, RT 864 (2007), 11.

MORAES VOJVODIC, Adriana de/FRANÇA MACHADO, Ana Mara/COSTA CARDOSO, Evorah Lusci. Escrevendo um romance, primeiro capítulo: precedentes e processo decisório no STF, RDGV 5/1 (2009), 21.

MORATO, Leonardo Lins. A Reclamação Constitucional e a sua Importância para o Estado Democrático de Direito, RDCI 51 (2005), 171.

MOREIRA ALVES, José Carlos. Interpretação da Constituição pelo Supremo Tribunal Federal, in: Instituto Brasileiro de Direito Constitucional (Hrsg.), 10 Anos da Constituição: uma Análise, São Paulo, 1998.

MOREIRA REIS, Palhares. O agravo de instrumento da decisão denegatória de seguimento dos recursos especial e extraordinário, Revista Consulex 226 (2006), 63.

MOREIRA TAVARES DOS SANTOS, Alexandre. Da Reclamação, RT 808 (2003), 121.

MOSSIN, Heráclito Antônio. Habeas Corpus, São Paulo, 8. Aufl. 2008.

MOUTA ARAÚJO, José Henrique. A Repercussão Geral e o Novo Papel do STF, RDDP 50 (2007), 60.

MÜLLER, Friedrich. Dez Propostas para a Reforma do Judiciário na República Federativa do Brasil, Revista do Instituto de Hermenêutica Jurídica 3 (2005), 27.

MÜNCH, Ingo von/KUNIG, Philip (Hrsg.), Grundgesetz-Kommentar, Band 3 (Art. 70–146), München, 5. Aufl. 2003.

NAGIB, Miguel Francisco Urbano. A competência recursal extraordinária do STF e do STJ, RDE 7 (2007), 141.

NASCIMENTO DIZ, Nelson. O STF e o mandado de injunção, RDE 3 (2006), 363.

NEGI, Calixto. A propósito da extradição: a impossibilidade de o STF apreciar o mérito no processo de extradição, RIL 109 (1991), 163.

NERY JR., Nelson/ANDRADE NERY, Rosa Maria de. Código de Processo Civil Comentado, São Paulo, 10. Aufl. 2008.

_____. Constituição Federal comentada e legislação constitucional, São Paulo, 2006.

NETTO, Nelson Rodrigues. A Aplicação da Repercussão Geral da Questão Constitucional no Recurso Extraordinário, RDDP 49 (2007), 112.

NEVES, Marcelo. Symbolische Konstitutionalisierung, Berlin, 1998, 87.

NIGRO MAZZILLI, Hugo. A Defesa dos Interesses Difusos em Juízo, São Paulo, 12. Aufl. 2000.

NOBRE MARQUES, Andreo Aleksandro. Evolução do instituto do controle de constitucionalidade no Brasil: Da Constituição Imperial à Emenda Constitucional no 45/2004, RIL 170 (2006) 17.

NUNES LEAL, Victor. Passado e futuro da súmula do STF, RDA 145 (1981), 1.

NUNES PEREIRA, Ricardo Diego. Mutação constitucional: uma nova perspectiva do STF em sede de controle difuso, JusNav Nr. 2.401 (2010).

OLIVEIRA SANTOS COLNAGO, Cláudio. Considerações sobre os 10 anos da Lei n° 9.868/99, JusNav Nr. 2.382 (2010).

OLIVEIRA VELOSO, Kleber. O Instituto Extradicional, Goiânia, 1999.

OLIVEIRA YOSHIKAWA, Eduardo Henrique de. A Repercussão Geral do Recurso Extraordinário: Uma Volta ao Passado?, RDDP 53 (2007), 44.

OLLINGER, Thomas. Die Entwicklung des Richtervorbehalts im Verhaftungsrecht. Von den Anfängen bis zur Paulskirchenverfassung, Berlin, 1997.

PAIVA, Paulo. Controle de constitucionalidade por unidade de matéria: Fungibilidade e princípio do pedido no âmbito do processo constitucional, OJC Jg. 3 (2009/10).

_____. A natureza das decisões em Mandado de Injunção, OCJ Jg. 3 (2009/10).

PALACIO, Lifno Enrique. Simplificación de los Recursos Extraordinarios, in: R.O. Berizonce/C. Hitters/E. Oteiza (Hrsg.), El papel de los Tribunales Superiores, Buenos Aires, 2006.

PARREIRA, Antonio Carlos. Breves anotações sobre a lei do processo eletrônico, JusNav Nr. 1.269 (2006).

PAUL, Wolf. Die Verfassung der Republik der Vereinigten Staaten von Brasilien von 1891 – Entstehungsgeschichte, Texturen, Vorbilder, Wandlungen, Revista Latino-Americana de Estudos Constitucionais 4 (2004), 301 (ähnlich in KritV 2005, 30).

_____. Zum Stand der brasilianischen Justizreform, Tópicos 3/2002, 15.

_____. Das Fortschrittsprofil der neuen Verfassung, in: ders. (Hrsg.), Die brasilianische Verfassung von 1988, Ihre Bedeutung für Rechtsordnung und Gerichtsverfassung Brasiliens, Frankfurt am Main, 1989, 113.

PEÑA DE MORAES, Guilherme. Súmula Vinculante no Direito Brasileiro, Revista do Ministério Público de Rio de Janeiro 25 (2007), 107.

PEREIRA, Milton Luiz. Intervenção Federal: Requisição Judicial, RIL 153 (2002), 17.

PERRONE CAMPOS MELLO, Patrícia. Precedentes e Vinculação: Instrumentos do Stare Decisis e Prática Constitucional Brasileira, RDA 241 (2005), 177.

PESTALOZZA, Christian. Verfassungsprozeßrecht, München, 3. Aufl., 1991.

_____. „Noch verfassungsmäßige“ und „bloß verfassungswidrige“ Rechtslagen, in: C. Starck (Hrsg.), Festgabe BVerfG I, Tübingen, 1976, 519.

PIEROTH, Bodo/SILBERKUHL, Peter (Hrsg.). Die Verfassungsbeschwerde: Einführung – Verfahren – Grundrechte, Münster, 2008.

PIMENTA BUENO, José Antonio. Direito público brasileiro e análise da Constituição do Império, Brasília, 1978.

PIMENTEL PEREIRA, Áurea. A Reforma da Justiça na Emenda Constitucional 45/2004, Rio de Janeiro/São Paulo/Recife, 2006.

PIOVESAN, Flávia. Proteção judicial contra omissões legislativas: Ação direta de inconstitucionalidade por omissão e mandado de injunção, São Paulo, 1995.

PIRES FERREIRA LAGO, Rodrigo. O Supremo constituinte, JusNav Nr. 2.319 (2009).

POLETTI, Ronaldo. Constituição Anotada, Rio de Janeiro, 2009.

PONTES DE MIRANDA, Francisco Cavalcanti. História e prática do „habeas corpus“, São Paulo, 8. Aufl. 1979.

_____. Comentários à Constituição da República dos Estados Unidos do Brasil, Rio de Janeiro, 1938.

PRILLAMAN, William C. The Judiciary and Democratic Decay in Latin America: Declining confidence in the rule of law, Westport, 2000.

QUADROS DE MAGALHÃES, José Luiz. Democracia e crise: Alternativas estruturais para o Brasil, JusNav Nr. 58 (2002).

QUEIROGA DE MATTOS, Ana Letícia. O Amicus Curiae e a democratização do controle de constitucionalidade, DP 9 (2005), 116.

RAMOS DE VASCONCELOS, Antônio Vital. Competência originária do Supremo em face do interesse peculiar da magistratura ou do impedimento da maioria dos membros oiu tribunal de origem, RT 716 (1995), 9.

RAMOS TAVARES, André. Curso de Direito Constitucional, São Paulo, 6. Aufl. 2008.

_____. Constituição do Brasil Integrada com a legislação e a jurisprudência do STF, São Paulo, 2. Aufl. 2007.

_____. Perplexidades no novo instituto da Súmula Vinculante no Direito brasileiro, REDE 11 (2007).

_____. Nova lei da súmula vinculante: Estudos e comentários à Lei 11.417, de 19.12.2006, São Paulo, 2007.

_____. Argüição de Descumprimento de Preceito Constitucional Fundamental: Aspectos Essenciais do Instituto na Constituição e na Lei, in: ders./W.C. Rothenburg (Hrsg.), Argüição de Descumprimento de Preceito Fundamental: Análises à Luz da Lei nº 9.882/99, São Paulo, 2001.

_____. Tratado da argüição de descumprimento de preceito fundamental, São Paulo, 2001.

REALE JR., Miguel. Valores fundamentais da reforma do Judiciário, Revista do Advogado 75 (2004), 78.

REINHARDT, Michael. Konsistente Jurisdiktion: Grundlegung einer verfassungsrechtlichen Theorie einer rechtsgestaltenden Rechtsprechung, Tübingen, 1997.

RESENDE DE BARROS, Sérgio. Função do Senado no Controle de Constitucionalidade, RBDC 1 (2003), 163.

REZEK, Francisco. Direito Internacional Público: Curso Elementar, São Paulo, 10. Aufl. 2007.

RIBAMAR BARREIROS SOARES, José de. O papel do Ministério Público no controle da administração pública, RIL 128 (1995), 231.

RIBAS VIEIRA, José/LACOMBE CAMARGO, Maria Margarida/GARRIDO DA SILVA, Alexandre. O STF como Arquiteto Institucional, Revista Versus (UFRJ) 8/2009, 76.

RIBEIRO DANTAS, Marcelo Navarro. Reclamação constitucional no direito brasileiro, Porto Alegre, 2000.

RIBEIRO MOREIRA, Eduardo. É o STF um Tribunal Constitucional?, RBEC 3 (2007), 75.

_____. O novo aproveitamento do mandado de injunção, RDCI 60 (2007), 82.

RIEHLE, Katharina. Impunidade – das Problem der Straflosigkeit in Brasilien, Länderbericht Focus Brasilien der Konrad-Adenauer-Stiftung, 9/2007.

RIXEN, Stephan. Zur Bindungswirkung stattgebender Kammerentscheidungen des BVerfG (§ 93 c I 2 i.V.m. § 31 I BVerfGG), NVwZ 2000, 1364.

RODRIGUES, João Gaspar. O Ministério Público como quarto poder, RF 346 (1999), 69.

RODRIGUES ALENCAR, Rosmar. Efeito Vinculante e Concretização do Direito, Porto Alegre, 2009.

RODRIGUES DE CASTRO, João Paulo. Crítica à Rcl 383, JusNav Nr. 2.339 (2009).

ROMAN, Flávio José. O Supremo Tribunal Federal e outros Tribunais constitucionais sul-americanos: breve estudo comparado, RDCI 58 (2007), 51.

ROSA MARTINEZ, Maria Cristina da. Prequestionamento e Embargos de Declaração, Revista Jurídica 345 (2006), 57.

ROSENN, Keith S. Judicial Reform in Brazil, Law and Business Review of the Americas 4/2 (1998), 19.

ROTHENBURG, Walter Claudius. O Mandado de Injunção finalmente terá sua Lei, OJC Jg. 3 (2009/10).

RUFINO DO VALE, André. Os avanços da Lei de Ação Direta de Inconstitucionalidade por Omissão, RCJ v. 29.10.2009 (= OJC Jg. 3 [2009/2010]).

RÜTHERS, Bernd. Geleugneter Richterstaat und vernebelte Richtermacht, NJW 2005, 2759.

SABO PAES, José Eduardo. O Ministério Público perante os Poderes Judiciário, Executivo e Legislativo, RIL 159 (2003), 199.

SACHS, Michael (Hrsg.). Grundgesetz, Kommentar, München, 5. Aufl. 2009.

SAMARTIN DE GOUVEIA, Alessandro. Súmula vinculante: Um limite e um convite à vontade de Poder, RBDP 20 (2008), 139.

SAMTLEBEN, Jürgen. Brasilianisches Staatsangehörigkeitsrecht zwischen ius soli und ius sanguinis, Das Standesamt 62 (2009), 268.

_____. Föderale Gerichtsverfassung in Brasilien und Argentinien – zwei unterschiedliche Modelle, RabelZ 66 (2002), 250.

SANCHES, Sydney. O Supremo Tribunal Federal: Composição, Competências Originários e Recursais, Rio de Janeiro, 1997.

SANTINI BRANDO, Marcelo. O dilema da celeridade e a necessária correção do Direito, JusNav Nr. 969 (2006).

SANTOS, Ernane Fidelis dos. Manual de Direito Processual Civil I, São Paulo, 13. Aufl. 2009.

SANTOS FERNANDES GOÉS, Gisele. Reclamação Constitucional, in: F. Didier Jr. (Hrsg.), Ações Constitucionais, Salvador, 3. Aufl. 2008, 555.

SANTOS SICCA, Gerson dos. A interpretação conforme à Constituição – Verfassungskonforme Auslegung – no direito brasileiro, RIL 143 (1999), 19.

SARMENTO, Daniel. Apontamentos sobre a argüição de descumprimento de preceito fundamental, RDA 224 (2001), 95.

_____. Apontamentos sobre a argüição de descumprimento de preceito fundamental, in: A. Ramos Tavares/W.C. Rothenburg (Hrsg.), Argüição de Descumprimento de Preceito Fundamental: Análises à Luz da Lei nº 9.882/99, São Paulo, 2001.

SCARPINELLA BUENO, Cassio. A Nova Etapa da Reforma do Código de Processo Civil II, São Paulo, 2006.

_____. Mandado de Segurança, São Paulo, 2002.

_____. Quem tem medo do prequestionamento?, JusNav Nr. 57 (2002).

_____. Habeas data – efeitos da apelação, liminar e suspensão de sentença, in: T. Arruda Alvim Wambier (Hrsg.), Habeas Data, São Paulo, 1998.

SCARTEZZINI, Ana Maria. A ação de declaração de constitucionalidade da lei e os princípios constitucionais, in: I. Gandra da Silva Martins/G. Mendes Ferreira (Hrsg.), A Ação Declaratória de Constitucionalidade, São Paulo, 3. Aufl. 1996, 1.

SCHÄFER, Jairo Gilberto. O Problema da Fiscalização da Constitucionalidade dos Atos Políticos e geral, Interesse Público 35 (2006), 79.

SCHEUNER, Ulrich. Probleme und Verantwortungen der Verfassungsgerichtsbarkeit in der Bundesrepublik, DVBl. 1952, 293.

SCHLAICH, Klaus/KORIOTH, Stefan. Das Bundesverfassungsgericht: Stellung, Verfahren, Entscheidungen, München, 7. Aufl. 2007.

SCHLINK, Bernhard. Die Entthronung der Staatsrechtswissenschaft durch die Verfassungsgerichtsbarkeit, Der Staat 28 (1989), 161.

SCHMIDT-BLEIBTREU, Bruno/HOFMANN, Hans/HOPFAUF, Axel (Hrsg.). Kommentar zum Grundgesetz, Köln, 11. Aufl. 2008.

SCHÖNBERGER, Christoph. Verfassungsvergleichung heute: Der schwierige Abschied vom ptolemäischen Weltbild, VRÜ 2010, 6.

SCHREIBER, Simone. Medidas provisórias e seu controle pelo Supremo Tribunal Federal, Direito Federal (Revista da AJUFE) 69 (2002), 263.

SCHWARZ VIANA, Ulisses. Repercussão geral sob a ótica da teoria dos sistemas de Niklas Luhmann, São Paulo, 2010.

SEGATTO, Antonio Carlos. O Instituto do Habeas Data: Aspectos Constitucionais e seus Reflexos na Legislação Ordinária, São Paulo, 1999.

SHIMURA, Sérgio Seiji. Súmula Vinculante, in: T. Arruda Alvim Wambier u.a. (Hrsg.), Reforma do Judiciário: Primeiros ensaios críticos sobre a EC n. 45/2004, São Paulo, 2005, 761.

SIFUENTES, Mônica. Súmula Vinculante: Um estudo sobre o poder normativo dos tribunais, São Paulo, 2005.

SILVA, José Afonso da. Curso de direito constitucional positivo, São Paulo, 33. Aufl. 2010.

_____. Comentário contextual à Constituição, São Paulo, 2. Aufl. 2006.

_____. Tribunais Constitucionais e Jurisdição Constitucional, Revista Brasileira de Estudos Políticos 1985, 495.

SILVA GUIMARÃES, Pollyanna. Análise constitucional do instituto da súmula vinculante sob o parâmetro do Estado Democrático de Direito, da segurança jurídica e da celeridade processual, RDCI 61 (2007), 247.

SILVA PACHECO, José da. O mandado de segurança e outras ações constitucionais típicas, São Paulo, 1990.

SILVA PASSOS, Paulo Roberto da. A Liminar no Mandado de Segurança e Habeas Corpus, RT 832 (2005), 427.

SILVA RAMOS, Elival da. A Evolução do Sistema Brasileiro de Controle de Constitucionalidade, in: A. de Moraes (Hrsg.), Os 20 Anos da Constituição da República Federativa do Brasil, São Paulo, 2009.

_____. Argüição de Descumprimento de Preceito Fundamental: Delineamento do Instituto, in: A. Ramos Tavares/W.C. Rothenburg (Hrsg.), Argüição de Descumprimento de Preceito Fundamental: Análises à Luz da Lei nº 9.882/99, São Paulo, 2001.

SILVA VELLOSO, Carlos Mário da. Poder Judiciário: Reforma. A Emenda Constitucional 45, de 08.12.2004, Revista da OAB 80 (2005), 23.

_____. Poder Judiciário: Controle Externo e Súmula Vinculante, Interesse Público 26 (2004), 13.

_____. A Renovação do STF, RDA 231 (2003), 297.

_____. O Direito Internacional e o Supremo Tribunal Federal, RDA 229 (2002), 5.

_____. O Poder Judiciário: Como torná-lo mais ágil e dinâmico; efeito vinculante e outros temas, RIL 138 (1998), 75.

_____. O Supremo Tribunal Federal, Corte Constitucional: Uma proposta que visa a tornar efetiva a sua missão precípua de guarda da Constituição, RIL 120 (1993), 5.

SLAIBI FILHO, Nagib. Notas sobre o art. 557 do CPC, JusNav Nr. 62 (2003).

SOARES FILHO, José. Alguns Aspectos da Reforma do Judiciário, Revista CEJ 28 (2005), 71.

SOIBELMAN, Félix. Argüição de relevância da questão federal: Emenda Constitucional n° 45/2004, JusNav Nr. 619 (2005).

_____. Súmula vinculante na Emenda Constitucional n° 45/2004, JusNav Nr. 618 (2005).

SORMANI, Alexandre/SANTANDER, Nelson Luis. Súmula vinculante – Um estudo à luz da Emenda Constitucional 45, de 30.12.2004, Curitiba, 2006.

SOUZA, Nelson Oscar de. Súmula vinculante – preconceito e realidade, AJURIS 99 (2005), 181.

SOUZA NUCCI, Guilherme de. Código de Processo Penal Comentado, São Paulo, 6. Aufl. 2007.

STANZIOLA VIEIRA, Renato. Ainda o Senado Federal, a Nomeação de Ministros para o STF e seus Mandatos (a partir de Provocações de Ronald Dworkin), RDE 8 (2007), 111.

STONE, Geoffrey u.a. Constitutional Law, Aspen, 5. Aufl. 2005.

STRECK, Lênio Luiz. Jurisdição constitucional e hermenêutica, Porto Alegre, 2. Aufl. 2004.

_____. Jurisdição constitucional e hermenêutica, Porto Alegre, 2002.

STRECK, Lênio Luiz/ANDRADE CATTONI DE OLIVEIRA, Marcelo/MONT'ALVERNE BARRETO LIMA, Martonio. A nova perspectiva do STF sobre o controle difuso: Mutação constitucional e limites da legitimidade da jurisdição constitucional, JusNav Nr. 1.498 (2007).

SUNSTEIN, Cass R. A Constitution of many Minds: Why the Founding Document doesn't mean what it meant before, Princeton, 2009.

SUPREMO TRIBUNAL FEDERAL (Hrsg.), Supremo Tribunal Federal: Relatório de Atividades 2009, Brasília, 2010 (Tätigkeitsbericht 2009).

_____. Planejamento Estratégico 2009–2013, Brasília, 2009.

_____. República Federativa do Brasil, in: Suprema Corte de Justicia de México (Hrsg.), Estructura y Atribuciones de los Tribunales y Salas, México, 2009, 161.

TALAMINI, Eduardo. Repercussão Geral e Recurso Extraordinário: Notas sobre sua Regulamentação, RDDP 54 (2007), 56.

TANUS FERREIRA, Megbel Abdala. Revisitando os Pressupostos Constitucionais do Mandado de Segurança, RDCI 35 (2001), 132.

TARSO DUARTE MENEZES, Paulo de. Aspectos Gerais da Intervenção do Amicus Curiae nas Ações de Controle de Constitucionalidade pela Via Concentrada, DP 17 (2007), 35.

TAVEIRA BERNARDES, Juliano. Declaração parcial de inconstitucionalidade formal e seus limites: veto judicial?, RIL 171 (2006), 49.

TEMER, Michel. Elementos de direito constitucional, São Paulo, 22. Aufl. 2007.

THEODORO JR., Humberto. Repercussão Geral no Recurso Extraordinário (Lei n° 11.418) e Súmula Vinculante do Supremo Tribunal Federal (Lei N° 11. 417), Revista Magister de Direito Empresarial, Concorrencial do Consumidor, 14 (2007), 79.

TOURINHO LEAL, Saul. As Consequências de um novo Supremo, OJC Jg. 2 (2008/09).

_____. Curso de direito processual civil I, Rio de Janeiro, 39. Aufl. 2003.

TRIEPEL, Heinrich. Wesen und Entwicklung der Staatsgerichtsbarkeit, VVDStRL 5 (1929), 1.

TRÖNDLE, Herbert/FISCHER, Thomas. Strafgesetzbuch und Nebengesetze, München, 49. Aufl. 1999.

TSCHENTSCHER, Axel. Dialektische Rechtsvergleichung – Zur Methode der Komparatistik im öffentlichen Recht, JZ 2007, 807.

UMBACH, Dieter C./CLEMENS, Thomas/DOLLINGER, Franz-Wilhelm (Hrsg.). Bundesverfassungsgerichtsgesetz, Mitarbeiterkommentar und Handbuch, Heidelberg, 2. Aufl. 2005.

USTÁRROZ, Daniel. Notas sobre Embargos de Declaração no Código de Processo Civil Brasileiro, Revista Jurídica 344 (2006), 55.

VALENTE CARDOSO, Oscar. A Análise de Fatos pelo STF no Processo de Controle Concentrado de Constitucionalidade, RDDP 63 (2008), 90.

VALLE FIGUEIREDO, Lúcia. Mandado de Segurança, São Paulo, 5. Aufl. 2004.

VASCONCELOS VIANA, Juvêncio. Súmulas Vinculantes, Revista Nacional de Direito e Jurisprudência (RNDJ) 87 (2007), 31.

_____. Questão de repercussão geral, RDDP 30 (2005), 72.

VELOSO, Zeno. Controle jurisdicional de constitucionalidade, Belo Horizonte, 3. Aufl. 2003.

VENDRAMEL, Aparecida. O Habeas Corpus como Garantia Individual, CDCCP 14 (1996), 101.

VENTURI, Elton. Suspensão de liminares e sentenças contrárias ao Poder Público, São Paulo, 2005.

VERÍSSIMO, Marcos Paulo. A Constituição de 1988, vinte anos depois: suprema corte e ‚ativismo judicial à brasileira', RDGV 4/2 (2008), 407.

VILHENA VIEIRA, Oscar. Supremocracia, RDGV 4/2 (2008), 441.

_____. Que reforma?, USP Estudos Avançados 51 (2004).

_____. Supremo Tribunal Federal – Jurisprudência Política, São Paulo, 2. Aufl. 2002.

VOGLER, Theo. Das neue Gesetz über die internationale Rechtshilfe in Strafsachen, NJW 1983, 2114.

VOLKMER DE CASTILHO, Manoel Lauro. O recurso extraordinário, a repercussão geral e a súmula vinculante, RP 151 (2007), 99.

WAHL, Rainer/WIELAND, Joachim. Verfassungsrechtsprechung als knappes Gut, JZ 1996, 1137.

WALD, Arnoldo. Alguns aspectos da ação de declaração de constitucionalidade, in: I. Gandra da Silva Martins/G. Ferreira Mendes (Hrsg.), A Ação Declaratória de Constitucionalidade, São Paulo, 3. Aufl. 1996.

WALD, Arnoldo/GANDRA MARTINS DA SILVA, Ives. O efeito vinculante das decisões judiciais, Revista Consulex, 31.1.1997.

WALD, Arnoldo/GARCIA DA FONSECA, Rodrigo. O habeas data na Lei 9.507/97, RIL 137 (1998), 303.

WAMBIER, Luiz Rodrigues/ARRUDA ALVIM WAMBIER, Teresa/GARCIA MEDINA, José Miguel. Breves comentários à nova sistemática processual civil II, São Paulo, 2006.

WAMBIER, Luiz Rodrigues/CÁSSIO CORRÊA DE VASCONCELOS, Rita de. A propósito da proposta legislativa de nova disciplina para o Mandado de Injunção, OJC Jg. 3 (2009/10).

WEIGEND, Thomas. Grundsätze und Probleme des deutschen Auslieferungsrechts, JuS 2000, 105.

WERNECK ARGUELHES, Diego. Deuses Pragmáticos, Mortais Formalistas: A justificação conseqüencialista de decisões judiciais, Rio de Janeiro, 2006.

ZANETI JR., Hermes. Mandado de Segurança Coletivo, in: F. Didier Jr. (Hrsg.), Ações Constitucionais, Salvador, 3. Aufl. 2008, 157.

ZAVASCKI, Teori Albino. Processo coletivo: tutela de direitos coletivos e tutela coletiva de direitos, São Paulo, 2006.

ZIMMERMANN, Augusto. How Brazilian Judges Undermine the Rule of Law: A Critical Appraisal, International Trade and Business Law Review 11 (2008), 179.

ZWEIGERT, Konrad/KÖTZ, Hein. Einführung in die Rechtsvergleichung, Tübingen, 3. Aufl. 1996.

FSC
www.fsc.org
MIX
Papier | Fördert gute Waldnutzung
FSC® C083411

Kolibri 360 GmbH
Ferdinand-Jühlke-Straße 7
99095 Erfurt, Deutschland
produktsicherheit@kolibri360.de